商业银行
数据库管理实践

王飞鹏　王宁　张聪　马学涛◎编著

清華大学出版社
北　京

内 容 简 介

全书共 12 章，第 1～3 章讲解在金融科技大潮下，商业银行数据库架构转型的新思路，随后阐述集中式到分布式数据库实践，以及从小型机迁移到 x86 平台的实践；第 4～6 章讲述商业银行 Db2、MySQL、GoldenDB 等数据库新系统上线以及数据库版本升级等重要内容；第 7～9 章讲述 Db2、MySQL、GoldenDB 等数据库故障诊断理论及实战案例；第 10、11 章分别讲述 Db2 和 MySQL 数据库的性能优化；第 12 章主要讲述笔者对商业银行数据库管理方面的思考。

本书主要面向企业（尤其是商业银行）的数据库架构师、数据库管理员、应用开发人员和数据库技术决策人员，也适合大学生学习数据库使用。

图书在版编目（CIP）数据

商业银行数据库管理实践 / 王飞鹏等编著. —北京：清华大学出版社，2021.9
ISBN 978-7-302-58757-6

Ⅰ. ①商…　Ⅱ. ①王…　Ⅲ. ①商业银行－数据库管理系统　Ⅳ. ①F830.49

中国版本图书馆 CIP 数据核字（2021）第 144049 号

责任编辑：袁金敏　薛　阳
封面设计：杨玉兰
责任校对：徐俊伟
责任印制：朱雨萌

出版发行：清华大学出版社
网　　址：http://www.tup.com.cn，http://www.wqbook.com
地　　址：北京清华大学学研大厦 A 座　　**邮　　编：**100084
社 总 机：010-62770175　　**邮　　购：**010-83470235
投稿与读者服务：010-62776969，c-service@tup.tsinghua.edu.cn
质 量 反 馈：010-62772015，zhiliang@tup.tsinghua.edu.cn
课 件 下 载：http://www.tup.com.cn，010-83470236
印 装 者：小森印刷霸州有限公司
经　　销：全国新华书店
开　　本：185mm×260mm　　**印　　张：**33.75　　**字　　数：**856 千字
版　　次：2021 年 9 月第 1 版　　**印　　次：**2021 年 9 月第 1 次印刷
定　　价：128.00 元

产品编号：089965-01

序　一

这些年我负责中信银行数据中心的管理工作，在金融科技的大潮下，亲眼见证了数据中心的蓬勃发展。目前，中信银行已经成功实施分布式架构转型，核心系统等重要系统已经从集中式数据库跨越到分布式数据库。抚今追昔，回顾中信银行的数据库运维发展历史，这中间既有成功的喜悦，也有转型的阵痛，经历了三个充满挑战的阶段。

第一阶段为原始运维阶段，主要特点是解决问题完全依靠 DBA 的专业经验，完全依靠 DBA 的个人能力，没有成熟的技术规范。层出不穷的各种数据库问题、各种事件、各种应急、频繁的变更等，都会让 DBA 乃至整个数据中心疲于奔命。在这个阶段，几乎所有数据库运维工作都是靠手工来完成，手工操作效率不高而且很容易出错，这种现状当时一直困扰着我们，有时候更是一种痛苦的折磨。

第二阶段为规范化运维阶段，主要特点是通过不断的积累制定技术规范来运维，期间还辅以问题分析报告和应急手册作为积累的知识供参考使用。这个阶段会对原始运维阶段踩到的各种“坑”进行总结和反思，随后将总结的经验文档化：制定行之有效的数据库技术规范和应急手册；有了规范后，就可以在新系统上线环节确保规范落地，同时伴随对存量系统按照规范进行持续整改。这种方式解决了大部分问题，但仍然严重依赖 DBA，工作效率不高。

第三阶段为平台化工具运维阶段，主要特点是利用平台化工具进行数据库运维。这个阶段不再依赖 DBA 的个人经验，而是将数据库应急处置、问题诊断、变更实施、配置基线检查等全部工作通过平台化工具来完成，DBA 的经验和知识逐步通过平台得到积累，让以前高不可攀的数据库运维工作成为普通系统管理员的日常工作。这个阶段 DBA 的工作模式也发生了巨大变化，正逐步转型成为一支熟悉 DevOps 精益文化，同时具备一定研发能力且掌握具体系统知识的 SRE 团队，团队的日常工作就是开发平台化工具，从体系上彻底解决数据库运维难题。

值得强调的是，中信银行 DBA 的转型，并非一时冲动之举，而是归因于中信银行核心系统从 AS400 核心到 x86 分布式核心系统下移项目——“凌云工程”锤炼之结晶。2013 年，中信银行在布局数据银行战略规划中，首次提出了由传统架构向云计算分布式架构转型的目标；2014 年 5 月，中信银行和中兴通讯成立联合技术团队，正式启动了 GoldenDB 金融级分布式数据库的研发项目，以开发一个具有强一致性、线性扩展和高可用性，可以更好满足业务发展需要的金融级分布式数据库。

随着 GoldenDB 数据库产品开发的稳步推进，中信银行于 2015 年年初正式启动了总行核心系统从 AS400 核心到 x86 分布式核心系统下移项目（“凌云工程”）。与集中式数据库相比，分布式核心系统所用分布式数据库节点多、单点故障率高，依靠传统的运维模式已经难以满足运维保障需求。这时候 DBA 团队开始一边干一边谋划转型，陆续开发了应急处置、深度巡检、灾备一致性检查等平台化工具，和一线运维保障团队一起构建了分布式核心系统“监、管、控”运维平台；同时，建立了 SRE 人才培养、评估和管理机制，DBA 团队也通过“凌云工程”的实践成功转型为 SRE 团队。

飞鹏老师来中信银行之前，在 IBM 有长时间数据库研发和客户支持经验，来中信银行之后一直从事数据库规划和运维工作，为推动数据库运维转型提升起到了至关重要的作用，实属有理论有经验的数据库大咖。与飞鹏老师谈论起来，在数据库领域发生技术变革的转型期，金融同业之间、金融同互联网行业之间交流却靠口口相传，缺乏一本有深度和广度的著作，实在不符合数据库在商业银行的地位。现在飞鹏老师凝聚多年经验，和中信银行 DBA 团队其他大咖王宁、张聪等人一起，利用两年业余时间写出了一本深入浅出、讲解透彻的数据库书籍，其孜孜不倦的进取精神值得我辈 IT 人士学习。

此书从集中式到分布式数据库架构转型谈起，以对比的写作手法深入讲解商业数据库和分布式数据库在商业银行的应用，包括架构规划、数据库迁移、部署上线、故障诊断和性能优化等内容，难得的是包含大量工作实例；同时飞鹏老师还基于自己多年的数据库实践经验，向广大读者分享了商业银行数据库运维体系建设的思考。

无论你是 IT 行业的系统管理员，还是对数据库技术感兴趣的码农，本书都是一本不可多得的从入门到进阶的精品书，值得阅读！

中信银行数据中心总经理

迟鲲

2021 年 6 月 28 日

序　　二

“Everything old is new again.”

如果回顾数据库的发展历史，会发现很多有趣的事实。当前数据库面临的问题其实还是“老”问题，如 I/O、Lock 这些问题和最早期数据库中面临的问题是一样的，并没有实质的改变，只是规模要比以前大多了。目前的新技术、新想法其实也并不“新”。如果查阅 20 世纪 70 年代的论文，会发现很多想法在 IBM 第一代关系数据库研究项目 System R 系统中就提出了，只是当时因为硬件限制无法实现。现在由于硬件的进步，很多技术才开始真正被商用。

因此，回顾数据库发展史可以帮助我们更好地把握技术的走向。数据库的缘起可以追溯到 20 世纪 60 年代，当时有三个主流的数据模型——层级型、网络型以及关系型。IBM 的第一代数据库 IMS 就是层级型的，现今还是最快的交易系统。网络型虽然当时并没有获得太高的关注，不过近年来越来越火的图数据库其实和当时网络型的数据库是很相似的。关系数据库在三种模型中逐渐成为主流，并且获得了巨大的商业成功。20 世纪 80 年代开始 IBM 和 Oracle 成为这个领域的翘楚。

无论是哪种数据模型，数据库的本质是如何高效地存储数据（Storage）和如何快速地访问数据（SQL）。这些年来由于企业架构和信息系统的更迭，数据库技术为了满足特定的需求也在不断地演进。但是其核心是不变的，还是围绕着数据的存储和访问。

例如，为了适应高并发、高响应的应用需求，关系数据库演化出来分布式模型。分布式数据库总体设计有两个思路和方向，一个是基于共享存储的架构（share disk），如 IBM Db2 PureScale；另一个是基于数据分片的架构（share nothing）。数据分片架构的特点是底层数据通过一定的规则比如散列将数据打散，分布到不同的数据节点上，计算时底层多个节点共同参与计算，同时数据节点可以进行横向扩展，上层由协调节点进行 SQL 解析和转发，这是目前典型的分布式数据库架构。

除了性能的要求，数据类型也发生了变化。除了结构化数据之外，20 世纪 90 年代后出现了大量的视频、音频、空间位置等信息。这个时候就形成了面向对象的数据库。但由于关系数据库在市场上占据统治地位，面向对象的数据库由于存取数据的复杂性并没有流行起来。关系数据库为了适应新的数据类型，增加了可扩展性，支持了新数据类型的存储和访问，如 IBM Db2 支持 XML 数据类型。

2000 年以后，随着商业智能的兴起，数据仓库成为数据库舞台新的明星。为了加速处理分析型（OLAP）负载的速度，数据库在行存储之外又出现了列存储的方式。如 Db2 BLU，使用列存储的分析型查询速度提升了 8～25 倍。

2000 年后期，由于互联网的蓬勃发展，互联网的应用日新月异。而这些新的应用要处理海量数据和急剧增长的用户数目，要求数据库具有高扩展性、高可靠性、低时延和低成本。同时也相应放宽或者放弃事务性的约束。这些需求促生了新的数据库技术发展——NoSQL。这些新型的数据库为了特定应用而产生，核心是简化数据模型，快速扩展以解决互联网应用爆炸式的增长。例如，IBM Cloudant 可以在全球所有 IBM Cloud 区域和超过 55 个数据中心内使用，满足全球应用性能和灾难恢复需求。

2010 年之后又出现了要兼顾 NoSQL 性能以及保留关系模型和强事务的 New SQL。这几年随着云计算的普及，云计算作为灵活和经济的存储和计算资源，正在和数据库技术结合，很多企业也开始考虑数据库上云。IBM Cloud Pak for Data 是一个基于 Red Hat OpenShift 构建的数据和 AI 平台。它提供了便捷的方式可以将 Workload 从独立的 Db2 迁移到 IBM Cloud Pak for Data 上的容器化 Db2，帮助企业实现数据库云化。

从数据库的历史可以看出，数据库新技术层出不穷，新产品百花齐放，但是核心理念是不变的，大家都是在关系数据库的基础上迅速构建和迁移自己的数据库架构体系。

最后想说一下，我和飞鹏认识于 15 年前，我们共同在 IBM 的数据库团队从事研发工作。飞鹏不仅具有深入的数据库知识和丰富的运维经验，更重要的是具有知识融会贯通的能力。非常高兴看到飞鹏把自己的方法论总结成书，也希望这本书能够帮助更多的数据库技术人员更好地应对新技术变化所带来的新挑战。

IBM 中国开发实验室
数据和人工智能总经理
吴嫣
2021 年 5 月 18 日

序　三

商业银行乃至整个金融系统一直是电子化、数字化最早、最全面、应用新技术最积极的行业之一。金融系统数据的产生、传输、存储以及信息系统的高性能、稳定性以及安全防范是我们信息系统建设者和管理者日思夜想、夜不能寐的关键问题，而数据库系统又是其中的核心要点，“数据库系统是皇冠上的明珠”。

现在金融行业数据库系统正在发生快速的变化，一方面数字化转型数据量在极速增长，数据类型也更多样化。国内数据库技术也在从原来的以 Oracle、Db2 占据统治地位，到 MySQL、MongoDB 等开源数据库成为主流，特别是近年来数据库出现了百家争鸣快速发展的态势。在这种快速变化的过程当中，新技术、新场景、新应用层出不穷。对技术人员也带来了新的挑战，我们的经验、知识结构和能力都要求不断更新迭代，从业者们也亟待有专家同仁总结提炼，帮助大家跟上行业快速变化的步伐。

飞鹏在数据库厂商和商业银行都有长期深入的工作经历，在数据库技术及商业银行的信息系统建设和管理领域都有着非常丰富的领悟和经验，本书覆盖的内容涉及方方面面，包括商业银行数据库架构转型，从集中式到分布式数据库转型，从小型机迁移到 x86 平台，集中式数据库上线实施，分布式数据库上线实施，商业银行数据库版本升级，再到问题诊断、性能优化，最后在数据库运维体系化的思考和感悟，这也正是飞鹏多年积累的集中整理和呈现。

本书的出版恰逢其时，为银行、证券、保险等在内金融行业的技术人员和技术管理层带来有益的启发和重要参考，相信商业银行的各位同行能获益匪浅。

最后，编写一本严谨全面的技术综合书籍，其中的艰辛和付出可以想见，实属不易，再次对飞鹏表示衷心的祝贺！

海通证券软件开发中心总经理

王洪涛

2021 年 7 月 1 日

序　　四

当前中国金融行业的技术架构在业务变革与技术变革双重压力下面临着巨大的变化，以银行的金融科技为代表的这一变化已经深入地改变了整个行业，这在很多方面都有明显的体现，包括开发相关和基础环境相关的技术体系和架构，分布式技术、云计算技术、大数据技术等新一代技术已经在银行业落地生根。而科技基础设施方面，正在从以 IOE 为代表的传统技术架构转向以各种分布式技术、开源技术为主体的开放性架构，其中，数据库始终是这一过程中最困难的一项。在这个过程中，每家银行都在根据自己的实际情况指定符合自己需求的方案并已经逐步落地。其中直接使用分布式数据库产品来解决这个问题是特别吸引人的一种解决办法。

分布式数据库从 CAP 理论论证到谷歌发布关于 Spanner 的论文为突破点开始，进入了蓬勃发展的阶段，但由于技术上的困难程度显然大大超出以往集中式数据库的实现，这一点从国际厂商的产品乏善可陈上也可以看出。所以一直以来并没有出现一款非常出色的分布式数据库产品。当前中国银行业的技术要求是世界上最苛刻的，无论是并发计算能力还是可用性、可靠性方面都是全世界挑战最高的，如果能通过分布式数据库产品来完成这个挑战将会是技术史上里程碑式的成就。中信银行在核心系统中对分布式数据库的应用无疑走在业界前列，值得关注和学习。

本书作者王飞鹏具有丰富的从业经历，一直从事数据库技术的相关工作，近年一直战斗在银行业数据库管理的一线。飞鹏精通数据库的底层技术，并具有银行业关键系统的数据库管理经验，本书也体现了作者在这两方面拥有极其难得的经验和知识，特别值得从业人员和数据库技术爱好者反复研读和学习。

本书从银行业的现状出发，分析了挑战和困难，一步步深入浅出地把从传统架构转换到分布式数据库架构的过程做了具体而翔实的说明，有理论有实践，特别是对银行的具体场景做了针对性的思考和解决，对行业有很好的启发。本书值得广大从业人员学习和借鉴，有幸先读并写下感想，特此推荐给大家。

民生银行信息科技部系统管理中心处长

袁春光

2021 年 6 月 9 日

前　　言

一路走来，心怀感恩

西风烈，
长空雁叫霜晨月。
霜晨月，
马蹄声碎，
喇叭声咽。
雄关漫道真如铁，
而今迈步从头越。
从头越，
苍山如海，
残阳如血。

这首《忆秦娥·娄山关》是毛泽东主席的经典之作，写于红军取得娄山关战斗胜利之后。娄山关战斗是红军长征以来打的第一个大胜仗，这场胜利彻底粉碎了敌人围堵红军的企图，极大地鼓舞了全军的士气，抒写了人民的胜利信心。这首词是我最喜欢的，所以和广大读者首先通过这首词重温峥嵘岁月，感悟初心力量。

回想起 10 年前，我还在 IBM 中国实验室从事数据库研发工作，当时出于为广大读者献上数据库著作的情怀，出版了第一本数据库著作——《DB2 设计、管理与性能优化艺术》(2019 年，IBM 公司将 DB2 改名为 Db2，故本书正文中统一用 Db2)，接下来的 3 年间又陆续出版了《从 Oracle 到 DB2 开发——从容转身》《运筹帷幄 DB2——从 Oracle 运维转型》《DB2 设计、管理与性能优化艺术》，这就是"舞动 DB2"系列，这个系列在中国内地和台湾省获得了很多读者的喜爱。

完成"舞动 DB2"序列后，我于 2014 年 4 月加入中信银行，开始带领技术团队负责全行的数据库运维管理工作。在繁忙的日常工作之余，我和同事王宁、张聪、马学涛共同完成了《商业银行数据库管理实践》的写作。

谈起这本书的写作初衷，还有个故事。在 2019 年五一劳动节期间，我阅读了《大唐西域记》一书，整本书文笔简洁流畅，记述主次分明、详略得当，记录了玄奘法师西行的所见所闻。看完这本书后，我查阅相关资料得知玄奘法师西行五万余里，历时近 19 年，行经当时 138 个国家，鲁迅称赞他为"民族的脊梁"，梁启超称他为"千古一人"，我也被他九死一生舍身求法的精神所感动、所激励。回想起自己从 2002 年开始接触数据库到今年也有 19 年了，随着理论的积累和实践的深入，对商业银行如何做好数据库管理有了更加深入的理解。在玄奘精神的驱使下，我们从 2019 年 5 月 1 日开始动笔到 2021 年 5 月 1 日封笔，期间批阅 9 遍、增删 10 次，花费了两年时间最终完成本书的写作。

在向广大读者介绍本书之前，首先讲讲我的数据库研发和运维经历，期间也会带有我自己的学业和职业规划，希望能启发广大读者。

学业规划——进入信息技术的“黄埔军校”

人生是一趟心灵的伟大旅程，择高处立，向宽处行，那就要顺势而为。回想自己的成长经历，生长于一个传统文化发祥地——最早叫中国的地方，那里有巍巍的高山，滔滔的大河。唐朝宰相李吉甫曾经如此评价：“河中之地，左右王都；黄河北来，太华南依；总水陆之形势，壮关河之气色。”在这片具有浓厚历史文化底蕴的地方，我将“知识就是力量”“知识改变命运”当作最大的人生信念，这就需要走出去证明自己的价值。

出于成为一名电厂工人的目标，我在 1997 年成功考取了中国电力行业的最高学府——华北电力大学，我是多年以来，我所在家乡小镇上的第一个大学生。但入学以后，我曾经过相当长时间的迷茫，失去过奋斗的方向。2001 年，在即将毕业的大四，我注意到电力行业早就进入了稳定期，这个时候如果继续坚持并不是最佳选择，于是我对自己将来要走的路进行了再次规划。

2001 年，中国信息技术的发展正处于技术爆发的前夜，我预感到这个行业即将快速发展；但自身所掌握的计算机知识和技术还很有限，还需要进一步学习。经过思考后，我对自己的学业和职业进行了规划：首先考取计算机方向的研究生，毕业后进入大型研发企业进行锻炼以提升自己的能力。

有了规划后，我进行了不打折扣的执行，每天坚持学习 12 小时，过着苦行僧一般的生活，暑去寒来，最终在 2002 年考取了信息技术的“黄埔军校”——北京邮电大学计算机学院国家重点实验室。在国家重点实验室，我系统地学习了计算机经典理论，参与了各种项目，开阔了眼界，积累了软件开发经验，C/C++和 Java 语言的运用已非常娴熟。也是从那时起开始接触 Oracle、MySQL 等数据库。

从研究生开始，我正式建立了自己计算机科班出身的优势，至此完成了学业规划的第一步。一路走来，感谢师友，在北邮读书的时候幸运地遇到了孔祥泽、薛海强、赵文峰、李兴才等同学，感恩遇到的每个人和每件事。

必然选择——加入 IBM 软件开发实验室

毕业以后，我通过校园招聘于 2005 年进入了信息技术的摇篮——IBM 中国开发实验室（IBM CDL），这些都是自己职业规划的必然选择。

那时候的 IBM 中国开发实验室高手云集，清一色的高学历，一个部门毕业于清华、北大的同事占到了三分之一，平时沟通邮件都是英文，和硅谷等海外实验室的电话会议也都是英文，这些对当时的我来说都是非常新奇的。

刚加入的时候，从事过较短时间的语音产品（IBM Via Voice）开发，这个技术现在看起来仍然高深，但在 2005 年的时候 IBM 就已经做出产品了。后来换到了信息管理产品研发部门，机缘巧合进入了 Db2 数据库研发和客户支持领域，从此确立了自己的专业方向。在实验室的那些年，自己如饥似渴地钻研，并不断向周围优秀的同事学习，建立了自己的数据库开发和支持所需知识体系。印象中最深的一次，在 Db2 里面独立设计开发了一个新功能，并发布给某日本客户使用，解决了困扰这个客户长期以来的难题。这个经历让我获得了成就感，那就是用技术和产品帮助客户解决问题，这就是技术人员最大的价值。

在 IBM 从事 Db2 数据库开发和客户支持期间，收获是沉甸甸的：深刻理解和学习了国际化大公司数据库研发体系；获得了坚实的数据库理论、开发和支持经验；作为第一作者，出版“舞动 DB2”系列专著四部；发表技术专利，获得了对知识产权的保护意识；提升了英文水平，通过工作体验了西方企业的工作文化，等等。

在 IBM 期间，感谢于毅民、孙冰江兄长般的关怀和支持；感谢 Claire 洪给予我的指导，让我理解了 IBM 的全球研发和支持体系。再次感谢张建鑫、朱志辉、朱彬、彭晓强、李越、李玉明、王富国、杨小华、陈诗然、郭锐、李海峰、马镭、孙岳等实验室同事，我们有一段十分愉快的共事时光。

回想起来，IBM 中国实验室的 Db2 开发人员很可能是中国最早从事数据库引擎研发的，这些人员目前已经在互联网以及各大商业银行承担数据库开发或者运维重任。

机缘巧合——加入中信银行数据中心

如果说考取北邮计算机学院和进入 IBM 中国实验室是自己有意识的规划，那么 2014 年加入中信银行却是机缘巧合，这个机缘还是在 Db2 数据库上。

刚加入中信银行时，我进入了 Db2 的海洋，生产环境所用数据库几乎全是 Db2。我也从一名多年从事 Db2 开发的人员逐渐转型到了数据库运维上，后来成为团队负责人，开始带领团队承担全行数据库、中间件以及集中备份相关工作，所运维的数据库种类也从单纯的 Db2 扩展到了中信银行自研的 GoldenDB 分布式数据库。

谈起 GoldenDB 分布式数据库，其实中信银行早在 2014 年就正式启动了研发工作，当时可谓大势所趋，生逢其时。首先，安全可控的国家战略要求银行 IT 从传统封闭式架构向开源、开放、自主可控的架构转型；其次，高并发交易的出现要求银行 IT 架构支持纵向扩展；最后，银行经营环境的变化要求银行 IT 基础设施从昂贵的 IOE 设施向 x86 服务器、本地磁盘等低成本设施转型。

在中信银行工作时，我作为数据中心分布式数据库技术牵头人，在上线前使用高可用测试场景进行了充分测试，协助开发中心修订了数据库产品缺陷；作为牵头人设计了中信银行分布式数据库技术规范、应急手册、切换演练方案、自动化巡检方案等，这些技术规范发挥了“指南针”的作用，真正使得分布式数据库运维做到了有据可凭，从而和其他银行同业技术对标提供了基础。

我非常荣幸地深度参与了“凌云工程”，实现了中信银行总行核心系统从 AS400 下移到 x86 平台，已于 2020 年 5 月 3 日成功实施；深度参与“长征项目”，实现了网上银行系统从小型机 Db2 下移到 x86 平台 GoldenDB 分布式数据库，该项目已于 2019 年 9 月 10 日成功实施。

这些工作提升了我的技术深度和广度，也为本书的写作奠定了坚实基础。

感谢数据中心领导迟鲲对我工作的精心指导，以及班孝明、黄湘武、陈让宽等领导对我工作上的帮助；感谢王湛、刘小娜、李永忠、胡彦魁、刘明、刘文涛、卫东、邓琼等的关怀和鼓励，他们使我充满前进的力量；很高兴认识了周渤、周海鹏、王培发、刘鹏飞、马超、陈建锋、张兴强、张占越等同事，和他们的交流让我受益匪浅，真心感恩遇到的每个人和每件事。

学业再规划——进入管理学的“黄埔军校”

从 2016 年 2 月开始负责数据库团队开始，我主要从实践上不断摸索管理经验，从刚开始的彷徨到 2018 年逐渐进入角色，团队多次获得“优秀团队”称号。但是，管理实践的摸索到了一定阶段会遇到瓶颈，还需要对管理学进行系统化的学习。

经过认真准备，我在 2018 年考取了中国人民大学工商管理研究生，系统学习了管理学理论，并向多位教授学习，积极和同学交流，不断提升自己，最终于 2020 年 12 月 20 日获得管理学硕士学位。通过学习和总结，我现在有信心有能力带好团队并创造佳绩。

最难忘的是在论文开题阶段，我选择了《商业银行 IT 基础设施数字化转型研究》，这是一个很大的挑战。写作过程是充实并快乐的。我通过调研以及各种交流，最终完成了论文的写作并通过答辩，也让我对金融科技有了更深入的理解。

在中国人民大学，遇到了好老师、好同学，建立了管理学思维。我经常反思一个人的价值不是用名利来衡量的，而是取决于对社会的贡献。知识创造财富，更让社会进步。知识，既让我们拥有科技创新的能力，也让我们拥有文化传承的自信。

在中国人民大学读书期间，我想把我最真挚的感谢献给我的导师——王刊良教授，他把他的管理学理论以潜移默化的方式传授给我，让我从一名计算机科学毕业的学生开始踏入工商管理学的大门。在我写作遇到迷茫时，他给予我思路上的启发，使我茅塞顿开。他的博学和平易近人更是让我如沐春风，也是我做人和做学问的榜样。感谢我的同学蓝雪松、武晓燕和刘文龙，在平时的学习中他们的指点让我受益匪浅。

数据库学习之路——致商业银行数据库从业人员

目前，各大商业银行都在不断加大科技人员投入，对于当下银行业而言已经成为标配，金融科技也进一步推动了银行业务的进一步发展。对各大商业银行数据库从业人员来说，在传统数据库向分布式数据库转型阶段，应抓住机遇顺势而为，正所谓“站在台风口，猪都能飞上天”。

从数据库运维的发展趋势来看，将来必然是走向自动化和智能化，这对广大数据库从业者来说，机遇远大于挑战。在智能化时代，数据库从业者绝大部分工作是开发平台化工具，通过平台化工具将 DBA 从事务性工作中完全解脱出来，这样 DBA 能将部分精力放在数据库架构、数据模型设计、应用开发指导、运维规范、优化指南等更需要智慧的地方。

在这个时代，广大数据库从业人员需要身体力行去证明，人生最重要的不是事后的荣誉或财富，而是过程中获得的历练和成长。不在荣誉面前停留，不为失败辩解，一直在路上，风雨兼程。三分天注定七分靠打拼，爱拼才会赢。

只有数据库从业人员保持对学习、锻炼和工作的热情，心态才能永远年轻；只有拥有旺盛的精力和强大的内心，才能经得起世事的磨练。那些未能打败你的，都将使你更强大。哪有什么优秀，不过是更专注、更勤奋、更热爱。所谓的伟大，不过是简单、正直、目标远大和坚忍不拔。

我们很幸运赶上金融科技时代发展的大潮，只有为社会、为他人创造价值，才能实现自身价值。带着梦想去奋斗，感恩时代，贡献社会！

本书内容

本书内容严谨精细、生动活泼，全书共 12 章。第 1～3 章提出在金融科技大潮下，商业银行数据库架构转型新思路，随后深入阐述从集中式到分布式数据库实践，以及从小型机迁移到 x86 平台实践；第 4～6 章讲述商业银行 Db2、MySQL、GoldenDB 等数据库新系统上线以及数据库版本升级等重要内容；第 7～9 章讲述 Db2、MySQL、GoldenDB 等数据库故障诊断理论，并分享实战案例；第 10、11 章分别讲述 Db2 和 MySQL 数据库性能优化；第 12 章分享笔者对商业银行数据库管理方面的思考，这是全书的总结部分，以启发读者管理好所在银行的生产数据库。

为了方便读者，在书中加入了“注意”“小技巧”和“比较”这样的提示性文字。其中，“注意”的内容是需要读者在工作中重点留意的；“小技巧”的内容是重点向读者分享的实战技巧；“比较”的内容是一些容易混淆的概念，是向读者解释和澄清的。

最后，在文中的一些脚本片段采用灰底形式，这样就非常明显地和正文区别开了，同时加黑处理了脚本中的一些重点内容以示强调。

本书读者

本书主要面向企业（尤其是商业银行）的数据库架构师、数据库管理员、应用开发人员和数据库技术决策人员，可为他们提供业内先进、富有技术深度和实践意义的重要技术参考。

致谢

首先感谢清华大学出版社在本书的出版过程中给予的大力支持和帮助！感谢中信银行数据库专家骆晓瑞，他审核了大部分章节并提出了很多宝贵建议；感谢 IBM 中国实验室资深工程师李越，他仔细审核了部分章节并给出了修订建议；感谢民生银行资深 DBA 朱彬，我和他在商业银行数据库运维实践上有充分的交流，让我获益良多；感谢阿里云数据库研发总监彭晓强，他在数据库研发上技术深厚，在和他的经常性探讨中颇受启迪；感谢蚂蚁集团 OceanBase 数据库专家李玉明，他在分布式数据库理论和实践方面具有很深的造诣，帮助我审核了分布式数据库相关章节。

三飞鹏

2021 年 7 月 18 日

于北京

目　录

第 1 章

商业银行数据库架构转型

六代繁华，春去也，更无消息。空怅望，山川形胜，已非畴昔。王谢堂前双燕子，乌衣巷口曾相识。听夜深、寂寞打孤城，春潮急。

这是一首作者在大学时读过的词。元代词人萨都剌向我们描述了这样一幅场景：六朝古都金陵的繁荣胜景，已经随着时光一去不复返了，即使是王谢这样的百年豪门望族也早已不知其处。由此可知：大到一个民族、一个国家，如果不能顺应时代潮流，拥抱变革，那么这个民族、这个国家也会被历史的潮流所淹没。

当今世界正在迅速进入以新一代信息技术为主导的大发展大繁荣时期，这轮新技术革命以人工智能、大数据、云计算等新技术为代表，万物互联，赋能数据，驱动经济发展，各行各业进行数字化转型已是大势所趋。

对银行业来说，加快新一代信息技术创新与应用融合，挑战和机遇并存，但机遇是第一位的。谁能在新的科技革命中快速实现数字化转型，谁就能在以后的竞争中位于潮头，从而立于不败之地。

1897 年，中国通商银行在上海成立，这是中国第一家现代商业银行。商业银行，是以盈利为目的、以金融资产为经营对象，进行金融资产融通的金融机构。商业银行经过逾百年的经营和发展，作为经营货币的特殊企业，已成为国民经济的重要支柱，具有调节经济、信用创造、信用中介、支付中介、金融服务等职能。

在当前金融科技的潮流之下，数据库作为商业银行承载业务数据的核心软件，获得了长足发展。特别是近年来，各大商业银行的数据库开始了转型之路：从商业数据库转型到开源数据库，从集中式架构转型到分布式架构。这种架构转型是数字化转型的重要一环，是银行信息科技从业人员必须思考的问题，可谓挑战和机遇并存。

在数据库转型中务必坚持战略思维。战略思维就是对根本性、全局性、长远性的问题进行科学谋划，提高对外部变化的战略响应能力，最终形成共识与合力。

1.1 商业银行信息科技发展环境

2021 年，中国经济发展步入“十四五”。“十四五”规划明确提出要“提升金融科技水平”，“新基建”首度被写入《政府工作报告》，5G 等新技术启动规模化商用。这些宏观政策及基础技术升级为金融科技发展创造了良好环境，为金融科技创新应用带来了更广阔的落地空间。

2021 年，是中国人民银行金融科技发展规划的落地之年，商业银行目前正在全面加速实施，这必将系统性增强金融科技创新应用能力。

2021 年，中国银行保险监督管理委员会（简称银保监会）监管新趋势形成，这种新趋势对各大商业银行信息科技发展会产生什么样的影响，更是值得银行业关注的话题。

1.1.1 “十四五”规划

2020 年 10 月 29 日，党的十九届五中全会审议通过了《中共中央关于制定国民经济和社会发展第十四个五年规划和二〇三五年远景目标的建议》(以下简称“十四五”规划)。从 2021 年到 2025 年的“十四五”规划，是中国开启全面建设社会主义现代化国家新征程的第一个五年，将“十四五”规划同 2035 年远景目标统筹考虑，体现了承上启下、继往开来的重要意义。

2021 年是“十四五”规划的开局之年，也将是后疫情时期的“恢复性增长之年”。在金融科技持续助力银行业数字金融体系建设过程中，建议重点关注以下几个方面。

一是重点把握顶层规划与具体实践的关系。IT 体系架构对业务发展有着较强的约束和促进作用。要在把握金融科技发展趋势的基础上，以更加前瞻的视角做好应用、数据、技术及安全等顶层设计和路径规划，把握发展主动权，并在实践中不断总结修正，始终保持规划和实践具备良好的相互适应性。

二是重点把握好传承与创新的关系。转型发展仍需要以现有信息系统为基础，几十年来，信息化银行建设的成果不是要推倒重来，而是要有所取舍，坚持按需适用、传统与创新兼顾的原则，充分继承和发挥好存量资产价值，围绕新场景、新业态、新管理要求，有针对性地进行改造提升。

三是重点把握好科技与业务的关系。技术、数据本身俨然已经成为经营要素，科技与业务更加密不可分。只有坚持业务与科技“煲汤式”“聚变式”深度融合，形成整体合力，才能更好地适应形势发展的需要。

四是重点把握好创新和安全的关系。既要积极应用新技术，也要注意防范潜在风险。要坚持以安全为本，把防控风险作为底线，审慎稳妥地推进新技术的研发应用，夯实信息系统安全稳定运行这一影响金融安全的根基。

1.1.2 金融科技发展规划

为了加强金融科技工作的研究规划和统筹协调，中国人民银行于 2017 年成立金融科技委员会。2019 年 8 月 23 日，又发布了金融科技（FinTech）发展规划（以下简称《规划》），明确未来三年金融科技工作指导思想、基本原则、发展目标、重点任务和保障措施。《规划》分别针对大数据、云计算、人工智能、分布式数据库、网络身份认证相关技术应用进行了分析和阐述，为金融科技相关技术应用方向提供了指引，这是我国金融科技领域第一份科学、全面的规划，是金融科技发展进程中的里程碑。

金融科技正在重新定义金融服务，线上化、智能化、普惠化、开放化成为金融发展的新趋势、新业态。金融与科技的深度融合共进成为数字经济时代背景下商业银行发展的契机。基于现有的发展基础，商业银行在应用金融科技相关技术时，应严格遵循《规划》中提出的

“守正创新”“安全可控”原则，把安全作为金融科技创新不可逾越的红线，坚持自主可控，牢牢把握控制权。

《规划》中首次明确金融科技相关信息披露相关要求：

（1）金融机构要在年报及其他正式渠道中真实、准确、完整地披露用于创新性研究与应用的科技投入情况。

（2）金融机构要在年报及其他正式渠道中真实、准确、完整地披露科技人员数量与占比。

商业银行要加强创新性研究与应用的科技投入，优化科技人才结构，引入核心高端型、复合型人才，持续推动数字化转型进程。

1.1.3　银保监会监管新趋势

银保监会是银行业和保险业的监管机构，它贯彻落实党中央关于银行业和保险业监管工作的方针政策和决策部署，在履行职责过程中坚持和加强党对银行业和保险业监管工作的集中统一领导。

金融安全是国家安全的重要组成部分，“守正创新、安全可控”是金融安全的基本原则。提高信息科技安全可控能力已成为国家战略，要求银行通过自主研发、开放合作等方式，掌握信息化核心知识、关键技术及其选择权，避免对单一技术和产品的依赖。同时，监管机构的监管力度逐步加强，监管指标的深度及广度持续扩大，动态监测指标已进入实验接入阶段，要求银行推进相关信息系统的改造，满足监管部门的达标条件，实现与监管应用系统的对接。监管机构对外包服务集中度、非驻场外包管理等方面也提出了要求，需要银行加快落实。

2020 年 11 月中国人民银行出台《金融控股公司监督管理试行办法》、中国人民银行和银保监会出台《网络小额贷款业务管理暂行办法（征求意见稿）》；北京市启动首批金融科技创新监管试点应用，目前试点范围已扩大至上海、雄安新区等 9 个城市和地区，对外公示 60 个创新监管试点应用等。后续，可能还将出台类似的监管标准及政策，通过监管沙盒、完善标准等措施，进一步规范金融科技创新应用。

目前，监管发展趋势已经向穿透式监管、联合监管转变。穿透式监管将改变传统的数据报送模式，通过系统嵌入、API 等手段，实时获取风险信息，自动抓取业务特征数据，保证监管信息的真实性和时效性。穿透式监管对银行业务系统的数据质量、实时数据采集技术手段是一个很大的挑战。

1.2　商业银行信息科技体系

根据监管要求，商业银行建立了专业分工明确的科技体系，涵盖了组织架构、制度流程、基础设施、运维支撑、容灾、信息安全等领域。

坚持开放融合，加强跨地区、跨部门、跨层级的开放互通，加强线上线下渠道一体化互联互通；融合一切可以融合的力量，包括科技与业务的融合、银行业与其他行业的融合等，打造金融与科技融合、金融与非金融跨界共赢的生态圈。

1.2.1 组织架构

商业银行信息科技部门通常采用“一部两中心”的组织架构，其中，“一部”指的是信息技术管理部，“两中心”指的是软件开发中心和数据中心。

信息技术管理部为总行内设一级部，是信息科技的主管部门，通过组织内部机构与开发和数据中心的协同工作，为全行业务部门及外部客户提供高效、安全、稳定的信息技术服务。

软件开发中心为总行直属机构，主要负责全行信息系统应用软件的开发和应用系统运维的二线支持工作，软件开发中心下设核心银行开发处、电子银行开发处、零售银行开发处、分行开发处、数据分析处等处室。

数据中心为总行直属机构，主要职责是承担全行生产中心和灾备中心的基础设施运维，数据中心下设应用运维、技术支持、生产调度等处室。

1.2.2 制度流程

目前，国内大部分商业银行都已经建成结构清晰、覆盖全面的制度体系，内容覆盖总行、分行生产运行的所有领域。通常，商业银行的制度体系主要分为以下三个层次。

（1）基本制度层。主要包括相关国家法规及监管制度，例如表 1-1 所示内容。

表 1-1　基本制度

序号	制度名称
1	《银行业重要信息系统突发事件应急管理规范（试行）》
2	《商业银行信息科技风险管理指引》
3	《银行业金融机构重要信息系统投产及变更管理办法》
4	《商业银行数据中心监管指引》
5	《商业银行业务连续性监管指引》
6	《银行业金融机构信息科技外包风险监管指引》

（2）管理办法层。包括全行发布的开发、生产运行各类管理办法及实施细则，例如表 1-2 所示内容。

表 1-2　管理办法

序号	制度名称
1	《×××银行信息系统配置管理办法》
2	《×××银行信息系统性能容量管理办法》
3	《×××银行信息系统生产运行问题管理办法》
4	《×××银行信息系统生产运行操作管理细则》
5	《×××银行信息系统生产运行数据管理细则》
6	《×××银行信息系统可用性管理办法》
7	《×××银行信息系统生产运行机房管理办法》

（3）操作规范层。主要为 ISO 20000 服务管理体系文件及其他具体流程类、管理类制度，分为以下三个层次。

① IT 服务管理手册。用于规范部门管理层的责任、IT 服务管理体系的持续改进方法以及新服务和服务变更的要求。

② 管理程序及管理工作手册。其中，管理程序适用于较复杂流程及相关要求的描述，管理工作手册适用于不涉及流程或仅涉及简单流程的管理要求的描述。

③ 表单及过程记录。用于规范流程及相关工作开展过程中所使用的表格、模板，以及其他记录内容。

④ 技术/管理规范。包括各类技术及管理方面的规范，被管理办法层及操作规范层制度所引用。

1.2.3 IT 基础设施

2021 年以来，商业银行信息科技取得了快速增长，新业务系统不断上线，机房、服务器、存储、网络等 IT 基础设施设备的数量出现了爆发性增长。传统上，商业银行采用生产中心、同城灾备中心和异地灾备中心即“两地三中心”的部署架构。基于“两地三中心”的部署架构，商业银行的 IT 基础设施，主要包括机房设施、网络、计算资源、存储资源等，下面分别阐述。

1. 机房设施

首先，商业银行的机房建设需按照国家标准进行（如 GB 50174 A 级），对供电要严格要求，需要电力充沛，可多路供电，保证用电安全。需要多个运营商骨干光缆多物理路由接入，满足网络带宽要求，可协调提供裸光纤资源。机房需抗震 8 级以上，机房区域使用防火材料均为 A 级。机房还需通过 ISO 20000、ISO 27001、ISO 9001 等专业资质认证。

其次，商业银行的机房运维管理团队负责机房日常运维工作，承担 7×24 h 机房轮班值守，负责机房内 IT 设备及网络的现场管理及应急处置，包括机房的空调、强电、安防等基础设施。按照金融监管要求，遵循《金融业信息系统机房动力系统规范》（JR/T 0131—2015）及《中信银行信息系统机房维护规范》建立机房日常运维管理体系。

最后，组织机房基础设施突发应急场景的联合应急演练，沟通协调机制顺畅，确保机房运维保障水平能够达到银行生产机房业务连续性及可靠性的要求。

2. 网络

近年来，商业银行持续对网络进行优化升级，大幅提升网络稳定性、安全性和性能容量。在总行、分行、支行三层架构的基础上，以两地三中心为核心形成树状结构，具备高可靠、高性能、全冗余等特点。

生产中心与同城灾备中心之间通过多条不同运营商裸光纤实现互联互通，采用 DWDM 密集波分技术实现各网络区域间的无阻塞互联，每个网络区域间的互联带宽可由 40GB/s 到 400GB/s 平滑扩容。异地中心与生产中心、同城灾备中心之间通过两条广域网专线实现互联，在满足应用级和数据级异地灾备的同时有效支撑了应用多、活部署的需求。

网络架构实现标准化、模块化设计，实现网络自动化、智能化和服务化；建设完成同城数据中心核心双活网络，有效支撑应用的多活部署；积极推进 SDN 技术的应用，为构建高容量、易扩展、安全可靠和智能化的新一代网络架构奠定基础。

从未来规划来看，需要加快网络架构转型，持续推进 SDN 技术推广应用，构建高容量、易扩展、安全可靠和智能化的新一代网络架构，全面支撑大数据、云计算、区块链、人工智能等新技术、新应用的敏捷弹性部署。

3. 计算资源

商业银行目前已经在实现计算资源配置标准化、资源池化、部署自动化，缩短建设周期，实现分期建设、按需扩展，具体表现在以下几个方面。

（1）通过系统迁移及应用整合等方式，推动 x86 服务器集群逐步替代 IBM 小型机或者 HP 小型机。

（2）大量推广使用虚拟化技术。计算资源供给方式由单台物理机方式逐步转向资源池化方式，提升资源供给效率，降低资源使用成本。

（3）引入容器技术并且在生产环境中应用。推进多个系统在容器平台成功上线，实现了应用快速上线、弹性伸缩。

4. 存储资源

随着商业银行业务量的大幅度增长，数据量急剧增加，对存储的要求也越来越高，在保证数据安全的前提下，应加强存储容量管理支撑业务的发展，建设存储统一管理平台提升存储管理水平，大量使用国产化设备提高自主掌控能力。商业银行存储资源管理还需在以下方面进行优化与提升。

（1）推广分布式存储、超融合存储等新技术的使用，实现软件定义存储、快速扩容、弹性伸缩。

（2）推动全闪存储去重、压缩技术的使用，提升资源的利用率。

（3）与云管平台结合，实现存储资源供给的服务化，包括存储分配、扩容、回收等。

（4）选择适合的系统运用存储双活技术，防范存储单点风险，提升系统的可用性。

5. 商业银行云

目前，多家商业银行已经逐步完成了云架构转型，已经进入了深化云平台建设阶段。参考业界技术体系，商业银行针对计算、存储、网络技术进行了整体规划。

（1）提供更加丰富的云服务，实现了计算、网络、存储环境的统一管理、快速部署，服务内容涵盖 IaaS（计算、存储、网络资源）、PaaS（数据库、中间件）交付过程。

（2）IaaS 平台与 DevOps 平台、容器云平台、PaaS 平台、企业级配置中心（CMDB）进行深度集成，实现资源申请全部线上化、服务化，实现开发、测试、运维一体化。

（3）完善容器平台的运维管控体系，为容器应用提供平台化服务，建立开发和运维一体化，加速应用上线，实现全流程自动化，提升运维和开发效率。

1.2.4 运维支撑

很多商业银行规划和构建了具备完整“监管控”功能的运维支撑系统体系，以实现运维管理工作向标准化、自动化、数据化、智能化方向发展。涵盖了用户体验、业务与交易、应用、数据库、系统、网络、硬件、云环境、机房环境等几个层面，有效支撑商业银行 7×24 h 实时监控。

（1）用户体验监控：通过布局全国、覆盖各运营商的庞大的监控网络，监测对外服务质量，对个人网银、企业网银、个人移动银行等服务的用户体验情况进行全面监测。

（2）业务与交易监控：采用对旁路网络流量的协议分析技术和大数据技术，实现从客户、渠道、业务、交易四个维度全面监控，将全部重要交易类信息系统纳入业务与交易监控。

（3）应用系统监控：对所有应用系统的应用软件、应用日志、批处理状态、交易异常、服务状态、并发连接等进行监控。

（4）IT 基础软件监控：对 Linux、UNIX、Windows、Db2、MySQL、Oracle、MS SQL、WebSphere 等基础组件全面监控。

（5）IaaS/PaaS 监控：将 IaaS 层存储、宿主机、虚拟机全部纳入监控。

（6）网络设备与线路监控：对全行网络设备状态、总分行线路状态实现监控；通过旁路网络流量分析技术对关键网络区域设备实现流量可视化和协议分析。

（7）硬件设备监控：对各种型号的服务器、存储设备进行监控。

（8）机房环境监控：使用动环监控平台对总行和分行所有机房进行监控。

1.2.5　容灾体系

按照银保监会《商业银行信息科技风险管理指引》《商业银行业务连续性监管指引》《银行数据中心监管指引》等要求，商业银行需要对重要信息系统灾备覆盖率达到 100%，并且满足 RTO 和 RPO 的主要指标要求。目前，商业银行根据不同应用系统的特点选择不同的容灾技术，建立了较为完备的“两地三中心”容灾技术体系。

1. 灾备建设思路

（1）灾备技术体系建设：按照应用系统的灾难恢复需求，采用业界先进成熟的灾备技术，建立规范、完善的灾备技术体系，实现灾备系统的按需差异化部署。

（2）灾备管理体系建设：按照业务连续性管理要求，建立覆盖灾备系统规划设计、建设实施、日常运维和应急管理等多方面的管理制度和流程体系，提升灾备系统的管理能力。

（3）持续优化：建立常态化的灾备系统评估优化机制，及时发现灾备体系存在的不足和缺陷，制订有效的改进和优化措施。

2. 采用多层次容灾架构

容灾体系在方案设计上，按照“成本风险平衡原则”对信息系统进行分类，根据信息系统承载业务特点，分别制订不同的容灾策略和方案。

3. 一体化的灾备运维管理

同城灾备中心和异地灾备中心全部纳入集中监控系统管理，实现 7×24 h 统一监控。灾备中心的事件处理、应用版本更新等工作与生产中心按照统一流程管理，既可保障灾备中心对外提供服务的应用系统，又可保证灾备中心中处于备用状态的应用系统随时可以启用。

4. 不断完善灾备运维自动化工具，保证应用一致性，提高切换效率

灾备中心的应用系统需要和生产中心保持完全一致，在生产中心发生故障时，灾备中心真正完成对应用接管。

（1）通过不断完善运维自动化工具，定时检查灾备环境与生产环境的一致性，并及时提醒运维人员进行维护。

（2）为提高同城、异地灾备切换操作的执行效率，通过优化、标准化切换过程，实现一键式快速切换，将重要系统的灾备切换时间大幅缩短，降低操作风险，并消除对操作人员的依赖性。

1.2.6 信息安全

安全生产是生命线，是一切发展的根基。商业银行在长期安全运营中积累了大量经验，所有的金融科技创新，在一定程度上是向未知领域的探索，其中风险具有较强突发性和不可预测性，必须坚持“安全生产第一”的原则。

为保障信息系统安全稳定运行，商业银行不断提高信息安全技术保障能力，形成立体的信息安全技术防护体系和高效的信息安全运营体系，严防信息安全风险。针对外部网络攻击渗透、恶意代码、垃圾恶意邮件、互联网应用攻击、漏洞利用等信息安全威胁，不断夯实信息安全基础设施，根据技术发展不断部署相关安全产品，形成较为完善的多层次纵深防御的信息安全技术防护体系。

近年来，为切实强化信息安全风险防控，推进建立完善信息安全运营体系相关工作，一方面持续建设安全运营平台，提供安全运营技术平台支撑能力；另一方面持续补充安全技术人员，组建安全运营团队，建立高效运作的安全运营体系，实现安全事件监控、发现、处置、应急、修复工作的常态化。

1. 建设安全运营平台

安全运营平台基于大数据技术，采集服务器、网络设备、安全产品等设备、系统的各类日志和数据，配置告警规则并实现安全监测功能，及时感知信息安全风险及内外部安全威胁，并支撑高效的安全事件分析调查处置。

2. 建立并完善安全运营流程机制

1）实时监测安全威胁、安全事件并处置

依托安全运维管理平台实现的安全威胁、安全事件实时感知告警功能，配置专业安全技术人员，针对外部扫描攻击、病毒、可疑行为等方面的高级别安全威胁或事件，实现实时监测、高效处置，防范内外部安全风险。

2）高效自动化封堵外部网络攻击行为

为及时封堵外部网络攻击，阻断外部黑客可能进一步实施的攻击行为，形成威慑效应，实现外部网络攻击 IP 实时自动化封禁机制。在采集互联网入侵检测设备告警日志基础上，配置规则过滤出高频次、有潜在影响的扫描攻击行为涉及的外部 IP，通过自动化调度脚本方式，在网络设备上实现实时封堵，阻断进一步攻击行为的发生，提高黑客攻击成本，形成有效的威慑效应，减少了商业银行与互联网系统、应用遭受外部攻击的可能性。

3）持续防范恶意代码威胁

病毒、蠕虫、木马等恶意代码威胁一直是网络安全领域的重要防范对象。在部署病毒类防护产品的基础上，建立覆盖全行的病毒码未及时更新监测机制，发现未及时更新情况将督促相关单位和个人尽快完成病毒码更新，以保证可对新型病毒进行检测和查杀。此外，对于病毒处理失败、病毒重复感染、病毒爆发等情况建立监测机制并及时跟踪解决，切实防范病毒大量传播，控制其影响范围。

4）大力推进漏洞及脆弱性修复

定期组织实施系统层面漏洞扫描，对于扫描发现的安全漏洞和安全问题，督促及时完成整改；针对外部提示和主动监测的新出现高风险安全漏洞，组织快速排查确认是否受到影响并安排修复，及时消除漏洞隐患。

1.3　基于 ITIL 规范的运维体系

信息技术基础架构库（Information Technology Infrastructure Library，ITIL）是全球公认的一系列信息技术服务管理的最佳实践，它由英国中央计算机与电信局创建，旨在满足将信息技术应用于商业领域的发展要求。

从 2010 年开始，商业银行按照 ITIL 规范进行生产运行流程制度体系建设，建立了较为规范、全面的事件管理、问题管理、变更管理、应急处置等运维管理流程，并制定了相应的管理制度。有很多商业银行在 ITIL 实践基础上，通过了信息技术服务管理体系标准 ISO 20000 认证。

在运维体系建设中，要从真实金融场景出发，用数字化手段打造可商业化运营的新产品、新模式、新业态，为客户、员工和社会创造新价值。

1.3.1　事件处理

商业银行的事件管理流程通过工具覆盖至支行网点层面，包括报告、受理与分派、处理、反馈、回访、评价等完整的事件管理流程环节。能够高效支持从一线网点日常业务异常到数据中心各类故障事件的处置。可以通过智能机器人的使用，实现所有业务异常报障处理时间的大幅下降。

1.3.2　问题处理

商业银行的问题管理流程通过工具覆盖全行，包括报告、审核、分派、处理、反馈、反馈确认、提出人确认、回顾分析等完整的问题管理流程环节。从事件流程、变更流程、新系统上线流程、应急流程以及日常巡检等方面萃取问题，并由专职问题流程经理进行问题处理进展跟踪。同时，制定了重点问题识别标准，对重点问题进行特殊跟踪。

1.3.3　变更实施

商业银行的变更管理流程通过工具覆盖全行，包括申请、审核、计划制订、评审、审批、实施、反馈、总结分析等完整的变更管理流程环节。通过与堡垒机、门禁系统，以及自动化平台的整合，实现了变更审批与相关高权用户、变更区门禁的自动化精细授权联动，实现了自动化变更的自动化触发。

1.3.4　应急处置

商业银行的应急管理流程包括应急处置管理、应急预案管理、应急演练管理。

在应急处置管理方面，实现精细化的应急管理，对每个应急进行事后分析，发现改进点。在此基础上，大力推进应急操作自动化，实现应急组织专业化，建立应急视频会议系统，搭建应急线上管理平台实现应急过程线上化记录，及相关信息的全景展示。

在应急预案管理方面，建立应急预案新建、修订、废止的全生命周期管理机制。通过与新系统上线流程、事件流程、应急流程、变更流程、系统下线流程的衔接，实现应急预案新建、修订、废止的识别。

在应急演练管理方面，建立了基于场景的，包括计划、组织、跟踪、总结的完整的应急演练管理机制。演练方式包括生产实操演练与桌面演练。每年年初由应急管理流程经理组织制订全年应急演练目标及具体计划，全年演练须达到所有重要信息系统所有场景全覆盖、所有重要基础设施（机房、网络、存储）所有重要场景演练全覆盖；由应急流程经理负责跟踪演练计划的完成情况，在演练后将演练发现的问题纳入问题流程进行解决跟踪。

1.3.5 安全配置基线

商业银行所常用基础软硬件产品包括操作系统、关系数据库、中间件、路由器、交换机、负载均衡器、防火墙、TLS 卸载设备、密码机等。为加强商业银行信息系统的安全管理，应明确各类基础软硬件产品应当遵循的基础安全配置规范和要求，防控因基本安全措施缺失而造成的风险。

通常，商业银行总行信息技术管理部作为安全基线的主管部门，负责制定和维护信息系统安全基线管理办法，明确基线管理的相关要求等相关工作；软件开发中心作为执行部门，负责应用开发、常用应用开发平台主推版本清单的制定、发布和维护，以及对应基础安全配置规范或模板的制定、发布和维护等相关工作；数据中心作为执行部门，负责常用基础软、硬件产品主推版本和型号清单的制定、发布和维护，以及对应基础安全配置规范或模板的制定、发布和维护等相关工作。

针对关系数据库，根据安全配置基线，选择合理的软件版本，经测试后安装必须安装的补丁文件；删除或禁用非必需的默认用户；根据关系数据库用途，对系统默认安装的功能和组件进行剪裁，卸载或禁用非必需的功能或组件；及时清理过期用户、角色和用户组；使用非操作系统超级管理员用户启动和维护数据库；启用用户密码策略，防止选用弱密码，包括：

（1）宜启用密码复杂度策略。

（2）应选用安全的密码，避免使用弱密码。

（3）应避免重复使用相同的密码。

（4）禁止空密码用户登录。

1.4 数据库架构转型

数据库的工作负载可分为事务型（On-Line Transaction Processing，OLTP）、分析型（On-Line Analysis Processing，OLAP）和混合负载（Hybrid Transactional/Analytical Processing，HTAP）。事务型数据库一般用于联机交易，关键是响应速度要快；分析型数据库大多被用于数据仓库或者决策支持系统。但也有很多场景需要综合考虑 OLTP 与 OLAP 特性。2014 年，Gartner 公司正式提出了 HTAP，它是在保留原有在线交易功能的同时，也能够针对最新的业务数据进行实时统计分析。

本节将针对这些不同负载的需求，探讨数据库的起源、数据库的转型、数据库的国产化以及数据库的选型策略。

1.4.1 关系数据库起源

在数据库管理系统（DBMS）出现以前，数据存储在文件里，但文件对结构化的数据管理非常不方便，随着人们对数据应用和处理的要求越来越高，传统的文件系统已经不能满足人们的需要，能够统一管理和共享数据的数据库管理系统便应运而生。网状数据库和层次型数据库是最先发展起来的，但在 20 世纪 70 年代，关系数据库逐渐兴起。与网状数据库和层次数据库相比，关系数据库具有明显的优点：数据独立性高、重复性低、存取修改更方便等。这些显著的优点，使关系数据库逐渐取代了网状数据库和层次数据库。

以下是关系数据库发展过程中具有里程碑意义的历史事件。

1970 年，IBM 研究员 E.F.Codd 在 *Communications of ACM* 杂志上发表了一篇名为“A Relational Model of Data for Large Shared Data Banks”的论文，这也成为关系数据库历史上的奠基之作。

1977 年 6 月，Oracle 公司创始人 Larry Ellison 抓住了关系数据库这个巨大的商业机会，通过引入 SQL、原子事务等关键特性，在数据库领域迅速站稳了脚跟，并在 1989 年正式进入中国。Oracle 数据库目前最新版本为 Oracle 19c。

1983 年，Db2 正式问世，被 IBM 大型机所专用，之所以名字为 Db2，是由于以前已经有了一个著名的层次数据库产品 Information Management System（IMS）。

1992 年，IBM 将 Db2 带向了多种开放式平台，包括 Linux、UNIX 以及 Windows 服务器，也简称为 Db2 LUW，目前最新版本为 Db2 V11。

1979 年，Monty Widenius 开发了一个名为 Unireg 的面向报表的存储引擎，这是 MySQL 数据库的最早追溯。

1996 年，MySQL 1.0 发布。

1999 年，瑞典 MySQL AB 公司成立，开发出了 Berkeley DB 引擎，从此 MySQL 开始支持事务处理，这意味着开源数据库管理系统开始逐渐引领潮流。

2000 年，MySQL 采用 GPL 许可协议，正式进入开源的世界。

2005 年，MySQL 5.0 正式发布，这个版本加入了存储过程、触发器、视图、查询优化器的改进和支持，为 MySQL 迈向高性能数据库服务器奠定了基础。

2006 年，MySQL InnoDB 引擎发布并赢得青睐，成为最流行的开源数据库引擎。

2008 年，MySQL AB 公司被 Sun 公司以 10 亿美元收购，Sun 公司对其进行了大量的优化和缺陷修复工作。

2009 年，Oracle 公司以 74 亿美元收购 Sun 公司，自此 MySQL 数据库进入了 Oracle 时代，MySQL 开始出现企业版和社区版两个分支进行演进。

MySQL 社区版目前最新版本为 V8，随着互联网和商业银行更多的技术开发人员加入，相信它会不断完善，发展会越来越好。

1.4.2 从商业数据库到开源数据库转型

长久以来，数据库由于技术挑战大、产品成熟度和服务质量级别要求高，始终由 IBM、

Oracle 等传统巨头紧握市场份额和获取途径。

面对着日渐繁杂且高度异构的企业环境，企业越来越无力应付数据的快速增长以及工作负载。然而，随着金融科技的发展，开源数据库因为能够满足企业新的需求，可以代替企业已有解决方案，从而逐步打开市场需求，已然成为商业银行发展进化的必要选择。

（1）依托源代码不断开发、优化人才、社区、开源的生态。开源本身对工程师非常有吸引力，它的理想主义，会感召完美主义和理想主义追求者加入。

（2）通过开源数据库社区的打造，吸引技术的追求者和开源的热爱者加入，将有共同理念和梦想的人聚在一起，相互学习交流，形成积极正向循环。

（3）互联网或技术圈很喜欢进行技术分享，通过分享产品树立品牌，所以，总体社区会变成一个正向的循环，使用越频繁，问题反馈越多，修复问题越多，从而形成开源数据库的超强适应能力和修复能力。

从商业银行云平台市场环境来看，云计算已然由概念走向实践，发展势头迅猛。对未来的开发者来说，如果在云上有使用数据库的需求，这是开源数据库的用武之地。未来一切的业务都会依托云端，不管是私有云、公有云还是混合云，运维团队接触的不再是数据库服务器，而是一个个隔离的虚拟机或者容器。

1.4.3 从集中式到分布式数据库转型

20 世纪 70 年代初兴起的关系数据库属于集中式数据库，这种数据库一直延续到 21 世纪初，在金融行业发挥了巨大作用。

但是，集中式数据库就像一个容器，数据就是容器中的液体，容器无论如何都有上限，能接纳的液体也是有限的。特别是随着商业银行应用（也包括互联网应用）的用户规模、数据量都越来越大，并且要求 7×24 h 在线。传统集中式数据库在这种环境下成为瓶颈，通常有两种解决方法：一是升级服务器硬件，这称为垂直扩展（Scale Up），这种方式简单直接，但单机处理能力有限；二是对数据分片，使用由廉价机器组成的分布式的集群，这称为水平扩展（Scale Out），但以前在一个数据库里的数据，现在跨了多个数据库，涉及关联、分布式事务时复杂度高。在集中式数据库出现性能瓶颈的时候，分布式数据库应运而生。

垂直扩展（Scale Up）和水平扩展（Scale Out）：

为了提升数据库服务器的处理能力，可以采用垂直扩展和水平扩展两种方式。在垂直扩展方式中，通过增加单个服务器 CPU、内存以及存储容量来提升处理能力；在水平扩展方式中，通过增加服务器节点来提升处理能力。

2009 年，Google 提出了 Spanner 方案，并随后实现了全球化的分布式关系数据库 F1，用于其广告系统。

2015 年，亚马逊发布了 Aurora 数据库，它专为云而打造，在分布式存储上提供高性能的 MySQL 和 PostgreSQL 数据库集群，既具有传统企业数据库的性能和可用性，又具有开源数据库的简单性和成本效益。

2016 年，蚂蚁集团发布分布式数据库 OceanBase 1.0，并在支付宝账务系统中成功上线。

2019 年，中信银行与中兴通讯联合研发的 GoldenDB 分布式数据库在 2020 年 5 月成功上线，替代了在中信银行核心系统服役了多年的 IBM AS400 数据库。

当前，正处于商业银行从集中式数据库到分布式数据库转型的关键期，后续将有不断的自研分布式数据库涌现，并会有更多的系统从集中式数据库迁移到分布式数据库。

1.4.4 国产数据库发展

近两年逐渐看到一些重大的核心业务系统迁移到国产数据库上，国产数据库正在不断发展，提供了丰富的产品功能，受到各大商业银行前所未有的重视。

说起国产数据库的开山始祖，非人民大学的萨师煊教授莫属。萨师煊与其学生王珊合著的《数据库系统概论》，直到现在依旧是我国数据库领域的经典教材。早在 1978 年，萨师煊教授就开始为中国人民大学的学生们普及数据库的知识。

总结来看，国产数据库的自主可控之路大概经历了以下三个阶段。

第一阶段：跟随阶段。2000 年前后，主要跟随国外的 Oracle、Db2 等数据库，国产数据库面临很大的困境，技术比国外的数据库技术落后十年以上，国外数据库成熟的产品、成熟的客户、成熟的使用案例都是国内跟随者所不具备的，国产 OLTP 数据库通过国家的扶持进行技术的积极拓荒。

第二阶段：追赶阶段。针对数据仓库领域的 MPP 数据库技术蓬勃发展，国产 OLAP 数据库领域与国外同类产品的技术差距逐渐缩小，同时国内客户对国产 OLAP 的接受度逐渐提升。这个阶段 OLAP 数据库主要应用在非核心业务场景，客户对系统可靠性、稳定性接受度较好。国产 OLAP 数据库在数据仓库领域得到了较大的发展。

第三阶段：技术大爆发阶段。在大数据、互联网、开源等技术的发展推动下，现有数据库技术无法满足国内企业应用场景的规模和性能等需求，国内技术人员对数据库内核相关技术掌握越来越深入和全面。

随着国家对自主可控的需求不断提高，国产数据库迎来更大的发展机遇。

1. 战胜 Oracle 的国产利器——蚂蚁 OceanBase

时间到了 2020 年，国产数据库可谓是精彩纷呈：蚂蚁 OceanBase 再破 TPC 速度记录；阿里云 PorlarDB 首进 Gartner 数据库领域的领导者象限；华为 GaussDB 革命性功能全密态地发布。

随着移动互联网大潮来临，我国 IT 巨头应用方面的创新令人印象深刻，如 O2O、共享单车、自动驾驶、移动支付等新应用，但是各大商业银行的核心数据库却一直被 Oracle 与 Db2 等国外产品牢牢把持着。

2019 年，蚂蚁的 OceanBase 数据库成功登顶世界上最权威的数据库评测机构 TPC（国际事务处理性能委员会）排行榜榜首。

2020 年 5 月，OceanBase 再次将自己之前创造的记录提升了近十一倍，将甲骨文、IBM 等一众老牌数据库巨头甩在身后，正式宣告国产数据库落后于国际先进水平的时代已成过往云烟，自研数据库产品自此站起来了。

2. 金融级核心数据库——GoldenDB

2019 年 10 月 26 日，中信银行与中兴通讯联合研发的 GoldenDB 分布式数据库在中信银行信用卡核心业务系统投产；2020 年 5 月 3 日，GoldenDB 在中信银行总行账务核心业务系统投产。两大核心投产后，GoldenDB 顺利通过网联压测、双 11、年终决算、618 与季度结息等现网考验，运行稳定。这标志着 GoldenDB 分布式数据库已是成熟稳定的产品，达到业界领先水平。

中兴通讯 GoldenDB 是一款具有银行基因的金融级分布式数据库产品，从架构层面保证事务强一致和数据高可靠，并可根据业务需要实现在线扩容，具备如下特点。

（1）对应用透明、实时强一致的分布式事务。银行业务逻辑相对复杂、数据一致性要求严格，当前大部分的分布式数据库产品不支持实时强一致的分布式事务，不适合直接拿来借鉴和使用。同时，银行应用迁移也要求分布式事务处理必须对业务透明，像使用传统集中数据库一样使用分布式数据库。GoldenDB 通过全局事务管理器（GTM）、自动补偿机制等架构设计，保证分布式事务的实时一致性读和一致性写。基于 GoldenDB 分布式数据库，不仅能够快速开发新业务，银行已有的应用系统也能够平滑迁移，几十年来积淀的应用资产得以继承。

（2）系统组件高可靠。GoldenDB 为分布式计算与数据存储分离的架构设计。在计算集群中，每个计算节点均为无状态设计，可以随时接入或移出计算集群，任意计算节点异常，由对等节点接管业务；表数据在数据集群中切分为多个数据分片，每个数据分片对应一个安全组，安全组由多台机器组成，通过多副本冗余机制保障数据的高可靠。

（3）两地三中心高可靠。GoldenDB 支持两地三中心部署，本地机房和同城机房之间数据实时同步，本地机房故障时切换到同城机房，数据零丢失。本地机房和异地机房之间距离较远，通常采用异步方式复制。

（4）在线扩容。GoldenDB 满足银行大容量存储、高并发访问的要求。当存储容量或者处理规模达到瓶颈时，通过在线增加机器设备即可实现扩容。数据节点扩容时，通过后台计划任务自动完成数据重分布，整个扩容过程不影响在线业务运行，满足银行业务 7×24 h 不停机要求。

3. 传统数据库的终结者——PolarDB

2010 年前后，中国的互联网企业普遍迎来了一波流量爆发。其中，继 2003 年推出支付宝以后，淘宝在 2005—2012 年的交易迅速增长，交易额从 80 亿元、200 亿元到 1000 亿，直到破万亿。不过这种爆炸式增长，也成为阿里人甜蜜的负担，因为阿里电联用户的增长速度已经渐渐超出系统处理能力的提升速度，而原来一直沿用的 IOE（IBM 小型计算机、Oracle 数据库和 EMC 存储）中心化系统与这种高用户并发的场景几乎格格不入，暂且不论达到如此性能的 IOE 系统成本会有多惊人，问题的关键在于即使是当时最强大的科技公司，也没有经历过上亿用户同时在线的业务场景，使用国外的产品方案有如南辕北辙，无法真正解决问题。

正因此，王坚院士率先提出去 IOE 的目标，通过技术自研来解决用户爆发式增长的问题。

在 IOE 架构的系统中提升算力的思路是让服务器越来越强，云计算的分布式思路是只需要增加服务器节点的数量，就能处理更多的并发服务请求，而分布式系统的业务连续性，并不是靠高可用性来保证，而是靠整个服务体系的容错能力造就的。在不断探索的过程中，也诞生了新的分布式架构，通过发挥云计算的威力，使得看似普通的虚拟机集群，能够碾压一体机，能够为亿万用户同时提供优质的服务。

根据 Gartner 于 2020 年 11 月 24 日发布的 2020 年度全球数据库魔力象限评估结果，阿里云凭借 PolarDB 的强大性能首次挺进全球云数据库供应商的第一阵营，进入领导者（LEADERS）象限。Gartner 在报告中指出“阿里云拥有丰富的数据库种类覆盖度和完善的产品布局，为用户提供了多种关系型和非关系型数据库产品，还提供了混合云环境部署，同时集成了备份、数据迁移与同步等能力。”

PorlarDB 除了在索引结构、锁机制等传统数据库组件方面进行优化以外，还特别针对云服务特有的全球跨域数据同步与容灾需求，进行了重点设计。很多云服务客户的业务遍及世界各个大洲，因此对于云数据库的跨域数据同步也会有非常高的要求。PolarDB 全球数据库（PolarDB Global Database Network，PolarDB-GDN）采用了数据库物理日志异步复制的方案。PolarDB-GDN 通过高并发流水线技术将同步速度提升了 7 倍，将数据跨大洲同步延迟控制在 2 s 内。全局读写分离技术结合多级别的一致性能力，让业务在不做任何改造的前提下降低整体的访问延迟，全面满足了云用户的需求。

国产数据库的未来可期！

1.4.5　数据库选型策略

目前可选的数据库种类繁多，关系数据库既存在商业数据库 Oracle、Db2、SQL Server、Sybase、Teradata 等；也存在开源数据库 MySQL、MariaDB、PostgreSQL 等。那么伴随着各种数据库的发展，商业银行如何选择适合自己技术路线的数据库产品呢？

这个问题本质上是数据库技术路线规划问题。

商业银行需要结合本行数据库部署现状，结合数据库技术和市场发展方向，规划符合本行实际的数据库发展演进路线图。通过技术路线规划，指导新建系统数据库软件的使用，并对存量系统制订迁移计划，以降低运维沟通成本。

（1）梳理存量产品目录：对数据库使用情况进行梳理，形成目录清单，给出使用标准。

（2）制订产品部署标准：明确不同部署需求下数据库选择和配置标准，规范新建系统数据库使用，降低运维资源投入。

（3）规划产品技术路线：对技术方向不明确、存在路线选择的领域，给出选择意见或选择策略，制订数据库发展技术路线规划。

（4）针对人民银行推进国产化的要求，开展数据库国产化路线研究，制订评估流程、准入标准、定期评估机制等，明确数据库软件国产化的策略、节奏、路径、试错机制。

对产品目录、部署标准进行线上化管理，建立数据库特性和系统指标的关联关系，指导针对应用系统的数据库技术架构和部署架构设计。

1.5　转型对 DBA 团队的挑战

随着数据库从商业数据库转向开源数据库，从集中式数据库转向分布式数据库，数据库的运维将从人工运维转为依赖平台工具的自动化、智能化运维，这对 DBA 团队来说，存在一定挑战。在平台化工具运维时代，DBA 的作用将更加重要，团队要从组织结构、文化建设和技能上进行适当转变，以满足基于平台工具自动化运维的需要。

商业银行应以融合金融和互联网双基因，兼具审慎和创新特色，在组织架构、运维模式、运维流程、运维工具、自主掌控等方面，在借鉴传统银行 IT 建设、运维经验及互联网企业基础上，形成高效、敏捷和创新的特色。

1.5.1 组织结构

DBA 团队要从功能型组织架构转变为敏捷组织。敏捷组织，其典型特征是团队内部强化自主管理和自给自足，在整个数据库项目的生命周期中，从设计、开发和生产运营，团队负有全部责任。这样的组织结构提升了 DBA 团队的自驱能力和创造力。

在敏捷组织实践中，通过“打通部门墙”，组建任务型团队，取得了很好的效果，工作中推诿扯皮的现象消失了，组织效率获得了大幅提升。DBA 团队应以交付满意度为导向，在敏捷和自驱中，快速响应来自数据中心和开发中心的一线需求，最终创造新的价值。

1.5.2 文化建设

德鲁克曾说过：“文化能把公司战略当早餐一样吃掉”。意思是说一个组织如果没有匹配的组织文化，那么无论什么样的目标或者战略都是不可能达成的。

DBA 团队习惯于以他们习惯的方式开展工作，这就慢慢形成了组织文化。在平台化工具运维时代，需要打破数据中心和开发中心两个部门之间的“孤岛”阻力，需要用创新的方式开展工作，这就要求改变原先的组织文化。但是，组织文化的改变不会一蹴而就，它需要潜移默化，逐渐影响到团队人员的思想和行为中，这都需要付出持续的努力才能实现。

（1）同一位置办公。为了建设敏捷文化需要，将大家全部搬到同一地点，从而建立了更好的关系和交流。

（2）工作进展可视化，可监督。通过看板、大屏以及海报，团队成员可以随时看到项目进展，哪些任务项进展顺利，哪些任务项延期？延期的原因是什么？是外部需求变化，还是方案有遗漏，亦或理解有误差？

（3）更多的团队自主权。在数据项目或者技术支持决策中，消除层级壁垒，团队成员可以提出自己的观点，最后群策群力，追求卓越。

（4）信任团队。给团队成员更多的信任，会使得大家展现更好的自我驱动力和更好的工作成果。

（5）鼓励创新。对敢于破除旧有习惯，能以创造性思维解决问题的人给予鼓励。

1.5.3 人才梯队建设

商业银行在实现数据库架构转型时，往往受制于两点：一是 DBA 人员数量不足，二是现有的 DBA 人员技能无法满足转型需要。

针对 DBA 人员数量不足，商业银行需要建立数据库人才梯队。首先，加大校园招聘力度，招聘高潜力的应届毕业生，这些学生可塑性较强，为组织提供了新鲜血液，能很快融入团队；其次，需要加强社会招聘力度，加速引进外部的数据库专业人才，特别是高端人才。

针对 DBA 人员技能问题，具体技能转型举措如下。

（1）帮助现有的 DBA 人员转型。很多商业银行现有科技人员中大部分还是传统思维，他们对新兴的数据库等新技术认知是有局限的，是缺乏意识基础、技术基础和组织基础的，需要进行观念的转变和技能培训。

（2）向互联网行业学习。商业银行可以派遣一批骨干员工去互联网行业现场学习开源数据库、分布式数据库运维经验，同时熟悉管理方式、流程工具和文化，学完后进行成果萃取及转化，转化为可落地成果，包括流程优化、工具引入、方法论的提炼等。

（3）DBA 团队从技能上应逐渐转型为平台工具开发团队，开发事件处理、问题处理、变更实施和应急处置等平台化工具，以解决数据库运维工作中面临的技术挑战。这些平台化工具要力争打磨为具有竞争力的产品，并通过申请软件著作权或者专利进行知识产权保护，同时积极开展对外知识和技术输出。

1.6 新技术运用和输出

近年来，数据库新技术层出不穷。

从数据库发展来说，已经经历三代。第一代是支持 SQL 的关系数据库；第二代是支持非结构化数据、强扩展能力，但不保证 ACID 事务特性的 NoSQL 数据库；第三代是 NewSQL 数据库，提供了与 NoSQL 相同的可扩展性，基于关系模型，保留了 SQL 作为查询语言，保证了 ACID 事务特性等。

从支持 SQL 的关系数据库本身以及周边生态圈的成熟度、数据查询的灵活度、开发工程师以及 DBA 对其的掌控程度等方面来看，无论是 NoSQL 还是 NewSQL，实难于近期完全取而代之。

另外，在微服务和云原生大潮的卷席之下，服务化一直以来是人们关注的重点。那么，对于微服务架构中越来越多的数据库垂直拆分，以及数据量急剧膨胀后的数据库水平拆分，是否存在行之有效的方案来管理呢？当今大为流行的服务网格（Service Mesh）理念又能否对数据库的服务治理带来一些启示呢？

数据库网格（Database Mesh，DBMesh）是一个搭乘 Service Mesh 浪潮衍生出来的新兴词汇。Database Mesh 使用一个中间层，将散落在系统各个角落的数据库统一治理起来，提供应用与数据库之间的交互网络，就像蜘蛛网一样复杂而有序。

这些数据库新技术和当前商业银行的科技兴行战略不谋而合。基于这个战略，商业银行应积极拥抱 NoSQL 和 NewSQL 新技术，并持续推进数据库的服务化运用，完成向传统+互联网混合架构的转型，以提升信息科技的核心竞争力，并在合适的时机开展对外科技输出行动。

1.6.1 NoSQL 数据库

传统的关系数据库基于关系代数和元组（Tuple）操作，这样的数据被称为结构化数据。同时还有很多半结构化数据，例如文档类型的数据，通常数据量很大，具有一定的结构，但是结构会经常变化。关系数据库在处理此类非结构化或者半结构化数据时遇到很大挑战，此时 NoSQL 数据库应运而生。

NoSQL 最常见的解释是“non-relational”，“Not Only SQL”也被很多人接受。NoSQL 泛指非关系型的数据库，区别于关系型的数据库，它们不保证关系数据的 ACID 特性。NoSQL 是一项全新的数据库革命性运动，其拥护者们提倡运用非关系型的数据存储，相对关系数据库，这是一种全新的思维。

NoSQL 数据库具有下面的特点。

1. 灵活的可扩展性

传统的关系数据库由于自身设计机理的原因，通常很难实现“横向扩展”，在面对数据库负载大规模增加时，往往只能选择开销很大的纵向扩展。但是，对于 NoSQL 数据库，在设计之初就是为了满足横向扩展的需求，横向扩展仅需要非常廉价的标准化 x86 服务器，因此天生具备良好的水平扩展能力。

2. 灵活的数据模型

NoSQL 数据库天生就旨在摆脱关系数据库的各种束缚条件，摒弃了流行多年的关系数据模型，转而采用键/值、列族等非关系模型，允许在一个数据元素中存储不同类型的数据。

3. 良好的读写性能

关系数据库为了维护数据的一致性付出了巨大的代价，面对海量数据的时候效率较低。NoSQL 存储的格式都是 Key-Value 类型的，并且存储在内存中，容易存储，而且对于数据的一致性是弱要求，具有非常高的读写性能。

4. 与云计算紧密融合

云计算具有很好的水平扩展能力，可以根据资源使用情况进行自由伸缩，各种资源可以动态加入或退出，NoSQL 数据库可以凭借自身良好的横向扩展能力，充分自由利用云计算基础设施，很好地融入到云计算环境中，构建基于 NoSQL 的云数据库服务。

商业关系数据库都是付费的，并且价格昂贵，成本较大；主流的 NoSQL 数据库有 Redis、MemCache、MongoDB、BigTable、HBase 等，这些 NoSQL 数据库都是开源免费的。

早期随着缓存的发展，例如 10 年前最早的 TC/TT，发展到后来的 MemCached 和 Redis，应用可以通过 Key-Value 结构在内存里操作经常使用的数据。

针对很多半结构化的数据，例如文档类型的数据，它们具有一定的结构，但是这些结构可能经常变化，随时可以需要调整，这就出现了文档数据库，例如 MongoDB 和 CouchDB。

近年来，越来越多的 NoSQL 数据库加入了列式存储的能力。大部分传统的关系数据库是面向行组织数据。基于列式存储，每一列本身就相当于索引，在做一些需要索引的操作时，就不需要额外的数据结构来为此列创建合适的索引；另外，列式存储利于数据压缩，大部分列数据其实是重复的，而且数据类型一致，这样利于数据结构填充的优化和压缩。典型的使用列式存储的 NoSQL 数据库，包括 BigTable、HBase 等。

针对 NoSQL 数据库，建议在数据量大但数据模型简单、对数据一致性无要求、对扩展性要求高的应用场景下选择使用。

1.6.2 NewSQL 数据库

NoSQL 数据库提供了良好的扩展性和灵活性，很好地弥补了传统关系数据库的缺陷，但是它也存在自己的不足之处，不具备高度结构化查询等特性，查询效率尤其是复杂查询方面不如关系数据库，而且不支持数据库事务 ACID 特性。

在这个背景下，NewSQL 数据库开始逐渐升温。NewSQL 一词是由 451 Group 的分析师 Matthew Aslett 在研究论文中提出的，它代指对老牌数据库厂商做出挑战的一类新型数据库系统。NewSQL 数据库不仅具有 NoSQL 对海量数据的存储管理能力，还保持了传统数据库支持 ACID 和 SQL 等特性。不同的 NewSQL 数据库的内部结构差异很大，但是它们有两个显著的共同特点：都支持关系数据模型，都使用 SQL 作为其主要的接口。

如表 1-3 所示，NewSQL 数据库就是在传统关系数据库上集成了 NoSQL 强大的可扩展性。传统的 SQL 架构设计基因中是没有分布式的，而 NewSQL 生于云时代，天生就是分布式架构。NewSQL 的主要特性如下。

（1）支持关系模型，支持对传统 SQL 数据库的继承。

（2）支持 SQL 接口，支持复杂查询和大数据分析。

（3）支持 ACID 事务，支持多种隔离级别。

（4）水平扩展，扩容缩容对应用完全透明。

表 1-3　传统 SQL、NoSQL 和 NewSQL 数据库区别

功能列表	传统 SQL 数据库	NoSQL 数据库	NewSQL 数据库
是否支持关系模型	是	否	是
是否支持 SQL 接口	是	否	是
是否支持 ACID 事务特性	是	否	是
是否支持水平扩展	否	是	是
是否支持非结构化数据	否	是	否

1.6.3　数据库网格

服务网格（Service Mesh）是近年来一个热门话题，主要关注服务发现、负载均衡、动态路由、降级熔断、调用链路等。不同于常见的 Apache Dubbo 或者 Spring Cloud 微服务方案，在服务网格里把所有对服务的通信、控制等基础设施和策略，从应用系统中抽离出来，下放到更基础的组件中（称作 Sidecar）。这样，就把系统划分成了应用服务所在的数据面，以及控制节点所在的控制面。

同样地，把这些概念应用到数据库领域，就产生了一个新组件，可以先称为 Sharding-Sidecar。这样应用就不用去管数据是通过什么协议传输、具体存储在什么地方，而仅需要把所有数据都当作本地数据，向 Sharding-Sidecar 组件申请使用即可。所有跟数据库本身相关的配置，所有的数据质量、安全、流控和治理的策略，也不需要应用系统直接感知。

相应地，可以把 Sharding-Sidecar 加入到数据面板，把分布式数据库治理和 UI 加入到控制面板，把对应用系统完全透明的数据库节点例如 MySQL 实例、GoldenDB 分布式数据库实例、Db2 实例等都作为一个新的层，称为存储面板。

此时，一个完备的云原生的数据库中间件解决方案就产生了，称为数据库网格（Database Mesh，DBMesh），如图 1-1 所示。

通过数据库网格，可以实现统一数据源、统一接口和统一事务的目标，具体如下。

（1）统一数据源。该目标旨在屏蔽分布式系统下的通信复杂性，按照服务规范，应用以库名和表名直接访问数据，开发人员只需关心如何实现具体的业务逻辑即可，无须知道属于哪个数据源；数据面通过语句分析得到语句所涉及的表，查询控制中心，得到其归属的数据源以及连接信息。

（2）统一接口。应用无须关心各数据源的语法差异，数据面统一控制转换为各数据源的语法；数据面提供一个受限制的语法集合，作为其标准语法，同时定义其标准的 JDBC 访问，支持 R2DBC 访问；数据面访问数据源时，需要时依据语义转换为具体的访问语句。

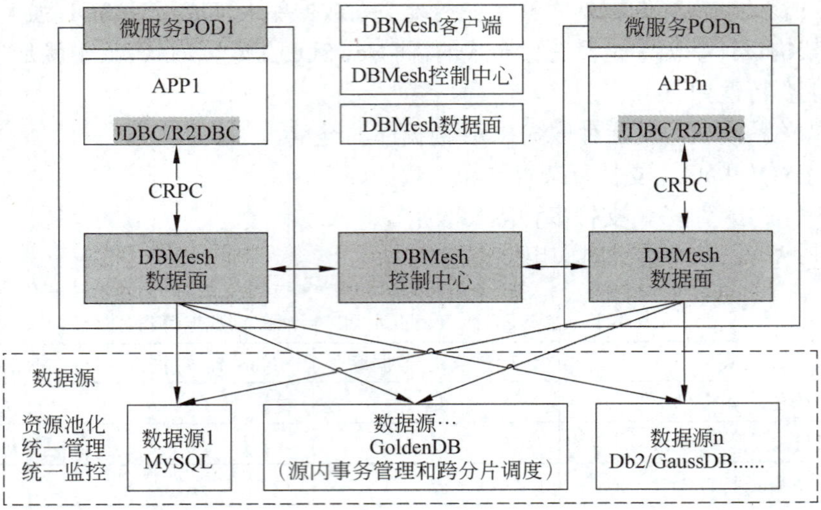

图 1-1　数据库网格示意图

（3）统一事务。全局流水号唯一标识跨微服务事务，微服务事务的执行，由控制面与数据面控制统一提交或回滚。

1.6.4　新技术运用建议

对于新技术领域的布局，商业银行不能被动等待，要积极投入资源、追踪引进世界金融科技前沿技术，加大对金融科技重大科学前沿问题的前瞻性与战略性研究攻关，打造自主、安全、可控的“技术硬实力”。

在商业银行数据库转型实践中，可以利用 NewSQL、数据库网格、人工智能、大数据等新技术，实现使用数据库服务就像使用自来水和电一样简单。新技术的运用充满机遇，但也在银行这样严监管的组织中存在挑战。

针对新兴技术在商业银行数据库转型实践中的运用，有以下建议。

（1）建议提前布局新兴技术，力争实现自主掌控。由于历史原因，我国商业银行的技术创新主要集中在应用技术层面，但核心技术也包括新兴技术依赖国外厂商。银行需要加速实现数据库核心技术研发和掌控，才能在数字化转型实践中建立竞争优势。

（2）新兴技术的研发，建议以需求为导向，产学研深度融合，这既是技术发展的内在需求，也是我国金融信息科技安全稳定的要求。

（3）建议继续加大对金融科技的资金投入。例如，建议金融科技投入占到营业收入的 3%以上；建议每年用净利润的 1%以上支持新兴技术孵化。

（4）建议继续加大数据库技术的知识管理。随着数据库技术的推广和使用，很多商业银行都积累了相当多的经验知识，建议将这些经验知识都纳入知识库管理。

（5）建议加大知识产权保护和激励机制。对前瞻性的创新技术或者产品，特别是原创性和独创性的创新，要善于利用知识产权进行保护。对知识产权的创造与个人绩效全面挂钩。

1.6.5 新技术输出建议

从目前趋势来看，商业银行与科技产业相互融合更加紧密。已有多家商业银行相继成立金融科技公司，并出台金融科技发展战略落地举措；央行也宣告成立“成方金融科技有限公司”。国内外头部科技公司、基础技术厂商不断加码与金融机构的战略合作及联合孵化，多方参与、竞争合作、融合发展的态势已然形成。未来仍会有更多的银行同业及其他行业机构参与布局金融科技，形态也将越来越丰富。

如表 1-4 所示，工商银行、建设银行、中国银行、招商银行、民生银行、兴业银行、光大银行等成立了金融科技公司，专门负责对外数字化技术输出。

表 1-4 各大银行金融科技公司清单

编号	金融科技公司	成立年月
1	工银科技有限公司 （工商银行发起成立）	2019.3
2	建信金融科技有限责任公司 （建设银行发起成立）	2018.4
3	中银金融科技公司 （中国银行发起成立）	2019.6
4	招银云创信息技术有限公司 （招商银行发起成立）	2016.2
5	民生科技有限责任公司 （民生银行发起成立）	2018.4
6	兴业数字金融服务股份有限公司 （兴业银行发起成立）	2015.11
7	光大科技有限公司 （光大银行发起成立）	2016.12

针对金融科技公司对外数字化技术输出方面，有以下建议。

（1）传统银行成立金融科技子公司，是银行业市场化体制创新的重要平台，也是传统银行未来业务支撑点之一，建议各大银行积极试点和推广。

（2）金融科技公司在组织架构、管理机制等方面可以担当技术输出，在对外输出科技能力上可以轻装上阵，建议各大银行将这种能力加以深挖，最终形成独特的核心竞争力。

（3）金融科技公司在对象选择上，建议优先选择大金融业，包括银行、证券和保险。这样向同属行业输出，成本最低，见效最快。

小　结

本章首先分析了商业银行科技发展的外部环境，接着介绍了组织架构、制度流程、IT 基础设施等商业银行科技体系，随后阐述了商业银行基于 ITIL 规范的运维体系。通过这些基础知识，可以让读者理解商业银行信息科技现状。

然后，进入到数据库架构转型，重点讲述了关系数据库起源，从商业数据库到开源数据库转型，从集中式到分布式数据库转型等内容。这些内容的转变会给 DBA 团队带来挑战，需要 DBA 团队从组织结构、文化建设和技能上进行转型。

最后，本章就商业银行新技术运用和技术输出给出了建议，以供各大商业银行参考。

第 2 章

从集中式到分布式数据库

话说天下大势，分久必合，合久必分。周末七国分争，并入于秦。及秦灭之后，楚、汉分争，又并入于汉。汉朝自高祖斩白蛇而起义，一统天下，后来光武中兴，传至献帝，遂分为三国。

天下大势的分分合合，正如走路使用两条腿，左右交替进行，才能行稳致远。只有左，或者只有右，都只能步履蹒跚。

20 世纪 70～80 年代，集中式数据库的代表 Oracle、Db2 问世，之后不断推陈出新，在商业银行独领风骚数十年。但随着商业银行业务模式的不断创新，产生了大量数据，特别是交易吞吐量开始有了上千倍的增长。在这种情况下，现有的集中式数据库受制于硬件的发展，遇到了性能和容量瓶颈，如何提升数据库的处理能力就摆在了所有商业银行的面前。

在现有的计算机体系结构和硬件没有获得实质性突破（如量子计算的商用）之前，聪明的人类通过对架构的改进，推出了分布式数据库，极大地增强了系统的整体性能和容量，满足了当前飞速发展的业务需要！

集中式和分布式就如数据库的两条腿，交替迈进，有力地推动了数据库领域的发展。本章将详细讲解数据库从集中式到分布式的演进过程。

随着商业银行数字化业务的加速发展，以及摩尔定律的失效，集中式数据库由于采用单机部署而遇到了性能和容量瓶颈，这不仅意味着业务发展受到影响，而且某种程度上也会影响现有系统的稳定性和可用性。

早在 2010 年，一些大型的互联网公司就遇到这类制约业务发展的技术问题。最原始的方案就是将一个 MySQL 数据库拆分为多个库。为了应用程序访问拆分后的多个数据库，阿里巴巴开发了 TDDL（Taobao Distributed Data Layer）框架，解决分库分表对应用的透明化以及异构数据库之间的数据复制；2016 年，当当网又发起了 Sharding-JDBC 项目，这些方案都是通过包装 JDBC 来屏蔽 MySQL 分库分表的逻辑，实现业务系统如同使用单机数据库一样方便。

后来，JDBC 封装框架逐渐演变到中间件。在 TDDL 的基础上，阿里巴巴逐渐发展出来了 DRDS；当当网发起的 Sharding-JDBC 转移到京东数科。京东数科的数据库技术人员之后又孵化出来了 Sharding-Proxy，目前已经作为 Apache 软件基金会的顶级项目，名称为 Apache ShardingSphere。这些方案都是以一个虚拟的 MySQL Server 提供更透明和无侵入的客户端接入服务。

另一方面，随着 Google 的 Spanner、阿里巴巴的 OceanBase 和 PolarDB、AWS 的 Aurora、PingCAP 的 TiDB、Cockroachlabs 的 CockroachDB 等商业或开源技术的不断发展，分布式数据库开始大规模兴起。这些技术试图通过一个直接的分布式数据库来解决上述问题，而不仅是包装 JDBC 或者中间件来解决。

以上种种对于企业来说，都是通过采用类似 Apache ShardingSphere 这种分布式的数据库中间件或者 CockroachDB 这种分布式数据库作为整体解决方案，增强数据库的吞吐能力，保证高可用和实时强一致性的同时，实现线性的水平扩展能力，在一定规模上提升企业信息系统的数据管理上限。

本章以某商业银行电商管家系统讲起，介绍该系统演化中每一个阶段的技术特点、解决的问题、适用的场景等；最后进入本章的主题，将以中信银行自研的金融级分布式数据库——GoldenDB 为例，深入讲解其原理、应用开发和运维最佳实践。

2.1 从某商业银行电商管家系统谈起

某商业银行在 2010 年上线了一套电商管家系统，该系统用来为电商用户提供营销推广、第三方平台店铺运营、在线客服、订单处理、仓储发货等服务。上线初期运行稳定，但是随着业务量和数据量的增长，先是遇到了应用服务器性能瓶颈，后又遇到了数据库性能瓶颈。

2.1.1 物理部署架构

某商业银行电商管家系统，应用使用 Java 语言开发，部署在 Tomcat 应用服务器上，应用通过 JDBC 接口访问后台的 MySQL 数据库。刚开始数据量很小，Tomcat 和MySQL 都采用单机部署就可以支撑，整个部署架构也很简单，如图 2-1 所示。

电商管家系统中的应用模块较多，为了论述方便，这里以电商管家系统中的商家管理模块和商品管理模块作为例子说明。如图 2-2 所示，这两个模块都部署在一个 Tomcat 应用服务器中，分别用到的商家表 Dealer 和商品表 Goods 也都存放在单一的 MySQL 数据库中。

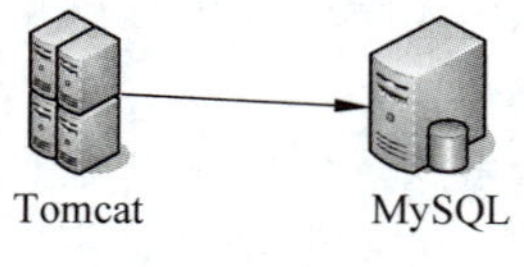

图 2-1 单机版物理部署架构

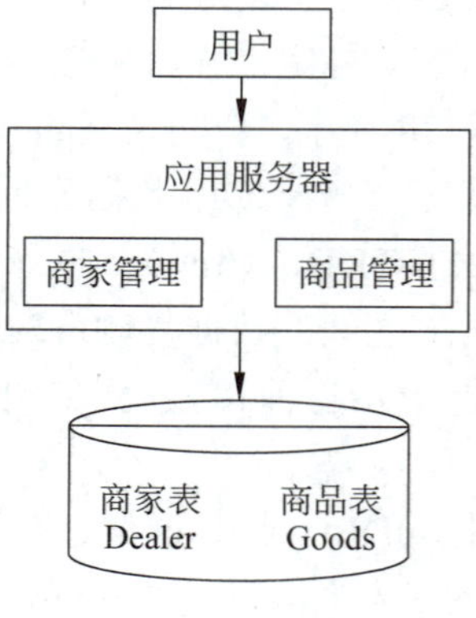

图 2-2 单机版应用模块以及业务表

2.1.2 应用服务器性能瓶颈及解决方案

随着业务量的增长，电商管家系统首次遇到了性能瓶颈。在高并发请求下，满配的 Tomcat 服务器 CPU 处理能力达到上限，已经无法扩充硬件资源；尝试优化 Tomcat 参数效果也不佳。

考虑到单个服务器性能总是有限的，最好的办法自然是实现横向扩展，组建 Tomcat 集群是有效提升性能的手段，采用 Nginx 作为请求分流的服务器，后端多个 Tomcat 共享 Session 来协同工作。

如图 2-3 所示，通过增加一台新的 Tomcat 服务器，这样就有了由两台 Tomcat 服务器构成的应用服务器集群，通过应用集群访问 MySQL 数据库。

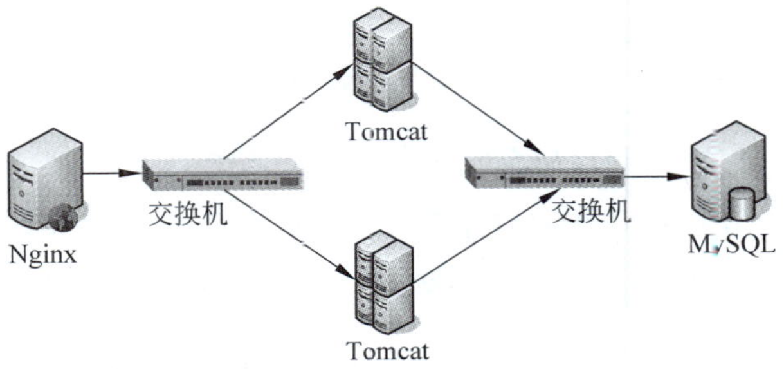

图 2-3 应用集群方案

增加 Tomcat 服务器组建集群后，Tomcat 集群里每个机器都是无状态和对等的，彼此没有明确的分工。通过这种应用服务器扩容，暂时缓解了应用服务器的性能压力，也取得了良好效果。

但如果是数据库服务器遇到了性能瓶颈呢？

2.2 从集中式到分布式数据库——电商管家系统演进之路

2000 年以后，互联网应用如雨后春笋般出现，互联网应用需要支持大量用户的并发访问，且对可用性要求极高，最好永远在线；另外，随着互联网技术发展的风起云涌，使得数据规模越来越大，一天的数据增量甚至达到 TB 级，这考验着单机 MySQL 或者 PostgreSQL 的性能。

和互联网类似，商业银行也有大量的系统需要接受用户高并发访问，数据量也在快速增长。商业银行还有一些内容管理方面的系统，这种系统会有非常高的读写比，对数据库访问压力极大。但传统上，商业银行使用的仍然是集中式架构，例如，最常用的 Oracle、Db2 等。从图 2-4 可以看出，接收业务访问的集中式数据库安装在单台服务器上（通常还会有个备机，但不接受业务访问），供本地用户和远程用户访问。

互联网行业和商业银行的高并发访问和数据量的快速增长，已经是一种新常态。它对单机数据库造成了极大的挑战，包括容量、性能、稳定性、高可用、维护成本等。

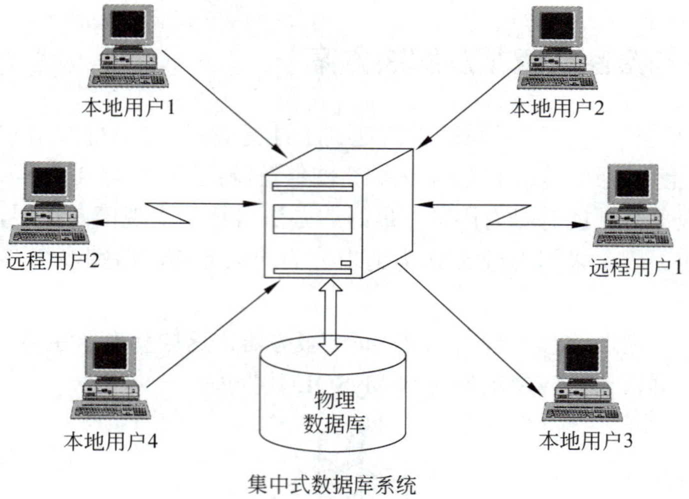

图 2-4 集中式数据库架构

面对传统集中式架构的性能瓶颈和容量瓶颈，本节将继续以某商业银行电商管家系统为例，来说明在不同阶段可以采取的技术手段，以及这种技术手段所能达到的效果。

2.2.1 硬件扩容方案——摩尔定律失效导致效果有限

1965 年，英特尔联合创始人戈登·摩尔提出以自己名字命名的摩尔定律，意指集成电路上可容纳的元器件的数量每隔 18～24 个月就会增加一倍，性能也将提升一倍，如图 2-5 所示。

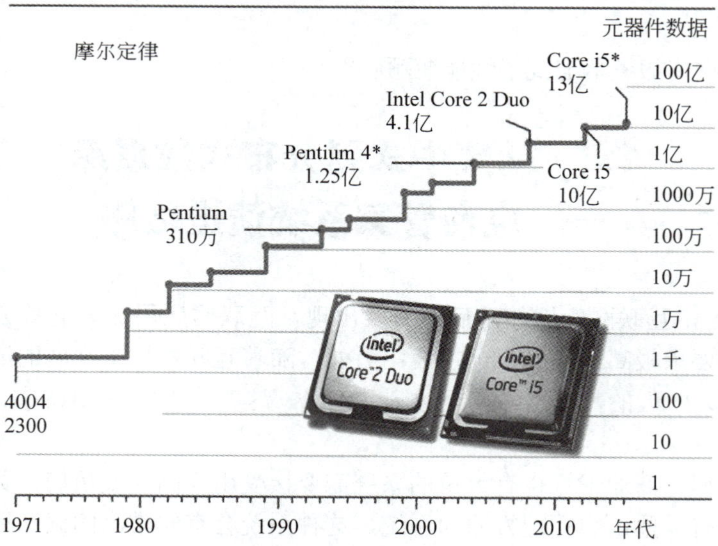

图 2-5 摩尔定律

到今天已经五十多年了，摩尔定律过去是每 5 年增长 10 倍，每 10 年增长 100 倍。而如今，摩尔定律每年只能增长几个百分点，每 10 年可能只有 2 倍。芯片逼近物理和经济成本上的极限，摩尔定律结束了。硅谷创业教父 Steve Blank 曾撰文指出，严格来说，摩尔定律其实在 10 年前就已经失效，只是大家没有意识到。

随着摩尔定律的失效，带来的一个效应就是，单机性能的瓶颈也已经出现。想要进一步增加单机的性能，需要的成本已经不是线性的，而是呈几何倍数的增加。

电商管家系统，某商业银行曾经尝试对数据库服务器纵向扩容，即通过增加 CPU、内存等硬件资源提高单机处理性能，但实践证明这种方式换来的性能提升十分有限，表现出明显的边际收益递减。

这就需要我们去思考，如何用廉价的 x86 机器，甚至云上的虚拟机集群，通过分布式的方式，来达到同样的增强整体性能和容量的目的。

2.2.2　Redis 缓存方案——解决高并发性能问题

电商管家系统上线后，随着交易量和数据量的增加，一旦涉及大数据量的需求，例如商品抢购“秒杀”的情景，或者是主页访问量瞬间剧增的时候，单机数据库受制于 CPU 和磁盘 I/O 性能而存在严重的性能瓶颈；在这种“秒杀”场景中，一瞬间成千上万的请求到来，需要数据库在极短的时间内完成成千上万次的读/写操作，这不是单机数据库能够承受的，极其容易造成数据库系统瘫痪，最终导致服务宕机的严重生产问题。

这种“秒杀”场景，从 Web 页面、缓存层以及数据库层都有相应的优化手段，本节重点从缓存层给出一种优化方案——Redis 缓存方案。

在合适的场景下，Redis 的性能十分优越，可以支持每秒万次以上的读/写操作，其性能远超数据库，并且还支持集群、分布式、主从同步等配置，原则上可以无限扩展，让更多的数据存储在内存中，它还支持一定的事务能力，这保证了高并发场景下数据的一致性。

什么是 Redis？

Redis 是一个开源的、使用 C 语言编写的、支持网络交互的、可基于内存也可持久化的高性能 Key-Value 数据库。它支持字符串（String）、链表（List）、集合（Set）、有序集合（SortedSet）、哈希表（Hash）等多种数据类型。

如图 2-6 所示，在大并发的情况下，所有的请求直接访问数据库，数据库会出现性能瓶颈。这时，可以使用 Redis 做一个缓冲操作，让请求先访问到 Redis，而不是直接访问数据库。

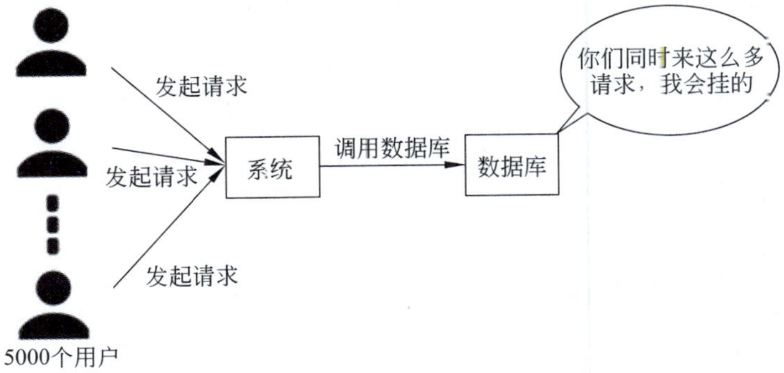

图 2-6　应用发起的高并发请求

如图 2-7 所示，电商管家系统采用了 Redis 集群方案，集群共有三个节点。这是一个分布式、容错的 Redis 实现。Redis 集群中不存在中心节点或者代理节点，集群的主要设计目标是达到线性扩展。

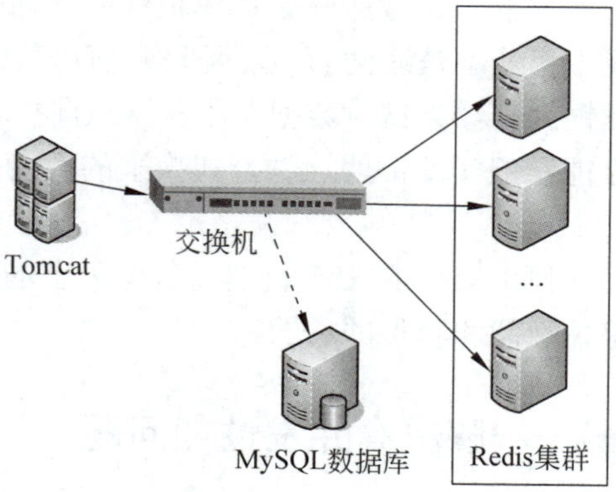

图 2-7　三节点 Redis 集群方案

在日常对数据库的访问中，经常读操作的次数远超写操作，所以读的可能性是比写的可能大得多的。当使用 SQL 语句访问数据库进行读写操作时，数据库就会去磁盘把对应的数据取回来，这是一个相对较慢的过程。如果把数据放在 Redis 中，也就是直接放在内存之中，让服务端直接去读取内存中的数据，那么这样速度明显就会快不少，并且会极大减小数据库的压力。

2.2.3　MySQL 读写分离方案——解决高读写比性能问题

在 2.2.2 节，面对高并发的“秒杀”场景，电商管家系统采用了 Redis 缓存方案。但 Redis 缓存方案也有弊端，那就是使用内存进行数据存储开销也是比较大的。限于成本的原因，一般只是使用 Redis 存储一些常用和主要的数据，这就意味着无法保证所有数据被缓存，从而限制了它的使用范围。

采用 Redis 缓存方案后，电商管家系统面对日益增加的系统访问量，数据库的吞吐量仍然面临着巨大瓶颈，这个时候读写分离方案正式登场。

对于同一时刻有大量并发读操作和较少写操作类型的应用系统来说，将数据库拆分为主库和从库，主库负责处理事务性的增删改操作，从库负责处理查询操作，能够有效地避免由数据更新导致的行锁，使得整个系统的查询性能得到极大的改善。

如图 2-8 所示，针对电商管家系统，过了一段时间，数据库的读压力太大，又加了一台从库，将部分读请求路由到新搭建的从库上，从而实现了读写分离，以降低主库读的压力。

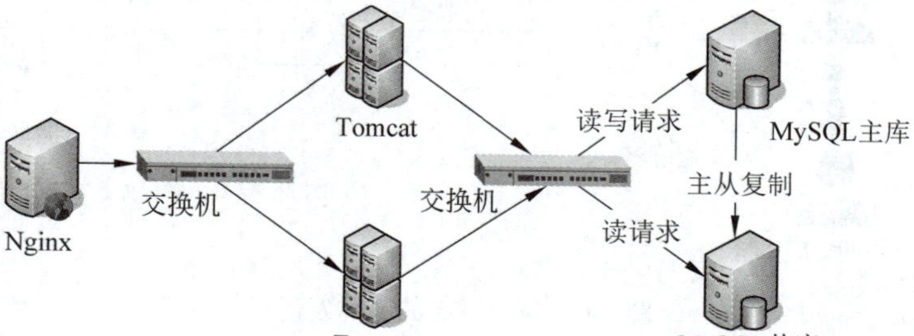

图 2-8　读写分离方案——物理部署架构

通过一主多从的配置方式，可以将查询请求均匀地分散到多个数据副本，能够进一步提升系统的处理能力，这样不但能够提升系统的吞吐量，还能够提升系统的可用性，可以达到在任何一个数据库宕机，甚至磁盘物理损坏的情况下仍然不影响系统的正常运行。

如图 2-9 所示，采用读写分离方案的逻辑结构，商家表 Dealer 和商品表 Goods 在主库和从库都会存放，这样方便去从库执行只读查询。

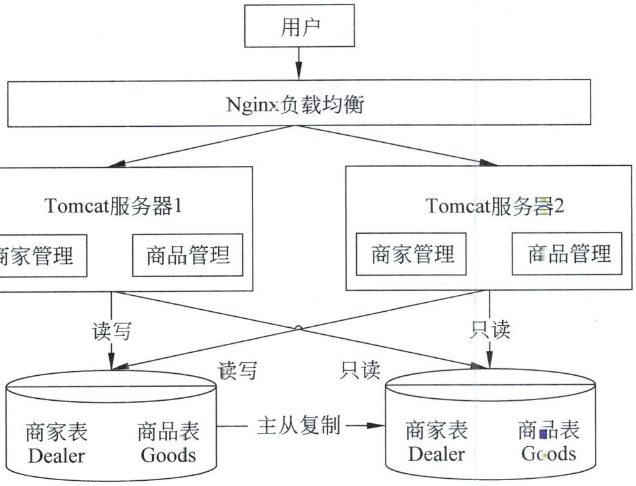

图 2-9　读写分离方案——逻辑结构

读写分离虽然可以提升系统的吞吐量和可用性，但主库与从库的复制一般不是强一致的，这带来了数据不一致的问题。例如，先在主库中插入了一条订单信息，返回了订单号；然后执行查询操作，但是可能因为读写分离被路由到了从库。但是，此时从库还没有来得及从主库同步 binlog，导致从库没有这条记录，所以查询操作返回空。

在读写分离的路由实现上，可以在业务系统的代码中配置多个数据源，并根据自己的需要把应用切换到对应的主库或某个从库。但是，显然这种机制不够方便，对应用的侵入性较强。

此外，也可以简单地封装一个中间层，根据执行的事务是读操作还是写操作来判断，如果是读操作就路由到从库执行，否则就路由到主库执行。这样就可以对业务系统透明。

2.2.4　分库分表方案——解决性能和容量瓶颈问题

不论是缓存方案还是读写分离方案，都只是基于传统集中式数据库方案之上的优化，在容量、性能、可用性和运维成本这几方面已经难于满足商业银行高并发和大数据量访问场景。

从容量方面，在单库单表数据量超过一定数值的情况下，索引树层级增加，磁盘 I/O 也很可能出现压力，会导致很多问题。

从性能方面，由于关系数据库大多采用 B+树类型的索引，在数据量超过阈值的情况下，索引深度的增加也将使得磁盘访问的 I/O 次数增加，进而导致查询性能的下降；同时，高并发访问请求也使得集中式数据库成为系统的最大瓶颈。

从可用性方面，服务化的无状态型，能够达到较小成本的随意扩容，这必然导致系统的最终压力都落在数据库之上。而单一的数据节点，或者简单的主从架构，已经越来越难以承担。数据库的可用性，已成为整个系统的关键。

从运维成本方面，当一个数据库实例中的数据达到阈值以上，对于 DBA 的运维压力就会增大。数据备份和恢复的时间成本都将随着数据量的增大而增大。

对 MySQL 数据库来说，单库的数据阈值在 1TB 之内，单表容量在 100GB 以内，是比较合理的范围，当单库单表数据过大时，业界通行的做法是进行拆分，拆分方法主要有以下 4 种，下面分别介绍。

1. 垂直分表

如果单表数据量过大，还可能需要对单表进行拆分。例如，一个 200 列的商品表，拆分成两个子表：商品表和商品详情表。这种拆分方法对业务系统的影响很大，本来从商品表就可以获取所需数据，但现在需要关联商品表和商品详情表，也就是说，应用 SQL 需要改写，通常动的越多，出现生产故障的风险就越高。

2. 垂直分库

拆分商家表和商品表的数据，变成两个独立的库，商家表为一个商家数据库，商品表为另外一个商品数据库。这种方式对业务系统影响更大，因为数据结构本身发生了变化，SQL 语句和关联关系也必随之发生了改变。原来一条 SQL 语句直接把商家表和相关的商品表数据都查了出来，现在这条 SQL 语句不能用了，需要重新改写。先查询商家数据库，拿到这批商家对应的所有商品 id，再根据商品 id 集合去商品库查询所有的商品信息，最后在应用代码里进行组装。

3. 水平分表

水平分表，是把一张表的数据分到同一个数据库的多张子表中，每张子表的结构不变，但只有部分数据。这种拆分方式也会对应用产生影响。原来查单表的一条 SQL 语句，需要转换为从多个子表中查询后汇总结果。

4. 水平分库

可以把一个表的数据分到多个不同的子库（通常称为分片）。每个分片只有这个表的部分数据，这些分片可以分布在不同服务器，从而使访问压力被多服务器负担，可以大大提升性能。这样对业务系统本身的代码逻辑来说，就不需要做特别大的改动，甚至可以基于一些中间件做到透明。

一般情况下，如果数据本身的读写压力较大，磁盘 I/O 已经成为瓶颈，那么分库比分表要好。分库将数据分散到不同的数据库实例，使用不同的磁盘，从而可以并行提升整个集群的并行处理能力；相反的情况下，可以尽量多考虑分表，降低单表的数据量，从而减少单表操作的时间，同时也能在单个数据库上使用并行操作多个表来增加处理能力。

一般来说，在系统设计阶段就应该根据业务耦合松紧来确定垂直分库、垂直分表方案，在数据量及访问压力不是特别大的情况，首先考虑缓存、读写分离、索引技术等方案。若数据量极大，且持续增长，再考虑水平分库、水平分表方案。

针对本章提到的某商业银行电商管家系统，在数据容量和性能方面难以满足要求时，就可以采用水平分库方案了。如图 2-10 所示，商家表 Dealer 和商品表 Goods 被拆分到 4 个分片中，此时可以在 Java 环境里引入 TDDL 或者 Sharding-JDBC 之类的框架，在业务代码侧，通过配置特定的分库分表规则，以及对分布式事务的控制，在保证数据一致性的情况下，提升数据库整体集群的容量，保证稳定性和性能。

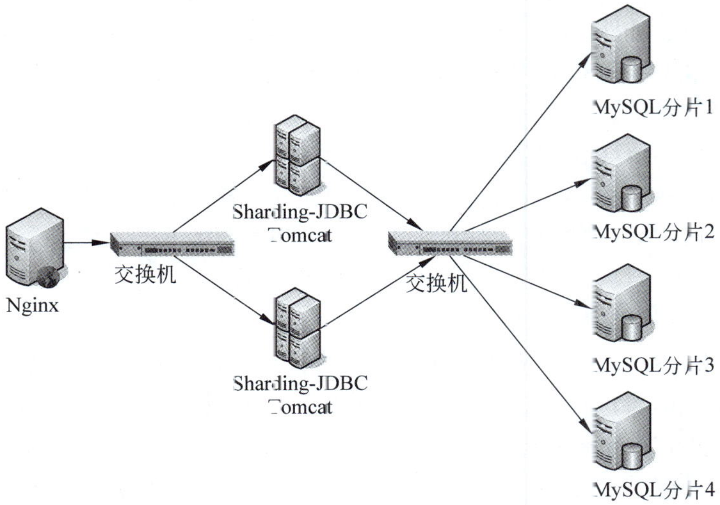

图 2-10 分库分表方案——物理部署架构

如图 2-11 所示，采用分库分表方案的逻辑结构，商家表 Dealer 和商品表 Goods 被拆分，并被分到 4 个分片中，从而使访问压力被 4 台服务器分担，可以大大提升性能。

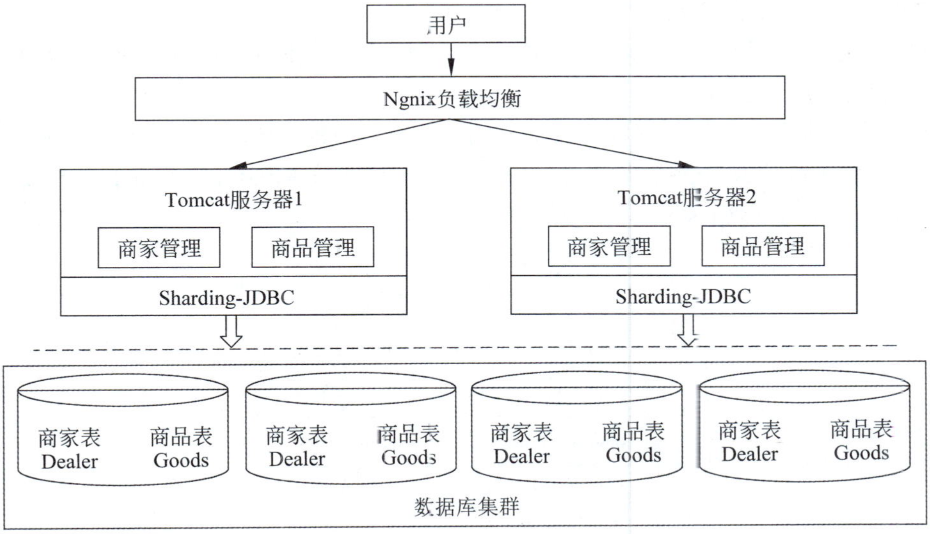

图 2-11 分库分表方案——逻辑结构

2.2.5 分布式数据库中间件方案——通过中间件透明访问数据库

从 2.2.4 节了解到，分库分表方案的优势主要是：可以支持各种常见的数据库，如 MySQL、PostgreSQL，还有 SQL Server、Oracle、Db2 等，另外性能损耗也较小。但其最大的缺点是对应用有侵入性，需要开发人员直接处理和维护分库分表逻辑。

为了让应用透明地访问，业界通用的做法是采用分布式数据库中间件解决方案。使用数据库中间件，可以屏蔽分库分表后的数据库复杂性。

本节重点介绍 Apache ShardingSphere 方案。

Apache ShardingSphere 是一套开源的分布式数据库中间件解决方案组成的生态圈，它由 JDBC、Proxy 和 Sidecar（规划中）3 款相互独立却又能够混合部署配合使用的产品组成。它们均提供标准化的数据分片、分布式事务和数据库治理功能，可适用于如 Java 同构、异构语言、云原生等各种多样化的应用场景。

Apache ShardingSphere 定位为关系数据库中间件，旨在充分合理地在分布式的场景下利用关系数据库的计算和存储能力，而并非实现一个全新的关系数据库。主要考虑到关系数据库当今依然占有巨大市场，是各个公司核心业务的基石，未来也难以撼动，所以该方案目前阶段更加关注在原有基础上的增量，而非颠覆。

Apache ShardingSphere 5.x 版本开始致力于可插拔架构，项目的功能组件能够灵活地以可插拔的方式进行扩展。目前，数据分片、读写分离、多数据副本、数据加密、影子库压测等功能，以及 MySQL、PostgreSQL、SQL Server、Oracle 等 SQL 与协议的支持，均通过插件的方式植入项目，这样开发者能够像使用积木一样定制属于自己的独特系统。

ShardingSphere 已于 2020 年 4 月 16 日成为 Apache 软件基金会的顶级项目。

1. ShardingSphere-JDBC

定位为轻量级 Java 框架，在 Java 的 JDBC 层提供额外服务。它使用客户端直连数据库，以 jar 包形式提供服务，无须额外部署和依赖，可理解为增强版的 JDBC 驱动，完全兼容 JDBC 和各种 ORM 框架，如图 2-12 所示。

（1）适用于任何基于 JDBC 的 ORM 框架，如 JPA、Hibernate、MyBatis、Spring JDBC Template 或直接使用 JDBC。

（2）支持任何第三方的数据库连接池，如 DBCP、C3P0、BoneCP、Druid、HikariCP 等。

（3）支持任意实现 JDBC 规范的数据库。目前支持 MySQL、Oracle、SQL Server、PostgreSQL 以及任何遵循 SQL92 标准的数据库。

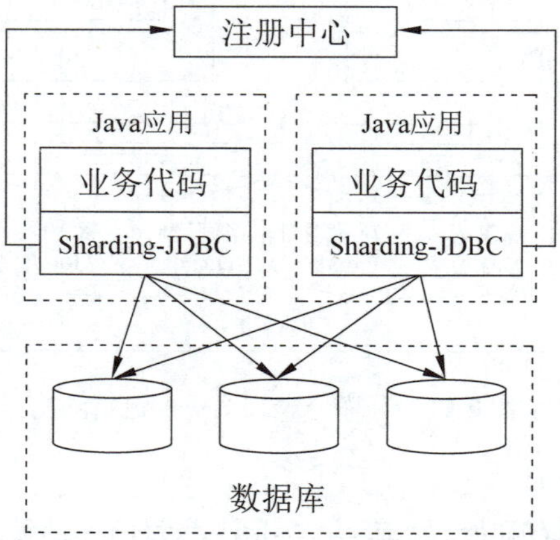

图 2-12 ShardingSphere-JDBC 方案

2. ShardingSphere-Proxy

如图 2-13 所示，定位为透明化的数据库代理端，提供封装了数据库二进制协议的服务端版本，用于完成对异构语言的支持。目前提供 MySQL 和 PostgreSQL 版本，它可以使用任何兼容 MySQL/PostgreSQL 协议的访问客户端（如 MySQL Command Client、MySQL Workbench、Navicat 等）操作数据，对 DBA 更加友好。

（1）向应用程序完全透明，可直接当作 MySQL/PostgreSQL 使用。

（2）适用于任何兼容 MySQL/PostgreSQL 协议的客户端。

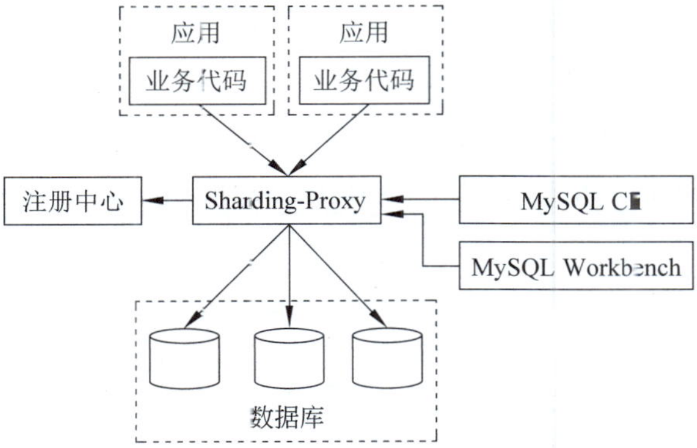

图 2-13　ShardingSphere-Proxy 方案

3. ShardingSphere-Sidecar

如图 2-14 所示，定位为 Kubernetes 的云原生数据库代理，以 Sidecar 的形式代理所有对数据库的访问。通过无中心、零侵入的方案提供与数据库交互的啮合层，即 Database Mesh，又可称为数据库网格。

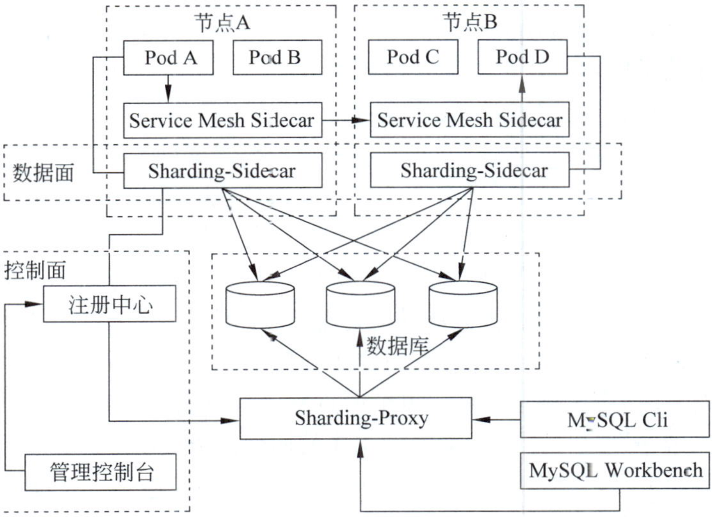

图 2-14　ShardingSphere-Sidecar 方案

Database Mesh 的关注重点在于如何将分布式的数据访问应用与数据库有机串联起来，它更加关注的是交互，是将杂乱无章的应用与数据库之间的交互进行有效的梳理。使用 Database Mesh，访问数据库的应用和数据库终将形成一个巨大的网格体系，应用和数据库只需在网格体系中对号入座即可，它们都是被啮合层所治理的对象。

4. 如何选择

ShardingSphere-JDBC 采用无中心化架构，适用于 Java 开发的高性能轻量级 OLTP 应用。

ShardingSphere-Proxy 提供静态入口以及异构语言的支持，适用于 OLAP 应用以及对分片数据库进行管理和运维的场景。

Apache ShardingSphere 是多接入端共同组成的生态圈。通过混合使用 ShardingSphere-JDBC 和 ShardingSphere-Proxy，并采用同一注册中心统一配置分片策略，能够灵活地搭建适用于各种场景的应用系统，使得架构师更加自由地调整适合于当前业务的最佳系统架构。

这三种方案的具体选择策略如表 2-2 所示。

表 2-2 ShardingSphere 三种方案选择表

	ShardingSphere-JDBC	ShardingSphere-Proxy	ShardingSphere-Sidecar
数据库	任意	MySQL/PostgreSQL	MySQL/PostgreSQL
连接消耗数	高	低	高
异构语言	仅 Java	任意	任意
性能	损耗低	损耗略高	损耗低
无中心化	是	否	是
静态入口	无	有	无

对电商管家来说，数据库负载为典型的 OLTP 类型，应用采用 Java 语言编写，经评估最终选择了 ShardingSphere-JDBC 方案。

2.2.6 分布式数据库方案——通过数据库解决所有问题

虽然数据分片解决了容量问题，以及部分性能、可用性以及单点备份恢复等问题，但分散的架构在获得了收益的同时，也引入了新的挑战。

（1）分布式数据库需要具备容错处理能力。

单机是一个由底层系统包括硬件、BIOS 和操作系统组成的整体。从集中式数据库角度看，对这台机器的状态无须过分关注。换句话说，在单机环境，操作系统不会向数据库软件报告有一个 CPU 或内存被拔出插槽，当然应用也不需要设计成在这种情况下还要继续工作。

但是，分布式数据库就需要处理部分节点失效，有以下两点原因。

① 传统集中式数据库部署的服务器通常是 IBM 小型机，IBM 小型机可靠性高，分布式数环境所用的 x86 服务器可靠性稍差，需组成集群提升可靠性。

② 分布式数据库由多个节点组成，单个节点发生故障的情况时有发生。出现故障时，并没有分布式操作系统帮助处理，这是采用分布式数据库的最大挑战。

（2）运行在集中式数据库中的 SQL 语句，在分布式环境中不一定能够正确运行，例如，分页、排序、聚合分组等操作的不正确处理，这是第二个挑战。

（3）跨库的分布式事务也是要面对的棘手问题。在这种场景下，需要保持事务的强一致性。基于 XA 的分布式事务由于在并发度高的场景中性能无法满足需要，并未被大规模使用，它们大多采用最终一致性的柔性事务代替强一致事务。

上述挑战，正是分布式数据库所要解决的，分布式数据库这个概念也因此破茧而出了！

在本章前言中提到了 Google 的 Spanner、阿里巴巴的 OceanBase 和 PolarDB、AWS 的 Aurora 等分布式数据库，它们的架构既有相似之处，也有很多差异，本节将给出一种新的分布数据库架构。

如图 2-15 所示，这是一种理想中的分布式数据库原型图。它首先是一个完备的数据库，支持分布式事务，可线性扩展，具备高可用能力，具体功能如下。

（1）数据按照某种规则（例如哈希算法）拆分到多个分片中，完成水平分库。

（2）数据分片数能够按照需求变化进行动态伸缩，支持横向与纵向扩展。

（3）每个数据分片包括一个主库和多个从库，从库越多，就意味着当少量从库数据丢失或宕机以后，整个系统对外提供的服务不受影响。

（4）取决于对一致性的要求，主库和从库之间可以采用 Paxos/Raft 协议保证强一致性。

（5）应用程序以标准 ANSI SQL 语句访问中间件集群（图 2-15 中为 DBProxy 集群）。

（6）DBProxy 对收到的 SQL 请求进行处理，将请求路由到一个或者多个数据库分片中，对分片返回的结果进行再次加工后，最终返回给应用程序。

（7）分布式数据库集群由专门的节点管理（图 2-15 中为 manager 节点），负责集群管理、元数据管理、自动化切换等功能，从而无须 DBA 在集群管理上耗费额外精力。

（8）分布式事务由专门的全局事务管理节点负责（图 2-15 中为 GTM），控制分布式事务执行。

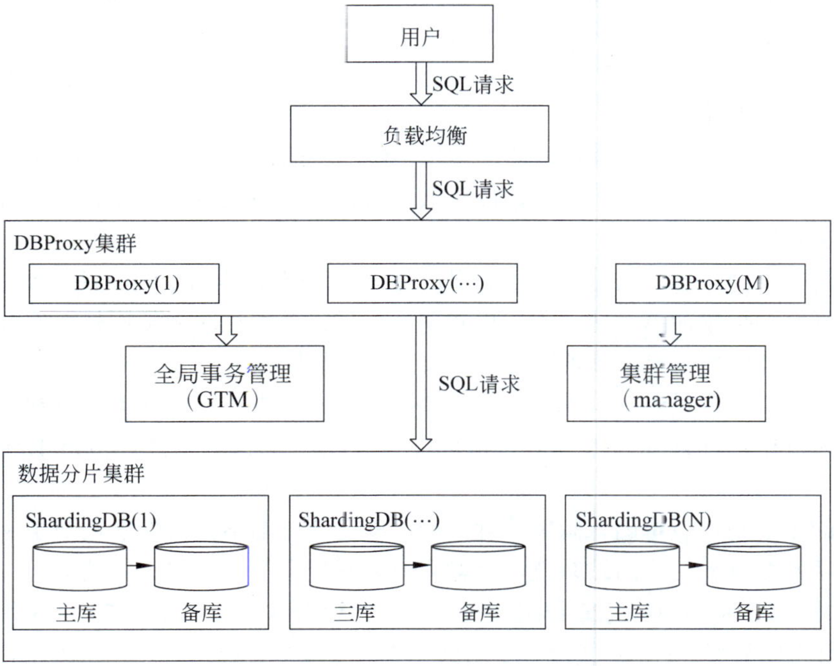

图 2-15　分布式数据库原型方案

迄今为止，一个分布式数据库原型成功建立，2.3 节将正式进入本章主题：金融级分布式数据库——GoldenDB。

2.3　GoldenDB 数据库的前世今生

数据库是最难迁移的软件技术之一，银行业被称为数据库领域皇冠上的珍珠。2020 年，中信银行和中兴通讯联合打造的 GoldenDB 分布式数据库在中信银行总行核心系统的使用，证明了国产自研分布式数据库摘取皇冠珍珠的能力，也为我国金融行业落实安全可控的国家战略提供了参考和借鉴。但 GoldenDB 数据库的前世今生，要从 2014 年开始谈起。

2014 年，是一个值得记忆的年份。

2014 年，开源、开放的软件技术和硬件产品在互联网企业快速发展的过程中得到了充分的验证，使用开源、开放的软硬件产品来支撑银行核心业务系统的条件已经具备可行性。

2014 年，中信银行正式启动 GoldenDB 分布式数据库的研发，当时可谓大势所趋，生逢其时。首先，安全可控的国家战略要求银行 IT 从传统封闭式架构向开源、开放、自主可控的架构转型；其次，高并发交易的出现要求银行 IT 架构支持纵向扩展；最后，银行经营环境的变化要求银行 IT 基础设施从昂贵的 IOE 设施向 x86 服务器、本地磁盘等低成本设施转型。

2.3.1 GoldenDB 数据库的研发和运用历程

GoldenDB 作为一款金融级分布式数据库，要求支撑总行核心系统和信用卡核心系统等大型交易系统，实现中信银行 IT 架构从传统架构向分布式架构的转型。那么，金融级分布式数据库应满足哪些数据库技术要求？

第一，数据实时一致，具有完整的事务管理功能，交易一旦完成，交易内所有操作的结果都要求反映在数据库中。

第二，线性扩展，性能不够加机器、容量不够加机器，加机器不能停业务。

第三，高可用，软件宕机不丢数，硬件故障可恢复，包括单点故障容错、机房故障容错甚至是城市灾难恢复。

第四，数据安全可靠，安全、完备的用户鉴权、权限控制、防 SQL 注入能力。

第五，开发和运维简单，像使用单机数据库一样，应用程序无须额外考虑分布式事务补偿、数据分库分表处理，要求具备完善的开发工具和监控体系支撑。

除了从技术层面满足以上要求外，更重要的是以中信银行实际业务（特别是核心系统）的使用场景为依据，自 2014 年以来，中信银行和中兴通讯开始联合研发 GoldenDB 分布式数据库。

在研发的过程中，技术团队砥砺前行，产品的功能逐渐增强，性能逐渐稳定，并陆续在中信银行冠字号系统、门户网站系统、金融同业合作平台等系统得到成功运用。特别是信用卡核心下移并于 2019 年 10 月 26 日上线投产，总行核心业务系统于 2020 年 5 月 3 日上线投产。核心系统上线后经历了网联的双 11 测试，数据库系统表现平稳，性能比原有架构有显著提升。具体的研发和使用历程如下。

2013 年，中信银行在布局的数据银行战略规划中，首次提出了由传统架构向云计算分布式架构转型的目标。

2014 年 5 月，正式启动了 GoldenDB 金融级分布式数据库的研发项目，以开发一个具有强一致性、线性扩展和高可用性，可以更好地满足业务发展需要的金融级分布式数据库。

2015 年 7 月，GoldenDB 分布式数据库 1.0 版本正式发布。

2015 年 9 月，中信银行冠字号系统上线。

2016 年 5 月，中信银行门户网站系统上线。

2016 年 11 月，中信银行金融同业合作平台上线。

2017 年 6 月，中信银行零售客户统一积分系统上线。

2019 年 9 月，中信银行电子渠道（对私）业务处理平台上线。

2019 年 10 月，中信银行信用卡核心系统上线。

2020 年 5 月，中信银行核心银行系统上线。

2.3.2 GoldenDB 数据库逻辑架构

GoldenDB 分布式数据库采用了层次化和组件化设计，实现了计算节点与数据存储分离，交易数据流与批量数据流分离，如图 2-16 所示。

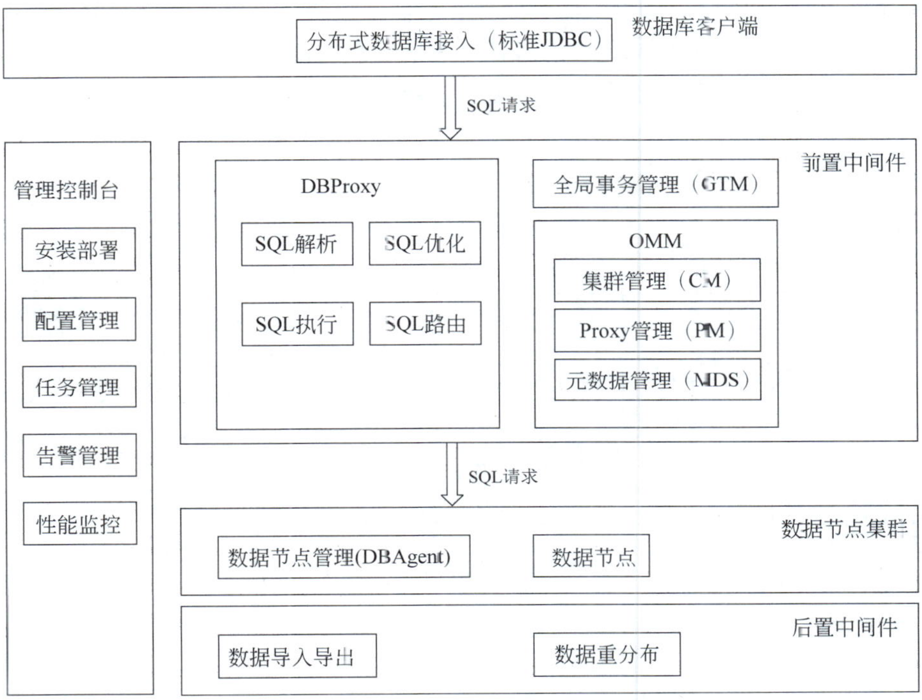

图 2-16　GoldenDB 分布式数据库架构

如图 2-16 所示，整个 GoldenDB 分布式数据库共分为五个部分：数据库客户端、前置中间件、数据节点集群、后置中间件和管理控制台。

1. 数据库客户端

数据库客户端提供了标准 JDBC 驱动实现，通过驱动访问 DBProxy，发起 SQL 请求。

2. 前置中间件

包括 DBProxy、全局事务管理器 GTM 和 Manager 管理组件。DBProxy 是数据库的访问入口，负责 SQL 解析、执行计划优化、SQL 执行和 SQL 路由分发；GTM 负责分布式事务管理；Manager 管理组件负责集群管理、DBProxy 管理和元数据管理。

3. 数据节点集群

集群由数据节点和负责数据节点管理的 DBAgent 构成，每个数据节点采用基于 MySQL 进行开发的存储引擎，每个 DBAgent 负责数据节点的管理，例如，数据节点故障切换等。

4. 后置中间件

负责批量数据的导入导出、数据重分布，实现交易数据流与批量数据流分离。

5. **管理控制台**

提供分布式数据库安装部署、配置管理、任务管理、告警管理和性能监控等功能。

2.3.3 GoldenDB 数据库部署架构

商业银行重要系统通常采用两地三中心部署，包括生产中心、同城灾备中心和异地灾备中心。其中，生产中心和同城灾备中心位于一个城市，异地灾备中心位于另外一个城市。GoldenDB 数据库支持跨中心部署，所有硬件和软件都采用冗余部署，可以避免单点故障。

如图 2-17 所示，来自外围系统的服务请求按照负载均衡策略被分发给生产中心和同城灾备中心部署的应用；应用包括联机交易应用和批处理应用集群，采用同城双活部署，满足异地灾备 5 级标准。

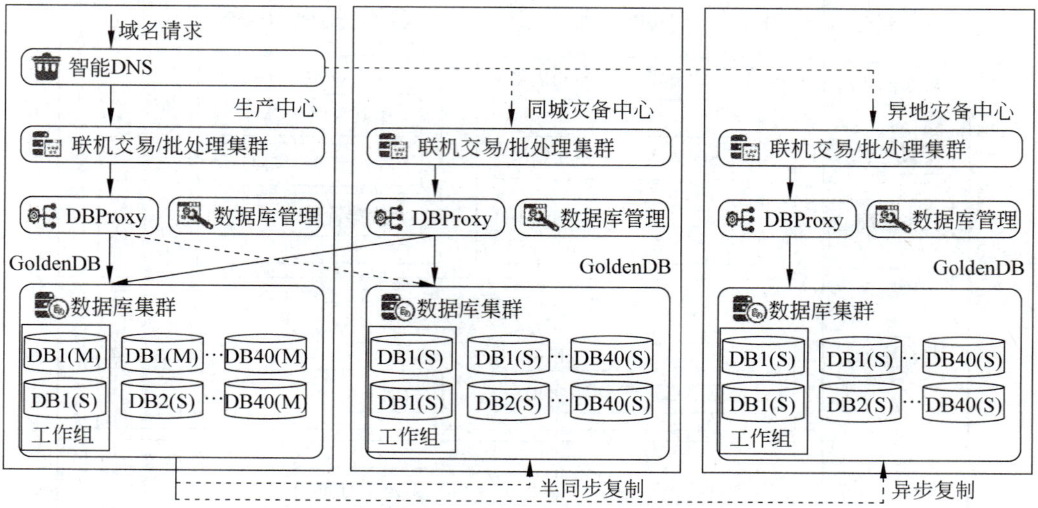

图 2-17 GoldenDB 分布式数据库架构

联机交易应用和批处理应用集群访问 DBProxy 集群，DBProxy 无状态，容易水平扩展；DBProxy 集群访问数据库集群，数据库集群包括多个分片，每个分片包括一个主库和若干个跨中心从库，主库和同城从库之间采用快同步（见 2.3.4 节对快同步的解释）复制，主库和异地从库之间采用异步复制。

在分布式环境下，数据库集群中的数据通过分片规则，被打散并存放在多个数据节点上，不但要保证单一数据节点数据一致性，而且要保证所有数据节点数据的一致性。GoldenDB 为此设计出集群（Cluster）、安全组（Group）、工作组（Team）、响应数（Response Number）和高低水位（HLWM）的概念。

在分布式数据库系统中，最大的逻辑单位被称为集群，一个分布式数据库系统可以同时存在多个集群。每个集群由多个安全组构成，每个安全组又被称为分片。每个安全组由最多三个工作组构成，每个工作组由实际的数据节点组成。为保证每个安全组数据一致性，安全组内使用快同步或者异步复制组建主备复制关系，一个安全组内只允许存在一个主节点，其余数据节点均为从节点。通常，主节点所在工作组被称为本地工作组，负责对外提供服务。其余从节点所在的工作组被称为同城工作组或异地工作组，负责同步主节点数据、主备切换。

如图 2-17 所示，一个大的数据库集群跨越生产中心、同城灾备中心和异地灾备中心，共有 40 个安全组（即 40 个分片），在每个安全组内共计有 3 个工作组，即每个中心各有一个。每个分片内部只有一个主节点，生产中心有一个从节点，同城灾备中心有其余两个从节点，异地灾备中心有其余两个从节点，即“一主五从”结构。

主从节点数据同步时，从节点未完成数据同步之前，主节点事务无法完成提交操作。这就可以强迫从节点与主节点数据保持一致。但从节点数量越多主机事务提交就越慢，因此，可以通过高低水位与响应数的设置来进行控制，既能保证从节点数据一致性，又能避免提交过慢的问题。

响应数功能作用于工作组内，即使工作组中存在多个数据节点，通过设置响应数，可以控制工作组内满足数据一致性要求的数据节点数量，从而避免由于从节点过多，导致主节点事务提交变慢的问题。例如，工作组内有两个从节点，如果响应数设置为 2，表示两个从库都要和主库保持一致性；如果响应数设置为 1，表示只要其中一个从库和主库保持一致性即可。

高低水位分为高水位与低水位两个指标，其功能作用于工作组上。按照本地、同城两个工作组说明，高水位要求两个工作组同时满足数据一致性要求，否则会触发告警。低水位要求两个工作组起码一个满足数据一致性要求，否则整个安全组数据只读。

在上述部署架构的保证下，GoldenDB 能够在高吞吐效率的情况下，达到同城灾备 RPO=0、RTO<5 min；异地灾备 RPO<2 min，RTO<10 min，并且支持异地孤岛演练。

2.3.4　GoldenDB 数据库关键创新技术

在 GoldenDB 数据库研发中，每一项技术的开发都慎之又慎。开发团队从国内外分布式数据库技术调研开始，优先开发既能代表发展潮流又能解决实际问题的技术，接下来进行原型开发，并对原型进行大量的功能和性能的测试验证，完成所有验证后才会在 GoldenDB 数据库中进行产品化实现。

在 GoldenDB 数据库中，做了很多有利于应用的微创新，例如，在 MySQL 原生隔离级的基础上，又进行了扩展，增加了非一致性读（UR）、一致性读（CR）与非一致性写（SW）、一致性写（CW）四种分布式隔离级，具体详见 2.3.5 节中对分布式隔离级的讲解；增加了来自 DBProxy 的 SQL 查询语句的执行计划查看功能，即扩展了 Explain 命令；支持多级分片，对一个表按照不同规则分片，降低应用迁移难度；为应用提供全局唯一的序列值，用于全局唯一的流水号、日志号等。

除了上述微创新外，还有三大最关键的创新技术。这些技术包括实时一致的分布式事务控制、主从快同步复制支持、在线数据重分布等，下面具体论述。

1. 实时一致的分布式事务控制

事务一致性指的是事务的执行不能破坏数据库数据的完整性和一致性，一个事务在执行之前和执行之后，数据库都必须处于一致性状态。

为保证分布式事务一致性，业界主要有两种方案：两阶段提交（2PC）方案与最终一致性（Eventual Consistency）方案。由于两阶段提交存在同步阻塞、一致性读隔离级别下脏读问题，无法满足隔离性，已证明在某些场景下无法使用；最终一致性方案又分为提供补偿事务方案和基于消息队列异步处理方案两种，但都只能保证最终一致性，不能保证实时一致性。

下面具体讲述两种方案。

提供补偿事务方案要求业务为每一笔失败事务添加补偿操作，使得业务代码量增大，加之补偿事务本身也需要额外异常处理，导致处理逻辑变得复杂。并且，事务处理步骤变多，失败后全部回滚的成本也会增高。

基于消息队列异步处理方案要求将事务拆成多个本地子事务，子事务之间通过消息队列衔接，保证子事务串行执行。单个子事务占用资源时间短，可提供高并发读。但为保证事务最终一致性，应用需做大量异常处理工作以确保事务原子性。

按照银行业务对实时一致性的要求，充分分析各种事务一致性方案的优缺点后，GoldenDB 数据库采用了基于全局事务 ID（Global Transaction ID，GTID）的分布式事务一致性方案，在保证系统性能的同时实现数据读写操作的实时一致性，详见 2.3.5 节具体介绍。这也是 GoldenDB 数据库最为关键的技术创新。

2. GoldenDB 快同步复制

MySQL 原生的异步复制存在缺陷：无法保证主备数据的一致性，主机不需要等备机的响应，所以在主备切换的时候无法保证备机的数据和主机完全一致。

MySQL 在异步复制的基础上提供了一个半同步插件，要求必须收到一个备机的应答响应才让事务在主机上提交，当备机应答超时的情况下，半同步会自动退化成异步模式。该方案在主机本身无故障的情况下，能保证不丢失事务，一旦退化成异步复制就回到上面的问题上去了。同时，半同步复制采用的是阻塞方式调用，存在以下两个方面的不足。

（1）在跨网络的环境下，由于网络延迟较大，导致性能非常低。

（2）线程内部调用都是同步调用，在等待备机响应期间线程只能等待，性能较低。

在保障主备数据一致性的基础上为了提升跨网络的性能，提出了快同步方案：主要针对半同步进行优化处理，增加了线程池处理逻辑，重点优化了半同步等待备机响应处理流程和事务提交机制，新增了组管理机制和高低水位阈值机制。

快同步方案的主要优化点如下。

（1）半同步复制使用的是一个连接一个线程模型，快同步使用的是连接池模型。

（2）半同步复制在等待备机响应时使用线程同步等待，快同步优化成线程不等待，收到响应后由线程池中的 commit 线程提交。

（3）半同步复制仅可以配置等待多个备机，无法按需分组，快同步可将备机按需分组进行管理。

半同步复制超时后退化为异步处理，快同步超时不会退化为异步，而是通过高低水位设置产生错误码告警。

3. 在线数据重分布

如图 2-18 所示，当执行在线重分布操作时，对当前节点存量数据迁移和增量数据追平都无须停服务，仅在最后锁表切换时短暂暂停服务，可控制在 1 min 以内。具体步骤如下。

（1）按扩容后的分发策略创建新表。

（2）导出存量数据并导入到新表。

（3）将数据迁移期间产生的增量数据更新到新表。

（4）锁当前表并追平增量数据。

（5）切换表名，启用新分发策略。

（6）删除旧表。

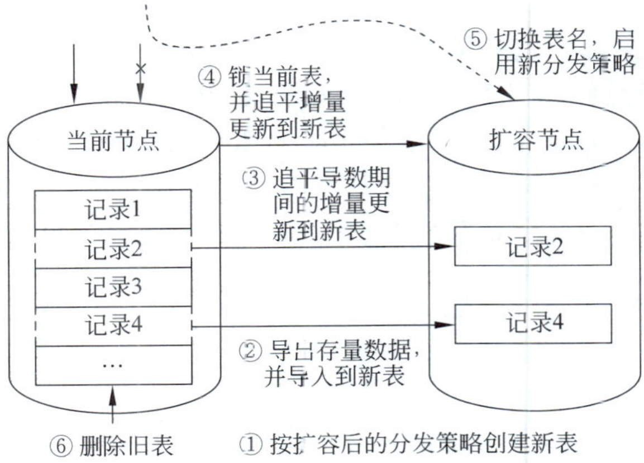

图 2-18 GoldenDB 在线数据重分布

2.3.5 GoldenDB 数据库事务的 ACID 特性

在数据库系统中，一个数据库事务是指由一系列数据库操作组成的一个完整的逻辑过程。例如，银行转账，从原账户扣除金额，以及向目标账户添加金额，这构成一个完整的逻辑过程，不可拆分。这个过程被称为一个事务，具有 ACID 特性，事务的 ACID 特性在 ISO/IEC 标准中有详细说明。

事务的 ACID 特性，是指数据库管理系统在写入或更新数据的过程中，为保证事务是正确可靠的，所必须具备的四个特性：原子性（Atomicity，又称不可分割性）、一致性（Consistency）、隔离性（Isolation，又称独立性）和持久性（Durability）。

GoldenDB 数据库从事务研发设计上，根据规范要求全部实现了 ACID 属性，下面展开讲述。

1. 事务原子性

事务原子性指的是一个事务要么全部提交成功，要么全部失败回滚，不能只执行其中的一部分操作。单机环境通过回滚满足全部失败的要求，但在分布式环境下，事务牵扯多个数据节点，全部失败的要求被扩大化。对于部分提交成功、部分失败的情况，GoldenDB 设计实现了已提交事务回滚功能，来满足此要求。

设计原理是在数据节点上部署一个用于回滚的模块。当出现部分提交成功、部分失败的情况时，回滚命令会发送到提交成功的节点，回滚模块根据命令来完成回滚操作，如图 2-19 所示。

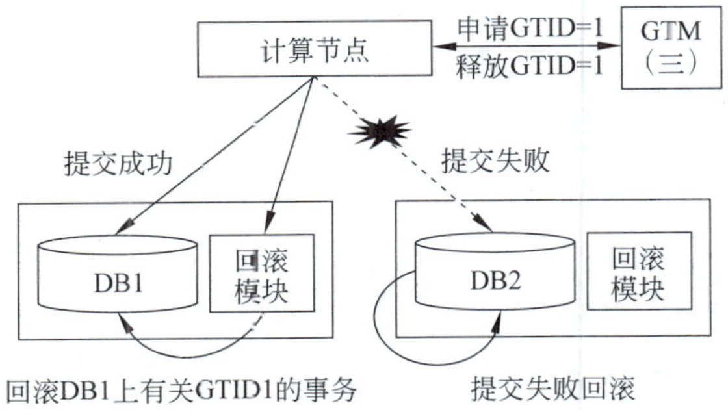

图 2-19 已提交事务回滚示意图

2. 事务一致性

按照银行业务对实时一致性的要求，充分分析各种事务一致性方案的优缺点后，GoldenDB 采用了基于全局事务 ID（Global Transaction ID，GTID）的分布式事务一致性方案。该方案把协调者（Coordinator）和全局事务管理（Global Transaction Manager，GTM）两个功能分开。GTM 仅管理全局事务状态，由计算节点（DBProxy）充当协调者。并且，GTM 支持本地持久化与备机同步，确保全局事务状态信息不丢失，如图 2-20 所示。

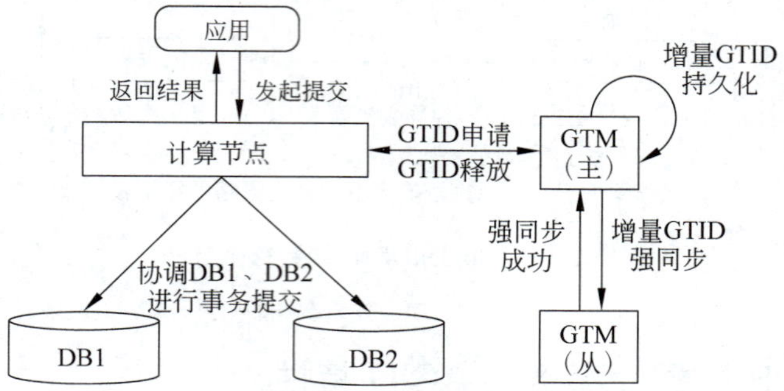

图 2-20　基于 GTID 的事务管理方案

GTID 方案的核心思想，是在全局事务提交过程中，发生部分节点提交失败时，回滚已提交节点数据，而不进行提交失败重试，保证数据最终一致性，同时解决同步阻塞问题。

GTID 是由 GTM 创建的一个具有全局唯一属性的值。为保存该值，创建数据表时 GoldenDB 会自动添加一列。因此，GTID 属于关键字，不允许显式创建名为 GTID 的字段。

GTM 通过状态机维护每个 GTID 的变化。GTM 为每个新事务创建一个 GTID，此时状态为 CREATED。在事务执行过程中，GTID 伴随数据一起写入数据节点，此时状态为 ACTIVE。事务发起提交，若提交成功，状态变为 RELEASING；若提交失败，状态保持 ACTIVE 不变。提交成功后，事务正常结束，状态变为 RELEASED。提交失败后，触发已提交事务回滚机制。若回滚成功，状态变为 RELEASING，若回滚失败，状态保持 ACTIVE 不变。回滚完成后，状态变为 RELEASED。对于回滚失败且状态为 ACTIVE 的 GTID，则需要手动处理。状态切换如图 2-21 所示。

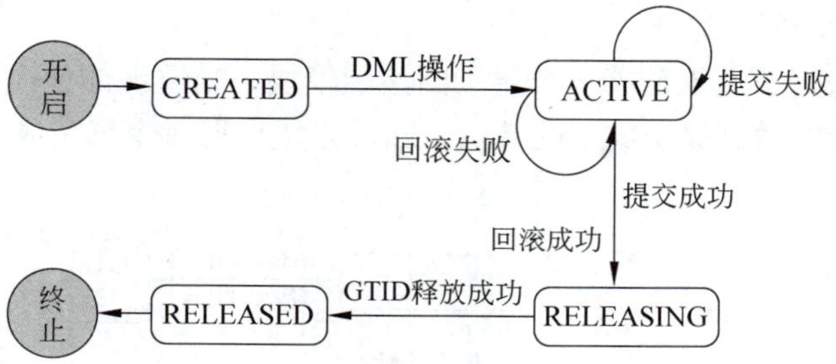

图 2-21　GTID 生命周期状态机

3. 事务的隔离性

事务的隔离性指的是数据库必须保证一个事务在执行中不受其他并发事务影响。即一个事务对其他事务是隔离的，并发执行时各事务间不能互相干扰。单机环境通过设置隔离级别，控制事务之间的影响程度。同样地，针对分布式事务，GoldenDB 提供了四种读写隔离级别，分别为：非一致性读（UR）、一致性读（CR）与非一致性写（SW）、一致性写（CW）。下面主要介绍分布式环境下，读写操作之间的影响与写写操作之间的影响。

分布式下的读写操作，在 UR 隔离级别下，读事务不会判断写事务产生的中间结果，直接返回满足条件的记录，存在脏读问题。CR 隔离级别下，读事务会判断数据的状态。即写事务在提交过程中，数据处于 ACTIVE 状态，读事务不直接返回记录，而是按照配置进行重试操作，直到写事务提交成功或失败。因此，不会出现脏读问题。

分布式下的写写操作，在 SW 隔离级别下，写事务不再受到全局事务控制，写事务之间影响与单机环境类似。区别在于，已提交事务回滚无法保证数据一致性。即待回滚数据会被其他写事务修改，回滚后会丢失数据，存在非一致性写问题。CW 隔离级别下，写事务受到全局事务控制，其他写事务会判断数据活跃状态。若数据活跃，则该事务无法进行写操作。因此，可以保证数据一致性。

4. 事务持久性

事务持久性指的是事务提交后，对数据的修改就是永久的，即便系统故障也不会丢失。与单机事务一样，分布式事务也需要保证事务持久性。不同的是，分布式事务不但需要持久化业务数据，而且还需要持久化全局事务状态。数据持久化由数据节点保证，全局事务状态持久化由 GTM 保证。

GTM 采用实时增量与定时全量方式对全局事务状态进行持久化。对于短事务，由于 GTID 被不断地创建与释放，GTM 会实时地使用增量方式进行持久化；对于长事务，GTM 需要长时间保存 GTID，因此，每隔一定时间使用全量方式进行持久化。

2.4　GoldenDB 数据库与 CAP 理论

2000 年，加州大学伯克利分校的 Eric Brewer 教授在 PODC（Principles Of Distributed Computing）座谈会上首次提出了 CAP 设想。2002 年，麻省理工学院的 Seth Gilbert 和 Nancy Lynch 证明了 CAP 设想的可行性，从此 CAP 理论成为分布式系统的定理。

CAP 指的是一致性（Consistency）、可用性（Availability）和分区容错性（Partition tolerance）。根据分布式系统中的 CAP 理论，当分区故障发生时，只能在一致性和可用性之间二选一。

2.4.1　什么是 CAP 理论

CAP 定理指出一个分布式系统在一次操作中不可能同时满足一致性、可用性和分区容错性，最多只能同时满足其中的两项。为了更好地理解 CAP 定理，下面分别介绍一致性、可用性和分区容错性。

一致性（Consistency）：一致性服务最为经典的理论就是原子化数据对象。原子一致性或者线性一致性是当今 Web 服务的基本要求。根据一致性的要求，所有的操作必须如同在一个单独的实例中一样，按照线性的顺序依次执行。这相当于要求分布式共享内存的请求必须如同访问一个独立节点一样，在一个时间响应一个操作。一个最重要的特性就是，对于一个支持原子化读写请求的共享内存，当读请求发生在写请求成功以后，读请求的返回值必须反映出前面写请求操作后的结果。这种一致性约束，为使用者提供了最容易理解的模型。同时对于那些尝试设计使用分布式服务的客户端应用程序用户而言，也是最方便的。

可用性（Availability）：对于一个分布式系统来说，持续可用就是指系统中没有宕机的节点接到请求都必须产生应答。换句话说，任何服务执行的程序必须要有一个终态。在某些方面，以上对于可用性的定义要求并不高：对于程序需要执行多长时间到终态没有限制，因此允许程序无限期地执行下去。另一方面，当系统同时具备分区容错性时，这个要求又变得很高：当分布式系统内部的网络崩溃了，每个请求仍然需要一个应答。

分区容错性（Partition Tolerance）：以上关于一致性和可用性的定义都是基于系统具备分区容错性的基础上的。为了解释什么是分区容错性，将允许节点之间的网络传输存在消息随机丢失。当网络被分区，处在该分区的一个组件的节点发往另一组件中节点的所有消息都会丢失。因此，原子性要求意味着即使作为程序执行的一部分而发送的任意消息可能没有传递过去，每个响应都将是原子的。可用性要求意味着即使发送的消息可能会丢失，接收到客户端请求的每个节点也必须响应。这类似于要求一个运行在纯内存共享的系统中完成 wait-free 的程序直到终止：即使网络中的每个其他节点都出现故障也必须生成有效的原子响应。不允许少于总网络故障的故障导致系统响应不正确。

与集中式系统相比，分布式系统无法避免网络故障。当分布式系统出现网络故障时，基于 CAP 理论，为确保分区容错性，只能从一致性和可用性中二者择其一。当选择一致性时，系统要么直接返回错误，要么不返回任何结果，等待触发超时。当选择可用性时，系统会及时给接收到的请求返回结果，但不保证结果数据是最新的。

与分布式系统不同，传统关系数据库遇到网络故障时，优先选择一致性。如图 2-22 所示，Db2、Oracle 和 MySQL，由于没有网络分区，不存在分区容错性，属于 CA 类系统；又如 Cassandra，通过配置副本之间策略，保证写操作可用性，但降低了写操作一致性，属于 AP 类系统；而 GoldenDB 分布式数据库，优先保证数据一致性与分区容错性，属于 CP 类系统。

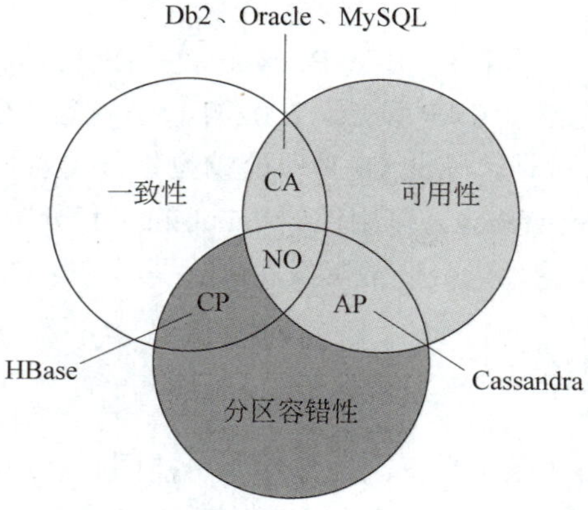

图 2-22 CAP 理论与数据库示意图

2.4.2 GoldenDB 保证一致性

分布式事务中的一致性和 CAP 理论中的一致性虽然含义不完全对等，但仍然面临相同的问题，一致性和可用性就像是鱼与熊掌不可兼得。

互联网公司普遍采用的异步事务方案，则是另外一种选择，采用最终一致性，牺牲事务的实时一致性，来提升系统的可用性。按照前面对金融级分布式数据库的定义，必须优先选择一致性，要确保数据的实时一致性，就要在系统的可用性上做一些牺牲。

比较：两个“C”的区别

很多读者已经发现，在 ACID 特性中有“C”，CAP 理论中也有“C”，那么这两个“C”到底有什么区别呢？

（1）ACID 特性中的“C”表示，多个用户使用一个完全可靠的系统，操作都是原子的，像只有一个人使用一样。

（2）CAP 理论中的“C”表示，一个分布式系统表现得只有一个副本，操作都是原子的，单个用户访问分布系统，无论访问哪个节点返回的结果都一样，整个分布式系统是一个整体。

（3）特殊情况下，即使只有一个节点，ACID 也成立；但一个节点就不存在 CAP 理论中所描述的概念了。

2.4.3　GoldenDB 最大程度保证可用性

在分布式环境下，当服务器、网络出现故障时，为保证一致性，数据库服务会不可用，导致可用性下降。在无法完全保证可用性的情况下，需尽可能缩短系统不可用时间，为此 GoldenDB 通过主从切换、HA 切换自动恢复系统可用性，通过高低数值设置能够最大程度地保障系统的可用性。

高于最高数值会有告警，低于最低数值会触发只读。系统可用性会有一个从正常到异常告警，再到异常不可用的一个衰减过程。如能及时响应告警、处理故障，可以保证较高的系统可用性。

2.4.4　GoldenDB 保证分区容错性

在分布式环境中，涉及的组件众多，由于环境相较单机环境复杂，根据不同组件可分为数据节点、计算节点、全局事务管理器节点和管理节点。

1. 数据节点容错性

在分布式环境下，事务执行中发生主节点异常，未提交数据不会被同步到从节点。若出现部分提交，则进行已提交事务回滚。之后进行主从切换，在从节点切换成主节点之前，该安全组不提供读写服务，主从切换完成后自动恢复。

2. 计算节点容错性

计算节点本身无状态，发生异常仅导致当前业务失败，并且负载均衡自动屏蔽该节点，保证后续交易发往其他计算节点。对于需要进行已提交事务回滚的事务，计算节点故障无法执行。计算节点部署的监控会重启进程，执行回滚操作。若计算节点重启失败，则根据配置由其他计算节点发起对等回滚操作。

3. 全局事务管理器节点容错性

一般 GTM 按照主从部署，通常采用一主多从模式。主机异常时会自动触发主从切换，在从节点切换成主节点之前，不提供申请释放 GTID 服务，主从切换完成后自动恢复。

4. 管理节点容错性

管理节点分为管理组件与集群元数据两部分，通过部署双机 HA 软件搭建主从关系，管理组件安装在主从服务器上，集群元数据存储在主从数据库中。若主机管理组件发生故障，双机软件会自动切换到从机。若主机数据库发生故障，双机软件会自动切换到从机，并完成主备切换操作。

2.5 GoldenDB 数据库应用开发和运维实践

以中信银行 GoldenDB 所代表的新一代原生分布式数据库，具有强一致性、线性扩展和高可用性，可以更好地满足商业银行应用开发和运维发展的需要。

但是，转型到分布式数据库后，并不是一帆风顺的，还会面临很对挑战。一方面，应用人员和开发人员需要正视挑战并采用具体举措，才能真正驾驭好 GoldenDB 数据库；另一方面，商业银行要遵守人民银行相关规范，以推动分布式数据库开发和运维的标准化。

2.5.1 分布式数据库带来的挑战

分布式数据库实现了数据去中心化，但是由于其自身特点，也给应用开发和运维带来了一些挑战，下面分别阐述。

1. 应用开发方面的挑战

GoldenDB 数据库实现了对应用透明，从功能角度，应用开发人员只要按照 ANSI SQL 标准语言去编写 SQL 语句完成业务逻辑。但从性能角度，还要注意在联机交易负载下，低效的应用程序将会对分布式数据库带来以下挑战。

（1）应用程序中过于复杂的 SQL 语句将会影响数据库性能。

例如这样的 SQL 语句：超过 3 张以上的大表关联、返回大结果集等，这些都会消耗数据库过多的处理资源，导致响应时间变慢。

（2）应用程序中不带分片键的 SQL 语句将会影响数据库性能。

例如，不带分片键的 SQL 语句，将会导致 DBProxy 将应用请求发给所有分片，将会导致查询时间变慢。

（3）过多的跨节点分布式事务将会影响数据库性能。

例如，一个跨节点转账的应用程序被并发方式执行，将会发起大量的跨节点事务，这将消耗数据库的处理资源，有可能导致事务执行时间变长。

2. 运维方面的挑战

相较于应用开发，运维方面的挑战更多。从集中式到分布式数据库，对整个传统的运维体系有较大冲击，带来了很大挑战，具体包括以下内容。

（1）节点多且关联复杂。

集中式数据库运行在少数几台服务器上，但分布式数据库的各种节点运行在数百台服务器上，节点关系复杂，运维复杂度高，靠人工运维不现实，需要通过平台化运维的新思路，统一上报告警及统计信息、统一日志中心、自动化监控、自动化运维、自动化巡检等。

（2）x86 服务器可靠性低，稳定性弱。

集中式数据库通常运行在小型机上，小型机故障率低。但是分布式数据库运行的 x86 服务器稳定性低于小型机，单机故障率增加。这就要求对所有节点的服务器和数据都进行冗余配置，当出现节点故障时，启动自动化应急，通过主备切换保证服务的持续可用性。

（3）部署结构复杂。

一个分布式系统不仅包括数据库，还包括应用多活集群、Redis 缓冲集群等，部署架构复杂，这就意味着当出现软件或者硬件问题时，很难定位故障节点。因此，需要一套多维立体化监控手段，准确定位故障节点，并通过自动化应急在规定时间内解决故障。

上面探讨了分布式数据库引入对应用开发和运维方面的挑战。实际上，目前商业银行的应用开发和运维之间的界限已经相当模糊，开发人员和运维人员都需要掌握操作系统和数据库相关技能，还要掌握 Java、Python 等开发技能。建议引入 DevOps 流程，实现开发和运维一体化。

什么是 DevOps？

DevOps（Development 和 Operations 的组合词）是一组过程、方法与系统的统称，用于促进开发、运维部门之间的沟通、协作与整合。

它是一种重视“软件开发人员（Dev）”和“IT 运维技术人员（Ops）”之间沟通合作的文化、运动或惯例。通过自动化“软件交付”和“架构变更”流程，来使得构建、测试、发布软件能够更加快捷、频繁和可靠。

它的出现是由于人们日益清晰地认识到：为了按时交付软件产品和服务，开发和运维工作必须紧密合作。

2.5.2 应用开发方面的应对措施

针对应用开发方面遇到的上述挑战，根本上是性能问题，但引起性能问题的根源却有多种。这是因为分布式架构下表数据被切分到多个数据节点，查询语句需要考虑语句如何拆分、分片之间数据如何移动、结果如何计算与合并的问题。下面分场景给出应对措施。

场景 1：SQL 兼容性问题。

GoldenDB 完全兼容 MySQL 语法。但部分语句在分布式环境下执行代价过大，暂不放开这些执行代价过大的语句。解决方案如下。

通过产品迭代，完善执行效率、逐步放开代价过大的 SQL 语句功能。

场景 2：SQL 语句执行效率低。

由于数据切分到多个数据节点，查询操作涉及网络通信的交互次数和交换的数据量较多时，会造成 SQL 语句性能变慢。此时需要根据执行计划进行针对性优化。解决方案如下。

（1）产品通过迭代，给出更好的执行计划和查询性能。

（2）提供增强型 EXPLAIN 命令分析 SQL 语句从计算节点到数据节点完整的执行计划，原生 MySQL 的 EXPLAIN 命令仅可以查看数据节点自身的执行计划。

（3）增强型慢查询日志功能，可更详细地看到各个阶段耗时。

（4）针对不同的业务场景提供多种隔离级别，如果业务允许脏读，可使用 UR 隔离级别，提升性能。

（5）提供多种 HINT 语句，可以指定 SQL 语句到某个分片上执行。

场景3：由于锁冲突导致性能低下。

解决方案如下。

（1）增加数据节点锁冲突信息日志功能，记录所有锁冲突超过设定时间的记录。

（2）调整锁等待时间参数：根据最佳实践，将应用的查询超时时间设定为合适值（例如10 s），数据库的行锁等待时间调整为合适值（例如 8s），减少由于行锁等待导致的查询超时概率；元数据锁等待时间调整为合适值（例如 5s），减少长时间的 DDL 语句执行期间，查询语句由于元数据锁等待导致语句卡住较长时间的情况。

场景4：多分片不均匀问题。

分布不均匀问题主要是数据分布不均匀和数据访问不均匀。解决方案如下。

（1）使用数据重分布功能重新分布数据。

（2）引入技术分片键，例如，表中有字段 A 存储客户号，引入字段 B，字段 B 初始存储的内容和字段 A 完全一致，字段 B 为分片键，若其中某个节点的客户号访问量较多或客户号存储较多，可将该节点的部分数据导出，修改字段 B 的内容，再重新导入，人为将数据分布均匀。

2.5.3 生产运维方面的应对措施

针对分布式数据库运维，应对措施的关键是要建立一套“监、管、控”的运维体系，以向智能化、数字化迈进。整个运维体系主要涉及监控、巡检、性能优化、应急处置、扩展性等问题，下面具体阐述。

1. 监控

相较于集中式数据库，分布式数据库组件众多，通过单一种类的监控或使用现有的手段定位问题比较困难，需要一套或者多套监控体系配合来帮助运维人员精准确定位到故障节点。

GoldenDB 数据库提供了一套心跳监控机制以及告警系统，在网络出现波动或者问题时能够第一时间发现并且上报。为满足实际运维需求，某商业银行采用了如下告警系统。

（1）通过 IBM ITM 监控工具对服务器上的进程、端口号、关键字等基础项进行了监控。

（2）通过 NPM 监控，对所有组件节点进行网络流量变化进行实时监控，并能够针对性抓包分析。

（3）通过交易监控系统，对业务响应率、业务成功率和交易耗时等进行监控，以便实时发现并定位分析。

（4）通过普罗米修斯软件，对各个组件的服务器资源（CPU、I/O、内存等），以及 DB 节点相关资源监控（主从状态、主从延迟、缓冲池命中率、写挂起等）进行实时监控。

（5）将分布式数据库各个节点产生的日志定期上传到日志中心，通过 ELK 平台对日志进行汇总和筛选，方便问题排查。

2. 巡检

分布式数据库集群中各个模块均为多节点，模块间关联性较大，这就要求分布式数据库巡检工具按照以下要求设计。

（1）能够满足系统日常基本项巡检。例如，服务器资源型通用巡检 CPU、I/O、内存、存储空间、内存交换空间、文件描述符使用情况等。

（2）能够满足各组件特性巡检。例如，对 DB 节点缓冲池命中率、表碎片化等数据库相关指标巡检；对 DBProxy 的连接数、消息积压等情况的巡检；对管理节点中各个管理进程的连接状态、集群切换状态等情况的巡检等。

（3）能够对各个组件的巡检进行判断和分类，进行巡检控制。例如，应该在 DB 上进行的巡检就不要在 DBProxy 上进行。

（4）能够对所有节点的巡检结果进行汇总收集，归类，将问题精确定位到节点 IP、巡检内容、报错信息等，方便运维人员进行快速定位和查询。

分布式数据库的巡检，在一定程度上展示了分布式数据库运行情况的发展趋势，可以配合监控数据更早地定位出系统的潜在问题。

3. 应急处置

分布式数据库涉及的组件多，不能依赖 DBA 手工应急，必须实现自动化应急，真正做到“预防为主，处置高效”。建议商业银行采用以下方案进行。

（1）编写分布式数据库应急手册。

（2）根据分布式数据库应急手册开发自动化应急脚本，以实现自动化应急功能。

4. 性能分析和优化

分布式数据库出现性能问题，如整体性能偏低、交易出现波动等，需要及时发现问题，在此不再赘述，仅列举两个场景的例子。

场景 1：慢查询问题。

解决方案：检查计算节点和数据节点慢查询日志，根据慢查询日志判断原因，例如 SQL 语句需要优化、磁盘繁忙等。

场景 2：计算节点、数据节点出现资源使用高、响应慢等问题。

解决方案：根据分布式数据库应急手册处置，打印当前组件状态、内存信息、内部调度信息等，随后进行针对性优化。

5. 扩展性

扩展性包括纵向扩展和横向扩展，纵向扩展通过增加机器硬件资源实现，横向扩展通过增加数据节点实现。通过横向扩展增加数据节点之后，数据需要进行重分布操作，操作期间会因数据传输导致磁盘繁忙。建议可以采用以下方案。

（1）重分布之前规划磁盘空间，确保空间足够。

（2）重分布变更需要在业务交易较少的时间段执行。

6. 备份和恢复

分布式数据库数据节点多，对数据备份和恢复的要求很高，建议采用集中备份软件，例如 NBU，进行多节点数据备份。

（1）为了不影响交易，建议在备机上备份。

（2）多节点同时备份，提升备份效率。

2.5.4 技术规范的制定和落实

当前阶段，各大商业银行都在逐渐引入分布式数据库，可谓如火如荼。为了推进分布式数据库研发和运维的标准化，中国人民银行发布了指导性的分布式数据库技术规范。

2020 年 11 月 26 日，中国人民银行发布了三项金融行业标准：《分布式数据库技术金融应用规范——技术架构》（JR/T 0203—2020）、《分布式数据库技术金融应用规范——安全技术要求》（JR/T 0204—2020）、《分布式数据库技术金融应用规范——灾难恢复要求》（JR/T 0205—2020）。

《分布式数据库技术金融应用规范——技术架构》规定了在金融领域分布式事务数据库的架构要求，涵盖技术框架、功能特性和运维管理，旨在保障金融服务高可用、数据高可靠、弹性可扩展、产品高适配和数据易迁移。

《分布式数据库技术金融应用规范——安全技术要求》规定了在金融领域分布式事务数据库的安全要求，涵盖基础支撑保障、用户管理、访问控制、数据安全、监控预警、密钥管理、安全管理和安全审计等内容，旨在保障金融业务安全稳定运行。

《分布式数据库技术金融应用规范——灾难恢复要求》规定了在金融领域分布式事务数据库的灾难恢复要求，涵盖容灾能力分级、灾备技术要求和灾备管理流程，旨在引导金融机构建立健全容灾机制，保障金融业务连续性运行。

分布式数据库金融应用系列标准适用于金融领域分布式事务数据库的研发、测试、评估和应用，为分布式数据库金融应用标准体系夯实基础。

针对中国人民银行发布的上述技术规范，各大商业银行在分布式数据库的开发和运维中，需要抓紧落实并实践；也建议商业银行之间多开展技术规范方面的同业交流，通过交流提升运用分布式数据库的水平。

小　结

本章首先从某商业银行电商管家系统遇到的性能瓶颈谈起，讲解了应用服务器、数据库等各种性能问题的解决方案，包括硬件扩容、Redis 缓存、读写分离、分库分表、分布式数据库中间件等，随后正式进入分布式数据库方案。

接下来讲解了中信银行自研的 GoldenDB 分布式数据库，从研发历程开始，分享了其逻辑架构、部署架构、关键创新技术，特别是支持的 ACID 特性；就分布式系统著名的 CAP 理论，讲解了 GoldenDB 数据库是如何实现的。

分布式数据库需要开发和运维深入融合。在本章的最后，就 GoldenDB 分布式数据库分别面临的开发和运维挑战，分享了应用开发方面的应对措施和生产运维方面的应对措施；并建议各大商业积极实践中国人民银行发布的分布式数据库技术规范。

第3章

从小型机迁移到x86服务器

横看成岭侧成峰，远近高低各不同；

不识庐山真面目，只缘身在此山中。

回顾2010年，很多商业银行新系统上线初期通常先按系统重要程度进行评级，针对业务评级重要的交易系统首选IBM Power小型机或者惠普小型机，只有银行内部管理信息类的系统才会选择x86服务器。当时大家被“只缘身在此山中”的惯性思维所桎梏，总觉得一个系统如果不部署在小型机上，将给后续运维、系统可用性、可靠性等带来不可预知的挑战，甚至出现了Java应用程序也要部署到一台IBM Power小型机上。

但是，在上线后却发现，即使在业务洪峰期，小型机的计算资源也很难得到很好的利用。即便是这样，大家也觉得这是同业的标准，这才是金融级系统应有的架构！

从2010年以来，随着很多商业银行对x86服务器的应用与小型机的性能对比测试工作的进行，发现x86服务器的诸多优势也随之呈现出来。在随后的基础设施采购项目中，特别是在虚拟化建设方面，开始逐渐增加x86服务器而有意减少小型机的新购数量。另外，从单机角度来讲，虽然x86服务器的RAS指标不及小型机，但其他指标基本可以满足很多系统对性能的需求，总之可以花费相对少的成本就能满足业务需求，何乐而不为呢？

从2013年开始，互联网行业对x86服务器的使用如火如荼。2013年5月，阿里巴巴宣布最后一台IBM小型机在支付宝下线了！这对阿里巴巴来说是非常重要的一个里程碑。暂且不谈“去IOE”，单从小型机下移至x86服务器这一动作来看，阿里巴巴从容转身的背后一定有着很多的技术挑战，这对于一个已部署传统IT技术和架构的互联网公司实属不易。

什么是RAS指标？

RAS是计算机系统可靠性（Reliability）、可用性（Availability）和可服务性（Serviceability）三项技术的总称。是设计、研究、评价计算机系统，特别是高可靠性的计算机系统必不可少的指标。

3.1 迁移项目概述

如果这一切要发生在传统的商业银行，那应该如何应对呢？商业银行的业务系统复杂度很高，并且影响面更广，这套下移动作的难度系数可不低，每个系统都好像带电的老虎摸不得。事实证明，如果不努力改变历史，那就有可能将被历史改变。但这一天终究还是来了，2019 年年初，笔者所在的商业银行决定将目前所有在役的小型机下移至 x86 服务器，当这一举措宣布之时，大家的内心可谓是百味杂陈。

3.1.1 商业汇票系统下移背景与目标

每个商业银行都有自己的应用系统评级体系，笔者所在的商业银行根据系统涉及的交易金额、对外影响及在线用户量等指标，将系统划分为四个等级，由高至低分别为 A+、A、B 和 C 类。目前部署在 IBM 小型机的系统基本都是 A+和 A 类，这些系统的共性是停机时间窗口短，且重要程度高；也有少部分 B 类系统，该类系统的特点是“体量庞大”，停机时间窗口也很有限。并且这些小型机都存在超期服役风险，其故障率随着服役时间增长而不断增加。根据相关统计，超过 5 年的小型机，故障率大概增长 42%左右；另外，如果系统下移至 x86 服务器后，硬件采购和维护费都将有一定下降。

结合系统架构的发展趋势，分布式架构已成为大势所趋，这种架构已在互联网行业得到广泛应用，各家商业银行也在研究适合自身业务的分布式系统。特别是近年来，在分布式架构中，各个节点所使用的 x86 服务器，开始使用本地磁盘（例如性能更好的固态盘）来存放数据。与使用集中式存储的系统相比，这类系统的横向扩展更便捷。因此，在小型机下移中，推荐使用基于本地磁盘的分布式架构。

考虑到运行在这些小型机上的软件版本已经退出厂商产品技术支持周期（End Of Service），存在大量隐患，时刻威胁着生产环境的安全稳定运行，为提升相关系统软件运行的可靠性，利用小型机下移 x86 服务器的机会，将存在重大风险隐患的操作系统、数据库及中间件进行大版本升级。升级后，从操作系统到数据库，运维复杂度和成本也会随之大幅降低，同时也能实现资源整合，为基础软件的标准化、自动化做好准备，为智能化运维奠定良好基础。

商业汇票系统是一套系统评级为 A+的交易系统，该系统主要面向商业银行多个业务部门，用于实现商业银行各项商业汇票业务放款操作与业务管理的信息处理平台。

以上提及的背景问题，在商业汇票系统上体现得淋漓尽致。系统内所有应用程序和数据库都部署在 IBM Power 小型机上，且服役时间已超限；应用程序与数据库紧耦合在一起，存在资源争用、架构不合理等问题隐患；所有的中间件及数据库产品均已退出厂商产品技术支持周期。

因商业汇票系统在整个项目背景中具有较强代表性，本章将以该系统为例，深入介绍整个系统下移过程。

3.1.2 迁移计划

经过对现有系统梳理，涉及小型机下移的系统均为笔者所在商业银行的重点交易系统，系统可用性要求较高，因此不能出现因小型机下移变更而引起任何生产事件。任何一套系统都不会给试错的机会，这需要做足功课，谋定而后动！谋就是要做好计划，围绕着目标，在具体实施之前，要先计划清楚。

既然首要目标要向 x86 服务器迁移，先要证明 x86 服务器有能力代替小型机承载这些应用和数据库。有了理论的支撑，再结合实际测试数据，就可以总结出一套将小型机资源转换为 x86 服务器资源配置的方法。

项目背景和目标确定后，随即成立了专项工作小组，接下来开始制订“作战计划”。制订详细的计划之前，首先需要分解任务目标。小型机下移 x86 服务器有以下两个主体目标。

（1）将所有部署在小型机的系统平滑迁移至 x86 服务器，这是第一个目标。

（2）将所有涉及下移交易系统中的基础软件升级至主推版本，这是第二个目标。

针对第一个目标，计划根据待下移系统的现状，分别对应用程序和数据库进行深入分析，针对不同的场景、不同的系统级别、不同的业务连续性要求、不同的高可用级别，制订出合理的数据“平滑”迁移方案。

针对第二个目标，计划在小型机下移的同时完成相关软件的大版本升级。这需要梳理当前待下移的各系统软件版本，随后根据版本差异、升级策略来制订软件升级方案和测试方案。再根据测试方案进行合理的系统测试，最终才能结合数据迁移方案进行生产环境的实施。

在现代化战争中，给士兵配备各种作战辅助装备，一方面提高了生存率，也同时提升了单兵作战能力。所以，考虑对应用程序部署架构和数据库部署架构进行优化调整，将系统性能和高可用能力发挥到极致。对于每一套待下移的系统都可以通过现有架构分析，形成 x86 服务器的优化方案。

3.1.3 数据迁移原理

小型机下移项目中，并不是将数据从小型机平台复制至 x86 服务器就达到系统下移目标，而是需要在一套安全详尽的迁移理论支持下进行。在小型机下移 x86 服务器的项目中，需要考虑应用和数据库整体迁移。

商业银行的应用程序具有应用及数据架构复杂度高、系统敏感度高、业务连续性要求高等特性。应用程序本身是无状态的，这对迁移来说简单了不少。也就是说，将应用迁移至 x86 环境后，如果考虑回退，只需要将前端应用请求连接转向原环境即可。只涉及更换应用运行的平台和软件版本，不会变更程序的处理逻辑，所以单纯应用程序的迁移只考虑做适当的黑盒测试即可满足上线条件。

应用程序的迁移并不复杂，但数据库就不同了，在传统的数据库数据迁移方案中，有多种方法可以满足迁移的目的，一般会采用数据导出导入方式和数据库日志复制方式。

（1）基于数据导出导入的方式实现数据迁移。

对于数据传输方法是指在应用停止写入的情况下，将数据从源端数据库全量导出传输至目标环境。随后再进行目标端相关数据对象的初始化，验证应用程序访问数据库后，即可对外提供服务。但方法也存在诸多不足，可能需要花费较长的停机时间窗口，这和数据量有一定关系。对于数据的回退比较复杂，需要提前梳理应用层级的表对象，并手工将目标端的增量数据同步至源端。整个回退的时间也相对较长。

（2）基于数据库日志复制的方式实现数据迁移。

这种方法通常要借助一些数据迁移工具配合完成，如 IBM Change Data Capture（CDC）、Oracle Golden Gate（OGG）、IBM Q Replication（Qrep）。IBM CDC 和 OGG 两款软件都是基于数据库日志复制的，也就是需要有程序在源端根据不同数据库的日志 API 来解析数据库事务日志，随后通过网络传输至目标端进行事务重放。而对于 Qrep，它和 CDC 一样，同属于 IBM InfoSphere Data Replication（IIDR）产品系，算是 Db2 的原生数据迁移工具，功能非常强大。Qrep 通过 IBM MQ 消息中间件作为数据传输媒介，这样在保证消息可靠性的前提下，提升了数据迁移速度。但 Qrep 在配置管理上过于复杂，所以应用的场景并不多。

关于数据迁移方法的选择和细节的介绍，将在数据库平滑迁移方案中揭晓。

3.1.4 迁移难点分析

在项目启动会上，摆在面前的有以下三大难题。

难题一：如何保证小型机下移 x86 服务器后系统的性能不低于小型机性能？我们对 x86 服务器的性能预期是“至少不能低于小型机”。

在小型机下移前，必须找到 x86 服务器代替小型机的有效配置方案，从而证明经过策略配置的 x86 服务器足以代替小型机承载相关业务。但很难从公开的数据集中找到一个万能的换算公式，能让我们在小型机下移项目中直接找到资源配比良方。例如，小型机有 4 核 64GB 内存，需要买哪种配置的 x86 服务器才能与其对应，刚好超过性能预期，而又不能过度分配资源，对此，我们决定拿 IBM Power 小型机与 x86 服务器进行性能对比测试，找出它们之间的资源配比方案，后续的系统就可以按照这种配比方案选择 x86 服务器了。3.2 节中将揭晓此部分内容。

难题二：数据迁移过程中，如何做到对业务影响最小化？

小型机下移 x86 服务器还涉及数据的跨平台迁移。数据主要包括两大部分：应用数据的迁移和数据库迁移。其中，应用迁移主要涉及应用程序在新版本中间件的重新安装和部署。而数据库迁移相对复杂一些，需要将数据库内的对象以及数据在有限的时间窗口内传输到新的环境中。3.6 节中将揭晓此部分内容。

难题三：待下移的目标系统都部署着许多商业软件产品，如 IBM WebSphere Application Server（WAS）、IBM Http Server（IHS）、IBM Message Queue（MQ）、IBM Db2 和 Oracle 等。这种重量级商业软件并没有提供细粒度的软件版本差异项，这样就无法做到针对性的测试，只能依赖传统的地毯式测试方法。根据以往经验，这种测试方法占据了较多时间。

上述三大难题中最让人头疼的就是测试。小型机下移涉及系统架构的调整和基础软件升级，每个环节都需要测试验证。最终，我们打开思路，创造了新的测试方法——高仿真测试方法，在项目实施中将综合运用传统测试方法和高仿真测试方法来达成最终目标。3.5 节中将详细介绍。

3.2 小型机与 x86 服务器大比拼

当我们打响这个小型机下移战役时，必须要做到心中有数，如果用 x86 服务器代替小型机来承载重要业务系统时，它能否胜任？那我们就来华山论剑，一决高下吧！

本节通过对主机计算资源、扩展性、可靠性等层面的分析，从理论并结合已公布的相关数据来评估 x86 服务器代替小型机作为未来系统服务器的可行性。分别对比了 x86 服务器与小型机的优势和劣势，以及在小型机下移项目中的应对策略。我们准备据此整理出适合自身现状且充分考虑各系统未来几年的业务增长，切合实际的服务器配置套餐，将应用于小型机下移项目中。

随后，为实现下移后系统预期性能提升的目标，参照评估的 x86 主机对标配置策略进行性能对比测试。选用数据库类应用在 TPC-C 的模型场景中的测试结果，同时佐证了 x86 服务器在性能方面完全可以超越当前主要交易系统的小型机配置资源。另外，还从已下移的部分业务系统下移前后的性能对比数据来分析，按照小型机计算资源转换方案来配置服务器计算资源，从下移后一段时间的系统处理能力表现来看，选购的 x86 服务器基本是现有在役小型机处理能力的一倍以上。

3.2.1 计算资源对比分析

首先调阅两个平台 CPU 的处理能力数据，再以 Power 8 中最高端 E880 和 Intel 至强 E7-8890 为例，分为 8 路和 16 路两种 CPU 配置，根据 2016 年标准性能评估协会（SPEC）公布的数据如表 3-1 所示。

表 3-1 2016 年 SPEC 公开的小型机与 x86 服务器性能对比

技术架构	物理 CPU 颗数	物理 CPU 总核数	逻辑 CPU 总核数	CPU 主频（GHz）	操作系统	CPU 整数运算能力	CPU 浮点运算能力
Power8-E880	16	192	1536	4.0	AIX	14400	11400
E7-8890v4	16	384	768	2.2	Linux	13900	8890
Power8-E880	8	64	512	4.35	AIX	5400	4470
E7-8890v4	8	192	284	2.2	Linux	7340	4740

表 3-1 中 SPECint_rate 与 SPECfp_rate 代表由 SPEC CPU 测试工具测量出的 CPU 性能参考值。前者用于测量和对比 CPU 的整数运算性能，后者用于测量和对比浮点运算性能。这两个参数值越高，代表 CPU 在该方面的运算能力越强。

结合 SPEC 公布的数据，Power 小型机 E880 与 Intel 至强 E7-8890 处理器对比结论如下。

（1）在 16 路机型上，Power 小型机性能略强于 x86，但两者的性能已经非常接近。

（2）在 8 路及以下的机型上，x86 服务器性能已经超越 Power。

（3）Power 机型的核数已经落后 x86 许多。

Intel 在 2007 年发布的最新一代至强 CPU，配置从高到低分为：铂金（Platinum）、金（Gold）、银（Silver）、铜（Bronze）共四款。对于数据库来说，CPU 的需求主要分为以下三类。

（1）并发连接数高、事务粒度较小的联机交易（OLTP）类型，需要选用核数相对较多、主频要求不高的 CPU。

（2）并发连接数不高、但经常存在复杂查询且事务体量较大的联机分析处理（OLAP）类型，选择核数可以不多、但主频要求较高的 CPU。

（3）并发连接数较高，且交易偏混合交易类型，既有复杂查询同时又存在频繁的小事务，就需要选择主频和核数都高的 CPU。

我们计划在小型机转换 x86 服务器上采用套餐化策略。应用程序将采用虚拟化部署方式，不会单独考虑 CPU 物理资源分配，届时可以根据每个虚拟机承载的应用服务器数量和负载情况进行扩缩容。

数据库方面需要根据业务类型拟定出合适的 CPU 套餐，针对负载和数据量较小的系统，通过合理的虚拟化转换测试后，即可选择虚拟机部署方式，资源划分策略与应用服务器一致，可将它们归类为同一种资源套餐。针对联机交易、联机分析处理和混合类型的系统，将数据库大体分为两类套餐。

相较 CPU，内存能对比的指标比较少。从配置上来看，IBM Power 7 小型机采用 DDR3 1066MHz 的内存，而目前选购的 x86 服务器基本采用 DDR4 2666MHz 的内存。DDR4 提供比 DDR3 更低的供电电压 1.2V 以及更高的频宽，而且 DDR4 新增了 4 个 Bank Group 组的设计，各个 Bank Group 具备独立启动操作读、写等动作特性，在同一时钟脉冲工作周期内，至多可以处理 4 组数据，效率明显要好过 DDR3。

数据库类软件对内存的需求还是比较可观的。从数据库对内存需求来分析，将其分为两大类，针对在线联机事务处理（OLTP）类型的数据库，相较在线分析类（OLAP）对内存的需求不是很大。因为业务数据本身就较少，历史数据也会定期进行归档，那么活跃的数据一般不会太多，并且对于批处理的数据量也基本可控。因此对在线联机事务处理（OLTP）类型的数据库，选择 128GB 的服务器即可。而对于在线分析类（OLAP）和混合负载（现在比较时髦的叫法为 HTAP）的数据库，因这类的应用多数都有报表和复杂查询，通常会对大数据量的中间结果数据进行计算。因此此类数据库要配置比较高的内存配置，如 256GB 的服务器。

综上，无论是 CPU 还是内存，这两个主要的计算资源从配置上都比小型机强，所以从性能角度分析，x86 对比小型机，在同样的运算场景下，其计算资源性能应能超过小型机。结合公布的相关数据，从理论上分析，可以保证达到我们对 x86 服务器的性能预期目标。

3.2.2 存储资源对比分析

除了前面所述的主机计算能力以外，决定主机性能的关键指标还有 I/O 处理能力。小型机具备较强的 I/O 扩展能力，而 x86 服务器综合考虑兼容性，I/O 扩展能力逊于小型机。但这并不是最终结论，因为真正考量主机的 I/O 性能，单从硬件架构分析是不够的。影响主机 I/O 处理能力的主要因素如下。

（1）硬件 I/O 卡扩展能力。

（2）存储阵列、本地磁盘。

（3）操作系统 I/O 调度处理能力。

（4）业务类型。

硬件的突破总是有限的，I/O 卡的扩展能力不再赘述。存储阵列方面，小型机下移 x86 服务器后，针对应用程序将选择虚拟机的方式提供服务，对于宿主机将采用全闪阵列存储数据。针对数据库，将选择固态盘（SSD 全闪阵列）作为磁盘选用标准，这相比现生产的 SCSI 磁盘，针对随机读 I/O 有明显提升。这将较大幅度优化数据库数据、索引的顺序及随机读取性能。

从数据存储介质考虑，存储阵列并不是唯一选择。在部分 x86 的部署场景中，我们认为本地磁盘（SSD）作为数据存储介质也有很大优势，应该有本地磁盘部署场景的用武之地。

首先在虚拟化方面，将考虑采用宿主机结合本地盘的方式构建虚拟化集群，针对大多数对数据存储空间需求不大的应用可以部署其中。

其次在数据库方面，也考虑使用本地磁盘代替共享存储。通过对数据库类应用进行共享存储和本地磁盘全方位的实测对比，从对比结果来分析，可以通过本地磁盘代替共享存储，例如，Db2 HADR 或者 MySQL 组复制（MGR）。这些前提保证了数据的安全性。我们认为部分小于 3TB 数据量，且可配置数据库高可用的非数据仓库类系统可以采用本地磁盘部署方式。

由于业务类型不同，I/O 类型也分为：顺序 I/O 和随机 I/O。这都对 I/O 的性能有较大影响。在操作系统层面，CPU 调度 I/O 请求的效率也是不同的，例如 AIX 系统与 Linux 系统。因此，需要结合实际的业务场景进行对比性测试，测试结果将作为重要参考依据。该部分在基于 x86 服务器性能测试方案中体现。

综上，在 I/O 处理能力方面，无论是采用本地磁盘还是全闪阵列，从性能角度完胜原来基于 SCSI 磁盘阵列。而可靠性方面，虽然本地磁盘无法与磁盘阵列相比，但通过应用层和软件层的高可用设计可以完美弥补这部分短板，从而能够扭转乾坤。

3.2.3　可扩展性对比分析

目前，随着业务不断发展，在线数据量的增加，我们更关注主机的可扩展性，这将决定了系统性能的伸缩能力。主机下移至 x86 服务器后，为满足系统可扩展性要求，应有更优的解决方案。

无论是小型机还是 x86 服务器，主机都具备良好纵向扩展能力（Scale-up），可以通过增加主机计算资源，达到提升单机处理能力的目标。但对于小型机来说，横向扩展能力（Scale-out）就显得性价比不足，一方面不能为了横向扩展而采购更多的小型机，即使采用分区管理，那么这些分区同在一台物理主机也存在单点风险；另一方面，从软件方面来看，系统的扩展能力主要是考量软件层的扩展能力，如果软件不能很好地支持扩展性，有再多的主机也是徒劳的。

x86 服务器相对小型机，具备更高的性价比。在具备纵向扩展能力的环境下，可继续选择增加横向扩展能力。对于应用服务器，可以充分结合虚拟化，实现应用程序节点动态伸缩，也可轻松应对计划性业务促销带来的业务峰值。对于数据库服务器，可以充分结合数据库层高可用设计或分库设计增强其横向扩展能力。但不得不承认，一套系统的扩展能力的强与弱，并不在于服务器层面，而是在于应用和软件架构层面，但服务器的扩展能力和扩展策略是必要条件。

因此，单从服务器的扩展性角度来分析，x86 服务器比传统小型机更具备竞争力。

3.2.4　可靠性对比分析

单机小型机的可靠性要强于 x86 服务器。不得不说，小型机在可靠性方面，因许多冗余组件和高可用技术，如处理器降级使用、PCI 槽热插拔等，所以可靠性相较 x86 服务器较高。而 x86 服务器方面，硬件的质量水平良莠不齐，所以从服务器本身而言，x86 服务器的稳定性与小型机不在一个级别。

从服务器可用性角度分析，无须对比它们之间的具体差异，应从系统整体可靠性出发，虽然单机小型机具备更高的可靠性，但下移至 x86 服务器后，可以通过 x86 服务器有效的横向扩展能力，弥补其有限单机可靠性缺失。这就是我们将小型机的“独虎战术”改为“群狼战术”的主要打法。

要支持“群狼战术”，主要挑战并不在服务器层面。从系统整体可靠性对比，决定系统是否稳定的关键点不在于硬件架构的差异，而在于上层应用。如上层应用采用集群化设计时，任意节点的宕机对业务系统的服务是无影响的。因此，对于 x86 服务器，将把重点放在应用层集群化或数据库层多节点化来提升系统高可靠性。

3.2.5 小型机与 x86 服务器计算资源实测对比分析

“纸上得来终觉浅，绝知此事要躬行！”通过前面对各种计算资源的调研和分析，只是从理论及公布的数据进行初步分析，为了找到更适合 x86 服务器的资源配置，需要通过实测数据验证前面的分析结论。以理论分析为基础，再结合实测数据，梳理现有小型机的资源配置，综合分析后得出小型机下移 x86 服务器的资源转换配置套餐，应用于所有待下移的系统中。

我们的资源对比测试方案主要采用数据库 TPC-C 标准测试场景。TPC 是事务处理性能委员会，是由数十家会员公司创建的非盈利组织，TPC-C 使用三种性能和价格度量，其中性能由 tpmC（Transactions Per Minute，TPM）衡量，C 指 TPC 中的 C 基准程序。它的定义是每分钟内系统处理的新订单个数。之所以选择对比测试数据库，是因为我们觉得在这些待下移的系统中数据库的负载比应用程序更具代表性，更容易区分出测试结果。而选择数据库的 OLTP 测试场景，主要考虑待下移的系统 90%都属于商业银行的重要交易类系统，很多系统属于偏联机交易负载和混合负载类交易。

选择测试场景如下。

我们选择使用 Hammer DB 来模拟典型的使用 TPC-C 测试规范的 OLTP 业务场景。配置部署了 200 个 Warehouse，整个交易占比为：新订单 45%，付款 43%，订单交付 4%，订单查询 4%，库存查询 4%。数据库内各表对象之间的关系如图 3-1 所示。

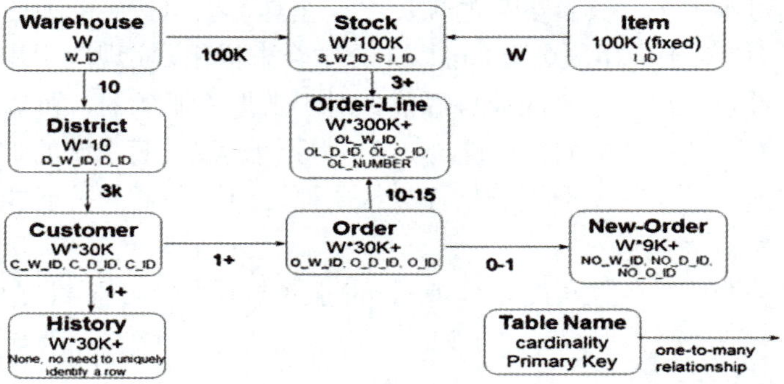

图 3-1 TPC-C 模型数据结构关系图

在小型机和 x86 服务器两个平台的配置几乎相同的情况下，对比 TPC-C 的测评值（每分钟产生的新订单数 NOPM），x86 服务器处理的 NOPM 数量是 IBM 小型机的近 2 倍，实测数据如表 3-2 所示。

表 3-2 P7 小型机对比 x86 服务器（TPC-C）

	型号	CPU	核数	主频	操作系统	磁盘	内存	数据库	NOPM
TPC-C	IBM P750	6	12	3.6GHz	AIX	HUAWEI SAS（500GB）	128GB	IBM Db2 V9.7	16 816
	x86 PC 服务器	4（第 4 代 CPU）	10	2.0GHz（E7-4820 V4）	Linux	HUAWEI SAS（500GB）	128GB	IBM Db2 V9.7	32 851

3.3　小型机下移 x86 服务器的资源转换方案

小型机下移 x86 服务器的项目中，有一项很重要的工作，就是要找到适合待下移系统的 x86 服务器资源配置转换方案。其意义是为了贴近小型机下移 x86 服务器项目的目标和要求，设计出满足下移资源需求的资源配置，而又不能过度升级造成资源浪费。配置成型后以其为标杆，按照不同的资源选择策略，应用到不同类的系统中去。

3.3.1　x86 服务器资源转换原则

在制订这些服务器配置套餐前，首先要做的是分析待下移系统的现状，并结合项目要求，明确小型机资源转换的配置原则如下。

（1）前面也曾提到，应用服务器由于对主机计算资源的需求相较数据库服务器来说不大，且应用多为集群方式部署，每个应用程序主机不会配置过多的应用服务器，往往都是通过横向扩展方式部署在应用集群中。因此，对于应用服务器，主要选择虚拟化配置套餐。例如，IBM WAS、MQ 和 Web 服务器 IHS 等。

（2）数据库服务器主要有两类选择。针对数据量和未来数据增长量均小于 300GB 的非 I/O 敏感型的数据库，且在测试中的 TPS 和平均业务响应时间能满足未来 3～5 年的业务发展需求时，应考虑数据库虚拟化。而针对超过 300GB 或 I/O 敏感型的数据库，应该选择 x86 物理主机部署方式。

（3）数据存储方面，也带来两种选择。针对应用程序统一使用虚拟化部署，宿主机将采用本地磁盘方式部署。数据库方面，针对具备较强高可用能力的数据库高可用部署架构，可以采用本地磁盘方式部署。而针对只能采用存储复制方案实现数据库高可用的数据仓库类应用来说，应该选择共享存储的方式。并通过存储级复制解决同城或异地数据容灾的问题。

（4）内存方面差异并不大。中间件方面，选择虚拟机配置，内存为 64GB。数据库方面，针对小于 300GB 数据量的数据库，选择虚拟机配置不应超过 64GB 内存。对于物理机不超过 256GB 内存。x86 物理内存一般都会配置比现有小型机的容量大，具体按服务器选型配置套餐即可。

（5）网络方面，做了两方面的改造。一是将原有老系统的千兆网络统一升级为万兆网；二是对应用和数据库进行智能 DNS 改造，这给高可用架构的优化打下基础。

3.3.2　x86 服务器资源转换方案

结合多方调研数据和实测数据分析，以 x86 资源转换为原则，最终定制出“高、中、低”三类服务器配置套餐，如表 3-3 所示。

之前也曾介绍了新一代拥有最强劲性能的 Intel 至强 CPU 铂金版，它最高拥有 8 路的高配置，更像一头“猛兽”，它的性能和一些辅助技术十分耀眼。但经过前期测试和充分调研，依照目前待下移系统的数据量和业务增势，采购铂金版的性价比太低，反而金版的 5118 性价比还比较不错。虽然该配置在金版 CPU 中也不算最高配置，但它拥有 4 路 12 核 24 线程，最大睿频 3.2GHz，从后续的测试数据来看，这基本够用了。

表 3-3 服务器资源转换配置套餐

x86 物理机高配置套餐	x86 物理机中配置套餐	虚拟化套餐（低配置）
CPU：Intel 至强 Gold 5118 内存：256GB 存储：HUAWEI 18800 全闪阵列或本地磁盘：SSD + RAID6	CPU：Intel 至强 Silver 4116 内存：256GB / 128GB 存储：HUAWEI 18800 全闪阵列或本地磁盘：SSD + RAID6	CPU：按需配置 内存：最大 64GB 存储：宿主机采用本地 SSD 磁盘

中配置套餐中的银版 4116 CPU 与 5118 相比，4116 只有 2 路 12 核 24 线程，最大睿频 3GHz，性能略逊于 5118。主频要求不高或系统负载不高的应用可以选择该配置套餐。在 x86 服务器 CPU 的选型上，我们准备了许多测试场景，例如，按应用消耗 CPU 资源类型划分的消耗主频型、线程消耗型、混合消耗型三类，做了很多测试工作，最终才选择了 SkyLake 金版和银版，分别作为中高配置。总之一句话："没有最好的，只有最适合的"。而对于虚拟机方面，同样采用金版 5118 作为宿主机的资源配置，而虚拟机采用各系统按需划分的策略。

存储方面，遵循 x86 服务器资源转换原则，在 x86 服务器上有以下两种配置选择。

第一种，针对大型数据仓库类的应用选择共享存储作为数据持久化的主要介质。我们的 ODS 系统就属于此类应用，在系统下移 x86 服务器后，存储方面由原来的 EMC 存储，统一更换为华为的 18800 的全闪阵列，从存储角度来讲也算是一项重要提升了，这对于数据库的随机 I/O 读写都有较大优化。

第二种，考虑在小型机下移 x86 项目中开始试点使用本地磁盘的高可用部署架构。应用采用集群化部署，这是较为常见的配置。而数据库采用本地磁盘（SSD）的部署方式并不多见，这个思路来源于我们 MySQL 数据库的常规高可用部署方案，对于生产环境依旧占比较高的 Db2 数据库在配置高可用容灾恢复（HADR）的情况下依然适用。从机房布线和主机维护管理方面也是有较大优势，因为取消存储部署后，会省去很多相关工作。但从性能方面很难用经验来评估，随后，又组织了本地磁盘与共享存储在 Db2 HADR 架构下的性能对比测试，总结如下。

（1）从性能对比测试结果来看，基于本地磁盘构建数据库级主从复制的高可用架构具有较强的优势。由于 x86 本地盘多数采用 RAID-1 或 RAID-6，基本忽略 RAID 写惩罚。相较存储也不会与其他系统共用磁盘，亦不会经过 SAN，所以性能会优于存储。

（2）x86 物理机本地磁盘统一配置为 SSD 磁盘，该类磁盘都会出现写磨损（颗粒损耗），寿命与写磨损的次数有关。对于数据库日志属于频繁顺序写，故需要有提前预警手段防范于未然。因此，我们将通过带外监控方式对磁盘寿命进行监控，及时更换风险磁盘。

（3）高可用方面，本地磁盘不如存储。相较存储的故障率较高，因此对于部署在本地盘的数据库相较部署在存储上的出现"部分写"（数据库专业上叫 Partial Page Write）的概率相对偏高。但由于主库与备库同时磁盘损坏的概率极低，因此该劣势并不突出。

综上所述，x86 服务器配置本地磁盘的部署方案在部分场景还是有用武之地的。所以，综合考虑待下移系统的数据量、业务类型、技术架构等方面，凡是应用程序可以通过集群化部署，且系统对同城 RPO 要求不能为 0，数据量不超过 3TB 的非数据仓库类应用都可以部署在本地磁盘上。

表 3-4 列示了 IBM Power 小型机对标 x86 服务器的硬件映射关系。综合实测数据和资源分析，为了最大限度保证服务器性能，IBM Power 小型机 CPU 1 核可以用 x86 服务器 3～4

核代替。

表 3-4 小型机对标 x86 服务器硬件资源映射表

用途	IBM Power 小型机	x86 服务器	套餐选择
数据库	含 6C 及以上	4 路×12 核/256GB HUAWEI 18800 存储 或本地盘（SSD）	x86 物理机高配置套餐
	6C 以下	2 路×12 核/256GB/128GB HUAWEI 18800 存储 或本地盘（SSD）	x86 物理机中配置套餐
	任意	12 核/32～64GB 宿主机本地盘（SSD）	虚拟化套餐
WAS	任意	4 核/16GB 宿主机本地盘（SSD）	虚拟化套餐
MQ	任意	4 核/16GB 宿主机本地盘（SSD）	虚拟化套餐
Web/IHS	任意	2 核/8GB 宿主机本地盘（SSD）	虚拟化套餐

将 6 核的小型机作为一个分水岭，大于 6 核的数据库服务器，全部采用 x86 物理机高配置套餐来代替；低于 6 核的数据库服务器选择中配置套餐；数据量较小且能通过虚拟化转换测试的数据库可以采用虚拟化套餐。

3.3.3 商业汇票系统资源转换结果

3.3.2 节介绍了 x86 服务器资源转换方案，并结合实际情况，总结了资源映射表。随即，我们就可以通过映射表来转换商业汇票系统的服务器配置。目前，该系统数据库服务器配置为 8 核 64GB 内存，根据资源转换方案，将用 x86 物理机高配置套餐来代替小型机。应用服务器和消息中间件将单独部署到虚拟机中。详见表 3-5。

表 3-5 商业汇票服务器资源转换结果

服务器	小型机下移 x86 服务器前	小型机下移 x86 服务器后
数据库服务器	IBM Power6(P550) 8C/64GB EMC 存储阵列	x86 物理机高配置套餐 （选择本地盘+HADR）
应用服务器（WAS）	与数据库服务器部署在一起	虚拟化套餐
消息中间件服务器（MQ）	IBM Power6(P550) 2C/16GB EMC 存储阵列	虚拟化套餐

3.4 基础软件版本升级与架构优化

我们决定在小型机下移 x86 服务器的同时，将系统中相关的基础软件版本也一并升级至软件版本管理办法中要求的最高版本。例如，待下移的系统涉及 IHS、WAS、JDK、MQ 和

Db2 等多种软件产品和开发工具包，待系统下移时，要综合考虑这些基础软件版本升级对应用系统的影响。从变更角度来看，这个决定无非承担着较大风险。项目初期，在整体下移方案中，是否再进行基础软件升级，就成为大家争论的焦点。

基础软件升级后，与应用程序本身是否兼容必然存在某种不确定性。我们是否能有合适的测试方案或一套理论支撑就一定能保证升级和迁移的成功吗？答案是否定的。从历史上经历过的诸多升级案例来看，没有万无一失的方案能 100%保证升级后一定不会出问题。因此，从整体系统下移方案来看，许多人赞成拆分方案，分步实施。虽然这样看似将风险降到最低，来解决一次性系统下移和基础软件升级的多点变更带来的不确定性，但实际上也隐藏着诸多不可见的风险点，而这些风险可能直接导致小型机下移整体方案的失败。这些风险点主要有：

（1）项目层面，系统下移与基础软件升级方案拆分后，每套系统面临工作排期压力，很难在计划的时间内完成所有系统的下移工作。

（2）技术层面，主要是系统软件与基础软件的兼容性带来的过渡版本的选择性问题。例如，系统在小型机的基础软件版本较低，下移后操作系统更换为 Linux 平台后，迫于基础软件版本兼容性要求，软件本身也要随之升级。如果选择过渡的版本，再升级到最终版本的做法略显多余。另外，选择应用程序和数据库分开升级，也会存在新老版本共存，同时维护两套环境的问题，这同样带来不必要的复杂性，同时带来隐患。

经过讨论研究，我们将在小型机下移项目中统筹考虑基础软件升级的方案，将其融合到整体下移方案中，与此同时也解决系统中软件退出服务期（EOS）的问题。对于前面提及的问题，我们并没有采用传统互联网的做法，用灰度发布的方法来进行上线后分流测试，这种方案在某些金融系统场景中并不适合。我们依然采用测试的方式在软件升级前安排专项测试，创新思路在于测试范围大幅度的缩减。这部分主要在软件版本差异性对比的方案中说明。

3.4.1 升级策略

因为小型机下移项目中涉及的系统较多，每个系统架构和软件现状又千差万别，因此，需要从整体下移方案中考虑基础软件升级。为了贯彻和落实我们提出的技术方案，在每套系统小型机下移分析前，都要形成一份专业化的技术评估报告，例如《某系统小型机下移技术分析报告》。在报告中形成有针对性的基础软件升级策略，主要包括应用相关软件升级策略和数据库升级策略两部分内容。

在生产环境下，待下移的系统比重比较大的还是传统的企业级应用架构，经过前期的梳理和汇总分析，我们的生产环境相关软件主要包括 Web 服务器、中间件、数据库和应用程序，如表 3-6 所示。

表 3-6　应用程序软件分类

Web 服务器	中间件	数据库	应用程序
Nginx	IBM WebSphere	Db2	Java 应用
IBM IHS	IBM MQ		C/C++应用

1. Web 服务器软件升级

主要有两种软件产品，IBM IHS 是基于 Apache 的高性能 Web 服务器，其版本要求和应用服务器的版本一致，一般升级了中间件也会一同升级 IHS，同时也会将 Plugin 组件一同更新到相同的版本。如果 Web 服务器暴露在公网，前端是负载均衡进行轮询分发时，这时会选用版本较高的 Nginx 代替 IHS。或在 IHS 前面再加一层 Nginx 做反向代理，达到软负载均衡的效果。

2. 中间件升级

分为应用中间件和消息中间件，具体如下。

（1）IBM WAS 应用中间件。WAS 的版本选择 V9 的大版本，主要也是为了解决软件退出服务期的问题。同时，也考虑升级 WAS 内置 JDK 版本至 V1.8。根据前面的介绍，在下移的项目中优先沿用原先的软件，所以应用中间件并未选择市面上的开源中间件或其他商用产品。

（2）IBM MQ 消息中间件。主要负责系统间数据传输，它与应用程序间兼容性很高，在整体系统测试中通过报文捕获的方式验证消息传递的准确性。

3. 数据库软件升级

待下移的系统中，数据库产品使用很单一，全部是 IBM Db2。而现有的数据库版本是多样的，最低版本有 Db2 V9.1，最高有 Db2 V10.5。对此现状，系统下移后，将统一升级至 Db2 V11.1.4.5。当时选择这个版本的原因有二：主要考虑到 V11.5 刚刚出厂，还不稳定；而 V11.1.4.5 又解决了之前许多程序缺陷，且在读写分离支持上略有提升。

数据库跨平台升级的常用方式有两种：一种是比较简单的数据迁移方案，即将数据导出后，在新环境导入的过程；另一种是通过工具准实时跨平台同步日志数据的方式。这两种方案各有优略，细节将在 3.6 节来详细描述。

4. 应用迁移

主要分为 Java 应用和 C/C++应用，具体如下。

（1）Java 应用迁移。

由于 JDK 目标版本是 1.8，在应用代码重新编译后，还需要大量的测试工作。从理论上来讲，JDK 升级后，对某些方法不推荐使用，在程序中依然使用这些老方法可能会带来效率问题。我们曾在某套 JDK 1.4 的应用中找出了比较严重性的方法弃用问题，在 JDK 1.8 中不再使用这些方法了，这些问题都是在程序测试阶段发现并改造的。

另外，JDK 升级后的难点不仅是应用程序本身的兼容性问题，最难解决的是第三方程序组件的适配。例如，报表类 jar 包或框架类的程序，如 Spring、Hibernate 等。对于常见的框架，可能官网或社区会公布是否支持 JDK 1.8，但大多数边缘组件可能都无从查证，只能通过测试进行验证。所以，我们对于第三方的程序采用的策略主要是先在官网确认兼容性，不确认的通过测试手段辅助确认。

（2）C/C++应用迁移。

待下移的系统中也有一部分是通过 C/C++开发的应用程序。因涉及平台的转换（从 AIX 到 x86），应用必须要做重新编译。小型机下移后的操作系统采用红帽 Linux 7.7 版本，对此类应用先找到源码用新版 Linux 平台下的 GCC 编译器进行重新编译。考虑到程序员的开发水平良莠不齐，在开发的过程中对程序的兼容性和健壮性考虑不足，更换环境后极易出现如内存越界或访问地址错误等问题，所以需要通过一些辅助工具进行验证。

3.4.2 不同版本差异性对比

商业银行业务系统的复杂度超过很多人的想象，系统间的调用和级联关系错综复杂。软件升级必经之路就是全量测试，通过全量交易码的梳理和后续的全回归测试，最终才能上线。迫于软件版本管理要求，亟待找到一套完善的工作机制来应对后续软件的升级常态化。

要想改变现状，墨守成规是不可取的，必须利用科学的方法来改善这种“地毯式”测试方案带来的测试周期长和资源消耗大的问题。我们分析了以往的测试方案，结合各专业方向的专家建议，梳理了同业软件升级时遇到的问题和相关软件厂商公布的软件版本差异，总结出一套辅助测试的方法，主要目的在于缩减后续系统测试的范围。随之测试案例也会缩减，那么将会节省一部分软件的测试时间和资源消耗。这种辅助测试方法叫作“软件版本升级差异化分析”，分析结论主要基于软件版本差异库。基础软件升级带来的变化后对应用程序的影响是未知的，我们往往期望测试越全面越好。那么，如果已知这些软件的变化项，也就是软件升级前后的差异，只针对应用所调用软件变化部分的功能即可发现软件升级后给整个系统带来的影响和变化。

1. Web 服务器、中间件等版本差异

这些软件产品与应用程序本身代码的耦合性不强，只负责交易请求的转发、负载均衡、消息传递等。因此，Web 服务器、消息中间件、编译器等软件升级，根据规范配置相关参数后，结合系统完成普通功能测试即可。

2. 应用升级版本差异

对于 Java 程序，按照如上逻辑，需要找出 JDK 1.5 与 JDK 1.8 的具体差异，如果真能从 API 层面整理出差异，那可能是非常厚的一本手册，但缺乏实用性。所以，只能从各项目组在以往升级项目中积累的实战经验发布到软件差异库中，这样也可以应用到其他相关软件升级项目中去。

对于应用程序升级 JDK，最难的并不是应用程序本身的调整，因为我们掌握这些源代码，很清楚版本变更后做出相应的调整。而对于第三方插件或框架的升级是重点，针对升级 JDK 带来的差异，只能采用官方确认结合通过性测试的方法来验证。

涉及 C/C++程序的编译器，由于操作系统的平台更换，由原来的 Xlc 更换为 GCC，对于 C/C++程序第一步要做的就是先要通过 GCC 的编译。那些在开发初期不考虑兼容性、鲁棒性的程序将会在编译中暴露出大量问题，这就需要根据之前总结出来的软件差异库中的专家建议来调整相关程序，并最终完成测试目标。

3. 数据库版本升级差异化对比策略

在应用程序代码逻辑不变的情况下，对于数据库的影响冲击较小，主要包含以下两方面考虑。

第一，是新版本数据库带来的新老功能的兼容性，而这部分变动主要由原厂发布前的大量相关产品级测试，无须再投入更多的精力，只需要针对应用程序使用到的差异部分进行测试即可。

第二，涉及应用与数据库交互的 SQL 语句执行计划发生变化。因为数据库版本升级后带来统计信息的变化，从而影响数据库优化器的最终判断，造成 SQL 语句的运行时长无法达到预期。这就无法通过软件版本差异化分析来提前预估影响的交易场景，即使将统计信息更新到最新，SQL 的执行效率也有可能与之前版本不同。

如图 3-2 所示，我们梳理了所有待下移待升级的数据库产品，总结出适合现有软件升级场景的数据库版本差异库，主要由以下三部分构成。

第一部分由原厂提供的软件版本差异和已知升级后的版本问题构成。

第二部分由专家建议构成，这部分信息是历史以来数据库版本升级的问题与经验总结。

第三部分是同业的相关升级案例与知识分享。

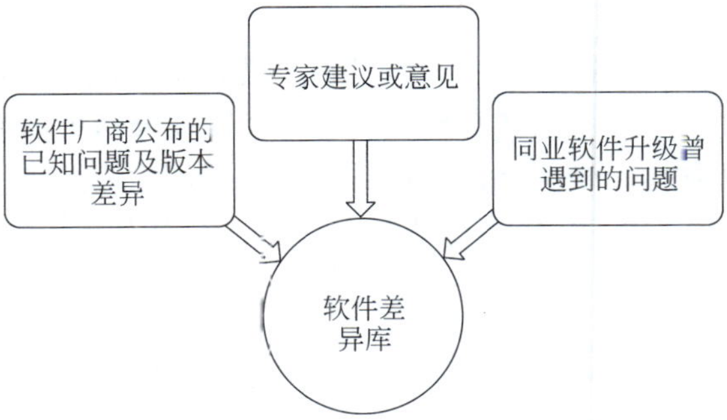

图 3-2 软件版本差异库

基于软件差异库的“软件版本升级差异化分析”是一种辅助手段，它存在的目的是对传统测试进行有效的补充，尽量避免“大水漫灌”式的测试方法，针对存在差异的软件功能项所对应的交易码进行针对性的测试，从而有效降低测试成本。

3.4.3 软件架构优化

软件层面，应分别从应用程序、数据库、网络等方面进行优化评估，目的也是在完成系统下移的同时，将下移后的系统性能发挥至极致。下面就介绍在系统下移过程中在软件上的优化方案。

1. **应用层优化方案**

除了应用层相关软件升级以外，考虑分别对 Web 层、应用服务器、数据缓冲层进行了不同程度的优化。

首先，将 Web 层物理机资源转换为虚拟机（后称 P2V 资源转换），这样既便于服务器资源管理又能有效提高 Web 可靠性。为进一步提升系统高可用能力，对重要的交易系统增加硬负载（如 F5）或软负载均衡器。

其次，对业务压力较大的应用服务器集群进行纵向扩容（Scale-up）或横向扩容（Scale-out），并优化相关参数。目的是为提高应用集群可用性，并进行压力分摊。

最后，还有一些特殊应用场景的优化，为并发压力大或存在“抢购”类业务的交易系统，在中间件层和数据库层之间增加缓冲层。事实证明，这些应用缓冲层在提供更好的客户访问需求的同时，大大缓解了后端数据库层的压力。

2. **数据库层优化方案**

据统计，涉及小型机下移的数据库系统均为 IBM Db2，不考虑下移至其他的数据库产品，也不涉及国产化的改造方案。

针对集中式数据库的优化方案，将首选 Db2 高可用容灾功能（HADR）提高单节点高可用能力。针对 A+类系统，考虑应采用一主三备的数据库级高可用方案，实现两地三中心的高可用部署架构。针对 A 或部分 B 类系统，可搭建一主两备的数据库级高可用方案，实现同城容灾。

多节点并行处理架构（后称 DPF）的优化方案，根据业务与数据量增长趋势，针对单分区数据量达到 TB 级别，且应用主要进行大数据量加工、流转、清洗等动作的在线分析类业务(OLAP)。为了充分利用每台 x86 服务器的计算资源，考虑将数据库架构转换为多分区(MPP Share Nothing)模式。

数据库读写分离场景用于解决“读”的压力，主要针对在线事务类业务（OLTP)。例如，在性能压力测试环境中，单节点数据库无法应对高并发读操作时，可以考虑将读业务（或部分读业务）分摊到更多数据库备机上，这样将有效地缓解主库压力。

对于数据基础体量大，且读写压力都非常高，尤其针对在线事务类业务（OLTP）短事务写的压力，如果性能压力测试数据无法达到预期，将考虑采用自研的分布式数据库进行分库分表的拆分优化。

3. **网络层优化方案**

小型机下移 x86 服务器的项目中，涉及系统网络层面的优化主要涉及智能 DNS 和网络安全性方面的改造。

智能 DNS 改造方面主要从应用和数据库两个层级部署实现。应用层建设 DNS 主要为了实现双活应用调度，在同城机房配置应用服务器集群实现应用双活。数据库层的 DNS 改造主要用于结合当前数据库主流的高可用架构进行平滑服务切换，提高高可用性的同时，配合实现系统自动化切换。

网络安全性方面的改造主要涉及应用前端反向代理的更换。部分商业银行安全规范中规定了 Web 服务器禁止使用 Root 账户配置启动的要求。另外，传统的 80 端口也需要进行相应的调整。基于安全规范的发布，从技术层面建议将暴露在公网的 DMZ 的 Web 服务器统一调整为 Nginx。

3.4.4 商业汇票系统软件升级和架构优化结果

根据基础软件的升级策略，商业汇票系统最终评估结果如表 3-7 所示。

表 3-7 商业汇票系统软件升级列表

评估内容	小型机下移 x86 服务器前		小型机下移 x86 服务器后	
	软件	版本	软件	版本
操作系统	AIX	5.3	Linux（RHEL）	7.7
数据库	IBM Db2	9.7.0.11	IBM Db2	11.1.4.5
应用中间件	IBM WAS	6.1	IBM WAS	9.0.0.10
应用消息中间件	IBM MQ	6	IBM MQ	9.1.2.0
Java	JDK	1.5	JDK	1.8
开发框架	Struts +Spring +Hibernate	1.2.4 +2.0 +3.2.0.cr4	Struts +Spring +Hibernate	1.2.4 +2.0 +3.2.0.cr4

从表 3-7 可以看出，除了第三方开发框架的依赖包版本未升级以外，我们的目标是将商业汇票系统内部的所有基础软件升级到当前（2020 年）最高版本。

1. **软件升级评估结果**

在这里比较大的风险点是对 JDK 的升级，主要体现在以下两个方面。

（1）源代码兼容性存在问题。通过 JDK 1.8 编译，先后发现程序转码问题、FTPClient 实例化等问题，需要进一步调整代码，并将其总结编入软件差异库中。

（2）对第三方框架和第三方 jar 包的影响。我们需要花费大量的时间和精力反复确认相关程序 jar 包与 JDK 的兼容性。这也将作为测试环节的重点测试场景。

另外，配置新版本应用消息中间件时，只遇到常见的 MQ 2035 异常，需要单独关闭通道权限。

注意：MQ 2035 异常

IBM MQ 在 7.1 及更高版本中默认配置通道权限记录，该记录阻止所有 MQ 管理员作为客户机连接到队列管理器。需要通过如下命令关闭权限。

```
runmqsc <qmname>
alter qmgr chlauth(disabled)
alter qmgr connauth('')
end
```

数据库方面，在升级评估过程中，根据总结的软件版本差异库进行应用代码梳理，均未发现问题，剩下的工作就可以顺利进入测试阶段了。

应用服务器方面，由于进行了横向扩容，所以需要重新调整 Web 服务器、Web 容器、JDBC 连接池等相关参数。

2. 架构优化结果

架构方面，为了避免资源争用，将应用服务器从数据库服务器迁出。另外，考虑到未来 3 年的业务增势，TPS 峰值预计增加 20%。参考应用程序服务器性能测试结论，单台应用压力较大。为能更好地向客户提供优质服务，计划将 4 个服务器横向扩容至 6 个，分别部署在 3 台虚拟机中。

数据库方面，从主备加存储复制的架构，优化为 Db2 HADR 一主三备，两地三中心架构，并使用本地盘替换共享存储。

消息中间件方面，将原有的单节点 MQ 优化为集群部署架构。

网络方面，应用服务器前端已经改造为智能 DNS，实现同城平滑切换，本次下移将数据库层也改造为智能 DNS。

3.5　小型机下移 x86 服务器系统测试方案

正如前面所述，无论是小型机下移资源选型后的论证，还是基础软件的升级，离不开的一道工序就是测试。如何优化现有测试方法带来的工期长、所用资源多的问题，一直是我们研究的课题。最终，我们在小型机下移项目中独创了一种新的测试方法，起源于“用新思路，解决老问题”的工作思路。

3.5.1　传统测试方法

传统测试方法，意指在测试项目中常常使用的黑盒测试、回归测试和性能测试等传统手段的测试方法。这种测试方法的测试场景选择往往有两种策略，一种是高频交易选择法，即选择几只经常访问的高频次交易码作为测试场景；另一种是全量测试选择方法，即需要将该系统涉及的所有交易码梳理出来再测试，如在测试过程中修改了部分代码，还需要再进行回归测试全量运行所有相关测试场景。

传统测试方法中有些难点需要克服。例如，被测系统涉及与第三方系统进行交互通信时，往往需要开发相对应的挡板程序来完成此类测试，而这类挡板程序只能采用固定交易往复模型，返回固定的消息内容，所以不能真正模拟出所有真实场景。

从现阶段传统测试所用工具来看，业内经常使用传统测试工具（如 LoadRunner 等工具）完成上线前测试。采用此类测试工具，进行传统测试的弊端主要有以下几点。

（1）测试前需要先梳理测试场景，并根据场景来定制测试用例，往往不能实现业务系统交易码的全量覆盖。

（2）需要测试人员根据测试用例定制化开发测试脚本，用于实现各场景的回归测试，这需要大量时间调试及开发脚本。

（3）测试的数据均采用测试人员模拟的数据，而非真实的交易数据，造成测试结果失真，很难真实地描绘生产负载情况。

利用传统的测试方法，很难达成小型机下移 x86 服务器的项目目标，所以要改变以往的测试方法，利用新方法来开展测试工作。

3.5.2 高仿真测试方法

分析了目前业内常用的测试方法后，我们取长补短研发了高仿真测试平台。该平台利用了一种基于交易报文精确化匹配和自动化返回方法与装置，结合生产网络镜像流量导出的真实业务报文进行测试，提升了测试质量的同时也缩短了测试工期，传统的测试方案将被高仿真测试方案代替。

如图 3-3 所示，我们在生产网段区域搭建了隔离区环境，该环境内的数据流向只进不出，隔离环境内数据无须进行脱敏，这点保证了数据的安全性。高仿真测试是通过生产网络流量

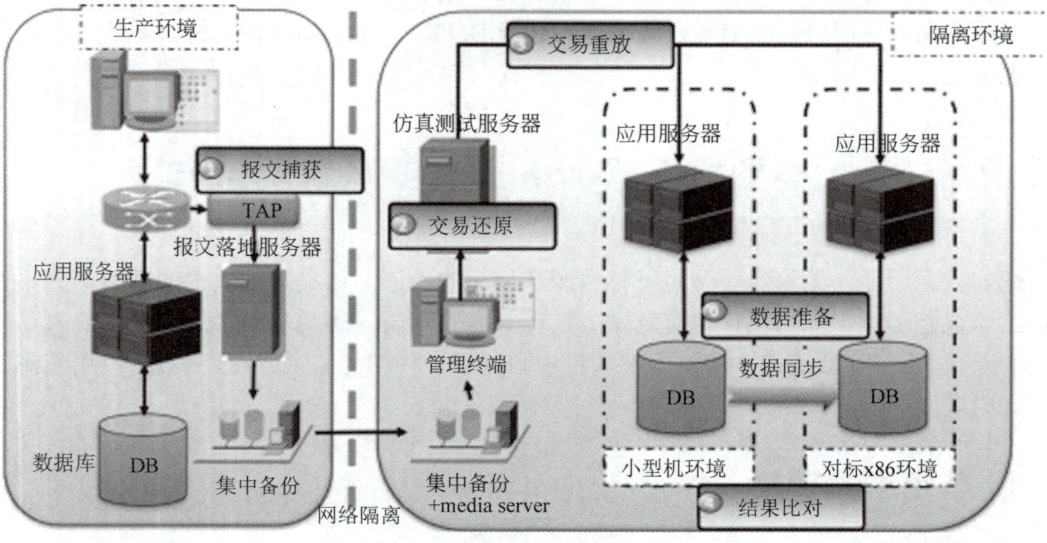

图 3-3 高仿真测试平台架构图

镜像方式获取真实业务报文数据，随后将真实生产数据单向传入隔离环境内，再通过一种基于交易报文精确化匹配和自动化返回方法与装置，将真实业务报文自动化发向两种测试环境，基于报文粒度对每一笔系统间传输的往复报文进行字段级对比，以此判断总结来自两个系统平台的业务系统差异化报文，从而达到对比测试目的。

这里运用 x86 环境与 AIX 小型机环境做比较，目的是寻找来自这两个环境应用程序执行结果的具体差异，以此来判断系统下移后对应用程序的影响。因为小型机下移 x86 服务器主要更换了软件和应用程序的系统运行环境，并将基础软件进行版本升级，应用程序本身代码逻辑并不会发生改变，运用对比测试方法可以直接找到问题点。这种测试方法与传统的系统测试不同，重点是找差异，随后针对差异再制订整改方案。

高仿真测试平台的主要流程主要分为数据准备、报文捕获、交易还原、交易重放和结果对比五个步骤。

1. 数据准备

数据准备工作主要是根据被测系统的架构和基本情况，在隔离环境搭建与 AIX 生产 1∶1 的系统环境，随后再根据小型机下移至 x86 服务器的资源转换方案在隔离环境内搭建与小型机对标的 x86 服务器环境。

2. 报文捕获

在生产网段通过 TAP 分路器设备复制一段时间的真实生产报文流量，以文件形式保存在报文文件落地区。

3. 交易还原

在交易还原阶段，通过集中备份系统将复制好的过去一段时间的真实报文文件单向传输至高仿真测试服务器中，高仿真测试服务器读取并格式化生产真实报文，解析报文字段，建立请求与应答报文的关系。

4. 交易重放

在交易重放阶段，模拟生产真实交易请求，根据不同的报文格式分别向隔离环境内的小型机和 x86 服务器发起交易请求，重放所有生产录制的交易。

如图 3-4 所示，针对与第三方交互的系统，高仿真测试过程中会配置交易报文精确化匹配和自动化返回装置，简称为“智能强关联”挡板程序（后称“智能挡板”）。该程序与以往的挡板程序有较大不同，主要是传统测试中的挡板程序只能返回固定应答报文，对于需要几次通信往复的交易就无法进一步模拟测试。而智能挡板程序会自动适配被测系统发送的报文请求，并根据获取的生产报文交易路径，分析出需要反馈的响应报文。

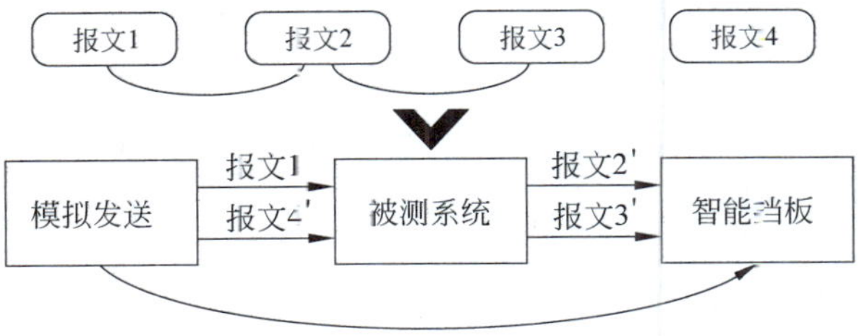

图 3-4　高仿真智能挡板工作示意图

图 3-4 中的报文 1、2、3、4 是代表生产环境系统产生的报文。那么在高仿真测试的时候通过网络镜像流量抓取，落地文件解析，将报文 1、2、3、4 导入到高仿真测试平台的数据库

中，并且通过报文中的某些信息，建立报文 1 与报文 2 的关系以及报文 2 与报文 3 的关系。

高仿真测试执行的时候，模拟发送工具从数据中读取报文 1 发送至被测系统，同时把报文 1 和报文 2 的关联关系发送给智能挡板，报文关系其实就是依据哪些信息能够在数据库中搜索到报文 2 的。

被测系统接收到报文 1 后，通过业务逻辑处理产生报文 2'，注意不是报文 2，因为在新的测试执行中，被测系统产生的报文有些信息是动态变化的，例如，流水号、时间戳等每次执行都会产生不同的值。

智能挡板接收到报文 2'之后，会对它进行解析，提取动态生成的信息，例如流水号、时间戳。同时挡板工具接收模拟发送工具发送的报文 1 和报文 2 的关联信息，从数据库搜索到报文 2，依据报文 2 和报文 3 的关联关系搜索到报文 3，再对报文 3 进行实时处理，例如，将解析提取报文 2'中动态信息替换报文 3 中相应的信息，产生报文 3'返回给被测系统。被测系统接收报文 3'，进行业务逻辑处理，生成报文 4'，发送至模拟发送工具。

在高仿真测试中，智能挡板实现了报文的精确化匹配，以及报文的实时处理，返回给被测系统不再是固定格式、固定数据的报文，而是完全匹配每次测试执行产生的数据。

5. 结果对比

最后，在高仿真测试的前端 GUI 展示界面中，会为每个测试场景展示出报文对比结果，利用报文对比工具扫描出来自不同环境的报文字段差异结果，根据具体的差异项可以协助开发人员判断出具体差异项来自于哪个业务实现逻辑，可以针对性地设计整改方案。

通过对高仿真测试在小型机下移 x86 服务器项目中的应用，总结其优势如下。

（1）解决了传统测试模拟测试数据带来的缺乏真实性等问题。高仿真所用真实生产数据，能清晰地回放生产真实交易情况。

（2）高仿真测试整个定制及测试过程中实现自动化，因此节约了测试人力自定义编写测试脚本的时间，并缩短了测试工期。

（3）高仿真测试突破了传统的测试方案对交易路径设置固定挡板的方案。采用智能挡板针对不同交易特性，将每一笔交易的往复规则记录在数据库中，并自动关联匹配真实的响应报文，替换关键动态信息字段后反馈被测系统，达到交易的 100%全覆盖。

高仿真测试方法适用于带有系统间交互（如 Socket、MQ 异步通信等）的复杂业务系统通过性测试，尤其针对基础软件升级或相关变更类的测试，并不适合应用程序变更后的单元测试或回归测试。

针对 HTTP 类的交易，因无法解析请求与响应报文的对应关系，所以无法通过高仿真测试来回放带有 HTTP 类的生产交易。针对这个问题，可以通过机器人流程自动化工具（RPA）方式辅助测试，此工具采用录制加回放技术，即先由手工完成一遍需要测试的流程，同时捕获用户每一步键盘的操作或鼠标的像素坐标形成记录，所有记录转换为脚本文件。随后，回放时将脚本转换为屏幕的操作。

3.5.3 性能测试评估原则

在小型机下移项目中，是否需要进行性能测试，要进行评估后才能决定。

基础软件的运行环境从小型机下移到 x86 平台，是否需要进行性能测试，唯一的决定因素是应用做了什么样的修改，是否改了接口与逻辑，而不是 Db2 数据库运行环境和版本的变化。

从理论上来说，Db2 运行平台的变化和版本的变化，Db2 引擎内部代码也会发生变化，但是 Db2 产品在正式发布前，已经经过了 IBM 公司专业的功能测试和性能测试，我们已无须再进行性能测试；从实践上来说，总结过去多套系统下移来看，交易吞吐量和响应时间等性能指标都普遍获得了性能提升。退一步讲，万一命中了 Db2 性能方面的缺陷，也可以通过基于 CDC 的回退机制进行有效保证。

基于上面的分析，再结合小型机下移项目的生产系统现状，给出下面的原则。

1. 不需要做性能测试的场景

（1）对于仅是 WAS、MQ 等中间件在 x86 服务器版本升级，则无需性能测试。

（2）对于仅是应用重新部署，应用代码没有做过修改，则无需性能测试。

（3）对于仅是个别应用从小型机下移到 x86 服务器，应用代码没有做过修改，则无需性能测试。

（4）对于仅是应用从小型机下移到 x86 服务器，应用代码做过修改，但经过调研，确认没有改变接口和逻辑，则无需性能测试。

（5）对于数据库从小型机下移到 x86 服务器，不涉及数据库版本升级，且应用代码没有做过修改，则无需性能测试。

（6）对于数据库从小型机下移到 x86 服务器，不涉及数据库版本升级，且应用代码做过修改，但经过调研，确认没有改变接口和逻辑，则无需性能测试。

2. 需要做性能测试的场景

（1）对于仅是应用从小型机下移到 x86 服务器，应用代码做过修改，但经过调研，确认改变了接口和逻辑，则需性能测试，例如，通过 LoadRunner 进行压力测试。

（2）对于数据库从小型机下移到 x86 服务器，涉及数据库版本升级，且无论应用代码是否做过修改，则需性能测试，例如，通过 LoadRunner 进行压力测试。

3.5.4 测试方法选择策略

前面简要介绍了两种测试方案。在实际项目中，按照下面的原则选择传统测试方案或者高仿真测试方案。

（1）无论选择哪种测试方案，都将通过软件版本升级差异性对比进行代码梳理，针对命中差异的代码逻辑要单独准备测试场景着重测试。

（2）如果在小型机下移项目中修改了应用程序，但没有改变程序接口和逻辑，则使用高仿真测试；如果修改了程序接口，我们认为程序变动需要做相应的单元及回归测试，则只能使用传统测试方法。

（3）对于需要重新编译应用程序的情况，如果没有资料说明对功能、程序逻辑有影响，则仍可以采用高仿真测试。

（4）凡涉及基础软件版本、补丁升级或是为验证基础软件变更的不确定性的测试工作，原则上，除了在 1 年内有明确系统重构排期计划的系统外，所有的参测系统应全部经过高仿真测试。

（5）从新的测试方法上讲，存在系统间通信的系统（特指被测系统有直接通信，如 Socket 短连接、MQ 异步短连接等通信方式）需要通过高仿真测试-智能挡板测试环节；只存在 HTTP

长/短连接通信的系统，需要通过机器人流程自动化工具（RPA）测试环节。

3.5.5 商业汇票系统测试方案选择结果

依照上面对各种测试方案的选择策略，针对商业汇票的测试方案最终如下。

（1）因商业汇票系统与上海票据交易所（后称“票交所”）对接，通过接收和发送报文进行相关业务处理。原有传统测试环境只支持固定挡板，不能模拟整个交易链路。因此，为了100%还原与票交所之间的交易通信往复，采用了高仿真测试方案。

（2）因为 JDK 升级至 1.8，对大量源代码进行重新编译，过程中调整了部分代码，因此需要对变更代码部分进行单元测试、传统功能测试和性能测试。

综上所述，针对商业汇票系统下移，运用了三种测试方法相结合的方式。

3.6 小型机下移 x86 服务器实施

跨平台数据平滑迁移方案中，做到“平滑”两字最难实现。所谓“平滑”，是指制定的迁移方案中无论是迁移变更还是回退，要对现有生产业务影响降到最低，所以难点就在其中。正如本章开始介绍的，涉及小型机下移 x86 服务器的系统大多是重要交易系统，任何的失误都可能对外服务造成较大影响，因此“平滑”二字在整个方案中尤为重要。

小型机下移 x86 服务器项目涉及的系统错综复杂，许多系统间存在一定耦合性，变更任何一个关键节点，可能都会对周边系统造成影响。从方案层面做到尽可能的完善，但世上并没有万全之策，考虑再多也会百密一疏。所以，在制订数据迁移方案时，把重点放到平滑迁移的同时，一定要做到平滑回退，即以最小的代价将系统回退至迁移前的状态，保证快速恢复业务。

前期花了大量时间仔细梳理了每套待下移系统的架构以及业务间关联关系，形成《某某系统小型机下移技术分析报告》，然后结合实际测试情况，再编写《某某系统小型机下移技术方案》，技术方案主要目的是将前期的各方面分析落地形成具体的方案及操作步骤。目前，我们已经将这些总结成为最佳实践，其中涉及跨平台数据平滑迁移的方案也可以有许多应用场景。

3.6.1 Java 程序迁移

如图 3-5 所示，应用系统在 x86 服务器的优化方案中介绍过，待下移系统在实施前，都要进行智能 DNS 改造。这项优化的主要目的是为了在系统下移后，实现跨机房的系统平滑切换。其带来的附属好处则能够做到平滑回退，当需要应用程序级回退时，只需要将 DNS 指向老应用集群即可（即小型机环境）。

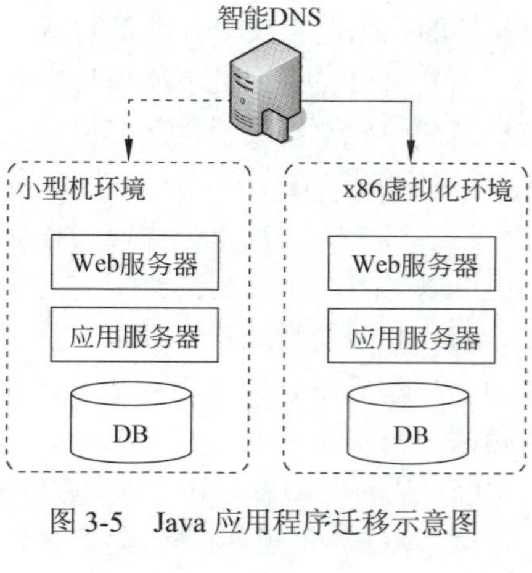

图 3-5 Java 应用程序迁移示意图

对于单独运行在 JVM 中的应用，只需要提前将应用 WAR 包复制到应用目录即可，并且需要准备应用相关配置文件及相关程序脚本。

针对部署在应用服务器的应用程序，除了在新的集群部署应用 WAR 包以外，还需要对相关应用服务器（如 WAS）的相关参数进行优化调整。系统下移后，应用集群不发生扩容的，需要将原集群的相关参数同步到新集群中，其中主要包括 Web 容器、JVM 参数、JDBC 连接池参数等。

注意：WebSphere Application Server（WAS）中的 JDBC 数据源默认隔离级别

如果使用 WAS 提供的 JDBC 数据源连接 Db2 数据库时，应该注意默认隔离级别的设定。因为默认情况下，WAS 连接 Db2 采用默认 RS 隔离级别。而 Db2 默认隔离级别是 CS，通常的应用程序均采用 CS 隔离级别，除非在某种业务场景上对数据完整性有很高要求时，才会使用高于 CS 的隔离级别。所以，一般为了更好的并发性能，选择在上线前将 WAS 连接数据库的默认隔离级别改为 CS。

操作步骤：

进入管理控制台→资源→数据源→${数据源名称}（Db2 下移后的新数据源名）→定制属性，找到并单击 WebSphereDefaultIsolationLevel，将其值修改为 2（默认为空），确认后保存，需要重启 WAS 服务器生效。

针对系统下移后，已对应用集群扩容的系统，需要根据倒漏斗设计原则调整以上提及的性能参数，做出合理的扩容，并考虑后端数据库连接数及关联系统的相关参数配置，以免造成多米诺式性能问题爆发。

知识点：什么是倒漏斗设计原则？

在这个设计模型中，从 Web 服务器到应用服务器再到数据库服务器，其处理请求的最大并发数逐层减少，这样可以提升系统整体的处理能力。例如，将 Web 服务器的最大连接数调整为 200，WAS 的 Web 容器调整为 150，JDBC 最大连接数调整为 70。

另外，涉及消息中间件迁移的应用，根据消息中间件产品（如 MQ）软件版本的具体差异，梳理升级版本后需要变更的相关参数。随后结合测试结果，配置好与应用程序相关的接口（如消息连接工厂）即可。

在以往的经验中，遇到多次因未及时更新应用连接数据库的新版本驱动程序，导致上线后出现许多奇怪的问题。因此，将这个步骤作为应用下移过程中的必要检查项。驱动文件的拷贝建议从新版本数据库的安装目录中 Java 目录下下载，保证与当前数据库版本兼容。

小技巧：检查 Db2 数据库驱动程序版本

在 UNIX 下，可以进入 Db2 驱动程序目录后，运行以下命令来获取当前 db2jcc 驱动程序文件的版本信息，从而可以判断当前应用程序使用的驱动版本是否与当前数据库匹配。

```
<JAVA_HOME>/java -cp db2jcc.jar com.ibm.db2.jcc.DB2Jcc -version
```

所有应用相关配置完善后，如果采用前面提及的 WAS 数据源连接数据库，则可以通过“测试连接”来测试与数据库的连接是否正常。随后，可以对应用的配置文件相关参数进行检查，查看是否满足新应用的需要。至此，所有应用相关的迁移前准备都已经就绪了。

总之，应用程序层无状态，因此通过提前在虚拟机部署，实现平滑迁移。再通过智能 DNS

辅助来应对系统整体回退，如涉及应用的回退，只需要将 DNS 指向至原小型计算机应用集群即可。而所有在途的交易，需要后续进行手工处理，整体来看应用的“平滑”方案相对数据库来讲相对容易。

3.6.2 C/C++程序迁移

针对 C/C++语言，通过以下步骤简述其迁移过程。

1. 确认程序是否当前线上版本

确定源代码是否和线上版本一致可采用以下方法。可执行程序通常取决于编译器版本、链接器版本、编译时间（如果使用了__DATE__、__TIME__编译器内置的宏）、编译路径（如果使用__FILE__）等。如果是静态编译，还和所链接库的版本有关。

（1）编译器版本信息，通常也保存在可执行程序中。如果使用 Strings 命令查看，一般可以看到编译此二进制可执行程序的编译器的版本。

（2）如果能找到当前线上二进制版本的构建环境，则可以尝试将代码重新构建，一般来说，如果没有和时间相关的宏，二进制版本应当保持一致。

（3）如果已经无法找到当前线上二进制版本的构建环境，很难确认源代码和线上版本的一致性。虽然可以使用 Objdump -S 生成汇编指令，配合 Diff 等工具比较汇编指令差异，但很难分析，目前可以认为在这种情况下，是无法确认版本的。

2. 编译构建

使用源码包中的构建方法即可，通常是 Make 或者直接执行构建脚本。

本书建议在 Linux 构建时使用-Wall 编译。目前的 GCC 编译器已经很强大，对于编译时给出的警告，需要逐一分析确认，避免如因原型缺失导致运行时指针处理为 INT 使程序崩溃等问题。

另外，建议同时编译出一个非优化的、带调试信息的版本（-O0 -g），目的是故障发生后，便于调试分析问题所在。

注意：

AIX 中编译动态库用 xlc 或 xlC 的参数与 Linux 平台用 gcc/g++的参数不同，Makefile 或编译脚本需要修改。又如在 AIX 上的程序如果使用了多线程，程序一定要在编译时加上-D_THREAD_SAFE 或者-D_THREAD_SAFE_ERRNO，Linux 则不需要加此定义。另外，注意默认编译为 32 位还是 64 位版本的目标，关注 64 位数据模式对 Long 和指针类型数据的影响。

---

3. 内存检查

建议对程序进行检查，从原则上来说，如果一个程序运行时发生了内存踩踏，则该程序的运行行为是不可预期的。

通常有以下三类问题。

（1）Double Free 问题。这类问题一般不需要特别关心，Linux 下会导致程序崩溃。

（2）内存越界访问（主要是写），Linux 下主要有 Valgrind 和 Malloc 的内置调试工具。

（3）内存泄漏。可以通过 PS 工具观察程序的内存占用情况。程序运行一段时间后，如果内存稳定在一个水平，则可以认为没有发生内存泄漏。

Valgrind 是沙盒运行模式，通常来说性能较差，对于偶发的内存越界或者泄漏，可能需要长时间运行才能侦测到；Malloc 内置的调试工具通常来说性能会好些，但由于项目可能会采用第三方的 Tcmalloc 等代替系统的 Malloc，因此不一定全部适用，需要核实程序的具体情况。通常系统的 Malloc 性能已经足够好，使用第三方内存管理的项目应该很少。另外，Malloc 调试工具不能检查非 Malloc 的数组越界。

Malloc 的检测方法：设置 MALLOC_CHECK_环境变量为 1（打印诊断）或者 2（制造崩溃）。一般来说，在检测阶段使用 1，可以得到更多的错误点；在解决阶段使用 2，避免累积效应难以分析定位问题。

4. 已识别的重要差别

结合表 3-8，对应用程序进行分析。除非确认不存在该问题或者已经处理过；否则，该问题是全局性影响的，需要全面测试。

表 3-8 C/C++语言迁移注意事项

项　目	说　明
Signal	Linux 下的 Signal 是严格语义，和 Sigaction 一致，无须特别关注
Malloc	Linux 对于 Malloc 0 长度请求，可能返回 NULL；AIX 返回非 NULL
Char	Linux 默认是 Signed；AIX 允许指定为 Unsigned，如果是 Unsigned，则 GCC 编译时需要特别指定-funsigned-char，需要特别关注
常量字串	Linux 默认放在只读数据区，而 AIX 默认允许读写。Linux 修改该区域会导致程序崩溃
Endian	x86 是小端的，AIX 是大端的；对于大小端不同的平台迁移，需要特别关注。需要确认字节序是否正确转换（hton[sl]/ntoh[sl]或者序列化转换）
Strcpy	Linux Lib c 版本更新后，不允许复制的源和目标重叠，如果重叠，则必须使用 Memmove，否则运行结果不确定。问题在于 Strcpy 的函数非常广泛，源和目标是否重叠在运行时才能确定。建议实现 Strcpy 的另一个版本，项目中的 Strcpy 替换为该实现版本。例如定义 sf_strcpy()，项目中的 Strcpy 都替换为 sf_strcpy，须特别关注

5. 测试后上线

针对 C/C++应用程序的测试，可以采用前面介绍的机器人流程自动化工具（RPA）方式辅助测试其本地程序的执行结果，可以达到回归测试的目的。针对涉及 Socket 报文通信处理的部分，可以通过高仿真测试。

3.6.3 数据库离线迁移

每套方案都有它存在的必要性。前面一再强调的所谓“平滑”数据迁移方案，无须停机即可达到跨平台迁移的目的。如果综合考虑成本，是否有数据库离线迁移存在的场景呢？

主要考虑如下几个条件。

（1）可以申请停机时间窗口的系统，采用停机迁移数据。

（2）在有充足的停机时间窗口的前提下，数据库数据量较小，足以在有限的停机时间内完成所有的迁移步骤。

（3）因为数据量较小，如果发生数据库级回退，只需要将有限的数据追回到小型机所在的数据库，即可对外提供服务。

可以考虑在如上所述条件都满足时，采用数据库离线迁移方案。那么在小型机下移 x86 服务器的项目中，是否有类似系统呢？答案是肯定的。所以，我们设定一套方案选择入口条件，凡数据库数据量小于300GB，且在系统定义的停机时间窗口内可以完成数据传输的系统，且对回退时间没有“平滑”要求的系统，即可考虑使用离线方案进行迁移。具体采用的方法也很简单。

如图3-6所示，db2move采用Db2原生工具实现跨平台数据迁移，也是最常用的一种方法。其优势是操作简单易用性高，整个方案比较实用，它解决了不能通过数据库备份与恢复方式做跨平台数据迁移的问题。但劣势也很明显，就是整个操作过程需要停止对外服务。数据库级无法做到平滑回退，且回退时间相对较长。

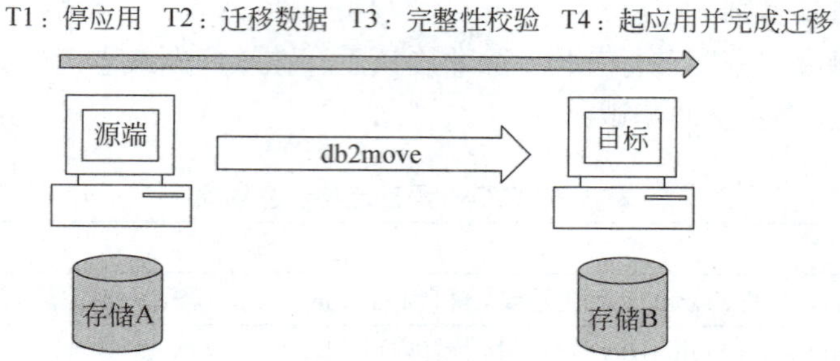

图3-6 db2move数据离线迁移逻辑图

db2move工具封装了Export、Load和Import方法，使用比较灵活。通过Export命令可以将待迁移的数据库全量表对象从源端依次导出。而Load和Import命令可以在目标环境依次将数据文件导入。当目标端采用HADR高可用架构部署，将首推采用db2move结合Import方法装载数据，这样可以在一定程度上减少操作步骤。除非需要提高数据导入性能，则可以使用Load命令进行导入，但对于HADR备机需要重新搭建，因为默认Load不记日志会导致HADR备库所有做过Load的表不可用。对于存在外键的数据库，在Load结束后还需要再进行数据完整性校验，确保外键约束正常。

注意：Import和Load工具的区别

db2move中的Import和Load功能直接封装了Import和Load工具。Import会将读取的记录转换为SQL Insert语句，随后通过语法解析、查询优化器、写日志等操作装载到数据库中。Load与Import实现有较大不同，是目前Db2数据装载最实用的利器。Load可以将读取的数据文件记录以数据页的方式直接装载到表空间中，而无须通过DML语句方式记录到数据库中，更不用记录日志，所以Load工具执行速度比Import快得多。

下面介绍db2move工具跨平台迁移的方案。

1. 梳理数据库相关对象

该方案中，将首选db2move+Import的方法进行数据加载，前面已提及原因，这里不再赘述。采用Import加载数据，对于目标端数据库有很多限制，例如：标识列、外键、大对象、触发器等，都会对Import方式的数据加载有所影响。为了避免这种问题的发生，需要提前理清源端（即小型机环境）数据库相关对象。随后在系统下移割接当日，将相关对象从目标环境提前删除，待数据装载后，再将已删除的对象重新创建。

可以通过如下SQL语句提前对标识列进行梳理。

```
db2 "select varchar(tabschema,10) schema,varchar(tabname,30) tabname, varchar
```

```
(colname,10) colname,nextcachefirstvalue from syscat.colidentattributes with ur"
```

上面的 SQL 执行结果中，除了模式名和表名可以轻易识别以外，colname 是创建标识列的列名，nextcachefirstvalue 代表：开启缓冲（Cache）后，缓冲段内的第一个值。如果没有缓冲，则为下一个已分配的值。

注意：Db2 标识列分类

Db2 的标识列分为两种：Identity Always 和 Identity By Default。针对已创建带有“Identity Always”的标识列，Import 无法直接加载数据，必须将目标端的“Identity Always”属性去除。而对于“Identity By Default”，则可以直接将数据 Import 到目标数据库中。

通过如下 SQL 可以区分两种标识列属性：

```
db2 "select distinct varchar(tabschema,20) tabschema,varchar(tabname,50) tabname,generated from syscat.columns where tabschema not like 'SYS%' and generated='A' and identity='Y'"
```

其中，Generated 字段代表标识列的类型。A 代表“Identity Always”，D 代表“Identity By Default”。

在准备方案时，我们只梳理“Identity Always”的标识列，需要提前在目标端数据库删除这个属性才能将数据 Import 进去。而“Identity By Default”无须提前在目标端删除。

在源端数据库服务器上制作删除“Identity Always”标识列的脚本：

```
db2 -x "select 'alter table ' || trim(tabschema) || '.' || trim(tabname) || ' alter column ' || trim(colname) || ' drop identity;' from syscat.columns where tabschema not like 'SYS%' and generated='A' and identity='Y'" > dropidenkeys.ddl
```

随后在目标端数据库上执行刚刚生成的脚本 DropIdenkeys.ddl 即可手工删除“Identity Always”标识列。

通过如下 SQL 语句对数据外键提前进行梳理。

```
db2 "select varchar(pktable_name,40) pktabname,varchar(pkcolumn_name,40) pkcolumn,varchar(fktable_name,40) fktabname,varchar(fkcolumn_name,40) fkcolumn from sysibm.sqlforeignkeys where fktable_name not like 'EXPLAIN%'"
```

如上 SQL 语句可以罗列出涉及外键的父表及外键名称，可以通过该 SQL 了解当前数据库的外键约束情况。如果在数据迁移时，目标端数据库外键约束已存在，则必须按顺序导入相关父子表，否则将可能违反外键约束。为了避免该问题发生，也需要在迁移数据前，将目标端数据库的外键约束删除才能正常装载数据。批量生成删除外键的脚本如下。

```
db2 -x "select 'alter table ' || trim(fktable_schem) || '.' || trim(fktable_name) || ' drop constraint ' || trim(fk_name) || ';' from sysibm.sqlforeignkeys where fktable_name not like 'EXPLAIN%'" > delForeigKeys.ddl
```

数据迁移完成后，还需要重建外键约束。因此，可以在源端数据库提前梳理外键对象，生成外键创建脚本，待数据迁移后再实施。具体创建外键的生成脚本如下。

```
db2 -x "select 'alter table ' || trim(a.tabschema) || '.' || trim(a.tabname)
```

```
|| ' add constraint ' || a.constname || ' foreign key (' || trim(fk_colnames) || ')
references ' || trim(reftabschema) || '.' || trim(reftabname) ||
    '(' || trim(pk_colnames)||') on delete ' || case deleterule when 'A' then 'no
action' when 'C' then 'cascade' when 'N' then 'set null' when 'R' then 'restrict'
end || ' on update ' || case updaterule when 'A' then 'no action' when 'R' then
'restrict' end || case enforced when 'Y' then ' enforced ' when 'N' then ' not enforced '
end || ' query optimization ' || case enablequeryopt when 'Y' then ' enable ' when
'N' then ' disable ' end || ';' from syscat.references a,syscat.tabconst b where
a.constname=b.constname" > crtForeignkey.ddl
```

以上 SQL 语句将自动生成批量创建外键的 DDL 脚本。这与标识列不同，外键不涉及计数，因此在停止应用前就可以对外键进行梳理。而对于标识列，为了保证数据一致性，只能在停止应用后再生成创建标识列的 DDL。

许多下移前的老旧系统物理设计并不科学，大对象与在线业务表混杂在相同的业务表空间中，这可能会导致性能下降。为了更好地优化大对象读写性能，需要将大对象迁移至独立的表空间中，并开启文件系统缓冲（File System Caching）。针对存在大对象的表，需要提前创建大对象表空间，将其指向新表空间。

对于触发器，需要在目标端数据库中提前删除该类对象，防止在目标端数据导入的过程中，触发器启动后，造成源和目标数据不一致的问题。可以通过如下 SQL 语句提前在源端数据库中梳理触发器对象。

```
    db2 "select varchar(schema,40) tabschema,varchar(tbname,50) tabname, varchar
(text,500) tritext from sysibm.systriggers where schema not like 'SYS%' and tbname
not like 'ADVIS%' and tbname not like 'EXPLAIN%'"
```

其中，text 字段是创建触发器的具体 DDL，可以提前整理好批量删除（DropTrigger.ddl）及创建触发器（CrtTrigger.ddl）的脚本备用。

2. 停止服务，导出数据

截至目前，可以将如上介绍的内容形成自动化脚本，便于后续使用。停止应用程序之前，需要再次检查应用及数据库的相关参数，确保 x86 服务器环境的数据库参数与源端数据库一致。

一切准备就绪后，即可停止应用程序服务，此时正式进入停机时间窗口。后续可以进行数据导出，首先进行数据库全量对象导出。

```
db2look -d <dbname>  -l -o db2look_struct.ddl
db2look -d <dbname>  -a -e -x -ct -o db2look_<dbname>.ddl
```

db2look 工具可以将数据库内全量数据对象 DDL 导出。这时针对序列、“Identity By Default”标识列等对象会将重置数值（Restart With）打印至 DDL 脚本中。在目标端执行这些脚本时即可将数值写入数据字典中，做到“无缝衔接”。而对于前面提及的外键、“Identity Always”标识列、触发器等对象，在目标端创建后，需要通过第一步创建的删除脚本（DropIdenKeys.ddl）依次将其删除，并确保数据导入条件就绪。

随后，对于前面提及的“Identity Always”标识列，需要在源端应用真正停下来后，再生成新建标识列的命令语句。这个步骤不能提前准备的原因主要是由于 nextcachefirstvalue 字段值有随时变化的可能性，所以必须停机后导出该值，来保证数据一致性，否则会造成数据迁移后出现标识列数值重叠问题。通过如下 SQL 拼接生成创建“Identity Always”标示列的语句。

```
db2 -x "select 'alter table ' || trim(a.tabschema) || '.' || trim(a.tabname) || ' alter column ' || trim(a.colname) || ' set generated always as identity ( start with ' || nextcachefirstvalue || ',' || case when increment is not null then ' increment by ' || increment || ',' end || case when minvalue is not null then ' minvalue ' || minvalue || ',' end || case when maxvalue is not null then ' maxvalue ' || maxvalue || ',' end || case when cycle = 'N' then ' no cycle, ' when cycle = 'Y' then ' cycle, ' end || case when cache > 0 then ' cache ' || cache || ',' when cache=0 then ' no cache, ' end || case when order ='Y' then ' order ' when order='N' then ' no order ' end || ');' from syscat.colidentattributes a, syscat.columns c where a.tabschema = c.tabschema and a.tabname = c.tabname and a.colname = c.colname and c.tabschema not like 'SYS%' and generated='A' and identity='Y' " > crtIdentAlways.ddl
```

准备好生成“Identity Always”标识列的自建脚本后，即可进行全量数据导出工作。

```
cd /<足以容纳整个 DB 的文件系统>/lobsout/<dbname>
db2move <dbname> export  -l /<足以容纳整个 DB 的文件系统>/lobsout/<dbname>
```

执行数据导出命令前，需要准备可以容纳整个数据库的文件系统目录，随后执行 db2move+Export 命令，Db2 将表对象一张张串行导出至该目录中。其中，“-l”关键字针对大对象，如果在之前检查大对象的步骤中发现有相关数据存在时，需要在这个步骤中增加这个选项，便于大对象的导出。

3. 数据导入并修改数据源

将以上打包后的迁移数据通过网络传输至目标数据库服务器中，随后通过如下命令进行数据全量导入。

```
db2 "create db <dbname> on /<dbname>  dbpath on /<dbname>  using codeset <gbk/utf-8> TERRITORY cn restrictive"
db2 -tvf db2look_struct.ddl       #创建表空间、缓冲池
db2 -tvf db2look_<dbname>.ddl     #创建全量数据对象
db2 -tvf delForeigKeys.ddl        #删除外键
db2 -tvf dropidenkeys.ddl         #删除 identity always 标识列
db2 -tvf dropTrigger.ddl          #删除触发器
db2move <dbname> import -io INSERT -l  /<足以容纳整个 DB 的文件系统>/lobsout/<dbname>
可选：db2move <dbname> load -lo INSERT -l  /<足以容纳整个 DB 的文件系统>/lobsout/<dbname>
```

装载数据前，需要根据源端数据库配置来创建目标端数据库及相关数据库对象，并删除必要的数据库对象。请注意以上执行顺序，其中，db2move 命令可以将当前目录的数据文件装载到目标数据库中。

数据导入时，db2move 分别给出两种数据装载方式：Import 和 Load。其中，“-io”是 Import 的参数，而“-lo”是 Load 方法特有的参数，都代表装载。后面的“-l”指定之前大对象导出打包的目录位置。

前面已经介绍推荐使用 db2move + Import 的原因，这样后续无须再重新配置目标端数据库的 HADR 高可用。如果迁移大表（如数据量达到上亿条记录）时间较长，可以使用 db2move+Load 进行数据装载，但针对该表在 HADR 备机切换为主机后将无法继续访问。对于这点必须提前梳理好表的数据量，提前选择数据装载方法。

注意：使用 db2move + Load 针对外键的注意事项

如果数据库存在外键，使用 db2move + Load 装载数据前，无需删除外键约束。装载数据后，只需要执行完整性校验即可恢复数据访问。下面的语句可以批量生成需要完整性校验的修复命令。

```
db2 -x "select 'set integrity for ' || trim(tabschema) || '.' || trim(tabname) || 'immediate checked;'  from syscat.tables where status='C'"
```

利用数据装载的这段时间，可以对应用程序数据源进行修改。对于应用程序数据源配置，可以将数据源地址直接改为数据库对外服务域名地址即可，随后需要重启应用服务器使其生效。

4. 数据初始化

数据导入完毕后，许多读者可能会问，为了保证迁移后的数据一致性，是否需要检查源和目标两个数据库环境中相关表对象的记录条数？其实，这个问题在 db2move 对每张表 Export 和 Import 输出日志中找到答案，不用单独再重新验证所有表对象记录。数据库工具可以保证数据的一致性，除非看到相关数据对象装载报错，或由于某种约束产生数据 Reject。

随后的数据初始化步骤是将前面梳理拆分后的已删除对象，再重新添加至目标数据库内。主要包括前面提及的外键、标识列（Identity Always）、触发器三类对象。

```
db2 -tvf crtForeignkey.ddl      #手工创建外键
db2 -tvf crtIdentAlways.ddl     #手工创建标识列
db2 -tvf crtTrigger.ddl         #手工创建触发器
```

所有对象在 x86 服务器的数据库中初始化完成后，即可对全量数据库做统计信息收集（runstats）。

```
db2 "runstats on table <schema>.<tabname> with distribution and detailed indexes all"
```

如果目标数据库存在存储过程或 SQC、SQLJ 等嵌入式程序，则待统计信息收集完成后，需要对程序包进行重新绑定。这里一定注意统计信息收集和重新绑定程序包（db2rbind）的先后顺序。必须保证统计信息收集在先。

```
db2rbind <dbname> -l <logfile> all
```

其中，<dbname>为数据库名，<logfile>为产生的程序包绑定报告。

注意：重新绑定程序包的意义

重新绑定程序包，对于存储过程及嵌入式程序很有意义。统计信息更新后，必须通过重新绑定来重新生成程序包内的执行计划，这样能保证包内静态 SQL 执行计划与实际无偏差。防止存在包内执行计划失真的问题。

通常建议在停止相关应用程序后，再重新绑定程序包（db2rbind）。因为绑定动作与相关程序运行时互斥，会造成不必要的锁冲突，直至锁超时。

5. 更换驱动程序，开始业务验证

在启动新应用程序前，正确更新驱动程序至关重要。为了保证驱动程序的准确性，应从数据库安装目录或数据库实例目录获取 db2jcc.jar 驱动文件，随后将其复制到应用服务器的相应目录中。

数据库大版本升级后，推荐一定要更新驱动程序。但对于多个应用程序共用一个驱动程序的情况需要格外注意，不能贸然进行驱动替换，否则可能会带来无法预估的问题隐患。例如，多个应用程序是待升级应用的上游系统，如果下游系统数据库升级后，本身应用需要更新驱动程序外，其余上游系统也要通过测试验证后再考虑更新驱动程序，这无形中也增加了测试工作量。

以 WAS 配置驱动程序为例，使用 WAS 默认的数据源连接数据库时，更新驱动程序后，需要重启应用服务器。随后，登录 WAS 控制台→资源→JDBC→数据源→选择相应的数据源→单击“测试连接”验证连通性。

注意：db2jcc.jar 与 db2jcc4.jar 的区别

数据库驱动程序文件默认存在如下目录中。

```
<实例目录>sqllib/java
```

如果应用程序使用 JDBC 3.0 或以前的功能开发，则应复制 db2jcc.jar 到应用驱动目录。

如果应用程序使用 JDBC 4.0 或以后的功能开发，请使用 db2jcc4.jar。但应用驱动程序目录不能既包含 db2jcc.jar 又包含 db2jcc4.jar，只能存在一个驱动文件。

驱动程序更新就绪后，就可以准备内部和外部业务验证。内部验证主要包括系统下移前选择的固定交易场景，又称为内部模拟交易，采用模拟用户在新下移的环境中运行，用于验证各交易组件是否正常。通过内部验证后，可以开启对外业务访问。通常这个时候，需要通过监控来实时观察交易成功率和平均交易响应时间的变化，用于判断系统各类健康指标是否正常。

6. 数据库离线迁移方案的回退方法

由于离线迁移方案的技术特点，其回退方案不太灵活，回退耗时也比较长。发生变更回退时，理想情况下，需要将 x86 服务器产生的增量数据迁移回 AIX 服务器才能完成回退。

（1）增量数据反向同步：该方案在数据对象梳理时，需要花费更多的时间。往往需要提前分析主业务表产生的增量数据能否通过标识字段（如时间戳）甄别其增量数据。对于系统的主业务表间关系简单，且有明确标识字段可以表示增量数据时，则通过写增量数据反向同步 SQL 的方法来保证数据回退。

（2）全量数据反向同步：针对全量数据量小于 300GB，且梳理主业务表的开销非常高时，可以考虑用全量数据反向同步的方式实现数据回退。全量数据反向同步，顾名思义，就是在发生回退时，将 x86 服务器数据库内的全量数据通过 db2move 工具反向装载回 AIX 数据库服务器内，并覆盖所有数据的方案。从逻辑上很好理解，但全量数据的传输往往耗时比较长。

基于离线迁移技术都无法做到真正的“平滑”数据迁移。如果待迁移的系统停机时间窗口十分有限，无法采用离线方式下移，则可以考虑在线平滑迁移方案。

3.6.4 数据库平滑迁移

前面提及的离线迁移方案主要特点是体量轻、操作简单，但必须在源端应用停止后才能进行数据迁移动作，这也正是离线迁移方案耗时长的主要原因。那能否在不停机时，做到数据迁移呢？

在数据库平滑迁移实施中，源端是AIX平台数据库，目标端是x86平台数据库，那么CDC创建的从源端到目标端的预订，称为“正向预订”；反之，当源端和目标端对调时，则称为“反向预订”。

正向预订负责源端到目标端的数据复制。在系统正式割接后，这时就可以启用反向预订，对部分重要业务表或全量表进行反向同步。即系统割接后可以将x86服务器高版本数据库作为源端，而小型机环境的数据库作为目标端的方式将增量数据同步回数据库中。这时，一旦发生不可修复的问题，根据事发当时的决策点来选择是否需要启动系统回退动作。无论是系统割接还是回退，都不会再涉及两端数据的流动，从而在满足数据一致性的前提下，达到缩短停机时间的目的。

本节将首先介绍IBM CDC的安装配置，随后以商业汇票系统为例讲述如何新建正向预订和反向预订。

在数据迁移原理中，曾对数据库日志复制有过简单介绍。业界内大家熟知的数据库日志复制工具是Oracle Golden Gate（OGG），该工具可以支持多种数据库跨平台的数据复制。OGG与Oracle数据库本身适配比较好，但对Db2最低版本只支持V9.7。考虑到待下移系统数据库版本的多样性，最终选定IBM Change Date Capture（CDC）工具作为本次小型机下移中数据库平滑迁移工具。

下面简单介绍CDC工具的架构。

图3-7展示了CDC工具的几个重要组件：Management Console、Access Server、Apply Agent、源和目标DataStore、元数据（Metadata）、源端和目标端转换引擎等。

（1）Management Console：管理端控制台，用于配置、监视和管理CDC工具源和目标的复制。

（2）Access Server：用于控制对复制环境的所有非命令行访问。可以通过控制台连接Access Server，来管理源和目标数据库。

（3）Apply Agent：目标端代理程序，用于接收来自源端的更改动作。

（4）源和目标DataStore：每个DataStore代表一个要连接的数据库，并充当表对象的容器。通常用于复制的表都存放在DataStore中。

（5）元数据（Metadata）：用于相关表的映射、预订、通知、事件和其他详细信息。

（6）源端转换引擎（Source Transformation Engine）：源端数据转换引擎，在源端解析数据库事务日志来捕获数据变化，并将变化数据编码后通过网络发送给目标端。

（7）目标端转换引擎（Target Transformation Engine）：目标端数据转换引擎，通过网络收到源端的数据变化后，在目标端进行重放。

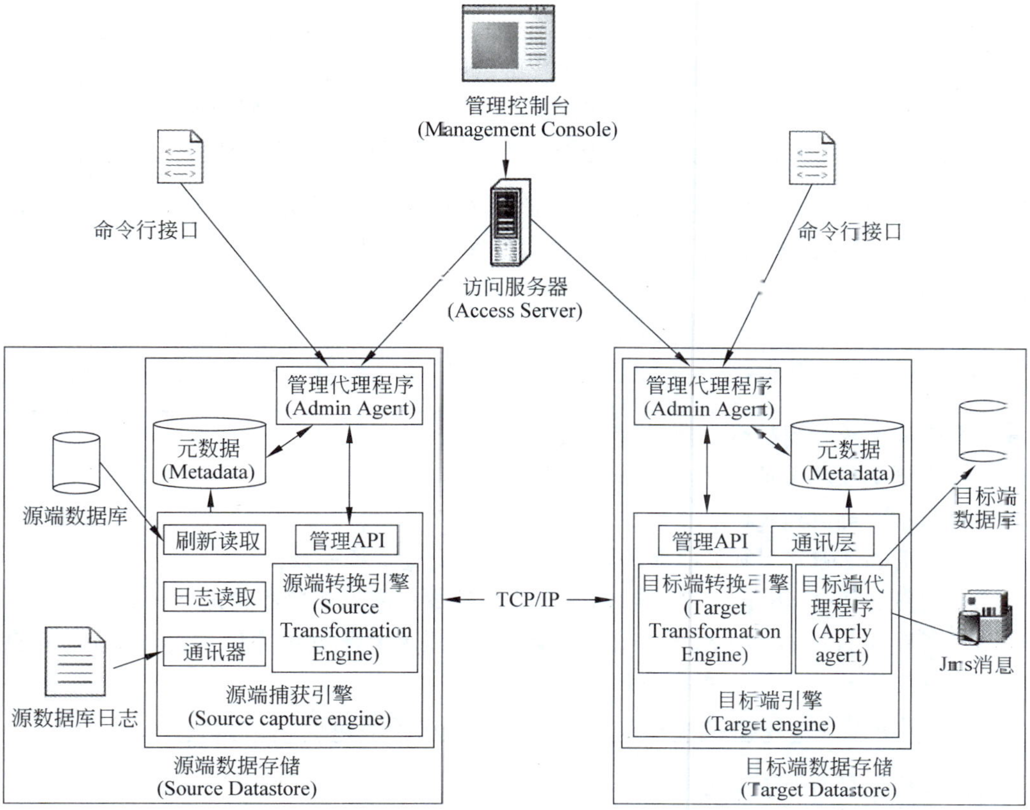

图 3-7　CDC 软件架构图

在安装 CDC 各组件前，需要提前规划 CDC 各组件的安装位置，以数据库跨平台迁移至 x86 服务器为例，建议以如下方式安装各组件，如表 3-9 所示。

表 3-9　CDC 安装计划

源（小型机）	虚拟机（Windows）	目标（x86 服务器）
CDC for Db2 for LUW	CDC Management Console	CDC Access Server CDC for Db2 for LUW Access Server

1. 安装 CDC 前的注意事项

安装前要对源和目标的数据库当前架构做好调研工作。小型机下移 x86 服务器前，这些系统多数采用传统的主备 HA 架构或 HADR 架构。针对这种架构，CDC 需要注意的配置项如表 3-10 所示。

表 3-10　HADR 架构 CDC 配置注意事项

HADR 作为目标端时，CDC 需要如下配置：	
需要创建共享目录	根据 Load 表并发的大小需要单独评估，可使用 NFS 或 NAS
目标端需要开启 HADR 相关参数	HADR 和 BLOCKNONLOGGED=yes；当该参数为 yes 时，CDC 实例安装配置会报错，因此需要注意提前将其设置为 NO 后再安装配置 CDC 实例

续表

CDC 端设置	refresh_loader_backup_path
	refresh_loader_cleanup_backup_copy=false
	refresh_loader_with_backup_copy=true

对于源端是 HADR 架构的系统，目标端推荐设置为单分区数据库，暂时不要开启 HADR，待与源端完成同步割接系统后，再通过备份目标库（新版本）到目标 HADR 备机环境，与此同时再建立 HADR 连接。

对于割接切换后新环境需要反向同步至老环境时，需要先将老环境 HADR 相关属性关闭（BLOCKNONLOGGED=NO）随后再开启反向同步即可，否则反向预订同步将失败。

注意：手工同步源和目标数据库配置参数

数据库驱动程序文件默认存在如下目录中：

<实例目录>sqllib/java

（1）利用 db2set -all 命令对比源和目标的环境变量是否一致。

（2）利用 db2pd -dbmcfg 命令对比源和目标的数据库管理器参数是否一致。

（3）利用 db2pd -db <dbname> -dbcfg 命令对比源和目标数据库级参数配置是否一致。

（4）检查不一致参数，需要更新目标端参数：

db2 "update db cfg for <dbname> using <参数名> <参数值>"

了解 CDC 安装前的注意事项后，接下来要明确 CDC 的使用限制，做到知己知彼，才能百战不殆。

要允许 CDC 复制 DDL 语句，必须满足如下先决条件。

（1）源和目标的 CDC Agent 必须是 V10.2.1 以上版本。

（2）源和目标的 Db2 必须是 V10.1 以上版本。

（3）创建源和目标 CDC 实例时，指定的 Db2 用户必须相同。

（4）源和目标必须是不同的库，不支持源和目标同一库。

（5）必须确保源库开启 Dft_Schemas_Dcc=yes。

（6）源和目标 Db2 参数 Log_Ddl_Stmts 必须为 Yes。

（7）源和目标数据库的代码必须相同。

目前 CDC 支持的在线 DDL 种类有限，具体请见表 3-11。

表 3-11　CDC 支持的在线 DDL 操作

数据库 DDL 操作	相关 DDL 命令
创建表对象	Create table…
删除表对象	Drop table…
为表增加新列	Alter table add column…
修改列的数据类型	Alter table alter column set data type…

另外，CDC 支持源到目标的数据转码，但对于部分编码需要提前考虑扩位。例如，GBK 到 UTF-8 时，由于中文一个汉字需要占用 4B，因此最好在相关字段上扩容 1 倍，保证数据不被截断，因为 CDC 在同步时不会提示目标端数据被截断。

当然，CDC 也有许多不支持的内容。其中特别注意事项，见表 3-12。

表 3-12 CDC 不支持复制的对象和操作

不支持复制的对象和操作	具体明细
数据库对象	视图、触发器、MQT、包含自定义类型的表对象、函数、存储过程、程序包 Package、Java 类、数据库链接、角色（Role）、维度（MDC 多维集群）、库、概要文件、用户、序列 Sequence、表空间、模式 Schema、XML 列
DDL 操作	Rename、Move
字符串格式的时区	Americas/Toronto
TimeStamp（使用可变精度）类型的数据	Db2 V9.7 以下版本

了解 CDC 工具的使用限制后，下面安装和配置 CDC。

2. 安装 Access Server

在操作系统上创建用户和组，如表 3-13 所示。

表 3-13 CDC 用户与组

用户	用户 ID	组	组 ID
cdcadm	801	cdcgrp	983

```
    #新增 cdcadm 用户和组后，更改 CDC 产品目录属组
    CDC Access Server 的默认安装路径在：/opt/IBM/InfoSphereDataReplication/
AccessServer
    mkdir -p /opt/IBM/InfoSphereDataReplication
    chown -R cdcadm:cdcgrp /opt/IBM/InfoSphereDataReplication
```

Access Server 安装步骤如下。

```
    su - cdcadm
    #进入 IIDR_AccessServer 目录，执行 bin 文件：
    sh ./iidraccess-11.3.3-4288-aix-power-setup.bin
    安装 Installanywhere
    InstallAnywhere will guide you through the installation of IBM InfoSphere Data
    Replication Access Server.
    ..............省略部分输出...........
    PRESS <ENTER> TO CONTINUE:
    接受协议，选择 1
    International Program License Agreement
       Part 1 - General Terms
    ..............省略部分输出...........
    Press Enter to continue viewing the license agreement, or enter "1" to
       accept the agreement, "2" to decline it, "3" to print it, or "99" to go back
       to the previous screen.: 1
    选择默认端口号：
    Enter the TCP/IP port for Access Server.
    Port Number: (DEFAULT: 10101):
    选择配置用户数据目录
    Configure User Data Folder
    ---------------------------
    Where would you like your user data folder?
```

```
    Default User Data Folder: /opt/IBM/InfoSphereDataReplication/AccessServer
       ENTER AN ABSOLUTE PATH, OR PRESS <ENTER> TO ACCEPT THE DEFAULT:
    按回车同意安装
    ..............省略部分输出...........
    #启动Access Server
    su - cdcadm
    cd /opt/IBM/InfoSphereDataReplication/AccessServer/bin
    ./dmaccessserver &
    #创建管理用户
    cd /opt/IBM/InfoSphereDataReplication/AccessServer/bin
    帮助信息# dmcreateuser username fullname description password role manager
changePassword passwordNeverExpires [-accessserver hostname port adminuser
adminpassword]#
    ./dmcreateuser <用户名> cdcadm administrator <密码> sysadmin true false true
```

3. 安装 CDC agent for Db2

Access Server 安装成功后，在源和目标都需要安装 CDC agent for Db2，具体步骤如下。

```
安装CDC agent for Db2
su - cdcadm
cd /dbbackup/cdc/IIDR_DB2LUW
./setup-iidr-aix-power-db2luw.bin
选择语言
Choose Locale...
----------------
    1- Deutsch
  ->2- English
    3- Espa駉l
..............省略部分输出...........
由于CDC版本不同，一些步骤可能不同，但不会影响整个安装过程
InstallAnywhere will guide you through the installation of IBM InfoSphere Data
Replication 11.3.3.3
..............省略部分输出...........
  ->1- Install new product
    2- Upgrade existing product
ENTER THE NUMBER FOR YOUR CHOICE, OR PRESS <ENTER> TO ACCEPT THE DEFAULT::1
Select Datastore Type
  ->1- IBM DB2
    2- IBM InfoSphere DataStage (including Apache Hadoop, WebHDFS, Cloudant)
..............省略部分输出...........
选择安装的产品组件(11.3以后)
Select Offering
Contact your sales representative if you require assistance determining what
offering you are entitled to.
  ->1- IBM InfoSphere Data Replication
    2- IBM InfoSphere Data Replication for Database Migration
    3- IBM InfoSphere Change Data Delivery
..............省略部分输出...........
选择安装路径后，按回车开始安装
```

4. 配置 CDC agent for Db2

安装 CDC agent for Db2 后，即可直接进入配置菜单。可以先暂时退出配置菜单，给 CDC 用户授予合适的权限，CDC 工具主要通过这个用户来管理源和目标数据库对象及表数据。

```
1、连接源与目标的数据库
su - <实例用户>          #如 db2inst1
db2 connect to <dbname>
2、对 cdcadm 授权
db2 grant dbadm on database to user <cdc 用户名>   #这里是 cdcadm
db2 terminate
```

在源和目标安装 CDC agent （Replication） for Db2 for LUW，为了实现跨平台迁移与数据库版本升级，往往源和目标的数据库版本相差较大，对于 CDC Agent 来说也可以选择不同的版本，均可兼容。

```
启动配置程序
su - cdcadm
/opt/IBM/InfoSphereDataReplication/ReplicationEngineforIBMDB2/bin/dmconfigurets
创建 refresh path
su - cdcadm
mkdir -p /dbbackup/refreshpath   #手工创建刷新目录
新建实例名
CONFIGURATION TOOL - CREATING A NEW INSTANCE
--------------------------------------------
Enter the name of the new instance: cdcinst  #CDC 实例名
配置端口：
Enter the server port number [10901]:
配置 staging store 的空间
..............省略部分输出...........
Enter the Staging Store Disk Quota for this instance (GB) [100]: 200
    #这里设置 200GB，基本可以应对大多数复制场景。
配置最大内存使用：
Enter the Maximum Memory Allowed for this instance (MB) [4096]:
    #如果数据库内涉及大对象，请将内存调整为 8GB。
选择 DB2 实例，在本例中选择了 db2 实例用户，需要使用 cdcadm 用户：
Select a DB2 Instance
1. hdtsinst
2. ebinst
3. Other…
Select a database name
1. EBANK
2. Other…
配置数据库用户
Enter the username: cdcadm
输入用户密码搜索 schema
Enter the username [cdcadm]:
Enter the password:
```

```
Retrieving schema list…
Metadata schema:
1. EBINST
2. EBANK
指定刷新区路径
该路径 cdc 用户必须有权限读写
Would you like to specify a refresh loader path (y/n) [y]:
Enter the refresh loader path: /dbbackup/refreshpath   #这个目录要用 CDC 用户提前创建
启动 CDC
cd /opt/IBM/InfoSphereDataReplication/ReplicationEngineforIBMDB2/bin
./dmts64  -I  cdcinst&   #这个 cdcinst 是 cdc 实例名，并非数据库实例名
```

5. 安装 CDC 管理控制台

CDC Management Console 必须安装在一台 Windows 主机上，要求 Management Console 要与源和目标网络保持畅通。

在 Windows 上安装 CDC 管理控制台十分简单，双击 iidrmc-11.3.3-4288-setup（以 V11.3.3 为例）可执行文件，等待安装向导弹出后，一直单击“下一步”按钮即可完成安装。在这里就不详述安装步骤了。

6. 配置管理控制台与源和目标存储器

图 3-8 是 CDC 管理控制台的登录界面。

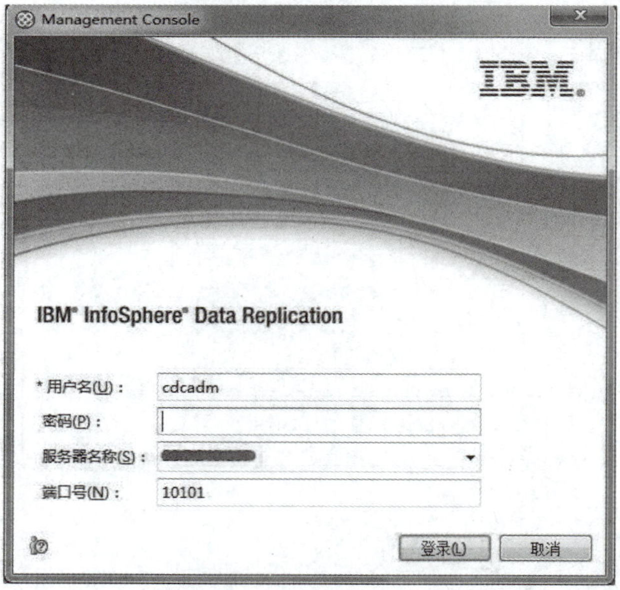

图 3-8　CDC 管理控制台的登录界面

（1）登录 CDC 管理控制台（CDC MC）。

第一次登录 CDC MC 时，会提示更新密码，需要按要求重置 6 位密码。

（2）配置存储器：需要在源和目标端创建存储器。

如图 3-9 所示，选择 Access Manager 并单击添加新的存储器。

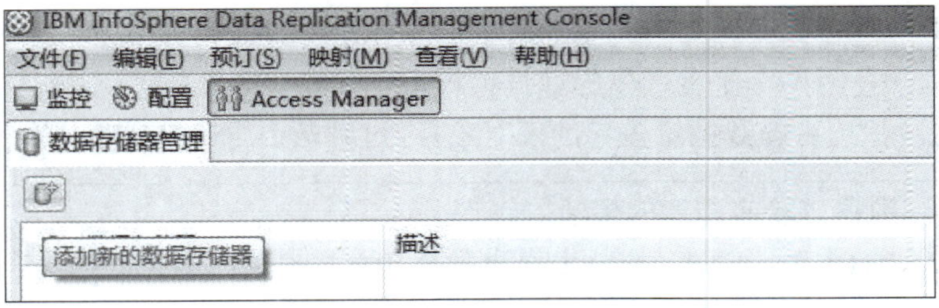

图 3-9　在 CDC MC 中添加新数据存储器

（3）填写源和目标数据库相关配置信息。

源和目标存储器的名称要具有可识别性。例如，AIX_Source 代表源端，LINUX_Target 代表目标端。随后，填好 IP 地址和端口即可完成配置。

（4）将数据存储器分配给 CDC 管理台用户。

选择“文件”→Access Server→“分配”→“数据存储器”，如图 3-10 所示。

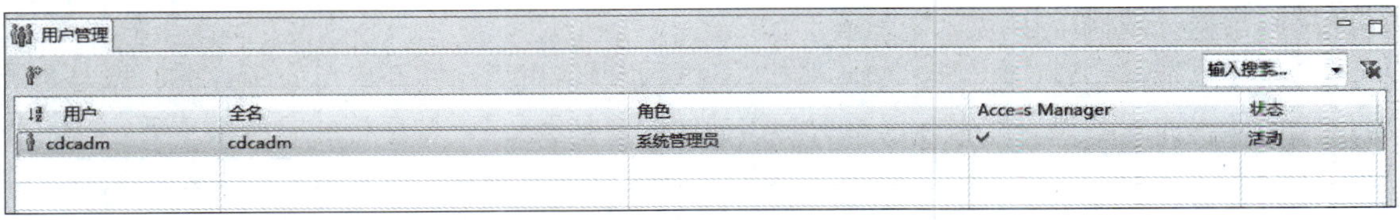

图 3-10　分配 CDC 管理台用户

可在“连接参数”中配置连接数据库的用户和密码。

（5）连接存储器。

选择“配置”选项卡，如图 3-11 所示，选择存储器后单击“连接”按钮进行存储器连接。

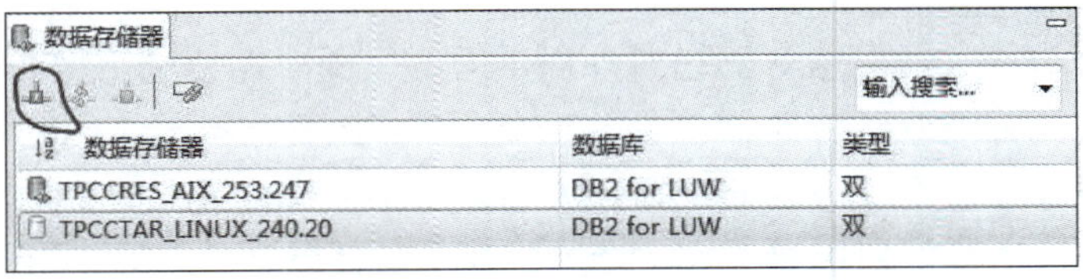

图 3-11　选择存储器进行连接

以上是系统割接前安装并配置 CDC 的过程。接下来，数据同步完成后，介绍割接当日的主要工序。

第一步，停止应用程序对外服务。利用提前准备的应用自动化启停脚本，对 AIX 端应用进行全量停止，随后通过验证脚本确认应用离线状态是否正常。

第二步，停止 CDC 正向预订复制。这里一定要选择正常停止，保证在途复制事务落地，从而保证数据一致性。

第三步，使用前期编排的脚本，将创建正向预订前已删除的对象在目标端数据库中重新创建。例如，外键（CrtForeignKey.ddl）、触发器（CrtTrigger.ddl）、标识列（CrtIdentAlways.ddl）、随后重置序列（RestartSeqValue.ddl）和标识列（RestartIdenColbyD.sql）等对象。至此，目标端的所有对象才与源端保持同步。

第四步，进行全量数据验证。CDC 工具本身无法保证源和目标端数据库表对象记录数的一致性。可以提前准备好对比脚本，基本策略是：首先在AIX源端和x86目标端进行全量表记录数检核；其次，将两个平台产生的数据检核报告（表名+记录数），在其中任意一个主机上进行Diff核验，找出存在数据量差异的表对象，经过判断后再确定是否需要重新刷新该表。

小技巧：跨平台数据核验应注意的事项

可以通过select * from <tabname>方式进行全量数据查询。如果数据库比较大，这将花费大量的时间，同时增加了停机时间窗口。这就需要提前梳理这些表的数据量，对于大表且有时间戳字段的，可以做增量验证方案。也就是在停止CDC正向预订前，先验证90%的数据，停机后再验证剩余的数据增量即可。

另外，在并发量上可以将大表拆分为多张表同时查询结果集，主要目的也是为了提速。

第五步，如果数据库存在外键、标识列（By Always）和触发器，在开启反向预订前，同样需要在AIX端数据库中利用脚本删除它们。例如：外键（DelForeignKeys.ddl）、标识列（DropIdentKeys.ddl）和触发器（DropTrigger.ddl）删除脚本。用于确保反向预订能正常复制，保证反向数据一致性。

第六步，数据一致性检查与AIX端相关对象处理结束后，在开启反向预订前，需要对所有反向预订内的表对象进行"标记用于制作镜像的表捕获点"。打标记的时机很重要，一定要在AIX应用停止后，目标端相关对象创建后，且在x86应用启动前开启才行。差之毫厘，谬之千里。随后，再开启反向预订，这才能保证该方案的核心思想："平滑"回退。

第七步，开启x86服务器端应用程序。与此同时，开始对目标端数据库进行全量的统计信息收集（Runstats），这部分请参考数据库离线迁移方案中统计信息部分的介绍。如果涉及存储过程或SQC嵌入式语言开发，则还需要在统计信息后实施Db2rbind重新绑定程序包。最后，可以修改应用程序相关配置，测试数据库连接，开启x86应用服务器，开始对外提供服务。

第八步，截至目前，x86服务器已对外提供服务。此时需要利用提前准备好的应用验证预案，进行内部和外部的业务验证。

第九步，数据迁移已经完成。接下来还需要重新搭建x86端的HADR。因为选择这时搭建同城和异地灾备数据库的原因是：在CDC全量刷新时会对目标端使用Load，如果提前搭建HADR，那么所有的备机已同步的表对象数据都不能正常访问（原因是Load不记日志，备机无法接收通过主机日志传输过来的Load事务）。

7. 针对平滑回退的决策点

当迁移过程中或迁移后发生不可修复或数据一致性问题时，根据事发当时的决策点来选择是否需要启动系统回退动作，具体决策点包括以下内容。

（1）小型机（源端）与x86服务器（目标端）存在数据不一致问题，且数据量巨大，无法在时间窗口内完成数据同步时。

（2）数据迁移过程中，发现小型机（源端）与x86服务器（目标端）迁移的数据对象不匹配，并存在数据对象个数争议时。

（3）系统迁移步骤完成，启动应用程序后，做内部业务验证时，出现影响业务使用的不可预知的问题，且在时间窗口内无法解决时。

（4）由于某种外部不可抗力因素影响系统整体下移变更进度，从而导致时间窗口内无法完成变更时。

（5）系统出现严重性能问题，对业务影响程度较大、范围较广，且无法通过调优手段解决问题时。

（6）系统出现功能性问题，并未在迁移完成当天业务验证中发现，经判断该业务相关功能无法通过其他解决手段恢复时。

8. 系统整体回退方案

CDC 通过创建反向预订保证在 x86 数据库产生的增量数据能够准实时复制回小型机数据库中。当需要系统整体回退时，需要按如下步骤执行。

第一步，停止应用程序对外服务。利用提前准备的应用自动化启停脚本，对 x86 端应用进行全量停止，随后通过验证脚本确认应用离线状态是否正常。

第二步，在 CDC 管理控制台正常停止所有反向预订，保证在途复制事务落地，从而保证数据一致性。

第三步，将开启向预订前，在 AIX 端数据库中已删除的对象重新创建一遍。例如：外键（CrtForeignKey.ddl）、触发器（CrtTrigger.ddl）、标识列（CrtIdentAlways.ddl），随后重置序列（RestartSeqValue.ddl）和标识列（RestartIdentColbyD.sql）等对象。

第四步，利用数据一致性验证脚本，对 x86 端和 AIX 端进行数据一致性校验。

第五步，重新启动 AIX 端应用程序集群。采用智能 DNS 将服务请求指向 AIX 端应用程序集群中，即可完成整体系统回退。

9. 系统迁移后的工作

在系统正式割接后，需要继续观察系统的各项指标健康度。这些指标可以借助商业银行常规的监控手段，实时监控交易层和系统层指标变化，如果指标出现异动，需要进一步分析确认其影响，从而做出下一步优化动作。

当连续三天（业务高峰期）系统健康度表现优秀，各项指标不能低于系统下移前的最优值。随后，即可关闭 CDC 反向预订，并停止 AIX 小型机数据库对外服务。

至此，整个数据库平滑迁移顺利完工。

3.6.5 数据库迁移方案的选择策略

前面先后浓墨重彩地介绍了两种跨平台的数据迁移方案，结合小型机下移 x86 服务器项目。下面对以上介绍的数据迁移方法进行简要对比，见表 3-14。

表 3-14 数据库跨平台迁移方法对比

对比项	数据库离线迁移方案（db2move）	数据库平滑迁移方案（CDC）
时间窗口要求	需停机，必须有足够时间窗口	可平滑数据迁移，停机时间窗口较短
系统平台限制	无系统平台限制	AIX 6.1～7.1/Linux 5～7/不支持惠普平台
数据库架构要求	无架构要求	无架构要求
增量数据回退	不支持	支持
不记日志操作	不涉及	不支持、Load 有条件支持、支持 Lob
序列、触发器、例程复制	不支持	不支持
分区表复制	支持	有条件支持

针对方案选择基本策略考虑如下。

（1）如停机时间窗口充足，数据量在 300GB 以内，首选数据库离线迁移方案（db2move）。

（2）如停机时间窗口不足，无法在规定时间内完成数据传输，则首选数据库平滑迁移方案（CDC）。

3.6.6 商业汇票系统数据库平滑迁移步骤

至此，利用 CDC 进行数据库平滑迁移的主要逻辑都已介绍完毕。接下来可以利用上述方案对商业汇票系统进行平滑迁移，在配置 CDC 实时复制前，需要做如下准备工作。

1. 梳理源端数据库对象，准备对象迁移脚本

这个步骤的目的与数据库离线迁移方案如出一辙，但在 CDC 的平滑迁移方案中，在配置前需要考虑更多内容。

```
db2look -d <dbname> -l -o /tmp/db.tbsbps.ddl #单独导出数据库缓冲池和表空间配置
db2look -d <dbname>  -x -o /tmp/addGrant.ddl  #分割用于用户授权的脚本
db2look -d <dbname> -a -e -ct -o /tmp/addTabs.ddl   #分割数据库表对象的脚本
```

V9.7 版本以后，请增加-ct 选项，按对象创建时序导出。这个功能比较实用，可以解决目标环境对存在依赖关系的数据库对象无法正常创建的问题。例如，a 视图依赖 b 表，如果先创建 a 视图就会报 b 对象不存在的错误。

注意：AIX 操作系统字符集

AIX 操作系统如没有安装 UTF-8 ZH_CN/GB18030 中文字符集，则 db2look 导出的建库脚本中，中文将显示为乱码。需要提前安装相关字符集。

通过 db2look 工具生成三个脚本，“/tmp/db.tbsbps.ddl”脚本可以提前在目标端数据库中导入，保证源端数据库表空间及缓冲池对象的同步。“/tmp/addGrant.ddl”脚本单独用于相关对象的授权。“/tmp/addTabs.ddl”脚本是该数据库内所有对象的集合，这正是需要提前梳理的内容。针对该方案，可以利用该脚本梳理如下内容。

1）梳理外键关系

结合数据库离线迁移方案中介绍的外键删除脚本 DelForeignKeys.ddl 和外键创建脚本 CrtForeignkey.ddl。

2）梳理标识列

具体方法请参考数据库离线迁移方案中删除标识列脚本 DropIdentKeys.ddl 和创建标识列脚本 CrtIdentAlways.ddl。与离线方案不同的是：针对 CDC 平滑迁移方案还要考虑“Identity By Default”类型的标识列。主要因为 CDC 平滑迁移方案中，目标端对象是提前创建的。而离线方案中，目标端对象是停机后创建的。对于“Identity By Default”的值可以被 CDC 复制到目标端对应的表中，但标识列的起始值并不能通过 CDC 同步复制。所以需要在正式应用割接后，启动应用程序前，需要再重置“Identity By Default”的起始值，保证标识列的数据连续性，从而避免目标端标识列数据重复。

```
db2 "select distinct varchar(tabschema,20) tabschema,varchar(tabname,50)
```

```
tabname,generated from syscat.columns where tabschema not like 'SYS%' and
generated='D' and identity='Y'" > /tmp/idenColbyD.out
```

手工生成/tmp/idenColbyD.out，并分析“Identity By Default”，检查/tmp/idenColbyD.out，即使确实存在这些列，也无须像“Identity Always”那样在 x86 中那样提前删除它们。

对于“Identity By Default”在重建目标端对象时，“Restart With”不能是默认值“1”或者“+1”，必须停止源端应用后，用源端 MaxValue + 1 方式重置目标端。因为数据虽然同步至 x86，但编目元数据还是初始值。

停止应用程序后，在目标端数据库可以通过如下 SQL 语句生成自动重置“Identity By Default”标识列的初始值。

```
    db2 -x "select 'select ''' || 'alter table ' || trim(tabschema) || '.' ||
trim(tabname) || ' alter column ' || trim(colname) || ' restart with ''' || '||
char(coalesce(max(' || trim(colname) || ') ,0) +1) from ' || trim(tabschema) ||
'.' || trim(tabname) || ';'  from syscat.columns where tabschema not like 'SYS%'
and generated='D' and identity='Y'" > IdenColbyD.sql
```

随后再通过如下方法重置“Identity By Default”标识列。

```
    db2 -tvf IdenColbyD.sql > restartIdenColbyD.sql
    db2 -tvf restartIdenColbyD.sql
```

小技巧：标识列在平滑迁移中的注意事项

读者不难发现，针对“Identity Always”标识列，目标端对象必须在数据传输前删除，而“Identity By Default”标识列无须删除。系统割接后，对外提供服务前，“Identity Always”标识列可以在源端数据库通过脚本生成，随后在目标端创建。而“Identity By Default”标识列需要在目标端数据库重置初始值。

3）序列梳理

数据平滑迁移方案中需要考虑序列值的同步。目标端的序列对象在建立 CDC 正向复制预订前就已经创建了，所以原因和标识列相同，也需要考虑序列下一键值的连续性。这里要特别注意，应用使用数据库序列（Sequence）一般是为确保唯一性，序列值单调递增。但不排除个别应用系统将序列作为交易流水的值，这样表的相关字段值不但要唯一，而且要连续，不能出现空洞。这就要求在系统割接后，启动应用程序前，重置序列值保证源和目标数据库的数据连续性，将序列值完美地衔接上。

```
    db2 -x "select 'alter sequence ' || trim(seqschema) || '.' || trim(seqname)
|| ' restart with ' || char(nextcachefirstvalue + <value>) || ';' from
syscat.sequences where seqschema not like 'SYS%' and seqtype<>'I'" >
RestartSeqValue.ddl
```

以上 SQL 语句中有个变量<value>，在这里设计变量的目的主要源于以下两个需求。

需求一：如果应用允许序列值出现空洞，可以在系统割接后，将序列当前值加上序列 Cache 值（这个 Value 变量），保证序列值的唯一性。

需求二：如果应用要求序列必须连续不能有空洞，则无须增加这个 value 变量。

在数据平滑迁移方案中考虑序列值，开始创建目标数据库时无须删除序列，只需在系统割接时，应用程序启动前，按需将序列值重置后即可。

4）触发器对象梳理

触发器对象的创建（CrtTrigger.ddl）和删除脚本（DropTrigger.ddl）可以提前准备。这两个脚本都可通过“/tmp/addTabs.ddl”脚本直接生成，通过 sed 命令可以截取其中所需部分。因为触发器会触发数据的级联变更，数据通过 CDC 复制到目标端后，触发器可能会带来不必要的数据级变动，存在数据一致性风险，所以需要在源和目标开启复制前删除触发器。

小技巧：利用 sed 制作触发器脚本

利用 sed 分割 db2look 导出脚本：

```
sed -n '9,3061p' /tmp/addTabs.ddl > /tmp/crtTriggers.ddl
```

其中，9 代表从第 9 行开始，到第 3061 行结束。截取这段脚本存储到“/tmp/crtTriggers.ddl”文件中。

---

2. 配置 CDC 复制前的注意事项

1）检查字符编码

许多系统在做系统下移 x86 的同时，也有修改字符编码的需求，例如，许多库采用 GBK 编码，迁移后的数据库采用 UTF-8 编码，这样将带来新的工作：字段扩位。

从 GBK、GB2312 到 UTF-8 需要扩位，因为 GBK 和 GB2312 一个汉字占 2B，而 UTF-8 占 3B，超长字符会占用 4B。而 GB18030 基本与 Unicode、UTF-8 一致，有 1B、2B 和 4B。因此，需要将目标端的字符类型的字段统一扩位至少 1.5 倍，但对于本身数据量较大的库（例如几十个 TB），需要利用导入导出数据判断字符是否被截断来判断具体需要扩位的字段。

CDC 工具本身支持源和目标字符编码不同的复制。因此，无须对 CDC 工具进行额外的配置。

2）分区表检查

CDC 支持分区表数据的复制，这需要在源和目标端 CDC 实例中设置如下参数。

```
db2 connect to <dbname>
db2 "select tabname from syscat.tables where tbspace is null and type='T'"
```

如果如上语句有输出，则证明该数据库有分区表，需要手工在源和目标设置 CDC 分区表支持。

```
./dmset -I cdcrep range_partitioned_table_support=true
    #分别在CDC agent的源和目标设置该参数
```

随后重启 CDC。

```
cd <CDC_INSTALLATION_PATH>/bin
./dmshutdown -I <CDC_INSTANCE_NAME>    #停止CDC实例
./dmts64  -I <CDC_INSTANCE_NAME>&       #启动CDC实例
```

接下来，可以通过 CDC 管理控制台来创建复制预订，用于负责源和目标的表对象级别复制。

3）创建 CDC 预订的建议

可以在系统正式割接前 7 日开始准备安装 CDC 并配置双向预订，随后开启“正向预订”同步数据，直至割接时点前可以一直保持“正向预订”的数据准实时同步。待系统割接后，新应用启动前再启动“反向预订”，这样即可满足数据库“平滑”回退的需求。因为，在 x86 服务器的数据库产生的增量数据文件可以轻松通过 CDC 工具反向同步至 AIX 环境数据库中。

CDC 是以表对象为单位来创建预订并同步数据的。那么每个预订内应该存放多少表对象，表对象数据量大小如何考虑是有具体部署策略的。在创建“正向预订”前，先来了解创建 CDC 预订的策略，如下。

（1）百万至 5 千万的大表分配到不同的 CDC 预订中，目的是提速。至于分配多少个预订，要根据源端系统的可用资源来定。可以先按每个预订 3～10 个大表计算，最终来计算分配多少个预订，如果预订超出 10 个，可以在日终业务低峰期开启 10 个预订，观察源端数据库服务器的 CPU 及 I/O 资源使用，保证的原则是 CDC 在刷新阶段不能影响源端数据库服务器 20%的资源占比，如果没有达到这个阈值，可以再开启更多的预订。

（2）保证要在日终业务低峰期进行预订的刷新阶段，在日间期间能够顺利进入“镜像刷新”状态，这样即可保证对源端的压力降到最低。

（3）如果前面评估的外键是简单的父子一层关系，即可将所有的父子表单独放到一个预订中，并按照先父表再子表的顺序刷新，如果遇到复杂外键关系，可直接利用前面的脚本删除所有外键，割接后再重建外键。

（4）为了做到平滑回退，要提前梳理那些需要反向同步的表。这些表要单独放到一个项目的预订中，并按目标到源的反向关系创建反向预订，并设置冲突检测机制保证平滑回退。

（5）5 千万（含）以上的大表需要手工借助 Load 工具全量灌入目标端，然后增量部分可以利用 CDC 进行追平。将源端不可避免 Load 的表单独放到一个预订中。

注意：CDC 预订个数与源端数据库性能

CDC 创建正向预订后，数据复制分为两个阶段：第一阶段叫全量刷新；第二阶段叫镜像复制。在全量刷新阶段，源端每个预订内的表复制是串行执行的，每张表都类似于全表扫描查询，随后将结果集通过 Load 方式装载到目标端数据库映射的表对象中。那么开启 CDC 复制后，源端数据库的最大性能压力取决于同时运行的 CDC 预订个数和当时业务活动并发连接数。因此要仔细权衡预订个数和数据库活动并发数。第一阶段结束后，进入第二阶段镜像时，对于源端的压力就变得非常小了。

---

3. 开始配置 CDC 正向预订

了解了创建 CDC 预订的策略后，下面介绍如何创建 CDC 正向预订。

承接上文，安装配置 CDC 后，可以新建正向预订。如图 3-12 所示，CDC 正向预订以表为粒度定义了源和目标表对象的映射关系。正向是指数据流向从小型机到 x86 服务器。在新建 CDC 预订前，需要利用之前编排好的目标数据库删除对象脚本，将外键（DelForeignKeys.ddl）、标识列（DropIdentKeys.ddl）、触发器（DelTrigger.ddl）等对象手工删除，保证正向预订复制能够正常运行。

（1）首先登录 CDC 管理控制台，随后选择“配置”选项卡，单击“新建预订”按钮，如图 3-13 所示。

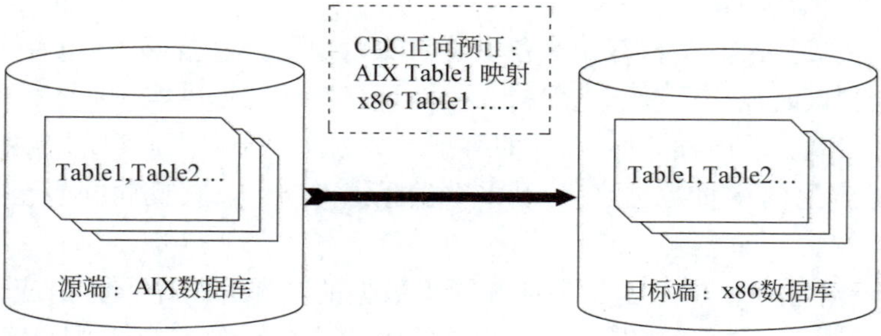

图 3-12　CDC 正向预订

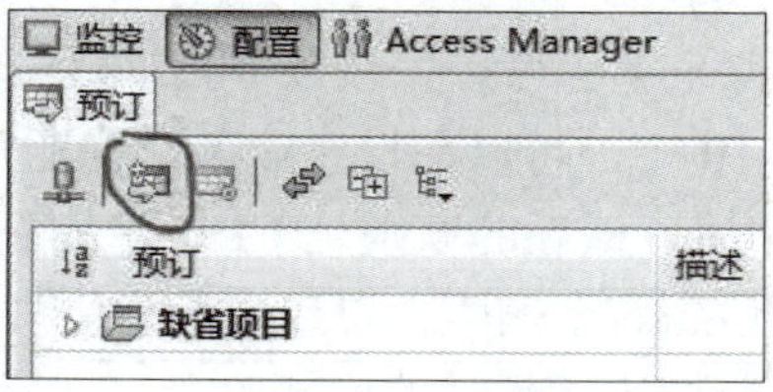

图 3-13　新建 CDC 预订

（2）为正向预订起名后，选择正确的源和目标存储器，切忌方向性错误。

（3）如图 3-14 所示，选择“多个一对一映射”单选按钮，开始映射表对象。

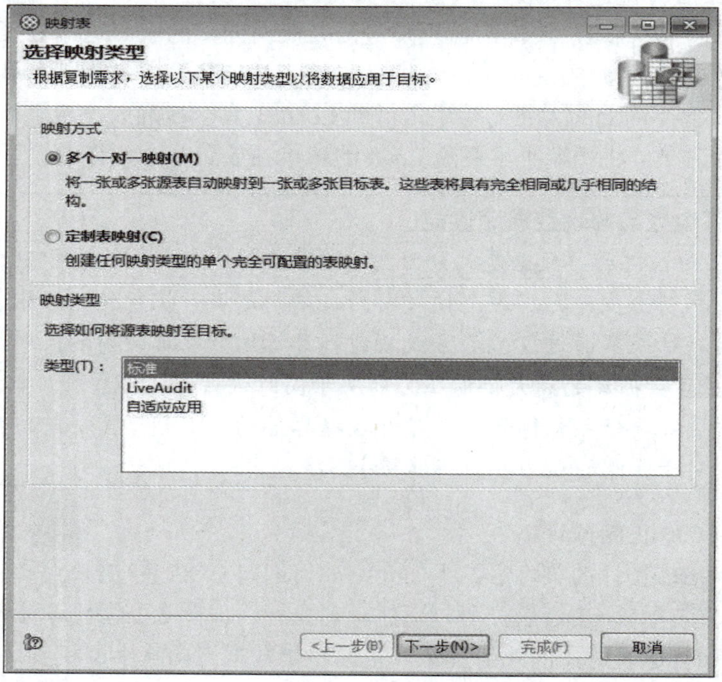

图 3-14　“一对一”映射表对象

如图 3-15 所示，选择一张表开始映射。或者可以批量勾选需要同步的表对象，CDC 会自动建立每张表的映射关系。

图 3-15　选择表对象开始映射

（4）选择“创建新的目标表”单选按钮，因为在创建测试预订时，并未在目标端创建表对象，所以可以通过 CDC 创建，如图 3-16 所示。

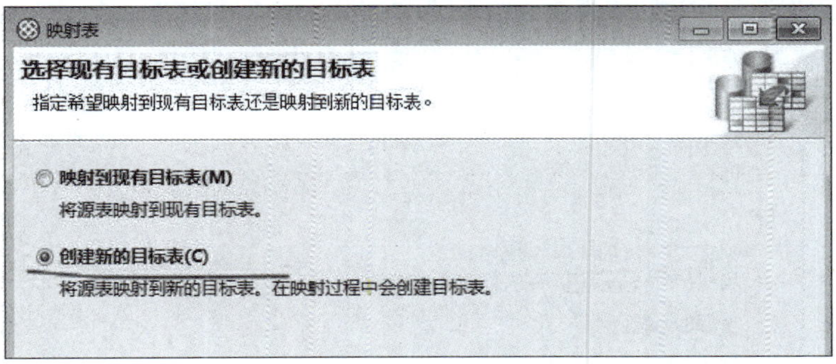

图 3-16　创建新的目标表

（5）先选择目标端的 Schema Name，然后选择目标端的表空间，如图 3-17 所示。

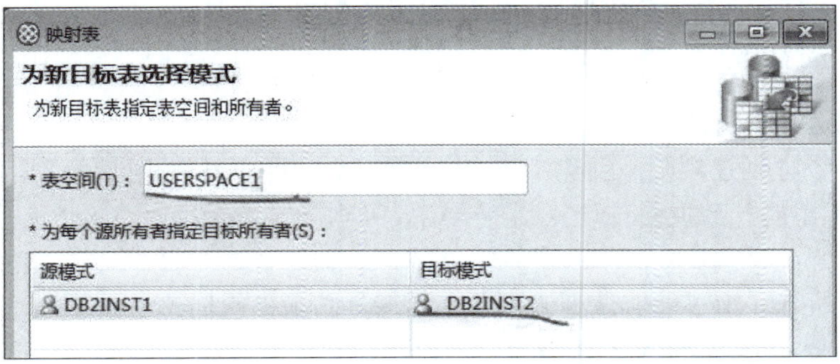

图 3-17　选择表空间

选择“与源表名称相同”单选按钮，如图 3-18 所示。

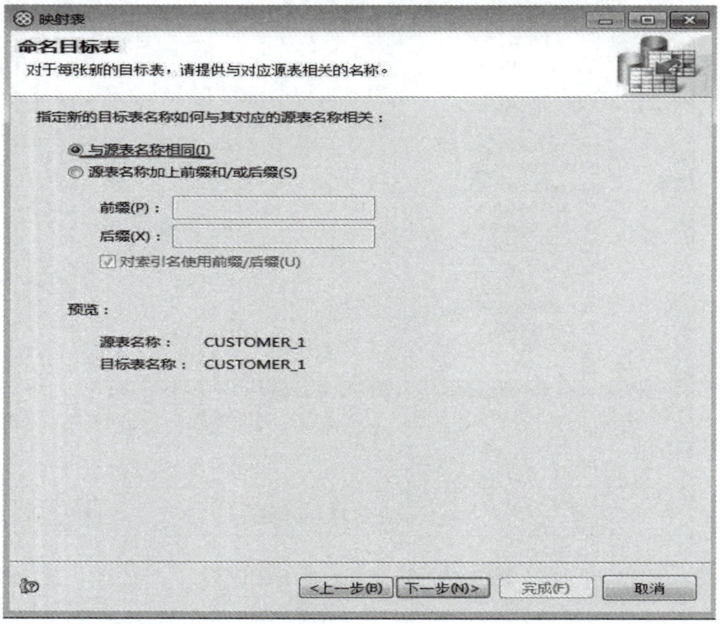

图 3-18 在目标端创建与原表相同的表名

（6）选择“镜像”方法同步数据，并勾选“防止递归”复选框，如图 3-19 所示。

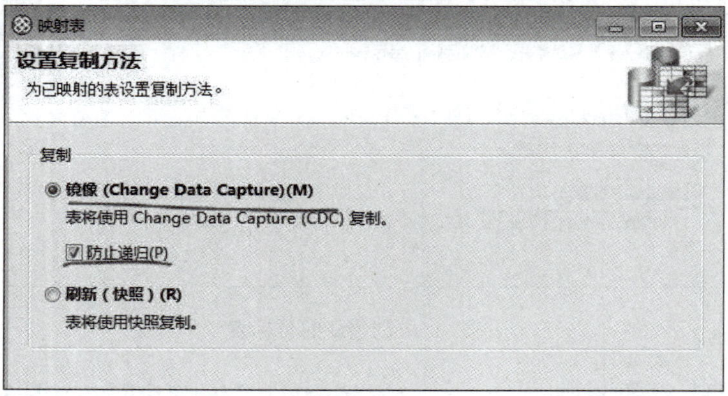

图 3-19 开启镜像复制方法并防递归复制

随后，选择“监控”选项卡，观察镜像复制的进度和状态。

4. 开始配置 CDC 反向预订

根据 CDC 预订创建规则，创建 CDC 正向预订后，即可开启正向预订复制。随后，可创建反向预订，但不能开启反向预订复制，一定要等割接日当天，启动 x86 服务器应用之前开启即可。

如图 3-20 所示，为了能够做到“平滑”回退，必须提前创建 CDC 反向预订。它的数据传输方向是从 x86 数据库到 AIX 数据库。创建反向预订前，首先应梳理出哪些表需要反向同步，随后将这些表对象统一规划入单独预订内。

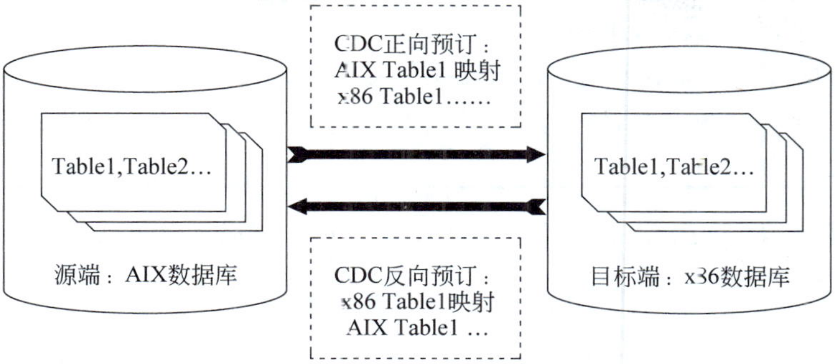

图 3-20　CDC 正向预订和反向预订

（1）登录 CDC 管理控制台，新建反向预订，过程与正向预订一致，如图 3-21 所示。

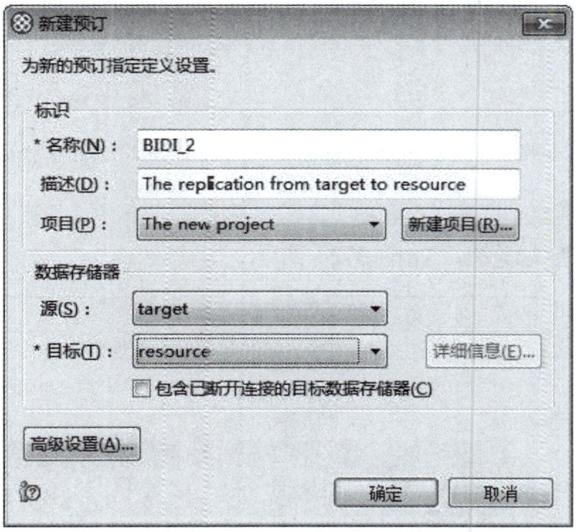

图 3-21　新建反向预订

（2）在新建的反向预订中，建立 x86 数据库到 AIX 数据库的表级别映射。这个过程与正向预订建立表映射类似，其中不同的是，需要选择“映射到现有目标表”。然后根据提示一一映射每一张需要反向同步增量数据的表对象。

5. 接当日的主要操作

当正向预订将全量数据复制完成，且所有正向预订处于“镜像刷新”状态时，即可正式进入系统割接环节。

根据 3.6.4 节中介绍的主要步骤。其中第一～五步都是利用前期准备的自动化脚本，在系统进入停机时间窗口后的自动化操作，在此就不详细介绍了，从方案中第六步开始。

（1）最关键的步骤是“标记用于制作镜像的表捕获点”。这听起来很难理解，其实这个步骤主要目的类似于一些网络下载软件的“断点续传”功能。小型机下移 x86 服务器系统割接当日，应用程序停止后，CDC 正向预订已将数据追平。随后需要将在 x86 服务器数据库内产生的新写入类事务再同步回 AIX 数据库中，而无须再全量同步，只需要增量同步数据即可。实现这个目标的方法就叫作“标记用于制作镜像的表捕获点”，类似于书签，待下次阅读时，从上次书签处继续阅读即可。

注意：制作镜像的表捕获点的时机

CDC反向预订可以提前创建，但一定要注意制作捕获点的时机。针对系统下移，要在停止正向预订后，在x86数据库（目标端）所有初始化动作结束后，且应用程序启动前才能制作捕获点。

例如，图3-22中可以右击预订中的一张表，对其打标记（书签）。

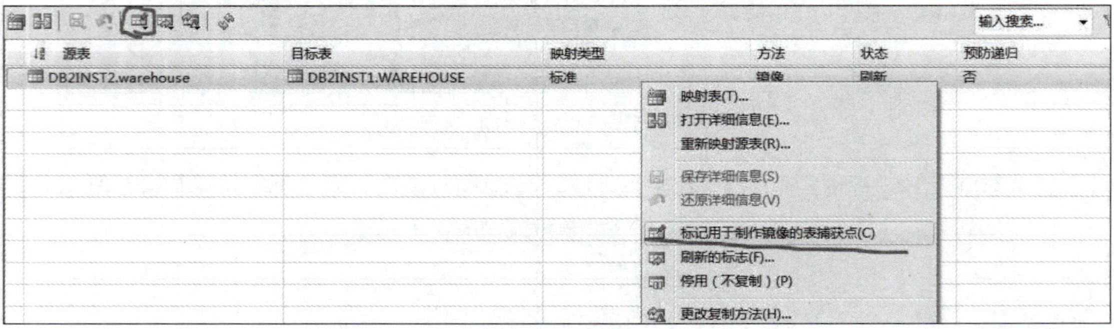

图3-22　为表映射关系标记用于制作镜像的表捕获点

其状态由刷新变为活动。

（2）开启反向预订连续镜像，如图3-23所示。

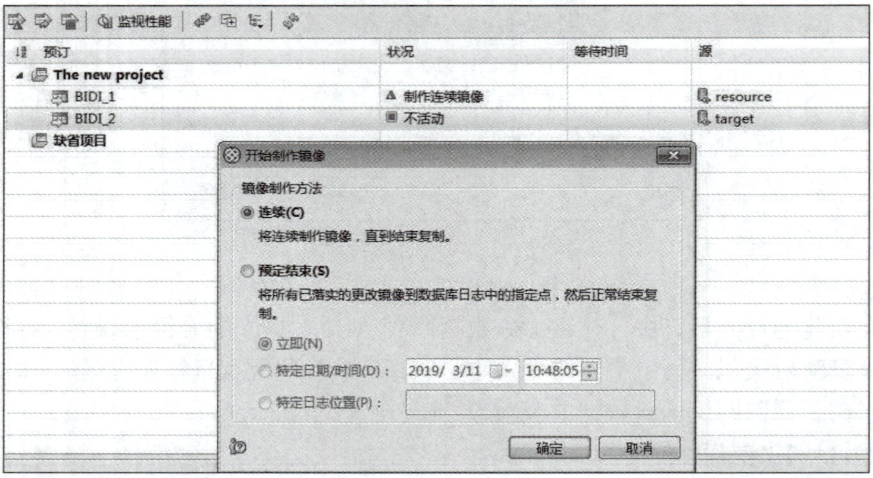

图3-23　开启反向预订的连续刷新镜像复制

单击“确定”按钮后，反向预订状态会直接进入“制作连续镜像”，跳过全量刷新阶段。

（3）启动应用程序，并完成统计信息收集与程序包绑定。

此时，商业汇票系统数据库已成功切换至x86服务器，可以直接启动新应用程序集群，开始业务验证。这时，在x86数据库产生的增量事务可以通过CDC反向预订复制回AIX数据库中。

然后，对相关业务表做统计信息收集。

```
su - db2inst1
db2 connect to bms_dev
```

```
    db2 -x "select 'runstats on table ' || tabschema || '.' || tabname || ' with
distribution and indexes all;' from syscat.tables where tabschema='PJJY' and
type='T'" > /tmp/runstats.sh       #批量生成 PJJY 模式名下的统计信息命令
    db2 -tvf /tmp/runstats.sh
```

手工重新绑定工具程序包。

```
    db2rbind bms_dev -l /tmp/rebindlogfile.out all
```

以上针对商业汇票系统的主要迁移过程都已介绍完毕。在数据库平滑迁移方案中，针对 CDC 的应用，在本章介绍内容有限，限于篇幅的原因，读者可以在实际使用过程中查看 IBM 官方文档。

```
    https://www.ibm.com/support/knowledgecenter/en/SSTRGZ_11.4.0/com.ibm.idr.
frontend.doc/pv_welcome.html
```

小　结

小型机下移 x86 服务器项目在商业银行传统系统架构演进过程中，具有跨时代里程碑意义。该项目可以为部分商业银行的小型机架构时代画上圆满的句号，同时也朝着服务器国产化，存储国产化，系统分布式方向踏出了重要的一步。

从下移后系统的性能表现来看，新的 x86 服务器带来了基本一倍以上的性能提升。通过事实印证了下移方案中小型机对标 x86 服务器的资源选用策略的合理性，同时证明了通过合理的架构优化的必要性，使得部署在 x86 的系统从性能及高可用层面得到了性价比最高的收益。

后续我们仍将大刀阔斧地向更好的技术路线迈进，不断总结经验，取其精华，去其糟粕，同时也希望将好的想法与思路及时与广大读者分享。

第4章

集中式数据库上线部署

莫听穿林打叶声，何妨吟啸且徐行。竹杖芒鞋轻胜马，谁怕？ 一蓑烟雨任平生。料峭春风吹酒醒，微冷，山头斜照却相迎。回首向来萧瑟处，归去，也无风雨也无晴。

苏轼的这首《定风波·莫听穿林打叶声》，是其担任黄州团练副使时，与朋友春日出游过程中，风雨忽至，朋友深感狼狈，词人却毫不在乎，吟咏自若。表达了词人在逆境中始终保持着乐观豁达的人生态度。

在当今风起云涌、英雄辈出的数据库江湖中，能一直不惧风雨砥砺前行的非集中式数据库莫属了。自其问世以来，始终高效支撑着商业银行重要系统的稳健运行。尤其是上线实施涉及面很广，需要开发中心和数据中心共同协作才能完成。

很多商业银行在部署数据库时，主要面临这样的难题：数据库安装配置不标准、监控指标不全面、巡检体系不配套等，从而给数据库的运维带来很大压力。产生该问题的根源在于规范缺失或者规范没有得到有效执行。实际上，数据库的部署规范和运维规范是数据库生产运维的基础，只有制定了高质量的规范，并且确保规范能得到有效执行，才能真正确保数据库上线的标准化。

通常商业银行新系统上线基于相关部署规范和运维规范，按照以下步骤进行。

首先，开发中心项目团队提出部署需求，数据中心新系统上线团队收到需求后，开始制订部署方案草案；新系统上线团队接着邀请各个岗位人员对草案进行评审，这些岗位人员包括开发中心项目团队、数据中心数据库岗、备份岗、网络岗、存储岗等人员；草案经多次讨论和修改，最终才能形成正式的部署方案。

接下来，数据中心新系统上线团队按照部署方案完成数据库安装配置、监控部署、巡检脚本部署、应急脚本部署、集中备份部署等工作。

最后，部署好的数据库环境将移交给数据中心应用运维保障部门，正式进入实际生产运行阶段。

本章选择最常用的集中式数据库 Db2 和 MySQL，并以某商业银行网络贷款系统作为案例进行深入讲解。

4.1 部署需求

开发中心应用项目团队在提出部署需求时，需要提供待上线系统的逻辑架构图。基于逻辑架构，接下来对功能性需求、非功能性需求、工作负载需求和灾备需求等进行逐项深入分析，最后形成正式的需求说明书。

4.1.1 逻辑架构

在待上线系统的逻辑架构图中，需要说明该系统属于哪类业务系统、包括哪些子系统、该系统与外联系统的关系等，具体来说，需要明确以下问题。

（1）各子系统功能。

（2）本系统和关联系统的关系，特别是要梳理清楚系统之间的数据流向。

（3）根据数据流向，梳理清楚对数据库的访问需求。

例如，本章案例网络贷款系统为业务人员提供机构人员维护、贷后管理、客户管理、产品管理、合作方管理等功能，是一个在线贷款受理、贷款审批、放款、回收和贷后管理的系统，对接网银、手机银行，采取全流程“不落地”线上操作模式。根据客户的资产、负债和收入情况，对客户的还款能力进行综合评价，由系统在线自动审批授信额度和贷款利率定价。实现在线实时获取客户的商业信誉信息和经营业绩历史数据，全面了解授信客户的现金流及信用情况。

图 4-1 是某商业银行网络贷款系统的逻辑架构图，整个系统从逻辑上分为持久层、技术支撑层、业务处理层、业务分析层和展现层等各个子系统，其中，持久层负责和数据库交互。

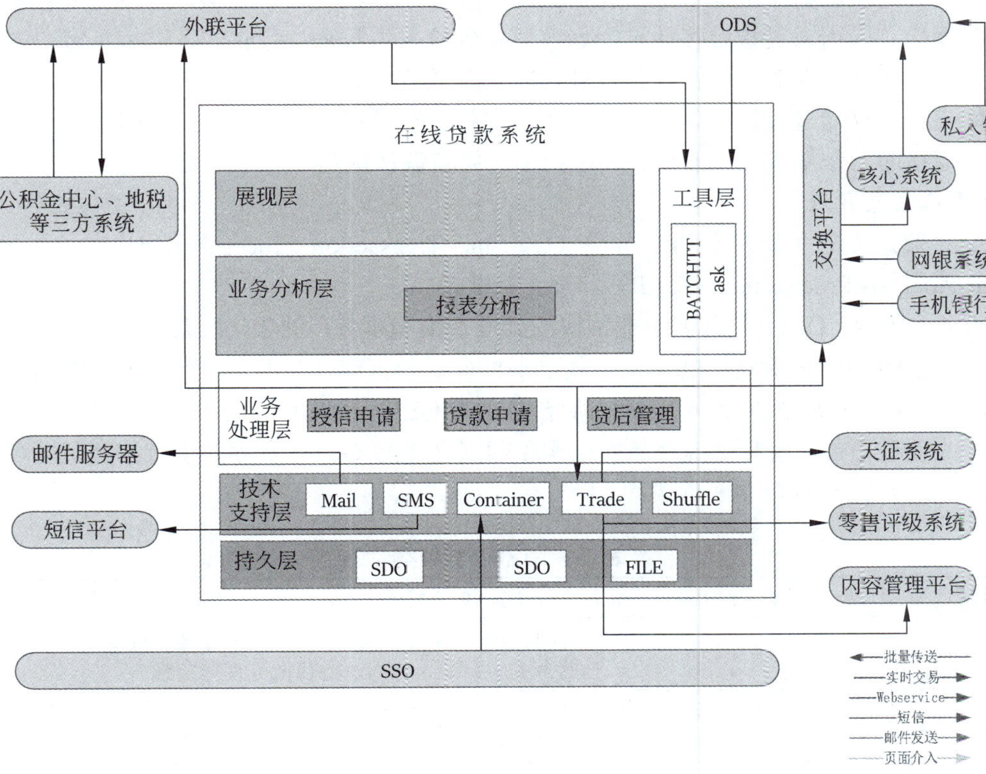

图 4-1 网络贷款系统逻辑架构图

网络贷款系统所涉及的关联系统较多，主要与外联平台、ODS 系统、天征系统、零售评级系统、内容管理平台等系统全面对接。

4.1.2 功能性需求

了解了网络贷款系统的逻辑架构后，接下来需要明确应用对数据库的功能需求。这里重点要考虑 SQL 语句兼容性要求、应用访问数据库编程接口、存储过程开发、工作负载等需求。

1. SQL 语句兼容性要求

美国国家标准化组织（ANSI）是一个建立多种行业标准的组织，SQL 作为关系数据库所使用的标准语言，最初是基于 IBM 的实现在 1986 年被批准的。1987 年，国际标准化组织（ISO）把 ANSI SQL 作为国际标准。这个标准在 1992 年进行了修订，即 SQL-92，1999 年再次修订，即 SQL-99，目前最新版是 SQL-2011。

不同数据库产品所实现的 SQL 标准存在差异，不同应用使用的 SQL 也可能存在兼容性差异，因此在进行功能需求分析时，要明确 SQL 语句兼容性需求。

2. 应用访问数据库编程接口

现在的数据库产品都支持多种编程接口，但在企业级应用中，最常用的为 JDBC 接口和 C/C++接口。在部署中，对客户端使用的 JDBC 驱动版本或者 C/C++驱动版本的选择要重视，确保客户端所使用的驱动版本和数据库服务器版本兼容。

3. 存储过程开发

存储过程是在数据库系统中，一组为了完成特定功能的 SQL 语句集，它编译后存储在数据库服务器端，应用通过指定存储过程名字并提供输入参数来执行它，可以避免客户端和服务器端过多的交互。存储过程在执行批处理时具有性能优势，因此使用广泛。但是，由于不同数据库支持的存储过程编写语法不同，所以在将存储过程从一种数据库迁移到另外一种数据库时，迁移的工作量较大，而且存储过程出了问题调试困难。

4. 工作负载要求

系统对数据库的负载可分为事务型（On-Line Transaction Processing，OLTP）、分析型（On-Line Analysis Processing，OLAP）和混合负载。

如表 4-1 所示，OLTP 负载要求非常快的处理查询和事务，例如，股票交易系统、银行核心系统是典型的 OLTP 系统；OLAP 负载要求处理复杂查询以及报表等，例如，数据仓库系统、决策支撑系统是典型的 OLAP 系统；混合负载是 OLTP 负载和 OLAP 负载的组合，例如，商业银行的理财平台，既有基金产品的申购和赎回这样的 OLTP 负载，也有按照某区域对理财用户进行统计分析的 OLAP 负载。

表 4-1 工作负载种类

特点	OLTP 负载	OLAP 负载	HTAP 混合负载
负载特点	事务处理为主	查询、分析、报表和跑批为主	混合事务处理、查询、分析、报表和批处理等负载
SQL 语句种类	语句简单，不会使用数据库内置的 olap 函数	语句复杂，会使用数据库内置的 olap 函数	既有简单的语句，也有使用 olap 函数的复杂语句
多表关联	不超过 3 张表	超过 3 张表以上	既有不超过 3 张表的关联，也有超过 3 张表的关联
子查询	很少	较多	较多
返回结果集大小	小（10 万条记录以下）	大（10 万条记录以上）	大（10 万条记录以上）

续表

特点	OLTP 负载	OLAP 负载	HTAP 混合负载
索引	少量	较多	较多
事务吞吐量	高	低	较高
分区技术	较少	较多	较多

就网络贷款系统来说，经过和开发中心项目组确认，该系统工作负载为混合负载，既有日间联机交易，也有日终批处理。

4.1.3　非功能性需求

系统的非功能性需求，主要从性能、高可用、可扩展性三个方面分别考虑，具体来说，包括以下内容。

（1）从性能指标来看，主要从以下三方面来衡量。

① 响应时间：应用向数据库服务器发起请求，服务器完成处理并返回结果给应用，中间总共消耗的时间。它反映了数据库服务器的处理效率。

② 事务吞吐量：通常用每分钟处理的事务数（TPM）或者每秒钟处理的事务数（TPS）来计算，这个指标反映了数据库的事务处理能力。

③ 资源利用率：数据库服务器在处理事务或者响应查询的过程中，CPU、I/O 以及磁盘等系统资源的使用情况，这个指标反映了系统资源是否被有效利用。

就网络贷款系统来说，根据开发中心项目组和业务部门的沟通结果来看，其日间联机和日终批处理的性能要求，具体如下。

① 日间联机性能要求：最大在线连接数 1000 人，最大并发数 200，简单查询应在 20 ms 内响应，复杂查询则应在 1s 内响应。

② 日终批处理性能要求：日终批处理不应影响日间，应在晚上业务清闲时完成，日终批处理时间应小于 2 h，最长不超过 4 h。

（2）根据系统的高可用要求，有以下分类。

① 不间断运行（7×24 h）：这种系统要求全天候运行，系统负载在白天和晚上会有变化，但都不允许停机。

② 平时 24 h 运行（5×24 h）：这种系统在周一～周五的白天和晚上都要运行，周末可以停机维护。

③ 平时 8 h 运行（5×8 h）：这种系统在周一～周五的白天运行，平时晚上和周末都可以停机维护。

④ 8 h 运行（7×8 h）：这种系统要求在周一～周日的白天运行，平时晚上和周末晚上可以停机维护。

就网络贷款来说，根据开发中心项目组和业务部门的沟通结果来看，确认该系统工作时间为 7×24 h 不间断运行，系统需要达到 99.99%可用性，即每年最大停机时间为 52.6 min。关于系统可用性和每年最大停机时间对应关系，如表 4-2 所示。

（3）可扩展性。

数据库提供了垂直（Scale Up）和水平（Scale Out）两种扩展方式。如图 4-2 所示，垂直扩展方式中，通过在单个服务器内增加 CPU、内存以及存储来提升处理能力；在水平扩展方式中，通过增加服务器节点来提升处理能力。

表 4-2 系统可用性和每年最大停机时间

系统可用性	每年最大停机时间
99.9%	8.76 h
99.99%	52.6 min
99.999%	5.26 min

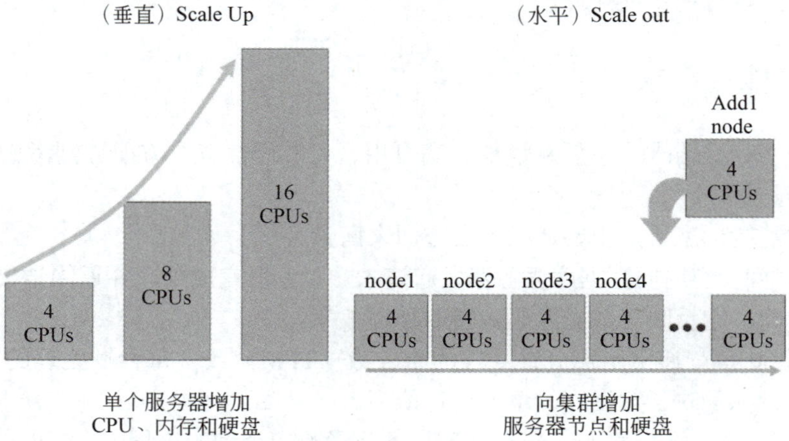

图 4-2 数据库两种扩展方式

就网络贷款系统将来的性能需求来说，由于采用集中式架构，所以只能考虑纵向扩展，即通过在当前节点增加物理资源的方式进行硬件扩容。

4.1.4 容灾需求

根据银监会《商业银行数据中心监管指引》，总资产规模一千亿元人民币以上且跨省设立分支机构的法人商业银行及省级农村信用联合社应设立异地灾备中心，重要信息系统灾难恢复能力应达到《信息安全技术—信息系统灾难恢复规范》中定义的灾难恢复等级第 5 级（含）以上；其他法人商业银行应设立同城模式灾备中心并实现数据异地备份，重要信息系统灾难恢复能力应达到《信息安全技术—信息系统灾难恢复规范》中定义的灾难恢复等级第 4 级（含）以上。

重要信息系统是指银行业金融机构支撑关键业务，其信息安全和系统服务安全关系公民、法人和组织的权益或社会秩序和公共利益，甚至影响国家安全的信息系统。主要包括面向客户、涉及账务处理且时效性要求较高的业务处理类、渠道类和涉及客户风险管理等业务的管理类信息系统，以及支撑系统运行的机房和网络等基础设施。

根据第 1 章相关内容，读者了解到商业银行通常采用“两地三中心”的容灾架构，即生产中心机房、同城灾备中心机房和异地灾备中心机房。这些机房需经过第三方检测，按照 GB50174 A 级机房标准建设，供电采用双电源双回路，低压采用 2N 冗余，高压及制冷采用 N+1 冗余，使用柴油发电机作为应急电源并有持续供油能力，满足银行业务连续性对基础设施高可用的要求。

不同的商业银行，会对其管理的应用系统进行评级，根据不同的评级，应用系统的重要性评级划分为以下三类。

第一类，对应银监会重要信息系统，主要是指关键应用系统，具体包括面向客户、涉及账务处理且时效性要求极高，其服务中断将对商业银行或客户利益造成严重损害的应用系统。这类系统需搭建同城灾备和异地灾备环境。

第二类，主要是指重要应用系统，具体包括面向客户、涉及账务处理且时效性要求较高，其服务中断将对我行或客户利益造成较大损害的应用系统。这类系统搭建同城灾备环境。

第三类，主要是指一般应用系统，具体包括分析决策类和协同办公类系统、不涉及账务处理的应用系统，以及非直接面向客户的应用系统。这类系统无须搭建同城或者异地灾备环境。

就网络贷款系统来说，属于第一类重要系统，需要搭建同城灾备和异地灾备环境。根据中国人民银行《银行业重要信息系统灾难恢复管理规范》，不同的系统采用不同的灾备等级，如表 4-3 所示。

表 4-3　系统分级和灾备等级对照

系统分级	定　　义	灾备等级（国标）
第一类	（1）短时间中断将对国家、外部机构和社会生产产生重大影响的系统； （2）短时间中断将严重影响单位关键业务功能并造成重大经济损失的系统； （3）单位和用户对系统短时间中断不能容忍的系统	5 级
第二类	（1）短时间中断将影响单位部分关键业务功能并造成较大经济损失的系统； （2）单位和用户对系统短时间中断具有一定容忍度的系统	3 级
第三类	（1）短时间中断将影响单位非关键业务功能并造成一定经济损失的系统； （2）业务功能容许一段时间中断的系统	2 级

4.1.5　某银行网络贷款系统部署需求结论

经过上述分析，最终完成了某商业银行网络贷款系统的部署需求：该系统为业务交易类；属于第一类重要系统；要求系统服务时间为 7×24 h，达到 99.99%可用性；供客户、业务管理员和系统管理员使用；功能需求上，要求支持 SQL-99 标准、混合负载；容灾需求上要求同时支持同城和异地灾备，因此采用国标 5 级灾备等级，如表 4-4 所示。

表 4-4　网络贷款系统部署需求表

系统名称	网络贷款系统
系统分类	业务交易类（√） 运营支撑类（×） 管理分析类（×） 办公管理类（×） 开发支撑类（×） 运维支撑类（×）
重要性等级	第一类（√） 第二类（×） 第三类（×）

续表

系统名称	网络贷款系统
系统服务时间	7×24（√） 5×24（×） 5×8（×） 7×8（×）
用户类型	客户、业务管理员、系统管理员
功能性需求	支持 SQL-99（√）
	通过 JDBC 接口访问数据库（√）
	存储过程（×）
	工作负载：混合负载（√）
非功能性需求	日间联机性能要求： 最大在线连接数 1000 人，最大并发数 200，简单查询应在 20ms 内响应，复杂查询则应在 1s 内响应。 日终批处理性能要求： 日终批处理不应影响日间，应在晚上业务清闲时完成，日终批处理时间应小于 2h，最长不超过 4h
	可用性要求： 99.9%（×） 99.99%（√） 99.999%（×）
	扩展性要求： 纵向扩展（√） 横向扩展（×）
容灾需求	同城灾备（√） 异地灾备（√）

4.2 数据库部署环境规划

完成了部署需求，接下来就是针对需求进行部署环境规划。从硬件方面，需要考虑计算资源、存储资源和网络资源；从软件方面，需要真正做好数据库本身规划；从容灾方面，需要规划好同城和异地规划。

4.2.1 计算资源规划

在为数据库服务器规划计算资源时，商业银行需要根据实际情况综合考虑，选择最合适的方案。从实践上来说，建议形成低、中、高不同配置的套餐，供新系统部署时使用，下面具体分析。

1. 选择小型机还是 x86 服务器

当前，很多商业银行在一些重要系统上还在继续使用 IBM 或者 HP 小型机，其主要优势是小型机稳定、故障率低。但随着技术潮流的推动，x86 服务器的性能和可靠性提升很快，很多关键系统开始逐渐迁移到 x86 平台上。如果没有特殊要求，建议大胆采用 x86 服务器作为数据库的运行环境。

2. 物理机和虚拟机

从实践上考虑，对于 OLAP 负载和混合负载，由于对 I/O 吞吐能力和 I/O 响应时间具有较高要求，建议使用物理机；对于 OLTP 负载，如果对 I/O 吞吐能力和 I/O 响应时间没有特殊要求，可以选用虚拟机。

3. 规划 CPU 内核数和内存

根据最佳实践，需要选择好具有足够内核数的 CPU，随后根据内核数配备相应的物理内存。通常 CPU 内核数和内存最佳比例为 1∶8，例如，4 核的 CPU 对应的内存配置为 32GB。

4.2.2 存储资源规划

关于数据库所使用的存储资源，首先是进行资源选择，选择本地盘还是集中式存储。随后是进行文件系统规划。

1. 本地固态盘还是 SAN 存储

随着存储技术的进步，SAN 存储所使用的磁盘开始从 SAS 盘逐渐过渡到固态盘。当前，很多 x86 服务器所使用的内置本地盘，也开始逐渐过渡到固态盘，I/O 性能可以和使用固态盘的存储媲美。那么，对数据库服务器来说，如何选择呢？

如表 4-5 所示为本地固态盘和存储的对比，对追求高性能并能容忍一定故障率的场景，建议采用本地固态盘；对追求高可用和存储级容灾的场景，建议采用 SAN 存储。

表 4-5　本地固态盘和存储优劣对比

优劣对比	本地固态盘	SAN 存储
优势	性能高于存储	（1）存储一般有多个控制器、多块磁盘，这样的冗余设计，相较本地盘，存储的可用性更高； （2）便于数据迁移； （3）有丰富的附加功能，例如存储复制实现容灾
劣势	（1）故障率高于存储； （2）扩容比存储复杂，需要热插拔磁盘； （3）本地固态盘所采用的 RAID 卡存在单点，如果 RAID 卡损坏将影响整个 RAID 组	（1）存储资源相较本地盘成本高，在应用数据持久化上需要多套系统共用一台存储设备，有可能存在一套系统的热点 IO 影响其他系统的问题； （2）相较本地固态盘，存储需要经过 SAN，从性能上不如本地磁盘

2. 规划文件系统

完成了存储资源选择后，接下来就是规划数据库文件系统了。不论是 Db2 还是 MySQL，数据和日志需使用不同的文件系统，其中，日志包括事务日志和归档日志。接下来，分别以 Db2 和 MySQL 为例加以说明。

如表 4-6 所示，根据 Db2 相关技术规范，某商业银行规划的 Db2 数据库服务器文件系统，使用了 LVM 进行逻辑卷管理。总计两个卷组，一个是 db2datavg，在该卷组上创建了两个逻辑卷 lvdb2data 和 lvdb2log，大小分别为 300GB 和 30GB，对应的文件系统为/db2data 和/db2log，分别用于存放数据文件和事务日志；另外一个卷组是 arclogvg，在该卷组上只创建了一个逻辑卷 lvarclog，大小为 60GB，对应的文件系统为/db2arclog，用于存放归档日志。这些文件系统为 Db2 实例用户和组所有，实例用户为 db2inst1，组为 db2iadm1。

表 4-6 某商业银行 Db2 数据库服务器文件系统

卷组名称	逻辑卷名称	逻辑卷大小	文件系统	属主/组	备注
db2datavg	lvdb2data	300 GB	/db2data	db2inst1: db2iadm1	数据文件
	lvdb2log	30GB	/db2log	db2inst1: db2iadm1	事务日志
arclogvg	lvarclog	60GB	/db2arclog	db2inst1: db2iadm1	归档日志

如表 4-7 所示，根据 MySQL 相关技术规范，某商业银行规划的 MySQL 数据库服务器文件系统，也使用了 LVM 进行逻辑卷管理。总计两个卷组，一个是 mydatavg，在该卷组上创建了一个逻辑卷 lvmydata，大小为 150GB，对应的文件系统为/mysqldata，用于存放数据文件；另外一个卷组是 binlogvg，在该卷组上创建了一个逻辑卷 lvbinlog，大小为 100GB，对应的文件系统为/mysqllog，用于存放二进制日志。这些文件系统为 MySQL 实例用户和组所有，本例实例用户为 myinst1，组为 myiadm1。

表 4-7 某商业银行 MySQL 数据库服务器文件系统

卷组名称	逻辑卷名称	逻辑卷大小	文件系统	属主/组	备注
mydatavg	lvmydata	150 GB	/mysqldata	myinst1: myiadm1	数据文件
binlogvg	lvbinlog	100GB	/mysqllog	myinst1: myiadm1	二进制日志

4.2.3 网络资源规划

规划了文件系统，随后为数据库服务器申请网络资源，首先需要规划好 IP 地址，随后开通网络访问控制。

1. 规划 IP 地址

需要规划好数据库服务器主机对应的 IP 标识、IP 地址和 IP 类型。其中，IP 标识和服务器的主机名对应；IP 地址对应具体网段；IP 类型包括服务 IP 和管理 IP，服务 IP 是可浮动的，用于配置双机 HA 使用，管理 IP 对应该服务器的物理 IP 地址。

如表 4-8 所示，网络贷款系统数据库部署在两台服务器上，主机名分别为 fbmsdb1 和 fbmsdb2，fbmsdb1 和 fbmsdb2 具有管理 IP，采用双机互备部署，通过服务 IP（标识为 fbmsdb_svc）对外提供服务，相关 IP 地址和 IP 类型如表 4-8 所示。

表 4-8 网络贷款系统数据库服务器规划

卷组名称	逻辑卷名称	逻辑卷大小	文件系统
fbmsdb_svc	××.××.××.××	服务 IP	fbmsdb_svc
fbmsdb1	××.××.××.××	管理 IP	fbmsdb1
fbmsdb2	××.××.××.××	管理 IP	fbmsdb2

2. 开通网络访问

规划好 IP 地址后，接下来需要考虑访问控制。数据库服务器和外部系统之间通过网络交互，如果交互的网络上存在防火墙，这时就要填写网络访问申请，以确保系统之间可以互联互通。在网络访问申请中需要说明源系统和目标系统相关信息，包括源地址/目标地址、源端口/目标端口、连接方式等。

经过调研，网络贷款系统数据库服务器和 ODS 系统、天征系统存在访问关系，并且和这些系统之间的网络上存在防火墙，因此需要按照表 4-9 开通访问关系，具体内容见表 4-9 所示。

表 4-9 网络贷款系统数据库服务器网络访问关系

源系统主机名	源主机 IP 地址	源端口	目标系统名称	目标主机 IP 地址	目标端口	连接方式
fbmsdb_svc	×.×.×.×	Any	ODS 系统	×.×.×.×	×××× ×××× ××××	长连接
fbmsdb_svc	×.×.×.×	Any	天征系统	×.×.×.×	×××× ×××× ××××	长连接

4.2.4 数据库选型

这里的数据库选型是狭义的概念，是指在上线时要根据部署需求，完成数据库种类选择和版本选择以指导数据库部署。下面具体探讨这两个问题。

1. 数据库种类选择

在选择数据库时，不同的商业银行规划标准不同，但出发点都是根据所在商业银行的数据库技术路线规划进行。

从商业银行集中式数据库的使用现状来看，目前使用最广的还是 Db2 或者 Oracle 数据库；但开源数据库 MySQL 社区版或者 PostgreSQL 数据库也开始逐渐增多，如表 4-10 所示，具体选择原则建议如下。

（1）针对 OLTP 负载：选择范围较广，可以从 Db2、Oracle、MySQL 或 PostgreSQL 这四种数据库中进行选择。从自主掌控的角度考虑，建议优先选择开源的 MySQL 或 PostgreSQL；否则建议选择 Db2 或者 Oracle；对自主掌控有要求，但由于应用中使用了大量的存储过程、多表关联查询这些功能性需求，建议继续沿用 Db2 或者 Oracle。

（2）针对 OLAP 负载：选择范围也较广，如果要从数据库层面解决，建议选择 Db2 或者 Oracle 数据库，这两种商业数据库都支持 OLAP 负载；或者利用大数据平台解决，建议选择基于 Hadoop 的大数据平台。

（3）针对混合负载：如果要从数据库层面解决，建议选择 Db2 或者 Oracle；否则，建议选择基于 Hadoop 的大数据平台。

表 4-10 工作负载实现方式

负载种类	通过数据库实现	其他方式实现
OLTP 负载	Db2、Oracle、MySQL、PostgreSQL	N/A
OLAP 负载	Db2、Oracle	基于 Hadoop 的大数据平台
HTAP 混合负载	Db2、Oracle	基于 Hadoop 的大数据平台

2. 数据库版本选择

选择了合适的数据库类型后，接下来要选择合适的数据库版本。根据商业银行对数据库基础软件的版本管理办法，通常会以季度为单位对所使用的数据库软件版本进行评估，随后给出推荐版本，在新建系统中优先使用新版本，对存量系统制订版本升级计划。例如，某商业银行在 2021 年第一季度对数据库软件版本进行了评估，将全行当前的 Db2 推荐版本指定为 11.1.4.5，Oracle 推荐版本为 19c，MySQL 推荐版本为 5.7.31。

3. 技术规范完善

考虑到不同系统的数据库选型具有相似性，因此不同商业银行在使用数据库进行开发或者运维时，都会制定相应的开发或者运维技术规范。在技术规范中，需要针对不同数据库的特点给出规范化建议。例如，在某商业银行 MySQL 开发规范中，建议在 OLTP 负载下禁用存储过程；又如，在某商业银行 Db2 运维规范中，建议对超过千万的大表启用压缩。

建议将数据库选型原则进行总结，并补充到相关技术规范中，这样可以作为将来选型的规范依据。

4.2.5 灾备规划

从目前大多数商业银行的容灾现状来看，其灾备方案从技术上可以分为两种，即基于存储的容灾方案和基于数据库的容灾方案，下面展开具体论述。

1. 基于存储复制的容灾方案

基于存储复制的容灾方案，是将数据库的数据部署在外置存储设备上，利用存储设备提供的数据复制功能，将生产数据同步复制到同城机房，并同时异步复制到异地机房，以实现容灾保护，如图 4-3 所示。例如，基于 EMC 公司的 SRDF（Symmetrix Remote Data Facilities）技术可以满足需要，这也是大部分商业银行在使用的技术。这种技术最大的优势是技术成熟，而且可以保证同城数据复制 RPO=0。

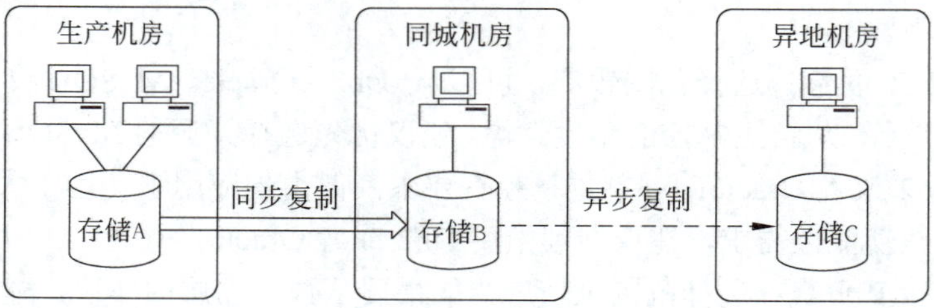

图 4-3 基于存储复制的容灾方案

2. 基于数据库复制的容灾方案

在数据库复制方案中，通常需要搭建一套主库三套备库（俗称一拖三）。其中一套备库用于满足本地高可用，另外同城和异地的两套备库基于日志复制实现数据库容灾，如图 4-4 所

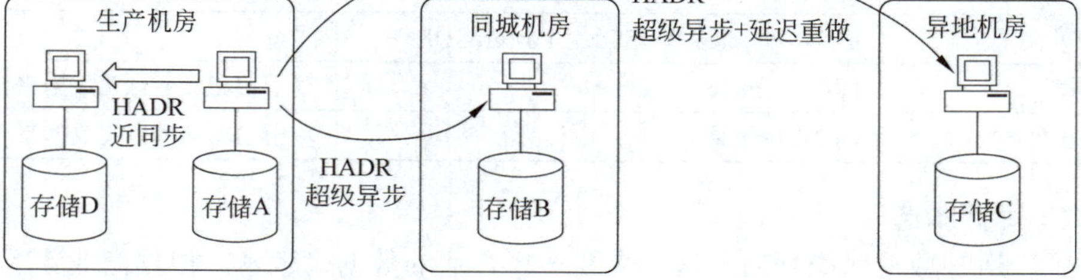

图 4-4 基于数据库复制的容灾方案

示。例如，Db2 数据库的 HADR、Oracle 数据库的 Data Guard、MySQL 数据库的主从复制，这些技术都可用于该场景。

3. 两种方案对比

商业银行应针对不同系统的灾备需求，根据这两种方案的优缺点，选择适合自己的方案，如表 4-11 所示。

表 4-11　存储复制和数据库复制优劣对比

方　　案	优　　点	缺　　点
基于存储复制的容灾方案	（1）技术成熟稳定； （2）可以确保同城 RPO=0	（1）灾备切换流程烦琐； （2）灾备切换耗时多
基于数据库复制的容灾方案	（1）可解决数据库物理损坏； （2）可解决生产中心存储单点问题； （3）切换快，耗时少	（1）异步方式，无法保证同城 RPO=0； （2）使用上有限制条件，例如，在主库上的所有操作都必须记日志

4.2.6 某银行网络贷款系统规划结论

按照上述基础软硬件环境规划原则，网络贷款系统最终的规划情况如表 4-12 所示。从系统硬件上来看，该数据库将部署在 x86 物理服务器上，使用本地固态盘；从网络上看，需要为数据库服务器规划 IP 地址，并开通和关联系统之间的网络访问关系；从数据库选择上，将采用 Db2 11.1.4.5；从灾备规划上，按照国标 5 级灾备等级，采用基于 Db2 HADR 数据库复制的容灾方案。

表 4-12　网络贷款系统规划

系统名称	网络贷款系统
计算资源	小型计算机（×） x86 服务器（√） 物理机（√） 虚拟机（×）
存储资源	本地固态盘（√） SAN 存储（×）
网络资源规划	规划 IP 地址（√） 开通网络访问（√）
数据库规划	数据库选型：Db2（√）　Oracle（×）　MySQL（×）　PostgreSQL（×）
	版本选择：9.7.0.10（×）　10.1.0.5（×）　10.5.0.10（×）　11.1.4.5（√）
灾备规划	基于存储复制的容灾方案（×） 基于数据库复制的容灾方案（√）

4.3 Db2 数据库部署

完成了数据库部署环境规划后，接下来进入真正的部署阶段。本节将以某商业银行网络贷款系统所采用的 Db2 数据库为例，重点讲解高可用架构选择、软件安装、用户创建、实例创建、数据库创建、参数配置和灾备实施等，所有的工作都需按照商业银行制定的相关技术规范进行。

4.3.1 高可用架构选择

在生产机房为避免单点故障，对 Db2 数据库需要采用高可用部署，这样当主机发生故障时，可以实现快速切换。本章主要介绍两种架构，一种是双机主备架构，另外一种是 Db2 HADR 双机架构，下面分别讲述。

1. 双机主备架构

如图 4-5 所示，这种架构采用操作系统高可用软件结合本地共享存储，来实现数据库高可用，例如，Red Hat Linux 操作系统上的 RHCS 或者 pacemaker，就是常用的高可用软件。这种架构的优点是方案成熟简单；缺点是切换时间长，通常需要 1min 以上才能完成故障切换，另外，如果存储存在物理坏块，由于是共享存储，所以切换后仍然无法解决。

双机主备架构的具体要求如下。

（1）Db2 软件分别安装在主机和备机。

（2）Db2 实例在主机和备机分别创建。

（3）数据库只在主机上进行创建。主机创建结束后，将存储在主机上卸载，并挂载到备机上，然后在备机上编目新创建的数据库。

（4）双机资源组应纳管双机切换脚本、数据库活动日志、归档日志、表空间容器等主要数据库目录。

（5）对环境变量、实例注册变量、实例参数应在主机、备机分别设置，保证一致性。

2. Db2 HADR 双机架构

Db2 HADR 是 Db2 High Availability Disaster Recovery 的缩写，如图 4-6 所示，它是一种实现高可用性和灾难恢复的解决方案。Db2 HADR 由主库和备库组成。主库接收连接并且执行事务，将生成的日志实时发送至备库；备库将主库发送过来的日志进行重做，从而完成与主数据的同步。当主库故障时，备库可以快速接管主库功能。

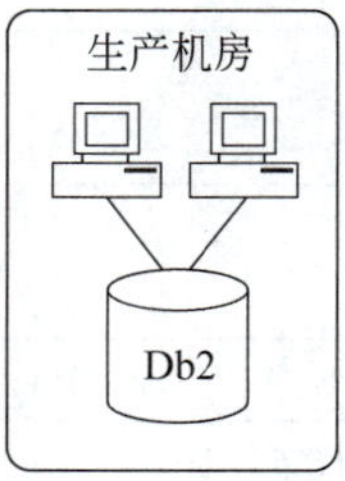

图 4-5 双机主备架构

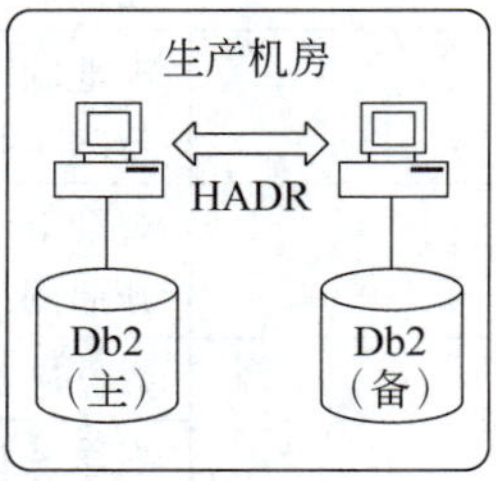

图 4-6 Db2 HADR 双机架构

如图 4-6 所示，Db2 HADR 利用数据库物理日志复制技术实现数据库高可用。该架构的优点是可以实现秒级快速故障切换，而且也解决了物理坏块问题，但这种架构无法复制主库不记录日志的操作。

比较：Db2 HADR 的四种同步模式

Db2 HADR 主库和备库之间支持四种同步模式：同步、近同步、异步和超级异步。四种同步模式对网络的要求和对主数据库的影响依次减小，但是可靠性也依次降低。例如，同步模式对主数据库上的事务影响最大，但是可以保证从数据库上的事务和主数据库是实时一致的；而超级异步模式对主数据库上事务没有任何影响，但是一旦主数据库出现事故，就可能会发生事务丢失。

Db2 HADR 双机高可用架构要求如下。

（1）主机和备机配置必须完全相同，不能使用备机资源降配方式实现高可用部署。

（2）Db2 软件分别安装在主机和备机。

（3）主机和备机应分别创建实例。

（4）应在主机和备机上分别创建数据库，每套数据库的版本及物理部署必须一致，主机数据库创建后，应利用主机数据库备份在备机同名实例用户下进行恢复构建 HADR。

（5）部署 Db2 HADR 时，最多只能配置 3 台备库，1 台主库，这是部署架构的硬限制。

（6）配置 HADR 主备同步模式时，对于同机房主备数据库应采用近同步模式（NEARSYNC），对于同城灾备建议选择异步模式（ASYNC）或超级异步模式（SUPERASYNC），对于异地灾备只能选择超级异步模式。

（7）应为 HADR 数据库间日志同步配置单独的网络，每台物理计算节点应配置双网卡绑定。

4.3.2 软件安装

Db2 软件安装过程，包括版本选择、安装方式选择和具体安装实施。

1. 选择合适的版本

为了提供针对性的、更为专业的服务，针对不同的用户群体，IBM 公司将 Db2 数据库家族的版本划分为：高级企业服务器版本（Advanced Enterprise Server Edition）、企业服务器版本（Enterprise Server Edition）、工作组服务器版本（Workgroup Server Edition）和易捷版本（Express-C 和 Express Edition），如图 4-7 所示。

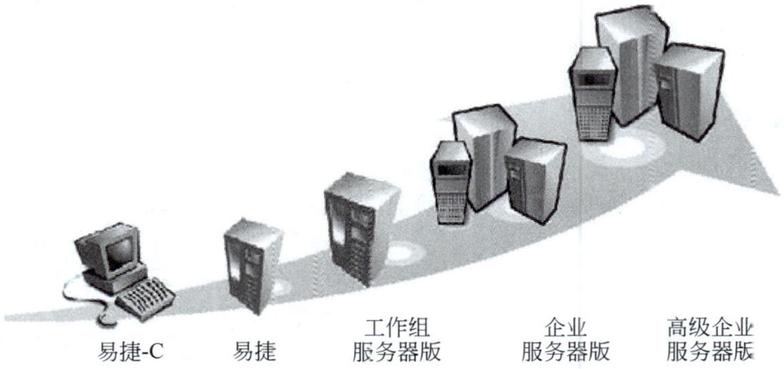

图 4-7　Db2 的版本

每个版本面向的使用群体不同，相应地所具有的特性也是不同的。例如，易捷-C 版本是一个可以免费下载使用的版本，方便大家学习与交流。它具有 Db2 for LUW 的核心功能，可以支持 Windows、Linux 和 Solaris 这三种平台，最多可支持两颗 CPU 和 2GB 内存，对数据库大小没有限制。

易捷版本与易捷-C 版本的不同之处在于，它只能支持 Windows 和 Linux 平台，最多可支持 4 颗 CPU 和 4GB 内存。它具备数据库的高可用性特性，不过有授权上的限制。

工作组服务器版本，支持 Windows、Linux 和 Solaris 平台，最多可支持 16GB 内存和 4 颗 CPU。它具备数据库的高可用性特性，也有授权上的限制。

企业服务器版本(Db2 ESE)，可以支持目前业界广泛使用的几乎所有平台，包括 Windows、Linux、Solaris、IBM AIX、HP-UNIX 和运行在 z 系统上的 Linux。它没有内存和 CPU 的限制，具备 Db2 所有的特性，可以为企业级应用提供全方位的服务。

高级企业服务器版本（Db2 AESE），与企业服务器版本相比，为用户提供了更多更有价值的功能，例如，性能调优功能以及管理和开发功能等。

在商业银行的实际使用中，企业服务器版和高级企业服务器版应用最广泛。

2. 选择安装方式

在 Windows 平台，只有两种安装 Db2 的方式：通过安装向导安装或通过响应文件安装。在 Linux/UNIX 平台上，除了以上两种安装方式之外，还可以通过 db2_install 命令安装。具体对比，如表 4-13 所示。

表 4-13 安装方式对比

安装方法	Windows 平台	Linux/UNIX 平台
安装向导安装	支持，运行 setup.exe 程序	支持，运行 db2setup 程序
响应文件安装	支持，例如 setup.exe –u <响应文件名>	支持，例如 db2setup –r <响应文件名>
install 安装	不支持	支持，运行 db2_install 程序

3. 安装软件

通过 db2_install 脚本进行安装，但是这种方法只适合 Linux/UNIX 平台使用。

Db2 支持多版本同时安装在同一台计算机上，如果你的计算机上已经装有 Db2，或者没有完全卸载干净，并不会影响下面进行的安装过程，只是在个别地方的配置信息可能有所不同，如用户名、实例名和端口号等。

以 root 用户登录操作系统，通过运行 db2_install 脚本，选择企业服务器版或高级企业服务器版，把 Db2 安装包复制到目标机器上。

4.3.3 用户创建

Db2 数据库用户为操作系统用户，需要在操作系统层面创建以下用户，具体说明如表 4-14 所示。

表 4-14 用户清单

用户名	用户组名	说　明
db2inst1	db2iadm1	Db2 实例用户、用户组
db2fenc1	db2fadm1	受防护用户、用户组。 该用户用于运行用户定义函数（User Defined Function，UDF）和存储过程（Stored Procedure）
dbchk	dbcgrp	可以查询敏感表
dbmon	mongrp	仅能查询非敏感表

在 Linux 平台，以 root 用户登录，执行下面的命令。

1. 创建用户组

```
groupadd db2iadm1
groupadd db2fadm1
groupadd dbcgrp
groupadd mongrp
```

2. 创建用户，并指派用户组

```
useradd -g db2iadm1 -m -d /home/db2inst1 db2inst1
useradd -g db2fadm1 -m -d /home/db2fenc1 db2fenc1
useradd -g dbcgrp -m -d /home/dbchk dbchk
useradd -g mongrp -m -d /home/dbmon dbmon
```

以上述第一条 useradd 命令为例，-g 指定用户的初始组（initial_group）；-m 指定如果用户目录不存在，将自动创建；-d 指定用户目录；db2inst1 是创建的用户名。

3. 设置用户密码

```
passwd db2inst1
passwd db2fenc1
passwd dbchk
passwd dbmon
```

4.3.4 实例创建

使用 root 用户，执行命令 db2icrt，如果 Db2 安装在默认路径中，该命令的全路径为/opt/ibm/db2/V11.1/instance/db2icrt，如下。

```
/opt/ibm/db2/V11.1/instance/db2icrt -a server -u db2fenc1 db2inst1
DBI1070I  Program db2icrt completed successfully.
```

4.3.5 数据库创建

数据库命名应遵守如下规则：xxxxdb，xxxx 为能标记该数据库的英文缩写。例如，下面的数据库创建语句使用 UTF-8 编码，数据存放在目录/db2data 下，在数据库创建中，使用 RESTRICTIVE 参数将不会授权给 PUBLIC。

```
db2 "create db <dbname> on /db2data dbpath on /db2data using codeset utf-8
territory CN RESTRICTIVE"
```

4.3.6 按照规范配置参数

完成数据库创建后，接下来按照规范配置初始化参数。考虑到不同商业银行在所制定的数据库规范中，对配置参数的推荐设置会存在差异，但总体上是类似的。下面是某商业银行对 Linux 内核参数、Db2 环境变量、实例参数和数据库参数的设置结果。

1. Linux 内核参数

通常情况下，商业银行都有完备的数据库部署指导规范，在新系统上线及软件版本升级部署数据库前，可作为指导数据库安全合规部署的主要标准。如表 4-15 所示是 Db2 数据库对 Linux 内核参数的要求。

表 4-15　安装 Db2 V11.1 的 Linux 核心参数调整建议

内核参数	最低配置值
kernel.shmmni (SHMMNI)	256 × <RAM 大小，以 GB 计>
kernel.shmmax (SHMMAX)	<RAM 大小，以 B 计>
kernel.shmall (SHMALL)	2× <默认系统页中的 RAM 大小 >
kernel.sem (SEMMNI)	256 × <RAM 大小，以 GB 计>
kernel.sem (SEMMSL)	250
kernel.sem (SEMMNS)	256000
kernel.sem (SEMOPM)	32
kernel.msgmni (MSGMNI)	1024 ×<RAM 大小，以 GB 计>
kernel.msgmax (**MSGMAX**)	192000
kernel.msgmnb (**MSGMNB**)	192000
vm.swappiness	5
vm.overcommit_memory	0

如表 4-15 所示，除了 MSGMAX 和 MSGMNB 两个参数以外，其中的建议值主要参考 Db2 的信息中心。笔者建议将 MSGMAX 和 MSGMNB 调整到 192000，是因为曾经执行 Db2 Load 命令时，由于线程间出现通信超时导致 Load 异常挂起。所以在这里提示读者，可以将其适当调大，但不建议超出这个建议值。

对于以上内核参数可以通过编辑 /etc/sysctl.conf 文件来修改内核参数值，修改后通过执行“sysctl -p”以使参数生效。

注意：针对 Red Hat 7.8 以及 8.1 版本中核心参数设置无法使用 Db2 计算公式的问题

由于 Red Hat 在 3.10.0-1127.el7.x86_64，以及 4.18.0-147.el8_1.x86_64 核心版本之后，将可配置的信号量（SEMMNI）最大值限定在 32 768。因此，如果主机物理内存为 256GB，根据 Db2 的推荐的参数取值公式计算，应该得出 65 536，将超出该参数值的上限，激活数据库时会报出"SQLO_SSEM_EXCEED_MAX Requesting too many semaphores"异常。

针对该问题有以下两种解决方案。

第一种方案：安装 APAR fix IT32619。

第二种方案：为超出 128GB 物理内存的系统设置 ipcmni_extend 核心参数。

```
vi /etc/default/grub
GRUB_TIMEOUT=5
GRUB_DISTRIBUTOR="$(sed 's,release .*$,,g'/etc/system-release)"
GRUB_DEFAULT=saved
GRUB_DISABLE_SUBMENU=true
GRUB_TERMINAL_OUTPUT="console"
GRUB_CMDLINE_LINUX="crashkernel=autord.lvm.lv=rhel/root
rd.lvm.lv=rhel/swapconsole=tty0 console=ttyS0,115200 ipcmni_extend"
GRUB_DISABLE_RECOVERY="true"
--在文件中增加如上粗体字，随后重新引导文件：
```

```
For BIOS:
#grub2-mkconfig -o /boot/grub2/grub.cfg
For UEFI:
#grub2-mkconfig -o /boot/efi/EFI/redhat/grub.cfg
--重启机器生效
```

再按 Db2 要求设置核心参数即可。

2. Db2 环境变量

以下是某商业银行对 Db2 环境变量的推荐清单，可以通过 db2set 命令设置，如表 4-16 所示。

```
db2set DB2COMM=<参数名称>
```

表 4-16　Db2 环境变量推荐设置

参数名称	建 议 值
DB2COMM	TCPIP
DB2CODEPAGE	通常设置为 1208 或者 1386，其中，1208 表示为 UTF-8 字符集，1386 表示为 GBK 字符集
DB2_FMP_COMM_HEAPSZ	780000
DB2_LOAD_COPY_NO_OVERRIDE	NONRECOVERABLE
DB2_ANTIJOIN	EXTEND
DB2_MEM_TUNING_RANGE	10,80
DB2_HADR_SORCVBUF	4000000
DB2_HADR_SOSNDBUF	4000000
DB2_HADR_PEER_WAIT_LIMIT	1
DB2_HADR_BUF_SIZE	262144

3. 实例参数

以下是某商业银行对 Db2 实例参数的推荐清单，可以通过以下命令设置，如表 4-17 所示。

```
db2 update dbm cfg using <参数名称> <设定值>
```

表 4-17　Db2 实例参数推荐设置

参数名称	设定值
HEALTH_MON	OFF
ASLHEAPSZ	128
SVCENAME	db2c_xxxxinst
SYSMON_GROUP	<监控用户组>
INTRA_PARALLEL	交易类：NO 分析类有嵌套复杂 SQL 时：YES

4. 数据库参数

以下是某商业银行对 Db2 数据库参数的推荐清单，可以通过以下命令设置，如表 4-18

所示。

```
db2 update db cfg for <dbname> using <参数名称> <设定值>
```

表 4-18 Db2 数据库参数推荐设置

参数名称	建议值
LOCKLIST	AUTOMATIC(10240)
MAXLOCKS	AUTOMATIC(80)
LOCKTIMEOUT	交易：30 分析：300
CATALOGCACHE_SZ	10240
LOGFILSIZ	25600
LOGPRIMARY	20
LOGSECOND	180
LOGBUFSZ	8192
SORTHEAP	automatic(819200)
SHEAPTHRES_SHR	automatic(1638400)
PCKCACHESZ	automatic(10240)
APPLHEAPSZ	automatic(10240)
TRACKMOD	YES
NEWLOGPATH	/db2log
LOGARCHMETH1	DISK:/db2arclog>
REC_HIS_RETENTN	90
logindexbuild	on
HADR_LOCAL_HOST	本地主机名
HADR_LOCAL_SVC	本地服务名
HADR_TARGET_LIST	目标机器列表
HADR_REMOTE_HOST	远端主机名
HADR_REMOTE_SVC	远端服务名
HADR_REMOTE_INST	远端实例名
HADR_TIMEOUT	60
HADR_SYNCMODE	同机房：nearsync 同城或异地：superasync
HADR_PEER_WINDOW	0

4.3.7 灾备方案实施

根据 4.2.6 节的结论，采用基于数据库复制的容灾方案，本节以此为例说明搭建容灾库的前提条件以及具体的搭建步骤。

1. 搭建 Db2 容灾库前提条件

（1）HADR 主备机要采用相同的系统平台，采用相同的系统版本及补丁，建议采用相同的计算资源（CPU、DISK、MEMORY）。

（2）HADR 主备要保持时钟同步。

（3）HADR 主备机操作系统的核心参数要求一致。

（4）配置 HADR 主备同步模式时，对于同机房主备数据库应采用近同步模式（NEARSYNC），对于同城灾备建议选择异步模式（ASYNC）或超级异步模式（SUPERASYNC），对于异地灾备只能选择超级异步模式。

（5）数据库管理器的参数、数据库配置参数、环境变量（db2set）、嵌入式开发编译后执行文件及操作系统涉及数据库的相关参数，应保持一致性。

（6）从应用读写分离角度考虑，应有条件开启备机只读（ROS）。

2. 搭建步骤

在所有机器的/etc/hosts 文件中，加入以下内容。

```
X.X.X.X      bankA_hadr
X.X.X.X      bankB_hadr
X.X.X.X      bankC_hadr
X.X.X.X      bankD_hadr
```

在所有机器的/etc/services 文件中，加入以下内容。

```
bankA_svc        55000/tcp
bankB_svc        55000/tcp
bankC_svc        55000/tcp
bankD_svc        55000/tcp
```

（1）在生产主库上执行下面的步骤，进行在线备份。

```
db2 backup db bankdb  online to /db2data
```

（2）在灾备环境进行灾备库恢复。

```
db2 restore db bankdb  from /db2data
```

（3）修改生产主库参数（bankA）。

```
db2 update db cfg for bankdb using HADR_LOCAL_HOST   bankA_hadr
db2 update db cfg for bankdb using HADR_LOCAL_SVC    bankA_svc
db2 update db cfg for bankdb using HADR_REMOTE_HOST  bankB_hadr
db2 update db cfg for bankdb using HADR_REMOTE_SVC   bankB_svc
db2 update db cfg for bankdb using HADR_REMOTE_INST  bankinst
db2 update db cfg for bankdb using HADR_TIMEOUT      30
db2 update db cfg for bankdb using HADR_SYNCMODE     NEARSYNC
db2 update db cfg for bankdb using HADR_PEER_WINDOW  120
db2 update db cfg for bankdb using HADR_TARGET_LIST  bankB_hadr: bankB_svc |
bankC_hadr:bankC_svc|bankD_hadr:bankD_svc
db2 update db cfg for bankdb using BLOCKNONLOGGED    YES
```

（4）修改生产备库参数（bankB）。

```
db2 update db cfg for bankdb using HADR_LOCAL_HOST   bankB_hadr
```

```
    db2 update db cfg for bankdb using HADR_LOCAL_SVC    bankB_svc
    db2 update db cfg for bankdb using HADR_REMOTE_HOST  bankA_hadr
    db2 update db cfg for bankdb using HADR_REMOTE_SVC   bankA_svc
    db2 update db cfg for bankdb using HADR_REMOTE_INST  netbankinst
    db2 update db cfg for bankdb using HADR_TIMEOUT     30
    db2 update db cfg for bankdb using HADR_SYNCMODE    NEARSYNC
    db2 update db cfg for bankdb using HADR_PEER_WINDOW  120
    db2 update db cfg for bankdb using HADR_TARGET_LIST bankA_hadr: bankA_svc|
bankC_hadr:bankC_svc|bankD_hadr:bankD_svc
    db2 update db cfg for bankdb using BLOCKNONLOGGED     YES
```

（5）修改同城灾备库参数（bankC）。

```
    db2 update db cfg for bankdb using HADR_LOCAL_HOST   bankC_hadr
    db2 update db cfg for bankdb using HADR_LOCAL_SVC    bankC_svc
    db2 update db cfg for bankdb using HADR_REMOTE_HOST  bankA_hadr
    db2 update db cfg for bankdb using HADR_REMOTE_SVC   bankA_svc
    db2 update db cfg for bankdb using HADR_REMOTE_INST  bankinst
    db2 update db cfg for bankdb using HADR_TIMEOUT     30
    db2 update db cfg for bankdb using HADR_SYNCMODE    SUPERASYNC
    db2 update db cfg for bankdb using HADR_PEER_WINDOW  120
    db2 update db cfg for bankdb using HADR_TARGET_LIST  bankA_hadr: bankA_svc|
bankB_hadr:bankB_svc|bankD_hadr:bankD_svc
    db2 update db cfg for bankdb using BLOCKNONLOGGED     YES
```

（6）修改异地灾备库参数（bankD）。

```
    db2 update db cfg for bankdb using HADR_LOCAL_HOST   bankD_hadr
    db2 update db cfg for bankdb using HADR_LOCAL_SVC    bankD_svc
    db2 update db cfg for bankdb using HADR_REMOTE_HOST  bankA_hadr
    db2 update db cfg for bankdb using HADR_REMOTE_SVC   bankA_svc
    db2 update db cfg for bankdb using HADR_REMOTE_INST  bankinst
    db2 update db cfg for bankdb using HADR_TIMEOUT     30
    db2 update db cfg for bankdb using HADR_SYNCMODE    SUPERASYNC
    db2 update db cfg for bankdb using HADR_PEER_WINDOW  120
    db2 update db cfg for bankdb using HADR_TARGET_LIST bankA_hadr: bankA_svc|
bankB_hadr:bankB_svc|bankC_hadr:bankC_svc
    db2 update db cfg for bankdb using BLOCKNONLOGGED     YES
```

（7）启动灾备库实例。

```
    db2 terminate
    db2stop
    db2start
```

启动备机 HADR 服务。

```
    db2 start hadr on db bankdb as standby
```

（8）启动生产库实例。

```
db2 terminate
db2stop
db2start
```

启动主机 HADR 服务。

```
db2 start hadr on db bankdb as primary
```

（9）检查 HADR 状态。

```
db2pd -db netbankdb -hadr
```

4.3.8 某银行网络贷款系统数据库部署方案

某商业银行网络贷款系统的最终部署图如图 4-8 所示，其中，ODS 系统、天征系统、手机银行等应用通过负载均衡设备访问应用服务器集群，集群由应用服务器 1 和应用服务器 2 组成；应用服务器集群再通过服务 IP 访问 Db2 数据库，Db2 数据库采用 HADR 部署方式。

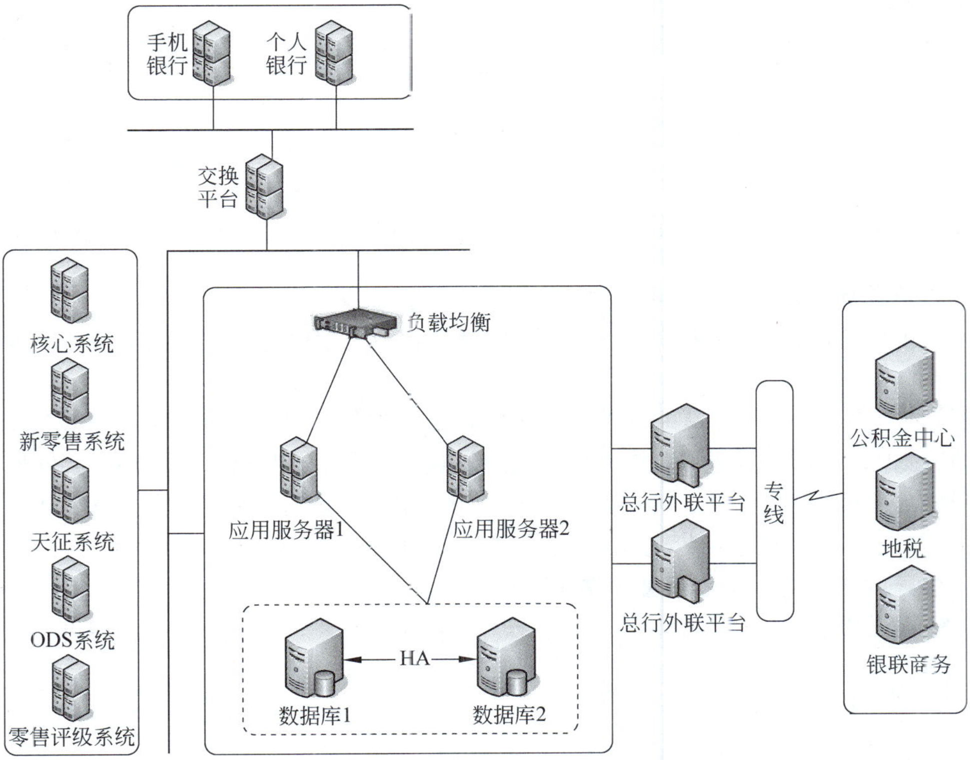

图 4-8 网络贷款系统物理部署图

4.4 MySQL 数据库部署

某商业银行网络贷款系统选择了 Db2 数据库，但为了读者掌握 MySQL 数据库部署技巧，本节将再次探讨 MySQL 数据库部署。

和 Db2 数据库部署大同小异，MySQL 部署主要涉及高可用架构选择、软件安装、用户创建、数据库创建、参数配置和灾备实施等，所有的这些工作都需按照商业银行制定的 MySQL 技术规范进行。

4.4.1 高可用架构选择

在 MySQL 高可用架构选择中，共有以下几种方式供选择，下面分别讲述。

1. 生产机房单中心部署（虚拟机）

如图 4-9 所示，部署于虚拟化集群，当服务器出现故障时，由 VMware 虚拟化集群进行服务器飘移后重启 MySQL 数据库。这种架构适用于无需同城灾备的交易系统。

2. 生产同城机房双中心部署（虚拟机）

如图 4-10 所示，主库、从库都部署于 VMware 虚拟化集群；当主库所在的服务器出现故障时，由虚拟化集群负责飘移；当主库出现故障短时间无法修复时，应急切换到同城备库。主库和从库之间通过 MySQL 主从复制实现，复制方式为半同步或者异步。这种架构适用于需要同城灾备的交易系统。

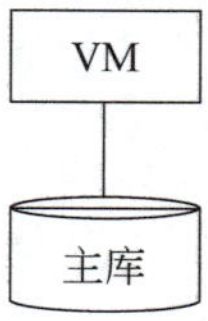

图 4-9 生产机房单中心部署（虚拟机）

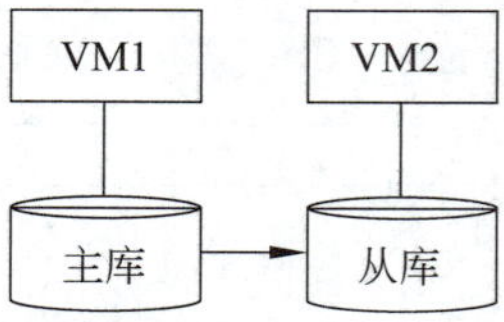

图 4-10 生产同城机房双中心部署（虚拟机）

3. 生产同城异地机房三中心部署

如图 4-11 所示，虚拟机分别在生产、同城、异地三个机房部署主从架构，不涉及级联复制。

在这种架构下，主库、从库都部署于 VMware 虚拟化集群；当主库所在的服务器出现故障时，由虚拟化集群负责飘移；当主库出现故障短时间无法修复时，应急切换到同城从库；异地从库通常在年度进行的异地切换演练时启用。主库和所有从库之间通过 MySQL 主从复制实现，复制方式为半同步或者异步。适用于需要同城和异地灾备的交易系统。

4. 生产同城机房双中心部署（物理机）

如图 4-12 所示，A、B 两台物理机配置操作系统 HA 双机，并与同城 C 物理机构成集群。

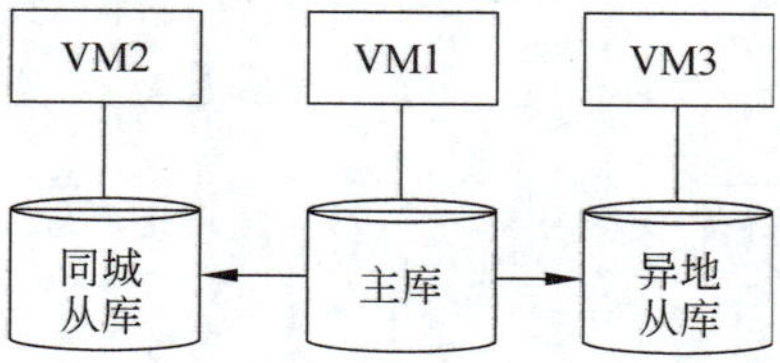

图 4-11 生产同城异地机房三中心部署（虚拟机）

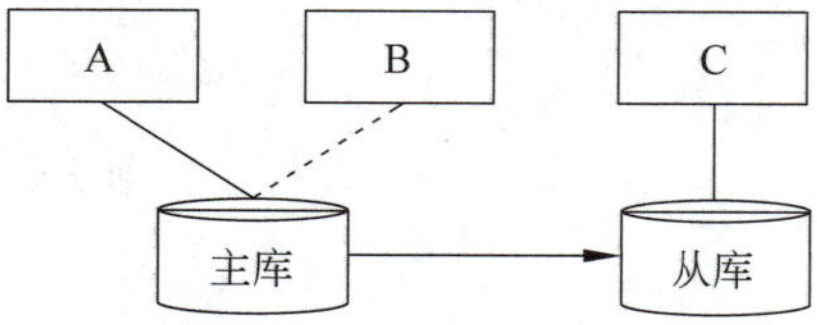

图 4-12 生产同城机房双中心部署（物理机）

在这种架构下，主库、从库都部署于物理机；当数据库服务器出现故障时，由 HA 双机软件负责切换到备机；当主库出现故障短时间无法修复时，应急切换到同城从库。主库和从库之间通过 MySQL 主从复制实现，复制方式为半同步或者异步。适用于需要同城灾备的 I/O

密集型交易系统。

5. 生产同城异地机房三中心部署（物理机）

如图 4-13 所示，A、B 两台物理机配置操作系统 HA 双机，并与同城 C 物理机、异地 D 物理机构成集群。

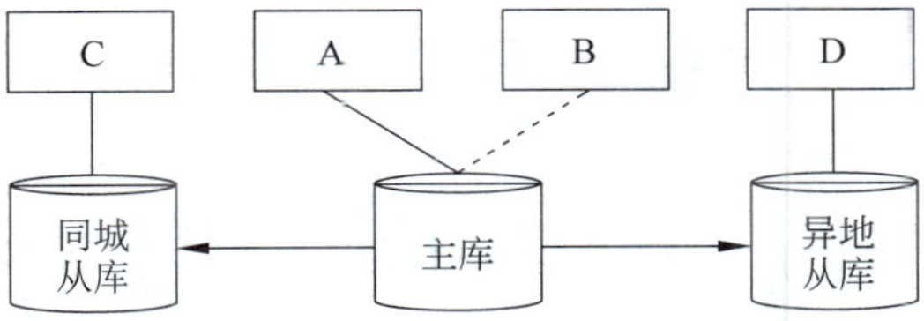

图 4-13　生产同城异地机房三中心部署（物理机）

在这种架构下，主库和所有的从库都部署于物理机，当主库所在服务器出现故障时，由双机软件负责切换到备机。当出现故障短时间无法修复时，应急切换到同城从库或者异地备库。主库和所有从库之间通过 MySQL 主从复制实现，复制方式为半同步或者异步。适用于需要同城和异地灾备的 I/O 密集型交易系统。

6. MySQL 组复制

MySQL 主从复制不论是半同步方式还是异步方式，都无法保证主库和从库之间的完全一致性。为了真正解决一致性问题，MySQL 从 5.7.17 版本引进了一个数据库高可用和可扩展解决方案，即 MySQL 组复制（MySQL Group Replication，MGR）。

MGR 是一个 MySQL 服务器插件，基于分布式 Paxos 协议，实现组复制，保证数据一致性。内置故障检测和自动选主功能，只要不是集群中的大多数节点宕机，就可以继续正常工作。

MGR 实现了一个基于 Paxos 协议的组通信层，提供故障检测机制、组成员资格服务、安全以及有序的消息传递。MGR 集群中每个节点都可以单独执行事务，但当一个事务在一个节点上提交之前，会在组内进行广播，告知其他节点执行了什么事务，然后为该事务建立一个全局的排序。对于要提交的事务，组的多数成员必须在全局事务顺序中按照相同的顺序进行应用，只有多数成员就事务的顺序达成一致之后，才会最终提交事务。

MGR 提供单主模式和多主模式，单主模式只有一个成员可以写入，多主模式支持多成员写入，具体区别如下。

（1）单主模式。

在这种模式下，如果允许写入的主节点挂了，那么其他的成员会自动选举出新的主节点，成员之间可以通过配置权重来确定下一个主节点是谁，如果没有配置权重，则会对所有在线成员的 UUID 进行排序，然后选取 UUID 最小的成员作为主节点。

（2）多主模式。

在多主模式下，所有成员均设置为读写模式，因此无须选举程序。但是增加了认证，以检查事务是否允许提交。但是多主模式缺陷相对较多，需要做好充分测试才能真正投入生产使用。

多主模式下，MGR 对事务的基本处理流程如图 4-14 所示。

在 Master 1 真正提交之前构建事务写入集，该写入集唯一标识了对应事务所修改的数据集合。

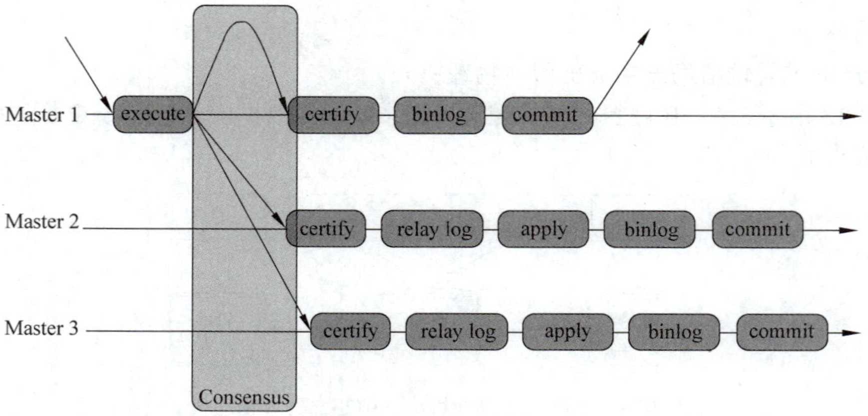

图 4-14　MGR 多主模式下事务一致性原理

将写入集发送给组成员 Master 2 和 Master 3，并就并发事务的应用顺序达成一致。Master 2 和 Master 3 从组通信层接收到的事务消息会被放入一个队列进行认证。

在 Master 2 和 Master 3 运行的算法判断认证结果以决定如何处理事务。若认证通过，事务被认为在 Master 1 上完成，然后分别在 Master 2 和 Master 3 本地中继日志中排队。这样就可以像异步或半同步复制一样，在 Master 2 和 Master 3 上执行后续操作。反之如果认证失败，事务将根据需要在 Master 2 和 Master 3 上被丢弃或回滚。

综上所述，MGR 高可用方案具有以下特点。

强一致性：基于原生复制及 Paxos 协议的组复制技术，并以插件的方式提供，负责数据一致性保证。

高容错性：只要不是多数节点坏掉就可以继续工作，有自动检测机制，并能实现自动切换。

高扩展性：节点增加和移除会自动更新组成员信息，新节点加入后，自动从其他节点同步增量数据，直到与其他节点数据一致。

高灵活性：有单主模式和多主模式，单主模式下，会自动选主，所有更新操作都在主节点上进行；多主模式下，所有成员都允许写入操作。

注意：MGR 高可用方案的限制

在进行数据库设计、开发和部署时要注意。

（1）必须使用 InnoDB 存储引擎。

（2）创建的业务表必须要有主键。

（3）二进制日志格式必须为行模式。

（4）必须使用 IPv4 网络，不支持 IPv6。

（5）MGR 集群节点不能低于 3，不能超过 9。

（6）节点硬件配置保持一致。

（7）不支持复制过滤，主库不能选择复制部分表或者部分库的数据到从库，必须是全部数据。

就高可用架构选择上，建议采用三节点部署，如图 4-15 所示，生产部署#1 节点和#2 节点，同城部署#3 节点。对需要异地灾备的系统，可以在异地部署另外的 MySQL 从库，该从

库和 MGR 同城的#3 节点配置为主从复制，复制模式建议采用异步。

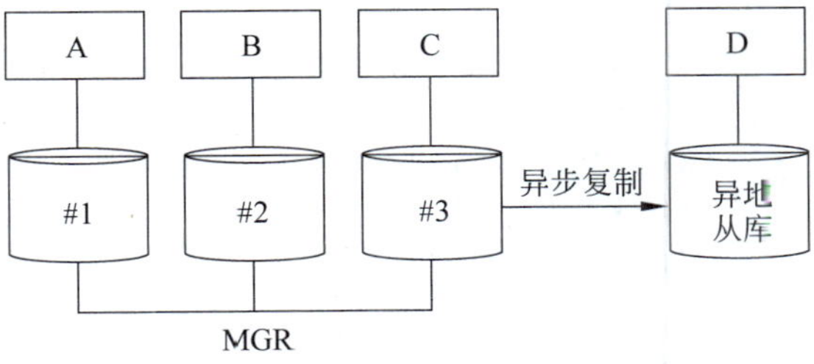

图 4-15　MGR 集群生产同城异地机房三中心部署

4.4.2　软件安装

本节将以中信银行自研的 GoldenDB 数据库为例，说明整个安装过程。上传最新的安装包，以操作系统 dbadm 用户登录，在用户主目录下创建 setup 目录。

```
$unzip  GOLDENDBV5.0.02.zip
$ cd autoupdate
```

在 manual_install.sh 安装命令中，需要显式指定 datadir、innodb_data_home_dir、innodb_log_group_home_dir、tmpdir 等参数，具体标准安装命令如下。

```
$./manual_install.sh -c " datadir=/mysqldata/dbadm/data/data, innodb_data_home_dir=/mysqldata/dbadm/data/data,innodb_log_group_home_dir=/mysqldata/dbadm/data/redo,tmpdir=/mysqldata/dbadm/data/tmp"
```

4.4.3　用户创建

不同于 Db2，MySQL 用户需要在数据库内部创建，下面分别阐述如何设计 MySQL 数据库用户，以及如何创建和授权。

1. 用户设计

MySQL 有独立的用户管理体系，默认的高权账户为 root，具有数据库内最高权限。除 root 用户外，按照规范还要再创建五个用户，具体包括：低权运维用户、敏感信息查询用户、应用用户、管理用户、复制用户。按照规范需要为这些用户授予不同权限，具体如表 4-19 所示。

表 4-19　MySQL 用户授权表

用户名	角　色	权限范围	备　注
dbmon	低权运维用户	（1）process 权限； （2）查看主从权限； （3）information_schem 模式、performance_schema 模式、sys 模式查询权限	该用户无须通过权限申请
dbchk	敏感信息查询用户	所有业务相关的表对象查询权限	该用户需要经过审批才能获取

续表

用户名	角　色	权限范围	备　注
dbadm	管理用户	（1）具有数据库内所有对象的增、删、改、查功能； （2）具有启、停数据库实例及维护数据库的权限； （3）使用该用户执行 NBU 备份	该用户拥有最高权限
appusr	数据库应用用户	（1）所有业务数据的增、删、改、查权限； （2）所有业务系统相关数据库对象的增、删、改、查权限； （3）不允许拥有 grant 权限	这里 appusr 只是举例说明，不同的系统应用用户不同
repusr	主从复制用户	该用户只拥有主从复制权限	

2. 用户授权

接下来按照如表 4-19 所示，分别为 dbmon、dbchk、dbadm、appusr 和 repusr 用户授权。

为 dbmon 用户赋权：

```
    grant process, replication slave, replication client, show view on *.* to
'dbmon'@'localhost' identified by '********';
```

向 dbchk 用户赋权，限本地登录：

```
    grant select  on appdb.* to 'dbchk'@'localhost' identified by '********';
```

向 dbadm 用户授权：

```
    grant all on *.*  to 'dbadm'@'ip' identified by '*******';
```

向 appusr 应用用户初始赋权：

```
    grant select, insert, update, delete,create,index on appdb.* to 'appusr'@'%'
identified by '********';
```

向 repusr 复制用户赋权，注意 IP 地址必须是对端地址：

```
    grant replication  slave on  *.* to 'repusr'@'X.X.X.X' identified by
'********';
```

执行完毕后，需要执行 flush privileges 命令生效。

4.4.4 数据库创建

在 MySQL 数据库中创建数据库很简单，下面的步骤演示了创建应用库 appdb 的整个过程。

（1）使用 dbadm 用户登录，这里的 dbadm 是具有管理权限的用户。

```
root 用户下执行：
mysql -u dbadm -p
Enter password:
```

（2）创建数据库 appdb。

```
create database if not exist appdb;
```

（3）查看创建的数据库。

```
show databases;
use appdb;
```

4.4.5 按照规范配置参数

不同的商业银行在 MySQL 数据库参数规范上会有差异，但都应该按照本行的规范初始化数据库参数。

1. 数据库字符编码设置

如果没有特殊字符要求，通常规范建议将字符集统一设置为 utf8mb4，如果不支持 utf8mb4，则使用 UTF-8 编码。这可以通过编辑 my.cnf 配置文件来设置，具体步骤如下。

在 my.cnf 配置文件中，[mysqld]标签下添加以下内容。

```
init_connect='SET collation_connection = utf8mb4_unicode_ci'
init_connect='SET NAMES utf8mb4'
character-set-server=utf8mb4
collation-server=utf8mb4_unicode_ci
skip-character-set-client-handshake
--在[client]中添加
default-character-set=utf8mb4
--在[mysql]中添加
default-character-set=utf8mb4
--检查字符集，进入数据库，执行命令：
show variables like "%character%";
show variables like "%collation%";
```

2. 配置参数

接下来是 MySQL 数据库其他参数的规范设置，这些参数应该是根据本行的实际生产运行而定。表 4-20 是某商业银行的 MySQL 规范参数清单，供读者参考。

表 4-20 MySQL 配置参数

配置项	建议值	说　明
port	3309	数据库服务端口号，禁用 3306 端口，可考虑大于 3306 的端口
max_connections	建议配置为 500，具体数值由系统需求而定	最大连接数，如果服务器的并发连接请求量比较大，建议调高此值，以增加并行连接数量
sql_mode	STRICT_TRANS_TABLES, NO_AUTO_CREATE_USER	根据相关安全规范要求
local_infile	0	为安全起见，禁用本地客户端装载数据功能
open_files_limit	65 535	打开的文件描述符限制
slow_query_log	ON	慢查询开关
long_query_time	120	慢查询时间值，取决于负载种类
innodb_buffer_pool_size	<物理内存大小的 50%>	根据最佳实践缓冲池大小，一般为服务器物理内存大小的 60%

续表

配置项	建议值	说　明
innodb_log_file_size	2048MB	很高写入的操作需要增加该值允许后台检查点活动更长时间内平滑； 写入以改进性能，对于频繁写设置太小会出现性能抖动厉害，一般设置在 4GB 以下
innodb_log_files_in_group	4	设置日志个数，日志容量总计：innodb_log_file_size×innodb_log_files_in_group
log-bin	/mysqllog/mysql-bin	开启 binlog，并指定日志文件路径
expire_logs_days	7 或者 3	binlog 日志文件保留天数 （1）对交易型负载的系统保留 7 天。 （2）对批处理产生大量日志的系统保留 3 天
max_binlog_size	500MB	单个 binlog 日志文件最大尺寸
gtid_mode	ON	开启 GTID
enforce_gtid_consistency	ON	开启 GTID

4.4.6 灾备搭建

完成了生产库的搭建，接下来就要按照灾备规划搭建备库了。在为主库搭建灾备库时，需要提前安装相同版本的 MySQL，并开启 binlog 和 gtid 模式。主要步骤是将主库数据库在备库所在环境初始化，初始化方法可以采用 mysqldump 导出导入。接下来，以虚拟机生产同城双中心部署（如图 4-10 所示）为例，说明灾备数据库搭建过程。

（1）通过 mysqldump 导出主库数据到/mysqldata/dbadm 目录下，mysqldump 添加--single-transaction 参数操作不会造成锁表，此期间主库正常对外提供服务。

```
    cd /mysqldata/dbadm
    mysqldump  -u dbadm -p --single-transaction  --all-databases --master-data
=1 >dump.sql
```

（2）将主库导出的数据 dump.sql 传输到从库/mysqldata/dbadm 目录下，再将 dump.sql 加载到从库中。

```
    cd /mysqldata/dbadm
    mysql  -u dbadm -p <dump.sql
```

（3）给复制用户赋权。

在主库上给复制用户赋权，可以让从库上的 repusr 访问主库。

```
    grant replication  slave on  *.* to 'repusr'@'<备库 IP>' identified by
'********';
    flush privileges;
```

在从库上给复制用户赋权，可以让主库上的 repusr 访问从库。

```
    grant replication  slave on  *.* to 'repusr'@'<备库 IP>' identified by
'********';
    flush privileges;
```

在从库上执行 change master 命令，建立主从复制关系。

```
    change master to master_host='<主库 ip>', aster_user='repusr', aster_
password='********',master_port=****;
    start slave;
    set global super_read_only=on;
    show slave status \G;
```

（4）查主从复制状态，执行 show slave status 命令，判断主从复制是否在正常工作。

```
    mysql> show slave status  \G;
    *************************** 1. row ***************************
                   Slave_IO_State: Waiting for master to send event
                   Master_Host: 22.5.106.155
                   Master_User: repusr
                   Master_Port: 3309
                   Connect_Retry: 60
                   Master_Log_File: mysql-bin.000001
                   Read_Master_Log_Pos: 1279
                   Relay_Log_File: relay-bin.000002
                   Relay_Log_Pos: 1492
                   Relay_Master_Log_File: mysql-bin.000001
                   Slave_IO_Running: Yes
                   Slave_SQL_Running: Yes
                   Replicate_Ignore_Server_Ids:
                   …
                   Seconds_Behind_Master: 0
                   Master_Server_Id: 16782862
                   Master_UUID: 87f18d4c-c0fa-11ea-8cd1-00505699c29e
                   Master_Info_File: /mysqldata/citicsql/data/data/master.info
                   SQL_Delay: 0
                   SQL_Remaining_Delay: NULL
                   Slave_SQL_Running_State: Slave has read all relay log; waiting
for more updates
                   Master_Retry_Count: 86400
                   Master_Bind:
                   Last_IO_Error_Timestamp:
                   Last_SQL_Error_Timestamp:
                   …
                   Retrieved_Gtid_Set: 87f18d4c-c0fa-11ea-8cd1-00505699c29e:1-5
                   Executed_Gtid_Set: 87f18d4c-c0fa-11ea-8cd1-00505699c29e:1-5
                   Auto_Position: 1
                   Replicate_Rewrite_DB:
                   Channel_Name:
                   Master_TLS_Version:
    1 row in set (0.00 sec)
```

下面介绍 show slave status 命令输出中需要重点关注的内容。

（1）Slave_IO_State：表示从库当前 I/O 线程的状态，正常同步时，其状态为 Waiting for

master to send event。

（2）Master_Log_File：表示从库 I/O 线程正在读取的主库上的 binlog 文件。

（3）Relay_Master_Log_File：表示从库 SQL 线程正在执行的主库 binlog 文件，如果 Relay_Master_Log_File 和 Master_Log_File 不一样，说明主从复制的延迟较大。

（4）Slave_IO_Running：正常同步时，其状态为：Yes 表明 I/O 线程被启动并成功连接到主库上；No 说明与主库通信异常。

（5）Slave_SQL_Running：正常同步时，其状态为：Yes 表明 SQL 线程启动状态正常；No 表明状态异常。

（6）Seconds_Behind_Master：显示从库 SQL 线程和从库 I/O 线程之间的时间差距，单位以秒计。如果主库和从库之间的网络状态良好，则从库 I/O 线程会非常接近主库，所以本字段可以十分近似地指示，从库 SQL 线程比主库落后多少（如果网络较慢，则这种指示不准确）。

经过上面的步骤，就把同城备库搭建好了。

4.5 监控、巡检和应急脚本部署

数据库上线时，为了保证安全运维，首先需要将目标数据库接入商业银行现有监控体系，这样当出现生产事件后能及时发现；其次，考虑到数据库运维的安全预防手段，还需要纳入巡检体系，进行定期巡检以预防生产问题的发生；最后，当数据库故障发生时，还要有应急处置手段，这就要纳入商业银行现有的应急处置体系。

某商业银行网络贷款系统的 Db2 数据库需完成监控、巡检和应急脚本部署后，才能进入生产运维阶段。

4.5.1 监控脚本部署

通常商业银行都建立了自己的监控体系，这种监控体系有的基于商业软件 IBM Tivoli Monitoring，有的基于开源的普罗米修斯，下面分别介绍。

1. IBM Tivoli Monitoring

IBM Tivoli Monitoring（ITM）提供了预配置的最佳实例资源模型和修改这些资源模型的能力，以自动监视重要的资源（例如数据），这使得及时发现数据库运行状态成为可能。例如，如表 4-21 所示，某商业银行使用 ITM 对 Db2 以下监控项进行实时监控。

表 4-21 ITM 监控项

监控项	数据采集来源	展示方式	监控项	数据采集来源	展示方式
Db2 进程状态	ITM 代理程序	监控平台	表状态	ITM 代理程序	监控平台
Db2 端口状态	ITM 代理程序	监控平台	缓冲池命中率	ITM 代理程序	监控平台
当前连接数	ITM 代理程序	监控平台	主从复制状态	ITM 代理程序	监控平台
表空间状态	ITM 代理程序	监控平台	诊断日志报错信息	ITM 代理程序	监控平台

2. 普罗米修斯监控

普罗米修斯（Prometheus）主要用于对基础设施的监控，包括服务器、数据库等，通过为数据库定义好监控项可以方便地加入监控系统。例如，如表 4-22 所示，某商业银行使用普罗米修斯对 MySQL 以下监控项进行实时监控。

表 4-22 普罗米修斯监控项

监控项	数据采集来源	展示方式
MySQL 进程状态	普罗米修斯监控程序	普罗米修斯界面展示
MySQL 端口状态	普罗米修斯监控程序	普罗米修斯界面展示
诊断日志报错信息	普罗米修斯监控程序	普罗米修斯界面展示
总连接数	普罗米修斯监控程序	普罗米修斯界面展示
活跃连接数	普罗米修斯监控程序	普罗米修斯界面展示
锁超时次数	普罗米修斯监控程序	普罗米修斯界面展示
死锁次数	普罗米修斯监控程序	普罗米修斯界面展示
缓冲池命中率	普罗米修斯监控程序	普罗米修斯界面展示
DB 主备复制状态	普罗米修斯监控程序	普罗米修斯界面展示
DB 主备复制延迟时间	普罗米修斯监控程序	普罗米修斯界面展示
SQL 平均响应时间	普罗米修斯监控程序	普罗米修斯界面展示

4.5.2 巡检脚本部署

针对 Db2 或者 MySQL 巡检脚本，通常上线时会预部署在商业银行自开发的自动化运维管理系统，这样可以定时发起调度执行。巡检结果会以报表的形式展示，对生产隐患可以提前发现。

例如，如表 4-23 所示，某商业银行通过自动化运维管理系统针对以下 Db2 巡检项，每天定时发起巡检。

表 4-23 Db2 巡检项

Db2 巡检项	调度方式	备注
活动日志使用率	自动化调度	
超过阈值长时间运行的应用	自动化调度	
历史文件大小	自动化调度	
诊断日志报错信息	自动化调度	
超过阈值未执行 runstats 的表	自动化调度	
检查 TOP 10 执行时间长 SQL 语句	自动化调度	
检查 TOP 10 执行次数多 SQL 语句	自动化调度	
检查 TOP 10 占用 CPU 高的 SQL 语句	自动化调度	
主从复制状态	自动化调度	

表 4-24 为某商业银行通过自动化运维管理系统针对以下 MySQL 的巡检项，每天定时发起巡检。

表 4-24　MySQL 巡检项

MySQL 巡检项	描　述	备注
占用空间排名前十位大表	检查前十大表磁盘空间使用情况	
日志空间占用	检查 binlog 空间使用情况	
错误日志报错信息	检查 MySQL error 日志中的错误级别日志	
长事务	检测当前数据库中运行时间超过阈值的事务	
主从复制状态	主从复制状态是否正常	

什么是自动化运维管理系统？

商业银行通常都会开发和运维自动化运维管理系统，该系统采用 C/S 模式，在目标主机上安装代理客户端（agent），代理可以在目标主机上调度执行预先部署好的监控脚本、巡检脚本等，并将运行结果传输到运维管理服务器端展示。

4.5.3　应急脚本部署

和巡检脚本部署类似，针对 Db2 或者 MySQL 应急脚本，通常上线时也会预部署在商业银行自开发自动化调度上。当生产出现可匹配的应急场景时，可以立即执行应急脚本，去解决故障。

表 4-25 为某商业银行部署的 Db2 应急脚本，可以解决表中所列应急场景。

表 4-25　Db2 自动化应急脚本

应急场景	触发方式	备注	应急场景	触发方式	备注
终止某个应用	应急触发		启动 Db2 数据库	应急触发	
终止所有应用	应急触发		紧急切换备机	应急触发	
停止 Db2 数据库	应急触发				

表 4-26 为某商业银行部署的 MySQL 应急脚本，可以解决表中所列应急场景。

表 4-26　MySQL 自动化应急脚本

应急场景	触发方式	备注	应急场景	触发方式	备注
杀会话	应急触发		紧急清理 binglog 日志	应急触发	
停止 MySQL 数据库	应急触发		紧急切换备机	应急触发	
启动 MySQL 数据库	应急触发				

4.6　集中备份方案的制订与实施

在信息日趋发达的今天，数据显得尤其重要。如何保障数据的安全性呢？如何降低数据灾难事故发生时的损失呢？数据库备份与恢复作为数据安全最有利保障手段的重要性就不言而喻了。在数据库正式上线前，必须制订合理的备份与恢复策略，才能在有限的维护窗口完成备份与恢复，这样才能在保证数据安全的同时，将其对于生产系统的影响降到最低。

本节最后将给出某商业银行网络贷款系统 Db2 数据库备份方案，供读者参考。

4.6.1 备份方案

数据库备份就是将数据库中所有数据存储为一个数据副本，供数据库出现问题时恢复使用。通常商业银行会通过备份工具对备份介质进行统一管理，这称为集中备份。一个有效的集中备份方案，需要从以下几方面加以考虑。

1. 调研备份对象

数据库的备份方案包括数据库本身的备份，以及归档日志的备分，这样当数据库出现故障时，可以从备份介质中取得数据库备份文件和归档日志文件，从而可以将数据库恢复到事故前的任意时刻。

2. 选择备份工具

当前，集中备份工具较多，但商业银行使用的主要有两种，一种是 IBM Tivoli Storage Manager（TSM），另一种是 Veritas NetBackup（NBU）。这两种备份工具原理相同，都是基于客户/服务器架构。例如，NBU 集中备份工具架构如图 4-16 所示，主要包括以下组件。

（1）备份主服务器（Master Server）：对整个备份系统进行控制和管理。

（2）备份介质服务器（Media Server）：负责从备份客户端接收数据并写入备份设备。

（3）备份客户端（Clients）：备份客户端需要备份的生产系统主机，它接收备份主服务器的指令，并将备份数据传送给备份介质服务器。

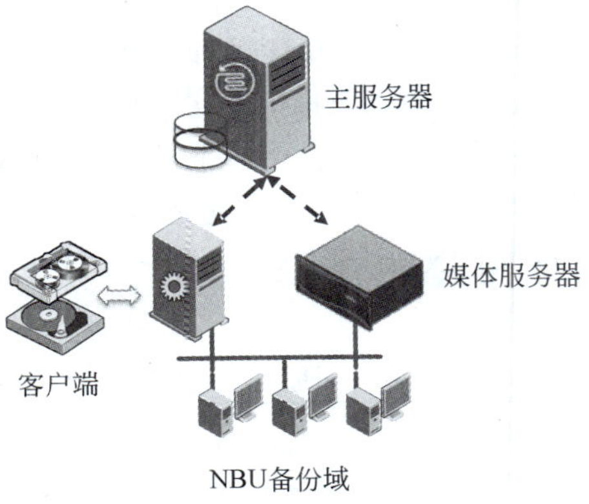

图 4-16 NBU 备份软件架构图

客户端软件安装在需要备份的生产数据库所在机器上，服务器端软件安装在独立的机器上进行备份管理，介质服务器软件也安装在独立的机器上进行备分介质管理。在服务器端提前部署好不同数据库的备份策略，调度客户端定期通过备份脚本发起备份，备份介质通过网络被传输到备份介质服务器，最终被写入带库进行持久化保存。

3. 制订备份方案

完成备份对象调研，选择了备份工具，最后就可以制订集中备份方案了，在备份方案中，要制订好待上线数据库的备份策略和实施计划。

4.6.2 备份策略

数据库备份的原理比较简单，但是备份过程会对生产系统产生一定影响，因此通常选择在相应的维护窗口进行。为了充分利用系统资源，维护窗口的时间通常是有限的，因此必须制订合理的备份策略，快速而高效地备份。

1. 选择备份方式

根据业务系统能否中断，可以选择是进行离线备份还是在线备份，如果在维护窗口，允许业务中断，可以选择进行离线备份，离线备份时不允许业务访问数据库，但是备份速度较快。如果应用不允许中断，就必须选择在系统压力较小的时候进行在线备份（Online Backup）了。下面通过两个简单的实例来学习如何进行离线备份和在线备份。

2. 选择备份对象

为了提高备份速度，可以根据业务特点选择合适的备份对象来减少需要备份的数据。

根据备份的对象可分为数据库备份和日志备份。数据库备份是对整个数据库所有的数据所做的备份，日志备份则是针对数据库重要日志的备份，例如，Db2 或者 Oracle 数据库的归档日志、MySQL 数据库的二进制日志等。如果有恢复到过去某一历史时刻的需求，那么也要同时备份数据库日志。

3. 选择备份规模

影响备份速度的另一个重要因素是备份规模，根据业务的需要和最小恢复时间的要求，合理地选择备份规模，可以有效地降低备份过程对于业务的影响。

根据备份的规模可以分为完全备份（Full Backup）和增量备份（Incremental Backup），完全备份是对数据库或表空间的所有数据所做的备份，而增量备份是对上一次备份以来变化的数据所做的备份，增量备份又可以分为累积增量备份（Cumulative Backup）和 Delta 备份（Delta Backup）。如图 4-17 所示，累积增量备份是包含从上一次完全备份以来的所有数据，中间可能有多次累积增量备份；而 Delta 备份只包含上一次备份以来变化的数据，如图 4-18 所示。

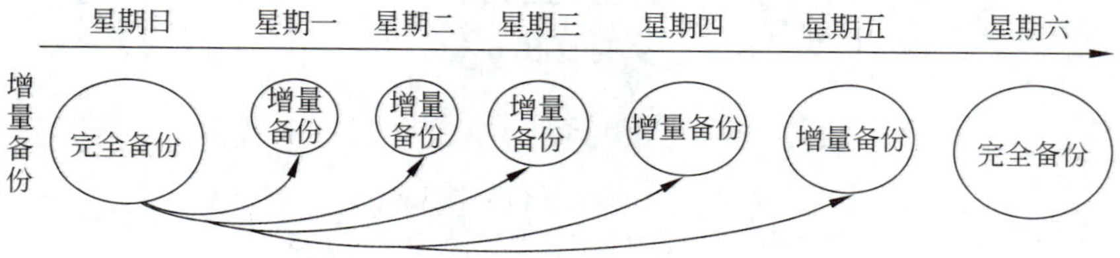

图 4-17 增量备份

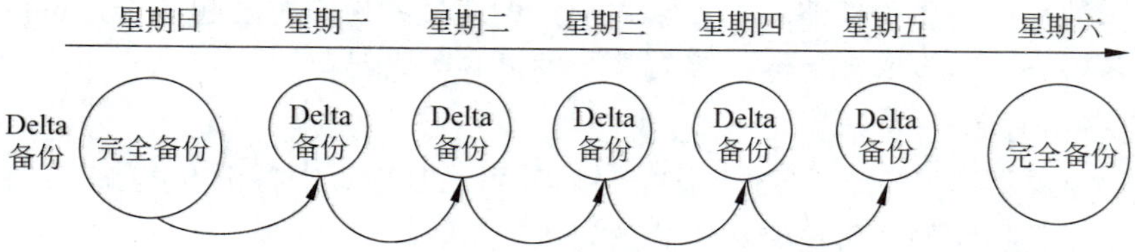

图 4-18 Delta 备份

完全备份由于需要备份整个数据库或者表空间，数据量比较大，因此备份的时间较长，不过使用完全备份进行恢复时，其需要的恢复时间较短，而增量备份只需要备份部分数据，相比完全备份，其数据量较小，可以快速完成备份。但是恢复时，其通常需要较长的恢复时间，为了同时满足较快的备份和最小恢复时间的要求，通常会采用完全备份和增量备份结合的方式，即根据业务的特点，选择每周或者每月进行一次完全备份，而每天进行 Delta 增量备份，每几天进行一次累积的增量备份方式。

由于带库空间有限，针对需要长期保持的备份介质，需要制订定期出库计划，即将备份介质出库到磁带上进行保存。完成了上述内容，待上线数据库的备份策略就制订好了。

4.6.3 备份实施

在生产数据库正式上线前，需要根据备份方案和备份策略完成最后的实施工作。主要内容包括备份软件的安装和配置、备份策略部署、备份调度、定期出库等内容。下面以 Veritas NBU 为例进行说明。

1. 备份软件的安装和配置

由于备份主服务器和介质服务器已经安装完毕，这里的安装主要是指客户端安装配置。在需要备份的生产系统主机上安装 Veritas NBU 客户端软件，并针对 Db2、MySQL 等不同数据库配置好相关参数，部署好供自动化调度的备份脚本。

2. 备份策略部署

根据新上线数据库备份策略，例如，全备或者增备、数据库备份或者日志备份、在带库上保留时间等，这些策略需要在备份主服务器上进行配置，经验证后生效。

3. 备份调度

根据新上线数据库的备份时间窗口要求和备份数据量大小评估好备份持续时间，这是可以持续运行的时间段，通常为备份作业成功发起到本次备份任务完成。

需要注意的是，备份时间窗口的选择，需要根据业务运行情况来确定，如非特殊情况，通常要求备份时间窗口避开业务的批量作业时间和业务的高峰时段。

确认好备份时间窗口后，在备份主服务器上进行配置，经验证后生效，这样新上线数据库就可以定时发起备份了。

4. 定期出库

根据备份策略中需要定期出库的数据库，还要制订好出库计划并按照计划定期执行，本章提到的某商业银行网络贷款系统，每月出库两份数据，一份保留在同城机房，另一份保留在异地机房。

4.6.4 某银行网络贷款系统备份方案

针对上文介绍，某商业银行为网络贷款系统制定了如下备份方案，如表 4-27 所示，从中可以看出。

1. 数据库数据

根据备份策略，分别进行每周两次全备、每天一次增备和每月一次全备，所有备份都安排在时间窗口内执行。其中，每周两次全备和每天一次增备产生的备份介质，都存放在带库设备上，根据带库设备的容量规划，可以保存两周左右，无须出车到物理磁带上进行长期保存；每月一次全备产生的备份介质需要长期保存20年，考虑到该数据库同城和异地恢复的需要，所以每月进行出库两份数据，一份保留在同城机房，另一份保留在异地机房。

表4-27 网络贷款系统备份策略

数据类型	备份类型	备份频率	时间窗口	带库保留时间	磁带保留时间	出库频率
数据库数据	全备	每周两次	每周二晚上 0:00～2:00 每周四晚上 0:00～2:00	2周	N/A	N/A
	增备	每天一次	每天晚上 2:00～4:00	2周	N/A	N/A
	全备	每月一次	每月1日 4:00～6:00	N/A	20年	每月出库两份数据： 同城机房一份 异地机房一份
数据库日志	归档日志	每6小时一次	循环执行 0:00～0:05 6:00～6:05 12:00～12:05 18:00～18:05	2周	N/A	N/A

2. 数据库日志

这里要备份归档日志，每6小时执行一次，将客户端上的数据库日志备份到带库设备上，由于无须长久保存，所以无须进行出库处理。

小　　结

本章首先提出了部署需求，具体可分为功能性需求、非功能性需求和容灾需求。部署需求通常由商业银行开发中心应用开发项目组提出。

接下来具体讲述了数据库部署环境规划，主要涉及计算资源、存储资源、网络资源、数据库选型、灾备规划等内容。在商业银行中，这些规划工作通常由商业银行新系统上线团队负责。

完成部署规划并经评审通过后，就进入到了实施环节。在实施环节主要以Db2和MySQL为例说明。每一种数据库都需要选择合适的高可用架构，随后进行软件安装、实例创建、数据库创建、按规范配置参数、完成用户创建和授权。这些实施工作通常也是由商业银行新系统上线团队负责。

随后，进入监控、巡检和应急脚本部署阶段。数据库在正式接入生产环境时，需要接入巡检体系，需要部署定期执行的巡检脚本，必须部署自动化应急处置脚本，这是“预防为主、处置高效”数据库运维的基础。

最后，进入集中备份方案制订和实施阶段，这是数据库真正完成上线的最后环节。只有按照备份策略完成对数据库备份，这样一旦出现了数据库损坏、数据误删等情况，就能使用相应时间的备份介质进行恢复。

所有上述工作完成后，数据库才会正式进入生产运维。

第5章

分布式数据库上线部署

大江东去，浪淘尽，千古风流人物。

故垒西边，人道是，三国周郎赤壁。

苏轼的这首《念奴娇·赤壁怀古》，借对古代战场的凭吊和对风流人物才略、气度、功业的追念，表达了词人关注历史和人生的旷达之心。

历史在变迁，科技不断向前演进，传统集中式数据库面临着诸多挑战：传统集中式数据库大多部署在IBM、HP小型机环境甚至高端大型机环境，随着时间的推移还要面临高昂的维护成本。面对这些问题，数据库的技术变革迫在眉睫。

在高并发访问下数据库如何灵活扩展？如何降低CPU使用率？如何降低内存资源的消耗？如何降低I/O访问的瓶颈？

为了解决这些问题，分布式数据库应运而生。x86服务器价格更加低廉；开源生态环境百花齐放；SSD硬盘稳定性不断提升、成本不断降低。这些优质的外部环境为分布式数据库的发展奠定了良好的基础。

乱世春秋，百家争鸣，分布式数据库在我国蓬勃发展，各家厂商都推出了自己的数据库产品。

OceanBASE是阿里巴巴蚂蚁集团推出的分布式数据库，是一款具有云原生、强一致性、高度兼容Oracle/MySQL等特性的数据库，支持三地五中心架构，全球首家通过TPC-C标准测试的分布式数据库。

GaussDB是华为推出的分布式数据库，支持并行计算，行列混合模式存储，并行批量加载数据，具有高性能数据分析能力。

TDSQL是腾讯推出的分布式数据库，是一款具备强一致性、支持全球部署架构的分布式数据库；高度兼容MySQL语法、字符集、数据类型、常用函数、处理协议等；单数据分片最大支持6TB存储，支持不停机弹性扩展。

GoldenDB分布式数据库，是一款由中信银行和中兴通讯联合研发的金融级数据库。目前已应用于多个商业银行的核心系统及重要业务系统中，本章将以GoldenDB为例深入讲解分布式数据库的上线实施。

5.1 部署需求分析

本节从某商业银行电子渠道对私业务平台应用系统简介开始，首先调研该系统对数据库的功能需求、非功能需求、灾备需求等，最终形成部署需求分析结论，这就为分布式数据库真正上线部署做好了前期准备。

5.1.1 某商业银行对私业务平台简介

某商业银行电子渠道对私业务平台，以下简称对私 BP 系统，是以“多渠道一体化”为目标，为对私渠道业务系统提供基础整合服务，对私 BP 系统已为该商业银行 30 个行内及行外第三方系统提供接入服务。

从业务上，为解决电子渠道长期快速发展中积累的总体业务规划缺乏、用户体验不一致、高并发业务承载能力不足等问题，拟通过重新规划业务框架和业务组件，实现多渠道、多触点协同优化和极致用户体验，落实渠道一体化战略。

从技术上，根据数据库技术路线规划，将原先的 IBM Db2 数据库迁移到 GoldenDB 分布式数据库，以实现从集中式数据库到分布式数据库转型，满足自主掌控的要求，以提升技术支撑能力。图 5-1 为对私 BP 系统分布式架构转型后的业务逻辑图。

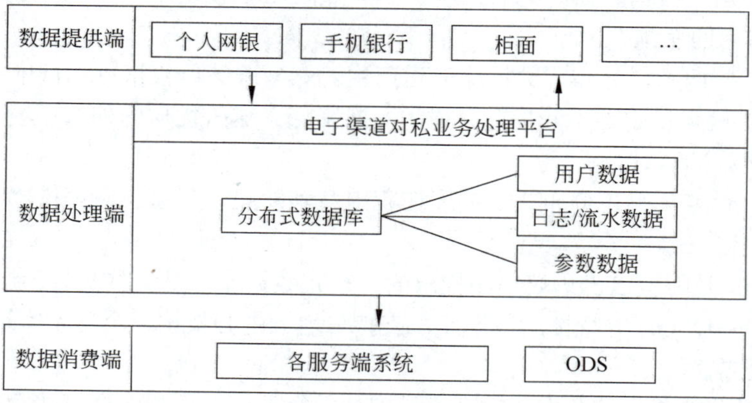

图 5-1　某商业银行对私 BP 系统逻辑结构图

5.1.2 功能性需求

数据库架构转型既是机遇，也是挑战。近年来，在互联网行业分布式数据库取得了巨大成功，数据库性能令人非常震撼。2013 年双 11，阿里巴巴自研的分布式数据库承载了 8 万笔/秒的交易量。

但是在商业银行，不仅需要考虑数据库性能，同时还要求数据强一致性、高可用性、扩展性、安全性等要求，这些综合能力是金融级数据库的核心硬性指标。具体来说，根据对私 BP 系统业务特点，对分布式数据库有如下功能性需求。

1. 事务强一致性要求

对于跨多数据分片的分布式事务，由分布式数据库集群保证事务的 ACID 特性，确保事务的全局一致性。

事务的隔离级决定了分布式事务的完整性及对其他事务的可见性，要求支持已提交读（Read Commited）隔离级别。

要求支持悲观锁，即支持 select for update 方式锁定需要更新的数据，并且锁的级别、死锁问题均由分布式数据库处理，无须应用程序干预。

2. 高可用性和扩展性要求

在部署架构上应支持全链路所有组件均提供高可用部署，包括管理节点、GTM 节点、代理节点、数据分片等；当系统出现性能瓶颈时，应支持节点在线扩容、数据动态重分布等。

当数据库发生故障时，按照非功能需求中的业务连续性指标，在生产机房故障节点能够完成自动切换，并在遇到重大生产故障时，能一键式触发切换到同城机房或者异地机房。

3. 数据可靠性和安全性

支持数据冗余技术，实现多份镜像副本并且保证副本间数据一致性，同时在数据库软件和服务器硬件出现故障情况下，均能保证数据不丢失。

4. 部署要求

分布式数据库节点众多，需要统一的组件安装可视化向导，简单易操作完成快速部署；同时安装过程应有安装日志，便于问题排查定位。

5. SQL 功能要求

（1）要求支持跨数据分片的连接查询、子查询、集合查询等复杂 SQL 语句查询。

（2）对数据库字段类型，需要支持整型、字符串类型、日期/时间类型、布尔型、大对象等常用数字段类型。

（3）要求支持比较条件、逻辑条件、空值条件、模式匹配条件、区间匹配条件、模糊匹配条件等常用条件表达式。

（4）要求支持主键、全局唯一索引等键值约束。

（5）要求支持 UTF8MB4 字符集编码。

（6）要求支持执行计划展示功能。

6. 适配能力要求

对于软件适配性能力要求：要求支持主流的 Linux 操作；支持 Java、Python 等常用编程语言；支持 JDBC 接口。

对于硬件适配性能力要求：现阶段应支持 x86 架构，未来应支持 ARM 架构。

5.1.3 非功能性需求

对私 BP 系统的非功能需求，主要考虑以下几个方面。

（1）事务吞吐量：对私 BP 分布式数据库系统需要承载手机银行、个人网银等系统核心数据，交易量大，峰值要求达到 16000TPS。

（2）响应时间：平均交易时间小于 20 ms。

（3）系统可用性指标：7×24 h 对外提供服务，全年系统可用率要求大于 99.99%。

（4）两地三中心部署结构：除生产机房对外提供服务外，同城机房也应满足应用多活部署，具有承载部分查询业务的能力。

（5）业务连续性指标：同城灾备机房切换要求 RTO<5min，RPO 为 0；对于异地机房要求 RTO<15min，RPO<2min。

5.1.4 灾备需求

从 5.1.1 节，读者知道对私 BP 分布式数据库系统承载大量重要业务系统数据，如果出现长时间异常中断甚至区域灾难问题（如机房故障、区域性自然灾害等），不但会带来公民金融权益的损害，甚至有可能影响到国家金融秩序的稳定，因此需要建立完善的容灾机制，防范风险于未然。

根据中国人民银行 2020 年发布的《分布式数据库技术金融应用规范灾难恢复要求》，金融领域分布式数据库的灾难恢复能力要求至少达到 4 级以上标准，具体对应 RTO、RPO、灾备部署等关键指标如表 5-1 所示。

表 5-1 金融领域分布式数据库容灾能力等级划分

容灾等级	RTO（恢复时间目标）	RPO（恢复点目标）	灾备部署要求
4 级	小于等于 30 min	0	需要部署同城灾备或异地灾备
5 级	小于等于 15 min	0	需要部署异地灾备
6 级	小于等于 1 min	0	需要部署异地灾备

另外，从数据备份、数据处理、网络能力角度，每种容灾等级详细要求如表 5-2 所示。

表 5-2 容灾等级技术要求

容灾等级	数据备份	数据处理	网络能力
4 级	（1）至少一个副本处于同城或异地数据中心，且至少一个副本处于同步复制状态。 （2）每周至少一次全量备份、每天一次增量备份	（1）同城分布式数据库备机具有生产系统主机相同的数据处理能力，且至少一个备机处于运行状态。 （2）分布式数据库备机与生产系统主机有相同的高可用性	（1）应提供足够的带宽，保证向备机传输数据的带宽满足业务峰值所需的带宽。 （2）同城数据中心的网络配置具有与生产系统相同的网络处理能力
5 级	（1）生产、同城数据中心至少有两个数据副本、在满足 RTO 和 RPO 要求下，异地至少有一个副本；同城数据中心至少有一个副本处于同步复制状态。 （2）每周至少一次全量备份、每天一次增量备份	（1）同城和异地分布式数据库备机具有生产系统主机相同的数据处理能力，且至少一个备机处于运行状态。 （2）同城和异地分布式数据库备机与生产系统主机有相同的高可用性	（1）应提供足够的带宽，保证向备机传输数据的带宽满足业务峰值所需的带宽。 （2）同城、异地数据中心的网络配置具有与生产系统相同的网络处理能力
6 级	（1）生产、同城、异地每个数据中心至少包含两个数据副本，且同城数据中心，至少有一个副本处于同步复制状态。 （2）每两天一次全量备份，每天一次增量备份	（1）同城和异地分布式数据库备机具有生产系统主机相同的数据处理能力，且备机均处于运行状态。 （2）同城和异地分布式数据库备机与生产系统主机有相同的高可用性	（1）应提供足够的带宽，保证向备机传输数据的带宽大于业务峰值所需的带宽。 （2）同城、异地数据中心的网络配置具有与生产系统相同的网络处理能力

定义了以上灾难恢复要求以后，结合对私 BP 系统的非功能性需求，需要两地三种部署，同城数据中心需要接管部分查询需求。综合以上情况，对私 BP 系统分布式数据库应按照容灾 5 级标准建设。

5.1.5　部署需求分析结论

最后将功能性需求、非功能性需求以及灾备需求的调研内容进行总结归纳，形成如表 5-3 所示的对私 BP 系统需求列表。

表 5-3　对私 BP 系统需求列表

系统名称	对私 BP 系统
系统分类	业务交易类（√） 运营支撑类（×） 管理分析类（×） 办公管理类（×） 开发支撑类（×） 运维支撑类（×）
重要性等级	第一类（√） 第二类（×） 第三类（×）
系统服务时间	7×24（√） 5×24（×） 5×8（×） 7×8（×）
用户类型	最终客户、业务管理员、系统管理员
功能性需求	支持 SQL-99（√）
	多表关联（√）
	存储过程（×）
	自定义函数（×）
非功能性需求	性能： （1）峰值 TPS：16 000，其中包含 20%的金融交易，80%的查询交易； （2）总体平均响应时间小于 60ms
	可用性： 99.9%（×） 99.99%（√） 99.999%（×）
	扩展性： 纵向扩展（√） 横向扩展（√）
工作负载	OLTP（√） OLAP（×） 混合负载（×）

续表

系统名称	对私 BP 系统
灾备需求	同城灾备（√） 异地灾备（√）

5.2 基础软硬件环境规划

通过前文对对私 BP 系统的应用系统简介，了解到对私 BP 系统承载了多套重要应用系统的业务数据，同时通过功能性需求、非功能性需求的调研可以知道对于数据库的性能、灾备等级要求均非常高。所谓不谋全局者，不足以谋一域，面对这些苛刻的要求，GoldenDB 分布式数据库系统在建设之前需要做好周密的环境规划，包括软件的部署架构、服务器资源配置、存储空间规划、网络环境的规划等。本节将逐一对这些内容展开详细讲解。

5.2.1 总体部署规划

根据部署需求分析结论以及 2.3.2 节 GoldenDB 分布式数据库集群的组成结构，某商业银行对私 BP 系统最终部署架构如图 5-2 所示。

（1）根据灾备需求，需要有同城灾备中心和异地灾备中心，即采用两地三中心的部署架构。

（2）管理节点（OMM）：生产机房部署两台，一台主机，另外一台备机，通过 HA 双机软件实现高可用，集群管理软件和元数据库主节点在主机运行，元数据库从节点在备机运行，并与主节点通过快同步实现数据同步；同城机房两台备机，部署 HA 双机软件、集群管理软件、元数据库和 HA 双机软件，元数据库作为备节点与主节点通过快同步进行数据复制；异地机房和同城机房部署方式类似。

（3）全局事务管理节点（GTM）：生产机房部署两台，一台主机，另外一台备机；同城机房部署两台备机，异地机房部署两台备机，一共六台备机。当主节点出现故障无法提供服务时，管理节点（OMM）负责从备节点中选择新主节点完成故障切换。

（4）代理节点（DBProxy）：要确定代理节点（DBProxy）的部署规模，需要先了解应用系统的性能容量需求。该系统的交易峰值需要达到 16000TPS（Transaction Per Second，每秒处理事务数），交易平均响应时间应小于 60ms，以此为标准进行压力测试。测试结果表明，在 CPU 使用率不超过 50%的情况下，单台 DBProxy 能够支持 1000TPS，因此最终确定生产机房需要 16 台代理节点（DBProxy）满足业务需求。之所以要求 CPU 使用率不超过 50%，是考虑到能有充足的系统资源应对业务繁忙的场景。考虑到灾备需求，还需要在同城机房、灾备机房分别再补充 16 台，供灾备环境使用。

（5）数据分片（DBGroup）：要确定数据分片的部署规模，需要考虑未来 3～5 年数据增长量。对私 BP 系统在迁移到 GoldenDB 分布式数据库之前的数据量约为 16TB，预计每年增长 15%～20%的业务数据，3 年后需要总存储空间约为 24TB。根据最佳实践，每组数据分片可承载 1.5TB 的数据量，那就需要 16 组数据分片分担 24TB 数据（分组数=24TB/1.5TB=16）。通常，在每组数据分片中，生产机房一台主机，一台备机，同城机房中两台备机，异地机房中两台备机，所以每组数据库分片一共有 1 台主机、5 台备机。

（6）对于 LoadServer 服务器，供导入、导出数据使用，考虑到同机房内的高可用性以及不同机房的容灾需求，每个机房需要部署两台 LoadServer 服务器。

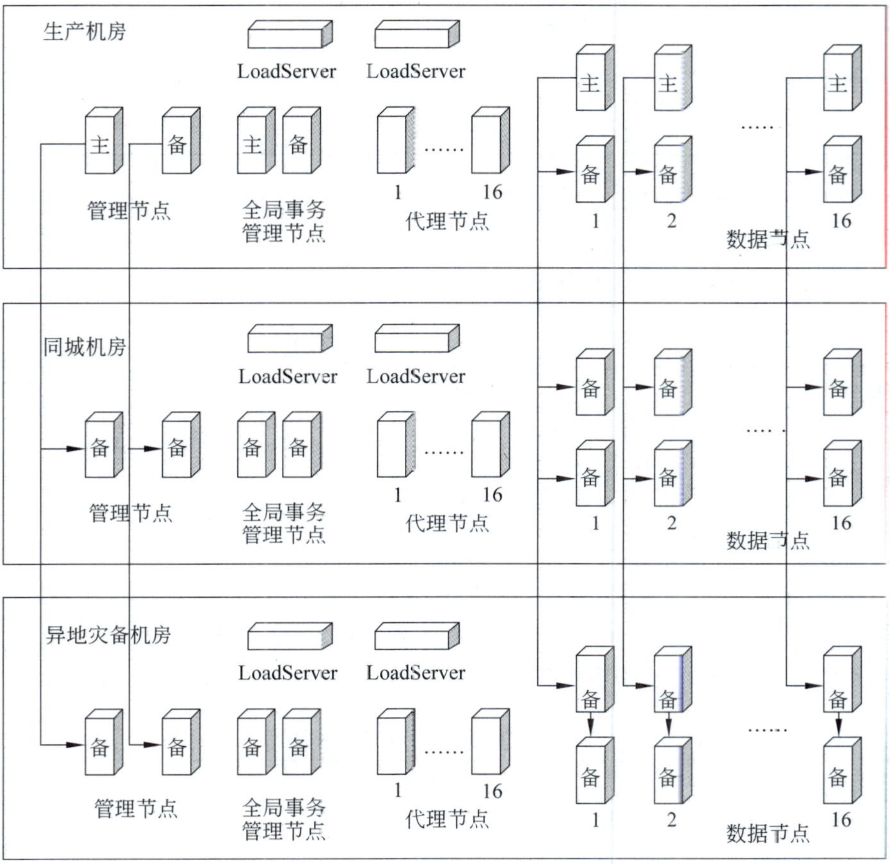

图 5-2　对私 BP 系统 GoldenDB 分布式数据库部署结构图

5.2.2　计算资源规划

根据 GoldenDB 分布式数据库部署结构图，不同的节点对资源的需求不同，该商业银行对于不同节点类型制定了不同的硬件选择规范，详细规范内容如下。

（1）OMM 管理节点配置信息如表 5-4 所示。

表 5-4　OMM 管理节点配置信息

服务器用途	服务器规格	节点个数
集群管理	CPU：2 路×16 核 内存：128GB 网卡：3×2 口外插光口万兆网卡 硬盘：600GB SSD 本地硬盘两块	生产机房：2 台 同城机房：2 台 灾备机房：2 台

OMM 管理节点主要用于集群管理和元数据管理，对服务器的硬件要求相对较低，可以选择低配置服务器规格。

（2）GTM 管理节点配置信息如表 5-5 所示。

表 5-5　GTM 管理节点配置信息

服务器用途	服务器规格	节点个数
全局事务管理	CPU：2 路×16 核 内存：128GB 网卡：3×2 口外插光口万兆网卡 硬盘：600GB SSD 本地硬盘两块	生产机房：2 台 同城机房：2 台 灾备机房：2 台

GTM 管理节点的作用主要是提供集群全局事物管理，对服务器的硬件要求相对较低，可以选择低配置服务器规格。

（3）DBProxy 节点配置信息如表 5-6 所示。

表 5-6　DBProxy 节点配置信息

服务器用途	服务器规格	节点个数
DBProxy 计算节点	CPU：4 路×16 核 内存：128GB 网卡：3×2 口外插光口万兆网卡 硬盘：600GB SSD 本地硬盘两块	生产机房：16 台 同城机房：16 台 灾备机房：16 台

DBProxy 节点主要用于 SQL 语句的解析和执行，对 CPU 的消耗相对较高，因此在选择服务器配置时，需要为 DBProxy 服务器配置更多颗 CPU，这里选择中配置服务器规格。

（4）数据库节点配置信息如表 5-7 所示。

表 5-7　数据库节点配置信息

服务器用途	服务器规格	节点个数
数据库节点	CPU：4 路×16 核 内存：256GB 网卡：3×2 口外插光口万兆网卡 硬盘： 600GB SSD 本地硬盘 2 块，用于存放操作系统。 600GB NVMe SSD 本地硬盘 8 块用于存放数据文件和日志文件	生产机房：16 台 同城机房：16 台 灾备机房：16 台

数据库节点需要处理数据的读写、缓存、SQL 语句的解析和执行，综合处理能力要求高，在服务器选择时配置是最高的，除了 CPU 核数多，内存大，还配备了高端 NVMe SSD 本地硬盘，这里选择高配置服务器规格。

（5）LoadServer 节点配置信息如表 5-8 所示。

表 5-8　LoadServer 节点配置信息

服务器用途	服务器规格	节点个数
数据导入导出	CPU：2 路×16 核 内存：128GB 网卡：3×2 口外插光口万兆网卡 硬盘：600GB SSD 本地硬盘 8 块	生产机房：2 台 同城机房：2 台 灾备机房：2 台

LoadServer 节点的特点是，对数据库进行数据传输，对硬件资源需求主要是磁盘 I/O 能

力，以及对存储空间的需求。

5.2.3　存储资源规划

关于使用本地资源、SAN 存储磁盘的优缺点，请参考第 4 章。综合考虑分布式数据库的横向扩展性，以及对于性能要求高，采用本地磁盘作为存储资源使用。

分布式数据库存储资源空间的消耗最大的是数据分片节点，主要消耗在 MySQL 表空间文件和 binlog 日志文件。其他节点的存储空间需求较小，主要消耗在分布式数据库软件上。

分布式数据库各组件服务器卷组以及逻辑卷的划分，需要遵循该商业银行操作系统规范进行创建，详细卷组以及逻辑卷的划分规范如下。

1. OMM 管理节点

OMM 管理节点所用存储资源主要用于存放分布式数据库的元数据库，具体规划如下。

采用 2×600GB SSD 硬盘，组成 RAID 1，实际使用空间为 600GB，用于存放操作系统和 OMM 软件。文件系统规划如表 5-9 所示。

表 5-9　OMM 节点存储资源规划

<table>
<tr><th colspan="3">主机名</th><th colspan="3">omm</th></tr>
<tr><th>名称</th><th>名称</th><th>卷大小</th><th>挂载点</th><th>属主/组</th><th>备注</th></tr>
<tr><td>rootvg</td><td>lvroot</td><td>200GB</td><td>/</td><td>root:root</td><td></td></tr>
<tr><td>rootvg</td><td>lvdata</td><td>400GB</td><td>/home/omm</td><td>omm:omm</td><td>管理软件
元数据库</td></tr>
</table>

2. GTM 节点

GTM 节点对存储空间需求相对较小，对磁盘性能要求较低，采用 2×600GB SSD 硬盘，组成 RAID 1，实际使用空间为 600GB，用于存放操作系统和 GTM 软件。文件系统规划如表 5-10 所示。

表 5-10　GTM 节点存储资源规划

<table>
<tr><th colspan="3">主机名</th><th colspan="3">gtm</th></tr>
<tr><th>名称</th><th>名称</th><th>卷大小</th><th>挂载点</th><th>属主/组</th><th>备注</th></tr>
<tr><td>rootvg</td><td>lvroot</td><td>200GB</td><td>/</td><td>root:root</td><td></td></tr>
<tr><td>rootvg</td><td>lvdata</td><td>400GB</td><td>/home/gtm</td><td>gtm:gtm</td><td>GTM 软件</td></tr>
</table>

3. DBProxy 节点

DBProxy 节点的存储资源主要消耗在操作系统和 DBProxy 软件上，空间需求相对较小，对磁盘性能要求较低，具体规划如下。

采用 2×600GB SSD 硬盘，组成 RAID 1，实际使用空间为 600GB，用于存放操作系统和 DBProxy 软件。文件系统规划如表 5-11 所示。

4. DB 节点

数据库节点对存储资源的需求主要在于 MySQL 数据库表空间文件和 binlog 日志文件的空间需求。

表 5-11　DBProxy 节点存储资源规划

主机名			proxy		
名称	名称	卷大小	挂载点	属主/组	备注
rootvg	lvroot	200GB	/	root:root	
rootvg	lvdata	400GB	/home/proxy	proxy:proxy	DBProxy 软件

操作系统：2×600GB SSD（系统盘 2 块），组成 RAID 1，实际使用空间为 600GB；数据库：8×600GB NVME SSD 组成 RAID 1，实际使用空间为 2.4TB。文件系统规划如表 5-12 所示。

表 5-12　DB 节点存储资源规划

主机名			ddb		
vg 名称	卷组名称	卷大小	挂载点	属主/组	备注
rootvg	lvroot	600GB	/	root:root	操作系统
datavg	lvdata	2TB	/home/ddb/	ddb:ddb	数据库软件 数据文件
datavg	lvlog	400GB	/home/ddb/binlog	ddb:ddb	binlog 日志

5. LoadServer

LoadServer 节点存储资源主要消耗在加载和卸载的数据，对于 I/O 读写性能要求很高，空间使用量相对较大，因此采用如下配置：采用 8×600GB SSD 硬盘，组成 RAID 1，实际使用空间为 2.4TB，用于安装操作系统。文件系统规划如表 5-13 所示。

表 5-13　LoadServer 节点存储资源规划

主机名			lds		
名称	名称	卷大小	挂载点	属主/组	备注
rootvg	lvroot	200GB	/	root:root	
datavg	lvdata	2.4TB	/home/lds	lds:lds	LoadServer 软件和数据

5.2.4　网络资源规划

规划好计算资源和存储资源后，接下来规划网络资源，主要包括分布式数据库各节点 IP 地址和域名申请。

1. 规划 IP 地址

计算资源规划完毕以后，接下来针对各节点 IP 地址进行规划，如表 5-14 所示。

表 5-14　各节点 IP 地址规划

节点类型	IP 需求
管理节点	管理节点在同机房内使用 HA 软件实现高可用，因此管理节点的 IP 地址需求如下。 （1）服务器管理 IP； （2）HA 集群服务 IP，与服务器管理 IP 同网段； （3）HA 心跳 IP； （4）集中备份软件需要采用独立的网卡，需要配置备份私网 IP

续表

节点类型	IP 需求
GTM 节点	（1）服务器管理 IP； （2）备份私网 IP
DBProxy 节点	（1）服务器管理 IP； （2）备份私网 IP
DB 节点	（1）服务器管理 IP； （2）备份私网 IP
LoadServer 节点	（1）服务器管理 IP； （2）备份私网 IP

2. 域名申请

为 OMM 管理节点申请域名，该域名解析的 IP 地址为管理节点 HA 集群的服务 IP。用于 GoldenDB 分布式数据库集群各节点与 OMM 管理节点通信。使用域名的优点是当 OMM 节点主备发生切换时，分布式数据库各节点通过域名即可找到新的 OMM 主节点。

5.2.5　对私 BP 系统规划结论

按照上述基础软硬件环境规划，该商业银行对私 BP 系统最终的规划情况如表 5-15 所示。采用 GoldenDB 分布式数据库 0504U2 版本；数据库部署在 x86 物理服务器上，使用本地磁盘存储；采用基于数据库主从复制的容灾方案。

表 5-15　对私 BP 系统规划结论

系统名称	对私 BP 系统
计算资源	小型机（×） x86 服务器（√） 物理机（√） 虚拟机（×）
存储资源	本地盘（√） SAN 存储（×）
网络资源规划	规划 IP 地址（√） 开通网络访问（√）
数据库规划	GoldenDB 分布式数据库
	版本选择：0504U2
灾备规划	基于存储复制的容灾方案（×） 基于数据库复制的容灾方案（√）

5.3　GoldenDB 分布式数据库部署

做好软硬件规划后，接下来就可以部署 GoldenDB 分布式数据库了。

首先在生产、同城、异地灾备机房 OMM 管理节点上安装双机 HA 软件 pacemaker；然后在所有 OMM 管理节点上安装 OMM 软件；随后分别配置双机，每个机房的两台服务器各自构成HA双机。

平时只启动生产机房管理节点，只有当生产机房管理节点出现故障时，其他机房管理节点才接管。配置好管理节点后，就可以通过Web浏览器登录管理节点安装DBProxy、数据节点、GTM、LDS等其他节点软件了，安装流程如图5-3所示。

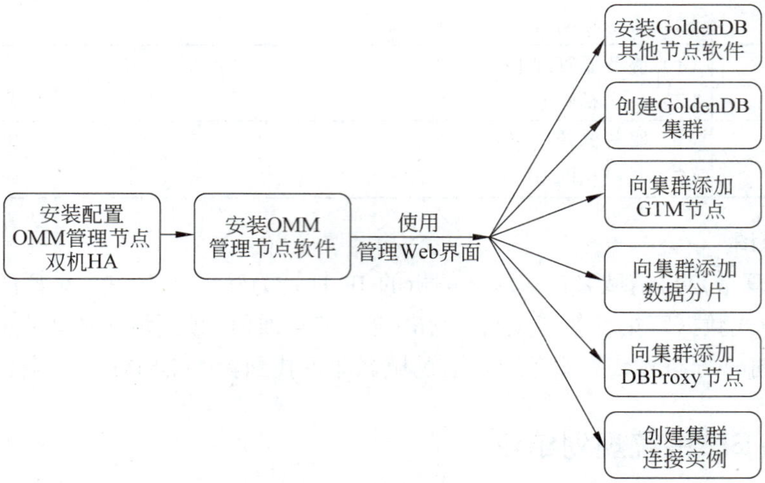

图5-3　GoldenDB分布式数据库安装流程图

5.3.1　按照规范配置操作系统

操作系统是分布式数据库运行的基石，需要规范化配置才能保证分布式数据库安全稳定地运行，以下是该商业银行安装GoldenDB分布式数据库的操作系统配置规范。

1. 关闭防火墙

确认防火墙是否关闭：

```
#systemctl status firewalld
```

显示下面内容表示防火墙已经关闭。

```
iptables：未运行防火墙。
```

如果不是，则执行下面的命令关闭防火墙。

```
#systemctl disable firewalld
#systemctl stop firewalld
#chkconfig firewalld off
```

2. 关闭SELinux

检查SELinux是否关闭，查看文件/etc/selinux/config，确保文件中SELINUX的值为“disabled”。

```
#vi /etc/selinux/config
```

3. 安装 FTP

LoadServer 节点需要安装 FTP 服务端：

```
#rpm  -ivh vsftpd-3.0.2-22.el7.x86_64.rpm
```

LoadServer 节点需要安装 FTP 服务端：

```
# rpm -ivh ftp-0.17-67.el7.x86_64.rpm
```

4. 检查是否安装了 perl 相关组件

```
yum list installed | grep 'perl-Data-Dumper'
yum list installed | grep 'perl-Digest-MD5'
yum list installed | grep 'perl-DBI'
yum list installed | grep 'perl-DBD-MySQL'
```

若未安装执行如下命令安装。

```
yum install perl-Data-Dumper
yum install perl-Digest-MD5
yum install perl-DBI
yum install perl-DBD-MySQL
```

5. 关闭 swap

以 root 用户执行以下命令清除部分缓存空间。

```
echo 3 > /proc/sys/vm/drop_caches
```

执行以下命令，关闭交换区内存。

```
echo 0 > /proc/sys/vm/swappiness
echo "vm.swappiness=0" >> /etc/sysctl.conf
sysctl -p
```

执行以下命令，关闭所有交换分区。

```
swapoff -a
```

5.3.2 安装管理节点双机软件

准备工作完成后，就可以按照流程图 5-3 的顺序进行安装了。首先进行双机软件的安装和配置。

1. 双机软件安装

OMM 管理节点双机具体配置过程如下。

（1）配置双机系统网络服务名。

按照图 5-2 的部署架构，生产、同城、异地机房各两台服务器，同机房内的两台服务器分别组成双机 HA，以下以生产机房为例讲解双机 HA 软件的配置，其他机房配置方法相同。

生产机房双机 HA 两台服务器的主机名分别为 omm01 和 omm02。

在 omm01 和 omm02 两台服务器上分别修改/etc/hosts 文件如下。

```
# vi /etc/hosts
127.0.0.1   localhost localhost.localdomain localhost4 localhost4.localdomain4
::1         localhost localhost.localdomain localhost6 localhost6.localdomain6

主机 1 地址 omm01
主机 2 地址 omm02
```

（2）安装双机软件。

双机软件使用的是 pacemaker，安装过程如下。

```
--通过 yum 安装 pacemaker 相关 rpm 包
# yum install -y pcs pacemaker fence-agents-all
上述 yum install 命令执行完毕后，会安装如下 rpm 包：
# rpm -q -a | grep -E 'pacemaker|pcs|cman|corosync' |grep -v pcsc |sort
corosync-2.4.0-9.el7.x86_64.rpm
corosynclib-2.4.0-9.el7.x86_64
pacemaker-1.1.16-12.el7.x86_64
pacemaker-cli-1.1.16-12.el7.x86_64
pacemaker-cluster-libs-1.1.16-12.el7.x86_64
pacemaker-libs-1.1.16-12.el7.x86_64
pcs-0.9.158-6.el7.x86_64
```

（3）卸载 NetworkManager。

```
--执行以下命令，卸载 NetworkManager。
# yum remove NetworkManager
Loaded plugins: alias….
…
Installed size: 23 M
Is this ok [y/N]: y                    --输入 y
…
Complete!
```

2. 双机集群配置

（1）初始化集群配置信息。

为 hacluster 用户创建密码。在 omm01 和 omm02 上执行如下命令。

```
# passwd hacluster
```

启动 pcsd 服务。在 omm01 和 omm02 上执行如下命令。

```
# systemctl start pcsd
# systemctl enable pcsd
```

认证 pcs。在 omm01 上执行如下命令，执行命令后输入用户名 hacluster。

```
# pcs cluster auth omm01 omm02
输入用户：hacluster
输入密码：
```

（2）创建集群。

在 omm01 上 root 用户下运行下面的命令，创建以 ommcluster 命名的集群。

```
# pcs cluster setup --start --name ommcluster omm01 omm02
```

请检查/etc 目录下是否有 cluster 目录，如果没有，手动创建 cluster 目录，之后再启动集群。

```
# pcs cluster start  --all
```

验证集群创建并启动成功后，方可在两台机器上分别执行 pcs status 命令检查集群状态。

```
# pcs status
```

3. 设置全局参数

下面的操作只在 omm01 机器上执行。

```
--设置不需要仲裁盘。
pcs property set no-quorum-policy=ignore
--设置失败后默认动作为迁移
pcs resource op defaults on-fail=migrate
--不使用 fence_ip 服务（如果未配置 fence_ipmi 服务，执行下面规则）
pcs property set stonith-enabled=false
```

（1）配置 stonith。

设置 omm01 节点，当节点出现故障，通过 ipmi 重启节点。

```
# pcs stonith create omm01_fence fence_ipmilan ipaddr="xxx.xxx.xxx.xxx" passwd="xxx" login="xxx" actI/On="reboot" pcmk_host_list=omm01 op monitor interval =5s
```

设置 omm02 节点，当节点出现故障，通过 ipmi 重启节点。

```
# pcs stonith create omm02_fence fence_ipmilan ipaddr="xxx.xxx.xxx.xxx" passwd="xxx" login="xxx" actI/On="reboot" pcmk_host_list=omm02 op monitor interval =5s
```

（2）创建浮动 IP 资源。

在 omm01 上执行以下命令。

```
# pcs resource create managerIP ocf:heartbeat:IPaddr2 ip="主机 1 地址" cidr_netmask=24 --group manager
```

（3）创建资源规则关系。

在 omm01 上执行以下命令，设置 locatI/On 规则。

```
# pcs constraint locatI/On manager prefers omm01=100
# pcs constraint locatI/On manager prefers omm02=100
```

4. 添加双机资源

从程序包中复制相关脚本到/etc/init.d 目录中。

```
cp /home/setup/omm/ha/* /etc/init.d/
chmod +x /etc/init.d/rdbActive.sh
chmod +x /etc/init.d/rdbStandby.sh
chmod +x /etc/init.d/omm
```

下面是具体的添加资源命令。

```
pcs resource create rdbActive lsb:rdbActive.sh op monitor interval=5s timeout=100s start interval=0s timeout=30s
pcs resource create rdbStandby lsb:rdbStandby.sh op monitor interval=5s timeout=100s start interval=0s timeout=30s
pcs resource create ommsh lsb:omm op monitor interval=5s timeout=100s
pcs resource create managersh lsb:dbmonimanagerha.sh op monitor interval=5s timeout=10s
```

5. 启动双机服务

启动双机软件，运行相关资源。

```
pcs resource enable managersh
pcs resource enable ommsh
pcs resource enable rdbStandby
pcs resource enable rdbActive
```

5.3.3 安装 GoldenDB 集群软件

安装和配置好双机软件后，接下来进行 OMM 节点管理软件的安装。

1. 安装 OMM 管理节点软件

分别在 OMM 管理节点主备机执行如下步骤，安装 OMM 节点管理软件。

（1）使用 root 用户登入管理节点主机，并创建/home/setup 目录。

```
cd /home
mkdir setup
```

（2）将安装包 GOLDENDB-RHV5.0.02_omm.zip 利用 SFTP 工具上传到服务器/home/setup 目录。

（3）在/home/setup 目录下解压 GOLDENDB-RHV5.0.02_omm.zip。

```
unzip GOLDENDB-RHV5.0.02_omm.zip
```

（4）进入解压后的 omm 目录。

```
cd /home/setup/omm
```

（5）修改配置文件 install_redhat.ini 中的配置项 deviceip，其他可以不修改。

```
#vi install_redhat.ini
deviceip=OMM 实际物理地址
ommuser=goldendb
db_port=3309
super_user_name=super
```

```
super_user_pass=xxx
normal_user_name=normal
normal_user_pass=xxx
repl_user_name=repl
repl_user_pass=xxx
default_user_pass=xxx
[install1]
needinstall_ommp=1
baseversion_ommp=redhatlinux_product.zip
baseversion_database=OMMGOLDENDB-DB-TRUNKV2.0.zip
[install2]
needinstall_omm=1
baseversion_omm=OMMGOLDENDB-OMMV5.0.02.zip
[install3]
needinstall_openjdk=1
baseversion_openjdk=/home/setup/jdk-8u181-linux-x64-b01.zip
[install4]
encrypt_type=1
```

相关参数说明如下。

[deviceip]：管理节点物理 IP，根据实际情况配置。

[ommuser]：安装 OMM 应用的用户名，默认值可不修改。

[port]：安装的 MySQL 数据库使用的端口。

[super_user_name]：MySQL 的 super 用户名，权限与 root 用户权限相等。

[super_user_pass]：MySQL 的 super 用户的密码。

[normal_user_name]：MySQL 的 normal 用户名。

[normal_user_pass]：MySQL 的 normal 用户的密码。

[default_user_pass]：root 的用户密码。

[baseversion_openjdk]：JDK 安装包配置路径。

[encrypt_type]：encrypt_type 为 0，采用 AES 算法加密，encrypt_type 为 1，采用国密算法加密。

（6）以 root 用户执行 install_ommp_redhat.sh 脚本完成静默安装。

```
sh install_ommp_redhat.sh
```

（7）启动 omm1 和 omm2 的元数据库。

```
su - omm
dbmoni -start
```

（8）启动 omm01 上的 activemq。

```
su - omm
activemqdbmoni -start
```

（9）启动 omm01 上的 OMM。

```
su - omm
jtool -was start
```

（10）安装完毕后打开浏览器，输入地址 http://OMM 地址:8013/uniportal，进入 OMM 管理界面，如图 5-4 所示。

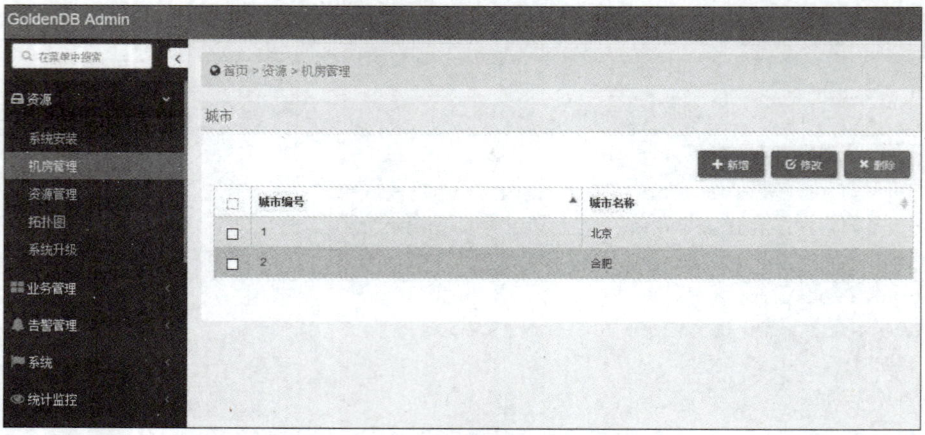

图 5-4 GoldenDB 管理界面

2. 安装集群其他所有节点软件

安装好 OMM 管理节点后，其他所有组件，包括代理节点（DBProxy）、数据分片（DB）、全局事务管理（GTM）节点，可以根据 GoldenDB 集群配置模板，通过 OMM 界面指引一键自动化安装。

1）上传自动安装产品包

（1）依次选择“资源”→“系统安装”菜单，进入系统安装页面。

（2）单击“本地上传”标签，进入本地上传页面。单击图中“文件夹”图标，将自动安装产品包上传，如图 5-5 所示。

图 5-5 上传自动安装产品包

2）填写 GoldenDB 集群安装规划

（1）在图 5-5 中，单击“安装规划”按钮，如图 5-6 所示，下载 GoldenDB 集群配置模板。

图 5-6 下载 GoldenDB 集群配置模板

（2）根据提示信息填写模板所有 Sheet 页，如图 5-7 所示，以 DBProxy 为例，将生产、同城、异地机房所有 DBProxy 的主机 IP、软件安装用户、用户密码、安装路径等信息依次填写到该 Sheet 页中。

	A	B	C	D	E	F	G	H	I	J
1	主机IP	用户名	用户密码	应用用户路径	是否重新安装	DBPROXY监听端口	DBPROXY通信端口	PROXYMANAGER的IP	PROXYMANAGER监听端口	启动DBPROXY
2	192.168.1.101	proxy	******	/home/proxy	0	4615	1360	dsbp.gdb.cluster	5007	0
3	192.168.1.102	proxy	******	/home/proxy	0	4615	1360	dsbp.gdb.cluster	5007	0
4	192.168.1.103	proxy	******	/home/proxy	0	4615	1360	dsbp.gdb.cluster	5007	0
5	192.168.1.104	proxy	******	/home/proxy	0	4615	1360	dsbp.gdb.cluster	5007	0
6	192.168.1.105	proxy	******	/home/proxy	0	4615	1360	dsbp.gdb.cluster	5007	0
7	192.168.1.106	proxy	******	/home/proxy	0	4615	1360	dsbp.gdb.cluster	5007	0
8	192.168.1.107	proxy	******	/home/proxy	0	4615	1360	dsbp.gdb.cluster	5007	0
9	192.168.1.108	proxy	******	/home/proxy	0	4615	1360	dsbp.gdb.cluster	5007	0
10	192.168.1.109	proxy	******	/home/proxy	0	4615	1360	dsbp.gdb.cluster	5007	0
11	192.168.1.110	proxy	******	/home/proxy	0	4615	1360	dsbp.gdb.cluster	5007	0
12	192.168.1.111	proxy	******	/home/proxy	0	4615	1360	dsbp.gdb.cluster	5007	0
13	192.168.1.112	proxy	******	/home/proxy	0	4615	1360	dsbp.gdb.cluster	5007	0
14	192.168.1.113	proxy	******	/home/proxy	0	4615	1360	dsbp.gdb.cluster	5007	0
15	192.168.1.114	proxy	******	/home/proxy	0	4615	1360	dsbp.gdb.cluster	5007	0
16	192.168.1.115	proxy	******	/home/proxy	0	4615	1360	dsbp.gdb.cluster	5007	0
17	192.168.1.116	proxy	******	/home/proxy	0	4615	1360	dsbp.gdb.cluster	5007	0
18	192.168.1.117	proxy	******	/home/proxy	0	4615	1360	dsbp.gdb.cluster	5007	0
19	192.168.1.118	proxy	******	/home/proxy	0	4615	1360	dsbp.gdb.cluster	5007	0
20	192.168.1.119	proxy	******	/home/proxy	0	4615	1360	dsbp.gdb.cluster	5007	0
21	192.168.1.120	proxy	******	/home/proxy	0	4615	1360	dsbp.gdb.cluster	5007	0
22	192.168.1.121	proxy	******	/home/proxy	0	4615	1360	dsbp.gdb.cluster	5007	0
23	192.168.1.122	proxy	******	/home/proxy	0	4615	1360	dsbp.gdb.cluster	5007	0
24	192.168.1.123	proxy	******	/home/proxy	0	4615	1360	dsbp.gdb.cluster	5007	0
25	192.168.1.124	proxy	******	/home/proxy	0	4615	1360	dsbp.gdb.cluster	5007	0
26	192.168.1.125	proxy	******	/home/proxy	0	4615	1360	dsbp.gdb.cluster	5007	0
27	192.168.1.126	proxy	******	/home/proxy	0	4615	1360	dsbp.gdb.cluster	5007	0
28	192.168.1.127	proxy	******	/home/proxy	0	4615	1360	dsbp.gdb.cluster	5007	0
29	192.168.1.128	proxy	******	/home/proxy	0	4615	1360	dsbp.gdb.cluster	5007	0
30	192.168.1.129	proxy	******	/home/proxy	0	4615	1360	dsbp.gdb.cluster	5007	0
31	192.168.1.130	proxy	******	/home/proxy	0	4615	1360	dsbp.gdb.cluster	5007	0
32	192.168.1.131	proxy	******	/home/proxy	0	4615	1360	dsbp.gdb.cluster	5007	0
33	192.168.1.132	proxy	******	/home/proxy	0	4615	1360	dsbp.gdb.cluster	5007	0
34	192.168.1.133	proxy	******	/home/proxy	0	4615	1360	dsbp.gdb.cluster	5007	0
35	192.168.1.134	proxy	******	/home/proxy	0	4615	1360	dsbp.gdb.cluster	5007	0
36	192.168.1.135	proxy	******	/home/proxy	0	4615	1360	dsbp.gdb.cluster	5007	0
37	192.168.1.136	proxy	******	/home/proxy	0	4615	1360	dsbp.gdb.cluster	5007	0
38	192.168.1.137	proxy	******	/home/proxy	0	4615	1360	dsbp.gdb.cluster	5007	0
39	192.168.1.138	proxy	******	/home/proxy	0	4615	1360	dsbp.gdb.cluster	5007	0
40	192.168.1.139	proxy	******	/home/proxy	0	4615	1360	dsbp.gdb.cluster	5007	0
41	192.168.1.140	proxy	******	/home/proxy	0	4615	1360	dsbp.gdb.cluster	5007	0
42	192.168.1.141	proxy	******	/home/proxy	0	4615	1360	dsbp.gdb.cluster	5007	0
43	192.168.1.142	proxy	******	/home/proxy	0	4615	1360	dsbp.gdb.cluster	5007	0
44	192.168.1.143	proxy	******	/home/proxy	0	4615	1360	dsbp.gdb.cluster	5007	0
45	192.168.1.144	proxy	******	/home/proxy	0	4615	1360	dsbp.gdb.cluster	5007	0
46	192.168.1.145	proxy	******	/home/proxy	0	4615	1360	dsbp.gdb.cluster	5007	0
47	192.168.1.146	proxy	******	/home/proxy	0	4615	1360	dsbp.gdb.cluster	5007	0
48	192.168.1.147	proxy	******	/home/proxy	0	4615	1360	dsbp.gdb.cluster	5007	0
49	192.168.1.148	proxy	******	/home/proxy	0	4615	1360	dsbp.gdb.cluster	5007	0

图 5-7　安装规划模板

填写后单击“上传”按钮，上传配置模板。需要注意的是图片中的 IP 地址、端口号等信息均为示例所用，不是实际生产 IP 地址、端口号。

3）安装 MDS/PM/CM/GTM/DBPROXY/LDS/DB 组件程序

选择“资源”→“系统安装”菜单，进入自动安装页面，OMM 管理节点程序会根据集群配置模板安装相应组件程序，安装界面如图 5-8 所示，这些组件程序如下。

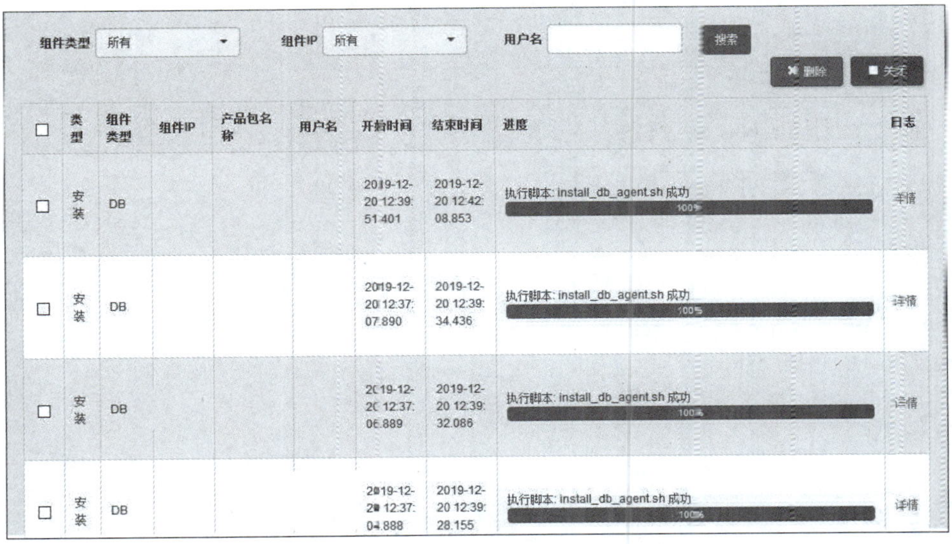

图 5-8　各组件程序安装界面

（1）元数据管理组件程序（MetaData Server，MDS）：用于集群元数据管理。

（2）DBProxy 管理组件程序（Proxy Manager，PM）：用于管理所有 DBProxy 节点。

（3）集群管理组件程序（Cluster Manager，CM）：用于管理各数据节点（DB）。

（4）全局事务管理节点程序（Global Transaction Management，GTM）：用于管理全局事务。

（5）最后还包括 DBPROXY 节点程序、LoadServer（LDS）节点程序和数据分片程序（DB）。

5.3.4 创建 GoldenDB 集群

所有节点的软件安装完毕后，就可以创建 GoldenDB 集群了。

使用浏览器登录 OMM 管理界面，在左侧菜单中，依次选择“业务管理”→“集群管理”→“Cluster 管理”菜单，单击“新增”按钮，如图 5-9 所示，依次填写如下信息，其他默认。

CLUSTER 名称：bpcluster。

每个 DBGroup 默认 Team 数：表示默认每组数据分片中 Team 的个数。在每组数据分片中相同机房的所有 DB 节点为一个 Team。对私 BP 系统分布式数据库采用两地三中心的部署架构，每组数据分片一共有三个机房，分别是生产机房、同城机房、异地机房，因此每组数据分片一共有三个 Team。

每个 Team 默认 DB 数：每个 Team 中默认 DB 节点数量。对私 BP 系统分布式数据库每组数据分片每个 Team 中有两个数据节点，生产机房为一主一从，同城机房为两个从库，异地机房为两个从库。

切换策略：一般选择一致性优先，即在保证数据一致的情况下才能切换。

跨机房切换方式：一般选择手工切换。

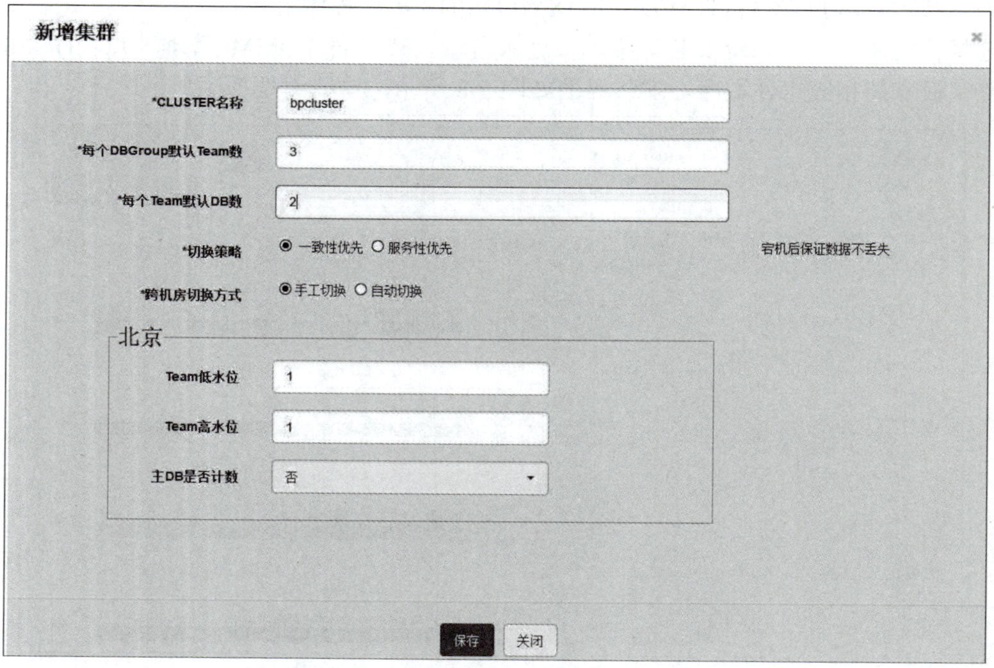

图 5-9 创建 GoldenDB 集群

5.3.5　向集群中添加 GTM 节点

创建完集群后，开始向集群中逐一添加集群的各种组件，各组件添加顺序不分先后，这里首先添加 GTM 节点。生产机房、同城机房、异地机房每个机房各有两个 GTM 节点，一共 6 个 GTM 节点。

（1）创建 GTMTeam。

在添加 GTM 节点之前首先创建 GTMTeam。GTMTeam 是指相同机房内所有 GTM 节点的集合。一共有 3 个机房，因此需要创建 3 个 GTMTeam。依次选择“业务管理”→“集群管理”→“GTM 管理”菜单，单击“新增 GTMTeam”按钮，依次选择 GTM 所在城市、所在机房，并选择该机房所在的 GTM，如图 5-10 所示。

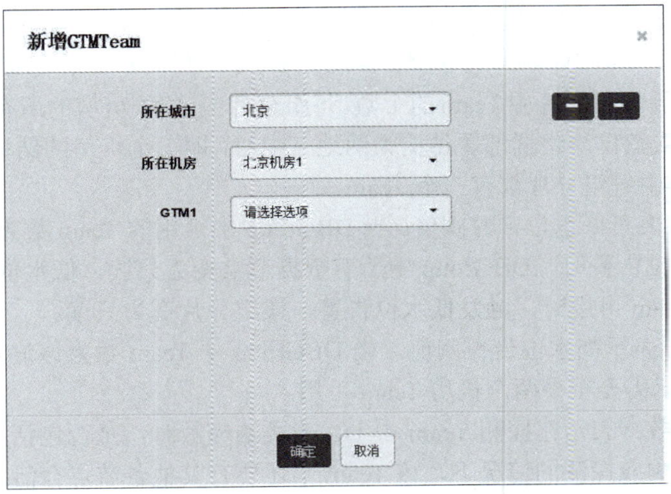

图 5-10　向集群添加 GTMTeam

（2）向 GTMTeam 中添加 GTM 节点。

将每个机房 GTM 节点加到对应机房的 GTMTeam 中，依次选择“业务管理”→“集群管理”→“GTM 管理”菜单，单击“新增 GTM”按钮，选择需要添加的 GTM 节点，如图 5-11 所示。

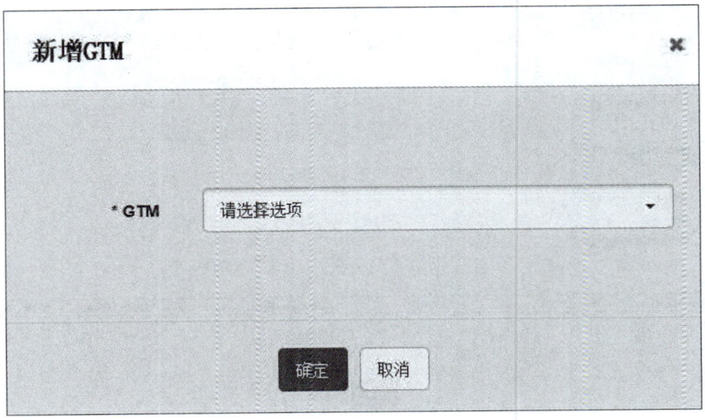

图 5-11　添加 GTM 节点到 GTMTeam 中

（3）选择一个 GTM，单击“切换为主 GTM”按钮。在一个集群中有且只有一个 GTM 节点是主节点，其他 5 个节点均为备节点。通常选择生产机房的一个 GTM 节点为主节点。

至此，GoldenDB 集群中 GTM 组件配置完毕。

5.3.6 向集群中添加数据分片

根据图 5-2，对私 BP 系统 GoldenDB 分布式数据库部署结构图一共有 16 组数据分片，每一组分片中生产机房一个主节点、一个备节点；同城机房两台备节点；异地机房两台备节点。接下来依次创建每一组分片。

依次选择“业务管理”→“集群管理”→“DBGroup 管理”菜单，单击“新增 DBGroup”按钮，如图 5-12 所示，依次填写如下信息。

DBGroupID：表示数据分片组的编号，第一组分片编号为 1，以此类推，第 16 组分片编号为 16。

Team 总数：表示该组分片中 Team 的个数。每组分片中，相同机房的所有节点为一个 Team。对私 BP 系统分布式数据库集群部署结构为两地三中心，即三个机房的结构，每个机房为一个 Team，因此该集群中每组分片都有三个 Team。

Team 低水位：表示低水位告警阈值。当 DBGroup 中可用的 Team 数为该值时触发低水位告警，当触发低水位告警时，DBGroup 中所有数据节点变为只读。低水位 Team 数通常为 1，即只有一个机房 Team 可用时，触发低水位告警，该组分片变为只读。

Team 高水位：表示高水位告警阈值。当 DBGroup 中 Team 数为该值时触发高水位告警。通常设置为 2，表示需要至少两个机房 Team 可用。

主 DB 是否计数：表示在探测 Team 中 DB 成员响应数时，是否包括主节点，如果选否，表示在主节点能够响应探测的情况下，该 Team 中还要有其他备节点存活。

Team 中 DB 响应数：表示在探测 Team 是否可用时，Team 中需要有几个 DB 有响应，通常为 1，表示只要有一个 DB 节点有响应即可。

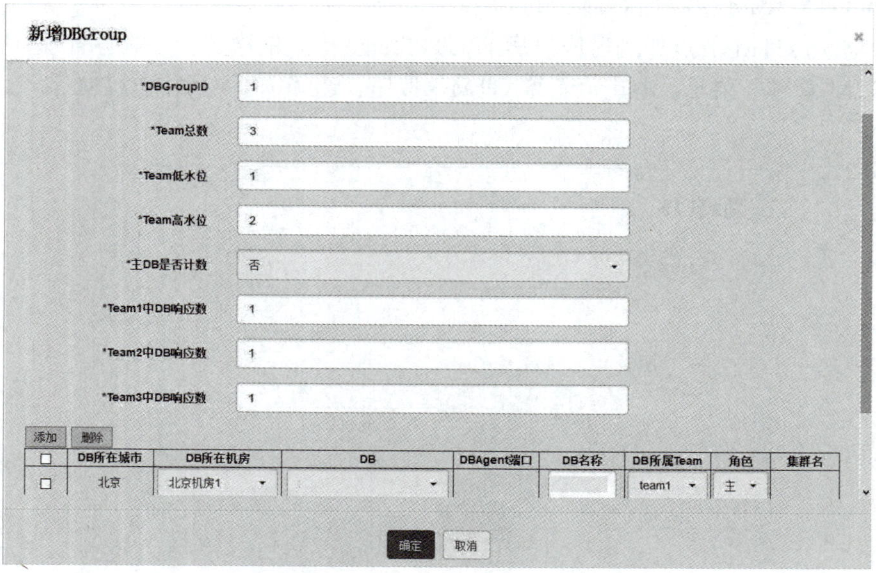

图 5-12　添加 DBGroup

5.3.7　向集群中添加 DBProxy 节点

每个机房一共有 16 个 DBProxy 节点，依次向集群中添加，添加时注意选择正确城市。依次选择“业务管理”→“集群管理”→“DBProxy 管理”菜单，单击“新增”按钮，依次填写如下信息，如图 5-13 所示。

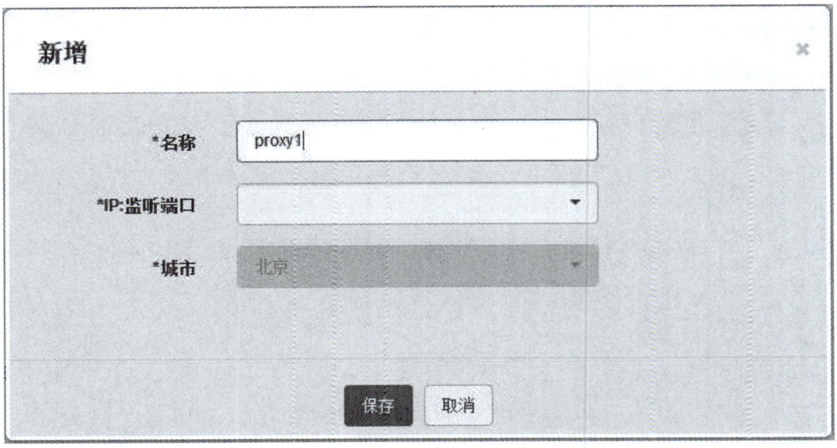

图 5-13　添加 DBProxy 节点

5.3.8　创建 DBProxy 连接实例

创建 DBProxy 连接实例的整体流程图如图 5-14 所示。

（1）首先在每个数据分片的主库创建应用连接数据库的用户并赋以合适的权限。

（2）创建完用户后，通过 OMM 管理界面将用户添加到集群中。

（3）然后创建集群连接实例，将连接实例与用户进行关联。连接实例的作用是在每个 DBProxy 节点创建实例监听端口，应用程序通过访问该端口登录到分布式数据库集群。

（4）最后将 DBProxy 与实例进行绑定，DBProxy 就可以通过集群实例登录数据库了。

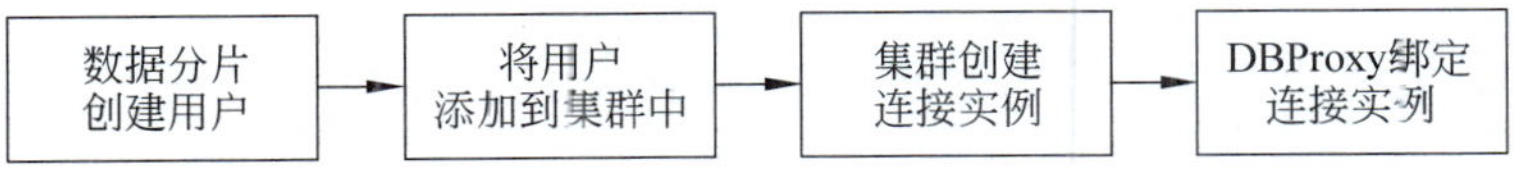

图 5-14　创建 DBProxy 连接实例流程图

详细过程如下。

1. 在每个数据分片的主库创建数据库用户

创建应用程序访问数据库的用户 bpuser：

```
--登录到数据分片
myql -uroot -p'********'
--创建 bpuser 用户
MySQL> grant all on bpdb.* to 'bpuser'@'%' identified by '********';
```

2. 将用户添加到集群中

每个数据分片创建完用户后，登录 OMM 管理界面，依次选择“业务管理”→“用户管理”→“集群用户管理”菜单，单击“新增”按钮，如图 5-15 所示，输入如下信息。

CLUSTER 名称：bpcluster。

角色类型：选择 DBPROXY，表示该用户供 DBProxy 连接数据分片使用。

用户名：第一步创建的用户名称 bpuser。

密码：用户密码。

确认密码：再次确认密码。

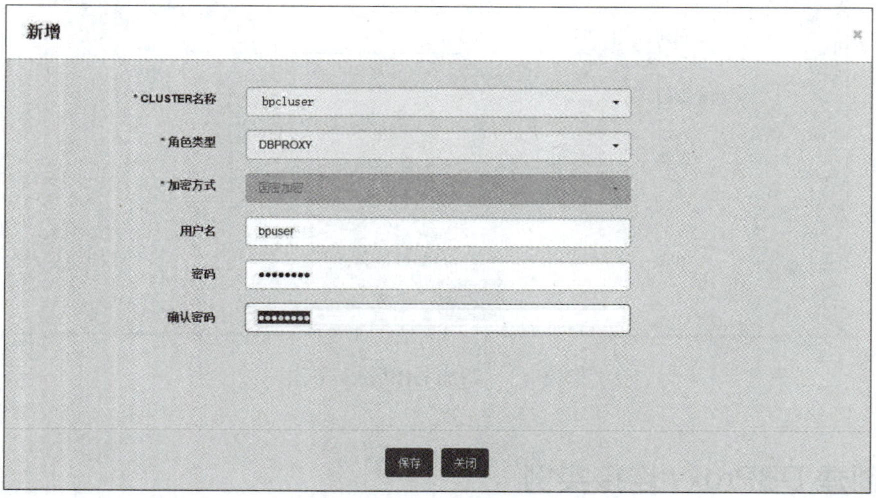

图 5-15　向集群中添加用户

3. 创建连接实例

登录 OMM 管理界面，依次选择“业务管理”→“集群管理”→“连接实例管理”菜单，单击“新增”按钮，如图 5-16 所示，输入如下信息。

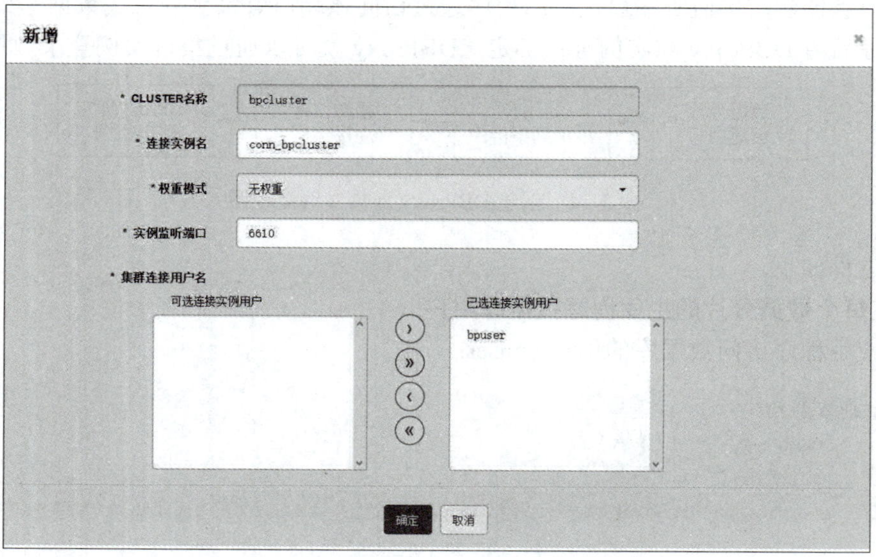

图 5-16　创建连接实例

CLUSTER 名称：输入集群名称。

连接实例名：输入连接实例名称

权重模式：表示读写分离的权重模式，包括无权重、只读主、主备间权重、备机间权重。通常选择“无权重”，即所有读写操作均在主节点执行。

实例监听端口：应用程序或数据库客户端连接 DBProxy 的监听端口。

集群连接用户名：选择第 2 步中创建的集群用户。

4. 将 DBProxy 与连接实例绑定

每一台 DBProxy 需要分别与连接实例绑定。

登录 OMM 管理界面，依次选择“业务管理”→“DBPrxoy 管理”→选择其中一台 DBProxy →“连接实例管理”菜单，单击“绑定”按钮，如图 5-17 所示，输入如下信息。

Cluster：选择要绑定的集群。

连接实例：选择第 3 步创建的实例。

DB 最大空闲连接数：输入允许的最大空闲连接数。保留足够多的空闲连接，应对应用程序突发过多连接请求，此处设置为 2000。

客户端最大连接数：输入客户端最大连接数。根据应用程序的需求，此处最大连接数设置为 3000。

图 5-17 DBProxy 绑定连接实例

5. 测试连接、检查各组件状态

通过上述步骤，DBProxy 连接实例已经创建完毕，接下来通过 DBProxy 连接数据库，测试 DBProxy 连接实例是否正常连接集群。

```
su - proxy
--登录成功表示实例可以正常连接集群
mysql -u'bpuser' -p'密码' -hDBProxyIP 地址 -P6610
```

登录 OMM 管理界面，依次选择“资源”→“拓扑图”菜单，查看 GoldenDB 集群各组件状态，绿色为正常状态，红色为异常状态，灰色通常为冷备节点（如管理节点备节点）或者程序启动不提供服务的备节点（如 GTM 的备节点）。如图 5-18 所示，无红色异常节点，集群状态正常。

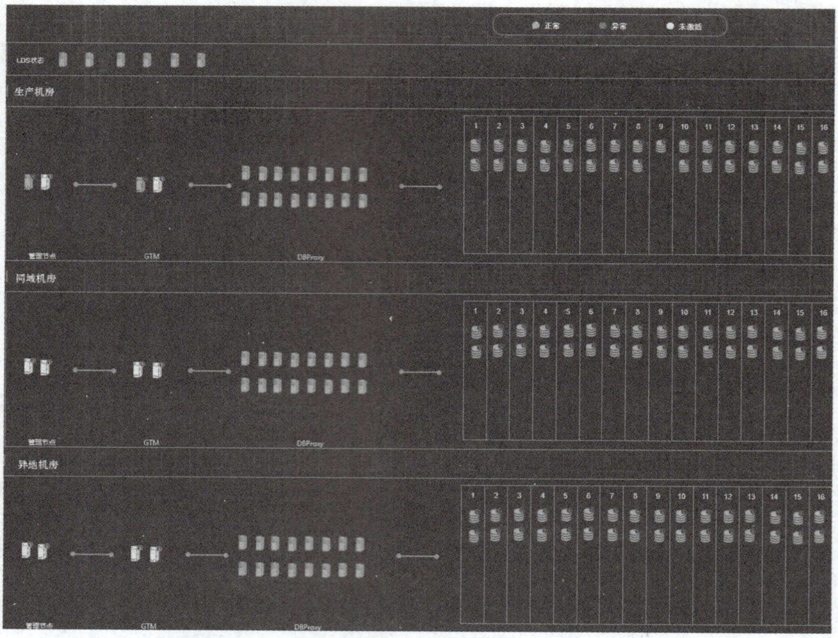

图 5-18　GoldenDB 集群各组件状态

5.3.9　按照规范配置数据库参数

根据该商业银行 GoldenDB 分布式数据库使用的经验总结，形成了 GoldenDB 分布式数据库最佳实践的配置参数，将这些配置参数形成了部署参数规范。所有分布式数据库按照参数规范进行安装部署，便于统一管理维护，并且可以降低运行风险。

1. 数据节点（DB）参数规范

数据节点参数文件的所在路径是/home/ddb/etc/my.cnf，相关参数规范如表 5-16 所示。

表 5-16　数据节点参数规范

配置段名	配置项名（建议值）	默认值	配置项说明
mysqld	innodb_buffer_pool_size=物理内存的 60%	600MB	根据最佳实践，缓冲池尺寸配置为物理内存的 60%
mysqld	innodb_lock_wait_timeout=5	50	innodb 事务锁超时等待时间，单位为 s
mysqld	lock_wait_timeout=5	31536000	获取 metadata lock 锁超时等待时间，单位为 s
mysqld	slow_query_log=on	off	慢查询日志开关
mysqld	long_query_time=1	10	查询超过指定秒数时间，会被记录到慢日志中，单位为 s
mysqld	sql_mode =STRICT_TRANS_TABLES, NO_AUTO_CREATE_USER	STRICT_TRANS_TABLES	SQL 语句支持的基本语法和校验规则

续表

配置段名	配置项名（建议值）	默认值	配置项说明
mysqld	innodb_buffer_pool_instances =64	2	Innodb_buffer pool instance 的个数
mysqld	thread_pool_size = 56	48	线程池大小
mysqld	thread_pool_stall_limit =50	100	制定 SQL 语句必须在规定参数之内执行完成，单位为 ms
mysqld	thread_pool_oversubscribe=16	3	允许同时处于活动状态的线程数
mysqld	innodb_lock_wait_log =ON	OFF	锁超时日志开关
mysqld	port=3309	3306	根据相关技术规范，不建议使用数据库默认端口
mysqld	注释掉该参数 #early-plugin-load = keyring_file.so	keyring_file.so	用于指定 keyring 加密插件文件 注释掉该参数表示禁用该加密插件
mysqld	注释掉该参数 #keyring_file_data = /home/omm/data/data/keyring	/home/omm/data/data/keyring	keyring 加密插件数据文件夹

登录数据节点，在参数文件中配置好参数以后，使用 dbmoni 命令重启各数据节点，重新加载参数，并通过重启确认参数文件修改正确。

```
--切换到数据节点程序安装用户
su - ddb
--停止数据节点
dbmoni -stop
[dbmoni -stop]The script dbmoni dbagent process is stopped
Shutting down MySQL......[确定]
--启动数据节点
dbmoni -start
[dbmoni -start]dbmoni dbagent......starting......Done
```

2. DBProxy 节点参数规范

DBProxy 节点参数文件的所在路径是/home/proxy/etc/proxy.ini，相关规范参数如表 5-17 所示。

表 5-17　DBProxy 节点参数规范

配置段名	配置项名（建议值）	默认值	配置项说明
GENERAL	slow_query_log=1	0	慢查询日志开关
GENERAL	long_query_time=1000	10000	查询超过指定毫秒数时间，会被记录到慢日志中。单位为 ms
GENERAL	max_heap_freebytes = 2048	0	tcmalloc 缓存内存大小超过配置值主动归还操作系统，0 表示没有限制，单位为 MB

同样修改完参数文件后，登录到 DBProxy 节点，使用 dbmoni 命令，重启 DBProxy 节点

程序，重新加载参数文件。

```
--切换到 DBProxy 节点程序安装用户
su - proxy
--停止数据节点
dbmoni -stop
[dbmoni -stop]The script dbmoni dbproxy process is stopped
[dbproxy]The dbproxy process is stopped
--启动数据节点
dbmoni -start
[dbmoni -start]dbmoni dbproxy......starting......Done
```

3. 元数据库参数规范

元数据库参数文件的所在路径是/home/omm/etc/ my.cnf，相关参数规范如表 5-18 所示。

表 5-18 元数据库参数规范

配置段名	配置项名（建议值）	默认值	配置项说明
mysqld	注释掉这两个参数 #early-plugin-load = keyring_file.so	early-plugin-load = keyring_file.so	用于指定 keyring 加密插件文件。 注释掉该参数表示禁用该加密插件
mysqld	#keyring_file_data = /home/omm/data/data/keyring	keyring_file_data = /home/omm/data/data/keyring	keyring 加密插件数据文件夹
mysqld	innodb_lock_wait_log=ON	OFF	Innodb 行锁日志开关
mysqld	port=3309	3306	根据相关技术规范，不建议使用数据库默认端口
mysqld	innodb_buffer_pool_size= 8589934592	600MB	默认值过小，但考虑到元数据库数据量很小，访问量也很小，因此设置为 8GB 就足够了

修改完元数据库的参数文件后，使用 dbmoni 命令重启元数据库。

```
--切换到 omm 节点程序安装用户
su - omm
--停止元数据库
dbmoni -stop
[dbmoni -stop]The script dbmoni dbagent process is stopped
Shutting down MySQL......[确定]
--启动元数据库
dbmoni -start
[dbmoni -start]dbmoni dbagent......starting......Done
```

4. 集群管理组件程序参数规范

集群管理组件程序（CM）的参数文件所在路径是/home/omm/etc/clustermanager.ini，相关参数规范如表 5-19 所示。

表 5-19　集群管理组件程序（CM）参数规范

配置段名	配置项名（建议值）	默认值	配置项说明
clustermanager	check_db_trx_interval_time=120	0	检查数据库活跃事务时间间隔，单位为 s。过于频繁的检查容易引起系统资源的过多消耗，因此建议设置为合理值 120s

5. DBProxy 管理组件参数规范

DBProxy 管理组件（PM）的参数文件所在路径是/home/omm/etc/proxymanager.ini。相关参数规范如表 5-20 所示。

表 5-20　DBProxy 管理组件（PM）参数规范

配置段名	配置项名（建议值）	默认值	配置项说明
general	P2PRollbackSwitch=1	0	打开 DBProxy 对等回滚。一台 DBProxy 宕机后，如果该值为 1，会有同集群的另外一台 DBProxy 回滚已宕机 DBProxy 的事务

登录 omm 管理节点，重启集群管理组件程序（CM）和 DBProxy 管理组件程序（PM），这样规范参数就生效了。

```
--切换到管理节点安装程序用户
su - omm
--停止各管理程序组件
dbmoni -stop
[dbmoni -stop]The metadataserver process is stopped
[dbmoni -stop]The proxymanager process is stopped
[dbmoni -stop]The clustermanager process is stopped
--启动各管理程序组件
dbmoni -start
[dbmoni -start]dbmoni metadataserver.....starting.....Done
[dbmoni -start]dbmoni proxymanager.....starting.....Done
[dbmoni -start]dbmoni clustermanager.....starting.....Done
```

5.3.10　数据迁移方案

分布式数据库安装完毕后，就可以迁移数据了，由原来 Db2 数据库迁移到分布式 GoldenDB 中。向分布式数据库迁移数据的方法很多，综合考虑对私 BP 系统的停机窗口相对充分，并且数据量在停机窗口内能够有充分的时间进行全量迁移，所以整体迁移流程如图 5-19 所示。

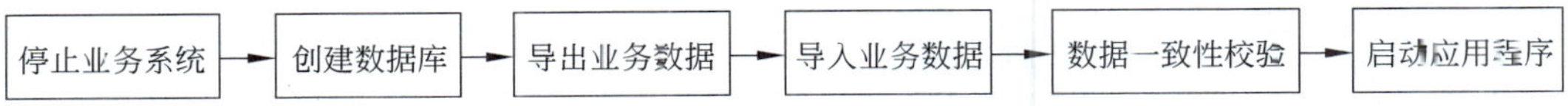

图 5-19　对私 BP 系统数据库迁移流程图

1. 停止业务系统

停止后，Db2 数据库中的数据不再发生变化，为迁移数据做准备。

2. 创建数据库

1）连接到 GoldenDB 集群

登录到 DBporxy 服务器，通过 DBProxy 访问 GoldenDB 集群所有数据库分片，使得用户感知上就像连接到了一个单节点 MySQL 数据库。所有 DBProxy 是等价的、无状态的，可以访问任意一台对整个 GoldenDB 集群进行管理。

```
 su - proxy
mysql -u'bpuser' -p'xxx' -hxxx.xxx.xxx.xxx -P6610
MySQL> show databases;
```

2）创建数据库

执行 create database 命令创建数据库，名字为 bpdb。

```
MySQL> create database bpdb;
MySQL> use bpdb;
```

3）创建业务表

以表 acc_quest 的创建过程为例，阐述在 GoldenDB 分布式数据库中创建业务表的过程，整体过程与使用单机 MySQL 数据库基本相同，建表语句中正常填写字段、字段类型、约束条件、默认值、索引等信息。与单机数据库的不同点如下。

（1）创建业务表的语法增加 DISTRIBUTED BY HASH(`CSTNO`)关键字，表示业务数据根据 CSTNO 字段，按照哈希算法，将数据均匀分配到所有数据分片中。

（2）values less than(128) 关键字表示将用户号按照哈希算法对 2048 取模后，结果值小于等于 128 的数据存储在第一个数据分片上，其他数据分片以此类推。关于对 2048 取模是 GoldenDB 程序固定的取模数值，关于哈希算法的详细介绍请参考 9.3 节相关内容。

```
--在数据库 bpdp 中创建表 acc_quest
MySQL> CREATE TABLE `bpdb`.`acc_quest` (
`CSTNO` varchar(20) COLLATE utf8mb4_bin NOT NULL,
`QUESTIONID` varchar(19) COLLATE utf8mb4_bin NOT NULL ,
`MORE_CPRT` char(3) COLLATE utf8mb4_bin NOT NULL DEFAULT '001' ,
`ANSWER` varchar(50) COLLATE utf8mb4_bin DEFAULT NULL ,
`CREATE_TIMESTAMP` datetime DEFAULT CURRENT_TIMESTAMP ,
`UPDATE_TIMESTAMP` datetime DEFAULT NULL ,
PRIMARY KEY (`CSTNO`,`QUESTIONID`,`MORE_CPRT`),
KEY `IDX_ QUESTIONID`(QUESTIONID)
) ENGINE=InnoDB DEFAULT CHARSET=utf8mb4 COLLATE=utf8mb4_bin
DISTRIBUTED BY HASH(`CSTNO`)
(g1 values less than (128),
g2 values less than (256),
g3 values less than (384),
g4 values less than (512),
g5 values less than (640),
g6 values less than (768),
g7 values less than (896),
g8 values less than (1028),
g9 values less than (1152),
```

```
    g10 values less than (1280),
    g11 values less than (1408),
    g12 values less than (1536),
    g13 values less than (1664),
    g14 values less than (1792),
    g15 values less than (1920),
    g16  values less than (2048)
    )
```

3. 导出业务数据

将原来 Db2 数据库中的数据按表导出成 csv 格式数据文件，将不同字段之间使用逗号隔开，每行数据对应 csv 文件中的一行，表 acc_quest 导出的文件 export_acc_quest.csv 示例如下。

```
6529376,1,108,北京,2020-11-11 10:00:00, 2020-11-11 10:00:00
6529376,2,108,北京,2020-11-11 10:01:10, 2020-11-11 10:01:10
6529376,3,108,北京,2020-11-11 10:01:58, 2020-11-11 10:01:58
5372908,1,362,上海,2018-06-22 15:17:12, 2018-06-22 15:17:12
5372908,2,362,上海,2020-06-22 15:18:20, 2020-06-22 15:18:20
5372908,3,362,上海,2020-06-22 15:19:35, 2020-06-22 15:19:35
```

4. 导入业务数据

登录 LoadServer 服务器，使用 dbtool 工具将 export_acc_quest.csv 文件中的数据导入到 GoldenDB 数据库中，在 LoadServer 上执行如下命令。

```
    dbtool -loadserver -type="in" -clusterid=1 -user=bpuser -password=xxx  -sql=
"load data infile 'export_acc_quest.csv' replace into table bpdb.acc_quest fields
terminated by ',' lines terminated by '\n'(CSTNO, QUESTIONID, MCRE_CPRT, ANSWER,
CREATE_TIMESTAMP,UPDATE_TIMESTAMP);"
```

dbtool 工具相关参数说明如下。

[loadserver]：表示使用 dbtool 导入导出功能。

[type]：“in”表示导入数据，“out”表示导出数据。

[clusterid]：表示集群 ID。

[user]：表示登录集群用户名。

[password]：表示用户密码。

[sql]：表示导入数据时在每个数据分片执行的 SQL 语句。

5. 数据一致性校验

接下来进行数据一致性校验。

（1）执行完第 4 步导入业务数据后，将数据再次导出，导出文件为 re-export_acc_quest.csv。

（2）将第 3 步的导出业务数据文件 export_acc_quest.csv 与 re-export_acc_quest.csv 文件，分别使用 sort 命令进行排序。

（3）使用 cmp 命令，对两个文件的数据进行一致性校验。

```
  --导出数据
```

```
    dbtool  -loadserver  -type="out"  -clusterid=1  -user=tuser  -password=xxx
-skip-ok-check -sql="load data infile 're-export_acc_quest.csv' replace into table
bpdb.acc_quest fields terminated by ',' lines terminated by '\n'(CSTNO,QUESTI/ONID,
MORE_CPRT,ANSWER,CREATE_TIMESTAMP,UPDATE_TIMESTAMP);"
    --将csv文件进行过排序
    sort export_acc_quest.csv -o export_acc_quest_sort.csv
    sort re-export_acc_quest.csv -o re-export_acc_quest_sort.csv
    --比较文件
    cmp export_acc_quest_sort.csv re-export_acc_quest_sort.csv >compare_result
.txt
```

6. 启动应用程序

其他表的导入导出类似，完成了所有的数据校验后，就可以启动应用程序并进行相关功能验证了。

5.4 监控、巡检和应急脚本部署

GoldenDB 分布式数据库部署完毕后，读者可以直观感受到分布式数据库集群节点较多，因此需要配套完善的运维体系支撑，实现敏捷运维，包括全方位的智能监控告警系统、自动化数据库巡检工具、自动化应急处理、自动化集中备份等。本节将逐一对这些内容展开讲解。

5.4.1 监控脚本部署

对 GoldenDB 分布式数据库的监控方式有两种，一种是利于 GoldenDB 分布式数据库内置的监控脚本实现，另一种是利用普罗米修斯监控平台实现。关于普罗米修斯监控平台的相关内容将放在 9.2.3 节进行详细介绍，本节重点介绍如何部署内置的监控脚本。

GoldenDB 分布式数据库各组件节点，会定期向管理节点上传自身运行状态的相关信息，例如，链路连接状态、数据分片复制延迟状态等，这些信息被存储在元数据库的相关表中。监控脚本通过访问元数据库中相关表的数据，来监控分布式数据库各组件的运行状态。

GoldenDB 分布式数据库监控脚本是由 Python 语言开发的，脚本位置在/home/omm/ddbmoni 目录中，可以使用监控工具定期执行这些脚本实现监控，例如，通过第 4 章介绍的 IBM Tivoli Monitoring（ITM）工具每 3min 调度一次这些脚本进行数据库监控，相关监控内容如表 5-21 所示。

表 5-21 GoldenDB 分布式数据库监控脚本

脚本名称	监控项	数据采集来源	展示方式
comStatus.py	各节点连通性监控	ITM 代理程序	监控平台
dbRepDelay.py	数据分片复制延迟监控	ITM 代理程序	监控平台
dbRepStatus.py	数据分片复制状态监控	ITM 代理程序	监控平台
lockTimeout.py	数据分片锁超时监控	ITM 代理程序	监控平台
TopNSQLStat.py	TOP N SQL 语句监控	ITM 代理程序	监控平台
linkProxy2DbStat.py	DBProxy 和数据分片链路状态监控	ITM 代理程序	监控平台

续表

脚本名称	监控项	数据采集来源	展示方式
linkProxyStat.py	DBProxy 和数据分片连接数监控	ITM 代理程序	监控平台
proxyTransStat.py	DBProxy 事务状态监控	ITM 代理程序	监控平台
proxyTransConflictStat.py	分布式事务冲突次数监控	ITM 代理程序	监控平台
gtmdupStatus.py	GTM 主备复制状态监控	ITM 代理程序	监控平台
gtmGtidStat.py	GTM 活跃事务 ID 监控	ITM 代理程序	监控平台

5.4.2 深度巡检工具部署

GoldenDB 分布式数据库深度巡检工具由 Shell 语言开发，目录结构如图 5-20 所示，工具由数据库巡检模块、系统巡检模块、工具安装脚本、巡检日志汇总脚本组成。深度巡检工具有如下特点。

（1）统一部署一套巡检程序，即所有类型节点巡检程序统一，程序自动识别节点模块类型，进行相应模块指标巡检。

（2）巡检工具基于配置驱动，对于不同版本分布式数据库、不同操作系统版本适应性强。

（3）能够将所有节点巡检结果进行汇总，生成报表进行展示和分析。

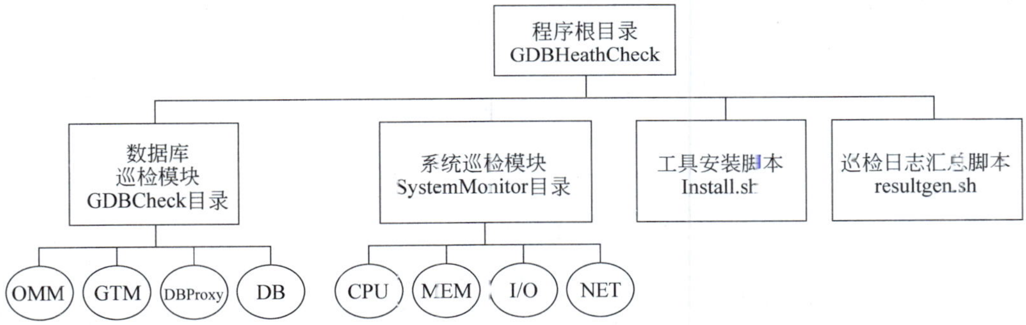

图 5-20　GoldenDB 分布式数据库深度巡检工具结构图

关于深度巡检工具的实现逻辑，将在 9.2.5 节进行深入讲解。针对每个模块的巡检指标，如表 5-22 所示。

表 5-22　分布式数据库巡检指标

模块-子模块	巡检项
系统巡检	最近 1h 内网络丢包率大于 0 的信息
	最近 1h 内网卡流量大于 500MB 的信息
	最近 1h 内 CPU 使用率大于 60%信息、磁盘利用率大于 50%信息
	最近 1h 内系统内存使用率大于 85%信息
数据库巡检——DBProxy	DBProxy 链路状态
	线程是否出现消息阻塞时间在 2s 以上的情况
	网元的链路情况
	版本号是否和 MDS 一致

续表

模块-子模块	巡检项
数据库巡检——DBProxy	DBProxy 进程是否重启
	DBProxy 的句柄数大于 10 000
	DBProxy 的内存占用是否超过阈值
	DBProxy 的句柄数增长超过 20%（和上次巡检结果比较）
	DBProxy 的内存增长超过 20%（和上次巡检结果比较）
	DBProxy 最近 1h 以来，服务端连接数大于 8000，客户端连接数大于 500
	最近 1h 内是否有线程消息积压大于 50 个
数据库巡检——DB	最近 1h 以来，客户端连接数大于 500
	是否有 7 天前未清理的 binlog 日志
	慢日志文件大小
	慢日志数目
	错误日志中是否有报错信息
	错误日志大小
	Buffer pool 命中率
	是否有 copy table 或者 truncate 这种高耗费资源操作
	DB 主备延时信息
	DB 高低水位状态
数据库巡检——GTM	长时间不释放 GTID（大于 5min）
	GTM 进程是否重启
	GTM 的句柄数是否大于 2000
	GTM 的内存占用是否超过阈值
	GTM 的句柄数增长超过 20%（和上次巡检结果比较）
	GTM 的内存增长超过 20%（和上次巡检结果比较）
	GTM 是否存在多个 ACTIVE 实例
	GTM 的高低水位是否正常
	最近 1h 内是否有线程消息积压大于 50 个
	GTM 错误日志是否有异常信息
数据库巡检——OMM	MQ 消息积压数大于 500MB
	元数据库主备同步是否一致
	是否有禁表、禁止表重分布情况
	元数据库主从复制时延
	元数据库高低水位状态
	最近 2h 之内的一级告警
	域名服务是否正常
	元数据库错误日志是否有异常信息
	元数据库进程是否重启
	统计各数据分片数据分布情况

对私 BP 所用分布式数据库一共有 162 个节点，如果将巡检脚本一一手工复制到每台服务器进行部署，无疑是一个巨大的工作量。为了解决该问题，在部署深度巡检工具时，建议各大商业银行使用自动化运维管理系统进行自动化部署，以代替烦琐的手工操作。

5.4.3　自动化应急脚本部署

因此为了保障 GoldenDB 分布式数据库的安全与稳定运行，防范各类系统风险，经过数据库相关运维工作长时间经验积累，总结出了多种常见生产问题的应急处置预案，以加快问题处理效率。

有了应急预案，就可以提前编写好应急脚本，将应急脚本部署到每台服务器的 /MaintainTools/EmergeScripts 目录，当出现故障时，通过自动化运维管理系统调用应急脚本，达到快速应急处置的作用。图 5-21 展示了自动化运维管理系统的应急操作界面。

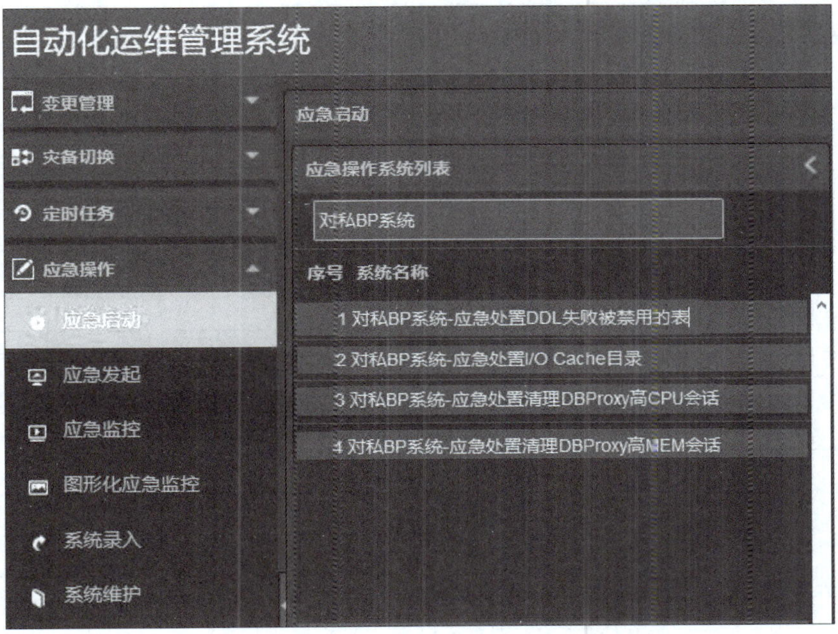

图 5-21　自动化运维管理系统的应急操作界面

表 5-23 展示了分布式数据库涉及的应急场景，在 9.8.4 节将对典型的应急场景展开详细介绍。

表 5-23　分布式数据库系统各模块应急场景

模块名称	应急项
DBProxy	DDL 失败导致表被禁用
	DBProxy 的 I/O cache 目录满
	应用与 DBProxy 建立连接失败
	DBProxy 消息积压
	DBProxy CPU 繁忙

续表

模块名称	应急项
DBProxy	DBProxy 内存消耗大
	DBProxy 异常重启
	DBProxy 元数据丢失
DB	DDL 误操作导致数据丢失
	DML 误操作导致数据丢失
	备节点数据库宕机
	数据库 CPU 繁忙
	数据库 I/O 繁忙
	数据库内存消耗大
	数据库主备节点数据不一致
	binlog 文件系统满
	数据文件系统满
	文件系统权限异常
	备节点丢失 binlog
	主节点数据库宕机
GTM	GTM 进程夯住
	GTM 进程异常宕机
	GTM 无主状态
	GTM 双主状态
	GTM 存在未提交长事务
	GTM 节点内存消耗高
	GTM 节点文件系统权限异常
OMM	OMM 节点异常切换
	OMM 管理界面无法登录
	OMM 节点密码过期
	OMM 节点文件系统满
	OMM 节点 HA 双机不可用
	OMM 节点进程数异常

5.5 集中备份方案的制订与实施

所有的 DBA 都知道备份的重要性，对私 BP 系统为手机银行、柜台等三十多项重要业务提供数据服务，一旦数据丢失业务影响面将非常广，同时给客户带来巨大损失，因此做好数据库备份是日常运维工作中的重中之重。本节将从备份方案、备份策略以及备份实施方法三方面深入介绍分布式数据库备份。

5.5.1　备份方案

通过第 4 章的学习，读者已经了解了集中式数据库备份方案和实施方法，本章将介绍分布式数据库备份相关内容。与集中式数据库备份的不同点在于，分布式数据库节点众多，节点类型多，因此备份方案的制订相对复杂。

1. **备份对象**

分布式数据库备份对象主要由以下四个方面组成：操作系统，分布式数据库各组件程序文件（DBProxy 节点程序、DB 节点程序、GTM 节点程序、OMM 节点程序），程序日志文件，数据库分片节点的数据文件和 binlog 日志文件。

2. **选择备份工具**

关于操作系统、分布式数据库各组件程序、程序日志文件，采用通过第 4 章中介绍的 Veritas NetBackup（NBU）集中备份平台。

关于数据文件和 binlog 日志，采用 MySQL 官方的 MySQL Enterprise Backup（MEB）工具进行备份，MEB 是一种针对 MySQL 数据库的备份工具，支持在线备份、增量备份以及差异备份。

将 MEB 和 NBU 集中备份配合使用，将数据文件和 binlog 文件发送到 NBU 集中备份平台，可以实现流式备份。

5.5.2　备份策略

针对不同的对象，采用不同的备份策略。例如，对数据文件采用全量备份和增量备份的方式；对分布式数据库程序文件，保留最近的两次备份文件的策略，第三次备份时将删除第一次的备份文件。另外，根据监管需求，月末全量备份保留 20 年。详细信息如表 5-24 所示。

表 5-24　分布式数据库备份策略

备份类型	保留策略	备份调度
数据文件全量备份	（1）保留两周 （2）月末全量备份保留 20 年	每两日一次 00:00～05:00
数据文件增量备份	保留两周	每日 00:00～06:00
binlog 日志文件	保留两周	每两小时备份一次
分布式数据库程序文件	保留最近的两次备份	每日 00:00～06:00
分布式数据库程序日志文件	保留最近的两次备份	每日 00:00～06:00
操作系统系统文件	保留最近的两次备份	每日 00:00～06:00

5.5.3　备份实施

根据备份方案，部署备份软件客户端，如图 5-22 所示。

（1）在生产机房每台服务器上部署 NBU Client，用于备份分布式数据库程序文件、程序日志文件和操作系统文件。

（2）在数据分片的备节点部署 MEB 客户端进行数据文件和 binlog 日志文件的备份。

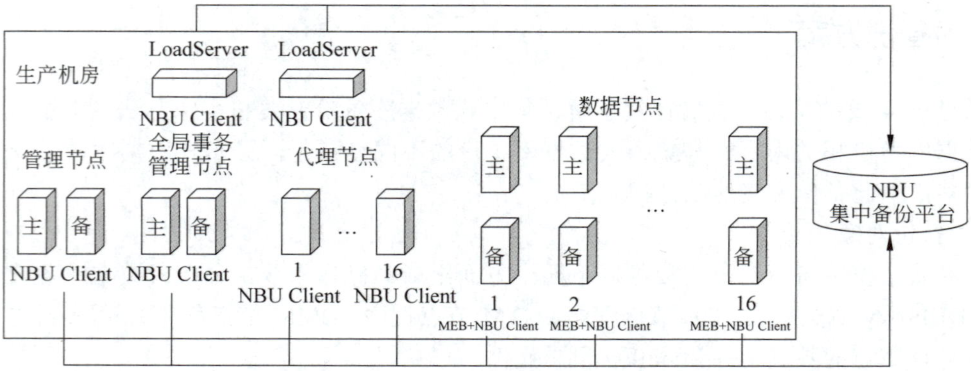

图 5-22　分布式数据库备份示意图

在安装配置好 MEB 和 NBU 的客户端后，执行 MEB 客户端命令 mysqlbackup 对数据分片进行备份。在调用 mysqlbackup 命令时通过参数 sbt-lib-path 指定 MEB 于 NBU 对接链接库文件，通过参数 sbt-environment 指定 NBU 环境参数信息，这样 MEB 和 NBU 就结合在一起对数据分片进行备份了，具体命令如下。

```
mysqlbackup \
--login-path=root \
--port=3309 \
--protocol=tcp  \
--backup-dir=/meb_backupdir \
--sbt-lib-path=/usr/openv/netbackup/bin/libobk.so64 \
--sbt-environment="NB_ORA_SERV=NBU01,\
                  NB_ORA_CLIENT=lxclient,\
                  NB_ORA_POLICY=MEB_MYSQL_2W" \
--backup-image=sbt:bkNBFull20200207 backup-to-image" \
>> /meb_backupdir/bkNBFull20200207.log
```

接下来介绍 mysqlbackup 命令的每个参数的含义，如表 5-25 所示。

表 5-25　mysqlbackup 参数解释

参数名称	参数解释
login-path	采用 login path 方式登录数据库
port	数据库端口号
protocol	访问数据库协议
backup-dir	备份目录，当指定 backup-image 参数后该目录只用于存放 MEB 自身日志信息
sbt-lib-path	MEB 于 NBU 对接链接库文件
sbt-environment	NB_ORA_SERV：表示 NBU Server 端信息 NB_ORA_CLIENT：表示 NBU Client 端信息 NB_ORA_POLICY：该备份的保留策略
backup-image	表示备份文件名称

小　结

本章从分布式数据库的需求分析谈起，根据需求进行硬件资源规划，随后详细讲解了分布式数据库部署方法；同时将分布式数据库的维护工具部署也进行了讲解，使读者学习了如何使用工具进行监控、深度巡检、应急处置等；最后介绍了分布式数据库集中备份方案的制订与实施。

通过本章内容，可以使得读者全方位掌握 GoldenDB 分布式数据库上线部署过程。

第6章

商业银行数据库升级

古人学问无遗力，少壮工夫老始成；纸上得来终觉浅，绝知此事要躬行。

这是诗人陆游在一个冬天的晚上，教育自己的孩子，读书做学问的要义：从书本上获得的知识固然重要，但毕竟还是不够深刻。想要认识事物或事理的本质，做出一番成绩，还必须依靠亲身的实践。

对于商业银行数据库升级，这首诗的指导意义更强。一个合格的数据库管理员（DBA）可以很轻易地写出一套数据库升级方案，但行之有效地将数据库升级策略及工作方法应用到实际工作中去，确实不容易做到。相信这也是考验数据库运维人员能力的重要指标之一。

笔者翻阅了很多数据库方向的技术书籍，系统性介绍商业银行数据库升级的少之又少。本章站在商业银行数据库运维的角度，探讨下数据库升级的那些事。

（1）规划数据库升级：要对所使用的数据库类型、版本、体量、配套应用等信息了如指掌，才能做好数据库、客户端及应用程序升级前的规划。

（2）测试方案的选择：本章主要介绍针对数据库升级工作常用的测试方案。

（3）制订数据库升级方案：本章将以 IBM Db2 为例，介绍数据库版本升级方案。

（4）数据库升级实战：以某商业银行理财平台数据库升级为例，说明数据库升级的整个过程以及注意事项。

6.1　商业银行数据库升级概述

在具体讲解数据库的升级方案前，有必要了解数据库升级的必要性，以及商业银行如何制订数据库升级策略，想必这也是广大读者感兴趣的话题。

6.1.1　为什么要升级数据库

谈到数据库升级，大家通常会认为一定是出现了非常严重的生产问题，才会迫使用户做升级动作。对于商业银行来说，数据库存放着重要的数据资产，所以对数据库的持久性、可用性、一致性都有非常高的要求。这么重要的系统，如果系统不出问题，何必主动升级来增加系统的不稳定性因素呢？

首先，对于传统商业数据库升级，厂商维护产品的版本是有很高成本的。当今主流的商业数据库，每一个主流版本数据库的生命周期都有限制，超期后将进入退出服务期（End Of Service）状态；开源数据库虽然不存在退出服务期的问题，但软件的版本迭代同样带来升级的需求。

其次，国家已加大金融监管力度，每年商业银行信息科技部门都会面对银保监会的审查。检查项中明确有对软件服务期的审查，提示商业银行系统运营部门是否存在技术服务支持中断的风险，这成为商业银行软件版本升级的主要驱动力。

再次，数据库软件就像一台精密的仪器，是由多个组件构成的。一套成熟的数据库产品，即使做过大量的出厂测试，难免会出现程序缺陷。所以，商业银行要制订一套适合自身情况的数据库版本升级策略，来更好地预防这种因版本缺陷导致的生产问题。例如，商业银行会定期通过专业的安全漏洞扫描软件对系统和数据库进行全面的安全漏洞分析，找出当前软件版本存在的安全漏洞。如涉及需要修复的数据库漏洞，就要制订数据库版本升级计划。

最后，数据库在每个重大版本发布时，都会新增一些新的产品功能。如果这些新功能经过测试后，恰恰解决了困扰我们已久的问题时，将考虑做数据库版本升级。例如，IBM Db2 V10.5 代号为 BLU（B 代表 Big Data；L 代表 Lightening Fast；U 代表 Ultra Easy），大家都喜欢叫它 Blue。简单地说，这个版本在多分区数据库架构（DPF）基础上增加了列式存储的支持，这专门为解决混合负载（Hybrid Transactional / Analytical Processing，HTAP）及数仓类系统或大数据量分析决策类系统查询性能困扰的用户带来了福音。用户可以在新版本下充分测试其产品带来的新功能，通过测试结果来验证是否能为业务带来收益，以此来决定是否需要数据库升级。

6.1.2 数据库升级策略

商业银行数据库升级，按升级需求的触发形式来区分，可以分为主动式升级和触发式升级。通过安全漏洞扫描和退出服务期版本检查这些主动手段发现的，称为主动式升级；由于数据库产品缺陷触发了生产事件，或收到监管部门的软件缺陷提示，称为触发式升级。

1. 主动式升级策略

首先，商业银行会选择定期对存量数据库系统进行安全漏洞扫描，将存在安全漏洞的数据库版本形成推荐升级报告，这些存在漏洞的系统是应该安排升级的主要对象。

另外，定期对数据库产品进行退出服务期版本检查，用于主动检查各系统的数据库版本是否满足软件版本管理要求。

为了便于数据库软件版本管理，还需要制订一份详细的数据库产品目录，该目录定义了商业银行所有数据库产品名称、版本、所处的生命周期阶段、发布时间、过期时间、最新补丁级别等信息。其中，生命周期定义为以下四个阶段。

（1）试用阶段：对于通过专业测试验证的版本，市场成熟度还未达到预期，将该版本定义为试用阶段。

（2）主推阶段：试用阶段正常结束后的版本，或者市场成熟度高的新版本，将处于版本主推阶段。

（3）限制阶段：曾处于主推阶段，但在未来一年内即将进入退出软件服务期的版本，将处于限制阶段。

（4）退出阶段：已经处于退出软件服务期的版本，或者没有通过测试的版本，将处于退出阶段。

数据库软件产品在各阶段有明确的选择策略。以下将作为软件“主推阶段”的准入条件。

（1）数据库新版本已经发布一年以上，且一年内不会终止服务。

（2）该版本已经在行业内有较广泛的应用，市场成熟度高。

（3）该版本下已经发布了四个或四个以上的补丁级别。

根据数据库版本生命周期的定义，商业银行会将处于“限制阶段”和“退出阶段”的存量系统作为本年度数据库版本升级的目标范围。

2. 触发式升级策略

对于触发式升级策略，商业银行会根据版本缺陷或风险提示来制订升级计划。例如，对于已影响生产稳定运行的程序缺陷，需要根据数据库版本升级策略进行综合评估，并立刻对命中缺陷的数据库进行版本升级。而对于不影响生产稳定运行的，且没有潜在风险的缺陷，可以按计划升级。

升级工作绝不存在随机性和不确定性。无论是主动式升级还是触发式升级，对于商业银行来说，数据库升级工作都是有章可循的。有了升级策略的支撑，升级工作触发后，接下来就要规划数据库升级了。

6.2 规划数据库升级

接下来将深入探讨数据库升级时需要做的工作和注意事项，这些工作将直接影响升级的结果，因此不容小觑。

6.2.1 数据库升级前评估

数据库升级分为补丁升级和版本升级。一般数据库产品只是在新发布的补丁中修复了部分已明确的程序缺陷；版本升级，一般会为数据库增加许多新的功能特性。

确定数据库升级的目标版本后，接下来要评估数据库升级对系统的影响。在评估工作中，不能只考虑数据库，应该从系统整体来看待升级工作，了解系统全貌是做好数据库升级的第一步。

想要了解一套系统的全貌，最直接的方法就是找出系统的逻辑和物理架构图。有读者可能会问，只升级数据库本身，何必大动干戈来分析整套系统的架构图？如果不能从整个系统层面统筹分析数据库升级对系统的影响，那后果可能不堪设想。要将数据库升级工作做到万无一失，前期的升级评估必须尽可能的全面。

1. 完成对系统停机时间的评估

系统可停机时间窗口的长短，直接影响数据库升级方案的选择。例如，网上银行系统面向大量的对私客户和对公客户，全年的可停机维护窗口可能只有15min。

2. 完成对应用程序影响的评估

应该明确应用程序变更的目标，具体包括如下内容。

（1）评估应用程序的开发语言。例如，使用C语言开发还是Java语言开发？如果是Java应用，是通过中间件访问数据库？还是直接访问数据库？

（2）数据库升级后，应用程序需要同步更新连接数据库的驱动程序。从应用层面要评估，是否有多个子业务系统共用一套数据库驱动程序的可能性。

（3）数据库升级后，应用程序访问数据库的用户是否有足够的权限？

（4）通过系统架构图了解应用程序连接数据库服务器的方式，如果采用客户端连接，则必须同时考虑升级数据库客户端。

（5）评估梳理应用程序是否使用内部例程，例如，自定义函数或者存储过程。

（6）评估应用程序中是否含有外部例程，例如，通过自定义函数来调用外部 C 或者 Java 可执行程序。

（7）数据库升级的方案，直接影响应用层变更的方法。如果数据库升级的同时还更换了服务器更改了 IP 地址，那么应用程序数据源也需要同步更新 IP 地址及服务端口指向。

6.2.2 规划数据库服务器升级

在规划数据库服务器升级工作中，重点是明确升级先决条件，以及做好升级前准备工作。下面将以 Db2 数据库升级为例，主要涉及以下工作。

1. 升级先决条件

了解数据库升级的先决条件，这好比主刀医生在踏进手术室前，要对患者的病例了如指掌，一切准备工作就绪后才能开始手术。

（1）选择数据库升级路线。

从 Db2 V9.7 开始，Db2 支持从 V9.7 直接升级至 V11.1，通过升级工具或者离线备份恢复方式，可以直接将数据库升级至 V11.1。

（2）检查目标版本的软件兼容性。

软件兼容性主要包括：操作系统兼容性和关联软件兼容性。

这里最为重要的就是操作系统兼容性，如果新版本的数据库与操作系统版本不匹配，将无法正常安装数据库产品。

注意：利用官方网站提前确认软件兼容性

在数据库升级前，评估数据库软件版本兼容性时，可以参考官方网站提供的 System Requirements 来查找对应的 IBM Db2 目标版本的兼容性。具体网址如下。

https://www.ibm.com/software/reports/compatibility/clarity/softwareReqsForProduct.html

---

我们要特别关注 xlC/C++、GCC 的版本与数据库目标版本的兼容性。这两个为编译软件，如果操作系统中安装的相关编译器软件版本过低，同样会造成目标版本数据库安装配置失败。

操作系统和软件的兼容性就绪后，操作系统核心参数的调整也是重头戏。通常情况下，商业银行都有完备的数据库部署指导规范，在新系统上线及软件版本升级部署数据库前，可作为指导数据库安全合规部署的主要标准。

Linux 系统核心参数中，还有两个容易忽略的参数。

参数 vm.swappiness 的值控制着系统使用 Swap 空间的倾向性。在默认情况下 vm.swappiness 的值为 60，这对于数据库软件来说不能发挥最佳性能。但又不能将其设置为 0，那么很容易因为系统物理内存水位升高后，系统主动做出杀掉数据库主过程（可能数据库在系统中的内存使用占比最高），那么必然会影响业务。通常建议将 vm.swappiness 设置为 10。

参数 vm.overcommit_memory 有三个值 0、1 和 2。设置为 0，表示允许内存过量分配，也就会使用到虚拟内存，但应用向系统申请内存是有限制的，内核将检查是否有足够的内存给应用使用，如资源不足将会抛出错误；设置为 1，表示无论是否有可用内存资源，都可以申请虚拟内存，没有限制；设置为 2，表示不允许超过系统设置的虚拟内存限制。由于 Db2 采用自动内存管理，对系统的虚拟内存需求量较大，设置为 0 是最合适的。

（3）结合软件版本差异库梳理当前版本与目标版本的差异。

3.4.2 节介绍了一种软件升级评估思路，即软件版本升级差异性对比方法，这个方法可以在此运用。

我们曾在 Db2 V8.2 升级 V9.7 的案例中，遇到将十进制转为字符串时丢失前导零，从而导致对字符串长度验证异常的问题。在 Db2 V9.7 以前，经过 Char()函数转换十进制，其输出携带前导零。

```
--例如，在 V8.2：
db2 "create table account (per_num decimal(10,0))"
db2 "insert into account values (1),(2)"
db2 "select char(per_num) from account"
--输出如下：
1
-----
000000001.
000000002.
--而升级 V9.7 以后：
1
-----
1
2
```

随后，程序从账户表中取出 per_num 时，发现长度不够，故而应用验证报错。最后通过更改 Char()函数为 Char_old()才解决问题。

所以，在梳理出所有版本差异项后，凡涉及差异项的代码，要对涉及代码进行针对性验证工作。

2. 升级前准备

下面规划升级前的准备工作。

（1）备份是一切变更的开始。

在开始生产环境数据库升级变更前，规划好数据库备份，不仅是变更回退方案的最后一道防线，还是决定数据库升级成败的重要工作项。

针对数据库升级前的备份，常用的方法有：离线全备和在线全备等。备份方法应与升级方案配合使用。

对于离线全备一般选择停机时间足够长的业务系统，且在版本升级路径范围内，可以通过离线备份直接对数据库服务器进行版本升级，还可以留作回退备份的场景。在线备份，除了计划回退以外，还可以利用在线备份集进行跨版本的数据库升级，对比离线备份升级的优势是利用更少的停机时间来完成升级。

另外，除了数据库本身备份以外，还要再备份配置参数和自定义函数目录等。

（2）明确数据库物理架构对升级的影响。

仔细做好这部分评估工作，犹如战前对敌军阵地的分析，有利于我军的作战部署。这份敌军战地评估报告的细致程度也决定了作战方案的成败，数据库升级工作也是如此，绝不打无准备之仗！

首先，应明确当前数据库的部署架构。商业银行的数据库部署架构主要以多副本冗余部署为主。无论是哪种部署架构，在数据库升级前，都要充分考虑架构对于升级方案选择的重要性。总之，错之毫厘，谬以千里！

其次是升级后的数据库部署架构。如果是原地升级，可以依然沿用原有的数据库高可用方案；针对更换数据库服务器并进行数据库升级来说，根据需求可以对现有数据库的高可用架构进行优化。

（3）准备测试环境，着手制订升级方案，对测试环境进行升级演练。

经过以上对系统环境的评估和数据库升级前规划，现在已经收集了关于待升级系统的许多重要信息。接下来，可以搭建一套与生产环境相同的系统环境了。搭建这个环境的目的有两个，一是便于制订升级方案并验证方案；二是测试升级后的数据库与相关应用的适配度，即功能兼容性测试。

截至目前，数据库升级的前期准备工作已经基本就绪了。随后，即可进入数据库升级过程中需要做的工作，将在 6.4 节中详细介绍。

6.2.3 规划数据库客户端升级

在介绍 Db2 客户端升级路径前，有必要简单介绍下 Db2 的客户端分类。针对不同的数据库管理及开发需求，IBM 将 Db2 客户端分成以下三种类型。

如图 6-1 所示，IBM Db2 客户端主要有三种类型，分别是 IBM Data Server Driver Package（后称“驱动程序集”）、IBM Data Server Runtime Client（后称“运行时客户端”）和 IBM Data Server Client（后称“胖客户端”）。

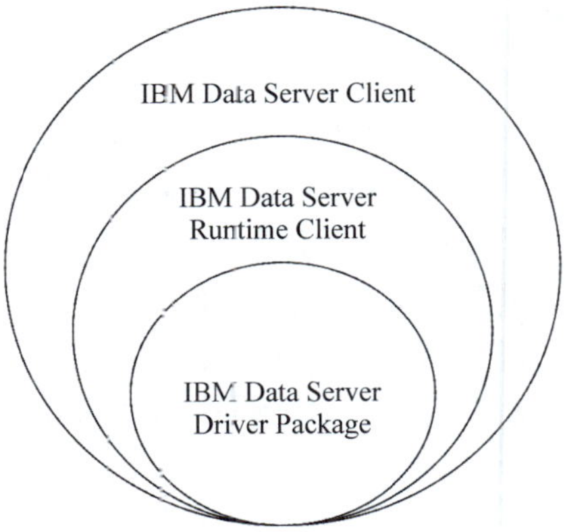

图 6-1 IBM Db2 客户端分类

（1）Db2 驱动程序集。

包含 Java、ODBC/CLI、PHP、Python 和 Ruby On Rails 的数据库驱动程序，是一种轻量级部署方式。这种方式不需要安装客户端程序，无需过多的配置就可以使用驱动程序连接远程数据库。

（2）Db2 运行时客户端。

包含 Db2 驱动程序集，除此之外，运行时客户端还包含命令行处理工具（CLP）、Q 复制和 SQL 复制的管理命令、存储用于与数据库和服务器连接的编目信息。

（3）Db2 胖客户端。

包含 Db2 运行时客户端，包括以上介绍的所有功能组件。除此之外，Db2 胖客户端还包含应用头文件（sqllib/include/*.h）、各种编程语言的预编译程序、样本教程、Visual Studio 工具等。

数据库客户端多部署在应用服务器，应用程序通过数据库客户端访问数据库服务器。数据库客户端与服务器升级的流程是相同的，但还需注意以下事项。

1. 客户端与服务器的兼容性需要明确

针对 Db2 的客户端，可以支持低版本的客户端连接高版本的数据库服务器，但对于客户端连接只支持当前版本及更低版本的功能。例如，利用 V9.7 客户端连接 V11.1 服务器，虽然能够正常连接服务器，但应用通过客户端只能使用 V9.7 的功能。因此，在考虑数据库服务器升级的同时，一定要考虑将其升级到与服务器同样的版本。

客户端在安装前，与数据库服务器安装相同，也需要根据同样的操作系统核心参数要求和操作系统兼容性要求，来设置相关参数。此部分可以参考 6.2.2 节中对于数据库升级前的先决条件的介绍，在这里就不赘述了。

2. 客户端升级需要备份的内容

在客户端导出一份配置信息和编目数据库的信息留存即可。针对胖客户端，配置信息可以保留其个性化参数，对于采用重新部署安装方式升级的客户端，可以手工同步这些参数。而编目信息也需要手工同步到升级后的目标版本中。如果采用原地升级客户端，则无须再同步这些参数及编目信息。

对于 Java 应用程序通过 Type-4 方式连接数据库，无须安装客户端，那么也就无须备份以上提及的配置参数。在替换驱动程序文件前，请备份原版本驱动程序文件，便于回退时使用。

3. 系统及数据库物理架构方面

在升级前有必要梳理待升级系统间的关联关系，明确需要连接数据库服务器的所有客户端类型及版本。因为数据库服务器的升级工作往往级联数据库客户端的升级，也就是说，数据库服务器的升级是客户端升级的先决条件。数据库服务器的升级与客户端的升级“共进退”。这部分工作对于制订客户端的升级方案非常重要。

4. 关于测试环境的准备，其目的与服务器相同

这里需要特别注意的是，我们无须测试 Db2 数据库客户端连接数据库服务器的兼容性。因为这部分工作，厂商已经帮我们做好了出厂测试。只需要准备业务测试场景即可，主要测试目标也是围绕这些业务功能的可用性。

关于客户端的具体升级过程，将在 6.4 节中详细介绍。

6.2.4 规划数据库应用程序升级

数据库服务器及客户端的升级，可能会给应用程序带来影响。

数据库应用程序升级只需要在数据库版本升级时统筹考虑。对于单纯数据库补丁升级，应用程序无须规划升级，只做相应的驱动程序和客户端调整即可。

以 Db2 数据库为例，支持的应用程序主要包括嵌入式 SQL 程序、CLI 应用程序、本地脚本、C/C++例程、Java 例程等。数据库应用程序升级，主要是因数据库服务器升级而带来的变动，从而影响应用程序必须做出的适当调整或适配。

本节重点说明在升级前，应用程序需要做的准备工作。

（1）利用数据库软件版本差异库梳理出的功能差异项来评估对应用的影响。

这部分是预见性的，可以在规划数据库服务器升级前梳理排查。随后可将其作为测试场景的准入条件，在测试环节中重点关注这些差异项的反馈。

（2）梳理目前应用现状，随后针对不同应用程序规划其前期准备工作。

在开始前，需要整理出一张列表，一张属于待升级系统的应用程序调研表。下面以某商业银行供应链金融系统（SCF 系统）为例进行说明。

SCF 系统是商业银行供应链金融业务的交易系统和操作平台，旨在降低业务操作风险，提升业务管理水平。该系统提供贷前授信检查、协议管理、融资放款、贷后预警等功能，与核心企业及其上下游企业实现物流、信息流、资金流信息的共享。

表 6-1 中，统计 SCF 系统共有 4 类应用，分别是 SCF 应用程序、批处理应用、数据清理定时任务和嵌入式 SQL。

表 6-1 SCF 系统应用程序调研表

子系统或功能部件	开发语言	编译器版本	升级后的版本	部署位置
SCF 应用程序	Java	JDK 1.6	JDK 1.6	应用程序服务器
批处理应用	C 语言	GCC 4.4	GCC 7.3	数据库服务器
数据清理定时任务	Shell	不涉及	不涉及	数据库服务器
嵌入式 SQL	SQC	不涉及	不涉及	数据库服务器

1. SCF 应用程序

数据库升级后，由于 Java 虚拟机的版本都是 JDK 1.6，只需要更新应用连接数据库服务器的驱动程序文件即可，并要求其驱动版本与数据库服务器版本匹配。对于 Java 应用，以上动作需要在升级前确认，并在测试环境中演练。

2. 批处理应用

表 6-1 中的批处理应用程序，采用 C 语言开发，针对 C 和 C++应用程序，一般有两种方法连接数据库，分别是 ODBC（Open Database Connectivity）和 CLI（Call Level Interface）方式，其中，ODBC 是微软开发的，代替嵌入式动态 SQL 的访问数据库接口标准。这两种连接数据库的方式与嵌入式 SQL 不同，它无须主机变量或预编译，只能运行动态 SQL，可以实现多供应商的关系数据库产品互连。

针对此类应用程序，在数据库升级后，应该考虑是否要重新编译其源代码。因为往往数据库服务器大版本升级后，操作系统版本也随之升级，这将同时升级 C 程序编译器的版本。表 6-1 中 GCC 编译器从 4.4 升级到了 7.3。因此，建议对代码进行重新编译，并做适当的测试，用于提前发现应用更隐蔽的问题，防范于未然。

3. 数据清理定时任务

主要是后台维护类数据操作脚本。这些脚本的开发人员往往是由该系统的运维人员完成的。建议在升级前做一次代码走查，其目的是检查脚本与新版本数据库服务器所要求的管理类视图、表及操作命令的兼容性。代码走查只是第一步，随后还要将修订好的脚本放到测试环境配合测试。

4. 嵌入式 SQL

这类应用程序的宿主语言也是 C/C++或 COBOL，但它与之前介绍的 C 程序通过 ODBC/CLI 连接数据库不同。它需要提前将写好的带 SQL 逻辑的 C 程序（SQC）提前编译成两个文件，一个是数据库绑定文件（*.bnd），一个是不带 SQL 的纯 C 源代码（*.c）文件。随后可以通过 bind 命令将*.bnd 文件绑定到数据库内。绑定成功后可以手工编译源代码文件(*.c)，并将生成的对象文件连接到 C 代码库，生成可执行文件。

在数据库升级后，含有SQL逻辑的代码早已绑定到数据库中，此部分代码不会受到影响，但一定要进行数据库内相关程序包的重新绑定（rbind）。需要注意的是，一定要在测试环境对这些嵌入式 SQL 应用进行测试。

另外，对于外部例程还需要说明一点，例如，自定义函数或存储过程可能会通过"EXTERNAL NAME"关键字引用外部可执行的程序文件。这些程序文件可能是 Java、C、.NET 或其他语言开发的程序，这些程序也需要统筹考虑。

6.3 测试方案的选择

在真正升级之前，还有一项非常重要的工作，那就是做好测试。本节主要介绍商业银行在数据库升级时通常所采用的三种测试方案，并分析这些方案的使用场景和优劣。

6.3.1 传统测试方案

传统测试是指搭建测试环境后，通过模拟数据方式，配置组装挡板程序，随后结合专业的测试软件来完成一系列的测试工作，传统测试包括功能测试和性能测试。

1. 功能测试

在功能测试中，最重要的是选取待测系统的测试用例。这需要结合数据库版本升级差异库，通过场景法梳理成测试用例。

测试用例包括输入、动作、时间和期望结果，其目的是确定应用程序的某个功能或特性是否可正常工作，观察其是否能达到程序所设计的预期结果。

测试用例设计完成后，接下来就按照测试用例的执行顺序开始执行测试用例，在执行的过程中，需要注意以下事项。

（1）在测试用例执行过程中，应该仔细检查用例的输出结果，以判断测试用例是否执行成功。

（2）在测试过程中应记录并上报各种因数据库版本升级而带来的程序缺陷或报错信息。

（3）在测试用例执行过程中，应保留应用日志、操作日志、数据库日志等，这样在发现问题后，可以根据日志快速定位问题。

2. 性能测试

性能测试主要是验证数据库升级后能否达到预期的性能指标，一般采用压力测试来确定数据库的性能变化情况。

开始性能测试前，首先要通过监控工具收集待测系统事务吞吐量（使用 TPS 来衡量）、交易的平均响应时间、CPU 使用率和 I/O 使用率等重要性能指标。根据这些生产上的指标值，再结合未来两三年的交易增长量，从而计算出压力测试的达标阈值。

随后，与功能测试类似，也要选取测试用例。选择测试用例前，要根据测试目标选择主流交易场景。在升级前后的数据库上对比测试结果即可发现性能差异。

接下来就到了开始性能测试的阶段。商业银行往往采用自动化性能测试工具来完成，常见的工具有 LoadRunner（LR）和 Quick Test Professional（QTP）。由于篇幅原因，这里只介绍工具。下面简要介绍使用 LoadRunner 工具的测试方法。

（1）测试脚本的录制：发起测试前，要录制及调试脚本。

（2）设计测试场景：在脚本录制完成后，可以进行测试场景的设计。设定用户数、活动并发数、运行时间段及“思考时间”等。随后即可开始自动化压力测试了。

（3）测试结果分析：场景测试结束后，可以通过 LoadRunner 的自动分析工具对测试结果进行初步分析。

传统测试方案很成熟，也容易使用，但是存在两大缺陷。第一，存放在数据库内的涉密数据必须进行数据脱敏后才能部署到测试环境中，这就存在数据不准确的可能性；第二，测试场景的触发往往都是固定的，每次应用程序与挡板程序之间的交易往复都会返回固定的信息等。

6.3.2　高仿真测试方案

在第 3 章中介绍过高仿真测试平台，它可用于小型机下移 x86 服务器项目。在本节中，将继续介绍高仿真平台在数据库软件升级中的应用。

如图 6-2 所示，针对数据库升级场景的高仿真测试需要经过三大环节：旁路引流、流量处理和测试执行。前两个环节与第 3 章介绍的应用程序高仿真大致相同。最后一个环节与应用高仿真测试有本质的区别，下面分别介绍。

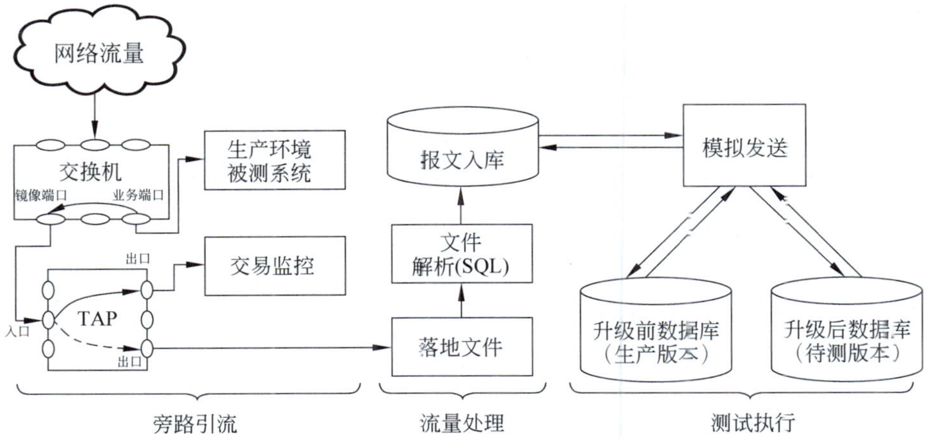

图 6-2　高仿真测试数据库的方法

1. 旁路引流环节

该环节负责将流量数据通过交换机将生产环境被测系统的真实网络流量复制到镜像端口，

再通过网络分路器（Traffic Access Point，TAP）设备输出至两个出口。一个输出给交易监控，通过交易监控即可对待测系统的交易进行多维分析，如TPS分析、交易分析和交易平均响应时间统计等；另一个输出给高仿真测试平台。

2. 流量处理环节

该环节主要是将旁路引流产生的报文文件通过集中备份单向传输至高仿真测试环境。这些报文文件主要包含待测系统的前端交易报文信息和后端（指应用程序服务器到数据库服务器）数据库服务请求报文。随后，高仿真平台的报文解析程序从这些报文文件中解析应用程序发送至数据库服务器的SQL逻辑，形成测试案例存入高仿真测试平台的后端数据库内，这个过程称为报文入库阶段。其中有两项工作十分重要，一是将应用程序发给数据库服务器的SQL语句从报文文件中挑选出来，这样从报文段中才能提取用于模拟仿真的真实SQL代码；另一个任务是将这些SQL语句发起的时序标记记录在具体的测试用例中，保证SQL发起的时序非常重要，例如，一个转账交易，要经过开户、入账、转账等主要动作，如果在开户前先转账就会收到账户不存在的报错。

3. 测试执行环节

进入测试执行环节后，模拟发送工具读取高仿真平台内提前设定的测试用例，分别将这些逻辑发送至升级前与升级后的数据库服务器，并对数据库的返回码及结果集进行对比验证。通过这种方法即可验证数据库版本升级后与程序的兼容性是否存在问题。这个过程比在小型机迁移至x86服务器的应用高仿真测试流程更为简单，因为数据库不涉及第三方交易，也就无须在测试环境部署智能挡板，同时也省去了智能挡板对个别交易场景的开发工作。

从高仿真测试的方法中不难看出，高仿真测试用例中发起的每一笔交易数据及交易的时序完全和生产环境一致，这也就是高仿真环境内的生产数据不能脱敏的原因，这点与传统测试截然不同。

为了更进一步理解高仿真测试方案，下面介绍高仿真测试的主要工作流程。

（1）系统调研：这与传统测试相同，首先要对待升级系统做好充分的升级前规划。

（2）制订方案：主要制订高仿真测试策略，包括流量采集策略、交易场景、编排测试等计划。

（3）环境准备：根据商业银行数据库部署规范与生产环境现状搭建升级前后的测试环境。

（4）测试数据准备：开始网络流量的采集和流量的解析，将识别出的SQL语句与这些场景对应起来，随后通过SQL选取、参数替换等步骤，将这些待发送的测试用例汇总形成测试用例集。

（5）测试的执行：根据测试的计划执行自动化测试场景，通过模拟发送工具同时向升级前后的数据库发送预先编排好的SQL语句。

（6）测试的总结：通过对升级前后的测试差异对比结果，形成最终的测试报告。

6.3.3 机器人流程自动化测试方案

当今，机器人流程自动化（Robotic Process Automation，RPA）已应用在各个技术领域中。如图6-3所示，使用RPA测试方案进行测试时，需要经过四个工作流程：录制前的准备工作、开始录制、录制、录制后的工作。简单来说，首先在待测系统的界面上操作一遍整个流程，这时 RPA 工具负责在过程中录制用户的每一步操作，随后将其转换为脚本文件；在真正测试的时候，进行自动化回放，从而达到测试目的。

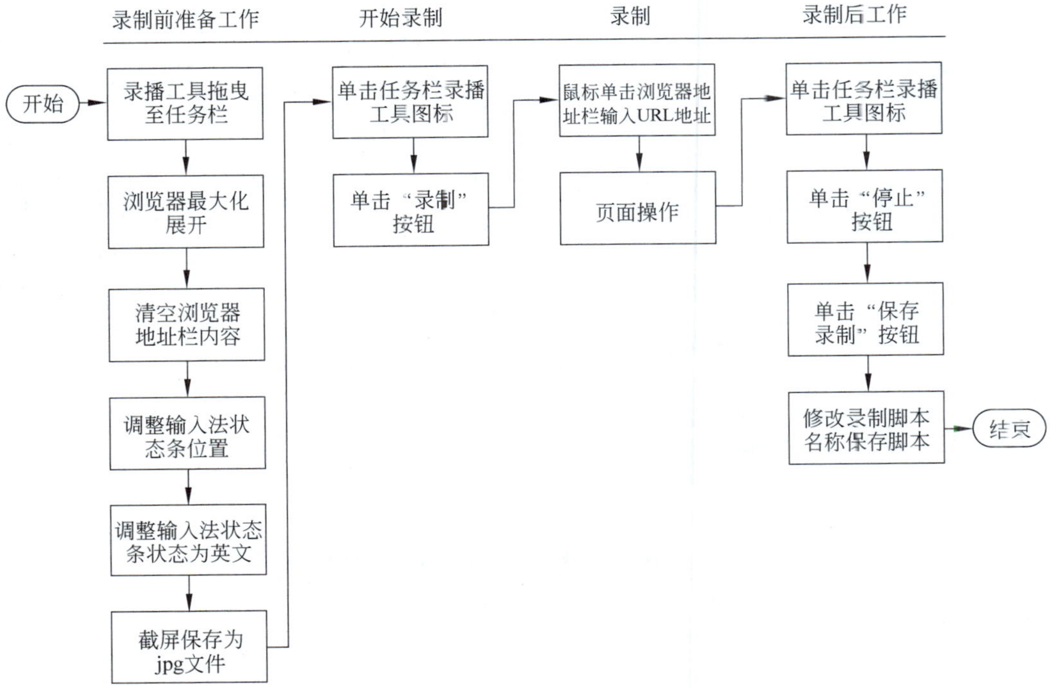

图 6-3　RPA 测试方案的工作流程

也可以将 RPA 工具用到数据库升级测试工作中，将它作为高仿真测试的一个补充。例如，在高仿真测试中，通过 Web 端发起的相关交易和后续关联关系极难获取，而这正是 RPA 工具的用武之地。

那么针对数据库版本升级，RPA 测试又有以下两种适用场景。

第一种，通过前台 Web 界面及 HTTP 通信方式可覆盖所有场景。在数据库版本升级前，可通过 RPA 测试方法进行录制；数据库版本升级后进行回放。

第二种，应用程序涉及数据库批处理调度，也可以通过 RPA 测试实现对数据库批处理调度的回放测试，用于验证数据库升级后对批处理的影响。

从上面的适用场景可以看出，针对数据库版本升级测试，RPA 测试方案的场景很有限，它只是高仿真测试方案中的一个补充方案，往往与高仿真或传统测试方案结合使用。

6.3.4　各种测试方案对比

前面介绍了传统测试、高仿真测试和机器人流程自动化测试（RPA）这三类方案，接下来给出这三种测试方案的优劣，并总结其适用场景，以方便读者使用，具体如表 6-2 所示。

表 6-2 测试方案对比

测试方案	优 势	劣 势	适用场景
传统测试方案	测试策略可灵活调整	（1）测试用例的设计来源于经验，全覆盖梳理场景形成测试用例开销较大，测试周期长； （2）采用模拟数据进行测试，数据存在失真情况	适用于交易场景简单且能明确交易范围的待测系统
高仿真测试	（1）采用真实的数据测试，相比传统测试更贴近生产； （2）相对传统测试的资源投入少； （3）可灵活只针对数据库进行测试	（1）首次投入成本高（需要定制化开发智能挡板； （2）不支持带图形界面及 HTTP 通信方式的应用程序仿真测试	（1）适用于非图形界面的系统功能测试； （2）适用于生产问题追溯与重现，协助定位问题
RPA 测试	（1）可支持带图形界面操作的系统测试； （2）测试流程相对简单，不会带来脚本开发或挡板开发的工作	RPA 测试是高仿真测试针对应用图形界面操作的补充方案，适用场景少	适用于带有图形界面的系统功能测试

6.4 制订数据库升级方案

从规划数据库升级到测试完毕，完成了数据库升级前的准备工作。从本节开始，仍旧以 Db2 数据库升级为例，介绍在常见的数据库高可用部署架构下，版本升级的具体方案。

6.4.1 数据库版本升级

数据库每个版本的发布都会带来重要的技术更新或新的技术特性，这些重大功能更新和新特性的到来，势必对数据库产品组件进行大量的更新。对于 Db2 数据库，这些更新主要涉及三部分，对产品目录更新、实例目录更新和数据库更新。因此，制订版本升级方案时，必须结合数据库所在环境，综合考虑其先后升级顺序，才能保证万无一失。

常见的 Db2 数据库版本升级方案有三种：原地版本升级法、备份恢复版本升级法和数据平滑迁移升级法。下面分别介绍每种方案的执行过程。

1. 主备架构的原地版本升级方案

原地版本升级法，是利用 Db2 数据库原生升级工具对本地数据库进行直接升级的常用方法。

如图 6-4 所示，主、备服务器共享存储资源，部署同一份数据，通常数据库服务只在一台服务器启动。另外，数据库产品目录和实例目录分别部署在两台服务器的本地文件系统中，而数据库需要借助双机软件（如 Linux 系统中 RHCS 或 pacemaker）实现主备机资源的切换。将这种架构称为数据库主备架构。

原地版本升级方案，需要提前在数据库主备机分别安装新版本数据库产品文件（升级目标版本），随后再对数据库实例和数据库进行升级。具体升级过程如下。

（1）升级前的检查。

为了避免在升级过程中出现因环境检查不到位而造成的问题，在正式开始升级前，需对

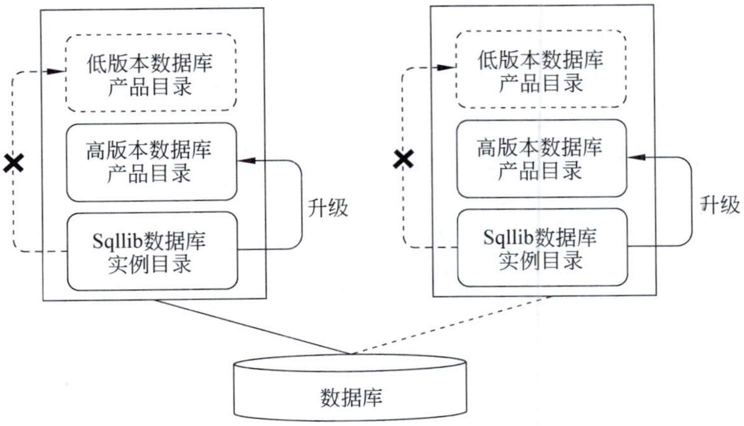

图 6-4　主备架构数据库版本升级

数据库进行全面检查。例如，主机名和 IP 信息是否与待升级系统匹配；数据库进程、表空间状态是否正常；数据库诊断日志有无错误告警等。

检查并确认这些信息是否正常，是进入正式升级环节的先决条件，如果信息不匹配或数据本身存在某种异常，将大概率导致后续升级失败。

（2）升级前的备份。

完成升级前的必要检查后，开始着手备份工作，主要包括：数据库在线全量备份（Online Backup）、数据库参数配置备份（Dbm Cfg）、环境变量配置信息备份（Db2set）、数据对象定义结构备份（DDL）和程序包列表信息备份（Packages）。这些备份主要作为版本升级回退方案的输入信息来源。

（3）升级前的资源扩容。

为了确保升级不会因性能容量问题而回退，需要对现有数据库的部分对象进行容量检查，如预估容量较小，需要提前准备扩容。这些数据库对象主要包括：系统编目表空间、系统临时表空间和数据库活动日志空间。

对于系统编目表空间需要检查是否开启了自扩展属性（AutoResize）且没有设置最大上限值（MaxSize）。如以上条件满足，则要求其容器所在文件系统可用空间必须是已使用大小的两倍。如果是非自扩展表空间（AutoResize=NO），需要对其单独进行扩容。

临时表空间一般是 SMS 类型表空间，所以需确保可用文件系统空间至少是系统编目表空间的总容量的两倍。

最后再检查活动日志可用容量，对主、副日志个数各扩至两倍，但相加不能超过 256 个。

（4）安装新版本数据库，并检查旧版本数据库实例升级是否就绪。

数据库资源扩容后，就可以在数据库服务器主备机上安装新版本数据库产品。随后，不要创建新的数据库实例，在刚刚新安装的主机数据库目录内，通过预升级检查命令（db2ckupgrade）来检查旧版本的数据库实例是否具备升级条件。如果报错，证明前面的步骤可能存在问题。

（5）开始升级备机数据库实例。

随后，可以选择先对备机进行实例升级。但必须将数据库的本地编目信息先删除后，才能执行数据库实例升级程序（db2iupgrade）。升级程序在运行的过程中，会自动备份旧版本实例目录（sqllib）。选择先升级备机，目的是为了减少一部分停机时间。

（6）停止应用程序，进行双机切换。

针对备机，实例已经更新为最新版本，因数据库在主机上挂载，所以目前还没有升级。接下来开始升级数据库，可以先将数据库资源切换至备机，随后再进行升级。

双机切换前，应先停止应用程序。这是因为数据库切换到备机后，还需要几个步骤才能完成数据库升级，所以不希望应用能主动连接数据库。

应用程序停止后，利用双机软件将资源组切换至备机。检查数据库相关文件系统就绪后，对数据库进行重新编目（因为在升级备机数据库实例时，将编目信息已删除了）。

（7）开始升级数据库。

在备机，对数据库进行升级。升级过程主要包括对数据页、日志文件、元数据文件、配置文件的更新等操作。

数据库版本升级后，需要再次更新数据字典和数据库内所有表统计信息，最后再对所有程序包进行重新绑定。这里需要注意，这些业务表统计信息收集必须先于程序包重新绑定动作。

以上这些升级后的操作，主要为了保证版本升级后，优化器基于最新的统计信息生成最佳执行计划。

（8）启动应用程序，并开始验证。

截至目前，在备机已经完成了数据库版本升级。随后，可以更新应用程序服务器的数据库驱动程序，并启动应用程序服务器，即可开始业务验证。

（9）升级主机数据库实例。

对于主备架构的数据库，版本升级并没有结束，还剩下主机数据库实例目录没有升级。主机在没有挂载数据库存储的状态下，与备机升级方式相同，具体可参照步骤（5）执行，故不再赘述。至此，数据库主备架构的实例与数据库全部升级到指定版本。

（10）升级后的资源缩容。

在步骤（3）中，曾提及对数据库部分对象进行扩容。此时，还需对之前已扩容的数据库对象进行相应的缩容，将其恢复至初始值。因此，当前步骤是（3）的逆操作。

（11）资源回切至数据库主机。

最后，选择将资源从备机回切至主机。资源回切后，需要再次完成本地数据库编目，而无须再执行数据库升级程序（Upgrade Database），因为数据库只有一份，并且已经在备机完成了升级。

2. HADR 架构的数据库版本升级

在商业银行两地三中心的容灾模式下，Db2 HADR 架构最多可有一个主机和三个备机，主机与每个备机都是独立的数据库（见图 6-5）。它们拥有独立的存储，因此不会共享资源。该架构的数据库原地版本升级，与前面所述的主备架构的方法截然不同。

如图 6-5 所示，为了方便读者理解，笔者在架构图中增加了步骤序号。主要升级流程是：直接将主机（A 机）数据库停机，为确保主备之间数据一致性，开始验证主库和所有备库之间的日志位置是否正常。

随后，先升级主机数据库实例（①），再停止所有备机数据库实例后，升级主要备机（特指 B 机）实例（②）。主机数据库和主要备机数据库实例升级成功后，再升级主要备机的数据库（③）。主要备机数据库升级成功后，再升级主机数据库（④）。待主机数据库和主要备机数据库均成功完成升级后，即可从主机数据库对外提供服务。最后再通过以上步骤将同城和异地的备机数据库升级即可（⑤，⑥）。

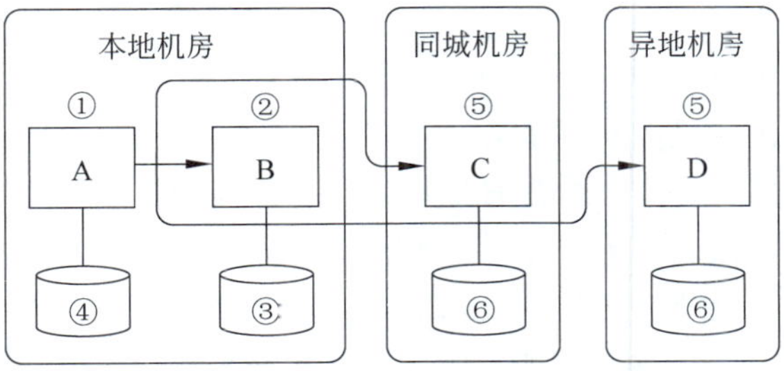

图 6-5　Db2 HADR 架构的版本升级过程

注意：HADR 架构下，版本升级先决条件

待升级数据库版本必须是 V10.5.0.7 及以上，才能使用本节介绍的 HADR 架构的数据库版本升级方案，将数据库升级到当前较新的 V11.1 或 V11.5。因为 V10.5 FP7 以前的版本日志流与 V11.1 不一致，无法再进行跨版本复制，也就无法使用这个方案进行多备机 HADR（Multiple Standby）升级。

如果读者的 HADR 环境使用 V10.5.0.6 及以下版本，计划升级至 V11.1 或 V11.5，那么 Db2 不支持在所有备机上直接进行版本升级。必须停止现有 HADR 复制关系，将数据库转换为标准版后，再使用原地版本升级方案先完成主库升级。随后，在主库采用在线全量备份再搭建 HADR 复制关系，从而完成所有备机的升级。

下面详细介绍 Db2 HADR 架构数据库版本升级的整个过程。

（1）升级前的检查。

开始版本升级前，进行 Db2 HADR 拓扑架构和相关基础信息的检查。检查项主要包括：主机名、数据库版本和 IP 信息是否与待升级系统匹配；数据库进程、表空间、主备间 HADR 状态是否正常；数据库诊断日志有无错误告警等。

另外，检查 HADR 数据库是否开启了延迟重放。如果开启，需要手工提前关闭这个属性。

注意：为什么要关闭 HADR 延迟重放？

HADR 延迟重放有助于防止由于复制主库的错误事务，从而导致的数据丢失的场景出现。备机通过 Hadr_Replay_Delay 参数来延迟来自主机数据库的事务日志，达到事务延迟重放的目的。

对于 HADR 架构的数据库版本升级，我们希望主机数据库的升级动作通过日志能及时复制到所有备机。所以，需要在升级前检查延迟重放参数，如数据库设置了该参数，则需要通过如下命令禁用。

```
db2 "update db cfg for <dbname> using HADR_REPLAY_DELAY 0 immediate"
```

（2）升级前的备份。

该步骤与主备架构的原地版本升级方案（简称“原地升级方案”）中描述的步骤（2）一致。但对于未开启备机只读属性（Reads On Standby，ROS）的 HADR 的所有备机，因无法连接数据库，只能收集数据库参数配置备份（Dbm Cfg）、环境变量配置信息备份（Db2set）和数据库参数配置备份（Db Cfg）。

（3）升级前的资源扩容。

资源扩容过程与原地升级方案中描述的步骤（3）大体一致。但需要注意，针对 HADR 架构，所有的变更只能在主机数据库执行。

对于表空间的扩容，需要检查所有 HADR 主备机指定表空间容器的文件系统是否有足够的空间，可供表空间扩容或自扩展。如果文件系统不满足扩容预期条件，那么必须先对不满足条件数据库主机的文件系统进行扩容。随后，才能从数据库层执行表空间对象扩容命令。

针对活动日志的扩容，必须修改所有数据库的配置参数，因为参数不会通过日志复制同步到备机。

（4）安装新版本数据库，并停止系统服务。

与原地升级方案的区别在于，在 HADR 所有的主备机上，完成新版本数据库产品安装后，不能马上验证升级的可用性。而是需要先将系统停止，这里标志着变更已进入停机时间窗口。

接下来，要先升级主机数据库（A 机）的实例，必须停止实例服务，而停止了主机数据库实例会导致本地机房主备切换。因为 Db2 HADR 通过系统双机软件配合双机脚本探测数据库运行状态，一旦检查 A 机数据库实例不存在，双机脚本无法判断是因为宕机还是计划性停机，所以才会触发切换。为了避免双机切换的干扰，需要提前依次将应用程序、双机服务和 A 机数据库实例停止。

（5）升级主机数据库实例。

停止 A 机数据库实例后，此时 B、C、D 机数据库角色仍为 HADR 备机（Standby），并且不能对 B、C、D 机进行去激活操作。其目的是为了在 A 机调用升级实例命令时，将首先验证主机和所有备机（B、C、D 机）的数据一致性。

如果主备之间日志位置不匹配，那么 A 机数据库实例升级将失败。可以通过扩大 Hadr_Timeout 参数值，来提高日志验证检查的成功率。如果在日志检查的过程中，发现部分备机无法追上 A 机的日志时，只能将这个备机从 Hadr_Target_List 中踢出，那么被踢出的备机就只能通过升级后的 A 机在线备份来重构恢复 HADR 复制关系了。

最后，直接在 A 机安装了新版本数据库产品目录中，执行实例升级命令（db2iupgrade）（见图 6-5 中①）完成主机数据库实例升级。

（6）停止所有备机数据库。

完成 A 机数据库实例升级后，可以开始并行去激活和停止所有 HADR 备机实例，为升级主要备机（B 机）做准备。

（7）升级主要备机数据库实例和数据库。

所有备机实例正常停止后，开始对主要备机（B 机）进行实例升级（②）。

主要备机数据库实例正常结束后，需要对实例内的数据库执行升级动作（③）。读者同样会有疑问，这时主要备机（B 机）是 HADR Standby 角色，数据库处于前滚暂挂状态，如何升级？请不用担心，这个升级动作会将主要备机直接拉起，并等待着主机数据库（A 机）的连接请求。主要备机数据库管理器收到升级命令后，将备机数据库置为“正在升级”的状态。

注意：HADR 的主要备机和辅助备机

这里，读者需要注意，HADR 中主要备机是指与主机（A 机）形成 HADR 复制关系的第一个备机，而后面要说的辅助备机（C、D 机）是除主要备机以外的 HADR 备机。

（8）升级 HADR 主机数据库。

这时，主要备机还没有开始接收来自主机的升级日志，还不能算真正完成的数据库升级。随后，需要对主机（A 机）中的数据库进行升级（如图 6-5 中④）。在升级前，主机会主动与主要备机建立数据库连接。在对主机数据库升级的过程中，会将所有升级日志传输到主要备机进行重放，从而实现主要备机数据库升级的目的。

（9）升级后的工作。

待主机数据库升级成功后，需要再次更新数据字典和数据库所有表统计信息收集，最后再对所有程序包进行重新绑定。这里和前面介绍的原地升级方案相同。

（10）启动系统服务，并开始业务验证。

以上动作结束后，主机和主要备机数据库已在新版本下，恢复 HADR 主备复制关系。

随后，更新应用程序的数据库驱动程序包，启动应用程序并开始相关业务验证。验证通过后，可以对外提供服务。

（11）升级其他备机实例和数据库。

至此，数据库主机的读写服务已经恢复，目前有足够的时间来升级其他备机。

目前，还剩余同城灾备（C 机）和异地灾备（D 机）未完成升级任务。后面的操作就可以重复第（7）步，但这里不是主要备机数据库，而是需要对辅助备机数据库实例和数据库进行升级（见图 6-5 中⑤），升级结束后激活数据库即可从主库开始同步升级日志至 C、D 机数据库中（见图 6-5 中⑥）。至此，所有数据库均已成功完成升级。

（12）升级后的资源缩容。

在第（3）步已经对 HADR 数据库主库做了资源扩容，这里与原地升级方案中步骤（10）内容一致。另外，如果在最初步骤已修改了 HADR 备机的延迟重放（Hadr_Replay_Delay）功能，也需要将其值还原。

目前，这个方案的主要优势在于省去了版本升级后 HADR 的重构工作。但在升级前，需要依赖 HADR 复制关系是否正常，这需要在升级前做好相关检查工作。该方案的缺点是有版本限制，依赖 HADR 复制的健康程度，如果复制异常，可能还需要重新通过在线备份来恢复搭建 HADR 备机。

3. 备份恢复版本升级方案

下面介绍利用数据库离线备份直接完成版本升级的方案，而这种方案较适合数据量不大且停机时间窗口充裕的系统。其优势在于升级方案的简单、实用和安全，属于“出场率”很高的数据迁移与升级方案。

如图 6-6 所示，左侧为待升级的旧版本数据库，右侧为新版本目标数据库。下面以主备

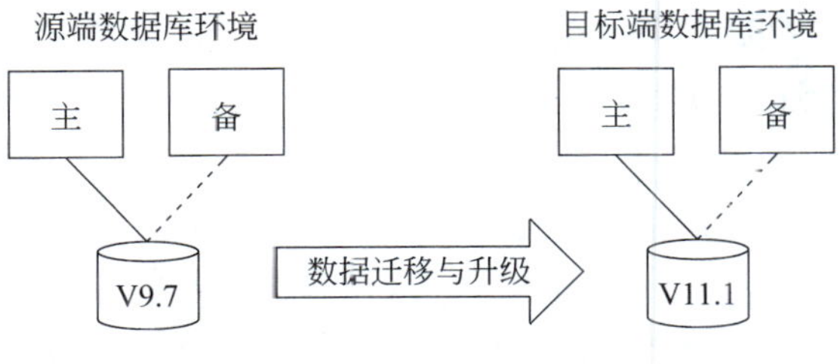

图 6-6　利用数据库备份恢复法完成版本升级

架构为例，来具体介绍如何利用离线备份恢复法，将 Db2 V9.7 的数据库直接升级并迁移至 V11.1 数据库中。

注意：该方案版本升级先决条件

针对目标版本为 V11.1 的数据库，应采用离线备份完成版本升级，要求待升级数据库版本必须在 V9.7 及以上。如果版本低于 V9.7，只能先恢复到 V9.7，随后再考虑原地升级到 V11.1。

具体方案如下。

1）升级前的检查

除了参照原地升级方案中对旧版本数据库进行相关检查外，还需要再检查新数据库服务器的相关基础信息。主要包括：新旧环境的数据库参数（Db2set 与 Dbm 参数）是否一致；新环境文件系统及权限属组是否正常；网络连通性和软件版本兼容性等。

2）停止应用程序和数据库

不同于之前介绍的方案，无须对源端数据库的相关参数及 DDL 进行单独备份。因为整个版本升级方案并不会对旧版本数据库进行变更，该环境已具备了天然的备份属性。

随后，即可停止应用程度和数据库服务，正式进入停机时间窗口，开始对旧版本数据库发起离线备份。

3）在新环境恢复数据库

离线备份结束后，可以在新环境进行数据恢复。数据库恢复的过程中，会将数据原封不动地迁移至目标端环境。这里需要注意，如果目标端的文件系统位置与源端数据库的位置不匹配，数据库恢复将失败。随后，可以采用重定向恢复方式将数据指向目标端数据库所在位置。

完成数据库恢复后，接下来 Db2 的恢复命令（Restore）会自动完成数据库的升级。过程中可以观察数据库诊断日志（db2diag.log），用于判断恢复升级的过程中是否有异常。

4）版本升级后的工作

完成数据库恢复和升级后，需要在新环境中手工触发更新数据字典，以及所有表对象的统计信息收集，最后对程序包进行绑定。

5）启动应用程序，并开始验证

启动应用程序前，需要手工替换应用程序驱动程序文件。随后，启动应用程序，并开始前端业务验证。至此，数据库已成功完成数据迁移和版本升级。

另外，对于新环境的数据库主备机，建议提前进行切换验证。确保数据库切换至备机后对其提前进行编目，避免数据库恢复后再进行切换，从而带来不必要的停机。

4. 数据平滑迁移升级法

数据库版本升级中，最后一个常用的方案是数据平滑迁移升级法，该方案还有一个熟悉的名字叫作“数据库平滑迁移方案”。这正是在第 3 章中提及的跨平台数据迁移方案，因此在本节就不再详细介绍了。

数据平滑迁移升级法与前面介绍的两种方案的特点有很大不同，主要体现在以下两点。

（1）备份恢复版本升级方案，顾名思义，采用备份恢复的方式完成版本升级，操作简单又方便，但对系统平台的要求较严。而数据平滑迁移升级法采用数据传输或日志复制方式，虽然实施过程较复杂，但可以轻松应对同平台或跨平台的数据迁移与升级工作。

（2）数据库平滑迁移升级法可用于停机时间窗口要求非常短的系统迁移或升级。该方案突出“平滑”二字，可将停机时间窗口缩短到 5min 以内，因此对客户的影响最小。而备份恢复版本升级方案停机时间相较较长。

根据以上两个特点，读者不难发现，数据平滑迁移升级法多用于停机时间窗口有限且需要跨系统平台迁移、升级的数据库系统。

6.4.2 数据库升级回退方案

对于一套完善的数据库升级方案，其中的回退方案非常重要。当升级过程中出现问题而无法继续进行升级时，升级回退方案保证系统能回归到升级前的那个正常状态。

将数据库从高版本回退到低版本的过程叫作“数据库的逆向升级”，那么如何保证数据库能“全身而退”，顺利完成逆向升级，是考虑版本升级回退方案的重点也是难点。

本节将针对前面介绍的各种数据库部署架构下的升级方案，提供与其相对应的版本回退方案，并突出方案的差异性分析，简化共性分析。

1. 主备架构的原地版本回退方案

主备架构的原地版本回退方案与 6.4.1 节中介绍的“主备架构的原地版本升级方案”对应，请读者结合升级方案，来思考在 Db2 主备架构下如何实现版本升级回退。

1）回退前的检查

在回退方案中，首当其冲的依然是回退动作前的检查。在这个环节中，重点检查升级后系统双机状态、数据库的状态和诊断日志中有无错误信息等。

除此之外，还应注意各个数据库主机的旧版本数据库产品文件目录不能损坏或丢失，如果不存在，还需重新安装旧版本数据库产品。

小技巧：如何检查数据库产品安装是否无误？

进入数据库安装目录后，执行 db2val 命令，用于验证数据库产品文件的完整性和有效性。具体命令如下。

```
su - root
/opt/ibm/db2/V9.7/bin/db2val -a
```

2）停止应用程序和数据库服务

版本升级结束后，新版本数据库可能已经写入新的业务数据，为了确保版本回退后数据的一致性，不能再有新的业务数据写入。所以必须在正式回退前直接将应用程序和数据库停止，随后进入下面的备份环节。

3）回退前的备份

在停止对外服务后，正式回退数据库版本前，需要先对现有配置参数和归档日志文件进行备份。主要内容有：数据库参数配置备份（Dbm Cfg）和环境变量配置信息备份（Db2set）。

如果数据库已打开归档日志，那么为了回退后的事务一致性，必须手工备份这些日志文件到一个安全的目录中，避免误删除。

4）删除数据库和实例

数据库版本升级已更新了许多内容，而这些内容无法通过一种回退的命令使其直接回退到旧版本状态，只能借助在版本升级时的数据库全量备份来恢复。

在正式恢复数据库前，为了安全起见，将新版本的所有数据库直接删除，并清空归档日志目录和活动日志目录中残留的任何文件。随后，利用实例管理程序直接删除现有主、备机新版本数据库实例。

5）重建旧版本实例

这时，对于主备架构的数据库服务器来讲，所有的数据库和实例全都被删除了。接下来进入老版本的数据库产品目录，利用实例管理程序在低版本重建数据库实例。

实例创建成功后，需要利用前面备份的配置参数，手工重新还原这些参数，并保证参数回退后的一致性。对于数据库实例目录存在自定义函数或嵌入式开发程序文件的情况（如Functions 和 Bnd 等），需要从原版本升级时备份的实例目录中，将相关文件恢复至新创建的实例目录中。

6）重新恢复数据库

旧版本的数据库实例创建成功后，随后就可以用到在版本升级前的数据库全量备份在主机的旧版本实例中开始恢复数据库了。利用在线全量备份完成数据库恢复，此时数据库为前滚暂挂状态（Rollforward Pending）。

7）前滚事务日志

数据库恢复完毕后，还不能直接对外提供服务，需要将之前备份的日志从临时目录，重新复制至数据库归档日志目录中。随后，通过前滚命令，将数据库滚动至日志末尾。针对从新版本 V11.1 以后的数据库回退而言，这里有两点需要特别注意。

（1）对于老版本是 Db2 V10.5.0.7 及之后的数据库，可以直接通过前滚命令进行日志前滚。过程中可能会遇到 SQL2463N 问题，请直接采用前滚 Stop 关键字去除数据库前滚暂挂状态。

（2）如果老版本是 Db2 V10.5.0.6 及以前的数据库，在前滚的过程中，可能会遇到SQL1263N 错误。根据提示，可以将相关日志文件 S*.LOG 的扩展名改为 S*.NEW，然后重新发起前滚动作即可。

8）数据库回退后的工作

数据库产品文件、实例、数据库都成功回退后，可以对数据库做一次统计信息收集，随后重新绑定程序包。另外，对于备机或灾备主机，由于前面已经重建了实例，需要再进行切换，随后重新对本地数据库进行编目。

9）重新启动应用程序

最后，回退应用程序连接数据库的驱动程序包，重新启动应用程序并开始业务级验证。

其实不难发现，针对数据库版本的回退方案等同于重新在老版本中恢复数据库的过程。而在前滚日志时，由于 Db2 V10.5.0.7 及以后版本的日志结构与 V11.1 兼容，因此可以直接前滚。而不用像之前版本再通过修改日志文件扩展名来跳过这些日志。

在版本回退方案中，停机时间窗口的长短和数据库大小有直接关系，数据库越大，恢复时间就越长，停机时间就必然会拉长。

2. HADR 架构数据库版本回退方案

针对 HADR 架构下的版本回退方案，主要分为两阶段：阶段一是使用主备架构的版本回退方案，将主机先回退到老版本；阶段二是利用在主机再次发起老版本数据库的在线全量备份，利用这个备份集同时恢复所有 HADR 备机，并建立 HADR 复制关系。整个过程如下。

1）回退前的检查

对于两地三中心的 Db2 HADR 架构，如图 6-7 所示，需要对 4 台数据库分别进行检查，检查项主要包括：主机名、数据库版本和 IP 信息是否与待回退系统匹配；每台主机的旧版本数据库产品是否安装就绪，并且是否已通过完整性检查。

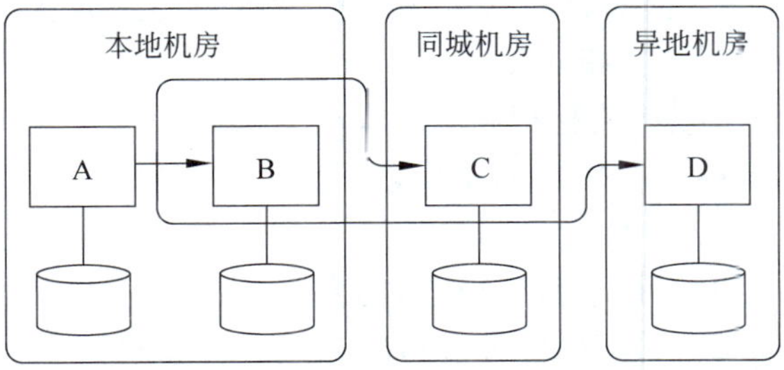

图 6-7　两地三中心的 Db2 HADR 架构示意图

2）停止应用程序和数据库

停止新版本 HADR 架构时要注意执行顺序。应先停止应用程序，然后再停止数据库双机软件服务，避免因数据库停止而造成的不必要切换。随后，停止 HADR 主机（A 机）数据库服务。最后，停止主要备机（B 机）和所有辅助备机（C、D 机）数据库服务。

3）回退前的备份

与主备架构的回退方案中介绍的备份内容一样，HADR 架构中主要是对主机（A 机）的配置参数和归档日志进行备份。针对所有 HADR 备机，只备份数据库参数配置备份（Dbm Cfg）、环境变量配置信息备份（Db2set）和数据库参数配置备份（Db Cfg），而 HADR 备机不产生归档日志，也不需要归档日志恢复，因此无须备份。

4）删除数据库和实例

对于 HADR 架构，要删除所有主、备机的数据库和实例。另外，对于活动日志和归档日志目录也应删除清空。

5）重建旧版本实例

在 HADR 所有主、备机数据库创建旧版本数据库实例，随后恢复相关配置参数和相关程序文件。具体请参考主备架构的原地版本回退方案中介绍的步骤 5）。

6）在主机重新恢复数据库

具体请参考主备架构的原地版本回退方案中介绍的步骤 6）。

7）在主机前滚事务日志，启动应用程序并开始业务验证

在主机前滚事务日志的注意事项，可以参考主备架构的原地版本回退方案。

完成主机数据库前滚后，可以回退应用程序连接数据库的驱动程序，随后重新绑定程序包，直接启动应用程序，并开始业务验证。

8）在主机数据库发起在线备份

为了与备机建立 HADR 复制关系，需要在主机（A 机）再次发起在线全量备份，利用这次全量备份再到备机进行恢复。所有 HADR 备机在恢复数据库后，不能使用 Stop 关键字退出前滚暂挂状态，否则无法建立 HADR 复制关系。

9）重新构建 HADR 复制关系

利用主机的在线备份镜像，在 HADR 所有主、备机重新建立 HADR 复制关系。

因数据库主机（A 机）一直对外提供服务，在恢复备机后，主机（A 机）与主要备机（B 机）一定存在日志差（Log Gap）。如果日志差距很大，主、备间同步模式为同步（Sync）或近同步（NearSync）时，可能会造成因网络阻塞（Congestion）导致主机写日志线程（Db2loggw）挂起，从而影响主机对外服务。为了避免这种情况发生，需要考虑将主机和主要备机间产生的日志差所涉及的归档日志提前传入主要备机的活动日志目录中。随后再启动主要备机 HADR，节省了日志在网络传输的时间。

其余备机与主机的同步模式为超级异步（SuperAsync），不会发生网络阻塞。只有这样，建立 HADR 复制关系的过程中，对主机的在线交易不会有影响，但建议一定要在业务低峰期做变更才能更安全。

在这套回退方案中，系统回退时的停机时间窗口主要是主机恢复所需要的时间。只要完成了主机的版本回退，即可对外提供服务，随后 HADR 的备机搭建全程可在线完成。

3. 备份恢复版本回退方案

备份恢复版本回退方案相比用原地升级法对应的回退方案有很大的优势和劣势。

回退方案的相对优势是指：备份恢复法升级数据库方案多用于异机数据库迁移与升级，所以数据库的旧版本并不会删除。对于版本回退，只需要在应用程序回退数据库驱动程序后，将应用指向旧版本数据库的服务地址，即可实现快速回退。

但这种回退方案也有劣势。主要与回退的场景有关，如果在新版本数据库没有事务写入时发生回退，应用就可以直接切换。如果新版本数据库已承载一段时间的写事务后，再需要回退时，那就相对复杂了。要充分考虑这些在新版本数据库的增量数据如何回传至旧版本数据库中。下面可以通过三种方法，来满足增量事务回退的需求。

（1）利用 3.6.6 节中提及的 CDC 复制工具，在升级后，创建新版本指向旧版本数据库的反向预订，达到将增量数据准实时回传至旧版本的数据库中。

（2）对于有充足回退时间窗口的系统，可以利用 Db2move 方案，以表粒度将全量数据回灌覆盖至旧版本数据库中。

（3）需要从业务层面梳理增量数据表对象，将影响系统启动及初始化的相关在线表数据全量导出，随后回灌至旧版本数据库覆盖老数据，而对于历史数据，在启动应用程序后，慢慢回传至旧版本数据库中。

无论采用以上哪种方式回退增量数据，都需要先将应用程序停下来，随后再启动数据回传动作，并观察新版本数据库到旧版本数据库的数据回传进度。当完成数据回传后，可以更新驱动程序，直接将应用指向旧版本数据库即可。

至此，介绍了两种 Db2 部署架构下的数据库原地版本回退方案和备份恢复版本回退方案。对于数据平滑迁移升级法的回退方案可以参照 3.6.6 节中关于反向预订的介绍，读者可以借助 CDC 工具的反向预订来实现数据库平滑回退。

6.4.3 方案制订方面的建议

前面介绍了很多种基于不同 Db2 数据库架构的版本升级方案。但不假思索地使用这些方案难以尽善尽美地完成数据库升级工作，各种升级方案就像一个个工具摆在我们面前，但如何更好地使用这些工具达到升级目标是需要进一步讨论的问题。

此刻，笔者想到 2020 年的新冠肺炎肆虐期间，多少逆行者赶赴武汉，利用短短十余天的时间内，完成了可容纳上千名患者的雷神山和火神山临时医院搭建。这也让许多外国媒体张目结舌，他们觉得这是不可能完成的任务。如果将搭建临时医院比作数据库升级，那么在选址、工期和实施方案上一定很有讲究，不同的需求造就不同的方案，而不同的方案又应用于不同的场景。

本节将介绍停机时间、数据库版本、数据库容量和回退方案等要素对于制订不同升级方案的影响。

1. 停机时间窗口对选择升级方案的建议

在数据库升级前，根据前期规划，已经了解到每一套系统的可停机维护的时间，称为系统停机时间窗口。对于数据库版本升级，必须了解每套方案的理论停机时间，以此才能选择适合的升级方案。

以上不同版本升级方案（见表 6-3）预估的停机时间，是笔者根据实际升级操作总结出的评估值，读者可以结合自己的环境情况进行参考。这个评估值的长短，和实际实施环境、临时出错率有很大关系，如果升级过程无异常，一般时间不会相差太多。

表 6-3　数据库升级方案停机时间评估

数据库升级方案	所需停机时间窗口评估
主备架构的原地版本升级方案	正常情况下，两次双机切换时间，加上数据库升级和数据字典升级，总停机时间预计在 35min 左右
HADR 架构的数据库版本升级	该方案需要停掉所有 HADR 主、备机服务。停机时间窗口为主机与主要备机实例升级，加上主、备一致性检查时间，再加上主要备机数据库和主机数据库升级时间。停机时间窗口预计在 45min 以内
备份恢复版本升级方案	停机时间取决于数据库的大小。总停机时间等于离线备份时间，加上恢复升级的时间，再加上升级后重新绑定程序包等时间
数据平滑迁移升级法	正常情况下，停机时间窗口可控制在 5min 以内

随后，已知待升级系统的停机时间窗口和每套方案预计的停机时间窗口，很容易就选择出适合的版本升级方案。

2. 待升级数据库版本对选择升级方案的影响

选择升级方案前，待升级数据库的版本条件也是选择升级方案的重要因素。具体总结如下。

首先，数据库升级路径中，如 Db2 目标版本是 V11.1 或 V11.5，那么待升级数据库版本必须是 V9.7 及以上版本，才能使用原地版本升级方案或备份恢复方案来完成版本直接升级。任何低于 V9.7 的版本升级，必须先升级至 V9.7 或以上版本才能完成升级。

其次，对于 HADR 架构的数据库版本升级方案，如果不想停掉 HADR 特性或重新初始化 HADR 时，待升级的数据库版本必须是 V10.5.0.7 及以上版本。如果低于这个版本，则必须使用重新搭建 HADR 的方式来进行升级。

再次，使用备份恢复版本升级方案时，例如，升级目标是 V11.1 或 V11.5，如果待升级版本为 V9.7，可以直接使用离线备份恢复方案来升级。如果版本低于 V9.7，也可以采用在线备份，先恢复到相同版本数据库，再利用原地版本升级方案将其升级至 V9.7，随后再到目标版本即可。

最后，只有数据平滑迁移升级方案，借助 CDC 数据复制工具，可以实现源和目标不受版本升级要求的限制。

读者可以分析待升级数据库和目标数据库版本，才能根据以上总结的数据库版本限制来定制适合自身环境的数据库升级方案。

3. 数据库的容量对选择升级方案的建议

数据库的容量大小也能决定使用哪种升级方案，主要针对“备份恢复版本升级方案”和“数据平滑迁移升级法”两种方案之间的选择。

针对原地升级需求，在有足够停机时间窗口的条件下，会选择原地版本升级方案。而选择这种方案，对数据库容量大小没有要求。

如果需要异机进行数据库迁移和版本升级，那么选择方案就与数据库容量有直接关系。如评估在停机时间窗口内可以完成一次离线备份和恢复的数据库升级场景。或者通过在线备份恢复先完成同版本异机的数据迁移，再进行原地版本升级，且在停机时间窗口内可以完成一次事务日志前滚追一致性的升级场景。这两个场景都应首选“备份恢复版本升级方案”，这样能使步骤更简单。否则就要用数据库平滑迁移方案来完成数据库升级了。

4. 制订数据库回退方案的建议

制订有效的回退方案前，必须明确版本回退的决策点，并在升级步骤中标明回退场景的准入条件。

在数据库版本升级过程中，触发以下场景时，应该选择回退。

场景一：由于升级过程中的某种异常，无法将升级进行下去，必须进行版本回退。

场景二：数据库版本升级完成后，由于前期测试工作不到位或某种未知的异常，造成数据库处理效率低下，存在性能问题，短时间内无法通过优化手段解决时。必须进行版本回退。

在上面介绍的回退场景中，笔者只针对场景二提出了不同 Db2 部署架构的回退方案。而对于第一种场景，因应用还没停止或启动服务，无须考虑新旧版本数据一致性问题，往往比较容易。

6.5 数据库升级实战 ——某商业银行理财平台数据库升级

实践是检验真理的唯一标准。我们以具体商业银行生产系统为例，从规划数据库升级开始，介绍如何利用本章描述的升级规划方法和升级方案，来完成数据库版本升级。

6.5.1 理财平台系统数据库升级规划

以某商业银行理财平台系统为例，介绍该系统数据库版本升级规划工作。本次数据库版本升级目标为 V11.1.4.5。

商业银行的理财平台系统负责银行理财、基金代销、代为推介业务负债端产品及业务管理，实现产品的发行销售，完成各类理财业务的处理，负责客户理财账户的管理及份额过户计算等处理。通常该系统在商业银行系统定级中处于较高等级。

介绍理财平台系统后，再来明确该系统的最长停机时间窗口。与有关部门报备后，理财平台系统的停机时间窗口为 1 h。也就是说，需要在 1 h 内完成所有需要在停机状态下执行的数据库升级操作。

图 6-8 为理财平台系统的逻辑架构，在 6.2 节中已说明前期规划升级的重要性。逻辑架构图可以帮助我们明确数据库升级对周边系统的影响以及应用程序是否存在兼容性问题等。

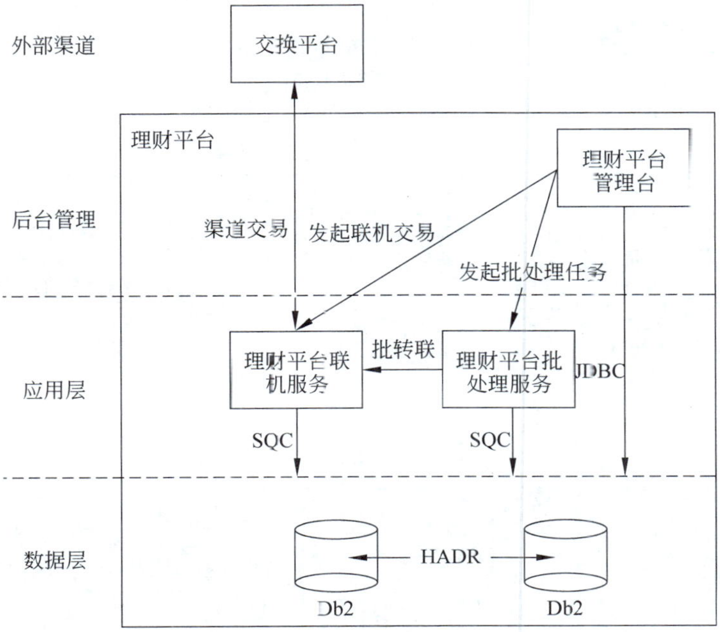

图 6-8 理财平台系统简易逻辑架构图

理财平台系统逻辑上划分为三部分：后台管理、应用层和数据层。

后台管理层负责联机交易和批处理任务的发起。理财平台管理程序开发语言是 Java，它部署在 IBM WebSphere Application Server（WAS）中间件中，通过 WAS JDBC 连接池连接数据库。数据库版本升级后，要注意 Db2 驱动程序的升级。

应用层除了接收从外部渠道交换平台来的渠道类交易请求以外，还会处理后台管理程序发起的联机或批处理任务。图 6-8 中提及的交换平台类似于商业银行网状交易系统间的“路由器”，负责将不同渠道类交易从消费方系统转给适合的服务方系统。

理财平台联机和批处理服务器部署的应用程序由 C 语言开发，并通过客户端连接数据库。如果数据库完成了版本升级，则数据库客户端也要进行相应的升级工作。

数据层中部署的数据库就是本次升级的主要对象。目前采用 IBM Db2 HADR 部署架构，除了理财平台系统自身的应用连接该数据库以外，并没有其他系统直连该数据库。

通过以上分析，升级数据库本身不会对外围系统（外部渠道类交易系统）有直接影响。但有一点需要考虑，当数据库版本升级后，通过访存理财平台数据库的交易平均响应时间和吞吐量可能会发生变化，从而对整体跨系统交易链路有影响。这可以通过对多套系统联合测试的场景才能发现问题。

图 6-9 为理财平台系统物理架构图。理财平台的数据库采用两地三中心的传统高可用架构，但与之前在升级方案中提及的 HADR 高可用架构有所不同。该数据库采用主备架构与 HADR 架构相结合的部署形式，主机和备机之间采用共享存储实现主备高可用，通过 HADR 实现同城与异地的高可用容灾。当前数据库版本和客户端版本均为 Db2 V10.5.0.10。

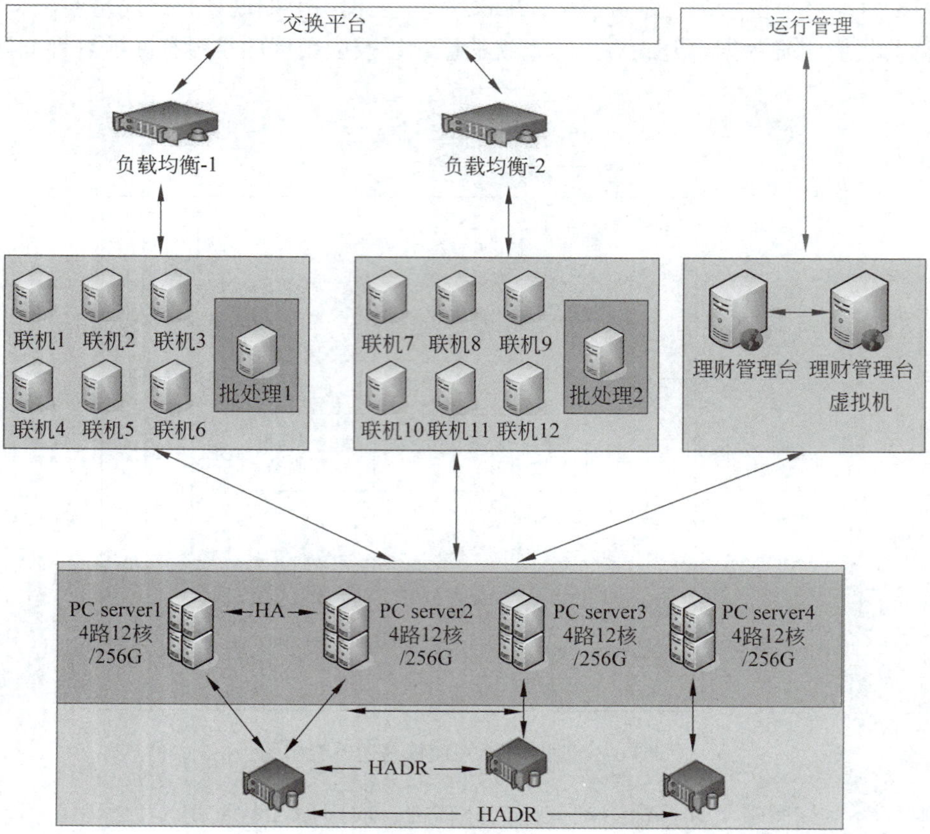

图 6-9 理财平台系统简易物理架构图

以上通过对理财平台系统的分析，明确了该系统与周边系统间的关联关系，从而了解升级数据库对外围系统的影响；通过了解系统停机时间窗口和数据库版本，并分析应用及数据库架构，将其作为制订数据库升级方案的重要输入条件；通过分析应用程序所用开发语言和部署架构，规划数据库升级后应用需要配合调整的工作；根据这些输入信息，再参考 6.2 节中介绍的各方面评估细节，来完成升级前的评估规划。

6.5.2 使用原地升级方案升级理财平台数据库

正式开始升级前，结合理财平台系统的升级规划结论，罗列出系统需要升级的软件列表，如表 6-4 所示。

表 6-4 理财平台系统版本升级列表

	软件产品	当前版本	计划升级后版本
应用程序层	数据库客户端（Data Server Client）	V10.5.0.10	V11.1.4.5
后台应用层	db2jcc 驱动程序	3.69.78（JDBC 3.0）	3.72.54（JDBC 3.0）
数据库层	IBM Db2	V10.5.0.10	V11.1.4.5

参考理财平台数据库部署架构（见图 6-9），为了方便读者理解后续的操作步骤，下面将

图 6-9 简单改造下，变成适合理财平台部署架构的示意图，如图 6-10 所示。

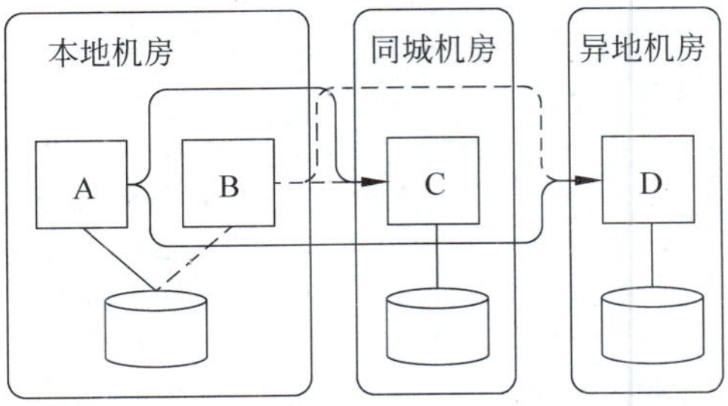

图 6-10 理财平台 Db2 HADR 架构示意图

我们选择在数据库服务器本地完成版本升级。可以采用原地版本升级方案实现，但由于理财平台数据库部署架构的特殊性，要结合两种架构升级方案才能完成升级，具体升级步骤如下。

1. 升级前的检查

分别登录所有主机（A 机）、备机（B、C、D 机）环境开始进行检查。

```
su - lcptinst                            #使用数据库实例用户
db2level
--各数据库版本必须大于等于 V10.5.0.7，才能使用 HADR 架构的数据库版本升级方案
cat /etc/hosts                           #检查主机 IP 地址映射情况
hostname                                 #检查主机名
ps -ef | grep db2sysc                    #检查数据库进程状态
/sbin/ip addr                            #检查当前主机 IP，确认待升级系统
db2pd -db lcpt -hadr                     #检查当前 HADR 状态和主备角色
db2pd -db lcpt -tab                      #检查表空间状态是否正常
db2diag -gi "level=Severe" -H 2d         #检查两天日志中是否有 Severe 错误
su - root
. <Db2 V11.1.4.5 介质解压缩目录>/server_t/db2prereqcheck     #数据库程序预安装检查
```

检查所有数据库，是否开启 HADR 延迟同步。

```
su - lcptinst
db2 get db cfg for lcpt | grep -i hadr_replay_delay
--如果以上输出为：hadr_replay_delay 大于 0，则需执行如下步骤关闭该功能：
db2 connect to lcpt               #只在主机执行
db2 "update db cfg for lcpt using hadr_replay_delay 0 immediate"
--在所有主、备机执行
db2 terminate
```

随后，登录所有的应用程序服务器，准备客户端的版本安装程序，并将其解压缩在介质目录中。

```
ls -ltr /opt/ibm/db2/V10.5           #在应用程序服务器，检查客户端程序文件
```

2. 升级前的备份

登录到主机（A 机）执行以下命令开始备份。

```
su - lcptinst                                    #lcptinst 是数据库实例用户
db2 "backup db lcpt online load /usr/openv/netbackup/bin/nbdb2.so64 include
logs"                                            #笔者环境采用 NBU 集中备份进行在线全量备份
mkdir -p  /yunwei/Release/db/$(date +%Y%m%d) #创建备份目录
db2 get dbm cfg >  /yunwei/Release/db/$(date +%Y%m%d)/db2dbm.cfg
                                                 #备份数据库管理器配置参数(Dbm Cfg)
db2 get db cfg for lcpt >  /yunwei/Release/db/$(date +%Y%m%d)/<DBNAME>.cfg
                                                 #数据库配置参数备份
db2set -all >  /yunwei/Release/db/$(date +%Y%m%d)/db2set.cfg #数据库环境变量备份
db2look -d lcpt -a -e -l -x -ct -o  /yunwei/Release/db/$(date +%Y%m%d)/
db2look.ddl                                      #数据库 DDL 备份
db2 connect to lcpt
db2 list packages for all show detail >  /yunwei/Release/db/$(date +%Y%m%d)/
pckg.txt                                         #数据库程序包状态备份
```

登录备机（B 机）开始备份相关参数。

```
su - lcptinst                                    #lcptinst 是数据库实例用户
mkdir -p  /yunwei/Release/db/$(date +%Y%m%d) #创建备份目录
db2 get dbm cfg >  /yunwei/Release/db/$(date +%Y%m%d)/db2dbm.cfg
                                                 #备份数据库管理器配置参数(Dbm Cfg)
db2set -all >  /yunwei/Release/db/$(date +%Y%m%d)/db2set.cfg #数据库环境变量备份
```

登录同城（C 机）和异地（D 机）开始备份相关参数。

```
su - lcptinst                                    #lcptinst 是数据库实例用户
mkdir -p  /yunwei/Release/db/$(date +%Y%m%d) #创建备份目录
db2 get dbm cfg >  /yunwei/Release/db/$(date +%Y%m%d)/db2dbm.cfg
                                                 #备份数据库管理器配置参数(Dbm Cfg)
db2 get db cfg for lcpt >  /yunwei/Release/db/$(date +%Y%m%d)/<DBNAME>.cfg
                                                 #数据库配置参数备份
db2set -all >  /yunwei/Release/db/$(date +%Y%m%d)/db2set.cfg #数据库环境变量备份
```

3. 升级前的资源扩容

资源扩容前，检查 HADR 主、备机数据库中系统编目表空间、系统临时表空间和数据库活动空间是否满足扩容条件。先用以下命令检查表空间是否满足升级条件。

```
su - lcptinst
db2pd -db lcpt  -tab                             #查看表空间使用情况，输出如下
Tablespace Configuration:
......Id Type Content PageSz ExtentSz Auto ...... Name
......0  DMS  Regular 4096   32       Yes  ...... SYSCATSPACE
......1  SMS  SysTmp  4096   32       Yes  ...... TEMPSPACE1
Tablespace Statistics:
......Id TotalPgs UsablePgs UsedPgs ...... FreePgs ......
......0  282592   282560    282560  ...... 0   ......
......1  1        1         1       ...... 0   ......
Tablespace Autoresize Statistics:
......Id AS AR ......  MaxSize LastResize......
......0  Yes Yes  None       None  ......
```

```
......1  Yes No    0          None  ......
Containers:
.........TspId Type ........ Container
.........0     File ........ /Lcpt/lcptinst/NODE0000/LCPT/T0000000/C0000000.CAT
.........1     Path ........ /Lcpt/lcptinst/NODE0000/LCPT/T0000001/C0000000.TMP
```

如上面输出所示，表空间的容量报告（db2pd 的输出）分为四个部分：Tablespace Configuration、Tablespace Statistics、Tablespace Autoresize Statistics 和 Containers。

通过以上四部分即可判断系统编目和临时表空间是否满足资源扩容条件。

首先，系统编目表空间（SyscatSpace）的 Id 为 0，在 Tablespace Statistics 中总页数（TotalPgs）和已使用页（UsedPgs）相同，大小为 1GB（282560×4KB/1024/1024）证明系统编目表空间已满。

其次，观察 Tablespace Autoresize Statistics 中显示 Automatic Storage（AS）和 AutoResize（AR）都是 Yes。这表示系统编目表空间可以随数据增长需求自动扩容，并且没有设置表空间的最大上限值（MaxSize=None）。

最后，通过 Container 视图可以查看系统编目表空间数据文件的绝对路径。数据文件的父目录在“/Lcpt”文件系统中，查看该文件系统是否有足够的剩余空间，用于决定是否要对其进行扩容。

另外，系统临时表空间（TEMPSPACE1）的 Id 为 1，也是同样的方法确认其容量大小。由于系统临时表空间的类型是系统管理表空间（SMS），所以对应的 AutoResize（AR）是“No”。因为系统临时表空间天生就是个目录，可以自动扩展大小，所以无须对其进行手工扩容，只需确认文件系统“/Lcpt”是否有足够空间即可。

以上，对于系统编目和系统临时表空间，都在“/Lcpt”文件系统下。经查，该文件系统剩余 500GB 可用空间，远远大于这两个表空间已使用页数（UsedPgs）的两倍。故无须进行资源扩容。

检查数据库活动日志是否满足升级条件：

```
su - lcptinst
db2 get db cfg for lcpt | grep '(LOG[FPS]' #获取主、副、日志大小参数配置，输出如下
Log file size (4KB)                    (LOGFILSIZ) = 25600
Number of primary log files            (LOGPRIMARY) = 20
Number of secondary log files          (LOGSECOND) = 180
db2 get db cfg for lcpt | grep 'Path to log'   #查看活动日志目录如下
Path to log files              = /db2log
```

日志容量等于（LOGPRIMARY − LOGSECOND）×LOGFILSIZ×4 KB / 1024 /1024 =（180+20）×25600×4 /1024/1024=20GB。其中，主、副日志之和已经达到 200 个，还未达到 256 个上限，可以适当再对其进行扩容。

登录主机（A 机与 B 机共用一份数据，无须对 B 机进行变更）、同城（C 机）和异地（D 机）进行如下操作。

```
  df -Th                    #要查看/db2log 目录是否能够容纳 24GB 的活动日志空间（预扩容
#（230 + 20）* 25600 * 4K / 1024 /1024）如果文件系统可用空间不足，还需先扩容文件系统
  su - lcptinst
  db2 connect to lcpt       #只在主机（A 机）执行
```

```
db2 "update db cfg for lcpt using LOGSECOND 230 immediate"
                                    #在 HADR 所有主备机执行，将副日志扩容至 230 个
```

4. 安装数据库客户端

在停止理财平台联机和批处理应用程序前，需要在应用程序服务器上安装新版本 Db2 客户端。

```
cd   <客户端程序安装目录>
./db2setup                #安装 V11.1.4.5 客户端
```

5. 安装新版本数据库，并停止系统服务

相关资源扩容后，将在所有数据库服务器上安装 Db2 V11.1.4.5 的产品文件。随后即可进入停机时间窗口。

```
su - root
cd <Db2 V11.1.4.5 介质解压缩目录>/server_t       #进入安装介质目录
./db2_install                                    #开始安装 Db2 V11.1.4.5
Read the license agreement file in the db2/license directory.
***********************************************************
To accept those terms, enter "yes".Otherwise,enter "no" to cancel the install
process.[yes/no]
yes       #输入 yes
Specify one of the following keywords to install DB2 products.
SERVER
CONSV
CLIENT
RTCL
Enter "help" to redisplay product names.
Enter "quit" to exit.
***********************************************************
SERVER       #输入 SERVER 代表服务器版
cd  /opt/ibm/db2/V11.1/adm
./db2licm -a /<License 文件目录>/db2ese_lic           #注册 License 文件
./db2licm -l
```

随后，停止应用程序，开始进入停机时间窗口，登录数据库主机（A 机）执行如下命令。

```
su - lcptinst
db2 force application all
db2 deactivate db lcpt
db2stop  force
/opt/ibm/db2/V10.5/bin/db2fm -i lcptinst -D  #禁止故障检查器(Fault Monitor)
su - root
/opt/ibm/db2/V10.5/bin/db2fmcu -d      #如果无法停止 Fault Monitor，可以使用这个
                                       #命令停止
ps -ef | grep db2                      #检查数据库进程是否消失
kill -9 <pid>                          #如有残留 Db2 进程，可以直接杀掉
```

注意，这个步骤与 HADR 架构的数据库版本升级的不太一样，因为主机和备机是主备架

构，而非 HADR 架构，主备之间没有设置双机检测机制，也就不会出现因停止主机数据库后，导致双机自动切换的问题。

停止主机数据库后，登录同城和异地灾备数据库可以检查 HADR 角色为备机，状态为 disconnected。

```
su - lcptinst
db2pd -db lcpt -hadr
--输出如下：
HADR_ROLE = STANDBY
HADR_STATE = REMOTE_CATCHUP_PENDING
HADR_CONNECT_STATUS = DISCONNECTED
```

6. 升级主机数据库实例

```
su - lcptinst
mkdir -p /yunwei/Release/DB/DBMigrations/
cd /opt/ibm/db2/V11.1/bin
./db2ckupgrade lcpt -e -l /yunwei/Release/DB/DBMigrations/db2ckmig.log
                                                    #开始检查 HADR 主备一致性
cat /yunwei/Release/DB/DBMigrations/db2ckmig.log    #检查是否有报错
su - root
/opt/ibm/db2/V11.1/instance/db2iupgrade -u db2fenc1 lcptinst
                                                    #升级主机数据库实例
```

7. 停止所有备机数据库

登录同城和异地数据库服务器，停止所有 HADR 数据库备机。

```
su - lcptinst                       #lcptinst 是数据库实例用户
db2 force applications all          #【可选步骤】如果 DB2_HADR_ROS=ON，则必须先杀掉
                                    #HADR 备机的只读连接
db2 terminate
db2 deactivate db lcpt              #去激活数据库
db2stop force                       #停止数据库实例
/opt/ibm/db2/V10.5/bin/db2fm -i lcptinst -D  #禁止故障检查器(Fault Monitor)
su - root
/opt/ibm/db2/V10.5/bin/db2fmcu -d#如果无法停止 Fault Monitor，可以使用这个命令停止
ps -ef | grep db2                   #检查数据库进程是否消失
kill -9 <pid>                       #如有残留 Db2 进程，可以直接杀掉
```

8. 升级同城数据库实例和数据库

注意，这里与 HADR 架构的数据库版本升级方案又有所不同。方案中要求升级主要备机（B 机），但对于理财平台的 HADR 架构来说，主要备机是同城（C 机），而不是本地备机（B 机）。

```
su - root
/opt/ibm/db2/V11.1/instance/db2iupgrade -u db2fenc1 lcptinst  #升级同城数据库实例
su - lcptinst
db2start
db2 upgrade database lcpt user lcptinst using <Password>
```

```
SQL1103W  The UPGRADE DATABASE command was completed successfully.
db2pd -db lcpt -hadr        #观察进度
```

9. 升级 HADR 主机数据库

在主机（A 机）执行以下命令。

```
su - lcptinst
db2start
db2 upgrade database lcpt user lcptinst using <Password>
# SQL1704N  数据库升级失败。原因码为"3"。如果出现这个错误，请再扩大活动日志空间，
# 如果个数无法扩容，则可以加大每个日志大小（LOGFILSIZ）
db2pd -db lcpt -hadr      #观察进度
#待 HADR 主机和主要备机（C 机）状态正常时（Peer）主机（A 机）就可以对外提供服务了
```

10. 升级后的工作

在主机（A 机）执行以下命令。

```
su - lcptinst
db2updv111 -d lcpt             #手工更新数据字典
db2pd -db lcpt -hadr            #观察 HADR 状态
db2 terminate
```

对相关业务表做统计信息收集。

```
db2 connect to lcpt
db2 -x "select 'runstats on table ' || tabschema || '.' || tabname || ' with distribution and indexes all;' from syscat.tables where tabschema='LCPT' and type='T'" > /yunwei/Release/DB/DBMigrations/runstats.sh     #批量生成 LCPT 模式名下
                                                                  #的统计信息命令
db2 -tvf /yunwei/Release/db/$(date +%Y%m%d)/runstats.sh
```

手工重新绑定工具程序包。

```
su - lcptinst
db2 connect to lcpt
db2 bind /home/lcptinst/sqllib/bnd/db2schema.bnd blocking all grant public SQLERROR continue
db2 bind /home/lcptinst/sqllib/bnd/@db2ubind.lst blocking all grant public action add
db2 bind /home/lcptinst/sqllib/bnd/@db2cli.lst blocking all grant public action add
db2 terminate
```

在数据库中通过运行 db2rbind 命令来重新绑定所有无效程序包。

```
db2rbind lcpt -l /yunwei/Release/db/$(date +%Y%m%d)/rebindlogfile.out all
--下面，针对“Inoperative Package”进行重新绑定
db2 connect to lcpt
db2 "select pkgschema,pkgname from syscat.packages where valid='X'"
--如果以上命令有结果输出，再执行以下步骤：
db2 -x "select 'rebind package ' || trim(pkgschema) || '.' || trim(pkgname)
```

```
|| ';' from syscat.packages where valid='X'" > /yunwei/Release/db/$(date +%Y%m%d)/
rebind.sql
    db2 -tvf /yunwei/Release/db/$(date +%Y%m%d)/rebind.sql | tee  /yunwei/Release
/db/$(date +%Y%m%d)/rebind.out
    db2 "select pkgschema,pkgname from syscat.packages where valid='X'"
    --如果 rbind package 时报错：SQL2453，则需执行如下命令修复程序包
    db2 "call sysproc.admin_revalidate_db_objects(null,null,null)"
    db2 "select pkgschema,pkgname from syscat.packages where valid='X'"
```

11. 升级客户端程序

Db2 客户端升级其实就是重新安装的过程，非常简单而又迅速。

```
su - lcptinst
db2set -all > /yunwei/Release/db/$(date +%Y%m%d)/client.db2set.cfg
su - root
cd /opt/ibm/db2/V11.1/db2icrt -s client lcptinst1 #新建 V11.1 客户端实例
su - lcptinst1
db2 "catalog tcpip node lcptnode remote 数据库服务器 IP 地址 server 50000"
                                    #其中 lcptnode 是远程数据库服务器编目节点名
db2 "catalog db lcpt at node lcptnode"
db2set <参数> = <参数值>  #参考 client.db2set.cfg 将 V10.5 参数同步至 V11.1
db2 terminate
```

12. 启动系统服务，并开始业务验证

目前主机（A 机）和同城（C 机）均已完成数据库产品、实例和数据库的升级。在启动应用前，需要更新驱动程序包。将数据库服务器“/home/lcptinst/sqllib/java/db2jcc.jar”复制到应用驱动包目录，替换掉原驱动文件。随后启动应用程序，开始业务验证。

```
--启动应用程序
startApp.sh
--数据库服务器进行验证
su - lcptinst
db2 connect to lcpt
db2 list tables for all | more
db2 "select * from LCPT.<业务表> fetch first 10 row only"
--随后开始应用验证
```

13. 升级其他备机实例和数据库

目前，还剩余本地机房的备机和异地灾备备机数据库没有完成升级。

异地灾备备机（D 机）升级的步骤可以重复第 8 步。随后主机即可通过网络将日志复制到异地灾备数据库。

对于本地机房的备机（B 机），与主机组成数据库主备架构，所以要利用主备版本升级方案中的备机升级步骤完成升级。

```
su - lcptinst
db2 "uncatalog db lcpt"          #取消编目信息
su - root
/opt/ibm/db2/V11.1/instance/db2iupgrade -u db2fenc1 lcptinst    #升级实例
```

14. 升级后的资源缩容

如果在第 3 步已对活动日志或表空间进行扩容，则必须在升级成功后还原相关参数和配置。涉及日志参数调整，则需要在主机、同城、异地数据库修改以下参数。

```
su - lcptinst
db2 connect to lcpt     #只在主机（A 机）执行
db2 "update db cfg for lcpt using LOGSECOND 180 immediate" #在 HADR 所有主备
                                                           #机执行
```

如涉及表空间扩容，只需要在主机进行缩容即可。当然，也可以选择不缩容，因为系统编目表空间和临时表空间容量本身不大，即使扩容一倍也不会占用太多空间。

15. 主备切换，并进行本地编目

至此，理财平台所有的数据库已经完成版本升级。由于升级备机（B 机）时，已经删除了系统编目，需要在备机重新编目数据库。执行如下命令。

```
su - root
pcs status                    #因理财平台使用 peacemaker 软件，使用 pcs 查看状态
pcs cluster standby <主机节点名称>          #使用 peacemaker 将资源组切换至备机
pcs status                    #观察双机状态
df -Th                        #此时，主机的数据库相关文件系统已成功挂载
su - lcptinst
db2pd -db lcpt -hadr
--输出如下
HADR_ROLE = PRIMARY
HADR_STATE = PEER
HADR_CONNECT_STATUS = CONNECTED
--进行本地编目数据库
db2 "catalog db lcpt on /Lcpt"
db2 terminate
db2 list db directory
db2 connect to lcpt           #验证数据库是否能正常连接
```

6.5.3 使用原地回退方案对理财平台数据库逆向升级

如果理财平台数据库升级后出现某种异常，而短时间内无法恢复业务。此时，必须进行版本回退，可以选择原地回退方案将数据库的版本回退至 V10.5.0.10。具体过程如下。

1. 回退前的检查

```
pcs status                              #检查主备间双机状态是否正常
su - lcptinst
db2pd -db lcpt -hadr                    #检查当前 HADR 状态和主备角色
db2diag -gi "level=Severe" -H 2d        #检查两天日志中是否有 Severe 错误
su - root
/opt/ibm/db2/V10.5/bin/db2val -a        #检查 V10.5 旧版本数据库产品文件是否正常
```

2. 停止应用程序和数据库服务

```
su - root
appStop.sh                          #在应用程序服务器，停止应用程序服务
```

停止所有数据库。

```
su - lcptinst
db2 force application all
db2 deactivate db lcpt
db2stop force
/opt/ibm/db2/V11.1/bin/db2fm -i lcptinst -D  #禁止故障检查器(Fault Monitor)
su - root
/opt/ibm/db2/V11.1/bin/db2fmcu -d  #如果无法停止 Fault Monitor，可以使用这个命令停止
ps -ef | grep db2                  #检查数据库进程是否消失
kill -9 <pid>                      #如有残留 Db2 进程，可以直接杀掉
```

3. 回退前的备份

停止所有数据库后，需要在主机备份归档日志，范围从升级前备份时点直到当前的所有归档日志都要保留。一般商业银行都会将归档日志备份到集中备份中。

分别对主机、备机、同城和异地数据库服务器，执行以下命令开始备份相关参数。

```
su - lcptinst
mkdir -p  /yunwei/Release/db/$(date +%Y%m%d) #创建备份目录
db2 get dbm cfg >  /yunwei/Release/db/$(date +%Y%m%d)/db2dbm.cfg
                                        #备份数据库管理器配置参数(Dbm Cfg)
db2set -all >  /yunwei/Release/db/$(date +%Y%m%d)/db2set.cfg #数据库环境变量备份
```

4. 删除数据库和重建实例

```
--分别对主机、备机、同城和异地数据库服务器，执行以下命令
su - lcptinst
db2start
db2 drop db lcpt
db2stop force
rm -rf /db2log        #清理活动日志目录
rm -rf /db2arclog     #清理归档日志目录
```

在理财平台所有主机上重新创建数据库实例。

```
su - root
/opt/ibm/db2/V11.1/instance/db2idrop lcptinst    #删除新版本数据库实例
/opt/ibm/db2/V10.5/instance/db2icrt -p DB2c_lcptinst -u db2fenc1 lcptinst
                                 #在 V10.5.0.10 的安装目录中重新创建实例
```

所有 V10.5 数据库实例创建完成后，需要将以上备份的 Dbm 配置和 Db2set 配置同步到当前实例内。

```
su - lcptinst
db2set <参数>=<参数值>                          #参照 db2set.cfg
db2 "update dbm cfg using <参数> <参数值>"      #参照 db2dbm.cfg
```

恢复嵌入式开发程序绑定文件。

```
su - lcptinst
cp -rf  /home/lcptinst/sqllib_v10.5/bnd/<自定义绑定文件>.bnd /home/lcptinst/
sqllib/bnd/                          #将自定义绑定程序文件恢复至旧版本实例中
```

5. 在主机重新恢复数据库

```
su - lcptinst
db2level                             #新环境数据库实例为 V10.5
db2 "restore db lcpt load /usr/openv/netbackup/bin/nbdb2.so64 open 2 sessions
taken at <备份时的时间戳> on /Lcpt dbpath on /Lcpt without prompting"
                                     #因笔者使用 NBU 备份环境，所以命令采用 NBU 方式恢复
```

将第 3 步备份的归档日志复制到主机进行前滚。

```
db2 "rollforward db lcpt to end of logs and stop overflow log path (<归档日
志所在目录>)"
```

6. 数据库回退后的工作

该步骤与 6.5.2 节中第 10 步一致。

7. 回退客户端程序

因为 V10.5 的客户端并未在升级时卸载，只需要将应用重新指向原 V10.5 客户端即可。

8. 重新启动应用程序，并开始业务验证

将数据库服务器“/home/lcptinst/sqllib/java/db2jcc.jar”复制到应用驱动包目录，替换掉原驱动文件。随后启动应用程序，开始业务验证。

```
--启动应用程序
startApp.sh
--数据库服务器进行验证
su - lcptinst
db2 connect to lcpt
db2 list tables for all | more
db2 "select * from LCPT.<业务表> fetch first 10 row only"
```

9. 重新搭建 HADR 复制关系

目前，主机已完成版本回退。后续还需对备机（B 机）、同城灾备（C 机）和异地灾备（D 机）分别进行回退。由于该系统数据库架构的特殊性，可以先完成同城灾备和异地灾备 HADR 的重建，再来回退备机（B 机）。

关于 HADR 的重建步骤与接下来要介绍的 6.5.4 节中第 14～16 步一致，读者如有兴趣可以参考。

10. 主备切换，并进行本地编目

完成主机与同城、异地灾备的 HADR 搭建工作后，且在备机已完成旧版本实例创建，随后可利用双机切换对数据库重新进行编目，该过程与 6.5.2 节中第 15 步一致，在此不再赘述。

6.5.4　使用备份恢复升级方案升级理财平台数据库

为了能让读者从实战角度进一步了解不同的数据库版本升级方案。本节最后一个案例将采用备份恢复升级方案实现理财平台数据库版本升级。并且在理财平台的数据库架构上做了一些改动，如图 6-11 所示。

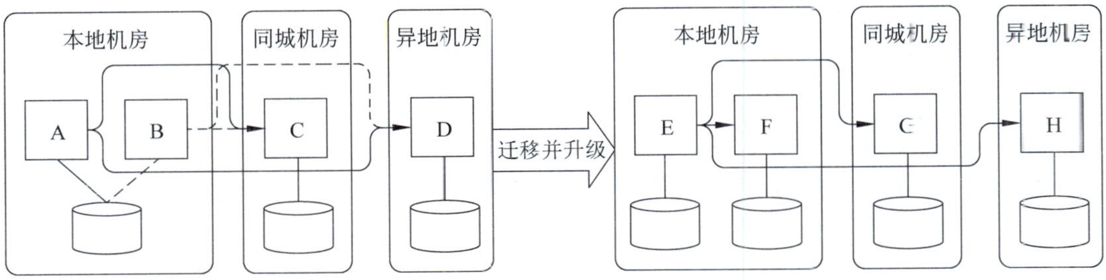

图 6-11　理财平台数据库数据迁移与版本升级示意图

基于理财平台原有的数据库架构，将本地机房备机改造为 HADR 主要备机，解决同机房存储单点的问题。在本次理财平台数据库升级过程中，规划将整个数据库迁移至一套全新的四台 x86 数据库服务器。以这种方式做版本升级有以下几个目的。

（1）对超期服役数据库服务器进行更换。

（2）完成数据库版本升级。

（3）本地机房高可用改造，在保证 RPO 的前提下，提升 RTO。

虽然这种数据库升级场景不常见，但读者依然可以从升级过程中了解到利用在线备份与恢复的方法完成版本升级的主要步骤。利用前面介绍的升级方案结合起来使用，可以获得意想不到的组合方案。这就好像习武之人，在系统地学习一套拳法后，实战过程中并不会从拳法第一招式照本宣科地打到最后一式，而更多的是融会贯通，“见招拆招”，这需要多想多练才行。具体操作步骤如下。

1. 在新环境安装数据库

此步骤需要在 E、F、G、H 四台新机器上提前安装并同步好相关参数。由于采用在线备份进行恢复，在线备份镜像无法直接跨版本完成升级。故新主机（E 机）必须安装 V10.5.0.10、V11.1.4.5 两套版本的数据库。而 F、G、H 机仅安装 V11.1.4.5 即可。因为 F、G、H 机只需通过升级后的 E 机重建 HADR 备机即可，无须跨版本升级。

```
--由于两个版本数据库安装过程一样。在步骤中只写出 V10.5 的安装过程
su - root
--系统级参数请参照 6.2.2 节设置
groupadd -g 909 db2fgrp
groupadd -g 999 db2igrp
useradd -u 909 -g 909 -d /home/db2fenc1 db2fenc1
useradd -u 999 -g 999 -d /home/lcptinst lcptinst
--安装 V10.5.0.10 数据库产品
cd <Db2 V10.5.0.10 介质解压缩目录>/server_t
./db2_install                          #开始安装 Db2 V10.5.0.10
Read the license agreement file in the db2/license directory.
```

```
****************************************************************
To accept those terms, enter "yes".Otherwise,enter "no" to cancel the install
process.[yes/no]
yes     #输入 yes
Specify one of the following keywords to install DB2 products.
SERVER
CONSV
CLIENT
RTCL
Enter "help" to redisplay product names.
Enter "quit" to exit.
****************************************************************
SERVER      #输入 SERVER 代表服务器版
cd /opt/ibm/db2/V10.5/adm
./db2licm -a /<License 文件目录>/db2ese_lic          #注册 License 文件
./db2licm -l
```

安装数据库实例：

```
su - root
/opt/ibm/db2/V10.5/instance/db2icrt -s ese -p DB2c_lcptinst -u db2fenc1
lcptinst    #创建 V10.5 实例
```

同步新旧数据库环境参数：

```
--旧主机（A 机）:
su - lcptinst
db2set -all                         #环境变量
db2 get dbm cfg                     #数据库管理器参数
--为搭建 HADR，在 E、F、G、H 机修改核心参数:
su - root
vi /etc/sysctl.conf                 #为搭建 HADR，核心参数增加以下网络参数
net.core.rmem_max = 4096000
net.core.wmem_max = 4096000
net.ipv4.tcp_rmem = 4096 16384 4096000
net.ipv4.tcp_wmem = 4096 16384 4096000
net.ipv4.tcp_keepalive_intvl = 10
net.ipv4.tcp_keepalive_probes = 3
net.ipv4.tcp_keepalive_time = 30
sysctl -p                           #使参数生效
--E、F、G、H 机进行参数同步:
su - lcptinst
db2set <参数名>=<值>
#如: db2set DB2_HADR_SORCVBUF=4000000
#   db2set DB2_HADR_SOSNDBUF=4000000
#   db2set DB2_HADR_BUF_SIZE=25600
db2 "update dbm cfg using <参数名> <值>"
```

最后，配置好新环境主（E 机）、备机（F 机）的双机服务，只需将数据库服务 IP 作为双机资源管理，而无须再纳管共享存储资源。

配置好双机资源后，将双机服务停止。

```
--E 机:
su - root
pcs cluster stop --all          #停止双机服务，注意数据库相关文件系统无须像主备架构那样
                                #加入到资源组中。此时，双机资源中只有系统的服务 IP 地址
pcs status                      #观察双机资源状态
```

2. 升级前的检查

分别登录所有主（A 机）、备机（B、C、D 机）环境开始进行检查。

```
su - lcptinst                          #使用数据库实例用户
db2level                               #V10.5.0.10
cat /etc/hosts                         #检查主机 IP 地址映射情况
hostname                               #检查主机名
ps -ef | grep db2sysc                  #检查数据库进程状态
/sbin/ip addr                          #检查当前主机 IP，确认待升级系统
db2pd -db lcpt -hadr                   #检查当前 HADR 状态和主备角色
db2pd -db lcpt -tab                    #检查表空间状态是否正常
db2diag -gi "level=Severe" -H 2d       #检查两天日志中是否有 Severe 错误
```

3. 在主机发起在线备份

登录到主机（A 机）执行以下命令开始备份。

```
su - lcptinst                     #lcptinst 是数据库实例用户
db2 "backup db lcpt online load /usr/openv/netbackup/bin/nbdb2.so64 include
logs"                             #笔者环境采用 NBU 集中备份进行在线全量备份
```

与原地版本升级方案不同，这里只需做数据库的备份。由于该案例的场景是做数据迁移和升级，所以无须备份旧版本数据库参数。旧版本数据库从停机那一刻就不会发生变更了。

注意：关于 Load 操作对在线备份恢复方案的影响

一定要注意在线备份过程中是否存在数据装载操作（Load），如果存在，那么利用该备份恢复并前滚日志后，相关表将变成不可用的状态。如果这恰巧是业务表，那么这部分数据就要重新全量再同步一次。之所以 Load 工具高效，是因为它只记录少量事务日志，经过日志前滚后，数据库无法保证其数据一致性。除非使用 Load…Copy Yes 的方式装载数据，或者在 Load 数据后，重新发起备份。

因此，请在规划数据库备份至完成数据库迁移的这段时间内不要安排 Load 操作。

4. 在目标端恢复数据库

在线备份结束后，可以利用在线备份镜像在新主机（E 机）上进行 Db2 V10.5.0.10 同版本恢复。但必须确保在数据库恢复前，新环境的主、备机相关数据库的所有文件系统都已创建好，并且属组已设置为数据库实例用户的属组。

```
su - lcptinst
db2level                        #新环境数据库实例为 V10.5 版本。
db2 "restore db lcpt load /usr/openv/netbackup/bin/nbdb2.so64 open 4 sessions
taken at <备份时的时间戳> on /Lcpt dbpath on /Lcpt without prompting"
```

```
    #因在笔者的环境中，刚刚的备份镜像在NBU虚拟带库中，所以命令采用NBU方式恢复
--将备份开始至恢复结束这段时间，在A机产生的归档日志复制到E机，随后进行前滚操作
db2 "rollforward db lcpt to end of logs overflow log path (<归档日志所在目录>)"
    #注意，rollforward命令中不能加"and stop"关键字，否则数据库将脱离"rollforward
    #pending状态"无法继续前滚
```

5. **安装数据库客户端**

在理财平台联机、批处理应用程序服务器上安装数据库客户端。与 6.5.2 节中第 4 步一致。

6. **停止应用，开始追数据一致性**

该步骤将正式进入停机时间窗口，需要应用程序和旧版本数据库全部停止。随后，将第 4 步前滚（Rollforward）后最后一个归档日志到停止 A 机数据库后所产生的最后一个归档日志段，一并传输到新主机（E 机）。随后，再次在新主机上进行第二次前滚，达到追一致性的目的。

停止应用程序与数据库服务：

```
--停止应用程序
stopApp.sh
--停止数据库（A机）
su - root
db2 force applications all
db2stop force                    #A机停止数据库后，会产生最后一个归档日志
--进入数据库归档日志目录，将第 4 步前滚到日志末尾的最后一个归档日志到停机后的最后一个归档
日志复制至新主机（E机）相应的临时目录中
```

在新主机（E 机）开始再次前滚事务日志，此时新主机与原主机的事务完全一致了。

```
su - lcptinst
db2level                         #新环境数据库实例为V10.5版本
db2 "rollforward db lcpt to end of logs and stop overflow log path (<归档日
志所在目录>)"#注意，此时rollforward命令必须加"and stop"关键字，要将新主机数据库正常打开
db2 connect to lcpt
```

7. **升级前的资源扩容**

在新主机（E 机）上进行资源扩容，与 6.5.2 节中第 3 步一致。区别是在该案例中，无须考虑 HADR 备机。

8. **停止新主机数据库，并开始版本升级**

理财平台数据库已经完成了同版本迁移，从原主机（A 机）Db2 V10.5.0.10 迁移至新主机（E 机）同版本中。接下来，将停止新主机数据库服务，并开始版本升级。

```
su - lcptinst
db2level                                        #新环境数据库实例为V10.5
db2 force application all
db2stop  force
/opt/ibm/db2/V10.5/bin/db2fm -i lcptinst -D     #禁止故障检查器(Fault Monitor)
su - root
/opt/ibm/db2/V10.5/bin/db2fmcu -d               #如果无法停止Fault Monitor，可以
```

```
                                                #使用这个命令停止
ps -ef | grep db2                               #检查数据库进程是否消失
```

升级主机数据库实例。

```
--登录新主机（E机）
su - lcptinst
mkdir -p /yunwei/Release/DB/DBMigrations/
cd /opt/ibm/db2/V11.1/bin
./db2ckupgrade lcpt -e -l /yunwei/Release/DB/DBMigrations/db2ckmig.log
  #检查单机V10.5版本升级是否就绪
cat /yunwei/Release/DB/DBMigrations/db2ckmig.log
su - root
/opt/ibm/db2/V11.1/instance/db2iupgrade -u db2fenc1 lcptinst
  #升级新主机实例至V11.1.4.5版本
su - lcptinst
db2start
db2level                        #此时实例版本为V11.1.4.5
db2 upgrade database lcpt user lcptinst using <Password>
--SQL1704N  数据库升级失败。原因码为“3”。如果出现这个错误，请再扩大活动日志空间  如果个数无法扩容，则可以加大每个日志大小（LOGFILSIZ）
tail -f /home/lcptinst/sqllib/db2dump/db2diag.log
```

9. 新主机数据库升级后的工作

该步骤与6.5.2节中第10步一致。

10. 升级客户端程序

该步骤与6.5.2节中第11步一致。

11. 启动应用程序，并开始业务验证

新主机（E机）已完成数据库产品、实例和数据库的升级。为了节省时间，现在新主机可以先开始业务验证，并对外提供服务。

在启动应用前，还需要做两件事情：第一件事是需要更新驱动程序包。需要将数据库服务器“/home/lcptinst/sqllib/java/db2jcc.jar”复制到应用驱动包目录，替换掉原驱动文件。第二件事是将理财平台联机、批处理和管理台的数据库连接地址指向新主机（E机）。

随后启动应用程序，开始业务验证。

```
--启动应用程序
startApp.sh
--在E机启动数据库双机
su - root
pcs status
pcs cluster start --all                 #启动双机服务
```

注意：启动双机服务的先决条件

在启动双机服务前，先要注释双机脚本中status方法中对HADR状态的检测命令。因为此时还未完成HADR的搭建，所以HADR的状态一定是异常的，这将造成不必要的双机切换。在此，只是将系统服务IP通过双机启动，保证应用程序服务器可以正常连接。

```
pcs status
su - lcptinst
db2 connect to lcpt
db2 list tables for all | more
db2 "select * from LCPT.<业务表> fetch first 10 row only"
```

12. 升级后的资源缩容

该步骤与 6.5.2 节中第 14 步一致。

13. 在新主机执行数据库在线备份

目前，已经退出时间窗口。剩下的工作就是在新环境搭建 HADR，完成与本地主要备机（F 机）、同城（G 机）和异地（H 机）辅助备机的三套数据库的 HADR 关系建立。

在第 1 步已经完成了 F、G 和 H 三套数据库产品文件和实例的安装配置工作。只需要在新主机（E 机）发起在线备份即可。

```
su - lcptinst                  #lcptinst 是数据库实例用户
db2level                       #V11.1.4.5 版本
db2 "backup db lcpt online load /usr/openv/netbackup/bin/nbdb2.so64 include
logs"                          #笔者环境采用 NBU 集中备份进行在线全量备份
```

14. 建立 HADR 复制关系

```
--在 F、G、H 三台主机上同时恢复数据库在线全量备份
su - lcptinst                  #lcptinst 是数据库实例用户
db2level                       #新环境数据库实例为 V11.1.4.5 版本
db2 "restore db lcpt load /usr/openv/netbackup/bin/nbdb2.so64 open 4 sessions
taken at <备份时的时间戳> on /Lcpt dbpath on /Lcpt without prompting"
            #因在笔者的环境中，刚刚的备份镜像在 NBU 虚拟带库中，所以命令采用 NBU 方式恢复
--修改 E、F、G 和 H 四套数据库相关 HADR 的参数
db2 "update db cfg for lcpt using logindexbuild on self_tuning_mem on logbufz
8192 indexrec restart immediate"
db2 "update db cfg for lcpt using hadr_local_host <local_host> hadr_local_svc
<local_port> hadr_remote_host <remote_host> hadr_remote_svc <remote_svc> hadr_
remote_inst lcptinst hadr_timeout 60 hadr_syncmode <syncmode> hadr_peer_window 0
hadr_target_list <target_list> blocknonlogged no immediate"
```

请参照表 6-5 配置 HADR 参数。

表 6-5 HADR 相关参数解释

参数	E 机	F 机	G 机	H 机
<local_host>	E 机本地 HADR 通信 IP	F 机本地 HADR 通信 IP	G 机本地 HADR 通信 IP	H 机本地 HADR 通信 IP
<local_port>	E 机本地 HADR 通信端口（如 50045）	F 机本地 HADR 通信端口（如 50046）	G 机本地 HADR 通信端口（如 50047）	H 机本地 HADR 通信端口（如 50048）
<remote_host>	F 机本地 HADR 通信 IP	E 机本地 HADR 通信 IP	E 机本地 HADR 通信 IP	E 机本地 HADR 通信 IP
<remote_svc>	F 机本地 HADR 通信端口（如 50046）	E 机本地 HADR 通信端口（如 50045）	E 机本地 HADR 通信端口（如 50045）	E 机本地 HADR 通信端口（如 50045）

续表

参数	E 机	F 机	G 机	H 机
<syncmode>	NEARSYNC（近同步）	NEARSYNC（近同步）	SUPERASYNC（超级异步）	SUPERASYNC（超级异步）
<target_list>	F 机 IP:F 机端口|G 机 IP:G 机端口|H 机 IP:H 机端口	E 机 IP:E 机端口|G 机 IP:G 机端口|H 机 IP:H 机端口	E 机 IP:E 机端口|F 机 IP:F 机端口|H 机 IP:H 机端口	E 机 IP:E 机端口|F 机 IP:F 机端口|G 机 IP:G 机端口

从 V10.5 版本以后，对于 HADR 的相关参数可以在线修改，而无须重启数据库实例。

```
--在 F、G、H 三台数据库上启动 HADR 备机
su - lcptinst                                   #lcptinst 是数据库实例用户
db2 "start hadr on db lcpt as standby"  #HADR 要求必须先启动备机
--在 E 机上启动 HADR 主机
su - lcptinst
db2 "start hadr on db lcpt as primary"
db2pd -db lcpt -hadr                  #分别检查 E、F、G 和 H 四台数据库的 HADR 状态是否正常
```

15. **修改双机脚本重启双机服务**

最后，需要将在第 11 步注释的双机脚本再次开启，择时再进行重启双机服务即可完成所有数据库的版本升级。

```
--修改/etc/init.d/hadrctl.sh 双机脚本
su - root
vi /etc/init.d/hadrctl.sh    #打开 peacemaker 双机脚本中 status 方法中的注释
pcs status
pcs cluster stop  --all
pcs status
pcs cluster start --all
pcs status
```

有的读者可能在想，针对理财平台数据库升级的场景为什么要用在线备份加原地版本升级的结合方案呢？直接利用 V10.5 离线备份镜像升级到 V11.1 岂不是更简单？

这往往和数据库的容量有关。由于理财平台的数据库约为 1TB 左右，一次离线备份和恢复，就要花费大致几个小时的停机时间。这对只能停 1 h 的理财平台来说，基本是不可能完成的任务。所以才利用这种结合方案，将停机时间窗口尽量压缩，达成最终升级的目标。

6.5.5　使用备份恢复回退方案对理财平台数据库逆向升级

笔者在 6.4.2 节介绍数据库升级回退方案时，曾分析过利用备份恢复版本升级方案做数据库迁移与升级时如何进行快速回退。

对于新环境没有新数据产生，回退过程十分简单，只需要将 Java 应用更换驱动程序包，C 应用程序服务器重新安装旧版本客户端，最后将应用程序指向旧版本数据库服务器地址即可完成整体回退。

如果新版本数据库已经有新数据写入，且可以按表对象粒度梳理出增量变化数据，即可通过表粒度全量数据回写入旧版本数据库后，再进行应用层回退即可。

如果无法按表粒度梳理出增量数据变化，则只能参照 3.6.6 节中利用 CDC 的反向预订来进行平滑回退。篇幅原因，不一一赘述了。

小　结

本章从数据库升级的意义，到如何规划数据库升级，再到测试方案的选择，以及数据库升级的重头戏升级方案的制订，最后灵活运用升级方案来完成理财平台数据库的升级。接下来，再简单地做个总结。

首先，要了解商业银行选择周期性对基础软件升级的主要目的是，为了降低数据库运行的已知风险，这些工作都是未雨绸缪的事情，使其能够为系统提供更好的服务。

其次，升级数据库前一定要认真规划并评估数据库环境，切忌只考虑数据库本身升级事宜，不顾系统大局观，从而忽略其他重要细节。

再次，所有数据库升级前的规划工作完成后，接下来就进入测试阶段了。笔者介绍了商业银行中比较常见的“传统测试方案”“高仿真测试方案”和“机器人流程自动化（RPA）方案”，并对比了各种测试方案的优劣。

最后，介绍了三种数据库版本升级方案，并结合实际案例制订具体升级步骤，其中内容实用性较强，读者可以充分利用升级流程和具体命令，定制适合自己的数据库升级方案。

第 7 章

Db2 常用工具和诊断案例

酒酣胸胆尚开张，鬓微霜，又何妨！

持节云中，何日遣冯唐？

会挽雕弓如满月，西北望，射天狼。

这是苏轼在《江城子·密州出猎》中借历史典故抒发了词人渴望手持弓箭为国杀敌的人生理想，体现了抗击侵略的豪情壮志，充满爱国激情，充满阳刚之美，成为历久弥珍的名篇。

对 Db2 数据库故障诊断来说，各种常用工具就如同弓箭，当出现问题时，需要有专业的诊断方法，并综合运用各种工具辅助诊断，最终真正实现“一箭中的”的排障目标。

在商业银行 IT 系统运维中，数据库的运维都处于核心地位，原因有两个，一是数据库运维涉及的范围非常广泛，通常和操作系统、中间件、应用等都有紧密联系，这样一旦出了问题就会牵一发而动全身；二是数据库的安全性非常重要，所有涉及关键数据库的操作，都需要慎之又慎，一旦“删库跑路”的事件发生，将会给 IT 系统造成灭顶之灾。

这样一来，Db2 数据库运维就成了一场极具挑战的战役，战士们在战场上必须熟练运用各种装备，并且根据实际战局的发展，采用灵活的战术，才能取得最后战役的胜利。与之可以类比的是，本章所讲述的 Db2 多种常用工具就是数据库运维战场上的各种装备。DBA 需要根据不同场景熟练运用这些工具才能高效诊断和解决生产问题。

7.1 碎片整理工具

数据库运行一段时间后，当其中的表经过大量插入（Insert）、更新（Update）、删除（Delete）等操作后，数据分布就会非常分散，从而会增加 I/O 操作，降低系统的性能，因此需要对表及其索引进行重组（即执行 reorg 操作）将数据重新组织。

7.1.1 碎片整理工具 reorg

reorg 操作非常费时，Db2 提供了 reorgchk 命令，用于检查是否应该进行 reorg 操作。在整个运维期间，要定期地对表执行 reorgchk 命令。reorgchk 首先调用 runstats，更新表的统计信息，然后利用这些新的统计信息，通过一些预先定义的公式（在命令的输出里面可以看到这些公式）进行计算，来判断表是否需要重组。

下面的命令输出中，分别显示了表和索引的统计信息，以及通过公式计算出的值。如果计算出的值达到阈值的要求，例如，表 TEST 的空间利用率的百分比 F2 为 40，小于阈值 70，对应的位置就会显示“*”，否则就会显示“-”。如果对应的 reorg 列出现一个或多个“*”时，就说明应该考虑对该表或索引进行重组操作。

```
=> db2 reorgchk update statistics on table all

Doing RUNSTATS …


Table statistics:

F1: 100 * OVERFLOW / CARD < 5                              ←计算公式和阈值
F2: 100 * (Effective Space Utilization of Data Pages) > 70
F3: 100 * (Required Pages / Total Pages) > 80

SCHEMA.NAME              CARD     OV    NP    FP  ACTBLK  TSIZE  F1  F2  F3 REORG
---------------------------------------------------------------------------------
Table: IIFVT14.TEST
                            4      0     1     1   -        60    0  40 100  -*-
Table: IIFVT14.NEWTEST
                       196620      0   982  1024   -   3932400   0  96  96  ---

…
------------ --------------------------------------------------------------------

Index statistics:

F4: CLUSTERRATIO or normalized CLUSTERFACTOR > 80

F5: 100 * (Space used on leaf pages /
    Space available on non-empty leaf pages) > MIN(50, (100 - PCTFREE))

F6: (100 - PCTFREE) * (Amount of space available in an index with one less level
   / Amount of space required for all keys) < 100

F7: 100 * (Number of pseudo-deleted RIDs / Total number of RIDs) < 20

F8: 100 * (Number of pseudo-empty leaf pages / Total number of leaf pages)<20

SCHEMA.NAME                     INDCARD    F4  F5  F6  F7  F8 REORG
-------------------------------------------------------------------
Table: IIFVT14.NEWTEST
Index: IIFVT14.NI
                                 196620    98  92   -   0   0 -----
…
---------------------------------------------------------------------------------
```

对于需要重组的表（即需要执行 reorg 的表），通常选择在系统的维护窗口来执行重组，并需要在维护窗口结束前做完。

使用下面的 reorg 命令对表 TEST 及其索引进行实际的重组。

```
--对表 NEWTTEST 进行重组（表上的索引将自动被重组）
db2 reorg table  TEST
--只重组表 NEWTEST 的索引
db2 reorg indexes all for table TEST
```

以下对于 reorg 工具的优化建议可以加快 reorg 的进程，并减小 reorg 期间所造成的影响。

（1）通常 reorg 耗时很长，而且 reorg 期间用户一般不能访问表，所以在 reorg 前，应该通过分析 reorgchk 命令的结果，只对需要 reorg 的表或索引进行 reorg。

（2）对于从来不使用的索引，应将其删除，以节省 reorg 的成本。

（3）reorg 期间会使用临时表空间，因此将临时表空间定义在性能较好的存储上能够提高 reorg 的速度。

（4）对于关键业务系统，可以使用 reorg，并实施监控，以便在出现性能问题时能够终止 reorg 操作。

（5）在生产环境中，有些大表被设计为分区表，如果要对分区表进行常规重组操作，就必须是一个分区一个分区串行操作，这样费时费力。在 Db2 V9.7.0.4 之后，对分区表的重组操作增加了并行参数：ON DATA PARTITION partition-name，可以同时发起对多个分区的并行重组操作，实践表明可以加快对分区表的重组速度。

（6）对表进行 reorg 后，无须再对索引进行 reorg，因为对表 reorg 后，会重建相应的索引。

（7）reorg 后，需要通过 runstats 同时来更新统计，然后通过 rebind 重新绑定静态 SQL 语句，以使 Db2 优化器能够得到最新最准确的信息。

（8）离线 reorg 中途失败，有可能导致索引数据的损坏，因此尽量不要强行终止正在运行的离线 reorg 操作。

注意：自动维护

除了手工维护外，Db2 也支持自动维护，包括自动统计信息收集（AUTO_RUNSTATS）、自动碎片整理（AUTO_REORG）和自动备份（AUTO_BACKUP）。

7.1.2　案例分享

某商业银行在使用碎片整理工具 reorg 时，由于对工具原理和使用限制缺乏足够了解，曾出现过下面的故障案例，现分享给广大读者。

1. 离线 reorg 导致用户表空间满

在应用新版本上线时，对生产表 customer 进行了 alter table 操作以增加字段，随后进行离线 reorg，结果导致生产表 customer 所在的表空间 cust_tbs 满，严重影响了交易。通过对数据库诊断日志（db2diag.log）分析，是由于对表 customer 进行离线 reorg 导致的，使用的命令如下。

```
reorg table bank.customer
```

经分析，由于生产表 customer 是一个记录数达到三亿的大表，上述命令没有指定系统临时表空间，这样 Db2 会使用表空间 cust_tbs 存放表 customer 重组期间的临时数据，从而触发 cust_tbs 表空间容量上限。

考虑到 cust_tbs 表空间为 DMS 表空间，对表空间进行了紧急扩容解决。建议在对表对象做 reorg 前，仔细评估表对象大小，表空间剩余容量至少等于表对象物理大小的二倍。

2. 离线 reorg 导致系统临时表空间满

在应用新版本上线时，对生产表 dealer 进行了 alter table 操作以增加字段，随后进行离线 reorg，结果导致系统临时表空间满，对交易产生了一定影响。通过对数据库诊断日志（db2diag.log）分析，是由于对表 customer 进行离线 reorg 导致的，使用的命令如下。

```
reorg table bank.dealer  use tempspace1
```

经分析，上述命令指定了系统临时表空间 tempspace1，这样 Db2 会使用 tempspace1 存放表 dealer 重组期间的临时数据，由于生产表 dealer 是一个记录数达到一亿的大表，从而触发 tempspace1 表空间容量上限。

tempspace1 表空间为 SMS 表空间，对所在文件系统进行了紧急扩容解决。建议在对表对象做 reorg 前，仔细评估表对象大小，临时表空间剩余容量至少等于表对象物理大小的二倍。

3. 在线 reorg 导致活动日志满

在应用新版本上线时，对生产表 users 进行了 alter table 操作以增加字段，随后进行在线 reorg，结果导致活动日志满，对交易产生了重大影响。通过对数据库诊断日志（db2diag.log）分析，是由于对表 users 进行在线 reorg 导致的，使用的命令如下。

```
reorg table bank.users  inplace
```

上述命令带有 inplace，说明对表 users 进行在线 reorg 操作，由于生产表 users 是一个记录数达到 5000 万的大表，这就触发了活动日志容量上限。

最终紧急扩充了 logsecond 参数以解决故障。对于在线 reorg 场景，在真正实施前，有以下建议。

（1）避免有大量活跃事务在运行。

（2）避免有不提交的长事务在运行。

（3）避免有 RR（Repeatable Read）隔离级的应用在运行。

7.2 统计信息收集

近年来荧屏上《借枪》《潜伏》《黎明之前》等谍战片热播，引起人们的极大兴趣，娱乐之余，也说明了一个事实，情报工作对于战争的胜负起着至关重要的作用。对于 Db2 而言，收集情报也同样重要，只不过这里的“情报”是指 Db2 统计信息，因为优化器需要统计信息生成访问计划，不准确的统计信息就像战争中的假情报一样，会让优化器选择错误的访问计划，从而影响查询的性能。

7.2.1 统计信息收集 runstats

统计信息收集的命令比较简单，例如，可以使用下面的命令对表 EMPLOYEE 执行 runstats 操作。这个命令将更新 EMPLOYEE 表及其上的所有索引的统计信息，包括分布统计信息。

```
db2 "runstats on table EMPLOYEE with distribution and detailed index all"
```

分布统计信息：

上面的例子使用 WITH DISTRIBUTION 选项执行 runstats 命令，来收集所有列的分布统计信息。收集分布统计信息要比收集基本统计信息开销更大，对于值分布均匀的列，不必收集分布统计信息。runstats 命令也可以指定只对某些列收集分布统计信息，例如，下面的命令只对 EMPLOYEE 表上 empo 和 name 字段收集分布统计信息。

```
db2 "runstats on table EMPLOYEE with distribution  on columns(empno, name)"
```

关于分布统计信息的详细讲解，请参考 10.2.5 节有关内容。

通常在以下情况，需要进行统计信息的收集。

（1）当表的数据经过大量的增删改之后。

（2）当表经过 reorg（重组）之后。

（3）当创建新的索引之后。

（4）运行 bind 命令之前。

（5）当 prefectch 参数改变之后。

由于统计信息的收集同样需要消耗资源，因此需要快速而高效地收集统计信息，从而尽可能地降低统计信息收集对于系统的影响。

为了避免不必要的统计信息收集，只对没有收集或者较长时间没有收集统计信息的表或者索引收集统计信息，使用下面的语句可以找出没有收集过统计信息的表。

```
db2 "select tabname from syscat.tables where stats_time is null"
```

使用下面的语句查找没有收集过统计信息的索引。

```
db2 "select indname from syscat.indexes where stats_time is null"
```

使用下面的语句分别可以查到过去 15 天内没有更新过统计信息的表和索引。

```
db2 "select tabname from syscat.tables where stats_time < current timestamp
- 15 days"
db2 "select indname from syscat.indexes where stats_time < current timestamp
- 15 days"
```

对于以上查询结果中的表或者索引执行 runstats 来更新统计信息，以使 Db2 的查询优化器能够选择最优的查询访问计划。

统计数据收集的速度与目标表的数据量、目标表上的列数目、目标表上的索引数目以及统计信息的详细程度有着极大关系。因此为了优化 runstats，需要遵循以下原则。

（1）只对需要的列收集统计信息，对于 SQL 语句中出现在 where 子句中的列，或者 join 条件中字段以及 group by/order by 等子句中的字段收集统计信息。

（2）创建索引的同时收集统计信息，并且根据数据量和查询的需要选择 detailed 或者 sampled 参数。

（3）使用 load 命令的 replace 选项向表中加载数据时，指定 statistics use profile 参数，在加载数据的同时，收集统计信息。

（4）对于较大的非关键表使用 sampled 参数，能够加快 runstats 的执行速度。

（5）对于较大的关键表，选择交易清淡期，以避开交易高峰期，实现 runstats 加快执行的目标。

7.2.2 案例分享

某商业银行在对生产数据库执行例行 runstats 时，发现在某些表收集统计信息时会遇到 SQL2314W 告警信息，这是 runstats 的一种常见问题，需要确认根本原因后再进行相应处理。

出现这种问题的根本原因是当对目标表进行统计信息收集时，由于表更新频繁，说明在做 runstats 过程中表的数据已被更新，而造成表和索引等对象的统计信息不一致，可能会造成访问该表的访问计划不是最优而影响业务。

针对该问题，可以采用以下处理措施。

（1）重新在合适的时间窗口再做一遍统计信息收集（runstats）。

（2）如在可用时间窗口依然报错（SQL2314W）并且数据量较大，请尝试采用抽样方式进行收集，例如，下面的命令采用 10%抽样。

```
RUNSTATS ON TABLE <tabname> WITH DISTRIBUTION TABLESAMPLE system(10)
```

（3）如果目标表属于每日变化极为频繁的表，例如，每日目标表首先被清空、随后装载数据、再使用表中数据、最后清空这样的使用行为，则可以判定该目标表为易变表，可以通过下面的语句声明，使优化器在查询时优先考虑使用索引扫描而不是表扫描，从而避免显式地使用 runstats 命令例行收集统计信息。

```
alter table <tabname> volatile cardinality
```

7.3 重新绑定

当重新收集统计信息之后，Db2 优化器会根据最新的信息调整执行计划，后续查询编译将使用新统计信息。但是对于静态语句，就像得到作战指令已经派出的部队，如果不重新发布指令，是不会起作用的。

7.3.1 重新绑定——rebind

当数据库的执行环境发生变化时，例如，对该静态 SQL 访问的表上增加了索引，由于静态 SQL 不会重新生成访问计划，就不会使用该索引，从而达不到最佳的执行效率，这个时候就需要进行重新绑定（rebind）来适应环境的变化。

比较：动态 SQL 和静态 SQL 的区别

在 Db2 中，动态 SQL 语句是在应用程序运行时被编译和执行的，而静态 SQL 语句的编译是在应用程序运行前进行的，编译的结果会存储在 Db2 的包（PACKAGE）中。当程序运行时，数据库将直接执行编译好的 SQL 语句，降低运行时的开销，从而提高执行效率。

通过 rebind 命令，Db2 可以将静态 SQL 语句的执行计划重新绑定，这样，在执行的时候，就会按照保存在包中的访问计划执行，避免了重复的编译和访问计划的生成。

对于 SQC（嵌入 C）等程序，在 bind 的时候会创建一个包含静态 SQL 的包。而存储过程等例程在部署时，也会生成相应的包。通过 IBM 提供的 pureQuery 技术，还可以将传统的动态 SQL 绑定到相应的包上转变为静态 SQL 来执行。

7.3.2 案例分享

某商业银行非现场审计系统的数据库进行了改造，添加了一些表，并导入了一些数据，重新执行过 reorg 和 runstats 后，按照计划最终上线了。但是发现了一个性能问题：当系统忙时，db2sysc 进程的 CPU 占用率居高不下，响应速度也越来越慢。

下面是具体的诊断分析步骤。

（1）首先对操作系统进行监控，获取性能数据。如下所示，CPU 占用率很高，而且主要是用户 CPU（user cpu），占到 90%左右。

```
vmstats 命令的输出如下：
--
System configuration: lcpu=16 mem=32768MB ent=0.40

kthr   memory              page               faults          cpu
----- ----------- --------------------- ----------- ----------------------
 r  b   avm     fre    re  pi  po fr  sr  cy  in    sy    cs   us  sy id wa pc    ec
78  0 6667113 743374  0  0  0  0  0  0   71 364428 178594 90  9  0  0 3.99 997.7
80  0 6667654 742827  0  0  0  0  0  0   80 443531 177407 87 13  0  0 3.99 997.2
80  0 6667150 743328  0  0  0  0  0  0   74 349676 161759 89 11  0  0 3.99 997.7
79  0 6667216 743258  0  0  0  0  0  0   66 382124 173518 90 10  0  0 3.99 997.7
80  0 6667368 743098  0  0  0  0  0  0   81 409346 140119 88 12  0  0 3.97 991.7
76  0 6667193 743270  0  0  0  0  0  0   51 371598 182898 89 11  0  0 3.99 996.9
78  0 6667149 743309  0  0  0  0  0  0   66 468944 197713 87 13  0  0 3.99 997.4
79  0 6667115 743338  0  0  0  0  0  0   95 405266 201333 87 13  0  0 3.98 994.7
80  0 6666900 743521  0  0  0  0  0  0  155 369984 179370 89 11  0  0 3.99 998.1
82  0 6667440 742976  0  0  0  0  0  0  138 376930 184825 88 12  0  0 3.96 990.3

nmon shows:
--
Time     PID      %CPU   %Usr   %Sys Threads Size   ResText ResData CharIO %RAM Paging Command
10:10:50 14286884 165.5  161.23 4.27 131     110180 140     110004  487194 0    112    db2sysc
10:11:50 14286884 185.83 180.32 5.51 131     110180 140     110004  368515 0    0      db2sysc
```

```
10:12:51 14286884 208.09 202.61 5.48 107   110180 140   110004 400880 0   0    db2sysc
10:13:51 14286884 162.5  158.15 4.35 107   110180 140   110004 359077 0   0    db2sysc
10:14:51 14286884 155.39 151.08 4.3   107   110180 140   110004 388350 0   0    db2sysc
10:15:51 14286884 119    115.33 3.67 128   110180 140   110004 413583 0   107  db2sysc
```

（2）分析数据库快照。

如下所示，使用 CPU 最多的是一个名为 MDSECURE.GetAllBindsByUser 的存储过程调用，共发生 196 次调用，用户 CPU 时间占用 6847 s，接近 2 h，平均每次调用耗时 71s。另外，由这个存储过程导致的索引读次数竟然达到了 4503695455 次！正是由于这么惊人的索引读次数导致了 CPU 使用率过高。

```
 Number of executions                     = 196
 Number of compilations                   = 1
 Worst preparation time (ms)              = 18
 Best preparation time (ms)               = 18
 Internal rows deleted                    = 0
 Internal rows inserted                   = 0
 Rows read                                = 1714
 Internal rows updated                    = 0
 Rows written                             = 0
 Statement sorts                          = 132
 Statement sort overflows                 = 0
 Total sort time                          = 0
 Buffer pool data logical reads           = 1716
 Buffer pool data physical reads          = 23
 Buffer pool temporary data logical reads   = 0
 Buffer pool temporary data physical reads  = 0
 Buffer pool index logical reads          = 4503695455
 Buffer pool index physical reads         = 11000
 Buffer pool temporary index logical reads  = 0
 Buffer pool temporary index physical reads = 0
 Buffer pool xda logical reads            = 0
 Buffer pool xda physical reads           = 0
 Buffer pool temporary xda logical reads    = 0
 Buffer pool temporary xda physical reads   = 0
 Total execution time (sec.microsec) = 5948.129121
 Total user cpu time (sec.microsec)  = 6847.494026
 Total system cpu time (sec.microsec)= 32.953288
 Total statistic fabrication time (milliseconds) = 0
 Total synchronous runstats time  (milliseconds) = 0
 Statement text                           = call MDSECURE.GetAllBindsByUser(?,?)

…
Statement type                            = Static SQL Statement
Statement                                 = Fetch
Section number                            = 1
Application creator                       = MDSECURE
Package name                              = P5595591
```

```
Consistency Token                                  =
Package Version ID                                 =
Cursor name                                        = C1
Statement database partition number                = 0
Statement start timestamp                          = 01/22/2013 10:12:32.362211
Statement stop timestamp                           =
Elapsed time of last completed stmt(sec.ms)= 0.000105
Total Statement user CPU time                      = 145.796588
Total Statement system CPU time                    = 10.135695
SQL compiler cost estimate in timerons             = 2
SQL compiler cardinality estimate                  = 1
Buffer pool data logical reads                     = 29
Buffer pool data physical reads                    = 0
Buffer pool temporary data logical reads           = 0
Buffer pool temporary data physical reads          = 0
Buffer pool index logical reads                    = 18631760
```

继续追踪 MDSECURE.GetAllBindsByUser 存储过程中定义游标 C1 的这条 SQL 语句，如下所示，这条 SQL 在两个表 desktops 和 bindings 之间做连接。

```
SELECT d_pmid, d_ip_address,  … ,
       b_pmid, b_dt_type …
FROM(
   SELECT d.pmid AS d_pmid, d.ip_address as d_ip_address, … ,
          b.pmid AS b_pmid, b.dt_type AS b_dt_type, …
   FROM MDSECURE.desktops d LEFT JOIN MDSECURE.bindings b
        ON (b.pmid = d.pmid)
   WHERE b.delete_flag IS NULL AND b.dt_type<>'T' AND b.userID = ?
   order by b.LASTMODIFIED desc) as cur
where 10 >
   (select count(*)
    from (
      SELECT d.pmid AS d_pmid, d.ip_address AS d_ip_address, …,
             b.pmid AS b_pmid, b.dt_type AS b_dt_type, …
      FROM MDSECURE.desktops d LEFT JOIN MDSECURE.bindings b
          ON (b.pmid = d.pmid)
      WHERE b.delete_flag IS NULL AND b.dt_type<>'T' AND b.userID = ?
      order by b.LASTMODIFIED desc) as c
    where c.lastmodified > cur.lastmodified)
```

获取这条 SQL 语句的访问计划，如下所示，两个表上的扫描都用到了索引，总成本为 366.358，这个值在合理范围内，访问计划也并没有什么不妥。

```
Access Plan:
-----------
Total Cost: 366.358
Query Degree: 1

                              Rows
```

```
                          RETURN
                          (   1)
                           Cost
                            I/O
                            |
                          2.15702
                          NLJOIN
                          (   2)
                          366.358
                          61.2987
                 /------------+------------\
             6.47106                        0.333333
             ^NLJOIN                         FILTER
             (   3)                         ( 12)
             252.578                         113.426
             37.1859                         24.1128
         /------+-------\                      |
     6.47113          0.999989                 1
     TBSCAN            FETCH                 GRPBY
     (   4)            ( 10)                  ( 13)
     44.5358            32.16               113.425
     17.6417           3.02021               24.1128
       |           /---+----\                  |
     6.47113     0.999989   7.34515e+06    3.23553
     SORT         IXSCAN   TABLE: MDSECURE   TBSCAN
     (   5)       ( 11)       DESKTOPS       ( 14)
     44.5349      21.3007        Q6           113.425
     17.6417         2                       24.1128
       |             |                         |
     6.47113    7.34515e+06                  3.23553
     FETCH    INDEX: MDSECURE                  SORT
     (   6)    PK_DESKTOPS                    ( 15)
     44.5323        Q6                        113.425
     17.6417                                 24.1128
    /---+----\                                  |
6.48247   7.28217e+06                        3.23553
RIDSCN  TABLE: MDSECURE                       ^NLJOIN
(   7)     BINDINGS                           ( 16)
21.3052       Q7                             113.423
  2                                          24.1128
  |                             /---------+---------\
6.48247                      3.23557              0.999989
SORT                         FETCH                IXSCAN
(   8)                       ( 17)                ( 21)
21.3048                      44.5319               21.3007
  2                         17.6417                  2
  |                       /---+----\                 |
6.48247                 6.48247   7.28217e+06     7.34515e+06
```

```
    IXSCAN                         RIDSCN   TABLE: MDSECURE  INDEX: MDSECURE
    (   9)                         (  18)     BINDINGS        PK_DESKTOPS
    21.3039                        21.3052      Q2                Q1
       2                              2
       |                              |
  7.28217e+06                      6.48247
 INDEX: MDSECURE                    SORT
 BINDINGS_USERID                   (  19)
      Q7                           21.3048
                                      2
                                      |
                                  6.48247
                                  IXSCAN
                                  (  20)
                                  21.3039
                                     2

                               7.28217e+06
                             INDEX: MDSECURE
                             BINDINGS_USERID
                                   Q2
```

（3）分析存储过程的访问计划。

什么地方不对劲？怀着这种疑问，使用 db2expln 命令打印出了这个存储过程（包名为 P5595591）的访问计划，代码如下。

```
db2expln -d rsdb -c MDSECURE -p P5595591 -g -o sp.expln
```

于是看到了最开始的那几行，想到已经是 2021 年了，而这个存储过程的 bind 时钟还停留在 2018 年，代码如下。

```
******************** PACKAGE ***************************************

Package Name = "MDSECURE"."P5595591"  Version = ""

Prep Date = 2018/02/27
Prep Time = 17:54:46

Bind Timestamp = 2018-02-27-17.54.46.372606
```

最后，使用如下 rebind 命令重新绑定这个存储过程，然后 CPU 使用率回到正常水平，一切归于平静！

```
rebind package MDSECURE.P5595591 resolve any;
```

或者：

```
CALL SYSPROC.REBIND_ROUTINE_PACKAGE('P', 'MDSECURE.GetAllBindsByUser', 'ANY');
```

7.4 常规数据移动工具

在战争中，快速转移部队的能力通常是致胜的法宝之一，而对于数据库来说，快速地移动数据同样至关重要。针对不同的应用场景，Db2 提供了如表 7-1 所示的工具。

表 7-1　数据移动工具

命　令	功　能	特　点
export	将数据从数据库中导出到文件中	使用简单，但速度较慢
import	将 export 导出的文件导入到数据库中	速度较慢，使用比较简单，会激发相应的触发器动作
ingest	将 export 导出的文件导入到数据库中	可以快速移动大量实时数据而不必锁定目标表，在性能和可用性之间做到了极好的平衡
load	将 export 导出的文件或者游标中的数据导入到数据库中	速度很快，但是使用较复杂，不会激发触发器动作
db2move	和 export、import 和 load 等选项配合使用能够在数据库间批量移动或复制大量的数据库对象	批量复制对象和数据
db2relocatedb	更改数据库名称或重定位数据库或者数据库的组件	通过更改数据库元数据实现，只能离线操作

7.4.1 导出数据 export

export 命令简单来讲就是通过查询语句选择要导出的数据并保存到 DEL、IXF 和 WSF 等格式的文件中。接下来看看如何使用 export 命令导出数据。

如下所示，OF DEL 指明了要将数据输出到 DEL 格式的文件 EMPLOYEE_RESUME_PHOTO.DEL 中，而 LOBS 类型数据导入到路径/data1/lobs 和/data2/lobs 目录下，XML 数据导入到/data3/xml 和/data4/xml 目录下，并将导出过程中的消息存入消息文件 msg.out 中。

```
    [db2inst1@db2 ~]$db2 "EXPORT TO EMPLOYEE_RESUME_PHOTO.DEL OF DEL LOBS TO
/data1/lobs,/data2/lobs XML TO /data3/xml,/data4/xml MESSAGES msg.out SELECT
R.EMPNO,R.RESUME_FORMAT,R.RESUME,P.PHOTO_FORMAT,P.PICTURE  FROM  EMP_RESUME
R,EMP_PHOTO P WHERE R.EMPNO=P.EMPNO"

    Number of rows exported: 16
```

从上面的例子可以看出 export 的使用非常简单，但是如果就此以为完全掌握了 export 的使用，在实际的应用中必然会遇到种种问题。下面就是一些使用 export 命令的注意事项与技巧。

（1）要使用 export 命令，必须具有相应权限。由于导出操作需要使用 SELECT 语句，因此使用 export 命令需要有 SYSADM 或者 DBADM 管理权限，或者对导出的表有 CONTROL 或 SELECT 特权。

（2）使用 export 命令可以导出多种文件格式，但每种格式都有各自的特点，如果需要在导出数据的同时也导出表的定义，需要选择 IXF 格式，使用这种格式导出的文件，在导入的时候，如果目标表不存在，可以自动创建相应的目标表。通常这种格式导出的文件在导入时，效率较其他格式要高。而其他文件格式则只能导出相应的数据，导入时，目标表必须实际存在。

（3）要提高导出数据的效率，必须从两方面着手，首先，过滤数据的查询语句的效率直接决定了导出数据效率，因此必须优化查询语句；其次，对于大数据和 XML 数据，可以指定多个文件路径并行导出，从而提高效率。

7.4.2　导入数据 import

Db2 中导入数据的方法在 Db2 V10 以前主要有两种，一种是 import，另一种是 load。import 相对于 load 来说比较简单，可以理解为 export 的逆过程。在这里，先重点介绍 import 命令的使用方法。

import 命令使用 INSERT 语句来批量插入数据，因此，import 会遵循 INSERT 语句的各种限制，例如，在插入时需要验证各种约束、触发器和参照完整性检查等。

首先看一下 import 命令格式。

```
IMPORT FROM filename OF {IXF | ASC | DEL | WSF}
[LOBS FROM lob-path [ {,lob-path} … ] ]
[XML FROM xml-path [ {,xml-path} … ] ][MODIFIED BY filetype-mod …]
[METHOD {L ( col-start col-end [ {,col-start col-end} … ] )
[NULL INDICATORS (col-position [ {,col-position} … ] )] |
N ( col-name [ {,col-name} … ] ) |
P ( col-position  [ {,col-position} … ] )}]
[XMLPARSE {STRIP | PRESERVE} WHITESPACE]
[XMLVALIDATE USING {XDS [DEFAULT schema-sqlid]
[IGNORE (schema-sqlid [ {,schema-sqlid} … ])]
[MAP ((schema-sqlid,schema-sqlid) [ {(schema-sqlid,schema-sqlid)} … ] ] |
SCHEMA schema-sqlid | SCHEMALOCATION HINTS }]
[ALLOW {NO | WRITE} ACCESS]
[COMMITCOUNT {n | AUTOMATIC}] [{RESTARTCOUNT | SKIPCOUNT} n]
[ROWCOUNT n] [WARNINGCOUNT n] [NOTIMEOUT] [MESSAGES message-file]
{{INSERT | INSERT_UPDATE | REPLACE | REPLACE_CREATE}
INTO {table-name [( insert-column , … )] | hierarchy-description}
| CREATE INTO {table-name [( insert-column , … )] |
hierarchy-description {AS ROOT TABLE | UNDER sub-table-name}
[IN tablespace-name [INDEX IN tablespace-name] [LONG IN tablespace-name]]}
```

import 所支持的导入文件类型包括 ASC、DEL、IXF 和 WSF，下面进行具体介绍。

1. 导入方式选项

可以通过不同选项来决定导入数据的方式。

（1）INSERT 选项：表示导入数据时不影响已经存在的数据。如果导入的行与已存在行有主键冲突，则本行不插入。

（2）INSERT_UPDATE 选项：此选项只针对有主键的表，在导入数据时需要比对主键，主键重复的话就 update（用新数据替换原数据），否则就 insert（直接插入）。例如，表 test_tab

中 id 字段为主键，要更新的字段为 name。要导入的文件内容为：

```
101,'John'
102,'Tom'
```

导入语句是：

```
IMPORT FROM member.del OF DEL insert_update into test_tab
```

如果 test_tab 表中已经有一行数据的 id 字段值为 101，那么这行数据的 name 就会被更新为 John。如果没有 id 字段值为 101 的行，那么直接执行 insert 操作，插入一行数据（id=101，name='John'）。

（3）REPLACE 选项：表示删除掉所有已经存在的行，并导入新的数据。既然会删掉原有的数据，那么这个操作是有风险的，需要注意。

（4）REPLACE_CREATE 选项：如果目标表存在，则与 REPLACE 选项一样，如果目标表未定义，则建立目标表及索引，使用这个选项的前提是导入文件为 PC/IXF 格式。

（5）CREATE 选项：建立目标表及索引，并导入数据，使用这个选项的前提是导入文件为 PC/IXF 格式。

2. 导入时的权限要求

读者需要注意：使用 import 需要 SYSADM 或者 DBADM 管理权限，或者对要导入的表或视图拥有 SELECT、INSERT、CONTROL 或 CREATETAB 特权。

3. 并发控制选项

在 import 时，默认并发控制选项是 ALLOW NO ACCESS，也就是说，要对表加上互斥锁（X），因此，在导入过程中，表数据是不能读写的。如果希望在导入过程中对表可以读写，则需要使用 ALLOW WRITE ACCESS 选项，这时对表上 IX 锁。 使用 ALLOW WRITE ACCESS 选项，即使没有设置 COMMITCOUNT，其行为也会和设置了 COMMITCOUNT AUTOMATIC 一样。需要注意的是，如果导入选项使用的是 REPLACE、CREATE 或者 REPLACE_CREATE，则不能使用 ALLOW WRITE ACCESS 选项。

4. 提交时机选项

使用 import 意味着执行批量记录的插入操作，默认情况下，这些批量插入操作是在一个事务内进行的。由于在事务执行过程中会生成大量的在线日志，因此需要保证足够的在线日志空间；另外，在插入过程中会申请大量锁资源，可能导致锁升级。为了避免这种情况，可以使用 COMMITCOUNT 选项指定插入多少条记录就提交一次，或者使用 COMMITCOUNT AUTOMATIC 选项来由 import 自己决定提交时机。另外，ROWCOUNT 选项被用来标明要导入多少行数据。

在下面的例子中，每插入 1000 条数据就提交一次。如果在 import 过程中失败，可以查看 msg.out 文件，找到最后一个插入成功并且已经提交的记录，随后在继续 import 的时候，使用选项 RESTARTCOUNT，从失败的记录开始继续导入。

```
IMPORT FROM customer.ixf OF IXF
COMMITCOUNT 1000
MESSAGES msg.out
INSERT INTO customer
```

如果使用 RESTARTCOUNT 20000 跳过前 20 000 条数据继续导入，用 ROWCOUNT 选项指定要导入 30000 条数据，采用的命令如下。

```
IMPORT FROM myfile.ixf OF IXF
COMMITCOUNT 1000 RESTARTCOUNT 20000 ROWCOUNT 30000
MESSAGES msg.out
INSERT INTO newtable
```

5. 导入数据时代码页的选择

最后来看一个比较综合的例子，例如，已经有一个从数据库里导出的文件 employee.del，它使用的代码页为 1386，一共 42 行数据。执行下面的导入操作。

```
    [db2inst1@db2 ~]$db2 "IMPORT FROM employee.del OF DEL MODIFIED BY codepage=1208
dateforma
    t=\"YYYYMMDD\" METHOD P (1, 2, 11, 12) ALLOW NO ACCESS COMMITCOUNT AUTOMATIC
RES
    TARTCOUNT 41 ROWCOUNT 1 MESSAGES msg.out INSERT INTO myemployee (EMPNO, FIRSTNME,
     BIRTHDATE, SALARY)"

    Number of rows read          = 42
    Number of rows skipped        = 41
    Number of rows inserted       = 1
    Number of rows updated        = 0
    Number of rows rejected       = 0
    Number of rows committed      = 42
```

上面的导入操作中，通过 METHOD P 指定只导入文件中的第 1、2、11 和 12 字段，ALLOW NO ACCESS 表示导入过程中不能读写，COMMITCOUNT AUTOMATIC 表示提交频率由系统决定，此次将跳过前 41 行，而从 42 行开始导入，ROWCOUNT 表示只导入一行。接着再看 MODIFIED BY 里面的选项，codepage=1208 表示导入文件的代码页是 1208，dataformat=\"YYYYMMDD\"表明了导入文件中日期字段的格式。目前看来一切正常，最后来看一下导入后的表内容。

```
[db2inst1@db2 ~]$db2 select * from myemployee

EMPNO  FIRSTNME       BIRTHDATE    SALARY
------ ------------ ---------- -----------
200340              1956-05-17   31840.00

  1 record(s) selected.
```

从结果看确实成功地导入了一行数据。不对！FIRSTNME 字段怎么没有值？仔细看导入命令就会发现问题出在 codepage=1208 上，还记得导出文件使用的代码页是 1386 吗？其实，Db2 本身具备将导入文件代码页转换为自身代码页的能力，但前提是要告诉它导入文件的真实代码页，否则，导入后会出现字段值错误或者乱码现象。这次把导入命令中的 codepage 修改为 1386 之后再次执行。

```
[db2inst1@db2 ~]$db2 "IMPORT FROM employee.del OF DEL MODIFIED BY codepage=1386
```

```
dateforma
    t=\"YYYYMMDD\" METHOD P (1, 2, 11, 12) ALLOW NO ACCESS COMMITCOUNT AUTOMATIC
RES
    TARTCOUNT 41 ROWCOUNT 1 MESSAGES msg.out INSERT INTO myemployee (EMPNO, FIRSTNME,
     BIRTHDATE, SALARY)"

    Number of rows read          = 42
    Number of rows skipped        = 41
    Number of rows inserted       = 1
    Number of rows updated        = 0
    Number of rows rejected       = 0
    Number of rows committed      = 42
```

然后再查询表的内容就可以看到正确的结果了。

```
    [db2inst1@db2 ~]$db2 select * from myemployee

    EMPNO  FIRSTNME      BIRTHDATE   SALARY
    ------ ------------ ---------- -----------
    200340 刘            1956-05-17  31840.00

      1 record(s) selected.
```

通过上面的例子，我们的建议是在导出导入时显式指定 codepage，从而把命运掌握在自己手里。这一点在跨服务器导出导入的场景中尤为重要。当然，如果系统编码相对单一时，也可以通过 db2set db2codepage 将默认值更改为所需要的编码从而避免每次都需要重复指定。

7.4.3 ingest——性能和可用性间平衡的使者

ingest 实用程序又称为连续数据插入或 CDI，是 Db2 V10 引入的一个高速的客户端实用程序，它可以将数据以流的形式从文件和管道中以较高的速度插入到 Db2 目标表中。同时 ingest 在移动大量实时数据的时候不需要像 load 一样锁定目标表，它使用行锁定，因此对访问相同表的其他用户的影响较少，在性能和可用性之间做到了极好的平衡。

ingest 不需要锁定目标表。它支持使用下列 SQL 语句：INSERT、UPDATE、MERGE、REPLACE 和 DELETE，来对表执行 DML 操作。它还支持使用 SQL 表达式来根据多个数据字段构建各个列值。

ingest 支持 ESE、PureScale 和 DPF 环境。它与数据库引擎使用相同的标准化外部接口，是个多线程工具，速度快，效率高。

ingest 还可以按执行的时间间隔或者写入的行数来确定落实事务的频率。可以使用 commit_count 参数来设置每写入的多少行数据落实一次事务，或者使用 commit_period 参数来设置插入过程中两次事务落实的时间间隔。默认情况下，commit_period 值为 1，即 ingest 每 1s 落实一次事务。如果同时设置了 commit_count 和 commit_period，那么这两个参数同时起作用，即如果它已写入指定行数或指定秒数内没有落实操作，那么它会发出落实指令。通过 ingest set 命令，可以调整 commit_count 参数为每插入 1000 行落实一次事务。

```
=>ingest set commit_count 1000
DB20000I  The INGEST SET command completed successfully
```

ingest 可以将已拒绝的记录复制到文件（通过 DUMPFILE 参数指定）或表中（通过 EXCEPTION TABLE 参数指定），也可以直接废弃这些记录。

当 ingest 意外中断时，还可以重新启动和恢复。默认情况下，将从最后一个落实点重新启动所有 ingest 命令。另外，如果设置了 retry_count 参数，那么 ingest 实用程序也会尝试从某些错误中恢复。

单个 ingest 命令将经历以下三个主要阶段。

1. 传输

传输程序从数据源中读取记录，并将记录放置在格式化程序队列中。对于 INSERT 和 MERGE 操作，每个输入源都有一个传输程序线程（例如，每个输入文件有一个线程）。对于 UPDATE 和 DELETE 操作，只有一个传输程序线程。

2. 格式化

格式化程序会解析每个记录，将数据转换成 Db2 数据库系统所需要的格式，并将每个已格式化的记录放置在该记录的分区上的其中一个清空程序队列中。格式化程序线程数由 num_formatters 配置参数指定。该参数的默认值为（逻辑 CPU 数）/2。

比较：物理 CPU 个数、CPU 内核数和逻辑 CPU

（1）物理 CPU 个数——实际服务器中插槽上的 CPU 个数。

（2）CPU 内核数——物理 CPU 个数与每颗物理 CPU 的内核数的乘积。

（3）逻辑 CPU 个数——没有开启超线程的情况下，逻辑 CPU 数目等于 CPU 内核数；如果开启超线程的话，逻辑 CPU 个数是 CPU 内核数的两倍。

---

3. 清空

清空程序发出 SQL 语句以对 Db2 表执行操作。每个分区的清空程序数由 num_flushers_per_partition 配置参数指定，该参数的默认值为 1 与（逻辑 CPU 数/2/分区数）之中的较大者。

在使用 ingest 工具之前，需要首先创建 restart 信息表，有了这张表，ingest 工具就可以将相关的进度信息存放在这张表中，以便下次 restart 的时候使用。可以使用系统存储过程 sysinstallobjects 来创建 restart 信息表，其第一个参数为工具名称，在这里为'INGEST'，而第二个参数为操作的行为，'C'表示创建，第三、四两个参数分别表示对象所在的表空间和模式，当使用 null 时表示使用默认值。执行完成后，可以使用 describe 命令来查看创建好的 restart 信息表 INGESTRESTART，由于这张表是 ingest 命令内部使用，在此就不做过多解释了。

```
=> call sysproc.sysinstallobjects('INGEST','C',null,null)

  Return Status = 0
=> describe table "SYSTOOLS.INGESTRESTART"

                 Data type  Data type Column
Column name      schema     name      Length Scale  Nulls
---------------- ---------- --------- ------ ------ ------
JOBID            SYSIBM     VARCHAR   256        0   No
```

```
APPLICATIONID    SYSIBM    VARCHAR   256    0    No
FLUSHERID        SYSIBM    INTEGER     4    0    No
FLUSHERDISTID    SYSIBM    INTEGER     4    0    No
TRANSPORTERID    SYSIBM    INTEGER     4    0    No
BUFFERID         SYSIBM    BIGINT      8    0    No
BYTEPOS          SYSIBM    BIGINT      8    0    No
ROWSPROCESSED    SYSIBM    INTEGER     4    0    No

  8 record(s) selected.
```

下面通过几个简单的例子学习 ingest 的用法。使用 sample 数据库中的 staff 表作为演示的例子，首先将 staff 表导出。

```
=>export to staff.del of del select * from staff
SQL3104N  The Export utility is beginning to export data to file "staff.del".
SQL3105N  The Export utility has finished exporting "35" rows.
Number of rows exported: 35
```

最简单的业务场景是对数据不加任何处理，直接导入到和原表结构相同的表中。

```
=>create table staff02 like staff
DB20000I  The SQL command completed successfully.
=>INGEST FROM FILE staff.del FORMAT DELIMITED INSERT INTO staff02
SQL2979I  The ingest utility is starting at "12/10/2012 23:58:52.783010".
SQL2914I  The ingest utility has started the following ingest job:
"DB21001:20121210.235852.783010:00003:00009".

Number of rows read         = 35
Number of rows inserted     = 35
Number of rows rejected     = 0

SQL2980I  The ingest utility completed successfully at timestamp "12/10/2012
23:58:55.669288"
```

ingest 也支持在导入数据的同时，通过相应的运算，将运算的结果导入到新增加的列中。下面这个例子先计算 SARLARY 和 COMM 的和，随后将结果插入到新增加的 INCOME 列中。

```
=> create table staff03 like staff
DB20000I  The SQL command completed successfully.
=>alter table staff03 add column income decimal(9,2)
DB20000I  The SQL command completed successfully.
=>INGEST FROM FILE staff.del FORMAT DELIMITED ($ID SMALLINT EXTERNAL,$NAME
CHAR(9),$DEPT SMALLINT EXTERNAL,$JOB CHAR(5),$YEARS SMALLINT EXTERNAL,$SALARY
DECIMAL(7,2) EXTERNAL,$COMM DECIMAL(7,2) EXTERNAL) INSERT INTO staff03(ID, NAME,
DEPT,JOB,YEARS,SALARY,COMM,INCOME)values($ID,$NAME,$DEPT,$JOB,$YEARS,$SALARY,$
COMM,NVL($SALARY,0)+NVL($COMM,0))
SQL2979I  The ingest utility is starting at "12/12/2012 23:08:04.555699".
SQL2914I  The ingest utility has started the following ingest job:
"DB21001:20121212.230804.555699:00003:00010".
```

```
Number of rows read          = 35
Number of rows inserted      = 35
Number of rows rejected      = 0

SQL2980I  The ingest utility completed successfully at timestamp "12/12/2012
23:08:07.084783"
```

ingest 还支持在导入数据时更新匹配的行。下面的例子中，在导入数据时，如果存在和 ID 匹配的行，就用导入数据行中的 SALARY 值更新该 ID 对应的 SALARY 值，如果不存在匹配的行，则忽略该行。

```
=> INGEST FROM FILE staff.del FORMAT DELIMITED ($ID SMALLINT EXTERNAL,$NAME
CHAR(9),$DEPT SMALLINT EXTERNAL,$JOB CHAR(5),$YEARS SMALLINT EXTERNAL,$SALARY
DECIMAL(7,2) EXTERNAL,$COMM DECIMAL(7,2) EXTERNAL) UPDATE STAFF03 set
(SALARY)=($SALARY) WHERE ID=$ID
SQL2903W  Configuration parameter "NUM_FLUSHERS_PER_PARTITION" has been
automatically adjusted to the following value: "1". Reason code= "12"
SQL2979I  The ingest utility is starting at "12/12/2012 23:10:53.589656".
SQL2914I  The ingest utility has started the following ingest job:
"DB21001:20121212.231053.589656:00003:00010".

Number of rows read          = 35
Number of rows updated       = 35
Number of rows rejected      = 0

SQL2902I  The ingest utility completed at timestamp "12/12/2012
23:10:54.691003". Number of errors: "0". Number of warnings: "1".
```

还可以在导入数据时删除匹配的行。下面在插入数据时，如果不存在 ID 匹配的行，就忽略该行，否则就删除原表中与 ID 匹配的行。

```
=> INGEST FROM FILE staff.del FORMAT DELIMITED ($ID SMALLINT EXTERNAL,$NAME
CHAR(9),$DEPT SMALLINT EXTERNAL,$JOB CHAR(5),$YEARS SMALLINT EXTERNAL,$SALARY
DECIMAL(7,2) EXTERNAL,$COMM DECIMAL(7,2) EXTERNAL) DELETE FROM STAFF03 WHERE ID=$ID
SQL2903W  Configuration parameter "NUM_FLUSHERS_PER_PARTITION" has been
automatically adjusted to the following value: "1". Reason code= "12"
SQL2979I  The ingest utility is starting at "12/12/2012 23:12:31.517123".
SQL2914I  The ingest utility has started the following ingest job:
"DB21001:20121212.231231.517123:00003:00010".

Number of rows read          = 35
Number of rows deleted       = 35
Number of rows rejected      = 0

SQL2902I  The ingest utility completed at timestamp "12/12/2012
23:12:32.475787". Number of errors: "0". Number of warnings: "1".
```

7.4.4 导出导入数据 db2move

db2move是一个在数据库之间批量移动大量数据的工具。它支持的选项包括export、import、load和copy。其中，export、import和load读者已经不再陌生，在与db2move结合的时候，可以同时对多个表(比如一个模式下面的所有表)进行导入导出。唯一比较陌生的选项是copy，它用来把一个或多个模式中的所有表和数据复制到另一个数据库中。听起来很有趣，下面来看一下db2move的使用方法。

```
db2move dbname action options
```

这里的action就是指的export、import、load和copy其中之一。

（1）export：根据options中指定的过滤条件导出表，如果不指定options，则导出数据库中所有表。导出的表信息存在一个叫作db2move.lst的文件中。

（2）import：导入db2move.lst中列出的表数据，import选项由options中的-io决定，包括INSERT、INSERT_UPDATE、REPLACE、CREATE和REPLACE_CREATE，默认是REPLACE_CREATE。

（3）load：导入db2move.lst中列出的表数据，load选项由options中的-lo决定，包括REPLACE和INSERT，默认是INSERT。

（4）copy：需要借用SYSTOOLSPACE表空间，把一个或多个模式中的表数据复制到另一个数据库中，目标数据库必须是本地数据库。

命令中的options配合action一起使用，决定了导入或导出的方式和范围等信息，结合copy选项，使用db2move把一个模式下的所有表从一个数据库复制到另一个数据库。

```
[db2inst1@db2 ~]$db2move sample1 COPY -sn db2lde -co TARGET_DB sample2 USER db2lde USING 123456 MODE DDL_ONLY

Application code page not determined, using ANSI codepage 819

[Detected DB2DBDFT env variable as "LDE", disabling for duration of utility.]

*****  DB2MOVE  *****

Action:   COPY

Start time:   Fri Apr 29 23: 42: 19 2011
All schema names matching:   DB2LDE;

Connecting to database SAMPLE1 … successful!   Server :  DB2 Common Server V9.5.3

Copy schema DB2LDE to DB2LDE on the target database SAMPLE2

Create DMT :   "SYSTOOLS"."DMT_4dbadc6218ce9"
```

```
db2move finished successfully

Files generated:
------------------
COPYSCHEMA.20110429234219.msg

Please delete these files when they are no longer needed.

[Re-enabling DB2DBDFT env variable to "LDE" on completion of utility.]
```

执行了这个例子的命令后，数据库 sample1 中凡是模式名字为 db2lde 的表将会被复制到目标数据库 sample2 中。其中，DDL_ONLY 选项表示只在目标数据库 sample2 建立表而不导入数据。当然还可以用 LOAD_ONLY 和 DDL_AND_LOAD，其中，LOAD_ONLY 表示只导入数据，DDL_AND_LOAD 表示建表并导入数据。

如果需要改变表所在的表空间，可以加入如下 TABLESPACE_MAP 选项：这样原来在 TS1 表空间的表在复制时被放到 TS2 表空间，原来在 TS2 表空间的表被放到 TS3 表空间，SYS_ANY 表示，其他表空间由数据库选择映射关系。

```
TABLESPACE_MAP ((TS1,TS2),(TS2,TS3),SYS_ANY)
```

除了原封不动的搬运，还可以在导入过程中进行模式映射。通过在 db2move 命令中使用 SCHEMA_MAP 选项在下例中将模式 source_schema1 映射为 target_schema1，source_schema2 映射为 target_schema2。

```
SCHEMA_MAP ((source_schema1,target_schema1),(source_schema2,target_schema2))
```

通过上面的学习，已经掌握了 db2move 的基本用法，但是在实战中，还需要设置正确的系统参数和数据库参数，下面就是由于系统参数没有正确设置导致命令执行失败的一个案例。

客户使用的 Db2 数据库运行在 HP-UX 平台，使用 db2move mydb load -lo replace 命令，进行数据库迁移。实验了很多次，当迁移了 10%左右的表时候，就会出错，检查 db2diag log，出现下面的错误。

```
2012-11-27-22.03.59.040863+480 E4604733A800       LEVEL: Error (OS)
PID     : 11563                TID  : 11          PROC : db2sysc 0
INSTANCE: db2inst1              NODE : 000         DB   : NCXH
APPHDL  : 0-68                  APPID: *LOCAL.db2inst1.121127135620
AUTHID  : DB2INST1
EDUID   : 11                   EDUNAME: db2agent (NCXH) 0
FUNCTION: DB2 UDB, oper system services, sqlowqueInternal, probe:40
MESSAGE : ZRC=0x870F0041=-2029060031=SQLO_QUE_NOT_SENT "Message Not Sent"
          DIA8557C No message was sent using the message queue.
CALLED  : OS, -, msgsnd
OSERR   : EAGAIN (11) "Resource temporarily unavailable"
DATA #1 : system V message queue identifier., PD_TYPE_SYSV_QUEUE_ID, 4 bytes
0x06C0004B
DATA #2 : Pointer, 8 bytes
0x9fffffffebfea670
DATA #3 : unsigned integer, 8 bytes
```

通过分析错误日志，可以看出是由于系统消息队列参数值过小，使用 db2osconf，对 HP-UX 内核参数进行推荐，但是给出有关消息队列的推荐值明显偏小，msgmnb、msgtql 和 msgmni 明显偏小，无法满足需要。

```
******************* System Resources ***********************
Physical RAM ==> 137259171840
Number of CPUS ==> 16
System Scale Factor ==> 8192.00

* Recommended HP-UX Kernel Parameters Based on this System *

nproc ==> 8208
maxuprc ==> 2736
max_thread_proc ==> 32767
maxfiles ==> 4096
maxfiles_lim ==> 65535
nflocks ==> 16384
ninode ==> 11469
msgmnb ==> 65535
msgtql ==> 6554
msgmni ==> 6554
semmns ==> 16385
semmni ==> 8192
semmnu ==> 8192
shmmax ==> 123533254656
shmmni ==> 8192
maxdsiz_64bit ==> 1900000000
```

通过手工增大消息队列参数，将这三个参数值设置为：

```
    msgmnb (max # of bytes on a message queue, i.e max-msg-qbytes in Solaris 10+)
= 2097152
    msgmni (max # of message queues, i.e max-msg-ids in Solaris 10+) = 32767
    msgtql (max # of message on all message queues, i.e max-msg-messages in Solaris
10+) = 262144
```

重新运行 db2move mydb load -lo replace，成功加载数据。

7.4.5 特殊对象的移动——序列和 IDENTITY 字段

众所周知，细节决定成败。本节中就来学习如何处理 Db2 数据移动过程中的两种特殊对象。

1. 序列

序列（SEQUENCE）也是 Db2 中一类特殊的对象，它与 IDENTITY 字段有些类似，都可以自动生成顺序值，但序列是全局的，并不依赖于某个表的字段，因此可以实现全局范围内的顺序值生成。正因为这个值是全局的，在数据移动时对这个特殊对象更要十分注意。

例如，在一个测试库中有一个序列 myseq，现在使用 db2move 命令将其移动到位于不同机器的数据库中，看起来一切正常。但是运行一段时间后才发现序列的号码出现了错误，这是怎么导致的呢？

在了解真相前，来看一个序列的定义：

```
CREATE SEQUENCE myseq AS BIGINT
      MINVALUE 1 MAXVALUE 65535
      START WITH 1 INCREMENT BY 1
      CACHE 256
      NO CYCLE
```

上面定义的序列 myseq 从 1 开始，每次递增加 1，其最小值为 1，最大值为 65535，CACHE 256 代表序列每次生成 256 个值缓存在内存里，NO CYCLE 表示当序列生成到最大值以后不会循环复用以前的值了，从而保证了唯一性。

注意：序列缓存大小的建议值

CACHE 用于设置序列缓存大小，如果设置偏小将造成 Latch 争抢从而影响交易性能；通常来说，取序列频度越高，那么序列缓存值就应设置越大，建议设置为 256 以上。

从序列的定义可以看出，序列是一个全局的对象，并不针对某个表，它会在内部保存当前序列的状态，一旦序列删除后重建，原来的状态就不复存在了。这也回答了之前提到的 db2move 后序列号码有错的问题：在进行数据移动过程中，序列只能在新数据库里重建，这样它的值又从起始值开始。

因此，在进行数据移动的时候，一定不要忘记根据源数据库的序列状态对新数据库中的序列状态进行更新。例如，序列 myseq 在源数据库中的下一个生成值是 40，那么可以在目标数据库发出如下命令。

```
ALTER SEQUENCE myseq RESTART WITH 40
```

执行了上述语句后，当在目标数据库中再次使用序列值的时候就可以看到当前序列从 40 开始了。

```
db2 values next value for myseq
1
--------------------
                  40
1 record(s) selected.
```

2. IDENTITY 字段

在一个测试库中，使用 db2move 命令把所有表移动到另一个数据库过程中，发现大部分表数据能恢复，但有些却无法恢复并且提示 SQL3550W 错误。这是怎么回事呢？

在做数据移动的时候一定要记住，在 Db2 的表中有一种特殊字段，该字段的值是由系统分配的，这类特殊的字段叫 IDENTITY 字段。

```
create table MYTBL (c1 int,
                    c2 int generated always by identity,
                    c3 char(10))
```

在上面的定义中，可以看到表 MYTBL 中有一列 C2，它的值是在插入时由 IDENTITY 自动生成的，而 GENERATED ALWAYS 表明该字段只能由系统生成，不能由用户指定。对于整型的列，默认情况下 IDENTITY 的值从 1 开始每次加 1，当然也可以进一步定制 IDENTITY 的细节，规定它的初始值和递增值等详细信息。

7.4.6 案例分享——迁移带有 IDENTITY 字段的表

IDENTITY 的具体使用并不是本节的重点，在这一节主要关注如何在数据移动时对这些特殊对象进行处理。先来看看如何向表 MYTBL 插入数据。

```
[db2inst1@db2 ~]$db2 insert into mytbl (c1, c3) values (1,'col1')
DB20000I  The SQL command completed successfully.

[db2inst1@db2 ~]$db2 insert into mytbl (c1, c3) values (2,'col2')
DB20000I  The SQL command completed successfully.

[db2inst1@db2 ~]$db2 select * from mytbl

C1          C2          C3
----------- ----------- ------------
          1           1 col1
          2           2 col2

  2 record(s) selected.
```

在上面的例子中，向表里插入了两行数据，在插入的时候并没有指定 C2 列的值，在插入之后可以看到表里 C2 列的值是自动生成的，从 1 开始每次加 1。

如果在插入时指定 C2 列的值会是什么结果呢？请看如下例子。

```
[db2inst1@db2 ~]$db2 insert into mytbl (c1, c2, c3) values (2,8,'col2')
DB21034E  The command was processed as an SQL statement because it was not a
valid Command Line Processor command.  During SQL processing it returned:
SQL0798N  A value cannot be specified for column "C2", which is defined as
GENERATED ALWAYS.  SQLSTATE=428C9
```

在上面的插入语句中，指定了 C2 列的值，在执行语句中会提示因为 C2 是指定了 GENERATED ALWAYS 选项的 IDENTITY 列，因此插入被拒绝了。如果在定义 IDENTITY 列时使用的是 GENERATED BY DEFAULT 选项，则允许插入时指定 C2 列的值。

既然插入受到 IDENTITY 列限制，对于导入来说也会受到同样的限制，特别是指定了 GENERATED ALWAYS 选项的 IDENTITY 列。接下来分别看看在进行 load 导入时如何处理带有 GENERATED ALWAYS 选项的 IDENTITY 列。

在使用 load 导入时可以结合 identityoverride 选项进行导入，例如：

```
db2 "load from myfile.del of del modified by identityoverride insert into mytbl"
SQL3551W  The table contains at least one GENERATED ALWAYS column that the
utility will override.
```

```
SQL3109N  The utility is beginning to load data from file "myfile.del".

SQL3500W  The utility is beginning the "LOAD" phase at time "2011-12-13
15:52:14.635686".

SQL3519W  Begin Load Consistency Point. Input record count = "0".

SQL3520W  Load Consistency Point was successful.

SQL3110N  The utility has completed processing.  "2" rows were read from the
input file.

SQL3519W  Begin Load Consistency Point. Input record count = "2".

SQL3520W  Load Consistency Point was successful.

SQL3515W  The utility has finished the "LOAD" phase at time "2011-12-13
15:52:15.160134".


Number of rows read         = 2
Number of rows skipped      = 0
Number of rows loaded       = 2
Number of rows rejected     = 0
Number of rows deleted      = 0
Number of rows committed    = 2


[db2inst1@db2 ~]$db2 select * from mytbl

C1          C2          C3
----------- ----------- ----------
          1           1 col1
          2           2 col2

  2 record(s) selected.
```

在上面的例子中，C2 列的值是在导入时由导入文件指定的而不是自动生成的，identityoverride 还有一个作用是拒绝那些在导入文件中没有提供 IDENTITY 列值的行。关于上面提到的 3 个文件修饰符的具体含义，如表 7-2 所示。

表 7-2 导入 IDENTITY 字段时所采用的文件修饰符

文件修饰符	支持 import	支持 load	描　述
identityignore	是	是	忽略输入文件中任何标识列的值，并为每一行生成一个新的标识值
identitymissing	是	是	输入文件中不包含任何目标表中标识列的值
identityoverride	否	是	在将数据导入到目标表中时，指定使用输入文件中标识列的值

这样数据不一致的问题就迎刃而解了。

另外，使用 load，由于目标数据库的表总是新建的，如果想保证 IDENTITY 字段值能够连续，需要在目标数据库中手动更新目标表 IDENTITY 字段的值。例如，通过 ALTER COLUMN 语句把 C2 列的起始值改成了 3，从而保证了目标数据库与源数据库的数值连续性。

```
ALTER TABLE mytbl ALTER COLUMN C2 RESTART WITH 3
```

7.5 海量数据移动工具 load

如果说 import 是导入数据的常规武器，那么 load 就是导入数据的核武器，对于 OLAP 系统，面对 TB 级的数据时，import 就很难满足性能的需求，这个时候 load 就能大显身手了。

7.5.1 load——导入大数据的核武器

load 导入与 import 不同，它并不是通过 SQL 语句 INSERT 进行导入，而是把导入数据以数据页的形式直接存入数据库中。这就意味着摆脱了 SQL 语句的束缚，以一种物理方式把数据放入数据库中，并且在导入过程中不记录日志或者只记录少量的日志，特别适合大数据量导入。如图 7-1 所示，load 在导入过程中只进行唯一性检查和非法值检查，不会进行完整性检查，不会调用触发器，这些逻辑层面的约束检查需要在导入之后手动执行 SET INTEGRITY 命令进行，因此对于存在约束定义的表，在导入后别忘了还需要约束检查这一步。

load 导入的流程如图 7-1 所示。

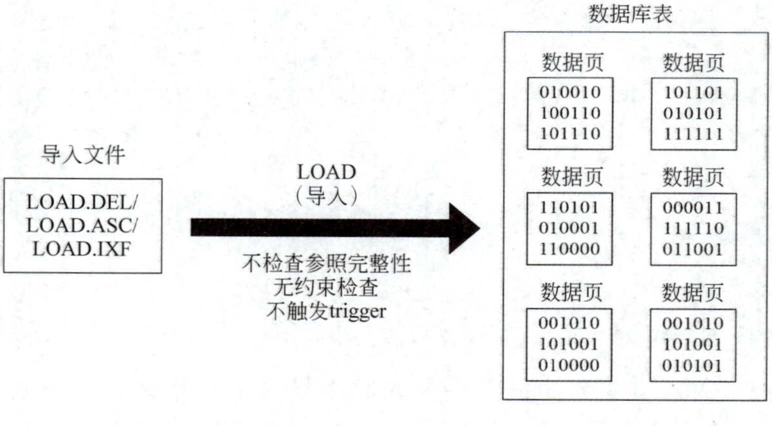

图 7-1　load 导入示意图

load 支持的数据格式包括 DEL、ASC、PC/IXF 和 CURSOR，其中，CURSOR 只能用在 load 而不能用在 import，7.5.2 节将具体介绍 LOAD FROM CURSOR。

1. 使用 load 命令导入数据

下面先通过一个例子来学习一下如何用 load 命令进行导入。继续使用 import 中用到的导入文件 employee.del，只是这次改用 load，操作结果如下。

```
=>db2 "LOAD FROM employee.del OF DEL MODIFIED BY codepage=1386 dateformat=
```

```
\"YYYYMMDD\" DUMPFILE=c:\load\emp.dmp METHOD P (1, 2, 11, 12) MESSAGES msg.out
    TEMPFILES PATH c:\load INSERT INTO myemployee (EMPNO, FIRSTNME, BIRTHDATE,
SALARY)
    FOR EXCEPTION empexp NONRECOVERABLE INDEXING MODE REBUILD ALLOW NO ACCESS"

    Number of rows read         = 42
    Number of rows skipped      = 0
    Number of rows loaded       = 42
    Number of rows rejected     = 0
    Number of rows deleted      = 0
    Number of rows committed    = 42
```

上面例子中大部分选项和import导入是一样的。需要注意的是，在load导入中可以指定DUMPFILE，DUMPFILE用来存放在导入过程中的无效数据行。由于在导入过程中还会产生违例，违例表由选项FOR EXCEPTION决定，它是用户定义的表，用来存放违反唯一性约束的行。其表结构包括所有目标表的列、一个记录该行插入时间的时间戳列和一个存放违例原因的CLOB列。上例中违例表为empexp，是在load之前事先建立好的。建立过程如下。

```
=>db2 "CREATE TABLE empexp AS (SELECT myemployee.*, CURRENT TIMESTAMP AS
TIMESTAMP, cast ('' AS CLOB (32K)) AS MSG FROM myemployee) WITH NO DATA"
DB20000I  The SQL command completed successfully.
```

另外，在上面的load实例中还使用了一些在import中没有见过的选项，接下来就深入研究一下load的几个重要选项，从而使读者对load有一个更全面的认识。

1）load支持的加载方式

load的加载模式和import类似。

INSERT：直接插入数据而不影响原有的数据。

REPLACE：删除掉所有现有数据，然后导入新的数据，这个选项还要求对相关的表有DELETE特权。

TERMINATE：当load操作出现异常时，可以用load…terminate操作来终止load操作，并且系统会自动将被导入的表回滚至导入前的状态。

RESTART：用来重启被终止的load操作。将从最后一个一致点（导入成功的点）开始，继续未完成的操作。为了获取最后一个一致点，load会读取之前生成的各种文件，了解之前的导入进度和状态。用户可以通过TEMPFILES PATH指定临时文件存放位置，如果在load命令中不进行指定，load会自动创建并保存在当前目录中。在导入成功后，这些临时文件会自动被删除。

2）load支持的索引模式

很多读者对load导入过程中索引的使用有误区，其实这可以通过INDEXING MODE来指定导入过程中如何处置索引，支持的模式如下。

REBUILD模式：重建所有索引。

INCREMENTAL模式：在导入的同时对现有索引进行增量维护而不是重建。

AUTOSELECT模式：由load依据索引的深度来自动选择是采用REBUILD还是INCREMENTAL方式。

DEFERRED模式：在load过程中把涉及的索引标记成需要重建，一般在数据库重新激活后或者第一次使用时再真正进行重建。

3）load 支持的并发机制

在 load 过程中，会涉及表的并发访问问题。load 支持 ALLOW NO ACCESS 和 READ ACCESS ONLY 两种方式。

（1）ALLOW NO ACCESS 选项：默认情况下，load 使用该选项，在导入过程中对表加互斥锁（X）。

（2）READ ACCESS ONLY 选项：使用该选项，在导入过程中对表加共享锁（S），对于已经存在的数据是可读的，但是新导入的数据必须在导入结束以后才可以访问。

另外，关于 LOCK WITH FORCE：如果某个应用和 load 发生锁冲突而使 load 处于等待状态的话，load 必须要等待应用释放掉需要的锁，如果使用 LOCK WITH FORCE 选项，load 会强制其他应用释放所需要的锁，这有点像 force applications。

4）load 对数据可恢复性的影响

在生产系统中为了保证数据库的可恢复性，将数据库置于归档模式是更加安全的方式。但是，用 load 导入数据时不记录日志，虽然这样会对导入速度有好处，不过这也会产生问题，如果需要前滚恢复怎么办？数据库不可恢复怎么办？为了解决这个问题，在 load 中可以指定一些选项来保证数据库的可恢复性。

load 中有关可恢复性的选项有如下几种。

COPY NO：这是默认选项，使用这个选项会导致表空间处于 BACKUP PENDING 状态（待备份状态），导入结束以后需要对表空间进行一次备份。相当于需要通过人为手段来保证数据库的可恢复性。

COPY YES：建立一个导入数据的备份介质。在前滚恢复阶段，会用这个备份介质恢复 load 导入的数据，相当于自动保证数据库的可恢复性。

NONRECOVERABLE：表明此表是不能进行前滚恢复的，如果进行前滚恢复，此表会进入 Unavailable 状态。

2. 你所要知道的 load 的 4 个阶段

如果要用好 load，就需要了解 load 的内部机制，首先应该了解 load 过程中的不同阶段。load 过程包含装载、构建、删除和索引复制 4 个阶段，这 4 个阶段是按顺序发生的，在一个阶段结束后才进入下一个阶段。load 的过程如图 7-2 所示。

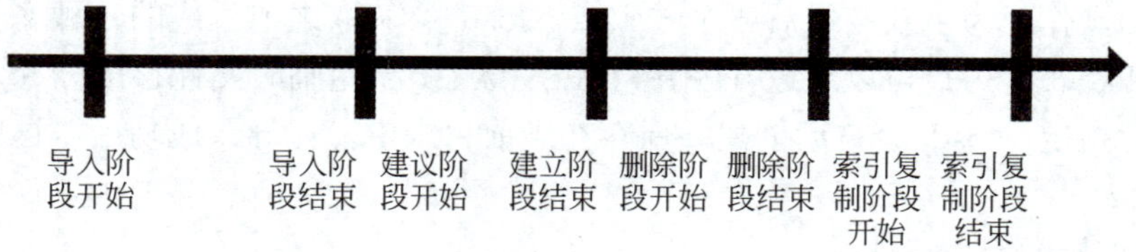

图 7-2　load 阶段示意图

1）导入阶段

在此阶段完成数据的导入，并收集表和索引的统计信息。SAVECOUNT 选项决定导入多少行会建立一个一致检查点，导入的消息被记录到 MESSAGE 文件中。如果导入中断后重新开始，load 会从最近一次一致检查点开始导入。如果存在非法的行，比如违反非空约束的行或者格式完全不对的行，则该行会被记录到 DUMPFILE 中。

2）建立阶段

如果导入表有索引的话，根据 INDEXING MODE 的设定建立相应索引。如果在 load 中指定了 STATISTICS USE PROFILE，则会收集索引的统计信息。

3）删除阶段

有人会问，不是导入数据了么？为什么还要再来个删除阶段呢？要知道，由于 load 操作在导入效率上实属"批量"的 import 操作，速度很快，也就难免导入的数据中"鱼龙混杂"。这个删除阶段，就是要把违反唯一性约束或主键约束的行（比如导入员工信息，出现两个人的身份证号码是一样的）从表中删除，并放到违例表（Exception Table）中。如果未指定违例表，则违例行被直接删除，并且不留下任何追踪记录。

在 load 失败时，可以通过 MESSAGE 文件调查导入时被拒绝的原因，并且对违例表中的行进行相应修改，然后用 INSERT 语句重新把违例表中的行插入到目标表中。

如果 load 在删除阶段失败，可以使用 RESTART 选项重新 load。另外，在删除阶段是记录日志的，因此如果有大量的违例行，可能会有日志空间满的风险。

4）索引复制阶段

如果指定了 ALLOW READ ACCESS 并且在 load 中使用了系统临时表空间，则在这个阶段会将索引从系统临时表空间复制到原表空间。在复制阶段，目标表会被设定为离线状态，不能访问。

3. 你所要知道的 load 过程中表的状态以及应对方法

在 load 过程中，涉及的表会处于各种状态，通过这些状态对数据的访问进行限制和完整性保护。这样，当 load 出现问题时，就能知道发生了什么，并且知道如何把表恢复到可用状态。

如何查询单张表的状态呢？其实很容易，只需要执行 load query 就可以完成，其中 table_name 是目标表名。

```
LOAD QUERY TABLE table_name
```

利用 load query 可以方便检查某几张表状态，但在实际生产运维中，还需要一键获取整个数据库中所有表状态，可以采用下面的命令把全库中凡是处于 PENDING 状态的表全部列出。

```
    db2 "select distinct varchar(trim(T.owner),50) || '.' || varchar(trim
(T.tabname),50) as name,A.load_status from syscat.tables T, sysibmadm.
admintabinfo A where T.tabname=A.tabname and A.load_status='PENDING'"
    NAMELOAD_STATUS
    ------------------------------------------------------------------------
    BANK.EMPLOYEEPENDING
    BANK.CUSTOMERPENDING
    ...
```

下面就来介绍一下 load 的各种状态。

（1）Normal：正常状态，一般新建的表都是这种状态。

（2）Load in Progress：当表正在进行 load 时，会处于这个状态。

（3）Load Pending：当表在 load 过程中发生意外中断，表会处于这个状态，意即表被挂起了，需要使用 load restart、load terminate 或者 load replace 命令来解除这种状态。

（4）Read Access Only：如果使用 load 时指定了 ALLOW READ ACCESS（只读），表的状态信息会包括 Read Access Only。

（5）Unavailable：如果在 load 过程中使用了 NONRECOVERABLE 选项，当使用 load 之前的某个时间点的数据库备份进行数据库恢复时，如果前滚到这个 load 操作结束后的某个时间点，表便被置于 Unavailable 状态，是不可以访问的。在这种情况下，要访问这个表的数据，只能重新使用数据库备份进行恢复且只能前滚到 load 操作之前的某个时间点。

（6）Not Load Restartable：表处于一种不完整导入状态，不允许使用 load restart 继续执行，只能通过 load terminate 或者 load replace 来解除这种状态。一般有两种情况会导致表处于这种状态，一种是 load 失败，之后又前滚恢复到 load 之后的某个时刻；另一种是在表处于 Load in Progress 或者 Load Pending 时进行了在线备份。这两种情况都会导致 load restart 需要的相关状态信息不可靠，因此，Db2 使用 Not Load Restartable 状态来阻止 load restart。

（7）Unknown：表处于未知状态，load QUERY 无法获得表状态信息。当客户端版本与数据库服务器版本不同时才会出现这种状态。如果表正好处于这种不同的状态，则使用 load QUERY 会查询到 Unknown 状态。

（8）Set Integrity Pending：如果表上存在约束，如参照完整性约束，在使用 load 时表会处于这个状态，在 load 结束后必须通过执行 SET INTEGRITY（执行完整性检查）使表摆脱这种状态。

需要指出的是，表可能同时处于上述多种状态，例如，如果导入时使用了 ALLOW READ ACCESS 选项，通过 load query 查询时会发现表同时处于 Load in Progress 和 Read Access Only 状态，但 Read Access Only 只是一个从属状态，如果导入结束，Read Access Only 会自动消失。

load 之后如果需要解除一个或多个表的 Set Integrity Pending 状态，需要进行相应的手动操作。基本方法如下，其中，table-name 为目标表名。

```
SET INTEGRITY FOR table-name IMMEDIATE CHECKED INCREMENTAL
```

通过上面的命令可以由系统立刻进行某些类型的一致性检查，检查后 CONST_CHECKED 字段的各字节会从 N 变成 Y。如果检查过程中没有遇到任何违例，则表会摆脱 Set Integrity Pending 状态。如果检查过程中发现违例，则立刻报错中止（SQLSTATE 23514），表会继续保持在 Set Integrity Pending 状态。

当然，也可以使用 FOR EXCEPTION 选项来指定把违例行移动到违例表中。这里说的违例表（Exception Table）和在前面有关 load 选项中提到的违例表是一个概念，因此，可以复用在 load 中用过的违例表。例如，可以指定把 SALES 表中的违例行放到违例表 sales_exceptions 中，这样 SALES 表将摆脱 Set Integrity Pending 状态。

```
SET INTEGRITY FOR SALES IMMEDIATE CHECKED
    FOR EXCEPTION IN SALES USE sales_exceptions
```

如果想要跳过某些类型的自动约束检查，可以使用 IMMEDIATE UNCHECKED 选项。可以通过下面的命令跳过对表 SALES 的外键检查。执行完这个命令之后，CONST_CHECKED 字段的字节 1 会从 N 变成 U。

```
SET INTEGRITY FOR SALES FOREIGN KEY IMMEDIATE UNCHECKED
```

4. 多分区环境下的 load

与单分区环境相比，在多分区环境下，可以用几乎完全相同的命令来实现导入，但是两者之间还是存在比较大的差异。

在多分区环境下导入数据一般分为两个阶段，第一个阶段是建立阶段，这个阶段会获得导入需要的资源，如表的锁；第二个阶段是导入阶段，数据将被导入到相应分区的表中。

下面用一个例子来进行说明。

```
LOAD FROM LOAD.DEL of DEL REPLACE INTO SALES
```

上面这条语句看起来很简单，而且在单分区和多分区环境里的含义是一样的，都是把 LOAD.DEL 里面的数据导入到 SALES 里。不过，它隐藏了在多分区环境下导入数据的内部过程，我们就从这条语句入手，来了解一下在多分区环境下导入数据的特点。

在多分区环境下，SALES 中的数据可能分散在不同的数据库分区，分区键决定了表的每行数据应该放在哪个数据库分区。这个工作最开始由 pre-partitioning agent 进程负责，它把数据分配（这里基本上是均匀分配）给不同分区上的 partition agent，partition agent 负责把数据分发给各个分区的 load agent，load agent 负责把数据导入到相应的分区。这里面涉及不同分区间的通信，因此，在导入前要确保数据库管理器参数 svcename 和 DB2COMM 数据库环境变量设置正确。

各个 agent 之间的调用关系如图 7-3 所示。

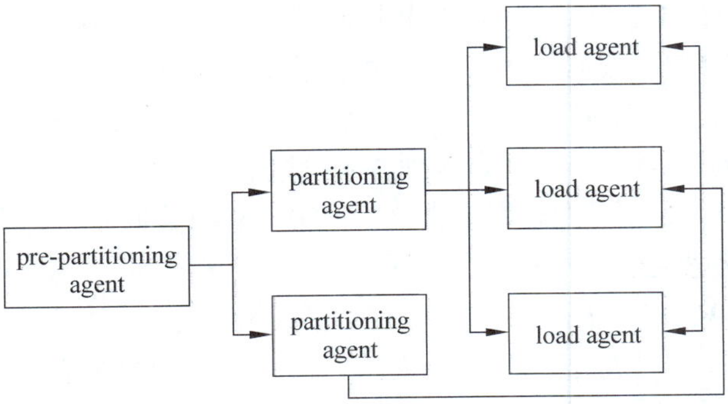

图 7-3　多分区环境下导入数据时所涉及的代理关系示意图

在上面向 SALES 表中导入数据的命令中省略了许多可选参数。实际上，在多分区环境下执行 load 时，可以使用 load 提供的参数 PARTITIONED DB CONFIG 来灵活控制，代码如下。

```
LOAD [CLIENT] FROM file OF {ASC | DEL | IXF | CURSOR}
…
{INSERT | REPLACE [{KEEPDICTIONARY | RESETDICTIONARY} | RESTART | TERMINATE}
INTO table-name [( insert-column [ {,insert-column} … ] )]
…
PARTITIONED DB CONFIG partitioned-db-option
PART_FILE_LOCATION x
OUTPUT_DBPARTNUMS x
PARTITIONING_DBPARTNUMS x
MODE x
MAX_NUM_PART_AGENTS x
```

```
ISOLATE_PART_ERRS x
STATUS_INTERVAL x
PORT_RANGE x
CHECK_TRUNCATION
MAP_FILE_INPUT x
MAP_FILE_OUTPUT x
TRACE x
NEWLINE
DISTFILE x
OMIT_HEADER
RUN_STAT_DBPARTNUM x
```

接下来看看 PARTITIONED DB CONFIG 提供的几个重要参数。

1）分区参数

OUTPUT_DBPARTNUMS：用来决定哪些分区参与到 load 过程中。在上面命令中没有显式指定，即隐含规定了包含 SALES 的所有分区都参与 load，需要注意的是 OUTPUT_DBPARTNUMS 只能设置为包含导入表的分区的子集。PARTITIONING_DBPARTNUMS：指定了哪些分区负责分布数据。上面命令中没有显式指定，则由 load 确定由多少分区以及在哪个分区上启用 partition agent 来负责分布数据。

2）mode 参数

它决定了导入的行为，主要包括以下取值。

PARTITION_AND_LOAD：数据被同时分布到各个分区并执行导入。

PARTITION_ONLY：数据被分布到各个分区，生成导入文件，但不执行导入。导入文件包括一个文件头，描述了数据是如何在各个分区分布的。当需要导入时，可以使用 LOAD_ONLY 选项把这些已经分布好的数据导入到各个分区。

LOAD_ONLY：如果已经通过 PARTITION_ONLY 把数据分布到了各个分区，这时可以用 LOAD_ONLY 选项把数据导入到各个分区中。

LOAD_ONLY_VERIFY_PART：如果数据已经被分布到了不同的数据库分区，数据在导入过程中，会对每行数据进行验证，如果出现了违反分区键的违例数据，这些数据被放到 dump 文件中，如果没有指定 dump 文件，这些数据被丢弃，这些信息会被记录到相应分区的 MESSAGE 文件里。

ANALYZE：用来生成最佳分布图（在所有数据库分区之间均匀地分布数据）。

如果像上面的命令那样执行导入，会默认使用 PARTITION_AND_LOAD 模式。

3）ISOLATE_PART_ERRS 参数

在执行 load 过程中可以指定 ISOLATE_PART_ERRS 选项来控制如何处理导入过程中的错误。ISOLATE_PART_ERRS 一般情况下默认值为 LOAD_ERRS_ONLY，如果使用了 load 命令的 ALLOW READ ACCESS 和 COPY YES 选项，ISOLATE_PART_ERRS 的默认值则为 NO_ISOLATION。

下面是 ISOLATE_PART_ERRS 的值和含义。

SETUP_ERRS_ONLY：如果在建立阶段出现错误，例如分区、表空间或表不可访问，只有出错分区停止执行，其他分区照常导入。如果在导入阶段出现错误，则整个 load 操作都将失败。

LOAD_ERRS_ONLY：如果在导入过程中某个分区失败，其他分区的导入会继续，但是导入的数据只有在执行 LOAD RESTART 成功之后才可见。在建立阶段出现的任何错误都会导致整个 load 失败。

SETUP_AND_LOAD_ERRS：无论在建立或者导入阶段出现错误，都只影响出错的分区，其他分区照常执行，但是导入的数据在全部成功导入之前是不可见的。这个选项只能用在 ALLOW READ ACCESS 和 COPY YES 被指定的情况下。

NO_ISOLATION：无论任何阶段的错误都会导致 load 全部中止。

介绍了这么多有关 PARTITIONED DB CONFIG 包含的选项，再来看一个在 load 命令中显式使用 PARTITIONED DB CONFIG 选项的例子。

```
LOAD FROM LOAD.DEL of DEL REPLACE INTO SALES
                          PARTITIONED DB CONFIG PARTITIONING_DBPARTNUMS (3,4)
```

在这个例子中，从分区 2 执行了上述命令，使用了 PARTITIONING_DBPARTNUMS 选项，它指定分区 3 和 4 各产生一个 partition agent 来负责分布数据到相应分区并进行导入。相关进程如图 7-4 所示。

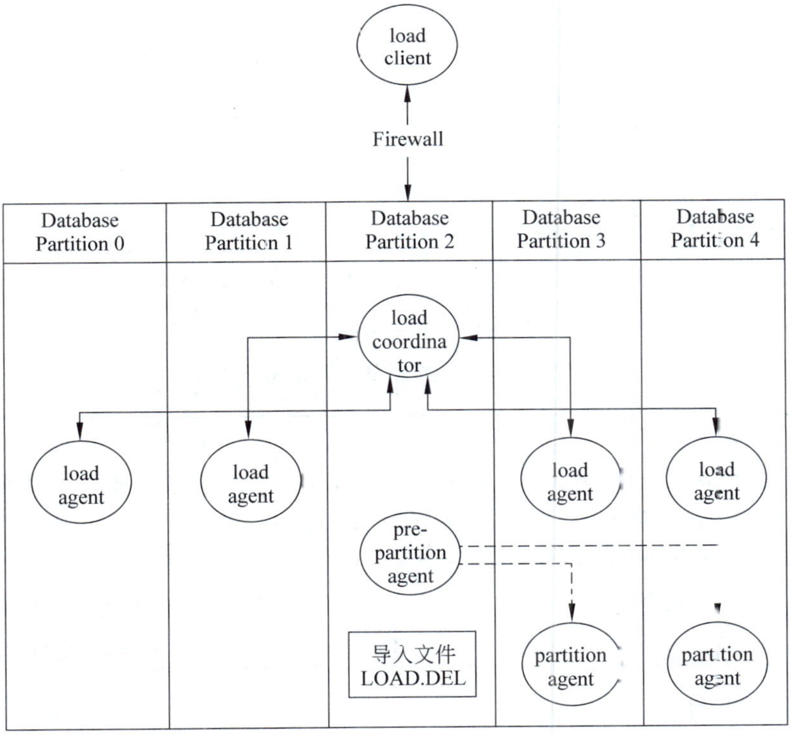

图 7-4　数据分发给 3 号和 4 号分区的代理来进行导入

接下来再来看一个只分布数据而不导入的例子，仍然从 2 号分区执行下面的命令。

```
LOAD FROM LOAD.DEL OF DEL REPLACE INTO SALES
                              PARTITIONED DB CONFIG MODE PARTITION_ONLY
                                              PART_FILE_LOCATION /db2/data
                                              OUTPUT_DBPARTNUMS (1,3)
```

在这个例子里指定了 MODE PARTITION_ONLY 选项，代表只分布数据不进行导入，OUTPUT_DBPARTNUMS（1,3）代表由分区 1 和分区 3 来负责导入（这里只是生成需要导入的数据），导入数据文件放置在由 PART_FILE_LOCATION 指定的/db2/data 路径下，文件名字由原来导入文件名字 LOAD.DEL 加上分区号，如/db2/data/LOAD.DEL.001。图 7-5 展示了上述过程。

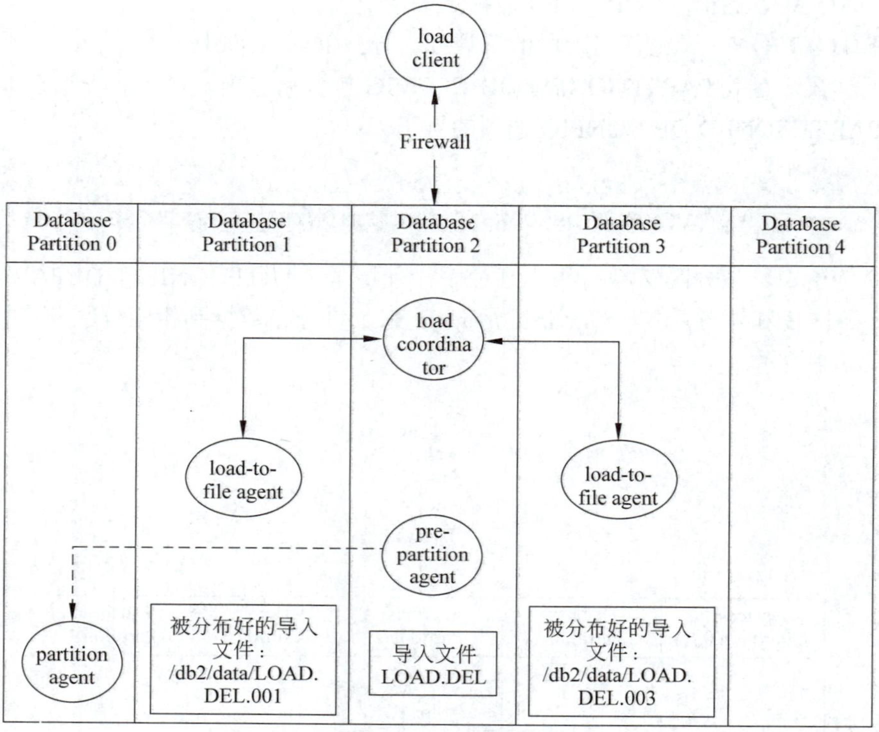

图 7-5 只分布数据到 1 号和 3 号分区

比较：单分区和多分区下 load 的区别

通过上面几个例子，可以了解在多分区环境下和单分区环境下数据导入的主要差别在于多分区环境下 load 需要有一个数据分布的过程。当然，也有一些相同点，例如完成分布后，每个分区上的导入操作和单分区数据库的导入是一样的，也是通过直接装入数据页的办法实现的。例如，在单分区上的一些命令选项在多分区环境下也适用，比如出错以后同样可以用 RESTART 选项重新执行 load，也可以用 load query 查询当前表的 load 状态。

5. load 最佳实践

load 一般用在需要导入大量数据的场合，由于其速度远比 import 快，但是不当的 load 提速操作会引起性能问题，可能会使初衷折回原点，甚至引起事故。

决定 load 操作的性能因素有多个，包括数据量、索引数量以及导入选项等。要提高 load 的速度，一般在 load 方法的性能相关参数上做文章。

1）单分区 load 优化建议

（1）大多数情况下，在 load 操作期间对现有索引进行增量维护（使用 INCREMENTAL 选项）而不是重建（使用 REBUILD 选项）更节省时间。

（2）如果表上定义了很多索引，增加 SORTHEAP 和 SHEAPTHRES_SHR 的大小，增加临时表空间使用的缓冲池大小，可提高索引建立速度。

（3）如果排序溢出过多，可考虑使用 INDEXING MODE DEFERRED 选项，以后再找机会分批重建索引。

（4）load 在 INSERT 方式和 REPLACE 方式下运行得一样好，但是如果使用了 REBUILD 选项，用 REPLACE 方式导入比用 INSERT 方式导入更快。

（5）增大实用程序堆（UTIL_HEAP_SZ）的大小，可以提升 load 的速度。由于 DATA BUFFER 代表 load 所需的缓存大小，这部分缓存是从实用程序堆（Utility Heap）里分配的，如果实用程序堆的尺寸大，那么 DATA BUFFER 就能获得足够的内存资源。

（6）调整 DISK_PARALLELISM 和 CPU_PARALLELISM 的设置，可以提升 load 的并行处理能力。DISK_PARALLELISM 代表处理 I/O 的进程数量，CPU_PARALLELISM 代表处理格式化和解析等任务的进程数量。如果不指定这些值，load 将尝试选择一个最优组合。

（7）增大 SAVECOUNT 的值。如果 SAVECOUNT 比较小，会导致数据经常回写磁盘，产生大量 I/O。一般来说，最好还是把 SAVECOUNT 设得大一点，毕竟使用 load 不用像使用 import 一样担心日志空间满的问题。

（8）使用 FASTPARSE 可以提高 load 速度。使用 FASTPARSE 文件类型修饰符来减少对导入数据的合法性检查，通常性能可以提高 10%～20%。但使用此选项，必须人为保证导入数据的合法性（只能针对 DEL 文件）。

2）多分区 load 优化建议

在多分区环境下，执行 load 虽然和在单分区环境下执行有很多相似点，但是在分布数据方面存在着比较大的差异。为了方便广大读者，在这里分享一下多分区环境下使用 load 操作的最佳实践。

（1）在使用 load 导入大批量数据之前，首先用少量数据进行测试，确保 load 的各种选项设置正确。

（2）如果想按导入文件中的顺序导入就只能指定一个分区作为分布数据的分区，因为并行分布会给导入顺序带来不确定性。在默认情况下，如果不指定 anyorder，load 只选择一个分区作为分布数据的分区。

（3）如果需要导入 LOB 数据，那么要确保存放 LOB 数据的路径对于所有参与导入的数据库分区都是可见的。

（4）可以将 ISOLATE_PART_ERRS 设置成 SETUP_AND_LOAD_ERRS 或者 SETUP_ERRS_ONLY 来防止某些意外错误中止整个 load 导入过程，从而让没有出错的分区继续执行。

（5）尽量让 PARTITIONING_DBPARTNUMS 指定的分区和 OUTPUT_DBPARTNUMS 指定的分区无交集，这样可以把分布数据和导入数据的任务分配在不同的分区上。同时，应该选择在既没有分布工作，也没有导入工作存在的分区上执行 load 命令，从而减少 CPU 的使用冲突以获得更好的导入性能。

（6）多分区的统计信息收集只在一个分区进行，其他分区是假设数据分布均匀的前提下预测出来的。在 load 过程中可以设定 RUN_STAT_DBPARTNUM 来决定在哪个分区上收集统计信息。

（7）尽量使用 MESSAGES 选项保留分布和导入时产生的消息文件，便于在 load 结束后用于问题追踪。

7.5.2 LOAD FROM CURSOR 轻松移动数据

在数据量很大的情况下，使用 export 实用程序生成数据交换文件常常要花费很长时间。另外，在把数据导出和导入数据库时，必须考虑不同的数据库编码页。

可以使用 LOAD FROM CURSOR 命令避免这些问题。当指定 FROM CURSOR 选项时，load 直接把一个 SQL 查询的结果集作为数据装载操作的来源，这样就不需要生成临时数据交换文件。

可以在命令行上执行 LOAD FROM CURSOR，也可以通过使用 Db2 的 ADMIN_CMD 存储过程在应用程序或存储过程中执行它。例如，下面的 LOAD FROM CURSOR 命令把 SALES 表中的所有行复制到 SALES_TMP 表中，其中，load_sales_tmp.msg 为消息文件。

```
=>DECLARE C1 CURSOR FOR SELECT * FROM FECHNER.SALES
DB20000I  The SQL command completed successfully.

=>LOAD FROM C1 OF CURSOR MESSAGES load_sales_tmp.msg INSERT INTO
FECHNER.SALES_TMP NONRECOVERABLE

Number of rows read          = 41
Number of rows skipped       = 0
Number of rows loaded        = 41
Number of rows rejected      = 0
Number of rows deleted       = 0
Number of rows committed     = 41
```

7.5.3 案例分享——load 失败导致数据库目录文件系统满

某商业银行监管报送系统在将数据从表 BANK_ACCT_SOURCE 迁移到 BANK_ACCT_TARGET 时，需要迁移的数据量为 5000 万条，迁移期间出现大量 SQL3227W 报错，并将数据库目录所在的/dbpath 文件系统塞满，从而导致数据迁移失败。下面是具体的诊断分析步骤。

1. 调查迁移所使用的命令

```
db2 "DECLARE bank_cursor CURSOR FOR select * from CERR.BANK_ACCT_SOURCE"
db2 "load from bank_cursor of cursor replace into CERR.BANK_ACCT_TARGET"
```

2. 查询目标表状态

如下所示，通过 load query 命令查询目标表 BANK_ACCT_TARGET 状态，发现为 Load Pending 状态，这说明 load 在执行时遇到异常被中断。

```
db2 load query table CERR.BANK_ACCT_TARGET;
Tablestate:
Load Pending
```

3. 确认原因

对源表 CERR.BANK_ACCT_SOURCE 和目标表 CERR.BANK_ACCT_TARGET 的表结构进行分析，发现源表比目标表多一个字段，导致使用 load 命令进行数据迁移时出现大量

SQL3227W 提示性报错。由于有数千万条数据要迁移，这样每行数据都会产生一条报错，大量的错误信息默认将输入到数据库目录所在的/dbpath 文件系统（大小为 3GB），最终将/dbpath 文件系统塞满。

4. 解决方案

使用下面的命令解除目标表 CERR.BANK_ACCT_TARGET 的 Load Pending 状态。

```
db2 "load from bank_cursor of cursor terminate into CERR.BANK_ACCT_TARGET"
```

5. 后续建议

首先，由于源表比目标表多一个字段，可以考虑将目标表增加该字段，这样源表和目标表结构将完全一致，在数据迁移时将不会再有 SQL3227W 提示性报错。

最后，为了避免将来遇到类似问题，可以使用 TEMPFILES PATH 参数指定具有足够空间的目录，避免将数据库目录所在的文件系统塞满。下面的命令，使用 TEMPFILES PATH 参数指向了/dbtmp 目录。

```
db2 "load from bank_cursor of cursor TEMPFILES PATH /dbtmp replace into
CERR.BANK_ACCT_TARGET"
```

7.5.4 案例分享——load 性能问题诊断

某银行理财系统数据库管理员使用 load 命令向一张业务表装载 10 万条记录，需要 10min 以上。这样的 load 操作应该在 30s 以内就应该完成，为什么花了 10min 呢？接下来给出诊断过程。

1. 分析问题

在这 10min 的时间里，使用以下命令收集如下信息 3 次。

```
=>db2 list utilities show detail
...
Progress Monitoring:
   Phase Number                = 1
     Description               = SETUP
     Total Work                = 0 bytes
     Completed Work            = 0 bytes
     Start Time                =

   ...
```

在这 10 min 的时间里，没有看到其他任务（如 backup、其他 load）在执行，只有这一个 load 任务在执行。load 过程要经历 4 个阶段（不一定每一个 load 操作都要经历 4 个阶段，根据表的索引有无和 load 的参数决定），这个案例里面，大部分时间都 hang 在第一阶段。

使用下述命令收集数据库运行 SQL 语句发现，此时也并没有复杂 SQL 语句干扰此 load 操作执行。

```
=>db2pd -db fxcdb -activestatements
```

但是去查看 db2diag.log 发现，从 load 开始到 load 结束总共只用了不到 2s 的时间。

```
2019-12-03-10.33.23.385681+340 I395449A370          LEVEL: Warning
PID     : 13164378              TID  : 63997        PROC : db2sysc 0
INSTANCE: db2inst1              NODE : 000          DB   : FXCDB
APPHDL  : 0-36971              APPID: *LOCAL.db2inst1.135318132748
AUTHID  : DB2INST1
EDUID   : 63997        EDUNAME: db2agent (FXCDB) 0
FUNCTION: DB2 UDB, database utilities, sqluvtld_route_in, probe:839
DATA #1 : <preformatted>
Starting LOAD operation (S) (3) (R).

...

2019-12-03-10.33.25.114363+380 I576115A345          LEVEL: Warning
PID     : 13164378              TID  : 81347        PROC : db2sysc 0
INSTANCE: db2inst1              NODE : 000          DB   : FXCDB
APPHDL  : 0-36971              APPID: *LOCAL.db2inst1.135318132748
AUTHID  : DB2INST1
EDUID   : 81347        EDUNAME: db2lrid 0
FUNCTION: DB2 UDB, database utilities, sqlulPrintPhaseMsg, probe:314
DATA #1 : String, 104 bytes
LOADID: 63997.2019-12-03-10.33.23.385523.0
Completed LOAD phase at 12/03/2019 10:33:25.114138.
```

2. **确认性能问题根源**

那么剩下的10min时间在做什么？具体夯住(hang)在哪个函数？于是收集 db2fodc -hang full 信息，重点关注 stack 信息：发现 stack 显示它正在写历史文件。

```
<StackTrace>
-------Frame------ ------Function + Offset------
0x0400000000027E58 lseek64 + 0x20
0x040000000C5A62B3 lseek64@glue7B0 + 0x98
0x040000000ABC3A4C sqloseek + 0x128
0x040000000D0028C0
sqluhReadEntry__F12SQLO_FHANDLEP11SQLUH_ENTRYP14SQLUH_WORKAREAPcN34PUiC1
9SQLUH_ENTRY_VERSION + 0x154
0x040000000D0016BC sqluhUpdate + 0xCCC
0x040000000CC12BC
sqluCommitLoadEntryInHistoryFile__FP8sqeAgentP17SQLU_LOAD_HF_INFO +
0x04Ax040000000CC238B0
sqlu_process_pending_operation__FP8sqeAgentiPcP9SQLP_LSN8P12SQLP_PENLISTPU
iP15SQLD_RECOV_INFO + 0x1024
0x040000000CC7CCB0 sqlptppl__FP8sqeAgent + 0x490
0x040000000CC7BCA0 sqlptppl__FP8sqeAgent@glue15F6 + 0x74
0x040000000A234274 sqlpxcm1__FP8sqeAgentP15SQLXA_CALL_INFOi + 0x224
0x040000000E6578A4 sqlrrcom_dps__FP8sqlrr_cbiT2P15SQLXA_CALL_INFO +
...
0x040000000E4B67C8 RunEDU__8sqeAgentFv + 0x298
0x040000000E4B1248 EDUDriver__9sqzEDUObjFv + 0xE4
0x040000000E4B1BCA sqloEDUEntry + 0x260
```

```
</StackTrace>
```

从上面加粗的函数名称 sqluCommitLoadEntryInHistoryFile 来看，此时 load 操作在读写一个历史文件，此时就夯住（hang）在这里了。

实际上，Db2 数据库进行备份、恢复以及 load 等操作时，都要在 db2rhist.asc 这个历史文件中记录相关信息，这些信息在进行恢复操作时将起到至关重要的作用。Db2 进行频繁的备份、归档、load 操作，随着时间的流失，db2rhist.asc 文件会自然增大。该文件非常重要，为了防止该文件损坏，Db2 还同时生成了一个 db2rhist.bak 文件作为该文件的备份。

3. **优化方案**

每一个备份、恢复以及 load 操作发生时，都要读取 db2rhist.asc 文件，当此文件过大时，打开和读写操作都会变慢。检查这个案例的 db2rhist.asc 文件，发现其大小竟然有 638MB！

找到了问题根源后，解决办法就相对容易了。使用 db2 prune history 命令清除指定时间戳之前的所有条目，这样 db2rhist.asc 文件就大幅缩小，再次发起 load 操作，耗费时间从 10 min 减少到了 20 s。

最后，Db2 数据库有 REC_HIS_RETENTN 配置参数，此参数用以指定应保留的历史信息天数。建议将此参数值设置为一个较小的数，这里将其优化设置为 60 天（默认为 366 天），这样使得 db2rhist.asc 文件大小控制在 60 天产生的历史信息以内。

7.6 移形换位工具——db2relocatedb

Db2 数据库有大量的内部元数据，这些数据描述了用户数据存放位置、用户数据属于谁、以及如何引用它们。元数据总是被 Db2 隐藏在“幕后”，用户和 DBA 都不会直接接触它。

例如，DBA 需要修改数据库的名称，通常可以使用 Db2 的备份和恢复命令来完成。先备份数据库，然后用新的名字恢复。备份操作可以在线完成，但恢复操作是离线的，而且其间数据库不能使用，如果有高可用性要求，那么这种情况是不可接受的。

另外一个例子是改变表空间容器的位置，通常的做法是通过备份和重定向恢复完成。如果表空间是 DMS，那么还有一种选择，那就是首先使用 ALTER TABLESPACE 语句向新的位置添加容器，然后再从原来位置删除容器。这种方法的副作用是操作必须按顺序进行，操作之后会出现表空间重平衡。

7.6.1 工具说明

上面的例子其实都是要求修改 Db2 的元数据，但是，备份和恢复要做到这一点代价太大，难以满足实际需要。本节中将要讲到的 db2relocatedb 工具在这些场景中却大有用武之地。

db2relocatedb 并不修改数据库的实际物理位置，而是通过修改 Db2 元数据的方式来重新指定数据库的物理位置，如容器位置和日志目录位置，也可以用来更改数据库的名称。

使用 db2relocatedb 之前，需要停止 Db2 实例，其命令格式很简单，只需要运行：

```
db2relocatedb -f relocate.cfg
```

关键的内容在 relocate.cfg 配置文件里，可以在该文件中定义需要变更的内容，包括数据库的名字（DB_NAME）、数据库的路径（DB_PATH）、实例（INSTANCE）、分区节点的编号（NODENUM）、在线日志路径（LOG_DIR）、容器的位置（CONT_PATH）、自动存储管理的存储路径（STORAGE_PATH）、归档失败路径（FAILARCHIVE_PATH）、归档方法（LOGARCHMETH1，LOGARCHMETH2）、镜像在线日志路径（MIRRORLOG_PATH）、前滚恢复时归档日志所在位置（OVERFLOWLOG_PATH）。

7.6.2 案例分享

接下来通过一个实战案例来说明 db2relocatedb 的用法。

一个客户重启 Linux 服务器后，Db2 实例可以启动，但是无法成功连接，通过检查 db2diag.log，出现了下面的错误。

```
2012-11-06-13.43.03.157979+480 I49705715E481       LEVEL: Error
PID     : 910                   TID  : 47931096820032PROC : db2sysc 0
INSTANCE: db2inst1              NODE : 000          DB   : YXDB
APPHDL  : 0-19                  APPID: 10.137.249.101.2938.121106054304
AUTHID  : DB2INST1
EDUID   : 31                   EDUNAME: db2agent (YXDB) 0
FUNCTION: DB2 UDB, base sys utilities, sqle_GetRelDBLockForInstance, probe:25
MESSAGE : /arch/db2log/db2inst1/NODE0000/SQL00001/SQLINSLK
2012-11-06-13.43.03.157979+480 I49706197E572       LEVEL: Severe
PID     : 910                   TID  : 47931096820032PROC : db2sysc 0
INSTANCE: db2inst1              NODE : 000          DB   : YXDB
APPHDL  : 0-19                 APPID: 10.137.249.101.2938.121106054304
AUTHID  : DB2INST1
EDUID   : 31                   EDUNAME: db2agent (YXDB) 0
FUNCTION: DB2 UDB, base sys utilities, sqeLocalDatabase::FirstConnect, probe:5
RETCODE : ZRC=0x870F0016=-2029060074=SQLO_SHAR "File sharing violation."
          DIA8519C A file sharing violation has occurred, filename was "".
```

这种错误通常是由于 Db2 相关进程，例如 db2cos 没有释放加在控制文件上的锁导致的。常规的解决办法是使用 db2_kill 杀掉其他进程，以及用 ipclean 清理 IPC 资源。但是现场经过各种尝试，甚至也试了重启机器，这个问题都无法解决。

后来经过检查，发现客户所使用数据库 mydb 的 DB PATH（/arch/db2log）挂载在 NFS 文件系统上，所以尝试着用 db2relocatedb 命令将 DB PATH 从/arch/db2log 移动到盘阵/data1/dbpath，最终解决了这个问题。

整个处理步骤如下。

（1）检查原来的建库语句，发现 DB PATH 创建在 NFS 文件系统/arch/db2log 上。

```
    create database mydb automatic storage yes on /data1, /data2, /data3 dbpath
on /arch/db2log using codeset UTF-8 territory CN pagesize 32
```

（2）复制/arch/db2log 下所有文件到新的路径/data1/dbpath。

```
cp -rf /arch/db2log/*  /data1/dbpath
```

（3）编辑移动文件 rel.cfg，内容如下。

```
DB_NAME=mydb
DB_PATH=/arch/db2log,/data1/dbpath
INSTANCE=db2inst1
```

（4）使用 db2relocatedb 命令修改 DB PATH。

```
db2relocatedb -f rel.cfg
Files and control structures were changed successfully.
Database was catalogued successfully.
DBT1000I  The tool completed successfully.
```

（5）成功连接。

```
db2 connect to mydb
Database Connection Information
Database server        = DB2/LINUX 9.7.6
SQL authorization ID   = DB2INST1
Local database alias   = mydb
```

注意：db2relocatedb 的使用

db2relocatedb 是一种离线工具，绝不能在数据库开启时运行它。

下面是使用 db2relocatedb 工具的最佳实践。

（1）db2relocatedb 对数据库文件和控制结构的修改不记入日志，这些修改是不可修复的。因此，强烈建议在对数据库运用该工具之后，进行完整的备份。

（2）如果要进行重要的修改或者进行认为可能难以逆转的修改，最好考虑在修改之前进行备份。

（3）虽然 db2relocatedb 工具可以改变表空间容器的位置，但不能用它来改变容器的数量和大小。这样做的唯一办法是使用重定向恢复。

（4）将所有数据库从一个路径移动到另一个路径是完全有可能的，只需为每个数据库创建配置文件并运行 db2relocatedb 即可。

如果移动了数据库，但是忘记移动容器，或者忘记在配置文件中添加上相应的条目，仍然可以连接到数据库。这时可以使用 LIST TABLESPACES SHOW DETAIL 查看所有表空间的状态，确保没有一个表空间处于 OFFLINE 状态。如果处于 OFFLINE 状态，应该关闭数据库，改正出现的问题，然后再重新运行该工具（该工具拥有足够的智能了解自己已经完成了该工作的一部分，因此第二次运行不会造成任何损害）。

7.7　常用运维工具的调速

运维工具在生产系统上运行时，会对应用有一定的影响，为了在不影响应用的前提下更好地运行这些运维工具，Db2 提供了不同级别的调速策略，下面具体讲述。

7.7.1 调速参数

1）使用 UTIL_IMPACT_LIM 数据库管理器配置参数定义总体策略

例如，可以通过下面的 get dbm cfg 命令获取 UTIL_IMPACT_LIM 的当前设置，当前值为 20，这说明 DBA 期望运行所有运维工具的工作负载之和不会超过系统总负载的 20%。

```
[db2inst1@db2 ~]$db2 get dbm cfg | grep UTIL_
 Workload impact by throttled utilities(UTIL_IMPACT_LIM) = 20
```

通常情况下，UTIL_IMPACT_LIM 这个参数设置为 0～100 的一个合理值，如果设置为 100，那么不启用调速，从而允许运维工具可以利用所有资源。如果发现运维工具运行的时间过长，那么可以考虑增大 UTIL_IMPACT_LIM 的值，甚至可以将 UTIL_IMPACT_LIM 设置为 100。

例如，使用下面的命令将 UTIL_IMPACT_LIM 参数从 20 改为 50，这样运行所有运维工具的工作负载之和不会超过系统总负载的 50%。

```
[db2inst1@db2 ~]$db2 update dbm cfg using UTIL_IMPACT_LIM 50
```

2）在运维工具中指定 UTIL_IMPACT_PRIORITY 选项

除了 UTIL_IMPACT_LIM 参数外，有时候还需要为不同的运维工具指定不同的优先级，这需要在命令中设置 UTIL_IMPACT_PRIORITY 选项来完成。

UTIL_IMPACT_PRIORITY 选项的范围为 0～100，其值设置为正数，表示将受 UTIL_IMPACT_LIM 参数的限制，并且运行在调速模式下，其中，1 表示最低优先级，100 表示最高优先级。如果在命令中不指定 UTIL_IMPACT_PRIORITY 选项，那么工具不再受 UTIL_IMPACT_LIM 参数的限制，而将运行在非调速模式，从而可以使用系统的所有资源。

例如，下面的 backup 命令通过 UTIL_IMPACT_PRIORITY 选项指定的优先级为 30。

```
BACKUP DATABASE PROD TO /backup UTIL_IMPACT_PRIORITY 30
```

例如，下面的 backup 命令没有使用 UTIL_IMPACT_PRIORITY 选项，那么将运行在非调速模式下。

```
BACKUP DATABASE PROD TO /backup
```

3）UTIL_IMPACT_PRIORITY 配置参数来定义特定运维工具的优先级

除了在运维工具中使用 UTIL_IMPACT_PRIORITY 选项外，还有一种更方便的方式，即在运行中动态调整多个工具的优先级，具体命令的语法如下。

```
SET UTIL_IMPACT_PRIORITY FOR <utility-id> TO <priority>
```

其中，utility-id 为运维工具在运行时的 ID，可以通过 list utilities 命令列出；priority 用来定义指定运维工具的优先级，范围为 0～100，具体含义如下。

（1）priority 的值从 0 改为正数，那么将从非调速方式进入调速方式，将受 UTIL_IMPACT_LIM 参数的限制，性能将会受到限制。

（2）priority 的值从正数改为 0，那么将调速方式进入非调速方式，将不再受 UTIL_

IMPACT_LIM 参数的限制，可以使用系统的所有资源，具有最好的性能。

（3）priority 的值增大，优先级变高，反之，优先级变低，当然也会继续受 UTIL_IMPACT_LIM 参数的限制。

7.7.2 案例分享

下面使用 list utilities 命令列出了当前系统正在运行的运维工具。其中，ID 为 1 的是 runstats 操作，priority 为 60；ID 为 2 的是 backup 操作，priority 为 30。可以看出，运行 runstats 操作的优先级要比 backup 高。

```
[db2inst1@db2 ~]$db2 list utilities
ID = 1
Type = RUNSTATS
Database Name = PROD
Description = krrose.some_table
Start Time = 07/19/2013 17:30:09.521324
Priority = 60
ID = 2
Type = BACKUP
Database Name = PROD
Description = online db
Start Time = 07/19/2013 17:32:09.622395
State = Executing
Invocation Type = User
Throttling:
Priority = 30
```

为了加快它们的执行速度，将 runstats 操作退出调速模式（priority 改为 0），将 backup 操作的优先级从 30 增加到 70，代码如下。

```
[db2inst1@db2 ~]$SET UTIL_IMPACT_PRIORITY FOR 1 TO 0
[db2inst1@db2 ~]$SET UTIL_IMPACT_PRIORITY FOR 2 TO 70
```

使用 list utilities 命令再次检查它们的运行情况，从下面的输出可以看出已经成功完成了更改，这样它们的性能将会显著提高。

```
[db2inst1@db2 ~]$db2 list utilities
ID = 1
Type = RUNSTATS
Database Name = PROD
Description = krrose.some_table
Start Time = 07/19/2013 17:30:09.521324
Priority = Unthrottled
ID = 2
Type = BACKUP
Database Name = PROD
Description = online db
Start Time = 07/19/2013 17:32:09.622395
```

```
State = Executing
Invocation Type = User
Throttling:
Priority = 70
```

注意：都有哪些运维工具或操作支持调速？

目前支持调速策略的运维工具不多，仅有两种，分别是 runstats 和 backup。另外，表空间重平衡操作和异步索引清除（AIC）操作也支持调速。

小　结

本章首先讲解了 Db2 的常用工具，包括统计信息收集、表和索引的重组以及包的重新绑定，通过以上操作，使得数据库执行引擎能够正确而高效地运行。然后介绍了 Db2 提供的各种数据移动工具及其应用场景和优化，以帮助读者能够在实际应用中灵活而高效地移动自己的数据。最后，讲解了常用运维工具的调速策略，这是数据库能稳定运行的可靠保证。

第 8 章

MySQL 数据库故障诊断

明月别枝惊鹊，清风半夜鸣蝉。稻花香里说丰年，听取蛙声一片。七八个星天外，两三点雨山前。旧时茅店社林边，路转溪桥忽见。

辛弃疾的这首《西江月·夜行黄沙道中》，着意描写黄沙岭的夜景：明月清风，疏星稀雨，鹊惊蝉鸣，稻花飘香，蛙声一片，抒写了恬静自然的山村优美风光，表达词人怡然自得的心态。

恬静的自然风光何时欣赏？那定是繁忙工作之余。作为 DBA，尤其是在解决完生产棘手的数据库故障之后，可寻找一片寂静，看水秀谷幽，飞鸟野趣。

在 MySQL 日常运维中会遇到各种故障，例如，数据库异常宕机、binlog 日志无法清理、主从复制从库记录不存在、主从延迟等。本章将介绍 MySQL 故障诊断思路和常用诊断工具，并向读者分享 MySQL 故障诊断实战案例。

数据库作为信息系统的核心，重要性不言而喻。程序没了，重新发布；程序发布错了，回退版本。但是数据库出现故障，轻则面临用户体验不好，重则面临业务瘫痪。

DBA 的职责就是要保证数据库可用、稳定、高效地运行。故障发生时间点不分白天黑夜，想必 DBA 大都经历过“午夜惊铃”深夜故障应急经历，这时一夜无眠也要把数据库恢复可用，所以 DBA 肩负重任，7×24 h 不能关机，随时待命。特别是出现重大生产故障时，业务人员、开发人员、系统管理员等人员站在 DBA 身后面盯着解决问题，这时候 DBA 需要冷静、冷静、再冷静！

但是，心理素质好并不能代表全部。尤其是随着商业银行整体 IT 架构和运维环境越来越复杂，维护的数据库实例越来越多，对 DBA 的要求也越来越高。那么如何才能高效地进行故障处理呢？

除了要对生产数据库有敬畏之心，时刻要有安全生产意识外，还要从知识和技术上不断提升：掌握故障诊断基础知识、掌握故障处理思路和熟练运用各种诊断工具。

本章将深入讲解 MySQL 故障诊断知识、思路和工具，并向读者分享实际运维中的故障诊断案例，希望能对读者有所启发和帮助。

8.1 MySQL故障诊断方法

工欲善其事，必先利其器，想要游刃有余地处理各种 MySQL 数据库故障，首先应深入学习 MySQL 数据库基础知识，理解 MySQL 数据库的体系结构，这是故障诊断的基础和前提条件；其次需要掌握故障诊断思路，把握正确的问题处理方向，从而一击破敌。

本节从 MySQL 数据库基本知识讲起，并介绍故障诊断的基本思路，从而为后续故障诊断的实战之旅打下坚实基础。

8.1.1 MySQL基础知识

在介绍 MySQL 数据库故障诊断思路之前，首先向读者介绍 MySQL 数据库体系结构，如图 8-1 所示。

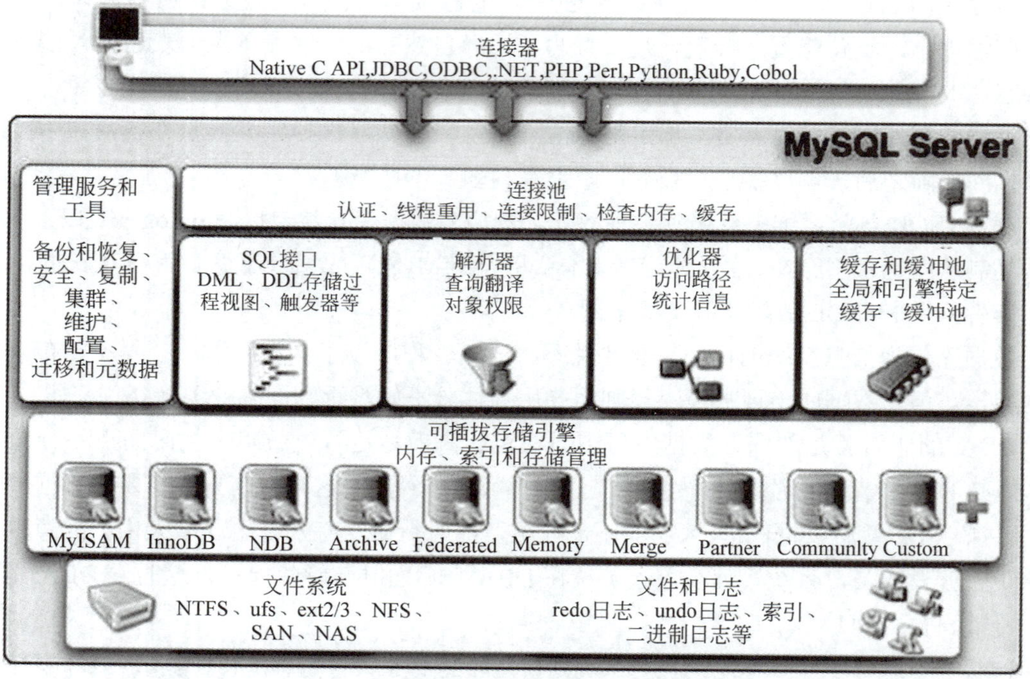

图 8-1 MySQL 体系结构图

从图 8-1 可以看出，MySQL 体系结构主要分为两大块，分别是 Connectors 层和 MySQL Server 层。

Connectors 是指连接数据库的驱动程序，驱动程序的作用是能够使得应用程序（如使用 C 语言、Java 语言编写的程序）连接到 MySQL 数据库，并执行 SQL 语句。

MySQL Server 层主要包含以下内容。

连接池（Connection Pool）：用于管理应用程序与数据库之间的连接，包括连接的认证（如用户名、密码的认证）、最大连接数等。

SQL 接口（SQL Interface）：执行 SQL 语句的接口，包括 DDL（如创建表）、DML（对标数据插入、更新、删除）等。

解析器（Parser）：主要提供 SQL 语句的查询转换、对象权限校验等功能。

优化器（Optimizer）：根据表、索引的统计信息，生成 SQL 语句的执行计划。

缓存（Cache & Buffer）：提供对数据的缓存。

存储引擎：实现对表和索引的存储管理功能。

文件和日志（File & Logs）：主要指数据文件、二进制日志、Redo 日志等。

在以上这些 MySQL 数据库的组成结构中，存储引擎和物理文件是 MySQL 数据库的核心内容，也是故障处理中经常遇到的，因此接下来重点介绍这两部分内容。

首先介绍 MySQL 数据库存储引擎。不同的存储对表的存储格式不同，不同的存储格式能够实现数据库特性。例如，TABLE t1 需要支持 ACID 特性，那么创建时使用 InnoDB 存储引擎；再如，TABLE t2 的所有数据放入内存中存储，可以起到快速访问数据的作用，那么创建时使用 memory 存储引擎。

```
--创建 innodb 存储引擎表：
CREATE TABLE t1 (i INT) ENGINE = INNODB;
--创建 memory 类型存储引擎表：
CREATE TABLE t2 (i INT) ENGINE = MEMORY;
```

MySQL 官方推荐的默认存储引擎为 InnoDB 存储引擎，MyISAM 存储引擎是 MySQL 版本早期比较流行的存储引擎。如表 8-1 所示，下面针对这两种常见存储引擎进行比较。

表 8-1　InnoDB 和 MyISAM 引擎区别

InnoDB 存储引擎	MyISAM 存储引擎
支持事务（遵循 ACID 模型）	不支持事务
支持行级锁，支持多版本并发控制（MVCC），实现 4 种隔离级别，并发性好	支持表级锁定，并发性差
有高效缓存特性，既缓存索引也缓存数据	缓存区只缓存索引，不缓存数据
支持外键	不支持外键
支持热备份	不支持热备份
表是索引组织表（index-organized table），表根据主键顺序组织存放，主键索引和数据存放在一起	.frm（存放表定义）， .MYD（存放数据）， .MYI（存放索引）

介绍完 MySQL 数据库的存储引擎，接下来介绍 MySQL 数据文件和日志（Files&Logs）部分，不同数据库版本以及不同存储引擎的数据文件和日志会存在略微差异，下面以 5.7.22 版本 InnoDB 引擎为例进行介绍：

首先介绍数据文件，MySQL 数据库文件有临时表空间、共享表空间、业务表、缓存等数据文件，下面依次介绍，具体如表 8-2 所示。

上述这些数据文件组成了 MySQL 系统库（mysql、information_schema、performance_schema、sys），具体每个库的用途如表 8-3 所示。

了解了 MySQL 数据文件，下面接着对 MySQL 配置文件进行介绍，如表 8-4 所示。

表 8-2 MySQL 数据文件

文件类型	文件名称示例	说　明
临时表空间	ibtmp1	InnoDB 临时表空间，如大量查询涉及 groupby、order by 导致该文件占用较大系统空间，重启 MySQL 该文件重新初始化为 12MB，从而释放占用的大量系统空间
共享表空间	ibdata1	系统表空间数据文件，可自动扩展，为避免该文件过大，可通过 innodb_file_per_table 参数设置使用独立表空间
业务表文件	userinfo.frm userinfo.ibd	InnoDB 存储引擎每个表有两个文件：.frm 文件存放表结构信息，.ibd 文件存放数据
缓存文件	ib_buffer_pool	在关闭 MySQL 时会把内存中的热数据保存在磁盘的 ib_buffer_pool 文件中，该文件位于 data 目录下，在 MySQL 启动时会自动加载热数据到缓冲池里

表 8-3 MySQL 系统库

系统库	说　明
mysql	负责存储数据库用户、权限设置、插件等管理信息
information_schema	information_schema 提供对数据库元数据的访问，例如，数据库或表的名称、列的数据类型、会话列表、事务信息、锁等待信息
performance_schema	performance_schema 库主要用于收集数据库性能数据
sys	MySQL 5.7.7 及更高版本包含该 sys 库，可帮助 DBA 和开发人员解释由 performance_schema 收集的数据，用于调优和诊断

表 8-4 MySQL 参数配置文件

文件类型	文件名称示例	说　明
参数配置文件	my.cnf	MySQL 参数文件，默认位置为/etc/my.cnf，也可自定义存放位置。在故障诊断或者优化时，通过查看该文件确认某些参数配置是否合适

最后介绍 MySQL 数据库的日志文件，这些日志文件在日常故障诊断过程中起到重要作用，如表 8-5 所示。

表 8-5 MySQL 日志文件

文件类型	文件名称示例	说　明
Error log （错误日志）	mysqld1.log	MySQL 错误日志，记录了 MySQL 启动和关闭以及运行时发生的任何严重错误时的相关信息。该文件名称和路径可以自定义，在问题诊断时需要查看该文件
Slow log （慢日志）	slow.log	默认为禁用，记录执行耗时超过 long_query_time 时长设置的 SQL 语句，最小值和默认值分别为 0 和 10
General Query Log （通用日志）	hostname.log	记录对 MySQL 数据库的所有操作。该日志默认禁用，默认名称为 host_name.log。该文件一般在分析某些问题时候使用，建议使用时临时打开，使用完成关闭，否则会占用大量系统空间
Binary Log （二进制日志）	mysql-bin.00000x	二进制日志，二进制日志包含数据库更改（例如表创建操作或表数据更改）的“事件”
Relay Log （中继日志）	relay-bin.00000x	中继日志，主从复制中 I/O 线程接收主库 binlog 日志写入中继日志，再通过 SQL 线程在从库进行重放

续表

文件类型	文件名称示例	说明
Redo Log（重做日志）	ib_logfilex	InnoDB 层 redo 日志文件，默认是 2 组，可自定义设置
Undo Log（回滚日志）		提供回滚和多版本控制（MVCC），undo log 默认存放在共享表空间中，如果开启了 innodb_file_per_table，将放在每个表的.ibd 文件中，也可自定义独立的存放目录

8.1.2 MySQL 故障诊断思路

掌握了 MySQL 数据库基础知识，就可以开启 MySQL 故障诊断实战之旅了。在遇到 MySQL 数据库故障时，需要有正确的思路，否则会忙中出错。

一个专业的 DBA，在故障诊断时应从操作系统层面入手，首先检查：

（1）CPU、内存、IO 等系统资源。

（2）系统空间使用情况。

（3）相关数据库文件权限。

随后接着进入数据库层面，检查以下内容。

（1）查看会话状态、主从状态、引擎状态等数据库状态。

（2）查看错误日志（error log）、通用日志（general log）、二进制日志（binlog）等相关日志。

（3）数据库相关配置（包括数据库参数配置或者表结构等）信息。

如图 8-2 所示展示了 MySQL 数据库故障诊断的基本思路，具体步骤如下。

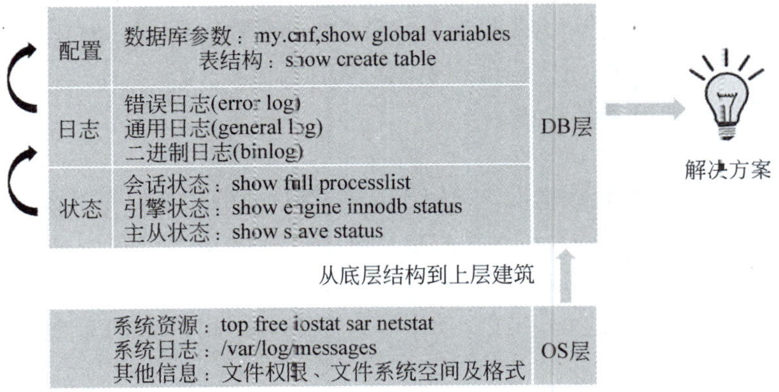

图 8-2　MySQL 故障诊断步骤

1. 从操作系统层面入手

操作系统基本状态信息包括 CPU、内存、IO 等系统资源使用情况，确认数据库是在有充足资源的情况下运行；然后检查文件系统空间使用情况以及数据库文件权限，保证数据库是运行在正确的基础环境中。

2. 从数据库层面深入排查

（1）数据库状态信息包括当前数据库正在做什么，会话正在执行什么操作，查看引擎状态，如用于查看有没有线程 Latch 争用、死锁情况；如果涉及主从高可用架构，需要查看主从复制状态。

（2）查看相关日志信息。

检查完数据库状态后，还可以通过数据库相关日志获取更多的诊断信息。例如，通过 MySQL 错误日志可以获取数据库告警或报错信息；通过 general 日志获取 MySQL 客户端（如 mysqldump、mysqladmin 等）正在执行的 SQL 语句信息；通过 mysqlbinlog 工具获取二进制日志信息等。

（3）查看数据库配置、目标表结构信息。

查看参数值设置是否合适，例如，查看某些参数状态值，如最近线程状态值；分析目标表结构，例如，是否涉及内存表。

3. 给出解决方案

收集完系统资源状态、数据库运行状态、相关日志文件内容以及数据库的参数配置等信息以后，接下来就可以给出解决方案了，例如，调整索引等措施。

8.2 MySQL 常用诊断工具

8.1 节提到了 MySQL 数据库故障诊断命令以及诊断工具，本节将对这些命令和工具逐一展开讲解。讲解顺序是从底层结构到上层建筑的顺序，即先讲解操作系统相关诊断命令和工具，然后再讲解数据库相关诊断命令和工具。

8.2.1 操作系统诊断命令和工具

如图 8-2 所示，诊断的第一步是收集系统资源使用情况（CPU、内存、I/O、端口状态）、文件系统空间使用情况、文件系统权限和系统日志信息。

1. 查看系统资源使用情况

1）top

该命令可实时查看系统负载情况，常用于查看 CPU 负载状态，如下面输出示例中黑色字体部分所示，目前 CPU98.8%的负载被用户进程使用（用 us 表示使用），0.7%被系统使用（用 sy 表示系统使用），空闲率（用 id 表示）只有 0.5%，因此此时系统非常繁忙。进一步查看 pid 为 25536 的进程是一个 Java 进程，CPU 使用率为 95%，因此系统 CPU 资源全部被该进程消耗掉。

该命令输出示例如下。

```
top - 20:12:05 up 143 days,  2:54,  1 user,  load average: 0.01, 0.09, 0.09
Tasks: 255 total,   1 running, 254 sleeping,   0 stopped,   0 zombie
%Cpu(s):  98.8 us,  0.7 sy,  0.0 ni, 0.5 id,  0.0 wa,  0.0 hi,  0.0 si,  0.0 st
KiB Mem : 16266588 total,   254656 free,  2019760 used, 13992172 buff/cache
KiB Swap:  8388604 total,  8282620 free,   105984 used. 13051352 avail Mem

  PID USER      PR  NI   VIRT    RES    SHR  S  %CPU %MEM    TIME+ COMMAND
25536 root      20   0 3219572 204096   6320 R  95.0  1.3  1301:31 java
29627 root      20   0  455160  65684  13476 S   1.0  0.4 151:14.72 titanagent
```

```
 3917 citicsql  20   0   58552   2404   1536 R   0.7  0.0   0:00.03 top
 6915 citicsql  20   0 9601036   1.3g  12712 S   0.7  8.5  65:07.64 mysqld
...
```

2）free

该命令用于显示系统内存使用情况，total 表示总物理内存；used 表示已分配内存；free 表示未分配内存；buff/cache 表示缓冲区和缓存总和；available 表示可用内存；当系统没有内存可用时使用 swap 空间临时存储内存数据。

不同系统版本 free 命令输出略有不同，下面以 Red Hat 7 版本执行 free 命令为例，输出如下：总物理内存为 31GB，已使用内存为 28GB，剩余 285MB，缓冲区和缓存总和为 2.8GB，可用内存为 1.6GB，这表明可用的内存已经不多，需要进一步结合 top 命令查看%MEM 列，查看消耗内存百分比最多的进程。

```
[root@xxxDBxx:/home/root]>free  -hg
              total        used        free      shared  buff/cache   available
Mem:            31G         28G        285M        1.0G        2.8G        1.6G
Swap:           8.0G        712M        7.3G
```

3）iostat

iostat 命令用于显示磁盘活动的统计情况，如以下输出示例所示。

（1）使用-x 参数可以输出更详细的 I/O 相关数据。

（2）1 表示每一秒采集一次数据，10 表示一共采集 10 次。

（3）在这些采集数据中，需要重点关注 await、svctm 以及%util 这三列，示例中 sdb 盘每次 I/O 请求需要等待时间（await）为 35.61ms，每次 I/O 请求处理时间（svctm）为 20.28ms，磁盘繁忙度（%util）为 100%，因此 sdb 盘 I/O 压力已经非常高。

```
[root@mgrdb1:/home/root]>iostat -x 1 10
Linux 3.10.0-1127.18.2.el7.x86_64 (mgr5)      2021年03月20日  _x86_64_   (4 CPU)
avg-cpu:  %user   %nice %system %iowait  %steal   %idle
           0.54    0.00    0.86    0.04    0.00   98.56

Device:         rrqm/s   wrqm/s  ...  await  r_await  w_await  svctm  %util
sdb               0.00  7651.00  ...  35.61     1.11    10.48  20.28   100
sda               0.00     0.10  ...   0.69     5.75     0.67   0.49   0.14
dm-0              0.00     0.00  ...   0.58     7.92     0.58   0.52   0.12
dm-1              0.00     0.00  ...   9.25     3.90     9.60   0.37   0.00
dm-2              0.00     0.00  ...   3.08     5.36     2.27   1.12   0.00
dm-3              0.00     0.00  ...   1.15     1.11     1.16   0.20   0.09
dm-4              0.00     0.00  ...  44.45    17.35    44.86   0.62   0.00
dm-5              0.00     0.00  ...   0.62     1.70     0.61   0.38   0.00
dm-6              0.00     0.00  ...   3.76     7.53     3.63   0.52   0.00
dm-7              0.00     0.00  ...   4.09     4.62     3.95   0.71   0.00
dm-8              0.00     0.00  ...   1.00     4.70     0.97   0.36   0.02
dm-9              0.00     0.00  ...   2.32     2.36     1.90   2.12   0.00
dm-10             0.00     0.00  ...  15.77     9.38    15.81   0.67   0.00
dm-11             0.00     0.00  ...   1.13     7.86     1.02   0.23   0.00
```

4）sar

以下是使用 sar 命令查看网络相关统计信息，输出示例中，-n DEV 表示查看网络接口统计信息，1 表示每秒采集 1 次，5 表示一共采集 5 次。

IFACE 表示设备名；rxpck/s 表示每秒收到的包；txpck/s 表示每秒发送的包；rxkB/s 表示每秒收到的包大小；txkB/s 表示每秒发送的包大小；rxcmp/s 表示每秒收到的数据压缩包；txcmp/s 表示每秒发送的数据压缩包；rxmcst/s 表示每秒收到多播的包数。

```
[root@mgrdb1]# sar -n DEV 1 5
Linux 2.6.32-754.23.1.el6.x86_64 (epms619)   03/23/21   _x86_64_    (24 CPU)

15:50:08  IFACE  rxpck/s  txpck/s  rxkB/s  txkB/s  rxcmp/s  txcmp/s  rxmcst/s
15:50:09  lo     0.00     0.00     0.00    0.00    0.00     0.00     0.00
15:50:09  eth0  63.27    53.06     8.14    11.53    0.00     0.00     0.00

Average:  IFACE  rxpck/s  txpck/s  rxkB/s  txkB/s  rxcmp/s  txcmp/s  rxmcst/s
Average:  lo      0.00     0.00    0.00    0.00     0.00      0.00      0.00
Average:  eth0  63.27    53.06     8.14   11.53     0.00      0.00      0.00
```

5）netstat

使用 netstat 命令可以查看网络端口运行状态，以下输出示例中 MySQL 数据库的服务监听端口为 5518，使用-an 命令列出所有端口信息，通过 grep 命令过滤 5518 监听端口，可以看到端口状态为 LISTEN 状态，表示 MySQL 数据库的服务监听端口运行状态正常。

```
[root@mgrdb1:/home/root]>netstat -an |grep 5518| more
tcp        0      0 **.*.**.***:5518        0.0.0.0:*               LISTEN
…
```

2. 查看系统空间和权限

1）df -h

该命令用于查看系统所有挂载的文件系统空间使用情况，如下是输出示例，可以看出文件系统/mysqldata 使用率达到了 97%，已经接近 100%了，这就需要特别关注了。

```
[root@mgrdb1:/home/root]>df -h
文件系统容量已用可用已用% 挂载点
/dev/mapper/rootvg-lvroot    5.0G  2.6G  2.5G   52% /
/dev/sda1                   1014M  242M  773M   24% /boot
/dev/mapper/rootvg-lvvar     5.0G  1.1G  4.0G   22% /var
/dev/mapper/rootvg-lvhome     15G   12G  3.4G   78% /home
/dev/mapper/rootvg-lvopt      20G   17G  3.9G   81% /opt
/dev/mapper/data_vg-lvlog     20G   45M   19G    1% /mysqllog
/dev/mapper/data_vg-lvdata    59G   55G  1.8G   97% /mysqldata
```

2）ls -l

该命令用来查看属组和权限信息，在以下输出示例中，MySQL 数据库的安装在 MySQL 操作系统用户下，其数据库文件存放在/mysqldata/data 目录中，通过 ls -l 查看 data 目录的属组是 mysql:mysql，与安装用户一致，权限为 drwxr-xr-x，表示 MySQL 系统用户对该目录有读、写以及执行权限，与 MySQL 用户同组的系统用户对该目录有读和执行权限，其他系统用户组有读和执行权限。

```
[root@mgrdb1:/mysqldata]>ls -l
drwxr-xr-x 29 mysql mysql  4096 3月  20 20:36 data
```

3）查看系统日志

查看操作系统 messages 日志，关注 error 相关信息，如示例中黑色字体部分，sftp-server 系统模块抛出了 error 报错，表示 sftp-server 收到了一个未知的扩展服务请求，该请求 sftp-server 无法处理，因此抛出了 error 报错信息。

```
[root@mgrdb1:/home/root]>more /var/log/messages
Jun 20 18:30:01 mgr3 systemd: Removed slice User Slice of pcp.
Jun 20 18:32:01 mgr3 systemd: Started Session 814433 of user root.
Jun 20 18:32:01 mgr3 systemd: Started Session 814432 of user root.
Dec 25 16:18:54 mgr3 sftp-server[3155]: error: Unknown extended request
"vendor-id"
```

8.2.2　数据库诊断命令和工具

根据图 8-2，检查完操作系统相关信息后，接下来检查 MySQL 数据库相关运行信息，收集这些信息需要用到数据库状态查看命令、参数查看命令和日志解析工具等。

1. MySQL 状态查看相关命令

1）show processlist 命令

show processlist 命令用于查看数据库当前会话线程列表，该命令输出示例如下。例如，会话 ID 为 14 的线程，是在本地（host 列表示登录地址为 localhost）使用 root 用户登录的，目前处于空闲连接状态（command 列为 sleep），未执行任何 SQL 语句（Info 列为 NULL）。

```
mysql> show processlist;
+---+-------+-----------+-----+---------+----+---------+-----------------+
| Id | User | Host      | db    Command |Time| State   | Info            |
+---+-------+-----------+------+-------+-----+---------+-----------------
| 14 | root | localhost | NULL| Sleep   | 24 |         | NULL            |
| 15 | root | localhost | ebank| Query   | 0  | starting | show processlist |
+---+-------+-----------+------+--------+----+---------+-----------------
```

以下是关于 show processlist 命令输出字段的说明，如表 8-6 所示。

表 8-6　show processlist 命令输出字段说明

字段	字段含义
Id	用户登录 MySQL 时，系统分配连接 ID，可以使用函数 connection_id()查看，可用于 kill 会话
User	当前会话用户，如 root 用户、应用用户等用户
Host	线程来源 IP 和端口信息，如果是 MySQL 数据库本机会话，值为 localhost
db	当前选择的数据库，如果输出是 NULL，表示未选择数据库
Command	当前线程执行命令状态，一般显示为休眠（sleep）、查询（query）、连接（connect）等
Time	表示在当前 State 列状态持续的时间，单位是 s

续表

字段	字段含义
State	显示当前连接的 SQL 语句的状态，一个 SQL 查询语句，可能经过 copying to tmp table、Sorting result、Sending data 等状态
Info	线程正在执行的语句文本，如果未执行任何语句，则为 NULL。默认情况下，此值仅包含语句前 100 个字符，如查看完整语句，请使用 show full processlist 命令

show processlist 命令输出的信息与 MySQL 系统库 information_schema 中的 processlist 表数据基本相同，通过命令 desc 查看 information_schema.processlist 表结构如下。

```
mysql> desc  information_schema.processlist;
+---------+---------------------+------+-----+---------+-------+
| Field   | Type                | Null | Key | Default | Extra |
+---------+---------------------+------+-----+---------+-------+
| ID      | bigint(21) unsigned | NO   |     | 0       |       |
| USER    | varchar(32)         | NO   |     |         |       |
| HOST    | varchar(64)         | NO   |     |         |       |
| DB      | varchar(64)         | YES  |     | NULL    |       |
| COMMAND | varchar(16)         | NO   |     |         |       |
| TIME    | int(7)              | NO   |     | 0       |       |
| STATE   | varchar(64)         | YES  |     | NULL    |       |
| INFO    | longtext            | YES  |     | NULL    |       |
+---------+---------------------+------+-----+---------+-------+
8 rows in set (0.01 sec)
```

show processlist 命令与 information_schema.processlist 表在查看会话线程信息时的主要使用区别如下。

information_schema.processlist 表中 INFO 字段内容有长度限制，往往无法查看到完整的 SQL 语句信息；使用 show processlist 命令时，添加 full 关键字，即 show full processlist 命令可以看到完整的 INFO 信息，即完整的 SQL 语句信息。

show processlist 命令只是简单罗列会话线程列表，而查看 information_schema.processlist 表，可以使用 SQL 语句对会话线程列表信息进行不同维度的分析，例如，找出执行时间最长的 10 个会话并打印 SQL 语句，执行如下命令。

```
Select id,command, time,state,info From information_schema.processlist Where
command='query' Order by time desc limit 10;
```

2）show slave status 命令

在从库执行 show slave status 命令可以查看从库复制状态信息，下面是 MySQL 5.7.22 版本执行该命令的输出示例。

```
mysql> show slave status \G;
*************************** 1. row ***************************
               Slave_IO_State: Waiting for master to send event
                  Master_Host: 192.168.121.126
                  Master_User: repusr
                  Master_Port: 3306
```

```
              Connect_Retry: 60
            Master_Log_File: mysql-bin.000404
        Read_Master_Log_Pos: 97145641
  Relay_Log_File: relay-bin.000587
              Relay_Log_Pos: 97145854
      Relay_Master_Log_File: mysql-bin.000404
           Slave_IO_Running: Yes
          Slave_SQL_Running: Yes
…
                 Last_Errno: 0
                 Last_Error:
               Skip_Counter: 0
        Exec_Master_Log_Pos: 97145641
            Relay_Log_Space: 97146142
      Seconds_Behind_Master: 0
 Master_SSL_Verify_Server_Cert: No
              Last_IO_Errno: 0
              Last_IO_Error:
             Last_SQL_Errno: 0
             Last_SQL_Error:
   Replicate_Ignore_Server_Ids:
           Master_Server_Id: 1138884867
                Master_UUID: eab43be2-ee62-11e9-8424-005056b21591
           Master_Info_File: mysql.slave_master_info
                  SQL_Delay: 0
        SQL_Remaining_Delay: NULL
     Slave_SQL_Running_State: Slave has read all relay log; waiting for more
updates
         Master_Retry_Count: 86400
                Master_Bind:
     Last_IO_Error_Timestamp:
    Last_SQL_Error_Timestamp:
             Master_SSL_Crl:
         Master_SSL_Crlpath:
         Retrieved_Gtid_Set: eab43be2-ee62-11e9-8424-005056b21591:1-56620125
          Executed_Gtid_Set: eab43be2-ee62-11e9-8424-005056b21591:1-56620125
  Auto_Position: 1
       Replicate_Rewrite_DB:
               Channel_Name:
         Master_TLS_Version:
 1 row in set (0.00 sec)
```

下面针对故障诊断中经常用到的重点字段进行讲解。

（1）主库的基本信息字段。

Master_Host、Master_User、Master_Port、Master_Server_Id 字段如字面意思所示分别表示主库 IP 地址、主库复制用户、主库端口号、主库服务器编号。Master_UUID 字段表示主库的 UUID 值，它是 MySQL 服务器唯一标识。当使用 MySQL 主从复制时，主库和从库需要识别彼此的 UUID 值。

（2）I/O 和 SQL 线程状态信息。

I/O 线程用于接收主库 binlog 日志，SQL 线程用于回放主库传递到到备库的 binlog 日志，当 Slave_IO_Running 和 Slave_SQL_Running 两个值都为 YES 时，表示主从复制状态正常。

（3）Seconds_Behind_Master 信息。

主从复制的延迟时间，单位是 s，通常为 0，表示从库和主库没有复制延迟。

但存在特殊情况，当主库和从库之间网络发生断开，并且断开时间小于数据库参数 slave_net_timeout 值时，Seconds_Behind_Master 字段值仍保持为 0，这时主从复制已经存在一定延迟，这个特殊情况在故障诊断时需要注意。

MySQL 数据库参数：slave_net_timeout

表示从库与主库连接超时时间，单位为 s，默认值为 60，表示当从库与主库连接断开超过 60s，从库将尝试重新连接主库。

（4）Relay_Log_Space 信息。

此值是未重放的中继日志总大小，单位是字节（B）。如果有复制延迟，那么中继日志会不断增大，有时甚至增长到几十吉字节（GB）。

（5）二进制日志坐标信息。

Master_Log_file、Read_Master_Log_Pos：表示从库 I/O 线程已从主库读取到 binlog 日志文件编号，以及该 binlog 日志文件中的字节位置。

Relay_Master_Log_File，Exec_Master_Log_Pos：表示 SQL 线程已经回放到的主库 binlog 日志编号，以及该 binlog 日志文件中的字节位置。

通过这些字段值可以获取从库复制线程正在处理 binlog 日志的位置信息。

（6）GTID 信息。

Retrieved_Gtid_Set: eab43be2-ee62-11e9-8424-005056b21591:1-56620125

Executed_Gtid_Set: eab43be2-ee62-11e9-8424-005056b21591:1-56620125

为了理解 Retrieved_Gtid_Set 字段和 Executed_Gtid_Set 字段的含义，首先看下什么是 GTID 以及 GTID SET。

GTID 是由 source_id 和 transaction_id 组合成的字符串，格式为 source_id:transaction_id，其中，source_id 表示数据库的 UUID，transaction_id 表示事务 ID。例如，eab43be2-ee62-11e9-8424-005056b21591:1 表示 UUID 为 eab43be2-ee62-11e9-8424-005056b21591 的 MySQL 服务器上执行了事务 ID 为 1 的事务。

GTID SET 表示 GTID 的集合，例如，eab43be2-ee62-11e9-8424-005056b21591:1-56620125 表示 UUDI 为 eab43be2-ee62-11e9-8424-005056b21591 的 MySQL 服务器上执行了事务 ID 1～56620125 的事务，共计 56620125 个事务。

至此，Retrieved_Gtid_Set 字段和 Executed_Gtid_Set 字段的含义就非常容易理解了，Retrieved_Gtid_Set 字段表示从库接收到的主库传递过来的 GTID 集合，Executed_Gtid_Set 字段表示已经执行了的 GITD 集合。

当 Retrieved_Gtid_Set 和 Executed_Gtid_Set 的值相同时，表示主从复制没有延迟。

（7）Last_Errno 和 Last_Error 字段信息。

如主从复制有报错，Last_Errno 和 Last_Error 字段会输出报错信息，以下示例中，主从复制过程中遇到报错，从库应用 binlog 日志 mysql-bin.000386 的 883 字节位置 SQL 语句时出现错误，错误码为 1396，详细错误码的含义可以通过查看错误日志（errorlog）或者表 performance_schema.replication_applier_status_by_worker 获取更进一步的信息。

```
    Last_Errno: 1396
    Last_Error: Coordinator stopped because there were error(s) in the worker(s).
The most recent failure being: Worker 0 failed executing transaction '845133e9-1404-11ea-a37b-005056991dcd:4' at master log mysql-bin.000386, end_log_pos 883. See error log and/or performance_schema.replication_applier_status_by_worker table for more details about this failure or others, if any.
```

（8）Error_Timestamp 字段信息。

Last_IO_Error_Timestamp 表示 I/O 线程报错的时间戳，此处为空，表示 I/O 线程运行状态正常没有报错。

Last_SQL_Error_Timestamp 表示 SQL 线程报错时间戳。例如，191225 20:15:51 表示报错时间是 19 年 12 月 25 日 20:15:51。

通过以上对 show slave status 输出重点字段的介绍，可快速确认主从复制状态是否正常、是否存在复制延迟、复制报错。

3）show engine innodb status 命令

show engine innodb status 输出 InnoDB 引擎状态信息，通过此命令可以查看信号量、死锁、事务、redo 日志、缓冲池等信息。考虑到 show engine innodb status 命令输出内容冗长，篇幅所限，下面以信号量和死锁信息为例，展示 show engine innodb status 命令输出内容。

（1）信号量（SEMAPHORES）。

以下是某系统信号量输出示例。

```
    ----------
    SEMAPHORES
    ----------
    --Thread 139851256514304 has waited at buf0buf.cc line 4032 for 869.00 seconds the semaphore:
    S-lock on RW-latch at 0x7f31d86f7730 created in file buf0buf.cc line 1460
    a writer (thread id 139851254351616) has reserved it in mode  exclusive
    number of readers 0, waiters flag 1, lock_word: 0
    Last time read locked in file row0sel.cc line 1372
    --Thread 139847272511232 has waited at trx0trx.cc line 1184 for 651.00 seconds the semaphore:
    Mutex at 0x2bd7ad70, Mutex REDO_RSEG created trx0rseg.cc:211, lock var 1

    OS WAIT ARRAY INFO: signal count 36556841
    RW-shared spins 0, rounds 251133877, OS waits 104550357
    RW-excl spins 0, rounds 57080614, OS waits 353785
    RW-sx spins 2138410, rounds 31167105, OS waits 238938
    Spin rounds per wait: 251133877.00 RW-shared, 57080614.00 RW-excl, 14.57 RW-sx
```

在该示例中，线程 139851256514304 申请 S-lock 已经等待了 869s，阻塞它的线程是

139851254351616。

OS WAIT ARRAY INFO：表示 InnoDB 申请操作系统信号量时的等待信息，示例中一共等待了 36556841 次。

RW-shared：表示申请共享级别锁时的等待信息。

RW-excl：显示读写的排他锁的等待信息。

RW-sx：显示共享排他锁的等待信息。

（2）死锁（LATEST DETECTED DEADLOCK）。

以下是某系统死锁信息输出示例。

```
------------------------
LATEST DETECTED DEADLOCK
------------------------
2020-04-05 18:40:00 0x7f30bb003700
*** (1) TRANSACTION:
TRANSACTION 83192595, ACTIVE 0 sec inserting
mysql tables in use 1, locked 1
LOCK WAIT 6 lock struct(s), heap size 1136, 5 row lock(s), undo log entries 3
MySQL thread id 15170112, OS thread handle 139851743840000, query id 266888181
update
REPLACE INTO dass.t_info_faq (
            faq_id, question, total_time, status, rank, date_sign
            )
            VALUES (
               …
            )
```

在上述示例中，事务 83192595 正在执行插入操作，对应的线程 id 是 15170112，对应的 SQL 语句是 REPLACE INTO dass.t_info_faq。

4）MySQL 服务状态值查看命令

MySQL 服务运行的各种状态值有全局级别（global）和会话级别（session），日常维护一般查看全局级别即可，通过命令 show global status like 'xxx'查看。

例如，查看 MySQL 过去的最大连接数：

```
mysql> show global status like 'Max_used_connections';
+----------------------+-------+
| Variable_name        | Value |
+----------------------+-------+
| Max_used_connections | 36    |
+----------------------+-------+
```

2. MySQL 参数查看命令

在 MySQL 日常维护中，分析问题时如果需要确认某个参数值，通过 show variables like '参数名称'来查看参数值，参数值分为全局级别参数值和会话级别参数值。

例如，查看数据库行锁超时时间全局级别参数值，可以使用 show global variables like 'innodb_lock_wait' 命令，在以下示例中数据库行锁超时时间全局级别参数值为 10s。

```
mysql> show global variables like 'innodb_lock_wait';
+--------------------------+-------+
| Variable_name            | Value |
+--------------------------+-------+
| innodb_lock_wait_timeout | 10    |
+--------------------------+-------+
```

例如，查看数据库行锁超时时间会话级别参数值，可以使用 show sessionvariables like 'innodb_lock_wait'命令，在以下示例中将参数 innodb_lock_wait 在会话级别设置为 1，表示在该会话行锁超时时间为 1 s，然后查看全局级别参数值仍然为 10 s，但会话中参数值已经变为 1 s。

```
mysql> set session innodb_lock_wait_timeout=1;
Query OK, 0 rows affected (0.00 sec)

mysql> show global variables like 'innodb_lock_wait';
+--------------------------+-------+
| Variable_name            | Value |
+--------------------------+-------+
| innodb_lock_wait_timeout | 10    |
+--------------------------+-------+
1 row in set (0.01 sec)

mysql> show session variables like 'innodb_lock_wait';
+--------------------------+-------+
| Variable_name            | Value |
+--------------------------+-------+
| innodb_lock_wait_timeout | 1     |
+--------------------------+-------+
1 row in set (0.01 sec)
```

另外，可以通过%匹配某个条件查看参数配置，例如，查看 MySQL 中包含 error 关键字的参数，可通过'%error%'查看，一共返回了 5 个参数。

```
mysql>  show global variables like  '%error%';
+---------------------+------------------------------------+
| Variable_name       | Value                              |
+---------------------+------------------------------------+
| binlog_error_action | ABORT_SERVER                       |
| log_error           | /mysqldata/citicsql/log/mysqld1.log |
| log_error_verbosity | 3                                  |
| max_connect_errors  | 100000                             |
| max_error_count     | 64                                 |
+---------------------+------------------------------------+
```

3. MySQL 日志解析工具

遇到主从异常或者主从延迟场景，可以通过 mysqlbinlog 工具解析二进制日志和中继日志文件，进一步定位问题原因。下面讲解 mysqlbinlog 工具如何使用，同时介绍解析后二进制日志内容。

通过 mysqlbinlog 工具解析 mysql-bin.000005 日志并重定向到 000005.log 文件中。

```
[mysql@testdb:/mysqllog]>mysqlbinlog  -v --base64-output=DECODE-ROWS
 mysql-bin.000005  >000005.log
```

以下便是解析 mysql-bin.000005 二进制日志后的 000005.log 文件内容。

```
[mysql@testdb:/mysqllog]>more 000005.log
# at 1080
#200707 15:46:57 server id 2624198899  end_log_pos 952 CRC32 0x651c9c1d
Delete_rows
### DELETE FROM 'appdb'.'aa'
### WHERE
###   @1=3 /* INT meta=0 nullable=1 is_null=0 */
### DELETE FROM 'appdb'.'aa'
### WHERE
###   @1=3 /* INT meta=0 nullable=1 is_null=0 */
### DELETE FROM 'appdb'.'aa'
### WHERE
###   @1=3 /* INT meta=0 nullable=1 is_null=0 */
### DELETE FROM 'appdb'.'aa'
### WHERE
###   @1=3 /* INT meta=0 nullable=1 is_null=0 */
# at 1165
#200707 15:46:57 server id 2624198899  end_log_pos 983 CRC32 0xa1b3264f
Xid = 49
COMMIT/*!*/;
```

接着就 000005.log 日志文件内容进行解释说明。

（1）“at 1080”为该事件在二进制日志中的起始偏移量，单位为字节，表示该事件从二进制日志多少字节开始，如下。

```
# at 1080
```

（2）接下来是事务头部信息，包括以下内容。

```
#200707 15:46:57 server id 2624198899  end_log_pos 952 CRC32 0x651c9c1d
Delete_rows
```

① 200707 15:46:57 表示该事件写入时间，即在 2020 年 7 月 7 日 15:46:57 写入。

② server id 2624198899 表示该事件产生的 MySQL Server ID 为 2624198899。

③ end_log_pos 952 表示该事件结束偏移量，即下个事件起始位置。

④ CRC32 表示事件校验方式，为了保证每个事件完整性，自从 MySQL 5.6 引入复制事件校验和；在事件写入时添加校验和，事件读取时再计算校验和，并与写入时的校验和的值进行比较，如果校验不匹配则终止该事件执行。

⑤ Delete_rows 事务执行删除行操作。对应的 SQL 语句为 DELETE FROM 'appdb'.'aa'。

除了上述内容外，MySQL 二进制日志中还有许多其他信息，有兴趣的读者可以自行进行实验观察分析。

表 8-7 列出了 mysqlbinlog 工具常用参数及含义。

表 8-7 mysqlbinlog 工具常用选项

选　　项	选项含义
--base64-output=decode-rows	使用该选项表示，是否显示加密后的字符串内容。decode-rows 表示不显示加密后的字符串内容，只显示解密后的内容，即 SQL 语句的文本内容
--no-defaults	表示不读取 my cnf 文件中的配置信息
--vv	以注释的形式显示 SQL 语句，即在 SQL 语句文本前加 “###”。 并且同时还显示 SQL 语句中每个字段的数据类型（例如字段类型为 int、varchar 等）和元数据信息（例如字段是否可以为空等）
--start-position --stop-position	--start-position 指定从哪个位置开始解析 binlog，--stop-position 指定到哪个位置停止解析 binlog，当日志较大时，通常会用到此选项。 例如，从 mysql-bin.042836 日志的 1990028 字节处开始解析日志内容： mysqlbinlog --no-defaults -vv --start-position=1990028 mysql-bin.042836 > 042836.log
--include-gtids	只解析对应 GTID 集合中的内容。 例如，只解析 mysql-bin.042836 日志文件中关于 gtid'4677ee4c-1404-11ea-80dd-00505699b578:289779'的内容： mysqlbinlog --no-defaults -vv --include-gtids= '4677ee4c-1404- 11ea-80dd-00505699b578:289779' mysql-bin.042836 >042836.log

8.2.3 命令和工具使用建议

通过前面章节内容介绍了操作系统、数据库诊断命令和工具，读者需要在实战中熟练掌握，在具体使用上有以下建议。

（1）操作系统方面，一般先判断 CPU 负载、内存使用率、I/O 负载是否正常，再查看文件系统空间使用情况以及文件权限是否正常。

（2）数据库方面，需通过数据库诊断工具先收集数据库会话信息、主从状态信息等；再查看错误日志判断是否有错误告警，个别场景可以打开通用日志进行分析；另外，如主从异常、主从延迟可以使用 mysqlbinlog 解析二进制日志或者中继日志分析。

（3）在 DBA 处理故障时，需要登录各个系统，通过命令查看各种指标，这样效率非常低。建议设计和开发故障诊断工具，将专业 DBA 的故障诊断分析经验转换到工具中。通过诊断工具收集信息和问题定位，这样才能高效开展故障诊断工作。

8.3 问题诊断实战案例集——单机数据库故障诊断

掌握了 MySQL 数据库基本知识、诊断基本思路，以及常用工具，一切就已经准备就绪，携带这些利器，下面开始 MySQL 数据库故障诊断实战案例学习。

8.3.1 一次数据库异常宕机问题诊断

本节通过一次数据库异常宕机问题诊断，向读者讲解通过查询 MySQL 错误日志进行数据库故障诊断。

1. 问题描述

某商业银行呼叫中心系统使用 MySQL 5.7.22 版本，该系统数据库发生异常挂起，数据库无法进行任何操作，随后出现了数据库异常宕机。需 DBA 分析原因并给出解决方案。

2. 诊断分析

1）检查 MySQL 数据库宕机时错误日志

数据库宕机以后，操作系统资源全部被释放，重启数据库后数据库相关状态信息指标也被重置，此时只能通过数据库错误日志入手检查数据库宕机的原因。

查看数据库错误日志 myqld1.log，发现在数据库宕机的前一时刻 2020-04-06 00:41:09，日志中打印了 show engine innodb status 的命令输出，其中，SEMAPHORES 这段统计信息显示有大量线程处于 RW-latch 争用，代码如下。

```
more mysqld1.log
2020-04-06 00:41:09 0x7f31b215b700 INNODB MONITOR OUTPUT
=====================================
Per second averages calculated from the last 20 seconds
-----------------
BACKGROUND THREAD
-----------------
srv_master_thread loops: 5236864 srv_active, 0 srv_shutdown, 5726525 srv_idle
srv_master_thread log flush and writes: 10963255
----------
SEMAPHORES
----------
OS WAIT ARRAY INFO: reservation count 108555538
--Thread 139851754604288 has waited at buf0buf.cc line 4032 for 946.00 seconds
the semaphore:
S-lock on RW-latch at 0x7f31e0ad3958 created in file buf0buf.cc line 1460
a writer (thread id 139851249755904) has reserved it in mode  exclusive
number of readers 0, waiters flag 1, lock_word: 0
Last time read locked in file row0sel.cc line 1372
Last time write locked in file /data3/.../storage/innobase/buf/buf0buf.cc line
5202
--Thread 139847269267200 has waited at buf0buf.cc line 4032 for 864.00 seconds
the semaphore:
S-lock on RW-latch at 0x7f31d87bcfb0 created in file buf0buf.cc line 1460
a writer (thread id 139847280621312) has reserved it in mode  exclusive
number of readers 0, waiters flag 1, lock_word: 0
Last time read locked in file dict0load.cc line 2427
Last time write locked in file /data3/.../storage/innobase/buf/buf0buf.cc line
5202
 --Thread 139847288190720 has waited at buf0buf.cc line 4032 for 870.00 seconds
```

```
the semaphore:
    S-lock on RW-latch at 0x7f31d87bcfb0 created in file buf0buf.cc line 1460
    a writer (thread id 139847280621312) has reserved it in mode  exclusive
    number of readers 0, waiters flag 1, lock_word: 0
    Last time read locked in file dict0load.cc line 2427
    Last time write locked in file /data3/.../storage/innobase/buf/buf0buf.cc
line 5202
    --Thread 139851743299328 has waited at buf0buf.cc line 4032 for 874.00 seconds
the semaphore:
    S-lock on RW-latch at 0x7f31d87bcfb0 created in file buf0buf.cc line 1460
    a writer (thread id 139847280621312) has reserved it in mode  exclusive
    number of readers 0, waiters flag 1, lock_word: 0
    Last time read locked in file dict0load.cc line 2427
    Last time write locked in file /data3/.../storage/innobase/buf/buf0buf.cc line
5202
    ...
    ------------
    TRANSACTIONS
    ------------
    Trx id counter 83395892
    Purge done for trx's n:o < 83395759 undo n:o < 0 state: running but idle
    History list length 48
    LIST OF TRANSACTIONS FOR EACH SESSION:
    ---TRANSACTION 421327451826960, not started
    0 lock struct(s), heap size 1136, 0 row lock(s)
    ---TRANSACTION 421327451826048, not started
    0 lock struct(s), heap size 1136, 0 row lock(s)
    ---TRANSACTION 421327451825136, not started
    0 lock struct(s), heap size 1136, 0 row lock(s)
    ---TRANSACTION 421327451824224, not started
    0 lock struct(s), heap size 1136, 0 row lock(s)
    ---TRANSACTION 421327451822400, not started
    0 lock struct(s), heap size 1136, 0 row lock(s)
    ---TRANSACTION 421327451821488, not started
    0 lock struct(s), heap size 1136, 0 row lock(s)
    ...
    ---TRANSACTION 83395770, ACTIVE 946 sec inserting
    mysql tables in use 1, locked 1
    1 lock struct(s), heap size 1136, 0 row lock(s)
    MySQL thread id 2918975, OS thread handle 139851754604288, query id 267379652
**.*.*.** tars update
    insert ignore into tars_property_2020040600 (f_date,f_tflag,master_name,
master_ip,property_name,set_name,set_area,set_id,policy,value) values
    ...
    , ('20200406','0025','Alg.As
    ---TRANSACTION 83395769, ACTIVE 946 sec inserting
    mysql tables in use 1, locked 1
    1 lock struct(s), heap size 1136, 0 row lock(s)
```

```
    MySQL thread id 2918974, OS thread handle 139851249755904, query id 267379653
**.*.*.** tars update
    insert ignore into tars_property_2020040600  (f_date,f_tflag,master_name,
master_ip, property_name,set_name,set_area,set_id,policy,value) values  (
    …
```

latch：

latch 是 InnoDB 的一种轻量级锁，用于保护自己内存内部结构，通常保持很短的时间，以毫秒（ms）或微秒（μs）为单位。latch 包括互斥锁（mutexes）（用于独占访问）和 rw 锁（用于共享访问）两种。

2）分析线程阻塞关系

整理上述日志信息，获取线程之间的阻塞关系如下。举例说明，线程 139851754604288 执行 buf0buf.cc 程序中第 4032 行代码时，申请共享级别锁（S-lock），被持有排他锁（mode exclusive）的线程 139851249755904 阻塞，139851249755904 线程正在执行 buf0buf.cc 程序中的第 5202 行代码。

```
    --阻塞关系如下所示：
    thread id 139851754604288 (S-lock buf0buf.cc line 4032) <-- thread id
139851249755904 (mode exclusive buf0buf.cc line 5202)
    thread id 139847269267200 (S-lock buf0buf.cc line 4032) <-- thread id
139847280621312 (mode exclusive buf0buf.cc line 5202)
    thread id 139847288190720 (S-lock buf0buf.cc line 4032) <-- thread id
139847280621312 (mode exclusive buf0buf.cc line 5202)
    thread id 139851743299328 (S-lock buf0buf.cc line 4032) <-- thread id
139847280621312 (mode exclusive buf0buf.cc line 5202)
```

3）检查线程事务信息

以线程 139851754604288 为例，在日志中 TRANSACTIONS 部分找到这个线程正在执行的 SQL 语句，线程 13985175460428 正在向表 tars_property_2020040600 插入数据，代码如下。

```
    --Thread 139851754604288 has waited at buf0buf.cc line 4032 for 946.00 seconds
the semaphore:
    S-lock on RW-latch at 0x7f31e0ad3958 created in file buf0buf.cc line 1460
    a writer (thread id 139851249755904) has reserved it in mode exclusive
    number of readers 0, waiters flag 1, lock_word: 0
    Last time read locked in file row0sel.cc line 1372
    Last time write locked in file /data3/…/storage/innobase/buf/buf0buf.cc line
5202

    MySQL thread id 2918975, OS thread handle 139851754604288, query id 267379652
**.*.*.** tars update
    insert ignore into tars_property_2020040600  (f_date,f_tflag,master_name,
master_ip, property_name,set_name,set_area,set_id,policy,value) values  (
    …
    , ('20200406','0025','Alg.As
    MySQL thread id 2918974, OS thread handle 139851249755904, query id 267379653
```

```
**.*.*.** tars update
    insert ignore into tars_property_2020040600  (f_date,f_tflag,master_name,
master_ip,property_name,set_name,set_area,set_id,policy,value) values  (
    ...
    , ('20200406','0025','Alg.AsrAdapter','26.5.
    ---TRANSACTION 83395758, ACTIVE 964 sec inserting
```

4）检查程序代码执行内容

接下来检查 buf0buf.cc 第 4032 行和第 5202 行代码内容。

首先查看 MySQL 源码 buf0buf.cc 第 4032 行相关代码，该段代码表示正在将数据块读入到内存中，结合上一步的线程事务信息，可以得到线程 139851754604288 在向表 tars_property 插入数据时，发现数据要插入的数据块不在内存中，需要从磁盘读到内存中，在读取数据块的过程中需要获取该数据块的共享锁（S-lock）。

```
    /** Wait for the block to be read in.
    @param[in]    block    The block to check */
    static
    void
    buf_wait_for_read(
        buf_block_t*    block)
    {
        /* Note:

        We are using the block->lock to check for IO state (and a dirty read).
        We set the IO_READ state under the protection of the hash_lock
        (and block->mutex). This is safe because another thread can only
        access the block (and check for IO state) after the block has been
        added to the page hashtable. */

        if (buf_block_get_io_fix(block) == BUF_IO_READ) {

            /* Wait until the read operation completes */

            BPageMutex*    mutex = buf_page_get_mutex(&block->page);

            for (;;) {
                buf_io_fix    io_fix;

                mutex_enter(mutex);

                io_fix = buf_block_get_io_fix(block);

                mutex_exit(mutex);

                if (io_fix == BUF_IO_READ) {
                    /* Wait by temporaly s-latch */
4032                rw_lock_s_lock(&block->lock);
```

```
                rw_lock_s_unlock(&block->lock);
            } else {
                break;
            }
        }
    }
}
```

查看 MySQL 源码 buf0buf.cc 第 5202 行相关代码，可以看到执行这行代码的线程对数据块持有排他锁 x-lock，即 mode exclusive。

```
        /* We set a pass-type x-lock on the frame because then
        the same thread which called for the read operation
        (and is running now at this point of code) can wait
        for the read to complete by waiting for the x-lock on
        the frame; if the x-lock were recursive, the same
        thread would illegally get the x-lock before the page
        read is completed.  The x-lock is cleared by the
        io-handler thread. */

5202    rw_lock_x_lock_gen(&block->lock, BUF_IO_READ);
```

将上述第 4032 行代码和第 5202 行代码逻辑合并如下。

```
4032    rw_lock_s_lock(&block->lock);  申请共享锁
5202    rw_lock_x_lock_gen(&block->lock, BUF_IO_READ);  持有排他锁
```

结合分析线程阻塞关系、检查线程事务信息、MySQL 程序代码检查这三部分信息，取其阻塞关系中的其中一条，其他阻塞关系逻辑一样。

（1）线程 139851754604288 申请共享锁（rw_lock_s_lock）准备将数据块读入内存执行 insert 操作，但是没有申请成功，等待了 946s。

（2）线程 139851249755904 正在向已经在内存中的数据块插入数据，持有读写排他锁（rw_lock_x_lock_gen），阻塞 139851754604288 线程读取新的数据块到内存中。

5）检查宕机时刻错误日志

继续检查错误日志 mysqld1.log，在 2020-04-06T00:41:18 时刻 Semaphore 等待超过 600s，数据库认为自己已经挂起（hang），于是将数据库关闭（crash），日志信息如下。

```
    InnoDB: ###### Diagnostic info printed to the standard error stream
    2020-04-06T00:41:18.717739+08:00 0 [ERROR] [FATAL] InnoDB: Semaphore wait has
lasted > 600 seconds. We intentionally crash the server because it appears to b
    e hung.
    2020-04-06 00:41:18 0x7f31b295c700  InnoDB: Assertion failure in thread
139851426285312 in file ut0ut.cc line 942
    InnoDB: We intentionally generate a memory trap.
    InnoDB: Submit a detailed bug report to http://bugs.mysql.com.
    InnoDB: If you get repeated assertion failures or crashes, even
    InnoDB: immediately after the mysqld startup, there may be
    InnoDB: corruption in the InnoDB tablespace. Please refer to
```

```
InnoDB: http://dev.mysql.com/doc/refman/5.7/en/forcing-innodb-recovery.html
InnoDB: about forcing recovery.
```

这里需要说明的是，show engine innodb status 命令中 Semaphores 这段统计信息指 latch 的争用情况，即包括 mutex 锁争用情况，以及 rw 锁争用情况。在本例中是 rw 锁的争用。因此错误日志中 Semaphore 等待超过 600s，就是指 rw 锁申请等待超过 600s。

这种锁的争用通常会伴随着大量的磁盘 I/O 以及 InnoDB 内部资源的争用。在本例中，大量数据块需要加载到内存中，而内存中的数据库块正在被 insert 数据，无法使得新的块被读入到内存中。

6）故障原因

综合以上分析，并调研发现当时系统正进行批处理作业，有大量的插入和更新操作，查看 my.cnf 配置文件缓冲池参数设置，发现 innodb_buffer_pool_size 设置为 600MB，设置过小，导致大量新的数据块加载到缓冲池中需要将老的数据块换出，而老的数据块正在被插入数据，无法被换出，因此产生了大量 rw 锁争用，最终因争用等待时间过长，引起了数据库关闭。

3. 解决方案

根据上面的原因分析，调整 Innodb_buffer_pool_size 值为系统内存 60%，大小为 9.6GB。经后续观察数据库运行稳定，mysqld1.log 错误日志没有新的 latch 争用信息出现，也没出现因 latch 争用导致数据库异常挂起问题。

心得分享：缓存池 innodb_buffer_pool_size 值大小设置

按照规范，该值建议设置为系统物理内存大小的 60%。在生产维护中，很多 MySQL 数据库 Innodb_buffer_pool_size 设置为默认值 600MB，一旦业务量增长数据库负载变大容易引起性能问题，严重情况将出现数据库异常挂起，所以该参数值建议按照规范设置。

8.3.2 一次 mysqldump 备份异常问题诊断

凌晨业务低峰期竟然出现数据库异常卡顿，是何原因导致的呢？本节将分享由 mysqldump 备份造成的数据库异常问题诊断过程。

1. 问题描述

某商业银行复杂交易系统使用 Mariadb 数据库 10.1.12 版本，某天凌晨监控发现当时批处理作业一直处于卡顿中，管理员初步判断数据库被 hang 住，需要 DBA 分析原因。

2. 诊断分析

（1）通过 top 命令查看系统负载，CPU 使用率为 6.7%，内存还有 6 373 320KB，I/O 等待（wa）为 0%，因此系统负载很低。

```
top - 01:28:16 up 426 days,  1:05,  1 user,  load average: 0.07, 0.06, 0.05
Tasks: 317 total,   1 running, 314 sleeping,   2 stopped,   0 zombie
%Cpu(s):  6.7 us,  1.4 sy,  0.0 ni, 90.9 id,  0.0 wa,  0.0 hi,  0.0 si,  0.0 st
KiB Mem : 32771496 total,  6373320 free,  6175244 used, 20222932 buff/cache
KiB Swap:  8388604 total,  8388604 free,        0 used. 24538256 avail Mem
  PID USER      PR  NI    VIRT    RES    SHR S  %CPU %MEM     TIME+ COMMAND
 6915 mariadb   20   0 9601300  19.2g  12712 S   0.7  8.5  69:13.83 mysqld
```

（2）执行 show processlist 命令先看数据当时会话。

```
+---------+------+---------------------------------+
|Command  | Time |             State               |
+---------+------+---------------------------------+
|Query    |5536  |Waiting for table level lock     |
|Execute  |5719  |Waiting for table level lock     |
|Execute  |5719  |Waiting for table level lock     |
|Query    |391   |Sending data                     |
|Execute  |5719  |Waiting for table level lock     |
|Execute  |5719  |Waiting for table level lock     |
|Execute  |5719  |Waiting for table level lock     |
|Execute  |5699  |Waiting for table level lock     |
|Query    |3332  |Waiting for table level lock     |
|Query    |2882  |Waiting for table metadata lock  |
|Query    |0     |init                             |
+---------+------+---------------------------------+

+------------------------------------------------------------+
|                          Info                              |
+------------------------------------------------------------+
|INSERT INTO wikbench_acc                                    |
|insert into ffcs_fesult (seg_id,seg_no,PRIORITY,…           |
|insert into ffcs_account_fesult (seq_id,seq_no,acc_fst_code,… |
|SELECT /*!40001 SOL NO_CACHE */ * FROM `fm_ffms_fesult_hir  |
|insert into ffcs_account_fesult (seq_id,seq_no,acc_fst_code,… |
|insert into ffcs_account_fesult (seq_id,seq_no,acc_fst_code,… |
|insert into ffcs_account_fesult (seq_id,seq_no,acc_fst_code,… |
|insert into ffcs_account_fesult (seq_id,seq_no,acc_fst_code,… |
|load data local infile '/home/ffms/app/…                    |
|truncate table fm_pos_merchant_trade_report                 |
|show processlist                                            |
+------------------------------------------------------------+
```

上面 State 列信息显示除去其中一个会话处于 Sending data 活动状态，其他会话均处于被阻塞状态，被阻塞的会话有的处于 Waiting for table level lock 状态，有的处于 Waiting for table metadata lock 状态，检查处于 Sending data 状态的会话正在执行的操作是 SELECT /*!40001 SQL_NO_CACHE */ 语句。

SELECT /*!40001 SQL_NO_CACHE */是 MySQL 的特殊语法，意思是既不检查缓存，也不缓存查询结果，该语句是 mysqldump 备份工具向数据库发起的查询语句。

综合以上信息推断是由于 mysqldump 正在备份数据库，对所有会话产生了阻塞，下面通过实验复现该问题，从而证明我们的推断是正确的。

首先获取备份脚本信息如下，通过 mysqldump 使用 root 用户登录到数据库，对全库（-A 参数，代表全库）进行备份，将备份的数据使用 gzip 命令进行压缩，压缩级别是 9，最高的压缩级别。

```
mysqldump -uroot -p非明文密码 -P 5**9 -hlocalhost -A | gzip -9>/xx/备份集
```

（3）根据备份脚本内容，在测试环境模拟备份过程，为了跟踪 mysqldump 命令在备份过程中执行了哪些 SQL 语句，需要开启通用日志记录，该日志记录 MySQL 所有的操作。

```
--打开 general 通用日志
set global general_log=on;
set global general_log_file= '/mysqldata/mysql/mysql/data/general.log';
--进行全库备份
mysqldump -hlocalhost -uroot -p --all-databases > backupall.sql
```

查看生成的 general.log，选择其中备份的 esappdb 数据库，备份过程如下。

```
    2020-06-16T01:07:05.063265Z  3 Init DB    esappdb
    2020-06-16T01:07:05.063358Z  3 Query    SHOW CREATE DATABASE IF NOT EXISTS
`esappdb`
    2020-06-16T01:07:05.063450Z  3 Query    show tables
    2020-06-16T01:07:05.063886Z  3 Query    LOCK TABLES `aa` READ /*!32311 LOCAL
*/,`cr` READ /*!32311 LOCAL */,`f` READ /*!32311 LOCAL */,`ff` READ /*!32311 LOCAL
*/,`kk` READ /*!32311 LOCAL */,`mem` READ /*!32311 LOCAL */,`mem2` READ /*!32311
LOCAL */,`n` READ /*!32311 LOCAL */,`pd` READ /*!32311 LOCAL */,`pds` READ /*!32311
LOCAL */,`pm` READ /*!32311 LOCAL */,`pmjd` READ /*!32311 LOCAL
*/,`project_measures` READ /*!32311 LOCAL */,`rr` READ /*!32311 LOCAL */,`t` READ
/*!32311 LOCAL */,`w` READ /*!32311 LOCAL */,`wuindex` READ /*!32311 LOCAL */,`z`
READ /*!32311 LOCAL */
    2020-06-16T01:07:05.074556Z  3 Query    show table status like 'aa'
    2020-06-16T01:07:05.075203Z  3 Query    SET SQL_QUOTE_SHOW_CREATE=1
    2020-06-16T01:07:05.075346Z  3 Query    SET SESSION character_set_results =
'binary'
    2020-06-16T01:07:05.075470Z  3 Query    show create table `aa`
    2020-06-16T01:07:05.075628Z  3 Query    SET SESSION character_set_results =
'utf8'
    2020-06-16T01:07:05.075759Z  3 Query    show fields from `aa`
    2020-06-16T01:07:05.076276Z  3 Query    show fields from `aa`
    2020-06-16T01:07:05.076703Z  3 Query    SELECT /*!40001 SQL_NO_CACHE */ * FROM
`aa`
    2020-06-16T01:07:05.077831Z  3 Query    SET SESSION character_set_results =
'binary'
    …
    2020-06-16T01:07:05.153806Z  3 Query    use `esappdb`
    2020-06-16T01:07:05.153939Z  3 Query    select @@collation_database
    2020-06-16T01:07:05.154106Z  3 Query    SHOW TRIGGERS LIKE 'z'
    2020-06-16T01:07:05.154963Z  3 Query    SET SESSION character_set_results =
'utf8'
    2020-06-16T01:07:05.155118Z  3 Query    UNLOCK TABLES
```

通过上面 general.log 日志看到，在备份 esappdb 时，先对所有表进行（LOCK TABLES）加锁，待该库所有表备份完成释放锁（UNLOCK TABLES）。于是通过实验模拟复现了故障。

为了避免 esappdb 库中所有表被加锁，在备份命令中添加--single-trantscation 选项，继续观察 general.log。

```
    mysqldump -hlocalhost -uroot -p --single-trantscation --all-databases >
backupall.sql—全库备份
```

查看生成的 general.log，备份过程如下。

```
    2020-06-16T02:37:48.292526Z   7 Connect   root@localhost on  using Socket
    2020-06-16T02:37:48.293380Z   7 Query   /*!40100 SET @@SQL_MODE='' */
    2020-06-16T02:37:48.293790Z   7 Query   /*!40103 SET TIME_ZONE='+00:00' */
    2020-06-16T02:37:48.294158Z   7 Query   SET SESSION TRANSACTION ISOLATION
LEVEL REPEATABLE READ
    2020-06-16T02:37:48.294402Z   7 Query   START TRANSACTION /*!40100 WITH
CONSISTENT SNAPSHOT */
    2020-06-16T02:37:48.294658Z   7 Query   UNLOCK TABLES
    2020-06-16T02:37:48.294927Z   7 Query   SELECT LOGFILE_GROUP_NAME, FILE_NAME,
TOTAL_EXTENTS, INITIAL_SIZE, ENGINE, EXTRA FROM INFORMATION_SCHEMA.FILES WHERE
FILE_TYPE = 'UNDO LOG' AND FILE_NAME IS NOT NULL AND LOGFILE_GROUP_NAME IS NOT NULL
GROUP BY LOGFILE_GROUP_NAME, FILE_NAME, ENGINE, TOTAL_EXTENTS, INITIAL_SIZE ORDER
BY LOGFILE_GROUP_NAME
    2020-06-16T02:37:48.297411Z   7 Query   SELECT DISTINCT TABLESPACE_NAME,
FILE_NAME,  LOGFILE_GROUP_NAME,  EXTENT_SIZE,  INITIAL_SIZE,  ENGINE  FROM
INFORMATION_SCHEMA.FILES WHERE FILE_TYPE = 'DATAFILE' ORDER BY TABLESPACE_NAME,
LOGFILE_GROUP_NAME
    2020-06-16T02:37:48.298563Z   7 Query   SHOW DATABASES
    2020-06-16T02:37:48.310904Z   7 Init DB   esappdb
    2020-06-16T02:37:48.311132Z   7 Query   SHOW CREATE DATABASE IF NOT EXISTS
`esappdb`
    2020-06-16T02:37:48.311330Z   7 Query   SAVEPOINT sp
    2020-06-16T02:37:48.311473Z   7 Query   show tables
    2020-06-16T02:37:48.312159Z   7 Query   show table status like 'aa'
    2020-06-16T02:37:48.312913Z   7 Query   SET SQL_QUOTE_SHOW_CREATE=1
    2020-06-16T02:37:48.313048Z   7 Query   SET SESSION character_set_results =
'binary'
    2020-06-16T02:37:48.313173Z   7 Query   show create table `aa`
    2020-06-16T02:37:48.313423Z   7 Query   SET SESSION character_set_results =
'utf8'
    2020-06-16T02:37:48.313592Z   7 Query   show fields from `aa`
    2020-06-16T02:37:48.314316Z   7 Query   show fields from `aa`
    2020-06-16T02:37:48.314948Z   7 Query   SELECT /*!40001 SQL_NO_CACHE */ *
FROM `aa`
    2020-06-16T02:37:48.315233Z   7 Query   SET SESSION character_set_results =
'binary'
    2020-06-16T02:37:48.315424Z   7 Query   use `esappdb`
    2020-06-16T02:37:48.315530Z   7 Query   select @@collation_database
    2020-06-16T02:37:48.315666Z   7 Query   SHOW TRIGGERS LIKE 'aa'
    2020-06-16T02:37:48.316233Z   7 Query   SET SESSION character_set_results =
'utf8'
    2020-06-16T02:37:48.316371Z   7 Query   ROLLBACK TO SAVEPOINT sp
```

根据上面日志输出看到有--single-trantscation 选项，备份时先设置会话级别事务可重复读

（REPEATABLE READ），并设置事务快照（CONSISTENT SNAPSHOT），这样保证在一个事务中所有相同的查询读取到同样的数据，保证 mysqldump 备份读取事务不受其他线程更新影响，避免备份过程锁表。

3．解决方案

通过上面的实验了解 mysqldump 没有和有--single-trantscation 选项时两种场景备份原理，对于 mysqldump 备份，为了避免锁表带来长时间数据库锁状态，需加--single-trantscation 选项解决此问题，但是有没有其他影响呢？

通过查看 mariadb mysqldump 官方手册内容：在使用--single-trantscation 选项备份期间，应该隔离 ALTER TABLE、CREATE TABLE、DROP TABLE、RENAME TABLE、TRUNCATE TABLE 等语句，可能会造成备份失败或者备份数据不可用。

上面的 show processlist 命令输出，有 truncate table fm_pos_merchant_trade_report 操作，此操作每晚定时执行，经沟通将备份时间窗口和此 truncate 表操作分为不同时段进行。

然后再运行加--single-trantscation 选项的 mysqldump 备份命令。

备份脚本核心备份语句如下。

```
    mysqldump -uroot -p非明文密码  -P 5569 -hlocalhost --single-trantscation -A
gzip -9 >/xx/备份集
```

心得分享：

（1）对于使用 MySQL 或者 Mariadb 数据库，优先使用 XraBackup、MEB 等专业备份工具完成备份。

（2）如果对 7×24h 在线系统使用 mysqldump 进行备份，需要加--single-transaction 选项。

8.3.3　一次 binlog 无法清理问题诊断

这是一次少见的 binlog 日志无法清理问题，无论手动删除 binlog 还是通过数据库设置 binlog 保留策略自动删除 binlog 都失败，是何原因导致的呢？本节将分享 binlog 无法清理的诊断案例。

1．问题描述

某商业银行托管系统使用 MySQL 5.7.22 版本，该库 binlog 目录使用率达 83%，已超过 80%触发了告警，管理员为释放空间，尝试通过 PURGE 命令清理数据库 binlog 日志，发现无法清理 binlog，需 DBA 分析原因并解决该问题。

2．诊断分析

（1）通过 ls -l 命令查看 binlog 目录文件，发现已保留超过 15 天（1 月 8 日至 1 月 23 日）的 binlog 日志，文件系统中存在 binlog 文件编号为 0000101～000147。

```
…
-rw-r----- 1 citicsql citicgrp 1075919934 1月  8  16:03 mysql-bin.000101
-rw-r----- 1 citicsql citicgrp 1073905099 1月  8  18:03 mysql-bin.000102
-rw-r----- 1 citicsql citicgrp 1073745523 1月  8  20:03 mysql-bin.000103
-rw-r----- 1 citicsql citicgrp 1074230886 1月  8  22:05 mysql-bin.000104
-rw-r----- 1 citicsql citicgrp 1073997866 1月  9  09:01 mysql-bin.000105
-rw-r----- 1 citicsql citicgrp 1076830058 1月  9  15:02 mysql-bin.000106
```

```
-rw-r----- 1 citicsql citicgrp 1074755704 1月 10  03:02 mysql-bin.000107
-rw-r----- 1 citicsql citicgrp 1075334666 1月 10  15:02 mysql-bin.000108
-rw-r----- 1 citicsql citicgrp 1073996997 1月 10  21:02 mysql-bin.000109
-rw-r----- 1 citicsql citicgrp 1010261732 1月 11  09:57 mysql-bin.000110
-rw-r----- 1 citicsql citicgrp        217 1月 11  10:42 mysql-bin.000111
-rw-r----- 1 citicsql citicgrp        241 1月 11  10:53 mysql-bin.000112
-rw-r----- 1 citicsql citicgrp        217 1月 11  10:58 mysql-bin.000113
-rw-r----- 1 citicsql citicgrp 1010082769 1月 11  09:57 mysql-bin.000114
…
-rw-r----- 1 citicsql citicgrp 1074861671 1月 22  09:57 mysql-bin.000146
-rw-r----- 1 citicsql citicgrp   20098813 1月 23  09:57 mysql-bin.000147
…
```

（2）查看 binlog 日志保留天数参数设置，日志保留策略为 1 天。

```
mysql> show global variables like  '%day%';
+------------------+-------+
| Variable_name    | Value |
+------------------+-------+
| expire_logs_days | 1     |
+------------------+-------+
1 row in set (0.03 sec)
```

根据 MySQL 当前日志保留策略，binlog 目录应该保留 1 天的 binlog 日志，超过 1 天的日志应该删除，目前存在超过 15 天的 binlog 日志，证明当前日志保留策略失效。

---

expire_logs_days 参数说明：

自动删除二进制 binlog 天数，默认是 0 永久保留，当前系统设置为 1，即当重启数据库或者刷新 binlog 时（重启数据库和 flush logs 会自动生成一个新的 binlog 文件），自动删除超过 1 天的 binlog 日志。如果手动清理，可以使用 PURGE BINARY LOGS 命令。

（3）重启数据库发现 binlog 日志还未清理，再次尝试手动清理 mysql-bin.000140 之前 binlog 日志。PURGE 命令执行完有告警，查看告警提示 mysq1-bin.000147 是 active log 不能被 PURGE。

```
mysql> PURGE BINARY LOGS TO 'mysql-bin.000140';
Query OK, 0 rows affected (0.00 sec) 1. warning (0.00 sec)
mysql> show warnings;
+---------+------+
| Level   | Code |
+---------+------+
| Warning | 1868 |
+---------+------+
+-------------------------------------------------------------------------+
| Message                                                                 |
+-------------------------------------------------------------------------+
| file mysql-bin.000147 was not purged because it is the active log file.|
+-------------------------------------------------------------------------+
```

（4）查看 binlog 日志索引文件 mysql-bin.index 内容如下。

① 日志索引文件的第一条是 mysql-bin.000147 这个日志文件。

② 接下来的内容是/mysqllog/mysql-bin.000148 到/mysqllog/mysql-bin.000288 的连续编号 binlog 记录。

③ 然后是/mysqllog/mysql-bin.000001 到/mysqllog/mysql-bin.000147 的连续编号的 binlog 记录。

```
cat mysql-bin.index
/mysqllog/mysql-bin.000147
/mysqllog/mysql-bin.000148
/mysqllog/mysql-bin.000149
…
/mysqllog/mysql-bin.000286
/mysqllog/mysql-bin.000287
/mysqllog/mysql-bin.000288
/mysqllog/mysql-bin.000001
/mysqllog/mysql-bin.000002
/mysqllog/mysql-bin.000003
/mysqllog/mysql-bin.000004
/mysqllog/mysql-bin.000005
/mysqllog/mysql-bin.000006
/mysqllog/mysql-bin.000007
...
/mysqllog/mysql-bin.000144
/mysqllog/mysql-bin.000145
/mysqllog/mysql-bin.000146
/mysqllog/mysql-bin.000147
```

根据 PURGE BINARY LOGS 命令的 Warning 信息 active log file 关键字，搜索 MySQL 源码 purge_logs 代码如下。

```
int MYSQL_BIN_LOG::purge_logs(const char *to_log,
                              bool included,
                              bool need_lock_index,
                              bool need_update_threads,
                              ulonglong *decrease_log_space,
                              bool auto_purge)
…
 /*
    File name exists in index file; delete until we find this file
    or a file that is used.
  */
  if ((error=find_log_pos(&log_info, NullS, false/*need_lock_index= false*/)))
    goto err;

  while ((strcmp(to_log,log_info.log_file_name) || (exit_loop=included)))
  {
   if(is_active(log_info.log_file_name))
```

```
    {
      if(!auto_purge)
        push_warning_printf(thd, Sql_condition::SL_WARNING,
                            ER_WARN_PURGE_LOG_IS_ACTIVE,
                            ER(ER_WARN_PURGE_LOG_IS_ACTIVE),
                            log_info.log_file_name);
break;
    }
```

由于上面 mysql-bin.index 文件中存在重复 binlog 记录，在执行 PURGE 日志流程传参 char *to_log（TO 'mysql-bin.000140'）校验中，发现要删除的日志是当前 active 日志，导致退出 PURGE 流程，所以无法完成 binlog 日志清理。

3. 解决方案

重建 mysql-bin.index 文件，使 mysql-bin.index 文件与实际 binlog 物理文件匹配，重启数据库，由于 binlog 日志保留参数 expire_logs_days 为 1，1 天前的 binlog 均被自动清理，问题解决。

心得分享：

MySQL binlog 手动清理，不能使用系统命令删除或者直接置空 binlog 日志文件再删除 binlog 空文件，这样无法更新 mysql-bin.index 文件，可能导致后续 binlog PURGE 发生异常，因此建议使用 PURGE 命令清理 binlog。

8.3.4 一次 ibtmp1 临时文件巨大问题诊断

数据库 ibtmp1 临时文件比该库备份的数据文件大数倍，如何导致？如何释放？如何避免呢？请见本节案例分享。

1. 问题描述

某商业银行绩效考核系统使用 MySQL 5.7.22 版本，用于绩效考核分析，属于批处理系统。在两个物理机上通过 Linux RHCS 实现 HA 共享存储架构，MySQL 部署在共享存储上面。

该系统上线运行一段时间后，管理员发现该库 mysqldump 备份的数据才 19GB，但数据库存放数据目录/mysqldata 占用 176GB 空间，同时发现近期绩效日终批处理时间变长，是何原因导致？需 DBA 分析解决。

2. 诊断分析

（1）执行 df -h 命令查看 MySQL 数据库目录使用率情况。

```
/dev/mapper/datavg-lvmysqldata
                        200G  176G   23G88% /mysqldata
/dev/mapper/logvg-lvmysqllog
                       100G  60G   38G  61% /mysqllog
```

经过查看/mysqldata 中最大的文件是 ibtmp1 文件，大小为 149GB，位于数据库 datadir 目录/mysqldata/citicsql/data/data，该文件占用大量空间。

ibtmp1 介绍：

从 MySQL 5.7 开始，临时表空间以数据文件形式存放，文件名称是 ibtmp1。用户创建的临时表和磁盘上的内部临时表在共享临时表空间 ibtmp1 中创建，可以通过 my.cnf 参数 innodb_temp_data_file_path 定义临时表空间数据文件路径、名称、大小和属性。

如无上述显式定义，默认是在 my.cnf 参数 innodb_data_home_dir 设置的目录中创建一个初始化大小为 12MB 的 ibtmp1 文件。

通过 show variables 命令查看 innodb_data_home_dir 设置如下。

```
mysql> show global variables like 'innodb_temp_data_file_path';
+----------------------------+-----------------------+
| Variable_name              | Value                 |
+----------------------------+-----------------------+
| innodb_temp_data_file_path | ibtmp1:12M:autoextend |
+----------------------------+-----------------------+
```

当将/mysqldata 目录中 ibtmp1 文件占用 149GB 空间告知管理员后，该系统管理员提出以下三个问题。

① 是什么原因导致 ibtmp1 文件占用 149GB 空间？

② 如何释放 ibtmp1 文件占用的空间？

③ 如何避免 ibtmp1 文件不断增长导致占用空间过大？

（2）为分析原因，先了解系统近期运行情况，是不是异常变更导致？

和开发人员查询生产批处理作业执行时间日志记录，发现上周五变更后批处理变慢，原因是新加报表相关批处理作业，该作业需要生成十天以上的多维度报表。

由于此系统属于批处理系统，每天进行大数据量汇总加工处理，尤其大表相关 SQL 涉及大量 ORDER BY、GROUP BY，通过 SQL 分析执行计划工具 Explain 解析 SQL 语句执行计划，发现有很多 using temporary（使用临时表）或者 using filesort（文件排序），每天批处理产生大量相关内部临时表使得 ibtmp1 不断增长。

MySQL 创建 ibtmp1 文件时，其默认大小为 12MB，使用临时表的事务结束后，其占用 ibtmp1 空间并未被回收，可以被后续需要使用 ibtmp1 数据文件的其他事务重用，导致 ibtmp1 文件不断变大，这就是本案例中 ibtmp1 文件达到 149GB 的根本原因。

3. 解决方案

（1）根据上面分析找到占用大量空间的 ibtmp1 文件，如何释放？

如何释放 ibtmp1 文件，能不能在线删除？答案是不能。需要通过合适窗口重启 MySQL 才能释放 ibtmp1 文件所占用的磁盘空间，其机制如下。

ibtmp1 释放机制：

临时表空间在 MySQL 重启会重新初始化，并在每次 MySQL 服务启动时重新创建。如果无法创建临时表空间 ibtmp1，则启动失败。如果 MySQL 意外停止不会删除临时表空间 ibtmp1 文件，在这种情况下，可以手动删除临时表空间 ibtmp1 文件，再重启 MySQL 服务，释放 ibtmp1 文件占用的空间。

（2）如何避免 ibtmp1 临时文件的巨大问题？

限制ibtmp1文件大小是否可行？

如果设置ibtmp1大小，当ibtmp1文件达到设置的最大值时会导致批处理失败，并需要重新启动MySQL服务，经过讨论不采用此种策略，重点从以下几点进行优化。

① SQL语句优化。

查看MySQL慢日志，分析记录了执行时间超过120s的SQL语句，对出现频率高的SQL语句进行Explain分析，尤其大表涉及order by、group by发现有using temporary（使用临时表）或者using filesort（文件排序）及时关注，分析是否需要建立合适的索引还是已有索引没有使用，尽量减少额外的排序避免临时文件ibtmp1增长过快占用空间过大。

以下便是包含group by的 SQL语句，查询大量的数据并对表zbbh、tjfs、bz、tjdx和tjrq、jgh进行groupby聚合操作，需要使用大量ibtmp1文件的空间。

```
    --问题SQL语句:
    select zbbh,tjfs,bz,tjdx,tjrq,jgh,case when sum(khjs)=0 then sum(xtjs) else
sum(khjs) end as khjs
    from(
          select   a.zbbh,d.tjfs,a.bz,a.tjdx,a.tjrq,a.jgh,a.zbz as xtjs,0 as
khjs
          from LDB_YXCB_JK a ,LDB_TMP_ZBJSXS b,TMP_LDB_XSXYZB c,KJDS_YB d
          where a.zbbh=b.zzbbh and b.bs=0  and a.tjrq=b.sjrq and a.jsfs=''1'' and
a.zbbh=d.zbbh
             and c.faly in(''2'',''3'') and b.zzbbh= c.jszbbh
          union all
          select   a.zbbh,d.tjfs,a.bz,a.tjdx,a.tjrq,a.jgh,a.zbz as xtjs,0 as
khjs
          from LDB_YXCB_JK a ,LDB_TMP_ZBJSXS b,KJDS_YB d
          where a.zbbh=b.zzbbh and b.bs=0  and a.tjrq=b.sjrq and a.jsfs=''0'' and
a.zbbh=d.zbbh
             and not exists(select 1 from TMP_LDB_XSXYZB2 c where c.faly
in(''2'',''3'') and b.zzbbh=c.jszbbh)
          union all
          select concat(''JS'',a.zbbh) as zbbh,d.tjfs,a.bz,a.tjdx,b.sjrq  as
tjrq,a.jgh,0 as xtjs ,a.tzz as khjs
          from TMP_YJZB_JGJSTZ a ,LDB_TMP_ZBJSXS b ,KJDS_YB d,YJZB_JSTZXM e
          where a.jszbbh=b.zzbbh and b.bs=0   and a.xmbh=e.xmbh  and b.sjrq
between e.qsrq and e.jsrq and a.zbbh=d.zbbh
      )a
   group by zbbh,tjfs,bz,tjdx,tjrq,jgh');
```

② 批处理优化。

原来SQL语句一次处理多天数据，改为每次处理1天，分为多次处理的方式，从而减少每次 SQL 语句批处理数据量以降低 ibtmp1 文件的空间消耗。例如，在上述 SQL 语句中LDB_YXCB_JK（别名为a）表存储最近15天的数据，可以通过batch_day字段区分每天的数据，于是在where条件中添加a.batch_day='20210305'，只处理20210305这一天的数据从而降低SQL语句批处理数据量。

最终，经过优化成功解决了问题。

8.3.5 一次数据库文件系统权限异常问题诊断

数据库无任何变更，数据库文件权限竟然异常，本节案例将分享数据库权限异常的诡异问题。

1. 问题描述

某商业银行生命周期管理系统使用 MariaDB 10.2.6 版本，采用主从架构，分别部署在生产和同城机房虚拟机上。因主库虚拟机所在宿主机故障，主库虚拟机漂移到其他宿主机后，数据库已配置的开机自启动失败。

2. 诊断分析

（1）执行 netstat 命令查看该数据端口 3309 是否正常监听，以下命令没有返回结果，表示 3309 端口没有被监听。

```
[root@plpldb1:/home/stadm]>netstat  -an |grep 3309
[root@plpldb1:/home/stadm]>
```

（2）尝试手工启动数据库失败，输出结果如下，报错误日志 mysqld.log 没有权限。

```
[mysql@plpldb1:~]>mysql.server start
Can't create/write to file '/mariadata/log/mysqld.log' permission denied.
```

（3）检查错误日志 mysqld.log 的属组和 MariaDB 实例用户 mysql 的属组。

① 发现错误日志 mysqld.log 的权限，发现属组为 498:mysql。

② 通过 id 命令查看 MariaDB 实例用户 mysql 的属组，发现属组为 uid=901(mysql) gid=901(mysql) groups=901(mysql)，即 mysql 用户的 id 为 901 不是 498，组为 mysql，组 id 为 901。

③ 因此错误日志 mysqld.log 的权限是不对的，应该为 mysql:mysql。

```
ls -l /mariadata/log/mysqld.log
-rw-r-r-- 498 mysql /mariadata/log/mysqld.log
idmysql
uid=901(mysql) gid=901(mysql) groups=901(mysql)
```

随后，进一步检查涉及数据库的其他目录，发现/mariadata 目录下面 data、tmp 子目录也是 498:mysql 权限，也是不对的，应为 mysql:mysql。

3. 解决方案

（1）登录系统 root 用户，调整数据库错误日志及相关 data、log、tmp 目录属组为 mysql:mysql，具体命令如下。

```
chown mysql:mysql /mariadata/log/mysqld.log
cd /mariadata/
chown -R mysql:mysql data log tmp
```

（2）调整相关文件属组后，主库正常启动，登录从库检查主从复制状态也恢复正常。

```
Slave_IO_Running: Yes
Slave_SQL_Running: Yes
```

后续将从库 MariaDB 文件按照主库权限调整命令执行相同权限调整。

问题追溯：发现因安全整改，将 mysql 实例属组调整，用户 id 调整为 901 及组 id 调整为 901 引发的这次故障。

心得分享：

在生产环境实例用户权限不可轻易调整，看似一个简单调整用户 id 和组 id 值的动作，也影响了数据库运行。生产系统相关数据库文件用户属组权限调整应该谨慎，调整权限后验证一定要全面，否则将导致生产事故发生。

8.4 问题诊断实战案例集二——主从复制故障诊断

在生产环境中，MySQL 通常以主从架构部署，运维中会遇到各种主从复制故障，本节将向读者分享主从复制故障案例。

在介绍 MySQL 主从复制实战案例前，先简单介绍 MySQL 主从复制，如图 8-3 所示，MySQL 主从复制是一种数据同步技术，基于二进制日志（binarylog）文件实现主从数据同步。

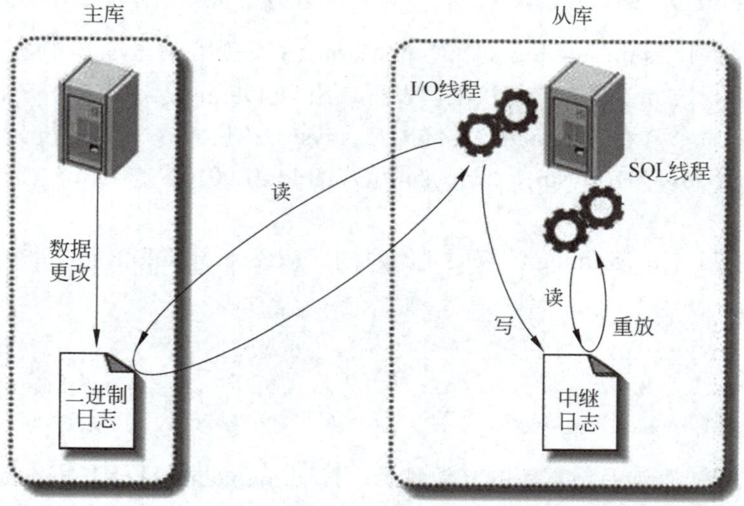

图 8-3　MySQL 主从复制原理

二进制日志（Binary Log）和主从复制：

对于复制，主库上的二进制日志要发送给从库（二进制记录主库数据更改），主库将二进制日志中包含的事件发送到从库，从库执行这些事件以进行与主库相同的数据更改。

1. MySQL 主从复制步骤

（1）在主库上把数据更改记录到二进制（binlog）中，这些记录被称为二进制日志事件。主库在每次准备提交事务完成数据更新前，将数据更新事件记录到二进制日志中。

（2）主库启动二进制转储（binlog dump）线程。

（3）从库启动 I/O 线程，并主动和主库建立连接，二进制转储线程会读取主库上的二进制日志中事件，并发送给从库的 I/O 线程，从库 I/O 线程将接收到的事件记录到中继日志（relay log）中。

（4）从库 SQL 线程从中继日志读取事件并在从库进行事件重放（replay），实现从库数据更新。

2. MySQL 主从复制作用

（1）数据存在镜像，可以防止单一节点库数据丢失，提高数据安全性。

（2）在从库上进行数据备份，减少主库因备份造成的业务影响。

（3）主库异常宕机时，从库可以应急切换升主，从而提升业务的连续性。

（4）实现读写分离，在从库进行读的操作，减少主库的系统负载。

（5）可以满足灾备切换，可以进行滚动升级。

8.4.1 一次从库表记录不存在问题诊断

主从复制发生中断，经查是从库表记录不存在导致，而从库没有人为误删数据，那是什么原因导致的呢？如何解决呢？本节案例将介绍此情况主从问题诊断。

1. 问题描述

某商业银行智能语音客服系统使用 MySQL 5.7.22 版本，主从架构，主库和从库都部署在虚拟机上，通过巡检发现主从异常，需 DBA 分析处理。

2. 诊断分析

（1）查看从库错误日志 mysqld1.log 报错。

```
    more mysqld1.log
    2020-04-23T08:45:50.508051+08:00 3 [ERROR] Slave SQL for channel '': Worker
1 failed executing transaction 'eab43be2-ee62-11e9-8424-005056b21591:29727002' at
master log mysql-bin.000207, end_log_pos 65743852; Could not execute Update_
rows event on table tars_stat.t_ecstatus; Can't find record in 't_ecstatus',
Error_code: 1032; handler error HA_ERR_KEY_NOT_FOUND; the event's master log
mysql-bin.000207, end_log_pos 65743852, Error_code: 1032
```

从库重放主库事件时发现在表 tars_stat.t_ecstatus 中找不到相关记录，无法执行更新操作。

（2）查看从库实例启停日志。

```
    more  mysql-server.log
    2020-04-23 08:45:37  mysql.server start.
```

查看从库启停日志发现只有最近启动记录，没有对应关闭数据库记录，和管理员确认原因是从库所在的宿主机异常宕机，虚拟机被自动迁移到另外的宿主机上。从库启动不久，报错主从异常，期间主库一直正常提供服务。

（3）为避免应用向从库写数据导致主从数据不一致，通常从库设置高权只读，查看从库高权是否是只读状态。

```
mysql> show global variables like 'super_read_only';
+-----------------------------------+-------+
| Variable_name                     |Value  |
+-----------------------------------+-------+
```

```
| super_read_only                          | ON     |
+-----------------------------------------+--------+
```

从库高权只读状态为 ON，状态正常。

（4）查看表 tars_stat.t_ecstatus 建表定义。

```
   mysql> show create table tars_stat.t_ecstatus\G;
*************************** 1.row ***************************
      Table: t_ecstatus
Create Table: CREATE TABLE `t_ecstatus` (
  `id` int(11) NOT NULL AUTO_INCREMENT,
  `appname` varchar(64) NOT NULL DEFAULT '',
  `action` tinyint(4) NOT NULL DEFAULT '0',
  `checkint` smallint(6) NOT NULL DEFAULT '10',
  `lasttime` varchar(16) NOT NULL DEFAULT '',
  PRIMARY KEY (`appname`,`action`),
  UNIQUE KEY `id` (`id`)
) ENGINE=MEMORY AUTO_INCREMENT=2 DEFAULT CHARSET=utf8
1 row in set (0.00 sec)
```

查看该表定义，发现此表是内存表（ENGINE=MEMORY），内存表的特性是在重启数据库后清空表中数据。本次从库宕机重启后，主从异常是因为此期间主库服务一直正常，主库内存表数据未被清理，UPDATE 操作在主库可执行，从库因宕机重启，清理了该内存表数据，主库 UPDATE 操作在从库执行无法找到内存表记录，导致更新失败。

（5）执行如下查询，统计该系统使用内存表情况。

```
   select  TABLE_SCHEMA,TABLE_NAME  from   INFORMATION_SCHEMA.TABLES   where
ENGINE='MEMORY' and TABLE_SCHEMA not in ('INFORMATION_SCHEMA','MYSQL','SYS') ;
   | tars_property    | t_ecstatus                        |
   | tars_stat        | t_ecstatus                        |
```

3. 解决方案

经和开发人员确认，因应用需要无法将内存表调整为常规表。经讨论将内存表设置为复制过滤，避免下次从库重启时内存表数据被清空，从而引发主从数据不一致，进而避免了因数据不一致而产生的 1032 报错。

从库执行以下命令。

```
   Stop slave;
   CHANGE REPLICATION FILTER replicate-ignore-table = ('tars_stat.t_ecstatus',
'tars_property.t_ecstatus');
   Start slave;
```

主库执行以下命令。

```
   CHANGE REPLICATION FILTER replicate-ignore-table = ('tars_stat.t_ecstatus',
'tars_property.t_ecstatus');
```

分别在主、从库 my.cnf 配置文件中，添加内存表复制过滤。

```
my.cnf
[mysqld]
replicate-ignore-table = tars_stat.t_ecstatus
replicate-ignore-table = tars_property.t_ecstatus
wq!
```

心得分享：再谈主从复制 1032 报错

本案例中因内存表导致 1032 报错只是其中一种情况，主从复制异常 1032 报错还有以下几种原因。

（1）应用用户权限有 MySQL ROOT 用户权限同等权限，如果数据库前面 VIP 采用基于 Keepalived 方式自动切换，因网络不稳定原因主从间发生来回切换，可能会导致 1032 报错。该情况务必将应用用户权限降低，只保留必要的权限，同时设置从库只读（READ_ONLY = ON），如果是 MySQL 5.7.8 以上版本可设置（SUPER_READ_ONLY=ON）高权只读。

（2）在设置高权只读（SUPER_READ_ONLY=ON）的情况下，应用用户是普通权限，但是从库因某些原因重启后未设置从库高权只读，此时从库可读写，可能存在从库误写数据，为规避此情况，从库必须设置（SUPER_READ_ONLY=ON）只读权限。

（3）其他原因。在主从复制中数据一致性非常重要，要采取措施避免再次发生。

8.4.2 一次从库事务执行失败问题诊断

主从复制因遇到 1396 报错，导致从库事务执行失败，本节案例将对该问题原因进行细致分析，一探究竟。

1. 问题描述

某商业银行办公系统使用 MySQL 5.7.17 版本，主从复制架构，某天巡检发现主从复制异常，需 DBA 分析异常原因并修复主从关系。

2. 诊断分析

从库执行 show slave status 命令查看主从状态如下。

```
mysql> show slave status \G;
*************************** 1.row ***************************
Slave_IO_State: Waiting for master to send event
Master_Host: facedb1
Master_User: repusr
Master_Port: 3819
Connect_Retry: 60
Master_Log_File: mysql-bin.000386
Read_Master_Log_Pos: 883
Relay_Log_File: relay-bin.000476
Relay_Log_Pos: 885
Relay_Master_Log_File: mysql-bin.000386
Slave_IO_Running: Yes
Slave_SQL_Running: No
…
Last_Errno: 1396
Last_Error: Coordinator stopped because there were error(s) in the worker(s)
```

```
The most recent failure being: Worker 0 failed executing transaction
'845133e9-1404-11ea-a37b-005056991dcd: 88600981' at master log mysql-bin.000386,
end_log_pos 883. See error log and/or performance_schema.replication_applier_
status_by_worker table for more details about this failure or others, if any.
    Skip_Counter: 0
    Exec_Master_Log_Pos: 672
    Relay_Log_Space: 1297
    …
    Last_IO_Errno: 0
    Last_IO_Error:
    Last_SQL_Errno: 1396
    Last_SQL_Error: Coordinator stopped because there were error(s) in the
worker(s). The most recent failure being: Worker 0 failed executing transaction
'845133e9-1404-11ea-a37b-005056991dcd: 88600981' at master log mysql-bin. 000386,
end_log_pos 883. See error log and/or performance_schema.replication_applier_
status_by_worker table for more details about this failure or others, if any.
    Replicate_Ignore_Server_Ids:
    Master_Server_Id: 2624198899
    Master_UUID: 845133e9-1404-11ea-a37b-005056991dcd
    Master_Info_File: /mysqldata/mysql/data/data/master.info
    …
    Last_SQL_Error_Timestamp: 191225 20:15:51
    Master_SSL_Crl:
    Master_SSL_Crlpath:
    Retrieved_Gtid_Set: 845133e9-1404-11ea-a37b-005056991dcd: 1-88600981
    Executed_Gtid_Set: 4677ee4c-1404-11ea-80dd-00505699b577:1,
    845133e9-1404-11ea-a37b-005056991dcd:1-88600980
    Auto_Position: 1
    Replicate_Rewrite_DB:
    Channel_Name:
    Master_TLS_Version:
    1 row in set (0.00 sec)
```

通过 show slave status 命令和输出字段说明，首先看到 Slave_SQL_Running 状态为 No，说明从库 SQL 重放线程报错，报错码 Last_SQL_Errno: 1396，Last_SQL_Error：执行主库 845133e9-1404-11ea-a37b-005056991dcd: 88600981 事务失败。

```
    Retrieved_Gtid_Set: 845133e9-1404-11ea-a37b-005056991dcd: 1-88600981
```

显示从库收到主库的 GTID 集合 845133e9-1404-11ea-a37b-005056991dcd: 1-88600981，最新事务号到 88600981。

```
    Executed_Gtid_Set: 4677ee4c-1404-11ea-80dd-00505699b577:1,
    845133e9-1404-11ea-a37b-005056991dcd:1-88600980
```

显示已执行主库 845133e9-1404-11ea-a37b-005056991dcd:1-88600980。

还有 4677ee4c-1404-11ea-80dd-00505699b577:1 这个事务，是从库自己执行的事务，要重点分析这个事务。

首先查看主库执行的 GTID 信息。

```
mysql> show global variables like '%gtid%';
| Variable_name | Value |
| binlog_gtid_simple_recovery | ON |
| enforce_gtid_consistency | ON |
| gtid_executed | 845133e9-1404-11ea-a37b-005056991dcd: 1-88600981 |
| gtid_executed_compression_period | 1000 |
```

然后查看从库的 GTID 信息。

```
mysql> show global variables like '%gtid%';
| Variable_name | Value |
| binlog_gtid_simple_recovery | ON |
| enforce_gtid_consistency | ON |
| gtid_executed | 4677ee4c-1404-11ea-80dd-00505699b577: 1,
845133e9-1404-11ea-a37b-005056991dcd: 1-88600980 |
| gtid_executed_compression_period | 1000 |
| gtid_mode | ON |
| gtid_owned | |
| gtid_purged | 845133e9-1404-11ea-a37b-005056991dcd:1-3 |
| session_track_gtids | OFF |
```

从库在重放 845133e9-1404-11ea-a37b-005056991dcd: 88600981 事务时报错，这个报错和从库自己执行的 4677ee4c-1404-11ea-80dd-00505699b577:1 是有关系的。

通过 mysqlbinlog 解析 binlog，分别查看 845133e9-1404-11ea-a37b-005056991dcd: 88600981 和 4677ee4c-1404-11ea-80dd-00505699b577:1 事务内容。

首先查看主库的 845133e9-1404-11ea-a37b-005056991dcd: 88600981 事务。

```
mysqlbinlog -vv mysql-bin.000386
SET @@SESSION.GTID_NEXT= '845133e9-1404-11ea-a37b-005056991dcd: 88600981'/*!*/;
'DROP  USER 'appuser'@'%';
SET @@SESSION.GTID_NEXT= 'AUTOMATIC' /* added by mysqlbinlog */ /*!*/;
DELIMITER ;
```

然后查看从库的 4677ee4c-1404-11ea-80dd-00505699b577:1 事务。

```
mysqlbinlog -vv mysql-bin.000001
SET @@SESSION.GTID_NEXT= '4677ee4c-1404-11ea-80dd-00505699b577:1'/*!*/;
'DROP  USER 'appuser'@'%';
SET @@SESSION.GTID_NEXT= 'AUTOMATIC' /* added by mysqlbinlog */ /*!*/;
DELIMITER ;
```

主库 845133e9-1404-11ea-a37b-005056991dcd:88600981 事务和从库的 4677ee4c-1404-11ea-80dd-00505699b577:1 都是执行'DROP USER 'appuser'@'%'删除同一个'appuer'@'%'用户。管理员在主库、从库同时执行了删除用户操作，主库删除该用户后，在从库重放主库删除该用户操作时发现无法找到该用户，导致主从报错 1396 异常。

3. 解决方案

通过以上分析可以知道，主从库同时手工执行了删除用户操作，因此不需要复制线程再次执行删除用户这个重复操作，从库可以安全地跳过删除用户这个事务,从而解决 1396 报错，具体步骤如下。

（1）停止主从复制。

（2）从库执行 reset master 命令（清空之前 GTID 信息）。

（3）将参数 gtid_purged 设置为 845133e9-1404-11ea-a37b-005056991dcd:88600981，表示对应的事务已经被执行过了，当再次启动主从复制时，会跳过该事务，从而使得主从复制继续正常向前运行。

具体对应命令如下。

```
mysql> stop slave;
mysql> reset master;
mysql> set global gtid_purged='845133e9-1404-11ea-a37b-005056991dcd:88600981';
mysql>start slave;
```

再查看从库复制状态恢复正常。

```
mysql> show slave status \G;
Slave_IO_Running: Yes
Slave_SQL_Running: Yes
```

主从报错 1396 其他案例：

某电子交易系统 MySQL 数据库上线后需要创建 MySQL 数据库运维用户，应在主库创建该用户，但是管理员在主库、从库同时执行了创建用户语句导致从库报错 1396。

8.4.3 一次从库无法创建连接问题诊断

要保证主从复制正常，首先保证从库可以连上主库，遇到从库无法连接主库问题如何分析呢？本节将分享一个从库无法连接主库诊断案例分析过程。

1. 问题描述

某商业银行人脸识别系统使用 MySQL5.6.36 版本，主从架构，主库和从库分别部署在生产和同城机房虚拟机上。通过巡检发现主从复制异常，需 DBA 分析原因，并提供修复方案。

2. 诊断分析

（1）登录从库查看主从状态，可以看到主库复制用户为 root，连接主库时发生报错，错误码为 1045，详细信息如下。

```
mysql> show slave status\G;
                Master_Host: xx.xx.xx.xx
                Master_User: root
                Master_Port: 3308
                Last_IO_Errno: 1045
                Last_IO_Error: error connecting to master 'root@ xx.xx.xx.xx
:3306' - retry-time: 60  retries: 86400
```

（2）查看从库错误日志，错误码 1045 详细信息如下。

```
more mysqld1.log
```

```
    2019-07-09 08:55:28 65567 [ERROR] Slave I/O: error connecting to master 'root@xx.xx.xx.xx:3306' - retry-time: 60  retries: 2991, Error_code: 1045
    2019-07-09 08:56:28 65567 [ERROR] Slave I/O: error connecting to master 'root@xx.xx.xx.xx:3306' - retry-time: 60  retries: 2992, Error_code: 1045
    2019-07-09 08:57:28 65567 [ERROR] Slave I/O: error connecting to master 'root@xx.xx.xx.xx:3306' - retry-time: 60  retries: 2993, Error_code: 1045
```

（3）使用 perror 命令检查错误码 1045 的含义，含义是用户名密码错误，拒绝登录数据库。perror 命令是 MySQL 数据库程序自带的命令，用于显示错误码的具体含义。

```
    [mysql@db ~]$  perror 1045
    MySQL error code MY-001045 (ER_ACCESS_DENIED_ERROR): Access denied for user '%-.48s'@'%-.64s' (using password: %s)
```

（4）原因分析。

和该系统管理员沟通，MySQL root 密码是弱密，需安全整改，而调整 MySQL 复制用户（MySQL root 用户）root 密码后没有使用新密码进行 CHANGE MASTER 重建主从关系，导致主从复制异常。

3. 解决方案

主从复制异常原因明确后，修复主从，具体调整如下。

因 MySQL root 用户属于高权管理用户，不建议该用户用于主从复制，按照最小权限原则新建复制用户 repusr：

```
    grant replication  slave on  *.* to 'repusr'@'%' identified by '********';
```

重建主从关系：

```
    change master to master_host='主库 ip', master_user='repusr', master_password='********',master_port=3308,MASTER_AUTO_POSITION=1;
    start slave;
    set read_only=on;
```

注意：

在主从复制维护中，复制用户密码如需调整，需要重新建立主从关系。另外，复制用户建议按最小权限原则赋权。

8.4.4 一次从库无法清理表记录问题诊断

主从通过备份恢复搭建，竟然出现从库无法清理表记录问题，究竟是何种原因导致的呢？请看本节案例分析。

1. 问题描述

某商业银行理财服务系统使用 MySQL 5.7.22 版本，初始是 MySQL 单节点架构。上线半年后，按灾备建设要求在同城搭建从库，通过 NBU 备份软件备份当前生产数据库，在同城灾备服务器上恢复并以从库角色同当前生产数据库建立主从关系。主从关系搭建后不久，主从复制报错，错误码为 1146，需 DBA 分析原因，并提供修复方案。

2. 诊断分析

（1）执行 show slave status 命令查看从库状态。

```
mysql> show slave status \G;
*************************** 1.row ***************************
               Slave_IO_State: Waiting for master to send event
                  Master_Host: xx.xx.xx.xx
                  Master_User: repusr
                  Master_Port: xxxx
                Connect_Retry: 60
              Master_Log_File: mysql-bin.000933
          Read_Master_Log_Pos: 507300358
               Relay_Log_File: relay-bin.000004
                Relay_Log_Pos: 14404783
        Relay_Master_Log_File: mysql-bin.000900
             Slave_IO_Running: Yes
            Slave_SQL_Running: No
Last_SQL_Errno: 1146
               Last_SQL_Error: Coordinator stopped because there were error(s)
in the worker(s). The most recent failure being: Worker 2 failed executing
transaction '79d340d9-fc44-11e9-b5ce-005056ab227a:38827' at master log mysql-bin.
000900,end_log_pos 14408098.See error log and/or performance_schema. replication_
applier_status_by_worker table for more details about this failure or others, if
any.
```

（2）通过 mysqlbinlog 工具对中继日志 relay-bin.000004 进行解析，获取引起主从异常的相关 GTID 事务'79d340d9-fc44-11e9-b5ce-005056ab227a:38827'的 binlog 信息如下。

```
mysqlbinlog --no-defaults -vv  relay-bin.000004 >000004.log
more   000004.log
/*!50530 SET @@SESSION.PSEUDO_SLAVE_MODE=1*/;
# at 14408065
#200704  6:10:11 server id 1342180620  end_log_pos 14407997 CRC32 0x74b8a3c6
GTID   last_committed=25087    sequence_number=25089   rbr
_only=no
SET @@SESSION.GTID_NEXT= '79d340d9-fc44-11e9-b5ce-005056ab227a:38827'/*!*/;
# at 14408130
#200704  6:10:11 server id 1342180620  end_log_pos 14408098 CRC32 0x02c6e208
Query   thread_id=12838655      exec_time=2     error_code=
0
SET TIMESTAMP=1593814211/*!*/;
truncate table  t_COCSINFO_b2
/*!*/;
```

通过解析中继日志发现执行 GTID 为'79d340d9-fc44-11e9-b5ce-005056ab227a:38827'事务失败，该事务是执行 truncate table t_COCSINFO_b2 操作，发现该语句的特殊之处是，表名是由大小写字母混合组成的。

（3）在从库查看此表对应的物理文件，确认物理文件存在，但是表名全部由小写字母组成，具体信息如下。

```
ls -l|grep -i  t_COCSINFO_b2
-rw-r--r-- 1 citicsql citicgrp       8828 Jul  3 16:15 t_cocsinfo_b2.frm
-rw-r--r-- 1 citicsql citicgrp   58720256 Jul  3 16:14 t_cocsinfo_b2.ibd
```

（4）查看从库全局变量 lower_case_table_names 大小写参数值。

```
mysql> show global variables like  '%case%';
+------------------------+-------+
| Variable_name          | Value |
+------------------------+-------+
| lower_case_file_system | OFF   |
| lower_case_table_names | 0     |
+------------------------+-------+
```

查看从库 my.cnf　lower_case_table_names 大小写参数值。

```
cat my.cnf|grep case
lower_case_table_names = 0
```

（5）查看主库全局变量 lower_case_table_names 大小写参数值。

```
mysql> show global variables like  '%case%';
+------------------------+-------+
| Variable_name          | Value |
+------------------------+-------+
| lower_case_file_system | OFF   |
| lower_case_table_names | 1     |
+------------------------+-------+
```

查看主库 my.cnf　lower_case_table_names 大小写参数值。

```
cat my.cnf|grep case
lower_case_table_names = 1
```

---

lower_case_table_names 参数说明：

设置为 1，大小写不敏感。创建的库、表以小写形式存放在磁盘上，SQL 语句转换为小写对表和库查询和操作。

设置为 0，大小写敏感。创建的库、表以区分大小写形式存放在磁盘上，SQL 语句对表和库查询和操作区分大小写。

通过上述（4）、（5）对比，发现 lower_case_table_names 设置不一致。

主库 lower_case_table_names 设置为 1，SQL 语句对表操作不区分大小写。

从库 lower_case_table_names 设置为 0，SQL 语句对表操作区分大小写。

从库中表 t_cocsinfo_b2 以小写形式存储在磁盘，在从库查询时表名全小写可以查询，当采用中继日志中区分大小写 t_COCSINFO_b2 的表名查询该表时，提示无法找到该表。

```
mysql> select count(*) from  t_cocsinfo_b2;
+-----------+
```

```
| count(*) |
+-----------+
|   231399 |
+-----------+
mysql> select count(*) from  t_COCSINFO_b2;
ERROR 1146 (42S02): Table 'zxyh.t_COCSINFO_b2' doesn't exist
```

对于故障中的 truncate 语句，因主、从 lower_case_table_names 参数设置不同，主库对表名大小写不敏感可以正常执行 truncate 操作，从库对表名大小写敏感导致 truncate 操作无法找到目标表而报错。

3. 解决方案

（1）从库停止主从复制。

```
mysql>stop slave;
mysql>quit
```

（2）修改从库配置文件 my.cnf。

```
vi my.cnf
[mysqld
lower_case_table_names =1
wq!
```

注意：

Linux 中，将 lower_case_table_names 由 0 设置为 1，重启数据库前，必须将旧的数据库和表名转换为小写（如 raname table T1 to t1；然后重启数据库），本案例从库是直接通过 NBU 备份主库物理数据库文件再恢复，存储的库、表都是小写，和主库保持一致，只是从库 lower_case_table_names 参数被误调整为 0，在此前提下，为主从复制恢复正常，直接将从库 lower_case_table_names 参数调整为 1 是可行的。

（3）重启从库。

```
mysql.server stop
mysql.server start
```

（4）查看主从复制状态，已恢复正常。

```
mysql> show slave status \G;
*************************** 1.row ***************************
               Slave_IO_State: Waiting for master to send event
                  Master_Host: xx.xx.xx.xx
                  Master_User: repusr
                  Master_Port: xxxx
                Connect_Retry: 60
              Master_Log_File: mysql-bin.000933
          Read_Master_Log_Pos: 529403188
               Relay_Log_File: relay-bin.000004
                Relay_Log_Pos: 48654145
        Relay_Master_Log_File: mysql-bin.000900
```

```
          Slave_IO_Running: Yes
         Slave_SQL_Running: Yes
             ...
```

心得分享：

在 MySQL 主从复制中，主库和从库的 my.cnf 配置文件中，lower_case_table_names 参数值必须保证一致，不同参数值也会造成主从异常。

8.4.5 一次主从复制延迟问题诊断

主从复制延迟也是运维中需要重点关注的问题，可能由锁、大事务、网络延迟等原因导致，但是影响最大的是表无主键导致复制延迟。本案例就此种原因导致的复制延迟进行诊断分析。

1. 问题描述

某商业银行统一咨询系统，该系统数据库使用 MariaDB 10.1.12 版本，主从架构，分别部署在生产和同城机房虚拟机上，通过巡检发现该系统主从复制延迟。需 DBA 分析原因，并提供修复方案。

2. 诊断分析

（1）执行 iostat 命令查看 I/O 负载情况，发现 I/O 负载异常，磁盘 dm-3、dm-4 以及 dm-5，磁盘繁忙度已经接近 100%。

```
iostat -x 1 1
Linux 3.10.0-957.12.2.el7.x86_64 (mgr4)    _x86_64_    (8 CPU)
avg-cpu:  %user   %nice %system %iowait  %steal   %idle
          10.66    0.00    1.00    0.57    0.00   87.77
Device:          rrqm/s   wrqm/s     r/s     w/s  ...     %util
sdb                0.00    18.06    0.02   54.34  ...      2.42
sda                0.00     0.09    0.00    0.67  ...      0.03
...                                           ...
dm-3               0.00     0.00   71.51    0.01  ...     98.43
dm-4               0.00     0.00   68.51    0.01  ...     86.04
dm-5               0.00     0.00   75.51    0.00  ...     96.00
...                                           ...
```

（2）登录从库，show slave status 查看主从状态，发现如下信息。

① I/O 线程和 SQL 线程运行状态都为 YES，正常运行没有报错。

② 但是 Seconds_Behind_Master 达到了 7216s，换算成小时，表示主从复制延迟 2h。

③ 主库产生 binglog 到 mysql-bin.312108，从库回放主库 binglog 到 mysql-bin.296238，从库延迟 15870（计算公式=主库当前 binlog 日志号−从库回放主库 binlog 日志号= 312108−296238=15 870）个 binlog 没有回放。

④ 从库正在回放的 SQL 语句位置在中继日志 relay-bin.042836 中的 1990028 字节。

```
show slave status \G;
*************************** 1.row ***************************
               Slave_IO_State: Waiting for master to send event
```

```
                 Master_Host: xx.xx.xx.xx
                 Master_User: repusr
                 Master_Port: 5518
               Connect_Retry: 60
Master_Log_File: mysql-bin.312108
        Read_Master_Log_Pos: 6867706
              Relay_Log_File: relay-bin.042836
               Relay_Log_Pos: 1990028
Relay_Master_Log_File: mysql-bin.296238
             Slave_IO_Running: Yes
            Slave_SQL_Running: Yes
…
                Skip_Counter: 0
         Exec_Master_Log_Pos: 1989740
             Relay_Log_Space: 814230815
             Until_Condition: None
…
       Seconds_Behind_Master: 7216
Master_SSL_Verify_Server_Cert: No
…
            Master_Server_Id: 3611953571
              Master_SSL_Crl:
          Master_SSL_Crlpath:
                  Using_Gtid: No
                 Gtid_IO_Pos:
     Replicate_Do_Domain_Ids:
 Replicate_Ignore_Domain_Ids:
               Parallel_Mode: conservative
```

（3）从库执行 show processlist 命令查看从库当前执行会话，发现从库的 SQL 线程正在执行如下语句。

```
show processlist;
| 190  | system  user |                  | NULL     | Connect |           23 |
Delete_rows_log_event::find_row(-1) | delete b from ReportGuidline a,ReportDetail
b where a.REPORTNO=b.REPORTNO and a.REPORT |    0.000 |
```

和开发人员确认该语句是清理以前数据，完整 SQL 语句如下。

```
delete from ReportGuidline a,ReportDetail b where a.REPORTNO=b.REPORTNO and
a.REPORTDATE < '20161231';
```

（4）登录主、从库查看 my.cnf 配置文件，确认二进制日志格式为 binlog_format=ROW。

（5）过几分钟后再次在从库执行以下命令，观察从库复制状态，发现从库正在回放的 SQL 语句位置仍然在中继日志 relay-bin.042836 中的 1990028 字节，没有向前移动。主从库的延迟时间 Seconds_Behind_Master 持续增长到了 7582s。

```
show slave status \G;
```

```
*************************** 1. row ***************************
             Slave_IO_State: Waiting for master to send event
                Master_Host: xx.xx.xx.xx
                Master_User: repusr
                Master_Port: 5518
              Connect_Retry: 60
            Master_Log_File:mysql-bin.312116
        Read_Master_Log_Pos: 1577047
             Relay_Log_File: relay-bin.042836
              Relay_Log_Pos: 1990028-重放日志执行到此位置一直不动
      Relay_Master_Log_File: mysql-bin. 312114
           Slave_IO_Running: Yes
          Slave_SQL_Running: Yes
...
                 Last_Errno: 0
                 Last_Error:
               Skip_Counter: 0
        Exec_Master_Log_Pos: 1989740
 Relay_Log_Space: 814239875
            Until_Condition: None
...
      Seconds_Behind_Master: 7582-复制延迟时间一直在增长
Master_SSL_Verify_Server_Cert: No
...
  Replicate_Ignore_Server_Ids:
           Master_Server_Id: 3611953571
             Master_SSL_Crl:
         Master_SSL_Crlpath:
                 Using_Gtid: No
                Gtid_IO_Pos:
      Replicate_Do_Domain_Ids:
  Replicate_Ignore_Domain_Ids:
              Parallel_Mode: conservative
1 row in set (0.00 sec)
```

（6）于是通过 mysqlbinlog 检查 relay-bin.042836 的位置为 1990028 的对应具体内容。

```
mysqlbinlog -vv --start-position=1990028  relay-bin.042836>042836.log
more 042836.log
# at 1990028
### DELETE FROM `appdb`.`ReportDetail`
### WHERE
###   @1=38115226 /* INT meta=0 nullable=0 is_null=0 */
###   @2='{548B9359-384B-11EA-8234-448A5BAE9B8F}' /* VARSTRING(300) meta=300
nullable=1 is_null=0 */
###   @3=NULL /* VARSTRING(300) meta=300 nullable=1 is_null=1 */
###   @4='0014' /* VARSTRING(96) meta=96 nullable=1 is_null=0 */
###   @5='INCR_ACC_EXP' /* VARSTRING(384) meta=384 nullable=1 is_null=0 */
###   @6=NULL /* VARSTRING(90) meta=90 nullable=1 is_null=1 */
```

```
### @7='' /* VARSTRING(90) meta=90 nullable=1 is_null=0 */
### DELETE FROM `appdb`.`ReportDetail`
### WHERE
### @1=38115227 /* INT meta=0 nullable=0 is_null=0 */
### @2='{548B9359-384B-11EA-8234-448A5BAE9B8F}' /* VARSTRING(300) meta=300 nullable=1 is_null=0 */
### @3=NULL /* VARSTRING(300) meta=300 nullable=1 is_null=1 */
### @4='0014' /* VARSTRING(96) meta=96 nullable=1 is_null=0 */
### @5='LOSS_DISP_FIOLTA' /* VARSTRING(384) meta=384 nullable=1 is_null=0 */
### @6=NULL /* VARSTRING(90) meta=90 nullable=1 is_null=1 */
### @7='' /* VARSTRING(90) meta=90 nullable=1 is_null=0 */
### DELETE FROM `appdb`.`ReportDetail`
### WHERE
### @1=38115228 /* INT meta=0 nullable=0 is_null=0 */
### @2='{548B9359-384B-11EA-8234-448A5BAE9B8F}' /* VARSTRING(300) meta=300 nullable=1 is_null=0 */
### @3=NULL /* VARSTRING(300) meta=300 nullable=1 is_null=1 */
### @4='0014' /* VARSTRING(96) meta=96 nullable=1 is_null=0 */
### @5='LOSS_SCR_FA' /* VARSTRING(384) meta=384 nullable=1 is_null=0 */
### @6=NULL /* VARSTRING(90) meta=90 nullable=1 is_null=1 */
### @7='' /* VARSTRING(90) meta=90 nullable=1 is_null=0 */
```

通过解析 relay-bin.042836，确认从库正在执行删除 ReportDetail 表中数据操作，但 SQL 线程一直处于卡顿中，说明这个删除操作是一个大事务，接下来需要分析要删除的数据量并寻找优化方法。

（7）确认事务删除的数据量。

首先统计要被删除表 ReportDetail 的总行数，及满足当前执行删除语句条件的行数。

```
select count(1) from ReportDetail;
+-----------+
| count(1) |
+-----------+
| 43595255 |
+-----------+
```

满足当前删除语句 ReportDetail 表要删除的行数为 5637827 行。

```
select count(1) from ReportGuidline a,ReportDetail b where a.REPORTNO=b.REPORTNO and a.REPORTDATE < '20161231';
+-----------+
| count(1) |
+-----------+
|  5637827 |
+-----------+
```

（8）检查删除语句中涉及的表结构，获取表的索引信息，确认是否因为缺少必要的索引而使得 SQL 语句执行效率低。

查看 ReportGuidline 表结构如下，REPORTNO 字段是主键字段，REPORTDATE 是二级索引字段，因此删除语句中涉及 ReportGuidline 表的字段都有索引。

```
show create table ReportGuidline \G;
*************************** 1.row ***************************
       Table: ReportGuidline
Create Table: CREATE TABLE `ReportGuidline` (
  `REPORTNO` varchar(100) NOT NULL,
  `CUSTOMERID` varchar(40) DEFAULT NULL,
  `REPORTDATE` varchar(8) DEFAULT NULL,
  `REPORTTYPE` varchar(10) DEFAULT NULL,
  `REPORTSCOPE` varchar(10) DEFAULT NULL,
  `REPORTPERIOD` varchar(2) DEFAULT NULL,
  `REPORTCURRENCY` varchar(3) DEFAULT NULL,
  `REPORTUNIT` varchar(2) DEFAULT NULL,
  `INPUTDATE` varchar(8) DEFAULT NULL,
  `UPDATEDATE` varchar(8) DEFAULT NULL,
  `ROLE_FLAG` varchar(1) DEFAULT NULL,
  `OPMODE` varchar(1) DEFAULT NULL,
  PRIMARY KEY (`REPORTNO`),
  KEY `IDX_WINDCBONDREPORT_REPORTSCOPE` (`REPORTSCOPE`),
  KEY `IDX_WINDCBONDREPORT_REPORTPERIOD` (`REPORTPERIOD`),
  KEY `IDX_WINDCBONDREPORT_REPORTDATE` (`REPORTDATE`),
  KEY `IDX_WINDCBONDREPORT_UPDATEDATE` (`UPDATEDATE`),
  KEY `IDX_WINDCBONDREPORT_OPMODE` (`OPMODE`),
  KEY `IDX_WINDCBONDREPORT_CUSTOMERID` (`CUSTOMERID`)
) ENGINE=InnoDB DEFAULT CHARSET=utf8
```

ReportDetail 表结构如下，发现没有主键也无二级索引，因此这张表缺失必要的索引。

```
show create table ReportDetail \G;
*************************** 1.row ***************************
       Table: ReportDetail
Create Table: CREATE TABLE `ReportDetail` (
  `ID` int(20) NOT NULL AUTO_INCREMENT COMMENT '???ID',
  `REPORTNO` varchar(100) DEFAULT NULL,
  `WINDID` varchar(100) DEFAULT NULL,
  `MODELNO` varchar(32) DEFAULT NULL,
  `COLUMNNM` varchar(128) DEFAULT NULL,
  `COL1VALUE` varchar(30) DEFAULT NULL,
  `COL2VALUE` varchar(30) DEFAULT NULL
) ENGINE=InnoDB AUTO_INCREMENT=34641889 DEFAULT CHARSET=utf8 ROW_FORMAT=
COMPACT
```

结合上面删除语句 where 条件 a.REPORTNO=b.REPORTNO and a.REPORTDATE < '20161231'，表 A 为 ReportGuidline，表 B 为 ReportDetail。在表 A 定义中 REPORTNO 为主键，REPORTDATE 为索引列，但是在表 B 定义中 REPORTNO 字段不是主键也不是索引列，同时表 B 总行数为 43595255，因此在表 B 如此大的数据量下，表 B REPORTNO 字段又没有

索引，表 A 与表 B 的执行效率会非常低，从而导致从库显示重放卡顿复制延时一直增加现象。

3. 解决方案

停止主从复制，在从库为表 ReportDetail 在字段 REPORTNO 上添加索引，在从库创建索引 1min 后，导致主从复制延迟的删除语句执行完成，最终主从复制恢复正常。

小　结

本章首先介绍 MySQL 数据库基础知识，包括 MySQL 数据库体系结构、InnoDB 和 MyISAM 引擎区别、MySQL 数据库日志、配置、数据文件及系统库。

接下来，根据 MySQL 故障诊断实践，介绍故障诊断思路。然后就 MySQL 故障诊断步骤中涉及的系统诊断工具和数据库诊断工具依次进行介绍，并给出工具使用建议。

随后，和读者分享 MySQL 问题实战诊断案例，根据介绍的故障诊断思路和诊断工具，对数据库异常宕机、binlog 无法清理、ibtmp1 临时文件巨大等问题进行诊断案例分享。

因生产环境大量 MySQL 以主从架构部署，运维中会遇到各种主从复制故障，专门整理了主从复制问题诊断案例一节，先介绍 MySQL 主从复制原理和作用，然后分享了主从异常问题诊断案例。

本章以基础知识、诊断思路和工具、案例为贯穿线，将实战中诊断案例与读者分享，希望其中的诊断思路、经验、技巧能对读者有所帮助。

第9章

分布式数据库故障诊断与性能优化

李白在《塞下曲》中写道："烽火动沙漠，连照甘泉云，汉皇按剑起，还召李将军。兵气天上合，鼓声陇底闻。横行负勇气，一战净妖气。"

这首诗写的是汉武帝派遣"飞将军"李广，平定匈奴入侵的战斗场景。诗中描写了战士金戈铁马、奋勇战斗，一战胜匈奴，平定天下的宏大场面。

汉武帝平定天下，敢于面对挑战的勇气值得我们每一个人学习。分布式数据库作为新兴技术领域，存在各种复杂的问题，作为DBA需要有勇气面对各种挑战。当然，解决问题的前提是需要有一定的知识储备，同时还需要熟练运用各种问题诊断工具。

本章首先讲解GoldenDB分布式数据库故障诊断和性能优化的方法，随后讲解平台工具的使用，接着分享诊断和优化实战案例，最后给出诊断和性能优化建议，以供读者参考借鉴。

在数据库运维过程中会遇到各种问题（含性能问题），这些问题存在各种差异。有的问题有明显的错误码容易识别，处理方向和思路相对明确；有的问题相对复杂，不光需要从数据库层面进行排查，还需要结合操作系统，如问题时刻的系统资源使用率、是否硬件告警等；有的数据库问题需要结合应用程序进行分析，如应用程序是否做过变更等。

上述问题排查的方法也适用于分布式数据库，但是分布式数据库又有其特殊之处，因此需要在此基础上形成新的方法论和新的工具，以提升分布式数据库问题处理效率。

9.1 故障诊断与优化方法

每种数据库都有各自的诊断、优化体系结构，在介绍GoldenDB分布式数据库诊断、优化体系结构之前，先研究下GoldenDB分布式数据库的特点，根据其特点制订相应的故障诊断和优化方法。

9.1.1 GoldenDB分布式数据库特点

对于新事物，可以通过和旧事物比较的方式进行研究探索，从而发现新事物的特点，进而根据其特点展开研究。和集中式数据库对比，GoldenDB分布式数据库具有如下特点。

（1）节点类型多：在一个GoldenDB分布式数据库集群中，通常存在管理节点（OMM）、代理节点（DBProxy）、全局事务管理节点（GTM）和数据分片（DB）等，每一种节点类型都有其运行机制，所以在定位问题时需要考虑不同节点类型的差异。

（2）节点数量多：通常分布式数据库承载银行关键业务，这些关键业务不仅对数据库的事务处理能力和响应时间有很高要求，而且对数据库的高可用能力要求更高。为满足高可用能力需要，分布式数据库通常采用冗余硬件进行部署，这就导致分布式数据库集群中节点数量多，例如，在每组数据分片中，通常一个主节点要配置多个冗余的从节点。

（3）交易种类多：一套分布式数据库往往会支撑多种应用，例如，理财产品、存取汇、银企直连等应用，不仅有联机交易，还有联机批处理和日终批处理，交易种类很复杂，这就给问题定位带来了较大难度。

注意：

这里提及关于 GoldenDB 分布式数据库功能组件，如管理节点（OMM）、代理节点（DBProxy）、全局事务管理节点（GTM）和数据分片（DB）等，具体介绍详见2.3.2节 GoldenDB 数据库逻辑架构。

9.1.2 基于平台工具诊断和优化

针对分布式数据库特点，依靠传统的集中式数据库诊断方法是难以满足需求的，因此从方法学上需要另辟蹊径。经过和互联网企业以及银行同业交流，学习成功案例，并结合自身特点，在不断探索后，研发了针对分布式数据库的监控平台，以实现全链路监控，从而在发生问题时能迅速确认故障点或者性能瓶颈点所在。诊断和优化思路如图 9-1 所示。

（1）自顶而下链路监控：从应用侧报错开始，根据交易流水号定位应用发起的 SQL 语句、SQL 语句在哪台 DBProxy 执行、被 DBProxy 下发到哪些数据分片、全链路响应时间是多少、是否触发数据库告警等。

（2）自底而上链路监控：根据数据分片侧的监控告警，确认执行语句对应的交易流水号，从而上浮到代理节点 DBProxy，通过 DBProxy 反向定位对应的应用交易链路。

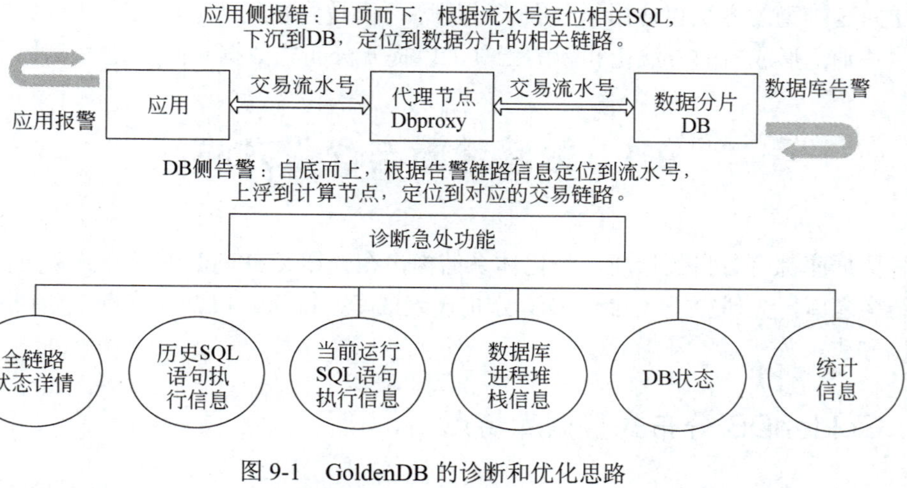

图 9-1 GoldenDB 的诊断和优化思路

根据全链路双向监控的建设思路形成了如下监控告警平台工具。

（1）交易监控平台：当应用系统或分布式数据库系统出现性能瓶颈时，需要确认出现瓶颈的链路和模块，使用交易监控平台进行统一诊断，给出每一条链路或每个模块的交易响应时间，从而定位瓶颈点所在。

（2）日志分析平台：所有节点的日志通过统一的日志平台登录查看，该平台称作日志分析平台。即不需要逐台登录服务器，通过登录日志分析平台即可查看所有节点的日志信息。此外，还能够从日志中的关键字进行不同维度的统计，例如，针对数据分片的慢日志可以时间维度，统计每个时间段 SQL 语句执行情况。

（3）普罗米修斯监控平台：各节点服务器资源使用率通过统一的监控平台进行查看，该平台称作普罗米修斯监控平台。

（4）dbtool 工具：分布式数据库节点类型繁多，需要统一的维护管理工具，GoldenDB 提供了 dbtool 工具作为统一接口，来对集群中各节点进行运维。

（5）深度巡检脚本：定时对分布式数据库各组件进行深度巡检，及时发现各类风险问题。

9.1.3　自动化应急处置

通常接到交易响应超时的应急事件时，运维人员开始启动应急处置，在这种复杂情况下，需要运维人员对应用、数据库、操作系统等各自领域进行快速检查，以确认是否运行正常。

对于分布式数据库而言，可以通过 9.2 节中相关平台工具进行快速检查，例如，通过普罗米修斯监控平台对分布式数据库各节点 CPU、IO、内存等资源进行状态检查，还可以通过交易监控检查分布式数据库与各应用节点交易链路的响应时间等。

对各节点完成快速检查后，就可以分析原因并给出解决方案了。

9.2　平台工具介绍

数据库运维领域技术的发展，离不开各种数据库运维工具的创造，工具给运维带来了极大的便利，降低了运维的风险。本节将逐一介绍 GoldenDB 分布式数据库运维过程中使用到的关键工具，包括交易监控平台、日志分析平台、普罗米修斯监控平台、dbtool 工具和深度巡检工具。

9.2.1　交易监控平台

交易监控平台是一种全链路监控平台，监控从应用层开始，经过代理节点 DBProxy，最后到数据分片，可以监控每一段链路的响应时间。当出现故障时，可以准确定位故障节点，从而快速启动相关应急处置预案。

应用层面要求，每一条 SQL 语句增加交易流水号标签，从而监控平台能够通过交易流水号监控每一条 SQL 语句的响应时间。当出现故障时，根据流水号快速定位 SQL 语句，进行问题排查。图 9-2 展示了根据发起方交易流水号 2021-01-28-001-appcode 查询 15:10～15:20 的交易信息，该流水号的交易量为 220060 笔，交易占比 0.20%，成功率为 100%，响应时间为 0.25ms。

在使用交易监控平台时，还可以通过多种维度组合进行链路运行状态查询。例如，可以通过源端 IP、目的 IP 两个维度组合查询应用程序（源端）与代理节点 DBProxy（目的）之间

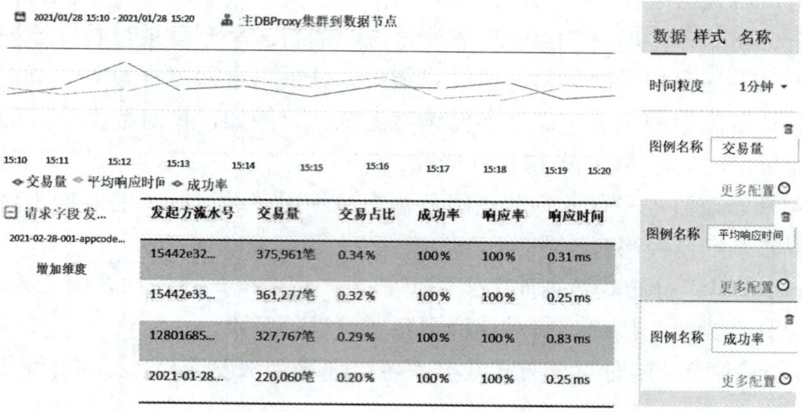

图 9-2 根据发起方流水号进行交易信息查询

的链路运行状态、响应时间等，还可以更进一步细化增加子维度，例如表名，表示在查询期间应用程序通过 DBProxy 在对哪张表进行查询或者增删改的操作。交易监控平台其他查询维度见表 9-1。

表 9-1 交易监控的查询维度

维度名称	子维度名称
源端 IP	无
源端口	无
目的 IP	无
目的端口	无
应用名称	无
响应字段	无响应 返回码
请求字段	发起方流水号 表名 SQL 语句 操作类型：insert/delete/update/select 条件

9.2.2 日志分析平台

日志分析平台提供分布式数据库所有节点的日志统一访问接口，使得管理员能够进行统一的日志检索，同时还能够根据不同维度对日志进行分析。表 9-2 详细介绍了通过日志分析平台，能够查看的日志类型。

接下来，以数据分片慢日志为例，介绍日志分析平台的使用方法。例如，查询 48h 内所有节点的慢日志 slow-log，只需要在左边“选择日志”标签中填入 slow-log，然后单击右上角的“搜索”按钮即可。针对查询结果还可以根据左边的“选择字段”标签中的列进行过滤和统计，如图 9-3 所示。

表 9-2　日志类型

节点类型	日志名称	日志功能
数据分片（DB）	mysqld1.log	MySQL 数据库错误日志
	slow-log	MySQL 慢日志
	innodb_lock_wait.log	锁超时日志
	db-alarm.info	数据库 alarm 日志
	db-proc-v1-dbagent.log	数据库 agent 日志
代理节点（DBProxy）	proc-v1-DBProxy.log	DBProxy 运行日志
	proc-v1-slow_query.log	DBProxy 慢查询日志
	proxy-alarm.info	DBProxy alarm 日志
	proc-v1-ddlsql_print.log	DDL 日志
全局事务管理节点（GTM）	proc-v1-gtm.log	GTM 运行日志
	gtm-alarm.info	GTM alarm 日志
管理节点（OMM）	omm-proc-v1-clustermanager.log	集群管理模块日志
	omm-proc-v1-proxymanager.log	DBProxy 管理模块日志
	omm-proc-v1-metadataserver.log	元数据管理模块日志
	omm-alarm.info	OMM alarm 日志
	mysqld1.log	管理节点元数据库错误日志

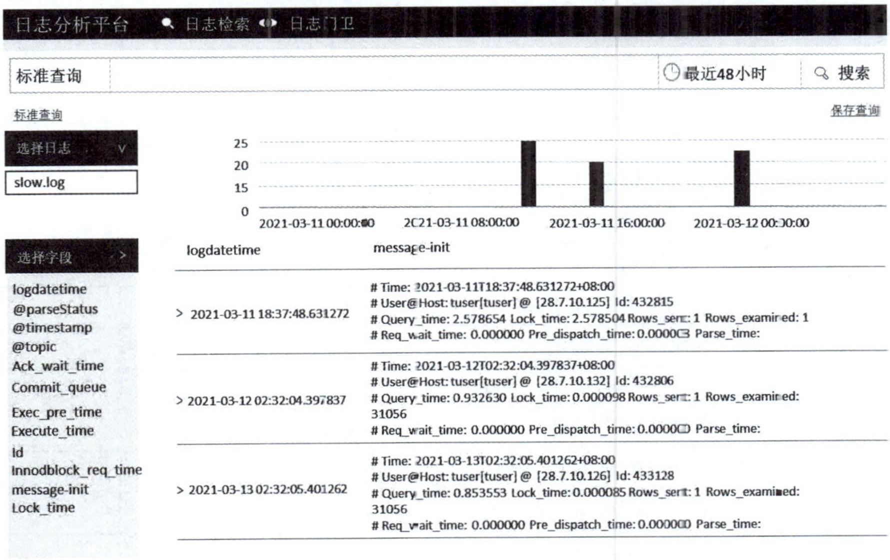

图 9-3　slow-log 慢日志查询

9.2.3　普罗米修斯监控平台

普罗米修斯是一款开源的监控软件，通过在分布式数据库每台服务器部署轻量级客户端，定期采集多项监控指标，将监控指标汇总到普罗米修斯服务端，最后通过 Web 浏览器实时查看各项监控指标。图 9-4 展示了各数据分片事务处理能力指标（单位 TPS）。

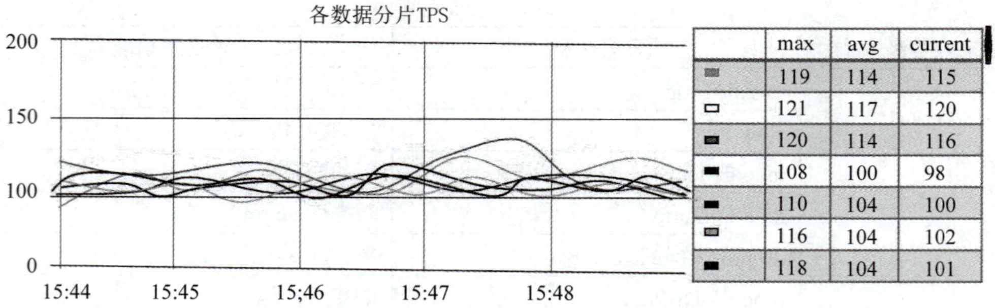

图 9-4 普罗米修斯监控可视化界面

表 9-3 逐一列出了普罗米修斯对 GoldenDB 分布式数据库各节点的监控指标清单。例如，所有节点都需要进行 CPU、内存、I/O、网络资源方面的监控。数据分片除了这些指标外还需要监控每秒查询数量、每秒事务数量、数据库活跃线程数量等关键指标。

表 9-3 GoldenDB 分布式数据库监控的指标

模块名称	监控指标
所有节点	CPU 使用率
	内存使用率
	文件系统使用率
	磁盘读写容量大小
	磁盘 IOPS
	磁盘 I/O 读写时间
	磁盘单次 I/O 时间
	网络流量
	网卡丢包数
	网卡错误包
数据分片（DB）	每秒查询数量
	每秒事务数量
	数据库活跃线程数量
	数据库连接数
	数据库主从复制状态
	数据库主从复制延迟情况
	SQL 数量分类统计
	数据库缓冲池使用率
代理节点（DBProxy）	DBProxy 程序进程数量
	DBProxy 连接线程数量
	DBProxy 活跃线程数量
全局事务管理节点（GTM）	GTM 端口连接数量

续表

模块名称	监控指标
管理节点（OMM）	元数据库活跃线程数量
	元数据库连接数
	元数据库主从复制状态
	元数据库主从复制延迟情况
	元数据库 SQL 数量分类统计
	元数据库缓冲池使用率
	HA 软件运行状态

9.2.4 dbtool 工具

在 5.3.10 节中介绍过 dbtool 工具可以作为数据库迁移工具使用。另外，dbtool 工具作为 GoldenDB 数据库维护管理工具，还提供了丰富的运维功能，接下来通过两个简单的例子展示 dbtool 工具的使用。

1. 通过 dbtool 工具查看链路状态

登录代理节点（DBProxy）服务器，并切换到安装用户 proxy 下，通过如下命令检查链路运行状态，可以看到 DBProxy 分别与 ProxyManager、GTM 等组件分别建立连接关系，同时它们的连接状态为 LINKON，即连接状态正常。

```
切换到安装有用户 proxy
su -proxy
使用 dbtool 命令查看链路状态
dbtool -p -ls
----------------------------------------------------------------------------
link state|Local client  logicport |Server listening  EntityName USER  DomainName
----------------------------------------------------------------------------
LINKON  |  192.168.1.100:5421 5421   |  192.168.1.54:5016 ProxyManager  mgr
LINKON  |  192.168.1.100:5421 5421   |  192.168.1.53:5029 GTM           mgr
LINKON  |  192.168.1.100:5422 5422   |  192.168.1.53:5029 GTM           mgr
LINKON  |  192.168.1.100:5423 5423   |  192.168.1.53:5029 GTM           mgr
LINKON  |  192.168.1.100:5421 5421   |  192.168.1.51:5251 DBAgent       ddb
LINKON  |  192.168.1.100:5421 5421   |  192.168.1.52:5251 DBAgent       ddb
----------------------------------------------------------------------------
```

以上 dbtool 命令输出结果解释如表 9-4 所示。

表 9-4　dbtool 输出结果解释

字段名称	字段含义
link state	LINKON 表示链路已建立； LINKOFF 表示链路断开； BUILDING 表示链接正在创建
Local client	表示本地 proxy 链路信息
Server listening	表示对端模块链路信息

续表

字段名称	字段含义
EntityName	表示对端模块名称
USER	表示对端模块运行用户
DomainName	域名信息

2. 通过 dbtool 工具加载动态参数

通过修改代理节点（DBProxy）服务器的参数配置文件 proxy.ini，激活 proxy 端慢查询日志功能，并将慢查询时间阈值设为 1s，最后通过 dbtool 工具使得参数重写加载即时生效。

```
vi proxy.ini
--修改相关参数如下：
slow_query_log=1        --表示开启慢查询日志功能
long_query_time=1000   --表示慢查询时间阈值为 1000ms，即 1s
```

使用 dbtool 命令动态加载这个配置文件。

```
dbtool -proxy -load-config
Send message to module[DBProxy,192.168.1.100:5421] localport[5421] pid[42255]
successfully!
The response message:
RSP Code[0].{0:success; 1:provisional response; other: fail.}
```

补充说明：代理节点软件安装目录结构

代理节点软件默认安装在/home/DBProxy 下，包括以下子目录内容。

bin	DBProxy 可执行文件
cachedata	查询缓存数据
data	集群元数据信息
etc	DBProxy 配置文件，包括 proxy.ini 等
log	DBProxy 日志文件目录
lib	DBProxy 程序库文件目录
OmmAgent-1.0-SNAPSHOT	管理 agent 程序文件

通过前面两个例子，读者已经对 dbtool 工具的使用有了初步的认知，下面通过表格详细展示 dbtool 工具的功能列表。

dbtool 的详细命令格式如下，其中，ModuleName 为模块名称，ActionName 为操作名称。

```
dbtool -ModuleName -ActionName [argument]
```

关于模块名称的具体支持情况，如表 9-5 所示，例如，metadataserver 表示元数据管理服

表 9-5　dbtool 工具模块名称选项

模块名称	简写名称	模块名称	简写名称
metadataserver	mds	proxy	p
proxymanager	pm	dbagent	dbagent
globaltransactionmanager	gtm	loadserver	lds
clustermanager	cm		

务端，在 dbtool 命令中可以使用 metadataserver 全称，也可以使用 mds 简写名称代替。

关于操作名称的具体支持情况，如表 9-6 所示，例如，查看数据库版本可以输入-version 或者用-v 代替。

表 9-6 dbtool 工具 ActionName 参数选项

参数选项	功能表述
-v[ersion]	查看分布式数据库版本
-e string	将字符串按 base64 算法加密
-eaes string	将字符串按 AES+base64 算法加密
-cfgini -s fullpath.ini sec key strvalue	设置 ini 配置文件中的相关参数
-cfgini -p fullpath.ini sec key	打印 ini 配置文件中的相关参数
-cfgini -d fullpath.ini sec key	删除 ini 配置文件中的相关参数
-g[rep]l[og]l[evel] logfile loglevel	获取日志文件中相应级别的日志信息。 logfile：日志文件名称 loglevel：日志级别，包括 ERROR、WARN、INFO
-g[rep]u[uid] logfile uuid	从日志文件中获取 uuid 信息
-ModuleName -l[ink]s[tate]	检查模块链路状态
-ModuleName -thdmsg	检查线程池消息队列
-ModuleName -l[oad-]c[onfig]	加载模块配置文件
-upgradeconfig oldcfgfile newcfgfile	升级配置文件
-dbagent -load-config	dbagent 加载配置文件
-dbagent -roll-back -gtidlist= -start-time=N -end-time=N	dbagent 回滚活跃事务列表
-dbagent -g[et-]p[assword-]v[ersion]	dbagent 获取数据库用户密码版本
-dbagent -state	获取 dbagent 状态信息
-dbagent -backup-binlog	备份 binlog
-dbagent -r[etrieve]m[eta]d[ata]	重新获取元数据信息
-dbagent -s[how]m[eta]d[ata]	展示元数据信息
-dbagent -last-updated-timestamp	获取 dbagent 最后监测 db 时间

9.2.5 深度巡检工具

由于分布式数据库节点众多，为了提升运维人员日常巡检和诊断的工作效率，我们开发了 GoldenDB 分布式数据库深度巡检工具。

该工具从 GoldenDB 各组件运行原理层面，深入挖掘每个组件运行可能存在的潜在问题，通过自动化运维管理平台定时调度，对分布式数据库进行深度巡检，并将巡检内容中的告警信息推送到告警系统，使得运维人员第一时间知道数据库异常运行状态。另外，在生产应急过程中，通过深度巡检结果能够了解各组件运行状态，因此也可以作为辅助应急处置工具。

在第 5 章中，我们介绍了分布式数据库巡检脚本部署和巡检指标，了解到了分布式巡检脚本主要分为数据库巡检模块和系统监控模块，本节将深入介绍每个模块的工作原理。

图 9-5 所示为深度巡检工具安装后的目录结构，接下来分别介绍数据库巡检模块

（GDBCheck）和系统监控模块（SystemMonitor）的工作原理。

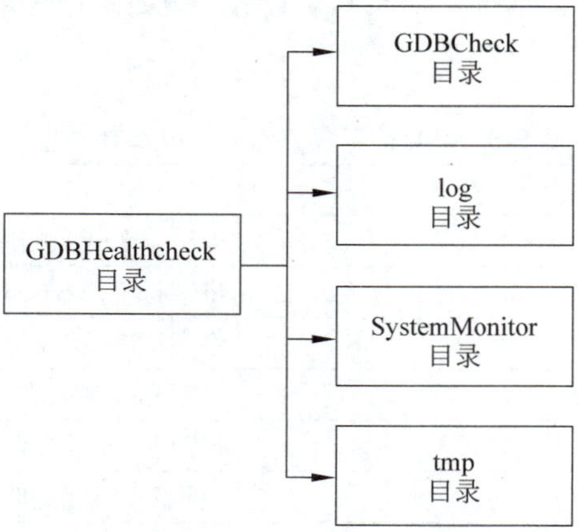

图 9-5　深度巡检工具目录结构

1. 数据库巡检模块

数据库巡检模块的所有脚本部署在 GDBCheck 目录中，运行日志存储在 log 目录中。数据库巡检模块分为主程序脚本、配置文件、参数文件、公共函数文件、子脚本，其调用关系如图 9-6 所示。

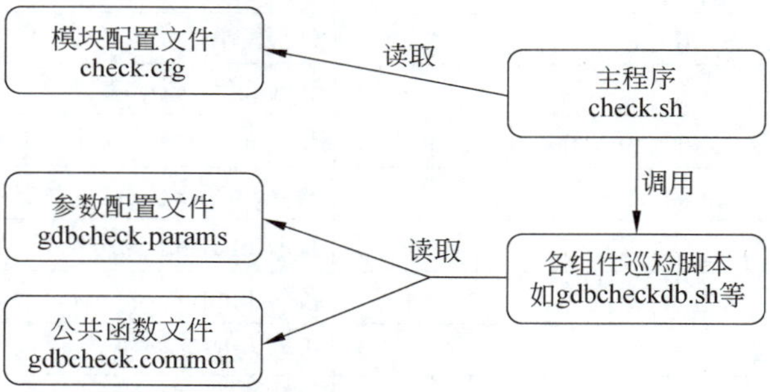

图 9-6　数据库巡检模块调用关系

图 9-6 中的调用关系解释如下。

check.sh：该脚本是数据库巡检模块的主程序，通过调用该脚本实现对当前节点巡检工作。check.sh 脚本会读取 GDBCheck 目录中的 check.cfg 文件，从而获取当前节点类型。随后根据节点类型调用相应子脚本进行相关巡检。例如，节点类型为数据分片，则调用 gdbcheckdb.sh、gdbcheckcpu_io.sh 和 gdbchecknetwork.sh 这三个子脚本对数据分片、CPU、I/O、网络等进行巡检。

check.cfg：数据库巡检模块配置文件，该文件记录了本台服务器节点类型以及 IP 信息。如数据库节点的 check.cfg，该文件的内容如下。

```
DB|本节点 IP
```

gdbcheck.params：数据库巡检模块参数文件，定义了每种巡检类型中，各项巡检指标的阈值，并且以段的形式在参数文件中进行组织。以数据分片参数阈值为例，在参数文件中所有与数据分片相关的巡检阈值均在[db]段中，参数阈值以参数名称和参数值成对出现，如

cache 命中率阈值，参数名称为 cache_hit_threshold，告警阈值为 90，含义是当 cache 命中率低于 90%时，巡检抛出告警。

```
[db]
#cache 命中率阈值，单位：百分比，默认值：90
cache_hit_threshold=90
#cache 使用率阈值，单位：百分比，默认值：100
cache_use_threshold=100
#连接数阈值，单位：个，默认值：5000
connect_threshold=5000
#长事务阈值，单位：秒，默认值：300
long_trx_threshold=300
#长事务白名单，单位：无，默认值：无
long_trx_whitelist=
```

gdbcheck.common：定义一些公共函数，如文件系统磁盘空间检查、CPU 和内存使用率等。

最后介绍各组件的巡检脚本以及这些巡检脚本的作用。

gdbcheckdb.sh：数据分片巡检脚本。

gdbcheckgtm.sh：GTM 节点巡检脚本。

gdbcheckproxy.sh：DBProxy 节点巡检脚本。

gdbcheckloadserver.sh：LoadServer 节点巡检脚本。

gdbcheckmanager.sh：管理节点巡检脚本。

gdbcheckcpu_io.sh：将系统监控模块每小时收集的指标进行汇总处理，检查是否出现 CPU、I/O 方面的异常信息。

2. 系统监控模块

系统监控模块的所有脚本部署在 SystemMonitor 目录中，监控结果存储在 tmp 目录中，由模块配置文件、系统监控启停脚本、进程监控脚本、系统指标监控脚本组成，其调用关系如图 9-7 所示。

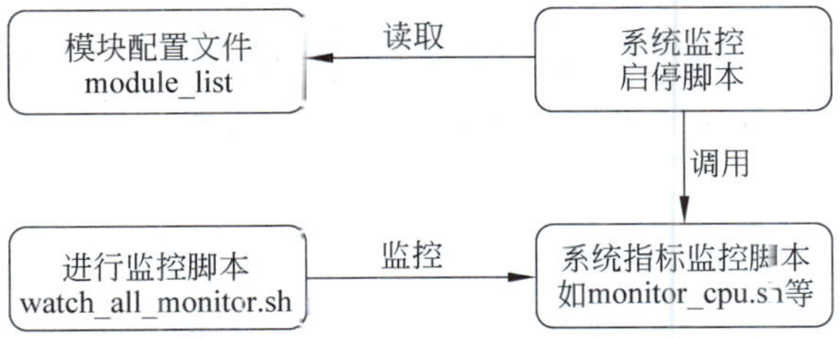

图 9-7　系统监控模块调用关系

针对图 9-7 中的调用关系解释如下。

（1）module_list：模块配置文件，文件中记录了每个监控模块脚本的执行用户以及执行脚本名称，内容如下，表示以 root 用户运行 CPU、I/O、网络丢包、网卡流量监控项脚本。

```
root monitor_cpu.sh
root monitor_io.sh
```

```
root monitor_net_loss.sh
root monitor_net_rate.sh
```

（2）系统监控启停脚本。

monitor_start.sh：启动进程监控脚本 watch_all_monitor.sh，并由 watch_all_monitor.sh 脚本启动各监控项脚本。

monitor_stop.sh：停止系统监控模块所有监控脚本。

```
--启动数据库巡检模块主程序，即可完成一次分布式数据库深度巡检
sh check.sh
--启动系统监控模块，该脚本会调用 watch_all_monitor.sh 进程监控脚本启动所有系统监控项脚本
sh monitor_start.sh
```

（3）进程监控脚本。

watch_all_monitor.sh：进程监控脚本，固定时间间隔检查一次各监控项脚本是否运行，如果没有运行尝试重新运行该监控项脚本。

（4）系统指标监控脚本。

monitor_cpu.sh：CPU 资源监控脚本，通过 sar 命令，每 10s 采集一次 CPU 使用率信息。

monitor_io.sh：I/O 资源监控脚本，通过 iostat 命令，每 10s 采集一次 I/O 资源信息，检查磁盘每秒度请求数据量（rKB/s）、每秒写请求数据量（wKB/s）、磁盘平均响应时间（svctm）、磁盘使用率（%util）等。

monitor_net_loss.sh：网络丢包率脚本。通过 ping 命令，每 10s 检查一次网络丢包率。

monitor_net_rate.sh：网卡流量监控脚本。

以上介绍了数据库巡检模块和系统监控模块所有监控脚本功能。对于数据库巡检模块通过自动化运维管理系统定时调用；对于系统监控模块只要启动后，就会在后台自动持续收集各项监控指标值了。

9.3 某银行核心系统数据倾斜问题诊断

在实际生产环境中，读者经常会遇到数据倾斜问题，这也是分布式数据库的典型问题，本节将介绍 GoldenDB 分布式数据库数据倾斜问题产生的原因，并提供相应的解决方案。

9.3.1 故障概述

某商业银行一套 GoldenDB 分布式数据库，上线一段时间后，通过巡检发现部分表存在数据分布倾斜（也可以称为数据分布不均匀）问题，即在某一数据分片数据量比其他数据分片大的情况，如对公活期账户明细文件表 dgdetailfile 在正常节点数据量为 20GB 左右，异常节点数据量高达 64GB；又如交易成功日志表 dealsuclog 在正常节点数据量为 72GB 左右，异常节点数据量高达 80GB，具体情况如表 9-7 所示。

数据分布倾斜对数据库有潜在的性能风险，大量热点数据集中在某一数据分片，使得该节点有成为性能瓶颈的风险，因此需要及时进行数据重分布。

表 9-7　数据分布情况详单

表名	节点类型	行数	大小
dgdetailfile（对公活期账户明细文件表）	异常数据量节点	22559120	64.14GB
	正常数据量节点	7691401	21.93GB
dealsuclog（交易成功日志表）	异常数据量节点	1478641	80.40GB
	正常数据量节点	1276481	72.43GB

9.3.2 分析过程

对于数据倾斜的问题分析，需要有耐心，不仅要从数据库自身做调研，同时还要与开发人员进行积极沟通，了解倾斜表的数据来源。

1. dbdetailfile 表数据倾斜原因分析

和开发人员沟通了该表数据来源特点，该表存储客户交易明细信息，并且分片键为客户号。同一客户数据按照客户号被集中存储到同一数据分片。如果是数据量多的大客户，会被散列到某个节点上，从而导致该节点数据量比其他节点大，出现数据倾斜，而且由于对大客户信息访问频繁，所以大客户通常也是热点账户。通过以下步骤，找到了热点账户。

（1）检查 dgdetailfile 表定义，确认分片键为 CUST_NUM。

```
mysql> show create table dgdetailfile\G;
*************************** 1.row ***************************
CREATE TABLE `dgdetailfile` (
  `BANK_NO` char(3) NOT NULL,
  `CUST_NUM` char(12) NOT NULL',
  `CUST_ACTNUM` char(19) NOT NULL,
  `ACCT_SQNUM` char(6) NOT NULL,
  …此处省略无关字段信息
  ) ENGINE=InnoDB DEFAULT CHARSET=utf8mb4 COLLATE=utf8mb4_bin
/*!50500 PARTITION BY RANGE  COLUMNS(TRN_DATE)
(PARTITION  P_DGDETAILFILE_20170501  VALUES  LESS  THAN  (20170501)  ENGINE  =
InnoDB,
 PARTITION P_DGDETAILFILE_20170601 VALUES LESS THAN (20170601) ENGINE = InnoDB,
 …
 PARTITION P_DGDETAILFILE_20210601 VALUES LESS THAN (20210601) ENGINE = InnoDB)*/
 DISTRIBUTED BY HASH(`CUST_NUM`)( (g1 values less than (68),g2 values less than
(136),省略分片信息,g30 values less than (2048))
 )
```

（2）根据分片键查询发现 812××××5122××××5222、733××××8260××××222、898××××2120××××8333、865××××8123××××2100 这四个账户在表中的行数分别为 6325217 行、5003032 行、338782 行和 2180186 行。

补充说明：由于生产环境中客户账户为敏感数据，上述四个账户是为了解释数据倾斜问题而构建出的虚拟账户。

```
mysql> select CUST_NUM,count(*) from dgdetailfile group by CUST_NUM order by
count(*) desc;
```

```
+----------------+-------------+
| CUST_NUM       | count(*)    |
+----------------+-------------+
| 812xxxx5122xxxx5222  6325217 |
| 733xxxx18260xxxx222  5003032 |
| 898xxxx2120xxxx8333  3387825 |
| 865xxxx8123xxxx2100  2180186 |
| 765xxxx4270xxxx7422   504049 |
+----------------+-------------+
```

（3）计算出这四个账户对应的数据总量竟然达到了 39.4GB。从表 9-7 可知，正常数据量节点只有 21.93GB，热点账户数据量估算方法如下。

计算公式：数据总量=（热点账户数据行数之和）×表的平均行长=(6325217+5003032+338782+2180186)×3052/1024/1024/1024≈39.4GB。

其中，表的平均行长=表大小/总行数=64.14GB×1024×1024×1024/22559120=3052B。

（4）因此确认了 dgdetailfile 数据倾斜的原因是这四个热点账户引起的。

2. dealsuclog 表数据倾斜原因分析

首先检查 dealsuclog 表的分片键为 TRN_LOG_NUM，该字段存储交易日志号，与热点账户问题不同，每一笔交易日志号是不同的，因此每笔交易日志号数据应该被均匀打散到不同的数据分片，那么为什么 dealsuclog 表会出现数据倾斜呢？

通过分析业务数据来源已经无法解释 dealsuclog 表的数据倾斜原因，那么接下来考虑从数据库自身运行原理方面，这就要从算法层面研究数据分布倾斜的原因。

在介绍数据分布算法之前，首先查看 dealsuclog 的表定义，通过表定义可以看到表的分片方式为 DISTRIBUTED BY HASH(`TRN_LOG_NUM`)，数据被分配到 30 个数据分片 g1～g30。

```
CREATE TABLE `dealsuclog` (
  `BANK_NO` char(3) NOT NULL ,
  `TRN_LOG_NUM` char(14) NOT NULL ,
  `CRNT_ACCT_DATE` int(8) NOT NULL ,
  … 此处省略无关字段信息
  ) ENGINE=InnoDB DEFAULT CHARSET=utf8mb4 COLLATE=utf8mb4_bin COMMENT='交易成功日志表'
/*!50500 PARTITION BY RANGE  COLUMNS(CRNT_ACCT_DATE)
(PARTITION P_DEALSUCLOG_20200514 VALUES LESS THAN (20200514) ENGINE = InnoDB,
 PARTITION P_DEALSUCLOG_20200515 VALUES LESS THAN (20200515) ENGINE = InnoDB,
 PARTITION P_DEALSUCLOG_20200516 VALUES LESS THAN (20200516) ENGINE = InnoDB,
 …
PARTITION P_DEALSUCLOG_20200629 VALUES LESS THAN (20200629) ENGINE = InnoDB) */
 DISTRIBUTED BY HASH(`TRN_LOG_NUM`)( (g1 values less than (68),g2 values less than (136),省略分片信息,g30 values less than (2048))
```

接下来分析 GoldenDB 数据分布的哈希算法，具体算法如图 9-8 所示。

（1）根据分片键计算出哈希值，哈希值的数据类型为无符号整型。

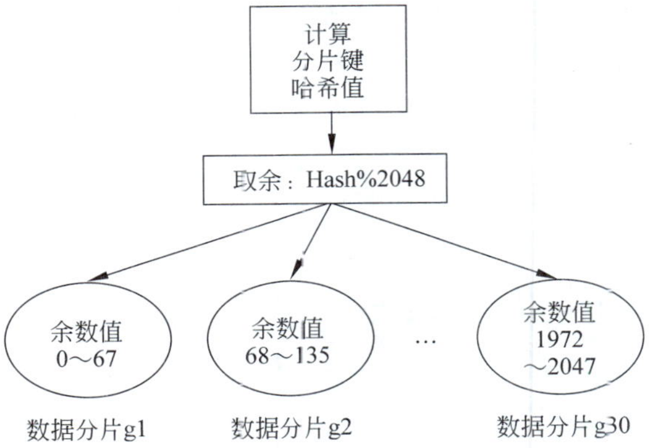

图 9-8　GoldenDB 数据分布采用哈希算法示意图

（2）将哈希值与 2048 取余，按照余数将不同分片键值散列到不同节点。这里的 2048 是 GoldenDB 数据库中默认配置的，可以根据需要修改。

（3）每节点分配 68 个数值（计算公式：取整[2048/30]=68）：余数值为 0～67 的被分配到数据分片 1（g1），余数值为 68～135 的被分配到数据分片 2（g2），以此类推，余数值为 1972～2039 的被分配到数据分片 30（g30）。

（4）此时还剩余 2040～2047 8 个数值，被分配到节点 30（g30）。

由于第 30 个节点被多分配了 8 个数值，导致第 30 个节点接收到的数据比其他节点多，接下来具体计算下倾斜比例。

① 理论数据偏差值：

计算公式=取整[(多分片余数个数/每个节点分配的余数个数)/100]

=[(8/68)×100] =12

即理论值偏差 12%。

② 实际数据偏差值：

计算公式=取整[((异常节点数据量−正常节点数据量)/ 异常数据量)×100]

=取整[((80.40−72.43)/72.43)×100]=11

即实际值偏差 11%。

③ 理论值与实际值基本一致，并且可以判断，第 30 个节点与其他节点数据偏差量还会继续增加。

通过上述分析，交易成功日志表 dealsuclog 数据倾斜是因为集群节点个数以及 GoldenDB 数据分布哈希算法这两个因素导致的。如果节点个数为 2 的整数幂个，在该算法下数据分布将是均匀的。

9.3.3　结论和建议

经过上述分析，总结故障原因如下。

（1）表 dgdetailfile 数据倾斜是因为表中存在热点账户引起的。

（2）表 dealsuclog 数据倾斜是由于集群中数据分片的个数以及 GoldenDB 数据分布哈希算法导致的。

问题原因知道后，可以按照如下方式重新分布倾斜数据。

（1）关于表 dgdetailfile。

对分片键赋以新固定值的方式，使用 dbtool 工具将数据迁移到其他节点。这样既打散了数据，降低了性能瓶颈的风险，又能使倾斜数据分散到存储空间使用率低的节点。当然应用程序也需要配合改造，建立新老分片键值的映射关系。

数据层面迁移过程如下。

```
--导出数据，并给分片键 CUST_NUM 赋新值
dbtool -loadserver -type="out" -clusterid=1 \
  -sql="select  \
  BANK_NO,\
  新分片键值,\  --原表中该字段位置为 CUST_NUM 812xxxx5122xxxx5222，赋以新数值
  CUST_ACTNUM,\
  ACCT_SQNUM,\
  …          \
  TMTP_TIME, \
  CRAT_TMTP,\
  INTOR_SYST_TIME,\
  LOCL_TRN_DATE,\
  LOCL_TRN_TIME,\
  LOCL_TMTP,\
  STMT_SHOW_FLG\
from dgdetailfile\
where CUST_NUM='812xxxx5122xxxx5222' \
into outfile 'dgdetailfile.data' \
  fields terminated by ',' \
  lines terminated by '\n';"
--导入数据，根据新分片键值，对数据重新分布
  dbtool  -loadserver -type="in" -clusterid=1 -skip-ok-check  \
  -sql="load data infile  'dgdetailfile.data' into table dgdetailfile \
  fields terminated by ',' lines terminated by '\n' \
  (BANK_NO,\
  CUST_NUM,\
  CUST_ACTNUM,\
  ACCT_SQNUM,\
  …
  TMTP_TIME,\
  CRAT_TMTP,\
  INTOR_SYST_TIME,\
  LOCL_TRN_DATE,\
  LOCL_TRN_TIME,\
  LOCL_TMTP,\
  STMT_SHOW_FLG);"
```

（2）关于交易成功日志表 dealsuclog。

需要将分片个数扩容到 2 的整数幂个，例如 32 个数据分片，随后对全库进行数据重新分布，这个方案改动较大，需要有充足的时间窗口。

9.4　某银行分布式数据库元数据库恢复案例

在 9.2.5 节介绍过深度巡检工具，通过该工具可以对数据库各节点进行检查，通常能够发现其他监控平台不易察觉的重要信息，本节将分享一个被深度巡检工具发现的故障案例。

9.4.1　故障概述

分布式数据库的元数据库主要用来存放集群的元数据信息，如对 OMM 管理节点进行深度巡检时，发现元数据库从库错误日志中出现报错码为 1032 的错误信息。

```
2020-06-15T09:48:40.618143+08:00 3 [ERROR] Slave SQL for channel '': Worker 1 failed executing transaction '315dd616-47dd-11eb-9f5c-000c29ec078d:16780183' at master log mysql-bin.000087, end_log_pos 981319; Could not execute Update_rows event on table omm.xxx; Can't find record in 'xxx', Error_code: 1032; handler error HA_ERR_KEY_NOT_FOUND; the event's master log mysql-bin. 000087, end_log_pos 981319, Error_code: 1032
```

登录元数据库从库，执行 show slave status 命令，发现从库被写入数据。如下所示，从库 uuid 为 315dd616-47dd-11eb-9f5c-000c29ec078d，该 uuid 的事务集合为 1～18，说明从库已执行了 18 个事务。

```
mysql> show slave status \G;
Executed_Gtid_Set: 4677ee4c-1404-11ea-80dd-00505699b577:16780183,
315dd616-47dd-11eb-9f5c-000c29ec078d:16780183:1-18
```

9.4.2　分析过程

为了解决主从数据不一致问题，决定采用在主库进行全库备份，到从库进行恢复的方式修复。

1. 备份主库

首先使用 MySQL Enterprise Backup（后文简称 meb）对主库进行全库备份，备份介质名为 bkNBFull20200615。

```
--使用 meb 对主库进行全库备份，备份到 nbu 集中备份平台中
mysqlbackup \
--login-path=root \
--port=3306 \
--protocol=tcp  \
--backup-dir=/meb_backupdir \
--sbt-lib-path=/usr/openv/netbackup/bin/libobk.so64 \
--sbt-environment="NB_ORA_SERV=NBU01,\
NB_ORA_CLIENT=lxmaster,\
NB_ORA_POLICY=MEB_MYSQL_2W" \
--backup-image=sbt:bkNBFull20200615 backup-to-image" \
```

```
>> /meb_backupdir/bkNBFull20200615.log
```

2. 恢复从库

上一步通过 meb 备份的文件已经在 Veritas NetBackup（后文简称 nbu）集中备份平台中，从库可以从集中备份平台读取到该备份文件，这就是集中备份平台的优势，无须将备份文件二次传输到从库。

1）通过 bplist 命令查看主库的备份文件信息

```
--在从库上执行 bplist，已经可以看到主库的备份文件 bkNBFull20200615 了，接下来利用该文件恢复从库
/usr/openv/netbackup/bin/bplist -C lxmaster -t 4 -l -b -R /
--输出信息如下：
-rw-rw---- omm    dba        152722432K 6月 15 15:50 /bkNBFull20200615
```

2）使用 bkNBFull20200615 备份介质恢复从库

```
--使用 mysqlbackup 命令将主库的备份文件恢复到从库
nohup /usr/openv/scripts/mysqlbackup \
--defaults-file=/home/omm/etc/my.cnf \
--backup-dir=/meb_backupdir \
--sbt-lib-path=/usr/openv/netbackup/bin/libobk.so64 \
--sbt-environment="NB_ORA_SERV=NBU01,\
NB_ORA_CLIENT=lxmaster,\
NB_ORA_POLICY=MEB_MYSQL_2W" \
--backup-image=sbt:bkNBFull20200615
copy-back-and-apply-log --force >/tmp/bkNBFull20200615.log 2>&1 &
```

3）重新建立主从复制关系

数据库恢复完成后重新建立主从复制关系，命令如下。

```
--使用 change master 命令重新建立主从复制关系，执行 start slave 命令启动从库
 mysql> CHANGE MASTER TO Master_Host='xxx.xxx.xxx.xxx', Master_User='xxxxx',
Master_PASSWORD='xxxx' ,MASTER_AUTO_POSITION=1;
mysql> START SLAVE;
```

4）为从库设置只读模式

按照分布式数据库部署规范，将从库设置为只读模式，避免从库数据被意外修改，至此从库恢复完毕。

```
mysql> show variables like 'read_only'
    -> ;
+----------------------+-------+
| Variable_name        | Value |
+----------------------+-------+
| read_only            | OFF   |
+----------------------+-------+
5 rows in set (0.00 sec)
mysql> set global read_only=on;
Query OK, 0 rows affected (0.00 sec)
```

```
mysql> show variables like 'read_only'
    -> ;
+----------------------+-------+
| Variable_name        | Value |
+----------------------+-------+
| read_only            | ON    |
+----------------------+-------+
```

9.4.3　结论和建议

经过检查发现，在故障发生前，曾经有管理员误操作把 DNS 域名指向了元数据库从库，随后他意识到该操作有误，又立即将 DNS 域名重新指向元数据库主库，随后主从复制就中断了，那到底是什么原因呢？

读者可能注意到了，从库被设置为只读模式，DNS 域名错误指向时，元数据库应用也不可能向元数据库从库写入数据。但经过确认，最终发现元数据库应用用户具有数据库 super 权限，这样只读模式失效，数据被错误写入元数据库从库。

建议回收元数据库应用用户的 super 权限，以避免管理员的误操作导致上述故障。

9.5　某银行理财平台 CPU 繁忙调优

本节以某商业银行理财平台 CPU 繁忙调优为案例，向读者展示如何使用普罗米修斯监控平台和交易监控平台结合进行故障诊断。

9.5.1　故障概述

某商业银行发行了一款理财产品，该理财产品属于货币基金产品，风险低并且收益稳定，深受广大客户喜爱。每月 10 日是该款理财产品的分红结转日，11 日广大客户就可以看到理财产品的收益。在运行分红结转日的批量程序期间，所有数据分片主节点 CPU 升高，触发监控告警，运维人员紧急介入进行故障处理。

9.5.2　分析过程

（1）接到监控告警后，立即登录普罗米修斯监控平台查看到所有数据分片主节点 CPU 负载，发现 CPU 均异常升高，日常 CPU 使用率在 10%左右，故障期间使用率高达 80%，如图 9-9 所示。

（2）查看故障期间每个数据分片活跃线程数，日常活跃线程数量在 50 以下，故障期间激增到 350 个，如图 9-10 所示。表明数据库此时所承载的业务量是日常的 7 倍以上，CPU 升高与业务量激增有关系。

（3）检查交易监控查看出现问题时间拐点，可以看到故障的时间拐点是在 19:48:07。在该时间点之前 SQL 语句的响应时间是 1ms，该时间点之后响应时间达到 9882ms，数据分片处理性能降了 1 万倍，如图 9-11 所示。

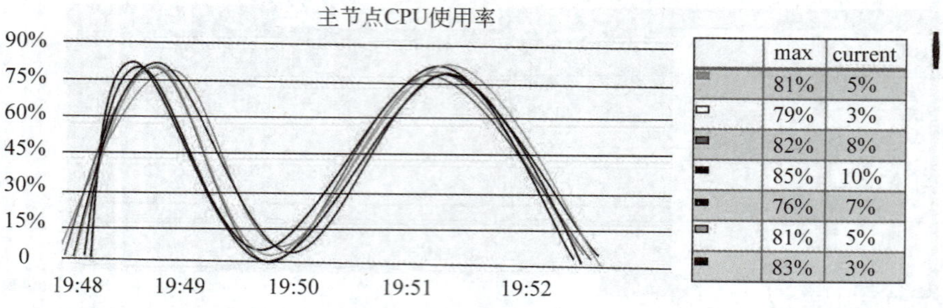

图 9-9 故障期间 CPU 使用率

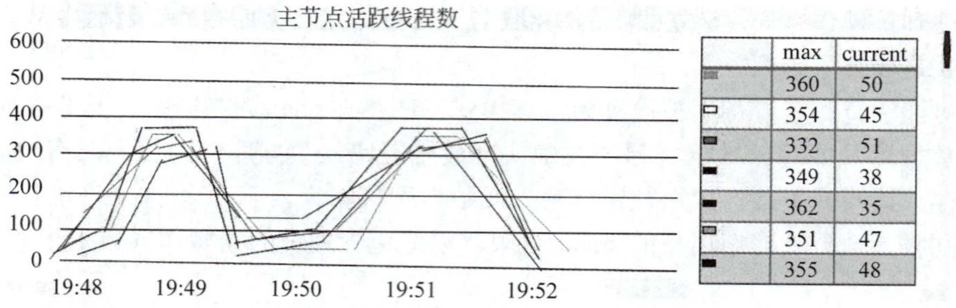

图 9-10 故障期间数据分片活跃线程数

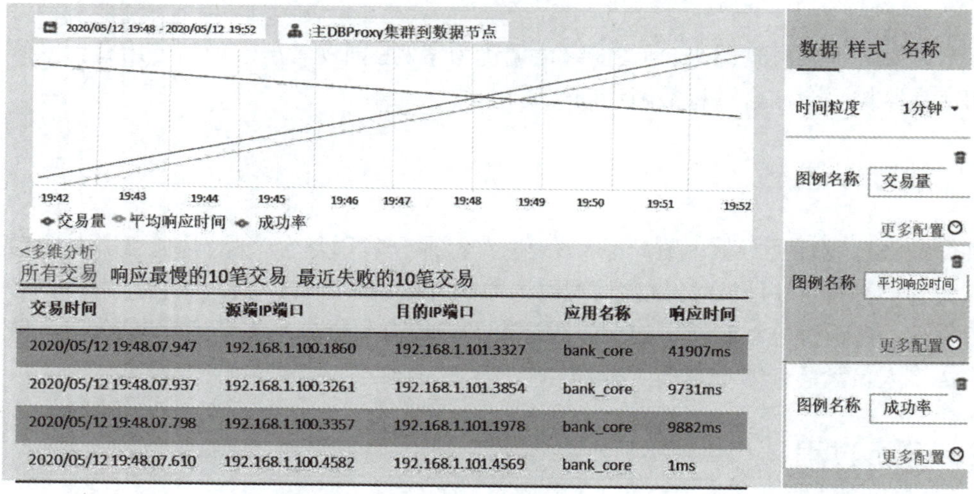

图 9-11 故障期间交易监控输出情况

一条交易监控记录包括四部分内容：基本信息部分、请求字段部分、响应字段部分以及网络指标部分。接下来分别对这四部分内容进行讲解，并结合该案例实际情况找出破解问题的线索。使用鼠标双击展开图 9-11 响应时间为 9882ms 这条交易监控记录。

① 基本信息部分。

首先从基本信息中，可以看到该条 SQL 语句是从源 IP 192.168.1.100 发送到目的 IP 192.168.1.101，整体响应时间是 9882ms。其中，源 IP 是代理节点 DBProxy 服务器地址，目的 IP 是数据分片服务器地址。

② 请求字段部分。

TT：表示 SQL 语句类型，此处是一条 select 查询语句。

AccIn：表示交易流水号，如该例中的 20200511-001-appcode-9013-20-1071-，其中，appcode 部分代表该条 SQL 语句是由哪个程序模块发起的。

WHERE_CLAUSE：表示 SQL 语句 where 条件信息。

SQL：表示执行的 SQL 语句，是对表 fin_cle_reg 的查询操作。

③ 响应字段部分。

RTCODE：表示返回状态码，用于说明语句是否执行成功。

④ 网络指标部分。

表示该条 SQL 语句的字节数、重传、乱序、传播延迟等信息。

```
应用名称：prod_core
响应时长：9882ms
源 IP：192.168.1.100
源端口：40544
目的 IP：192.168.1.101
目的端口：3380
交易时间：2020/05/12 19:52:07.610
探针名称：HT5_ens4f1

请求字段
TT:select

AccIn:20200511-001-appcode-9013-20-1071-

WHERE_CLAUSE: where ((`fin_cle_reg`.`BANK_NO` = '001')
and (`fin_cle_reg`.`DTAL_RCRD_FLG` = 'D')
and (`fin_cle_reg`.`PRCS_MODE` <> '2')
and (`fin_cle_reg`.`MESG_ID` = 'NNNNNNN')
and (substr(`fin_cle_reg`.`FINC_RCOG_COD`,50,1) = '2')
and (substr(`fin_cle_reg`.`FINC_RCOG_COD`,54,1) = '2')
and (`fin_cle_reg`.`FINC_BATH_NUM` = '20200512ZX05')
and (`fin_cle_reg`.`BATH_DATE` = 20200512)

SQL: /*+TSN=20200511-001-appcode-9013-20-1071-*/
start transaction;
SELECT xxx
FROM `fin_cle_reg`
where ((`fin_cle_reg`.`BANK_NO` = '001')
and (`fin_cle_reg`.`DTAL_RCRD_FLG` = 'D')
and (`fin_cle_reg`.`PRCS_MODE` <> '2')
and (`fin_cle_reg`.`MESG_ID` = 'NNNNNNN')
and (substr(`fin_cle_reg`.`FINC_RCOG_COD`,50,1) = '2')
and (substr(`fin_cle_reg`.`FINC_RCOG_COD`,54,1) = '2')
and (`fin_cle_reg`.`FINC_BATH_NUM` = '20200512ZX05')
and (`fin_cle_reg`.`BATH_DATE` = 20200512)
order by `fin_cle_reg`.`BANK_NO` ASC,
```

```
`fin_cle_reg`.`BATH_DATE` ASC,
`fin_cle_reg`.`FINC_BATH_NUM` ASC,
`fin_cle_reg`.`RCRD_CYCL_NUM` ASC,
`fin_cle_reg`.`RCRD_SET_NUM_SUB_SQNUM` ASC
/*set @transaction_serial_number = '20200511-001-appcode-9013-20-1071-'*/
响应字段
RTCODE:OK
网络指标
字节（包数）：3417/5586(12/12)
重传：0/0
乱序：0/0
传播延迟：9878ms
SYN,FIN,RST: 0/0,0/0,0/0
```

（4）通过上一条交易监控信息，可以看到 CPU 飙高时刻运行的 SQL 语句，该条 SQL 语句涉及的表为理财清算处理登记簿表 fin_cle_reg，表的分片键为组织机构号 ORG_NUM，表上建有索引 FIN_CLE_REG02，表 fin_cle_reg 的 DDL 定义如下。

```
CREATE TABLE `fin_cle_reg` (
  `BANK_NO` char(3) NOT NULL,
  `FINC_BATH_NUM` char(12) NOT NULL,
  `BATH_DATE` int(8) NOT NULL,
  `ORG_NUM` char(6) NOT NULL,
  …
  `CHAG_PRJT_COD_3` char(9) NOT NULL,
  `CHAG_AMT_3` decimal(17,2) NOT NULL,
  `INTOR_SYST_COD` char(4) NOT NULL COMMENT ,
  PRIMARY KEY (`TRN_CCY`,`INTER_BANK_CUST_FLG`,`COLT_ACTNUM_OR_CARD_NUM`,
`PAY_ACTNUM_OR_CARD_NUM`,`FINC_BATH_NUM`,`RCRD_CYCL_NUM`,`RCRD_SET_NUM_SUB_
SQNUM`,`RCRD_ACCT_DATE`,`RCRD_ACCT_PRCS_TAG`,`BANK_NO`),
  INDEX `FIN_CLE_REG02` (`BATH_DATE`,`FINC_BATH_NUM`,`RCRD_CYCL_NUM`,
`RCRD_SET_NUM_SUB_SQNUM`,`BANK_NO`)
) ENGINE=InnoDB DEFAULT CHARSET=utf8mb4 COLLATE=utf8mb4_bin COMMENT='理财清
算处理登记簿'
  DISTRIBUTED BY HASH(`ORG_NUM`)((g1 values less than (68),g2 values less than (136),
省略分片信息,g30 values less than (2048))
)
```

但是检查上边交易监控记录中的 SQL 语句可以发现，SQL 语句的 where 条件中并没有组织机构号 ORG_NUM 字段，也就是说，where 条件中没有按照分片键进行过滤，这就导致 DBProxy 会将该 SQL 语句下发到所有数据分片执行，在并发量大的时候会引起严重的性能问题。

（5）进一步检查故障 SQL 语句的执行计划，可以在 DBProxy 节点查看，详细信息如下。

```
mysql -u'proxyuser' -p'xxx' -hxxx.xxx.xxx.xxx -P6610
explain
SELECT xxx
FROM `fin_cle_reg`
```

```
where ((`fin_cle_reg`.`BANK_NO` = '001')
and (`fin_cle_reg`.`DTAL_RCRD_FLG` = 'D')
and (`fin_cle_reg`.`PRCS_MODE` <> '2')
and (`fin_cle_reg`.`MESG_ID` = 'NNNNNNN')
and (substr(`fin_cle_reg`.`FINC_RCOG_COD`,50,1) = '2')
and (substr(`fin_cle_reg`.`FINC_RCOG_COD`,54,1) = '2')
and (`fin_cle_reg`.`FINC_BATH_NUM` = '20200512ZX05')
and (`fin_cle_reg`.`BATH_DATE` = 20200512)
order by `fin_cle_reg`.`BANK_NO` ASC,
`fin_cle_reg`.`BATH_DATE` ASC,
`fin_cle_reg`.`FINC_BATH_NUM` ASC,
`fin_cle_reg`.`RCRD_CYCL_NUM` ASC,
`fin_cle_reg`.`RCRD_SET_NUM_SUB_SQNUM` ASC
/*set @transaction_serial_number = '20200511-001-appcode-9013-20-1071-'*/
\G;
```

执行计划结果如下：

```
************************** 1.row ***************************
         id: 10001
  select_type: SQLNode
        table: 1
   partitions:
         type:
possible_keys: SELECT xxx
FROM `fin_cle_reg`
where ((`fin_cle_reg`.`BANK_NO` = '001')
and (`fin_cle_reg`.`DTAL_RCRD_FLG` = 'D')
and (`fin_cle_reg`.`PRCS_MODE` <> '2')
and (`fin_cle_reg`.`MESG_ID` = 'NNNNNNN')
and (substr(`fin_cle_reg`.`FINC_RCOG_COD`,50,1) = '2')
and (substr(`fin_cle_reg`.`FINC_RCOG_COD`,54,1) = '2')
and (`fin_cle_reg`.`FINC_BATH_NUM` = '20200512ZX05')
and (`fin_cle_reg`.`BATH_DATE` = 20200512)
order by `fin_cle_reg`.`BANK_NO` ASC,
`fin_cle_reg`.`BATH_DATE` ASC,
`fin_cle_reg`.`FINC_BATH_NUM` ASC,
`fin_cle_reg`.`RCRD_CYCL_NUM` ASC,
`fin_cle_reg`.`RCRD_SET_NUM_SUB_SQNUM` ASC
          key: Cluster1,g1,g2,g3,g4,g5,g6,g7,g8,g9,g10,g11,g12,g13,g14,g15,
g16,g17,g18,g19,g20,g21,g22,g23,g24,g25,g26,g27,g28,g29,g30
      key_len:
          ref: Parent=NULL,Child=NULL,Next=NULL
         rows:
     filtered:
        extra: ur,using sort, dcbsdb.fin_cle_reg=hash
************************** 2.row ***************************
           id: 1
  select_type: SIMPLE
```

```
        table: fin_cle_reg
   partitions: NULL
         type: ref
possible_keys: FIN_CLE_REG02,FIN_CLE_REG03,FIN_CLE_REG04
          key: FIN_CLE_REG02
      key_len: 52
          ref: const,const
         rows: 20755
     filtered: 0.04
        extra: Using index condition; Using where; Using filesort, g1

… 篇幅限制 3.row 至 29.row 与 2.row 内容一致，在此忽略。

*************************** 31. row ***************************
           id: 1
  select_type: SIMPLE
        table: fin_cle_reg
   partitions: NULL
         type: ref
possible_keys: FIN_CLE_REG02,FIN_CLE_REG03,FIN_CLE_REG04
          key: FIN_CLE_REG02
      key_len: 52
          ref: const,const
         rows: 23152
     filtered: 0.04
        extra: Using index condition; Using where; Using filesort, g30
```

接下来对上述执行计划进行解释，具体如下。

① 执行计划第一行（1.row）的 key 部分为：

Cluster1,g1,g2,g3,g4,g5,g6,g7,g8,g9,g10,g11,g12,g13,g14,g15,g16,g17,g18,g19,g20,g21,g22,g23,g24,g25,g26,g27,g28,g29,g30

表明 SQL 语句将会被下发到 g1～g30 这 30 个数据分片上执行。

② 执行计划第二行（2.row）的 extra 部分为：

Using index condition; Using where; Using filesort, g1

表明该执行计划是在 g1 数据分片上的执行计划，在 g1 节点上使用现有的 FIN_CLE_REG02 索引进行数据访问。

③ 以此类推，在 g2～g30 上的执行计划也为使用 FIN_CLE_REG02 索引进行数据访问。

9.5.3 结论和建议

综合以上执行计划信息，进一步与开发人员沟通，本次故障的 SQL 语句是由应用程序拼接生成的，但是拼接出来的 SQL 语句不带 ORG_NUM 字段，即不带分片键字段。这就导致 DBProxy 将 SQL 语句下发到所有数据分片执行，并且程序没有设置并发度控制，从而使得所有节点接收到了大量并发 SQL 语句，进而使得 CPU 资源耗尽。

为了避免该问题再次发生，需要修复应用程序，在拼接 SQL 语句时应带有 ORG_NUM

分片键。

考虑到这个问题具有普遍性，经和开发人员进行沟通，对类似问题的优化建议如下。

1. 应用设计开发阶段

（1）设计性能容量，评估应用并发线程数。

（2）开发人员需要遵守分布式数据库相关设计和开发规范，特别是涉及分片键的内容。

（3）需要对批处理所涉及 SQL 语句进行审核，提前发现有问题的语句。

2. 测试阶段

（1）应充分进行性能测试，并且将性能测试报告提交运维评审。

（2）性能测试所用的数据量考虑大数据量的场景（例如，数据量是平时的 10～20 倍）。

（3）根据评估的并发线程数，通过性能测试进行验证。

3. 运维阶段

（1）部署巡检脚本，对加载前的数据量提前排查，发现异常量级数据提前进行告警。

（2）定期巡检慢日志，提前优化不带分片键的 SQL 语句。

9.6　某银行网银系统内存调优

本节以某商业银行网银系统内存调优为例，讲解 GoldenDB 分布式数据库出现内存异常增长时的处理方法。

9.6.1　故障概述

某银行网银系统所用分布式数据库其个数据分片内存由 84.5%增长到了 85.9%，由于超过了阈值 85%触发了监控告警，通过普罗米修斯监控平台查看到的详细信息，如图 9-12 所示。

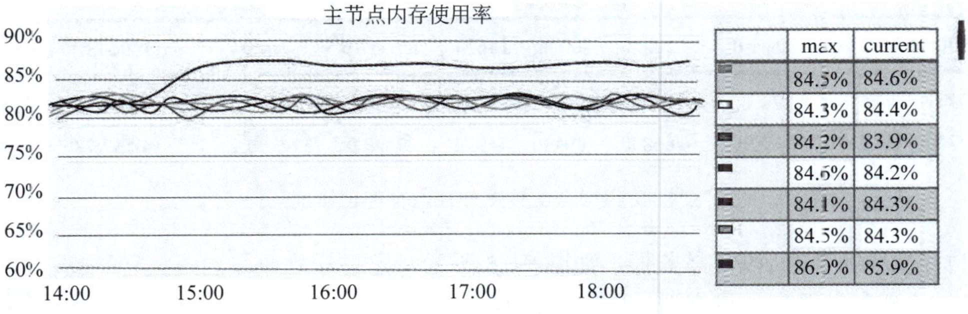

图 9-12　某异常分片内存增长情况

9.6.2　分析过程

（1）通过 top 命令发现异常数据分片的 mysqld 进程占用内存最多，如图 9-13 所示。和图 9-14 正常数据分片对比，内存要多消耗 1.8%（计算公式：多消耗的内存=81.7%−79.9%=1.8%），因此普罗米修斯监控平台看到的信息与通过操作系统 top 命令看到的信息基本吻合。

```
top-10:07:11 up 196 days,11:35,  5 users,  load average: 1.57,1.69,1.72

Tasks:815 total, 2 running,812 sleeping,   1 stopped,   0 zombie

%Cpu(s):  3.4 us,  1.2 sy,  0.0 ni,95.4 id,  0.0 wa,0.0 hi,0.0 si,0.0 st

KiB Mem:26356681+total,24295616 free,22101539+used,18255808 buff/cache

KiB Swap:   0 total,    0 free,         0 used.37423008 avail Mem


  PID USER        PR  NI     VIRT     RES     SHR  S  %CPU  %MEM       TIME+ COMMAND
34206 ddb         20   0   207.5g  205.5g   10372  S  64.7   81.7      163138:37 mysq1d
3088    root      20   0  8008036  644092   10788  S   0.0    0.3      118:12.09   java
29603 ddb         20   0  6832624  416596   14224  S   0.0    0.2       51:58.36 java
```

图 9-13　故障数据分片内存使用情况

```
top.-10:07:19 up 196 days,11:35, 2 users, load average:1.55,1.74,1.84

Tasks:788_ tota1,_2 running,_786 sleeping,   0 stopped,   0 zombie

%Cpu(s):  1.5_us, 0.8 sy, 0.0_ni,97.6 id,  0.0 wa,0.0 hi.0.1 si. 0.0 st

KiB Mem:26356681+tota1,10707544'free,21607616+used,36783108 buff/cache

KiB Swap:   0 total,    0 free,         0 used.42362372 avai1 Mem


  PID USER        PR  NI     VIRT     RES     SHR  S  %CPU  %MEM       TIME+ COMMAND
33965 ddb         20   0   202.8g  200.8g   15624  S  76.5   79.9      160648:17 mysq1d
3073    root      20   0  7941472  652840    9992  S   0.0    0.2      121:17.33   java
47766 ddb         20   0  6766860  409440   14224  S   0.0    0.2       48:37.78   java
```

图 9-14　正常数据分片内存使用情况

（2）检查故障时间段交易监控，如图 9-15 所示，异常分片业务曲线比较平缓，没有明显的波动，既没有出现交易量突增，同时也没有出现响应时间过长的异常 SQL 语句，平均响应时间都在 0.5ms 左右。因此综合来看内存增长不是由于业务 SQL 语句变化引起的，需要进一步从数据库运行机制方面进行分析。

（3）通过 performance_schema.memory_summary_global_by_event_name 表查看数据库内存消耗情况，对比正常分片和异常分片内存消耗差异，从而找出问题所在。

通过检查发现，正常分片和异常分片内存差异主要在 memory/performance_schema/file_instances 部分，异常分片比正常分片多消耗 4.3GB（11811160064−7200309248）内存，与前文通过 top 命令检查结果基本相符。

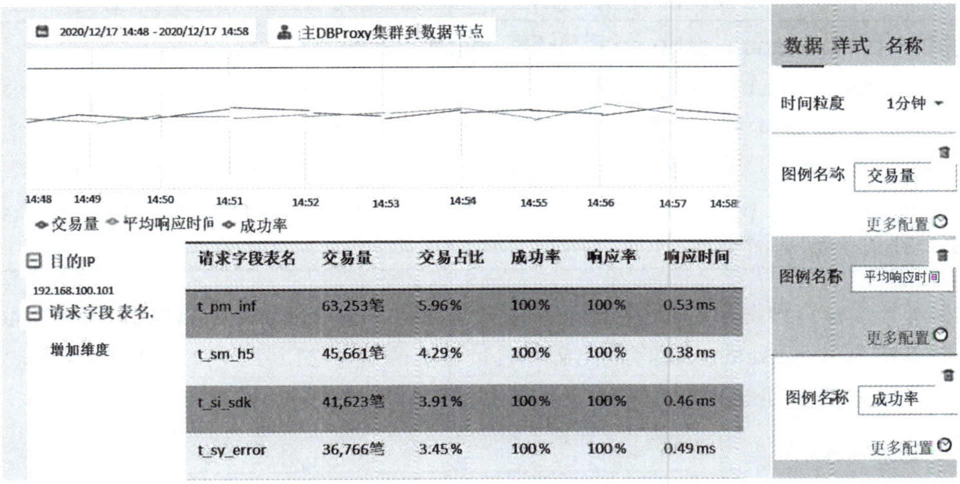

图 9-15　故障时间段交易监控信息

```
    --正常分片：
    mysql> select * from performance_schema.memory_summary_global_by_event_name
order by current_number_of_bytes_used desc limit 1\G;
    *************************** 1.row ***************************
                      EVENT_NAME: memory/performance_schema/file_instances
                     COUNT_ALLOC: 2497
                      COUNT_FREE: 0
       SUM_NUMBER_OF_BYTES_ALLOC: 7200309248
        SUM_NUMBER_OF_BYTES_FREE: 0
                  LOW_COUNT_USED: 0
              CURRENT_COUNT_USED: 2497
                 HIGH_COUNT_USED: 2497
        LOW_NUMBER_OF_BYTES_USED: 0
    CURRENT_NUMBER_OF_BYTES_USED: 7200309248
        HIGH_NUMBER_OF_BYTES_USED: 7200309248
    --异常分片
    mysql> select * from performance_schema.memory_summary_global_by_event_name
order by current_number_of_bytes_used desc limit 1\G;
    *************************** 1.row ***************************
                      EVENT_NAME: memory/performance_schema/file_instances
                     COUNT_ALLOC: 4096
                      COUNT_FREE: 0
       SUM_NUMBER_OF_BYTES_ALLOC: 11811160064
        SUM_NUMBER_OF_BYTES_FREE: 0
                  LOW_COUNT_USED: 0
              CURRENT_COUNT_USED: 4096
                 HIGH_COUNT_USED: 4096
        LOW_NUMBER_OF_BYTES_USED: 0
    CURRENT_NUMBER_OF_BYTES_USED: 11811160064
        HIGH_NUMBER_OF_BYTES_USED: 11811160064
```

补充说明：performance_schema 库和 file_instances 表

performance_schema 库：用于存储监控 MySQL 数据库性能相关数据信息。performance_schema 库中的表都是内存表，在数据库运行期间，随着内存表的数据量增加，消耗的内存也会增加，通过重启数据库，内存表中的数据将会被释放。

file_instances 表：performance_schema 库中的 file_instances 表用于存储 MySQL 数据库相关文件的打开和关闭信息。

（4）进一步检查异常分片 file_instances 表中的内容，file_instances 表总行数为 11934606，但是文件名前缀为/home/ddb/load 的此类文件数量竟然高达 11212525 行，占比 93.95%，经调查发现，此类文件都是 dbtool 工具进行导入导出操作时所产生的。详细统计过程如下。

```
--总行数
select count(*) from performance_schema.file_instances;
+-----------+
| count(*)  |
+-----------+
| 11934606  |
+-----------+
--文件名前缀为/home/ddb/load 的此类文件数量
select count(*) from performance_schema.file_instances where file_name like
'/home/ddb/load%';
+-----------+
| count(*)  |
+-----------+
| 11212525  |
+-----------+
--计算占比
select 11212525/11934606;
+----------------------+
| 11212525/11934606    |
+----------------------+
|            0.9395    |
+----------------------+
```

9.6.3 结论和建议

经过上述检查，可以看到交易量没有明显变化并且也没有长时间运行的异常 SQL 语句，进一步分析发现异常分片 performance schema 库中 file_instances 表内存消耗明显增加，从而导致了本次问题的出现。针对该问题，建议的解决办法如下。

（1）择机重启异常分片，以释放 performance schema 库占用的系统内存。

（2）修改数据库参数 performance_schema_max_file_instances，限制 file_instances 表的最大记录数，这对数据库的运行及日常运维不会造成任何影响，但可以降低 performance schema 库内存消耗。修改方法如下。

```
--编辑所有数据分片 my.cnf 文件，在 mysqld 段中添加参数，将允许的最大记录数限定为 1000
```

```
performance_schema_max_file_instances=1000
--依次在所有数据分片，执行如下重启命令，使得参数生效
dbmoni -stop
dbmoni -start
```

9.7　某银行电商管家系统响应慢调优

本节以某银行电商管家系统响应慢为例，介绍当联机交易应用出现运行缓慢时，如何从分布式数据库层面进行问题排查，并最终给出优化建议。

9.7.1　故障概述

某银行电商管家系统采用 GoldenDB 分布式数据库，联机交易应用 24h 运行，但是在每天 18～20 点频繁出现联机交易卡顿情况，虽然没有出现交易失败，但已经严重影响了用户体验，需要紧急排查并解决该问题。

9.7.2　分析过程

在电商管家分布式数据库上线时，管理员为该数据库部署了深度巡检工具，通过深度巡检工具发现故障时间段的巡检日志中有严重的锁争用现象。具体来说，联机交易应用的请求事务序列号（req_trx_seq）为 WL142020053171190215669554510101103，阻塞事务序列号为 20200530-001-PROD-96-5-132-g28，阻塞时间为 1214ms，1214ms 对于高并发的交易型系统来说已经过长。

```
"[2020-05-31T19:30:08.090150]||||WL142020053171190215669554510101103||||
#WARN:DESC=lock_wait_time:1214ms,
req_thd_id:869117,
req_trx_id:56453313677,
req_trx_seq:WL142020053171190215669554510101103,
req_gtm_gtid:0,
req_sql:[select xxxx,
blk_thd_id:7206317,
blk_trx_id:56453313641,
blk_trx_seq:20200530-001-PROD-96-5-132-g28,
blk_gtm_gtid:0, blk_key_data:['01750111900000095', '001']"
```

接下来，在交易监控平台通过交易流水号 WL142020053171190215669554510101103 查询到以下完整的 SQL for update 语句，该语句对理财产品订单记录表 cp_order_detail 进行查询操作，这就会对符合 where 条件的记录进行加锁。

```
select  xxxx  from
`cp_order_detail`
where  ((`FUND_TRN_ACTNUM` = '01123451900067890')
and (`BANK_NO` = '009')
```

```
and (`KEY` = '00123456789'))
for update
/*set @transaction_serial_number = 'WL14202005317119021566955451010110З'*/
```

那么 20200530-001-PROD-96-5-132-g28 到底是什么应用发起的呢？经与开发人员沟通，原来该系统有个每天 18～20 点运行的日终批量程序，该批量程序发起了上述流水号为 20200530-001-PROD-96-5-132-g28 的交易，该交易也会对理财产品订单记录表 cp_order_detail 进行增、删、改、查等操作，这就解释了对表 cp_order_detail 的锁争用现象。

9.7.3 结论和建议

在每天 18～20 点，日终批量程序都会自动运行，运行期间每次处理一批记录，如果在处理这些记录期间，恰好赶上联机交易也在访问涉及的相同记录，那么就会出现锁争用并进而出现联机交易卡顿现象。

针对这种情况，建议降低日终批量程序每次处理的记录数，这样每次涉及的记录数就会变少，从而减少对联机交易的影响。例如，日终批量程序原来每次处理 100 条记录，那么批量程序将会在这 100 条记录上加锁，如果批量程序每次只处理 50 条记录，那么影响的记录数将减少到 50 条，从而大幅降低对联机交易的影响。

最后，经对减少日终批量程序每次处理的记录数，每天 18～20 点出现联机交易卡顿现象消失。

9.8 分布式数据库切换与数据紧急恢复

分布式数据库运行在 x86 集群环境，通过软硬件冗余解决高可用问题，当发生故障时，可以在本地机房实现自动化切换；根据计划性切换或者故障切换的需要，可以将整个集群从生产机房切换到同城和异地机房，本节重点介绍将集群从生产机房计划性切换到同城机房。

另外，在数据库运维中，最大的风险在于误操作导致数据丢失，这就需要提前准备好紧急情况下的数据恢复预案，从而真正在数据丢失事故发生时能第一时间恢复生产数据。

9.8.1 故障切换与计划性切换

本节重点讲述 GoldenDB 分布式数据库生产机房内部主备之间自动化切换，以及计划性切换到同城机房和异地机房。

1. 生产机房内部节点自动化切换

如图 9-16 所示，当生产机房内 GTM 主节点、数据主节点、管理节点主机等发生宕机、夯死等不可用状态时，GoldenDB 会自动完成主备之间切换。

由于 DBProxy 节点采用集群部署，节点是无状态的，按照事发时刻故障节点是否有 DDL 操作正在执行，采取不同的处置方式。

（1）如果此时没有 DDL 操作，该节点宕机无影响，由其他 DBProxy 节点自动接管应用程序的服务请求，并且 GoldenDB 分布式数据库会自动进行相关事务的回滚操作。

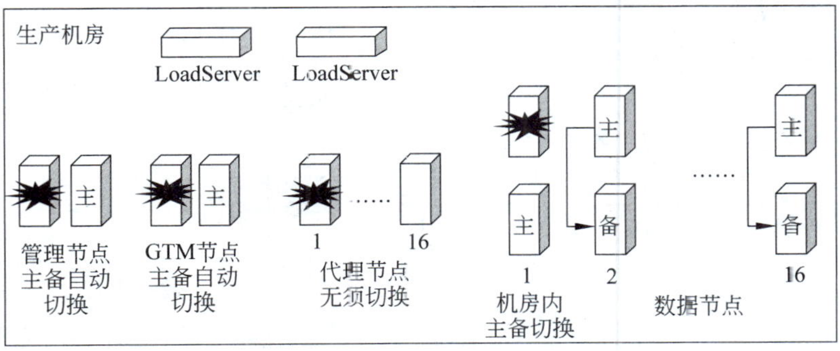

图 9-16　生产机房内部主备之间切换

（2）如果此时正在执行 DDL 操作，对应的目标表将会被设置为禁用状态，即不可通过 DBProxy 继续访问该表数据，需要登录 OMM 管理界面解禁该表，按照“业务管理”→“元数据”→“数据字典管理”→“勾选对应表”→“解禁”顺序依次单击，即可解禁该表。如图 9-17 所示。随后重新执行 DDL 操作，使得目标表恢复到一致状态。

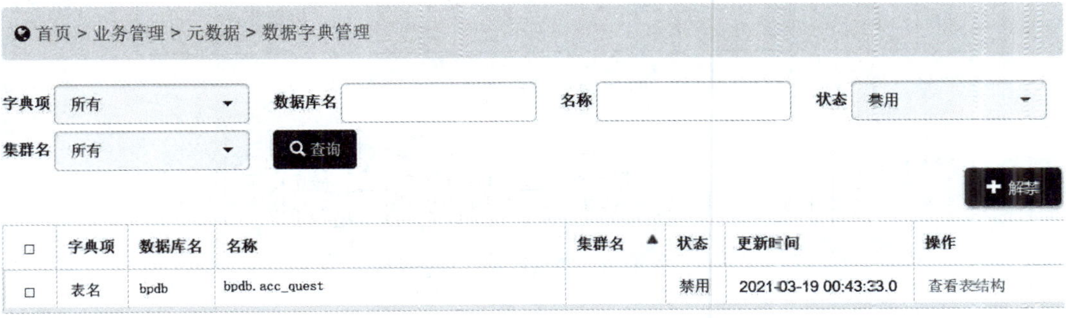

图 9-17　解禁表操作示意图

2. 计划性切换到同城机房

如图 9-18 所示，当生产机房整体不可用时，需要进行同城切换，这属于故障切换；另外，商业银行通常每年都会对重要系统进行计划性切换演练，接下来重点介绍计划性切换到同城机房的步骤，切换主体流程如图 9-19 所示。

（1）将管理节点切换到同城机房。

（2）切换完管理节点后，进行数据节点同城切换。

（3）随后进行 GTM 节点同城切换。

（4）DBProxy 不需要切换，因为 DBPrxoy 采用双活部署，无须切换。

（5）取决于应用程序部署方式，如果是双活部署，无须切换；如果是主备部署，则将应用程序切换到同城。

接下来介绍各个节点在切换流程中的细节，供读者参考。

首先，管理节点切换到同城。管理节点由管理节点程序和元数据库组成，集群中其他节点通过域名访问管理节点，因此管理节点切换涉及管理节点程序、元数据库以及域名，整体切换流程如图 9-20 所示。

（1）检查元数据库主从复制状态是否正常。

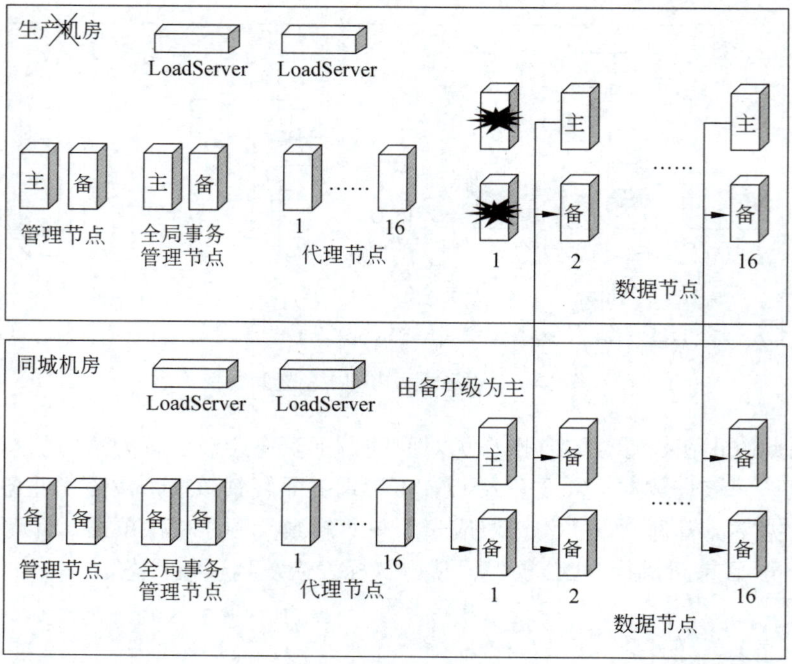

图 9-18 同城机房切换

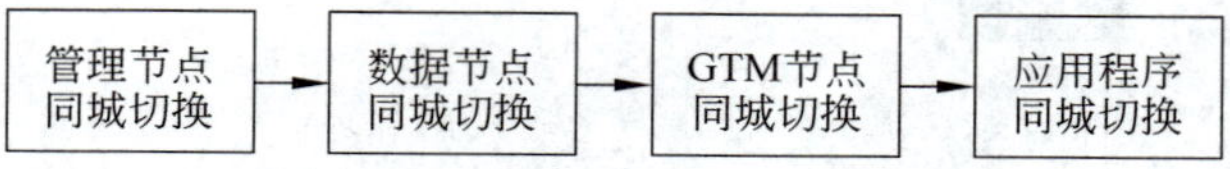

图 9-19 同城机房切换流程

图 9-20 管理节点同城切换流程

（2）停止生产机房管理节点所有服务进程。

（3）元数据库切换到同城。

（4）网络域名进行切换，将域名 IP 地址由生产机房地址切换到同城机房地址。

（5）启动同城机房管理节点服务。

切换过程中所使用到的脚本，均为 GoldenDB 分布式数据库产品内置的容灾切换脚本，所有操作都是在 OMM 管理节点执行。管理节点的切换过程使用 GoldenDB 内置的容灾切换脚本（如表 9-8 所示）实现。

管理节点同城切换介绍完毕后，接下来是数据分片和 GTM 节点的切换，切换过程如图 9-21 所示。

（1）检查每个数据分片各数据节点之间主从同步状态是否正常。

（2）如果主从同步正常，则开始执行数据节点同城切换，为了保证切换过程中的数据一致性，切换期间数据分片停止对外提供读写访问服务，待切换完毕后，再提供数据读写访问服务。

表 9-8 管理节点容灾切换脚本

脚本名称	脚本调用顺序	脚本参数说明
元数据库主从状态检查脚本	switchMgrChecking.sh 参数一 参数二 参数三 参数四	参数一：生产机房元数据库地址 参数二：生产机房元数据库端口号 参数三：同城机房元数据库地址 参数四：同城机房元数据库端口号
停止生产机房管理节点服务脚本	stopMgrA.sh	无传参
元数据库主从切换脚本	switchMgrMaster.sh 参数一 参数二 参数三 参数四 参数五	参数一：元数据库实例用户名 参数二：生产机房元数据库地址 参数三：生产机房元数据库端口号 参数四：同城机房元数据库地址 参数五：同城机房元数据库端口号
启动同城机房管理节点服务脚本	startMgrB.sh	无传参

（3）数据节点同城切换完毕以后，进行 GTM 节点同城切换。

（4）取决于应用程序部署方式，如果是双活部署，无须切换；如果是主备部署，则将应用程序切换到同城。

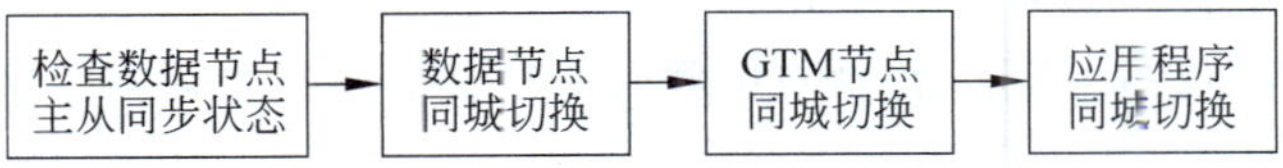

图 9-21 数据分片和 GTM 节点切换流程

切换过程使用到的脚本也是 GoldenDB 内置的容灾切换脚本，详细使用情况如表 9-9 所示。

表 9-9 数据分片和 GTM 节点容灾切换脚本

脚本名称	脚本调用顺序	脚本参数说明
检查数据节点主从同步状态脚本	switchDBChecking.sh 参数一	参数一：同城备节点 DBID
数据节点同城切换脚本	switchDB.sh 参数一 参数二 参数三	参数一：集群编号 参数二：数据分片 GroupID 参数三：同城备节点 DBID
GTM 节点同城切换前检查脚本	switchGTMChecking.sh 参数一	参数一：同城 GTM 节点 ID
GTM 节点同城切换脚本	switchGTM.sh 参数一	参数一：同城 GTM 节点 ID

其中，数据分片节点编号 DBID 和数据分片组编号 GroupID 信息，可以通过查询元数据库中相关数据字典表获取。

```
--登录管理节点服务器，登录元数据库
mysql -uroot -p'xxxxxx'
mysql> use mds;
mysql> select db_id,group_id,team_id,db_ip,db_port from db_info;
+-------+----------+---------+---------------+---------+
| db_id | group_id | team_id | db_ip         | db_port |
+-------+----------+---------+---------------+---------+
|     1 |        1 |       1 | 192.168.1.100|    3390 |
```

```
|      2 |          1 |         1 | 192.168.1.99 |     3390 |
|      3 |          2 |         1 | 192.168.1.98 |     3390 |
|      4 |          2 |         1 | 192.168.1.97 |     3390 |
+-------+----------+---------+-------------+---------+
```

至此，分布式数据库从生产机房计划性切换到同城机房完毕，回切生产机房步骤和上述过程类似。对计划性切换到异地机房，步骤和切换到同城机房的过程大同小异，在此不再赘述。

9.8.2 紧急数据恢复

面对互联网行业屡见不鲜的“删库跑路”，为商业银行的数据库管理敲响了警钟。在日益规范的运维流程下，商业银行内部恶意的“删库跑路”极难出现，但非恶意的误操作导致数据丢失的事件却屡见不鲜。因此，需要提前准备好数据恢复环境并定期展开演练，这样当故障发生时可以按照预先制定好的步骤用最快的速度恢复数据，以保证业务的持续可用性。

下面就以 DDL 误操作和 DML 误操作两种场景说明具体的恢复方案以及具体步骤。

1. DDL 误操作下的数据恢复

在数据库中执行 alter table t1 drop column name 这样的 DDL 语句，将删除表 t1 的 name 列，使用 mysqlbinlog 查看该操作所在 binlog 日志中记录的内容只是该条 SQL 语句，而没有被删除 name 列的数据信息，因此需要恢复数据库到删除列前的时刻，找回删除前的数据。

```
mysqlbinlog -vv mysql-bin.*|grep -C “alter table t1 drop column name”
--内容如下，可以看到在 200219 10:44:28 时执行了 alter table 命令：
SET @@SESSION.GTID_NEXT= '87f18d4c-c0fa-11ea-8cd1-00505699c29e:422'/*!*/;
# at 571
#200219 10:44:28 server id 16782862  end_log_pos 685 CRC32 0x8f320162   Query
thread_id=308   exec_time=0     error_code=0
use `testdb`/*!*/;
SET TIMESTAMP=1614480268/*!*/;
alter table T1 drop column name
/*!*/;
SET @@SESSION.GTID_NEXT= 'AUTOMATIC' /* added by mysqlbinlog */ /*!*/;
```

不同于集中式数据库，分布式数据库的恢复需要在所有数据分片同时恢复，并将所有数据分片恢复到全局事务一致性状态。

整个恢复过程使用了自动化应急脚本，整体恢复流程如图 9-22 所示，具体操作的核心命令如下。

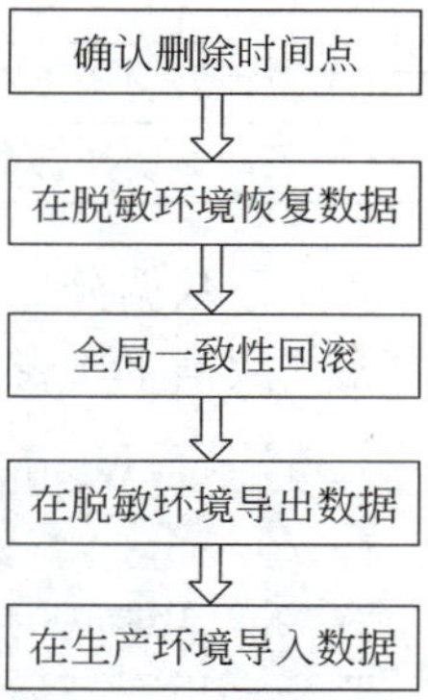

图 9-22 整体恢复流程

（1）检查 binlog 确认删除时间点。

通过 mysqlbinlog -vv mysql-bin.*命令获取了 name 列的删除时间为 200219 10:44:28。

（2）将生产环境数据在数据脱敏环境恢复。

在数据脱敏环境，将生产环境的全量备份通过 mysqlbackup 命令分别在每个数据分片恢复。

```
nohup /usr/openv/scripts/mysqlbackup
--sbt-lib-path=/usr/openv/netbackup/bin/libobk.so64 \
```

```
--sbt-environment="NB_ORA_SERV=nbumaster01svc,NB_ORA_CLIENT=lxdb01 " \
--defaults-file=/home/ddb/etc/my.cnf \
--backup-dir=/nbubackup \
--backup-image=sbt:bkNBFull20200219_100528 \
copy-back-and-apply-log --force >/tmp/copyback.log 2>&1 &
```

（3）全局事务一致性恢复。

每个数据分片全量数据恢复完成后，需要应用 binlog 将数据库恢复到 DDL 误操作前的时刻，并且使得所有节点保持事务一致性，这可以通过 GoldenDB 数据库提供的 binlog_apply_rollback.py 工具来完成。

当生产环境全量备份数据在数据脱敏环境恢复完成后，mysqlbackup 将数据库恢复结果信息记录在/nbubackup/meta/backup_variables.txt 文件中，该文件中记录了恢复全库数据文件时应用的最后一个 binglog 日志文件的结束位置。binlog_apply_rollback.py 工具从该位置开始将应用后续增量 binlog 日志文件至 DDL 误操作前时刻，该时刻由参数 end_timestamp 指定。

同时，binlog_apply_rollback.py 工具回滚未提交的事务，binlog_apply_rollback.py 工具通过参数 active_tx_file 指定了活跃事务列表文件，在该文件中记录了 end_timestamp 时刻的活跃事务 GTID，这些 GTID 对应的事务将被回滚。具体过程如下。

```
--获取数据库全量数据恢复时应用的最后一个 binglog 日志文件结束位置信息
binlogfile_name=`grep binlog_position /nbubackup/meta/backup_variables.txt |
awk -F = '{print $2}'|awk -F : '{print $1}'`
--执行全局一致性事务恢复，应用增量 binglog 到 2020-02-19 10:44:28 时刻，并回滚活跃事务
nohup /home/ddb/bin/binlog_apply_rollback.py --db_user=root \
 --db_password='xxxxx' \
--binlog_backup_dir=/home/ddb/restore_binlog  \
--start_binlog_file=$binlogfile_name --start_binlog_pos=$ binlogfile_positon \
--end_timestamp='2020-02-19 10:44:28' \
--active_tx_file='/home/ddb/DBCluster_1_Active_TX_info.20200219103038' &
```

注意：

在 GoldenDB 分布式数据库中，当一条 DML 语句通过 DBProxy 下发到所有数据分片执行，只有所有节点都提交完成并且返回 DBProxy 确认后，才算提交成功。如果只有部分数据分片提交成功，其他分片还在执行，那么此时对于全局来说，该事务为还处于活跃状态。

那么活跃状态的事务在全局一致性恢复时将要被回滚。

（4）已恢复数据导入生产环境。

全局事务一致性恢复完成后，误操作删除的数据已经被找回了，接下来通过 dbtool 工具从数据脱敏环境导出恢复后的数据，然后传输到生产环境使用 dbtool 工具导入到生产数据库中，至此由于 DDL 误操作导致的误删数据恢复完毕。

2. DML 误操作下的数据恢复

与 DDL 误操作导致数据丢失不同的是，DML 操作会在 binlog 日志中记录详细的数据修改过程，因此只需要反向执行这些修改过程即可恢复数据。反向执行修改过程使用到的工具是 ddbbinlog，该工具根据误删除操作的 GTID，查找到对应的事务，对该事务生成反向 SQL

语句脚本，执行反向 SQL 语句脚本即可恢复数据。

需要补充说明的是，此场景下的 DML 误操作，是指已经提交的 DML 语句，在恢复时不涉及活跃的分布式事务，因此不需要借助活跃事务列表文件恢复数据。

此外，这些恢复过程需要在每个数据分片分别执行误删除数据的操作，下面以其中一个数据分片恢复 test 表误删除数据的操作为例进行说明。

（1）查看测试表 test 的当前数据。

```
mysql> select * from test;
+----+---+------+
| id | a | GTID |
+----+---+------+
| 1  | 1 |    1 |
+----+---+------+
1 row in set (0.00 sec)
```

（2）对表 test 执行更新操作，模拟由于 DML 误操作数据被错误更新的场景。

```
mysql> update test set a=2 where id=1;
Query OK, 1 row affected (0.00 sec)
Rows matched: 1  Changed: 1  Warnings: 0
```

（3）检查该操作所在日志，可以看到该事务在 binglog 日志 mysql-bin.036485。

```
mysql> show master status\G;
*************************** 1.row ***************************
             File: mysql-bin.036485
         Position: 51043220
```

（4）解析 binlog 日志，得到该操作的 GTID 为 f3e5db04-f609-11e9-80de-806933fb03dd:1130139949。

```
mysqlbinlog -vv mysql-bin.036485|grep -C 10 test

SET @@SESSION.GTID_NEXT= 'f3e5db04-f609-11e9-80de-806933fb03dd:1130139949'
/*!*/;
### UPDATE `testdb`.`test`
### WHERE
###   @1='1' /* STRING(12) meta=65036 nullable=0 is_null=0 */
###   @2=1 /* INT meta=0 nullable=0 is_null=0 */
###   @3=1 /* LONGINT meta=0 nullable=0 is_null=0 */
### SET
###   @1='1' /* STRING(12) meta=65036 nullable=0 is_null=0 */
###   @2=2 /* INT meta=0 nullable=0 is_null=0 */
###   @3=1 /* LONGINT meta=0 nullable=0 is_null=0 */
```

（5）对目录/home/ddb/data/binlog 下的 binlog 日志，使用 ddbinlog 工具进行解析，生成反向 SQL 脚本存储在/home/ddb/data/binlog/rollback_sql 目录下，其中，参数--skip-apply-sql 表示只生成反向脚本，而不执行脚本。

```
ddbbinlog -uroot -p'密码' -h 数据分片 IP -P 端口号 --rollback-binlog-path=
"/home/ddb/data/binlog" --rollback-sql-path="/home/ddb/data/binlog/rollback_
sql" --rollback-gtid-set='f3e5db04-f609-11e9-80de-806933fb03dd:1130139949'
--skip-apply-sql
```

（6）检查生成的脚本内容是否符合预期。

```
cat /home/ddb/data/binlog/rollback_sql/rollback_query_000000036485_000000
.rsql
```

（7）反向 SQL 语句脚本内容如下。

```
commit;/*7*/
Update `testdb`.`test` SET id='1' , a=1 , GTID=1 Where id='1' and GTID=1;/*75*/
set names utf8mb4;/*18*/
start transaction;/*18*/
```

（8）在该数据分片中执行该脚本，恢复数据。

```
mysql> source rollback_query_000000036485_000000.rsql;
```

至此，该分片数据恢复工作完毕，继续使用同样方法依次执行其他分片数据恢复操作。

9.9 故障诊断和性能优化建议

分布式数据库的管理贯穿设计开发和运维的整个生命周期。具体来说，在设计开发阶段，要制定严谨的规范并坚决落实，要在应用程序中编写高效 SQL 语句；在运维阶段，要善于运用平台工具加速分析和诊断问题，要不断提升应急处置效率。

9.9.1 技术规范应前置到设计开发阶段

在应用的设计开发阶段就应制定相关技术规范，这样可以保证应用程序编写风格的一致性和连贯性，可以增强应用程序的可读性和可维护性，特别是能提前规避一些常见性能问题。表 9-10 是某商业银行设计开发规范中的关键内容，供读者参考。

表 9-10 分布式数据库设计开发规范

规范条目	规范及建议项	举例
索引使用	使用复合索引时应至少使用复合索引字段的第一列	在 lesson 表上创建索引 create index IND_TEA on lesson (teacher, lesson); 使用第一列 teacher 字段进行查询 select * from lesson where teacher='Tom'\G
	禁止使用全模糊查询	select * from table where name like '%jacky%'

续表

规范条目	规范及建议项	举例
表关联规则	建议关联表个数不超过三张	
	表关联字段类型必须一致	
	表关联字段必须有索引	
	避免出现表关联字段类型转换	例如，下面 SQL 语句中字段 prod_code 是字符串，range_code 是整型，两个字段类型不一致： product P join user U on P.prod_code=U.range_code
where 子句使用规则	where 子句避免隐式转换	避免出现字符串类型转换，例如，下面 SQL 语句中字段 prod_code 类型是字符串，但按照整型使用： select prod_id from prodcust where prod_code=95878
	having 表达式中如果没有聚合函数，应该将表达式移入到 where 条件中	不建议书写方式： select order_no ,sum(paynum) from product group by order_no HAVING bill_tm > '2017-01-01' and total_money > 2000.00 建议书写方式： select order_no ,sum(paynum) from product where bill_tm > '2017-01-01' and total_money > 2000.00 group by order_no
	where 子句需带分片键	
update 和 delete 使用规则	update 和 delete 尽量依据主键或唯一索引	
	update 和 delete 禁止使用 limit	
union all 和 union 使用规则	union all 不会对归并的结果集进行去重，优先使用 union all，从而避免排序	

9.9.2 高效 SQL 语句开发建议

在数据库管理实践中，除了应该遵循以上技术规范外，还应该不断总结高效 SQL 语句开发的最佳实践，具体如下。

1. 数据类型的选择

数据类型影响 SQL 语句的编写，需要遵循如下原则。

（1）同一个业务概念对应的数据类型定义必须完全一致，包括类型、长度和精确度。例如，一个系统中的客户号可能出现在多个数据表中，客户号的字段定义必须完全相同。

（2）定长数据类型比变长的效率要高，因此选择数据类型时要优先考虑：INT/BIGINT、CHAR。例如，对于“币种”字段确定为 3 位定长字符型，则定义为 char(3)。

（3）数据类型的选择必须与实际存储的数据完全一致，例如，时间戳字段类型选择 timestamp，日期字段类型选择 date，金额字段类型选择 decimal，数字字段类型选择 int/number。

2. 按分片处理

为充分利用分布式数据库的特性，通过 show distribution from table 获取表分片信息后，再通过 storagedb 语法可以针对某个或者某些指定分片进行处理。

例如，检查表 t_user_inf 由 g1，g2 两个数据分片组成，在进行聚合查询时可以添加 storagedb g1 关键字，那么该 SQL 语句仅下发到 g1 数据分片。

```
--检查表 t_user_inf 数据分片情况
mysql> show distribution from t_user_inf;
+------------+----------+---------+
| Table      | Dis_type | Groups  |
+------------+----------+---------+
| t_user_inf | HASH     | g1,g2   |
+------------+----------+---------+
1 row in set (0.00 sec)
--针对分片 g1 使用 storagedb 语句
mysql> select count(*) from t_user_inf storagedb g1;
+----------+
| count(*) |
+----------+
|    10000 |
+----------+
1 row in set (0.04 sec)
```

3. 锁超时设计

应根据分布式数据库承载的交易特点设置合适的锁超时时间，以避免分布式锁等待时间过长。在 GoldenDB 分布式数据库中，应先在数据分片的内存中修改，同时在参数文件 my.cnf 中进行同步修改，最后择时重启生效。下面的例子将行锁超时时间和元数据锁超时时间都设置为 5s。

```
--表示行锁超时时间为 5s
mysql> set global innodb_lock_wait_timeout=5
--表示元数据锁超时时间为 5s
mysql> set global lock_wait_timeout=5
--固化到参数文件 my.cnf
vi my.cnf
innodb_lock_wait_timeout=5
lock_wait_timeout=5
```

9.9.3 平台工具运用建议

9.2 节对各种平台工具进行了讲解，相信读者学习后可以在实战中熟练掌握。那么，当分布式数据库真正出现故障以及性能问题时，如何组合使用这些工具呢？接下来给出一些总结性的使用建议。

（1）通过交易监控平台检查整体链路是否出现交易延迟、交易成功率低的情况。

（2）通过普罗米修斯监控平台查看整个分布式数据库系统是否存在资源瓶颈。

（3）通过分布式数据库深度巡检工具检查各节点是否有异常信息。

（4）通过日志分析平台检查数据分片、DBProxy 节点的慢日志、锁超时日志等是否有影响交易的 SQL 语句。

总之，秉承从整体到局部、从应用到数据库，自上而下全链路双向检查的思路，精准定位故障问题点，提升问题分析效率。

9.9.4 应急处置建议

在实际的生产数据运维中，会有很多突发事件，现给出以下处置建议供读者参考。

（1）日常运维应根据各系统的特点，建立完善的应急预案，定期对应急预案进行演练，并持续改进完善应急预案；同时应加强应急预案学习培训，使得相关人员熟练掌握。

（2）以预防为主，建立完善的日常监控机制，部署全面的监控工具，有效地识别、分析各监控项，及时发现系统异常。

（3）提前建立准备各种应急资源，如应急恢复数据环境等，以应对误删操作数据恢复的需要。

（4）针对典型应急场景，开发应急处置脚本并提前在自动化平台部署，这样当真正应急发生时，可以即时调用。

总之，提前建立好应急机制，在出现问题时才能安全、高效、有序地处置，以最快速度恢复业务。

小　　结

本章首先介绍了 GoldenDB 分布式数据库故障诊断与优化方法，随后讲解了各种平台工具，并且分享了如何利用这些平台工具进行处置的典型案例，全面展示了 GoldenDB 分布式数据库故障诊断和性能优化技巧。

希望读者通过本章的学习，能够掌握分布式数据库故障诊断和性能调优方法，并在具体的开发和运维实践中加以灵活运用。

第 10 章

Db2 数据库性能优化

荷尽已无擎雨盖，菊残犹有傲霜枝；

一年好景君须记，最是橙黄橘绿时。

这首诗是诗人苏轼赠给好友刘景文的，用来比喻人到壮年，虽已青春流逝，但也是人生成熟、大有作为的黄金阶段，勉励朋友珍惜这大好时光，乐观向上、努力不懈。

对很多 DBA 来说，提起 Db2 性能优化往往存在一定的畏难情绪。但实际上只要掌握正确的方法，并积极乐观、努力不懈，一定能让 Db2“飞”起来。

Db2 性能优化首先从掌握优化器的工作原理开始，接下来捕获低效 SQL 语句，随后分析该 SQL 语句访问计划，最后针对该语句执行计划中瓶颈所在采用针对性优化手段，例如，调整索引、创建分区表等。

上述优化过程，需要贯彻到开发、测试和运行维护各个阶段，才能达到最佳效果。

在 Db2 数据库性能优化中，SQL 语句优化至关重要，这是因为它对性能影响大，例如，很多性能瓶颈都是由耗费资源的关键 SQL 语句（Costly SQL）导致的。

特别重要的是，SQL 语句优化持续周期长，往往贯穿设计开发、测试和运行维护整个生命周期。

（1）设计阶段：设计人员不仅要关注数据模型，还要确保表和索引的优良设计，从而确保 SQL 语句的高效执行。

（2）开发阶段：很多开发人员编写的 SQL 语句性能低下，需要优化其中的关键 SQL，以满足业务的性能需求。

（3）测试阶段：在功能测试或者压力测试阶段，在开发人员的配合下，对发现的 SQL 语句进行优化。

（4）运行维护阶段：随着数据本身的变化特别是数据量的大幅增加，数据库的性能开始变慢，DBA 需要优化某些关键 SQL 来提升性能。

SQL 优化的前提是通过监控发现问题 SQL 语句，找到关键的问题 SQL 语句后，就可以对它们采取针对性的优化方案了。但是，SQL 语句优化不是一件容易的事，需要掌握正确的方法，即深入理解 Db2 优化器，掌握分析和调整访问计划的方法，并加以不断的实践，才能逐渐掌握 SQL 语句优化的技能。

“授人以鱼不如授之以渔”，本章将深入讲解 SQL 语句优化原理和实战案例，并最后给出编写高效 SQL 语句的专业建议。

10.1 理解 Db2 优化器

优化器是 Db2 的大脑，SQL 语句在 Db2 引擎中执行以前，首先需要优化器为其生成访问计划。正如在战争中，错误的作战计划可能导致全军覆没一样，错误的访问计划也会导致 SQL 语句执行效率低下甚至拖累整个系统。

本节将首先讲解 SQL 语句的编译过程，随后探讨 Db2 优化器的工作原理。

10.1.1 SQL 语句的编译过程

如图 10-1 所示，SQL 语句的编译过程需要经过下面几个步骤。

（1）分析语法（Parse Query）：编译器从语法层面分析 SQL 语句，如果检测到任何语法错误，就会停止处理，返回相应的错误提示给用户。经过语法分析后，SQL 语句就被转换成内部表示形式，即 QGM（Query Graph Model），QGM 用图结构来表示 SQL 语句，后续的编译过程将围绕 QGM 展开。

（2）检查语义（Check Semantics）：编译器从语义层面分析 SQL 语句，例如，类型检查、参照完整性约束、触发器和检查约束等，语义分析后的对象也加到 QGM 中。

（3）重写查询（Rewrite Query）：在不改变语义的基础上，对查询进行等价变换。例如，将谓词下推到基本表作为局部谓词；用 MQT 重写查询；将子查询转换成连接。

例如，下面的 SQL 语句使用了 IN 子查询。

```
SELECT EMPNO, FIRSTNME, LASTNAME, PHONENO
FROM EMPLOYEE
WHERE WORKDEPT IN (SELECT DEPTNO FROM DEPARTMENT WHERE DEPTNAME = 'OPERATIONS')
```

IN 子查询被转换成连接，以便于优化器考虑各种连接方法。

```
SELECT DISTINCT EMPNO, FIRSTNME, LASTNAME, PHONENO
FROM EMPLOYEE EMP,DEPARTMENT DEPT
WHERE EMP.WORKDEPT = DEPT.DEPTNO AND DEPT.DEPTNAME = 'OPERATIONS'
```

（4）下推分析（Pushdown Analysis）：处理联邦查询（Federated Query）独有的步骤，其主要任务是确定查询中的哪些操作可以放到远程数据源执行。

（5）优化访问计划（Optimize Access Plan）：优化器分析 QGM，根据表和索引上的统计信息，并参考当前数据库的各种参数配置，估计各种访问计划的成本，然后选择成本最低的计划作为最终的访问计划。

（6）远程 SQL 生成（Remote SQL Generation）：处理联邦查询时独有的步骤，编译器会根据远程表的访问计划，生成用于在远程数据源执行的 SQL 语句。

（7）生成可执行代码（Generate Executable Code）：编译器根据访问计划和 QGM 生成一个可由 Db2 引擎执行的二进制代码段（Section），供 Db2 运行时使用。这个代码段不可读，其中包含的访问计划信息可以通过工具 db2expln 查看。

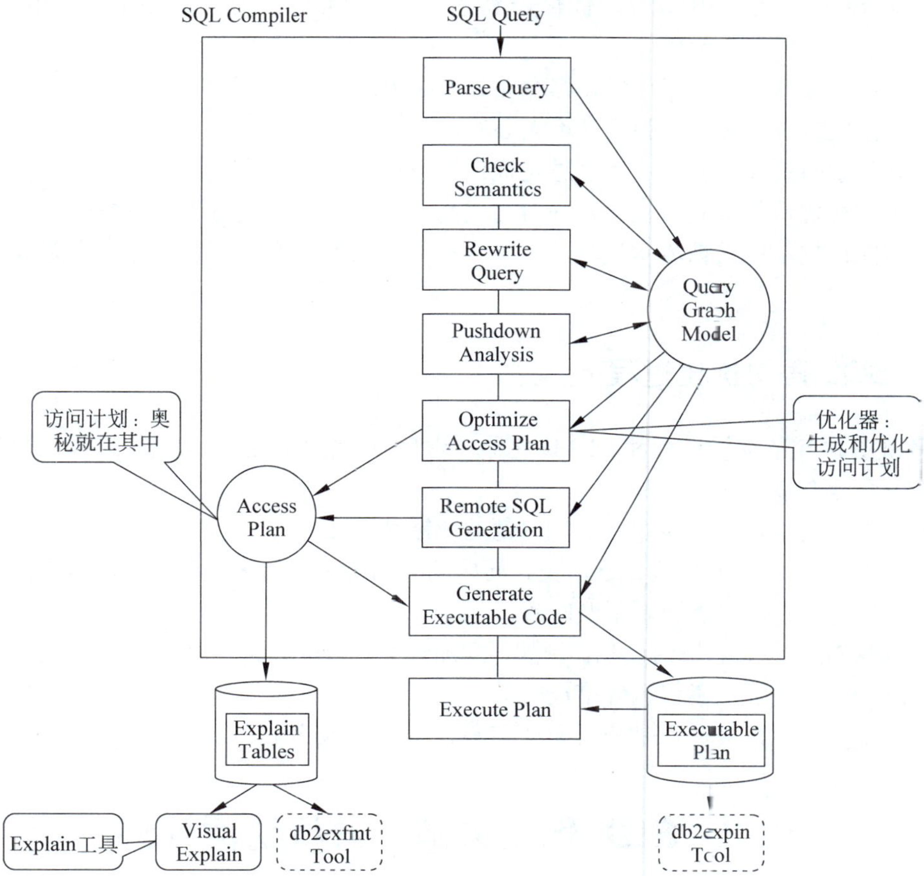

图 10-1 SQL 语句编译过程

10.1.2 Db2 优化器的核心作用

在 SQL 编译过程中，最核心的步骤便是生成和优化访问计划。下面探讨一下优化器的作用，如图 10-2 所示，包含下面的要点。

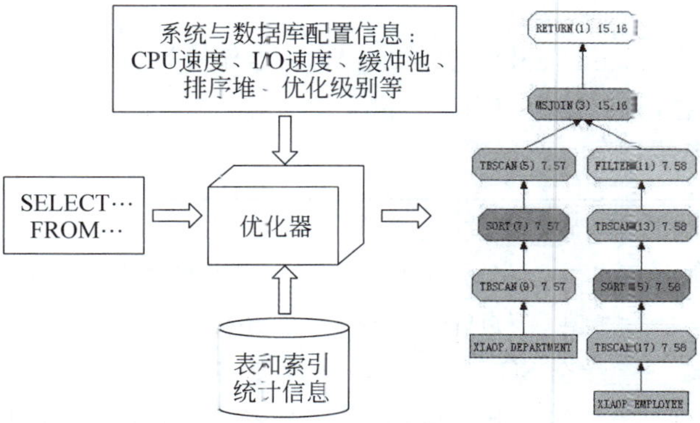

图 10-2 Db2 优化器的核心作用

（1）以 SQL 语句作为输入：优化器将重点考虑 SQL 中谓词的处理效率和表的连接方式。

（2）系统与数据库的设置：优化器会充分考虑 CPU 速度、存储的 I/O 速度、并行模式、并发环境、优化级别、缓冲池和排序堆大小等。

（3）表和索引统计信息：统计信息是优化器进行 SQL 语句优化的基础。

（4）生成最优访问计划：优化器充分考虑表访问方式、连接方法以及操作顺序，生成各种可能的访问计划，并根据成本模型计算每个访问计划的成本，最后选择一个总成本最小的访问计划。

10.1.3 SQL 语句优化过程

了解 SQL 语句的编译过程和 Db2 优化器原理后，理解 SQL 语句的优化过程就很容易了，一般包括下面四个步骤。

（1）通过性能监控，发现存在性能问题的关键 SQL 语句。

（2）分析 SQL 语句的访问计划，找到问题的原因所在，如索引缺失、数据库参数设置不合理、统计信息不准确或者更新不及时等。

（3）调整 SQL 语句的访问计划，例如，添加索引、调整数据库参数、修改 SQL 语句等。

（4）进行性能验证，确保调优措施有效。

在这四个步骤中，关键点是分析和调整 SQL 语句的访问计划。

10.2 SQL 优化关键：分析访问计划

10.1 节探讨了 Db2 优化器，这是掌握 SQL 语句优化的理论基础。本节将深入探讨 SQL 语句优化的关键点，即如何使用工具生成关键 SQL 语句的访问计划，如何分析访问计划，找到性能问题的原因所在，从而找到优化关键 SQL 语句的办法。本节最后介绍了使用优化概要定制访问计划的方法，这也是 SQL 优化的有力武器。

10.2.1 解释工具

Db2 的解释工具（Explain Tool）能打印出 SQL 语句的访问计划，从而用于分析以确认性能问题所在。为了查看访问计划，Db2 提供了三种常用工具：Visual Explain、db2exfmt 和 db2expln，下面分别介绍一下。

比较：Explain 工具的区别

- db2exfmt：命令行工具，将访问计划输出为文本形式，包含最详尽的信息。
- db2expln：命令行工具，打印出代码段（section）中的访问计划信息，并可用于打印已有存储过程中静态 SQL 语句的访问计划。
- Visual Explain：图形化的 Explain 工具，控制中心、Data Studio、Toad 等都支持图形化的解释工具。

---

1. db2exfmt

db2exfmt 是最常用的命令行解释工具，它在各种平台通用，而且它输出的访问计划包含详细的优化器信息。

使用 db2exfmt 工具前，需要创建相关的解释（explain）表。先切换到目录 sqllib/misc（Windows 平台为 SQLLIB\MISC）下，然后执行 EXPLAIN.DDL 脚本，用于创建一组相关联的表。

```
db2 -tvf EXPLAIN.DDL
```

创建解释表的另一种方式是调用下面的存储过程，其中第二个参数'C'的含义为创建。相应地，如果传入'D'，则表示删除这些解释表。

```
call sysproc.sysinstallobjects('EXPLAIN','C','',CURRENT SCHEMA);
```

用 db2exfmt 获取 SQL 访问计划的步骤很简单，它的运行方式如下。在解释模式下，Db2 只编译而不会执行查询，编译得到的访问计划写入到解释表中，然后 db2exfmt 从解释表中读取相关内容，并格式化输出成用户可读的访问计划。

```
db2 explain plan for select …;
db2exfmt  -d <db_name> -1 -o <outputfile>
或者
db2 set current explain mode explain
select …
 db2 set current explain mode no
 db2exfmt -d <db_name> -1 -o <outputfile>
```

注意：解释含参数标记的动态 SQL

含有参数标记的 SQL 语句也可以用 db2exfmt 生成其访问计划。例如：

explain plan for select C_CUSTOMER_SK from tpcds.customer where C_BIRTH_YEAR = ?

小技巧：清除解释表中的旧数据

Db2 在解释查询时只会向解释表里面插入新数据，不会删除旧数据。随着解释 SQL 语句的次数越来越多，解释表会越来越大，这时可以用下面的命令把所有的解释数据删除。

```
delete from EXPLAIN_INSTANCE
```

2. db2expln

与 db2exfmt 不同，db2expln 从代码段中打印出访问计划（参考图 9-1），它不需要创建解释表，使用起来更加方便。

使用 db2expln 命令的语法如下，其中，选项-statement 指定需要解释的 SQL 语句，选项-g 指定打印出树形的访问计划，-o 指定输出文件。

```
db2expln -d tpcds -statement "select C_CUSTOMER_SK from tpcds.customer where C_BIRTH_YEAR = ?" -g -o expln.output
```

也可以将 SQL 语句放在文件中（如 statements.sql），这时 db2expln 的命令如下，其中，

-stmtfile 指定包含 SQL 语句的文件名。

```
db2expln -d tpcds  -stmtfile statements.sql -g -o expln.output
```

输出的访问计划主要内容如下，前半部分用层次结构表示访问计划，后半部分树形访问计划图则和 db2exfmt 命令的输出类似，不过它不会包含每个操作符的详细信息。注意加黑的 **“ID = 2,6”**，其中，2 为表空间 ID，6 为表 ID。

```
Section Code Page = 1208

Estimated Cost = 15.473010
Estimated Cardinality = 74.000000

Access Table Name = DB2INST1.EMPLOYEE  ID = 2,6
|  #Columns = 3
|  Skip Inserted Rows
|  Avoid Locking Committed Data
|  Currently Committed for Cursor Stability
|  May participate in Scan Sharing structures
|  Scan may start anywhere and wrap, for completion
|  Fast scan, for purposes of scan sharing management
|  Scan can be throttled in scan sharing management
|  Relation Scan
|  |  Prefetch: Eligible
|  Lock Intents
|  |  Table: Intent Share
|  |  Row  : Next Key Share
|  Sargable Predicate(s)
|  |  Process Build Table for Hash Join
Hash Join
|  Estimated Build Size: 4000
|  Estimated Probe Size: 8000
|  Access Table Name = DB2INST1.DEPARTMENT  ID = 2,5
|  |  #Columns = 2
|  |  Skip Inserted Rows
|  |  Avoid Locking Committed Data
|  |  Currently Committed for Cursor Stability
|  |  May participate in Scan Sharing structures
|  |  Scan may start anywhere and wrap, for completion
|  |  Fast scan, for purposes of scan sharing management
|  |  Scan can be throttled in scan sharing management
|  |  Relation Scan
|  |  |  Prefetch: Eligible
|  |  Lock Intents
|  |  |  Table: Intent Share
|  |  |  Row  : Next Key Share
|  |  Sargable Predicate(s)
|  |  |  Process Probe Table for Hash Join
Return Data to Application
```

```
|  #Columns = 3

End of section


Optimizer Plan:

          Rows
        Operator
          (ID)
          Cost

           74
          n/a
         RETURN
          ( 1)
         15.473
           |
           74
          n/a
         HSJOIN
          ( 2)
         15.473
        /      \
     102       74
     n/a      n/a
   TBSCAN     TBSCAN
    ( 3)      ( 4)
   7.73946    7.7015
     |         |
    102       74
    n/a      n/a
  Table:     Table:
  DB2INST1       DB2INST1
  DEPARTMENT  EMPLOYEE
```

尽管 db2expln 的输出没有 db2exfmt 详尽，但它却有独特的用武之地：打印出已创建的 SQL 存储过程（或者程序包）的访问计划，这对分析存储过程的性能相当有用。

下面的例子中用 db2expln 获取 SQL 存储过程 DB2INST1.SP 的访问计划：先从系统编目中找到相应的程序包名，然后用 db2expln 打印出该程序包的访问计划。

```
首先根据存储过程名字找到程序包名，这里为 P7544528
db2 "select r.ROUTINESCHEMA, r.ROUTINENAME, d.BNAME, d.BSCHEMA
     from syscat.routines r, syscat.routinedep d
     where r.ROUTINESCHEMA='DB2INST1' and r.ROUTINENAME='SP'
       and r.SPECIFICNAME = d.SPECIFICNAME and d.BTYPE ='K'"
接着打印出程序包 P7544528 的访问计划
db2expln -d tpcds -c DB2INST1 -p P7544528 -g -o sp.expln
```

注意：SQL 存储过程的访问计划

SQL 存储过程的访问计划可以通过 db2expln 获取，如果要用 db2exfmt 获取更为详尽的访问计划，就需要在创建存储过程之前设置 EXPLAIN YES 这个编译选项了。有以下两种方法来设置这个选项。

- 调用存储过程 SET_ROUTINE_OPTS 设置 EXPLAIN YES 编译选项，于是在当前会话中创建的 SQL 存储过程，Db2 会将其访问计划写入到解释表中，从而可以用 db2exfmt 工具获取。在每次 rebind 的时候，该存储过程中的 SQL 语句会重新编译，其访问计划也将重新被写入到解释表。

```
CALL SET_ROUTINE_OPTS('EXPLAIN YES')
```

- 设置注册变量 DB2_SQLROUTINE_PREPOPTS，这需要重新启动 Db2 实例才能生效，随后创建的 SQL 存储过程将能用 db2exfmt 抓取访问计划。

```
db2set DB2_SQLROUTINE_PREPOPTS="EXPLAIN YES"
```

3. Visual Explain

图形化的解释工具操作简单，显示的访问计划形象直观。用 Db2 控制中心的解释查询（Visual Explain）的效果如图 10-3 所示，它对访问计划图中的各种节点进行不同着色，直观清晰。

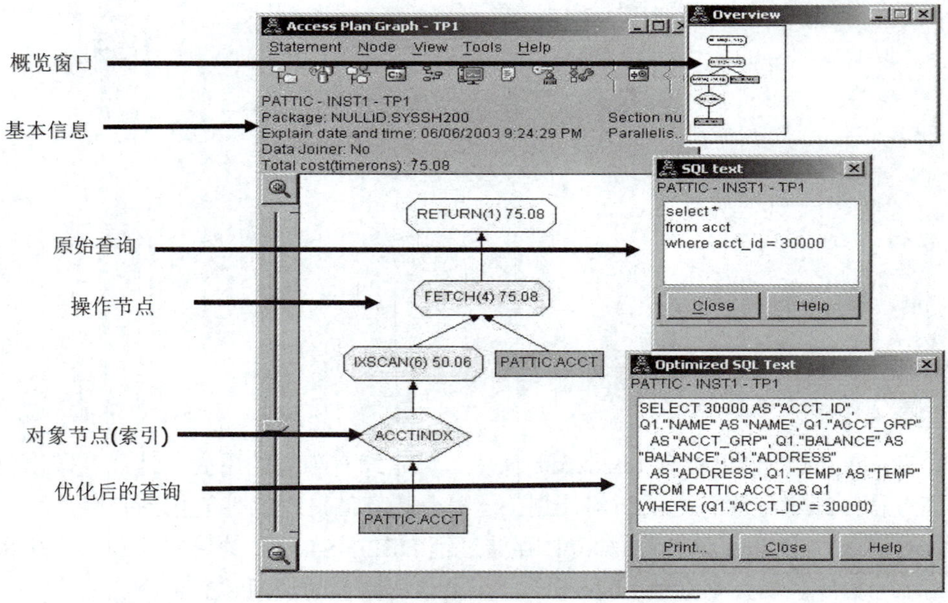

图 10-3 Db2 控制中心的 Visual Explain 示例

其他一些图形化工具如 Data Studio、Toad for Db2 等也能直接分析访问计划。

10.2.2 解读访问计划

本章的访问计划解读主要基于 db2exfmt 的输出，因为它包含最详细的优化器信息。

总体来说，db2exfmt 打印出的信息主要包含下面的部分，与图 9-2 中优化器的输入和输出相对应。

（1）全局上下文信息：包括数据库配置、优化级别和隔离级别等。

（2）SQL 语句文本：包括原始 SQL 语句和优化后的 SQL 语句。

（3）访问计划：包含访问计划图和每个操作符的细节信息。

（4）访问计划中用到的对象以及统计信息，包括表、索引等。

1. 全局上下文信息

在 db2exfmt 输出的开始部分，包含着丰富的上下文信息，这些信息直接影响访问计划的生成，在分析时不可忽视。

下面为一个访问计划的全局上下文信息。

```
******************** EXPLAIN INSTANCE ********************
…
SOURCE_NAME:       SQLC2H21
SOURCE_SCHEMA:     NULLID
SOURCE_VERSION:
EXPLAIN_TIME:      2021-02-28-10.35.17.327941
EXPLAIN_REQUESTER: DB2INST1

Database Context:
----------------
    Parallelism:          None
    CPU Speed:            5.707493e-07
    Comm Speed:           100
    Buffer Pool size:     13740
    Sort Heap size:       56
    Database Heap size:   2271
    Lock List size:       4096
    Maximum Lock List:    97
    Average Applications: 1
    Locks Available:      127139

Package Context:
---------------
    SQL Type:           Dynamic
    Optimization Level: 5
    Blocking:           Block All Cursors
    Isolation Level:    Cursor Stability

---------------- STATEMENT 1  SECTION 203 ----------------
    QUERYNO:        1
    QUERYTAG:
    Statement Type:   Select
    Updatable:        No
    Deletable:        No
    Query Degree:     1
```

那么怎么解读上面的输出内容呢？主要包括如下内容。

（1）Db2 生成访问计划的时间：2021 年 2 月 28 日 11 时 35 分。

（2）数据库管理器的配置：包括并行方式（Parallelism）、CPU 速度和通信带宽。

① 并行方式可以为 None（没有并行）、Intra-Partition Parallelism（SMP 并行）和 Inter-Partition Parallelism（DPF 或者 MPP 模式）。在并行模式中，访问计划中可能出现 TQ（Table Queue）操作符，如 LTQ、BTQ、DTQ 等。TQ 以下的访问计划部分将在不同的 Db2 代理或者节点之间并行执行，而 TQ 则用于在不同的代理或者节点之间传输数据。

② CPU 速度：Db2 会自动获取服务器的 CPU 速度，对应 DBM 的参数为 CPUSPEED。一般不需要自动设置，在模拟客户环境分析 SQL 语句的访问计划时，可以手动设置。

③ 通信带宽：在 DPF 环境下，各个节点相互之间通信时的带宽，对应于 DBM 参数 COMM_BANDWIDTH 的设置。

（3）数据库配置：包含内存和锁的设置，大多可以从数据库配置中找到相应的值。

① Buffer Pool Size：数据库中所有缓存池的大小总和。分析访问计划时这个参数并不可靠，因为 Db2 的表和索引都有关联的缓存池，只需关心相关的缓存池大小。

② Sort Heap Size：一个排序可用的最大内存，另外，哈希连接用的内存也是排序堆。示例中所用数据库的 SORTHEAP 配置为 AUTOMATIC（56），因而此处排序堆的大小为 56。

③ Average Applications：对应数据库配置参数 AVG_APPLS，表明平均有多少用户连接这个数据库，Db2 优化器优生成访问计划时会根据这个参数来分配可用的内存资源和锁资源。

（4）语句级别上下文：包括优化级别、隔离级别和 SMP 并行度等。

① Optimization Level（优化级别）：可以为 0、1、2、3、5、7、9，Db2 根据数据库配置参数 DFT_QUERYOPT 获得默认配置，默认为 5。优化级别越高，优化器需要考虑的访问计划也就越多，编译时间也就越长。对 OLAP 应用，可以使用较高的优化级别；对于高并发的 OLTP 应用，则可以选择较低的优化级别，一般情况下，使用默认 5 就行。在当前会话中，可以为 SQL 语句设置优化级别，例如，SET CURRENT QUERY OPTIMIZATION = 3。

② Isolation Level（隔离级别）：可以为 UR、CS、RS 和 RR，请参考第 8 章相关内容。

③ Query Degree：SMP 环境下处理查询的并行度，默认情况下，Db2 根据 MAX_QUERYDEGREE 和 DFT_DEGREE 计算得到。在当前会话中设置并行度的语句示例为 SET CURRENT DEGREE = '4'。

2. SQL 语句文本

原始 SQL 语句和经过优化后的 SQL 语句示例如下，这两条语句在语义上等价，从优化后的 SQL 语句中，可以看出编译器做了哪些重写。这个例子中，只是将 between … and 谓词转换成了等价的<=和>=谓词。

```
Original Statement:
------------------
select sum(ss_quantity)
from tpcds.store_sales
where ss_sold_date_sk between 2451000 and 2451500 and ss_customer_sk = 1


Optimized Statement:
-------------------
```

```
SELECT Q3.$C0
FROM
   (SELECT SUM(Q2.SS_QUANTITY)
   FROM
      (SELECT Q1.SS_QUANTITY
      FROM TPCDS.STORE_SALES AS Q1
      WHERE (Q1.SS_CUSTOMER_SK = 1) AND (Q1.SS_SOLD_DATE_SK <= 2451500) AND
               (2451000 <= Q1.SS_SOLD_DATE_SK)) AS Q2) AS Q3
```

3. 访问计划

如下所示，db2exfmt 用树形图表示访问计划，包含的节点可以分为两类：操作节点和对象节点，其中，非叶节点为操作节点，叶子节点为对象节点。操作节点描述每个操作的具体信息，从上到下依次为：返回的行数、操作符名称、编号、累计的成本和 I/O 成本；对象节点包括基本表、索引、临时表和表函数等。

```
Access Plan:
-----------
    Total Cost:          22.8282
    Query Degree:          1

               Rows
              RETURN
              (   1)
               Cost
                I/O
                |
                1
              GRPBY
              (   2)
              22.8277
                 3
                |
              7.25133
              FETCH
              (   3)
              22.8265
                 3
           /----+-----\
       7.25133        1e+07
       IXSCAN   DP-TABLE: TPCDS
       (   4)       STORE_SALES
       15.2442          Q1
          2
         |
        1e+07
  DP-INDEX: TPCDS
       SS_CUST
        Q1
```

注意：操作符的成本

访问计划图中操作符的成本是累计的，是该操作符及其子树成本的总和。因此，在分析访问计划时，应该着眼于成本增长最大的操作符。

在 Db2 中，操作符及其主要描述如表 10-1 所示。

表 10-1 Db2 访问计划中的主要操作符

操作符	描　述
RETURN	在访问计划图顶部，用于返回数据
TBSCAN	表扫描，扫描基本表或者系统临时表中的每一行数据
IXSCAN	索引扫描，根据谓词搜索索引树，得到满足条件的行标示符列表（RID 列表）
FETCH	提取，根据索引扫描得到的 RID 列表，再从基本表中读取它们
FILTER	过滤器，复杂谓词（Residual Predicate）计算
SORT	排序，按某些列的值对数据行进行排序，或者对 RID 列表排序
RIDSCAN	扫描 RID 列表，从排序的 RID 列表中读取 RID，用于列表预取
IXAND	索引 AND 操作
NLJOIN	嵌套循环连接
HSJOIN	哈希连接
MSJOIN	归并连接
GROUPBY	分组与聚集
TQ	表队列，用于 DPF 或 MPP 环境下在不同的节点间交换数据，有 LTQ、BTQ、DTQ 等
SHIP	用于数据联邦
INSERT	插入操作
UPDATE	更新操作
DELETE	删除操作

访问计划图后面紧接着是每个操作符的详细信息，包括操作符的成本明细、参数和谓词。在下面的示例中，该谓词为范围定界（Range-Delimiting），用于索引扫描，而过滤因子为 2.39675e-06。在 10.2.5 节，将深入分析谓词过滤因子和基数估计的原理。

```
4) IXSCAN: (Index Scan)
        Cumulative Total Cost:          15.2442
        Cumulative CPU Cost:          217565
        Cumulative I/O Cost:          2
        Cumulative Re-Total Cost:       0.107546
        Cumulative Re-CPU Cost:      188430
        Cumulative Re-I/O Cost:      0
        Cumulative First Row Cost:      7.62028
        Estimated Bufferpool Buffers:      4

        Arguments:
        ---------
        CUR_COMM: (Currently Committed)
            TRUE
```

```
DPESTFLG: (Number of data partitions accessed are Estimated)
   FALSE
DPLSTPRT: (List of data partitions accessed)
   1-2
DPNUMPRT: (Number of data partitions accessed)
   2
GLOBLOCK: (Global Lock intent)
   INTENT SHARE
LCKAVOID: (Lock Avoidance)
   TRUE
MAXPAGES: (Maximum pages for prefetch)
   2
PREFETCH: (Type of Prefetch)
   NONE
ROWLOCK : (Row Lock intent)
   SHARE (CS/RS)
SCANDIR : (Scan Direction)
   FORWARD
SKIP_INS: (Skip Inserted Rows)
   TRUE
TABLOCK : (Table Lock intent)
   INTENT SHARE
TBISOLVL: (Table access Isolation Level)
   CURSOR STABILITY

Predicates:
----------
2) Start Key Predicate,
   Comparison Operator:        Equal (=)
   Subquery Input Required:    No
   Filter Factor:           2.39675e-06

   Predicate Text:
   --------------
   (Q1.SS_CUSTOMER_SK = 1)


2) Stop Key Predicate,
   Comparison Operator:        Equal (=)
   Subquery Input Required:    No
   Filter Factor:           2.39675e-06

   Predicate Text:
   --------------
   (Q1.SS_CUSTOMER_SK = 1)
...
```

4. 访问计划中用到的表和索引等数据库对象

该访问计划用到的数据库对象为表 TPCDS.STORE_SALES 和索引 SS_CUST，db2exfmt 打印出的如下信息还包含它们的基本信息和统计信息。

```
Objects Used in Access Plan:
---------------------------

	Schema: TPCDS
	Name: 	STORE_SALES
	Type: 	Data Partitioned Table
			Time of creation: 		2012-07-28-09.06.14.407324
			Last statistics update: 	2013-04-16-00.00.00.000000
			Number of columns: 		23
			Number of rows: 		10000000
			Width of rows: 			49
			Number of buffer pool pages: 	35008
			Number of data partitions: 	8
			Distinct row values: 		No
			Tablespace name: 		<VARIOUS>
			Tablespace overhead: 		7.500000
			Tablespace transfer rate: 	0.060000
			Source for statistics: 		Single Node
			Prefetch page count: 		32
			Container extent page count: 	32
			Table overflow record count: 	0
			Table Active Blocks: 		-1
			Average Row Compression Ratio: 	2.18915
			Percentage Rows Compressed: 	98.8676
			Average Compressed Row Size: 	56

	Schema: TPCDS
	Name: 	SS_CUST
	Type: 	Partitioned Index
			Time of creation: 		2012-10-13-23.44.40.234940
			Last statistics update: 	2013-04-16-00.00.00.000000
			Number of columns: 		1
			Number of rows: 		10000000
			Width of rows: 			-1
			Number of buffer pool pages: 	35008
			Distinct row values: 		No
			Tablespace name: 		<VARIOUS>
			Tablespace overhead: 		7.500000
			Tablespace transfer rate: 	0.060000
			Source for statistics: 		Single Node
			Prefetch page count: 		32
			Container extent page count: 	32
			Index clustering statistic: 	93.000000
			Index leaf pages: 		432
```

```
Index tree levels:                 2
Index full key cardinality:       413696
Index first key cardinality:      413696
Index first 2 keys cardinality: -1
Index first 3 keys cardinality: -1
Index first 4 keys cardinality: -1
Index sequential pages:           259
Index page density:               59
Index avg sequential pages:      0
Index avg gap between sequences:0
Index avg random pages:           0
Fetch avg sequential pages:       -1
Fetch avg gap between sequences:-1
Fetch avg random pages:           -1
Index RID count:                  1125394
Index deleted RID count:         0
Index empty leaf pages:          0
Base Table Schema:               TPCDS
Base Table Name:                 STORE_SALES
Columns in index:
      SS_CUSTOMER_SK(A)
```

10.2.3 表扫描与索引扫描

当优化器生成访问计划时，有两个最基本的问题：用什么样的方式访问表中的数据？用什么样的方式和顺序处理表之间的连接？本节将介绍访问表的方式，10.2.4 节介绍表连接方式。

访问表的方式称为“访问路径”（Access Path）。访问路径分为索引扫描和表扫描。一般来讲，索引扫描比表扫描快，但也并不绝对，具体来说，有如下几种。

（1）表扫描：TBSCAN。

（2）索引扫描：IXSCAN + FETCH。

（3）索引列表预取：IXSCAN + List Prefetch。

（4）索引与操作：IXSCAN + IXAND，能利用多个索引并进行与操作。

（5）索引或操作：IXSCAN + SORT +RIDSCAN，能利用多个索引并进行或操作。

注意：索引或操作没有显式的 IXOR 操作符

索引或操作没有显式的 IXOR 操作符，实际上是将索引扫描后的各个 RID 列表排序，然后用 RIDSCAN 操作对这些有序的 RID 列表进行归并扫描，从而实现索引或操作。

这一节将重点讲解索引列表预取、索引与操作和索引或操作。

1. 索引列表预取

索引扫描有一种方式称为 List Prefetch，先通过索引扫描得到满足谓词条件的所有 RID，然后将这些 RID 进行排序，再用它们访问数据页。这样可以对相邻的数据行进行连续的访问，从而通过预取减少 I/O 次数。与随机 I/O 相比，这种方式的开销要小得多，因为如果缓冲池没法放下所有的页，随机访问可能导致一个页面从磁盘中读入多次。

下面是一个 List Prefetch 的例子：访问计划中的 SORT 操作用于将索引扫描得出的 RID 进行排序，然后再用预取的方式读取基本表的数据。预取能够减少磁盘 I/O 次数，从而提高数据访问的性能。

```
            455.385
            FETCH
            (   9)
            308.619
            61.2878
          /----+---\
     455.385       15009
     RIDSCN    TABLE: TPCD
     (  10)   L_SUMMARY2
     219.093
     17.4697
       |
       |
     455.385
     SORT
     (  11)
     219.091
     17.4697
       |
     455.385
     IXSCAN
     (  12)
     218.559
     17.4697
       |
      15009
  INDEX: TPCD
 L_SUMMARY2_IDX
```

2. 索引与操作

当 SQL 语句在同一个表上有多个谓词，并可以使用多个索引扫描时，Db2 使用 IXAND 操作符来执行索引与（Index Anding）操作。索引与操作将多个索引得到的 RID 列表合并，只取共同存在的 RID。

例如，LINEITEM 表上有两个索引，orderkey 列上的 L_OK 和 prod_key 列上的 L_PD。下面这条查询在 order_key 上的谓词可以使用索引 L_OK，在 prod_key 上的谓词可以使用索引 L_PD。

```
SELECT   sum(quantity)
FROM     TPCD.LINEITEM
WHERE    order_key in (103982, 1039473, 1039294)
AND      prod_key = 498239;
```

相应的访问计划如下，IXAND 节点将两个 IXSCAN 连接起来，而在 IXAND 上采取了 LIST PREFETCH。

```
                     |
                  4.4314
                   FETCH
                   (   3)
                   5475.6
                   1952.4
                /----+---\
            886.281     1.50002e+08
            RIDSCN       TABLE: TPCD
            (   4)       LINEITEM
            4027.9
            1100.96
              |
             886.281
              SORT
             (   5)
             4027.9
             1100.96
               |
              886.281
              IXAND
              (   6)
              4026.01
              1100.96
          /------+-----\
      248752            534445
      IXSCAN            IXSCAN
      (   7)            (   8)
      1480.95           2509.07
      430.024           670.935
        |                 |
    1.50002e+08       1.50002e+08
  INDEX: TPCD       INDEX: TPCD
      L_OK              L_PD
```

3. 索引或操作

如果 SQL 语句中的多个谓词是或（OR）组合在一起，并同时可以使用多个索引。这时，Db2 通过 Index Oring 操作，将多个索引扫描得到的 RID 进行合并，并将重复的 RID 去掉。与 Index Anding 操作不同，索引或操作在访问计划中没有显式的操作符（如 IXOR）。

使用索引或的访问计划示例如下，它同时使用了三个索引扫描，并且对每个索引扫描得到的 RID 进行排序，然后对三个 RID 列表直接做 RIDSCAN 进行 RID 的合并操作，最后从基本表上提取数据。

```
                             |
                          59537.2
```

```
                  FETCH
                  (   3)
                  62819.1
                  37361.7
                 /----+---\
           59537.2      1.50002e+08
           RIDSCN     TABLE: TPCD
            (   4)       LINEITEM
            803.781
           82.2908
                |
                |
  +-----------------+-----------------+
59383.3           150.002           4.00006
SORT              SORT              SORT
(   5)            (   7)            (   9)
653.127           75.5534           75.1057
76.2908             3                 3
  |                 |                 |
59383.3           150.002           4.00006
IXSCAN            IXSCAN            IXSCAN
(   6)            (   8)            (  10)
510.773           75.4177           75.1022
76.2908             3                 3
  |                 |                 |
1.50002e+08      1.50002e+08       1.50002e+08
 INDEX:            INDEX:            INDEX:
TPCD.L_SD        TPCD.L_SK_PK       TPCD.L_OK
```

10.2.4 嵌套循环连接、归并连接和哈希连接

如果需要连接两个以上的表，优化器每次也最多只能连接两个表，并保存中间结果，再与其他表做两两连接。优化器在考虑两个表的连接操作时，主要考虑三种连接方法：嵌套循环连接、归并连接和哈希连接。本节主要讨论这三种连接方法。

注意：星状连接

对于用星状模型建模的 OLAP 应用，Db2 可为复杂查询生成星状连接的访问计划，这样可以一次性连接多个表。Db2 中支持以下三种星状连接。

- Cartesian Hub：维度表之间先做笛卡儿连接，然后再和事实表做连接。
- Dynamic Index Anding：每个维度表通过事实表上的索引与事实表进行半连接操作，得到事实表中满足各连接谓词的 RID 列表，然后用动态位图进行索引与操作，然后从事实表中提取数据，最后再与维度表做连接。
- Zigzag Join：Db2 V10 提供的新技术，维度表通过事实表中的多列索引一次性完成多表的星状连接操作。

注意：外表和内表

对于两两连接方法，连接的两个表一个为外表(outer table)，另一个为内表(inner table)。外表也称为驱动表，处理连接时，对于外表的每一行，都会去内表中查找是否有相应的匹配行。

优化器根据所选连接方法的类型和成本决定哪个是外表、哪个是内表。

这三种连接方法的访问计划示意图如图 10-4 所示，各有特点。

（1）嵌套循环连接：两层循环处理连接，适用于内表较小或者内表上可以使用索引扫描的场景。

（2）归并连接：内表和外表都需要有序，这可以用显式的 SORT 来保证，也可以是索引中本来就是有序的数据。归并连接的谓词只能是等于谓词。

（3）哈希连接：内表一般较小，用内表构建哈希表。对于外表的每一行，在这个哈希表中进行快速查找。哈希连接的谓词也只能是等于谓词。

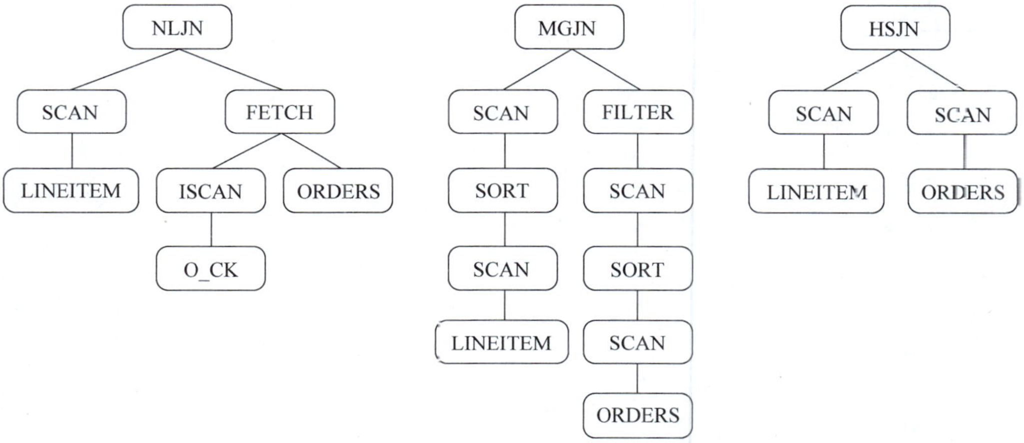

图 10-4　三种连接的访问计划示意图

1. 嵌套循环连接

循环嵌套连接的运行方式如图 10-5 所示，外表只扫描一次，而针对外表中的每一行，都

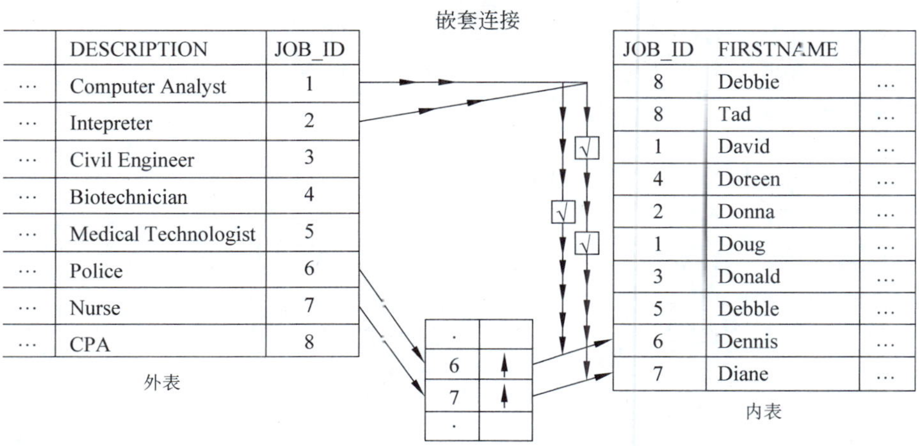

图 10-5　嵌套连接

要扫描一次内表，查找是否有匹配的行。

嵌套循环连接根据外表的当前行，查找内表有以下两种方法。

（1）对内表全扫描：即读取内表中的每一行，与外表中的当前行进行匹配，这适合于内表较小的情形。

（2）对内表索引扫描：当连接的谓词可以使用内表的索引时，外表的每一个值都能在内表的索引上找到。这也是嵌套循环连接最常见的形式。

下面是嵌套循环连接的例子，其中，TELLER 是外表，HISTORY 是内表。从访问计划中可以看出，内表 HISTORY 使用了索引扫描，对于外表 TELLER 的每一行，都会对内表进行一次索引扫描。

```
SELECT HISTORY.BRANCH_ID, TELLER.TELLER_NAME,
 HISTORY.ACCTNAME,
   HISTORY.ACCT_ID, HISTORY.BALANCE
   FROM HISTORY AS HISTORY, TELLER AS TELLER
   WHERE HISTORY.TELLER_ID = TELLER.TELLER_ID AND HISTORY.BRANCH_ID = 25
   ORDER BY HISTORY.BRANCH_ID ASC, HISTORY.ACCT_ID ASC ;

                        794.52
                        TBSCAN
                        (   2)
                        3827.09
                        317.376
                          |
                        794.52
                        SORT
                        (   3)
                        3827.02
                        317.376
                          |
                        794.52
                        NLJOIN
                        (   4)
                        3826.48
                        317.376
                /----------+---------\
            1000                      0.79452
           FETCH                      FETCH
           (   5)                     (   7)
           159.046                     23.0878
             33                       1.79452
         /---+---\                   /---+---\
      1000        1000          0.79452        79452
     IXSCAN   TABLE: ADMIN       IXSCAN   TABLE: ADMIN
     (   6)       TELLER         (   8)       HISTORY
     52.0664                    12.8738
        4                          1
        |                          |
      1000                       79452
```

```
   INDEX: ADMIN                     INDEX: ADMIN
      TELLINDX                         HISTIX1
```

注意：嵌套循环连接当仁不让的情形

对于不等谓词（即>、<、>=、<= 和 !=）的连接，只能使用嵌套循环连接。对于两个表的笛卡儿积（即没有连接谓词），也只能使用嵌套循环连接，如 SELECT * FROM T1, T2。

2. 归并连接

归并连接的谓词必须是等于谓词（即具有 table1.column = table2.colum 形式），并且还要求根据连接列对两个表进行排序。

归并连接的运行方式如图 10-6 所示，由于外表和内表都是有序的，所以外表和内表都只扫描一次。

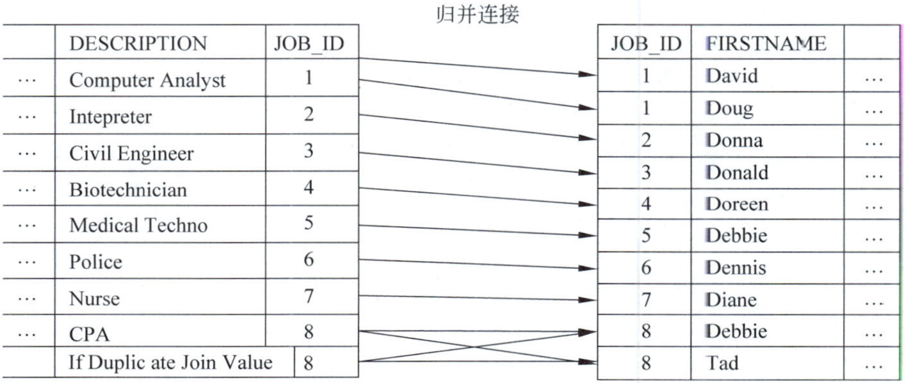

图 10-6 归并连接

归并连接的访问计划示例如下，和嵌套循环连接一样，TELLER 是外表，HISTORY 是内表。可以发现，外表 TELLER 通过 IXSCAN（索引数据本来就是有序的）来保证连接字段有序；内表 HISTORY 有个显式 SORT 操作从而保证连接字段有序。

```
 SELECT HISTORY.BRANCH_ID, TELLER.TELLER_NAME,
  HISTORY.ACCTNAME,
    HISTORY.ACCT_ID, HISTORY.BALANCE
    FROM HISTORY AS HISTORY, TELLER AS TELLER
    WHERE HISTORY.TELLER_ID = TELLER.TELLER_ID AND HISTORY.BRANCH_ID = 25
    ORDER BY HISTORY.BRANCH_ID ASC, HISTORY.ACCT_ID ASC ;

                       794.52
                       MSJOIN
                       (   4)
                       830.571
                         375
                  /-------+------\
            1000                0.79452
           FETCH                FILTER
           (   5)               (   7)
           159.046               671.23
```

```
           33                 342
        /---+---\              |
      1000        1000       794.52
     IXSCAN   TABLE: ADMIN     TBSCAN
     (   6)       TELLER       (   8)
     52.0664                 671.23
        4                     342
        |                      |
      1000                   794.52
  INDEX: ADMIN                SORT
    TELLINDX                 (   9)
                             671.229
                              342
                               |
                             794.52
                             TBSCAN
                             (  10)
                             670.873
                              342
                               |
                             79452
                         TABLE: ADMIN
                             HISTORY
```

3. 哈希连接

哈希连接只能处理一个或多个等于连接谓词，并要求连接谓词两端的字段类型相同，且不能含有表达式。就 CHAR 类型而言，长度必须相同；就 DECIMAL 类型而言，精度和小数位必须相同。

注意：Db2 V10 对哈希连接的增强

Db2 V10 增强了哈希连接的能力，能将含有表达式或者字段类型不匹配的连接谓词作为哈希连接的连接谓词，如 T1.C1 = T2.C2+1，或者 T1.C1_INT = T2.C2_DECIMAL 等。不过从性能上考虑，应该避免使用复杂表达式或者类型不匹配的连接谓词。

哈希连接的运行方式如图 10-7 所示，分为以下两个阶段。

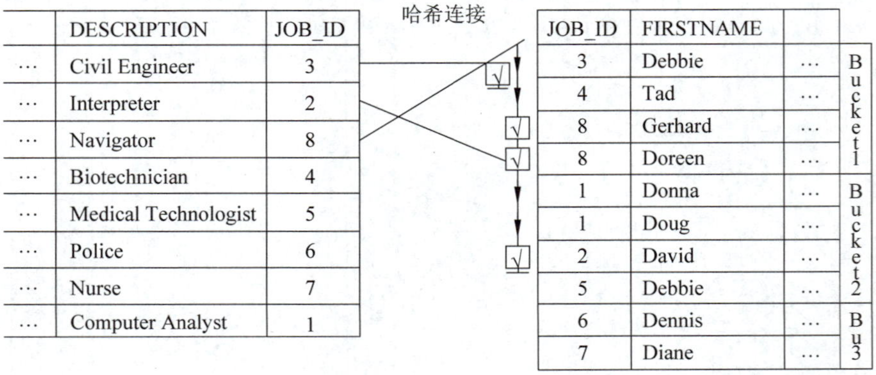

图 10-7　哈希连接

（1）构建哈希表（build table）：首先扫描内表，根据连接谓词的字段计算哈希键（hash key），构建一个哈希表（这个阶段称为构建表）。哈希表被分为几个分区，如果内存中没有足够的空间容纳整个表，则有些分区将被写入磁盘上的临时表。

（2）探测表（probe table）：扫描外表，对于外表的每一行，对连接列应用同一哈希算法计算哈希键，然后根据哈希键在哈希表中查找内表的匹配记录。如果哈希键对应的哈希表分区在内存中，则立即返回匹配连接的结果。如果该分区被写入到磁盘上的临时表中，则外表的行也被写入临时表。

注意：哈希连接使用的内存池为 SORTHEAP

哈希连接构建哈希表时使用的内存池为 SORTHEAP，如果 SORTHEAP 的内存不够，则会溢出到磁盘上，导致磁盘 I/O。因此，为了提高哈希连接的性能，避免 I/O 溢出，应该适当调整 SORTHEAP 的大小。

哈希连接的访问计划示例如下，不同于嵌套循环连接和归并连接，HISTORY 是外表，TELLER 是内表，用于构建哈希表。

```
SELECT HISTORY.BRANCH_ID, TELLER.TELLER_NAME,
 HISTORY.ACCTNAME,
   HISTORY.ACCT_ID, HISTORY.BALANCE
   FROM HISTORY AS HISTORY, TELLER AS TELLER
   WHERE HISTORY.TELLER_ID = TELLER.TELLER_ID AND HISTORY.BRANCH_ID = 25
   ORDER BY HISTORY.BRANCH_ID ASC, HISTORY.ACCT_ID ASC ;

                    794.52
                    HSJOIN
                    (   4)
                    722.496
                    336.17
             /----------+---------\
         794.52                    1000
         FETCH                    FETCH
         (   5)                   (   9)
         563.302                   159.046
         303.17                     33
        /---+---\                /---+---\
    794.52      79452        1000        1000
    RIDSCN   TABLE: ADMIN     IXSCAN   TABLE: ADMIN
    (   6)      HISTORY      (  10)       TELLER
    13.6858                 52.0664
      1                        4
      |                        |
    794.52                   1000
    SORT                 INDEX: ADMIN
    (   7)                  TELLINDX
    13.6853
      1
      |
```

```
    794.52
    IXSCAN
    (   8)
    13.3792
      1
      |
     79452
INDEX: ADMIN
    HISTIX1
```

10.2.5 基数估计和统计信息

访问计划中每个操作符上有 3 个关键的数字：基数、成本和 I/O 成本。在 10.1 节中，已经了解到优化器基于成本来评估候选的访问计划。基数估计是成本评估的关键，而优化器依赖于准确的统计信息来进行基数估计。本节将深入讨论这个问题。

优化器在基数估计和成本评估的过程中有以下 3 个度量标准。

（1）Cost（成本）：成本表现为 CPU、I/O 和通信等所需要的开销，成本的单位为 timerons，这是一个人造的单位，不能解释为实际时间单位。

（2）Cardinality（基数）：返回数据集的行数。对于访问计划中的每个操作符，优化器根据输入数据集的行数和操作符上的谓词（或者聚集操作）估计输出数据集的行数。

（3）Filter Factor（过滤因子，FF）：表示数据集满足谓词条件的比率，它的值介于 0～1，0 表示没有数据行满足谓词条件。在访问计划操作符的详细信息中，每个谓词都有一个 Filter Factor。

注意：过滤因子 VS. 选择度

过滤因子的另一种说法为选择度（Selectivity），谓词的选择度高对应过滤因子的值较小，谓词的选择度低对应过滤因子的值较大。

优化器正是凭借基数估计（Cardinality Estimation）来计算每个操作符的成本以及整个查询的成本。要想基数估计精确，就需要有准确的统计信息，从这个角度上说，统计信息是优化器的“导航仪”。

Db2 中的统计信息主要包括以下内容。

（1）基本统计信息：包括表、列和索引的统计信息。

（2）分布统计信息：频率（Frequency）统计信息和分位数（Quantile）统计信息。

（3）列组统计信息：计算具有相关性的列组（column group）统计信息，为联合谓词的过滤因子提供更精确的估计。

本节将介绍各种统计信息，并讨论优化器如何利用这些统计信息进行基数估计。

1. 如何查看现有的统计信息

首先讲解一下，如何查看现有统计信息。

1）直接查询 syscat 或 sysstat 模式下的视图

相关视图如表 10-2 所示，包括 syscat 视图和 sysstat 视图。实际上，sysstat 视图正是基于相应的 syscat 视图而定义的。

表 10-2 统计信息视图

统计信息	syscat 视图	sysstat 视图
表的统计信息	TABLES	TABLES
列的基本统计信息	COLUMNS	COLUMNS
索引的统计信息	INDEXES	INDEXES
列的分布统计信息	COLDIST	COLDIST
列组统计信息	COLGROUPS	COLGROUPS

2）解释 SQL 语句时使用 snapshot 选项

在解释 SQL 语句时使用 snapshot 选项，这样 Db2 将编译 SQL 语句时使用的统计信息也包含在访问计划的输出中，大大方便了对访问计划的分析。

```
db2 explain plan with snapshot for select …;
db2exfmt  -d <db_name> -1 -o <outputfile>
或者
db2 set current explain mode explain
db2 set current explain snapshot explain
select …
 db2 set current explain mode no
 db2 set current explain snapshot no
db2exfmt -d <db_name> -1 -o <outputfile>
```

3）使用 db2cat 工具打印出相关表的统计信息

使用 db2cat 的命令示例如下，其中，-d 选项指定数据库，-s 选项指定模式，-n 选项指定表名，-o 选项指定输出文件。

```
db2cat -d tpcds -s TPCDS -n store_sales -o store_sales.cat
```

4）使用 db2look 工具导出相关表的统计信息

使用 db2look 的命令示例如下，其中，-d 选项指定数据库，-z 选项指定模式，-t 选项指定表名，-m 表示导出统计信息，-o 选项指定输出文件。db2look 的输出中用 update 语句的形式显示了相应的统计信息。

```
db2look -d tpcds -z TPCDS -t store_sales -m -o store_sales.cat
```

2. 基本统计信息与基数估计

接下来，介绍基本统计信息以及优化器如何使用这些统计信息进行基数估计。

1）表的基本统计信息

表的基本统计信息主要有以下几种。

CARD：表中的行数（基数）。

FPAGES：当前使用的页面数。

NPAGES：包含记录行的页面数。

OVERFLOW：溢出的行数。

AVGROWSIZE：行的平均长度。

ACTIVE_BLOCKS：表示 MDC 包含数据的块数。

表的统计信息可以从视图 syscat.tables 或者 sysstat.tables 中查到。如下所示，表 TPCDS.STORE_SALES 的行数为 10000000，占用存储为 35008 页（FPAGES），实际存储数据行的页 NPAGES 为 34976，行的平均长度 AVGROWSIZE 为 56B。

```
    select CARD, NPAGES, FPAGES, AVGROWSIZE,OVERFLOW from sysstat.tables where
TABSCHEMA='TPCDS' and TABNAME='STORE_SALES'

    CARD           NPAGES            FPAGES              AVGROWSIZE OVERFLOW
    ------------ -------------- ----------------- ---------- ---------
        10000000           34976              35008           56         0
```

注意：什么时候 REORG？

当表统计信息中的 FPAGES 与 NPAGES 相差加大，或者 OVERFLOW 的值较大时，说明表的存储碎片较多，就应该运行 REORGCHK 或 REORG 重组表，然后 RUNSTATS 更新统计信息。

2）列的基本统计信息

列的基本统计信息主要有以下几种。

COLCARD：列上不同值的数目。

NUMNULLS：列上空值数据。

HIGH2KEY：列上的第二大值。

LOW2KEY：列上的第二小值。

列的统计信息可以从视图 syscat.columns 或者 sysstat.columns 中查到。如下所示，表 STORE_SALES 中字段 SS_EXT_SALES_PRICE 上不同值（COLCARD）的数目为 292，空值数据为 0，而第二大值（HIGH2KEY）为 990.00，第二小值（LOW2KEY）为 4.00。

```
    select COLCARD, NUMNULLS, HIGH2KEY, LOW2KEY from sysstat.columns where
TABSCHEMA='TPCDS' and TABNAME='STORE_SALES' and COLNAME='SS_EXT_SALES_PRICE'

    COLCARD        NUMNULLS       HIGH2KEY        LOW2KEY
    ------------ ------------ ------------ ------------
             292             0    +00990.00      +00004.00
```

注意：为什么使用 HIGH2KEY 和 LOW2KEY？

为什么 Db2 不统计列上的最大值和最小值，退而求其次，统计第二大和第二小的值呢？因为这样可以避免一些异常数据带来的误差。实践证明，使用 HIGH2KEY 和 LOW2KEY 来估计基数效果更好。

3）索引的基本统计信息

索引的基本统计信息主要有以下几种。

（1）NLEAF：叶子节点的页面数。

（2）NLEVELS：索引的层级。

（3）INDCARD：索引项的数目，这个数目与表的基数可能不同，因为索引项与数据行并不是一一对应的关系。

（4）FIRSTKEYCARD：组合索引上第一个列的不同值数目。

（5）FIRST2KEYCARD/ FIRST3KEYCARD/ FIRST4KEYCARD：组合索引中前 2、3、4 个列的基数，当这些项不适用于该索引时（比如单键索引），值为-1。

（6）FULLKEYCARD：索引全部列的不同值的数目。

索引的统计信息可以从视图 syscat.indexes 或者 sysstat.indexes 中查到。如下所示，索引 C_SALESDATE 是定义在表 STORE_SALES 上的字段 SS_SOLD_DATE_SK 的单键索引，叶子页面数为 267，而索引的层级为 2，共有 3651 个不同的索引键值，索引项为 1425394。

```
    select  NLEAF, NLEVELS, FIRSTKEYCARD, INDCARD from sysstat.indexes where
TABSCHEMA='TPCDS' and TABNAME='STORE_SALES' and INDNAME='SS_SOLDDATE'

    NLEAF                  NLEVELS FIRSTKEYCARD        INDCARD
    ----------------- ------- ------------------- ----------------------
                267        2                  1824               1425394
```

注意：索引的其他统计信息

索引上还有其他的统计信息，如 SEQUENTIAL_PAGES、DENSITY、CLUSTERRATIO、CLUSTERFACTOR 等，这些统计信息在估计索引扫描所需 I/O 成本时非常重要，这些值不理想时也能作为是否需要 REORG 的依据。

4）基于基本统计信息的基数估计

只有基本统计信息的情况下，Db2 优化器认为所有的数据都是均匀分布的。优化器对下面三类谓词的过滤因子计算公式如下。

（1）局部等于谓词（如 C1=7）：

```
    ff = 1/colcard(C1)
```

（2）范围谓词（如 key1 < C1≤key2）：

```
    ff=(key2-key1)/(high2key-low2key)
```

（3）连接谓词（如 C1=C2）：

```
    ff=1/MAX(colcard(C1),colcard(C2))
```

对于单个表 T 上的的谓词条件，相应的基数计算公式为：

```
    card(T) * ff
```

对于两个表 T1 和 T2 上的连接谓词，相应的基数计算公式为：

```
    card(T1) * card(T2) * ff
```

例如，对于查询 select count(*) from TPCDS.STORE_SALES where SS_EXT_SALES_PRICE = 50.00，根据表的基本统计信息，得到 card(STORE_SALES)=10000000，而根据列的统计信息，得到 colcard (SS_EXT_SALES_PRICE)=292，于是谓词 SS_EXT_SALES_PRICE = 50.00 的过滤因子 ff=1/ colcard (SS_EXT_SALES_PRICE) =1/292 ≈ 0.00315426，于是基数估计为 card(STORE_SALES)×ff ≈ 10000000×0.00315426 = 31542.6。

而对于范围谓词，例如 SELECT count(*) FROM TPCDS.STORE_SALES WHERE SS_

EXT_SALES_PRICE > 50.00 and SS_EXT_SALES_PRICE <=150.00，谓词的过滤因子按照公式为 ff=（key2−key1）/（high2key−low2key）= （150.00−50.00）/（990.00−4.00）≈0.10141988，其中，990.00 和 4.00 分别为列 SS_EXT_SALES_PRICE 的 high2key 和 low2key。于是基数估计为 card×ff≈10000000×0.10141988=1014129.88。

注意：基本统计信息的收集

在表或者索引上运行 RUNSTATS 命令就可以收集基本的统计信息，例如，RUNSTATS ON TABLE TPCDS.STORE_SALES AND INDEXES ALL。详情请参考 7.2 节。

---

3. 分布统计信息

如前所述，在只有基本统计信息的情况下，Db2 优化器认为所有的数据都是均匀分布的。但这与实际的情况可能不一致，例如，列上某个值的数目比较多或者某区间上的数据比较多，使用均匀分布进行基数估计就不准确了。

例如，尽管 SS_EXT_SALES_PRICE 的值范围（销售价格区间）为 4.00～990.00，但是大部分的销售价格小于 200.00。如前面的分析，对于下面的查询，优化器利用基本统计信息估计的基数为 1014129.88，实际的查询结果则为 3618913，如下所示，存在较大偏差。

```
    SELECT count(*) FROM TPCDS.STORE_SALES WHERE SS_EXT_SALES_PRICE > 50.00 and
SS_EXT_SALES_PRICE <=150.00
    1
    -----------
       3618913

     1 record(s) selected.
```

因此，当表中存储了很多重复值，或者数据在表中并非均匀分布的时候，就需要利用分布统计信息对基数估计进行修正。

Db2 提供了两种分布统计信息：频率（frequency）统计信息和分位数（quantile）统计信息。

注意：分布统计信息的收集

可以使用 WITH DISTRIBUTION 选项执行 RUNSTATS 命令，来收集分布统计信息，例如，RUNSTATS ON TABLE TPCDS.STORE_SALES WITH DISTRIBUTION，收集所有列的分布统计信息。

收集分布统计信息要比收集基本统计信息开销更大，对于值分布均匀的列，不必收集分布统计信息。RUNSTATS 命令能指定只对某些列收集分布统计信息。

另外，RUNSTATS 命令也能使用 NUM_FREQVALUES（频率）和 NUM_QUANTILES（分位数）选项来定制分布统计信息的数量，默认情况下，Db2 收集 10 个频率值，20 个分位数。

1）频率统计信息

频率统计信息记录出现频率最高的几个值以及出现次数。例如，EMPLOYEE 表上列 JOB 的频率统计信息如下。

```
    JOB       COUNT(JOB)
```

```
--------  -----------
DESIGNER            10
CLERK                8
MANAGER              7
OPERATOR             6
FIELDREP             5
ANALYST              3
SALESREP             2
PRES                 1
```

对于查询 select count（*）from EMPLOYEE where job = 'DESIGNER'，如果使用基本统计信息，表的基数为 42，列 JOB 的基数为 8，则基数估计为 card×1 / colcard(job) = 42/8=5.25。如果使用频率统计信息，则能精确得到基数为 10。

2）分位数统计信息

分位数统计信息实际上就是统计数据的区间分布，即柱状图。与上述频率统计信息不同，分位数统计信息与不同值的出现频率无关，而与表中有多少行小于某个值或大于某个值或者有多少行介于两个值之间相关。为获得这样的信息，Db2 假定列中的值是按升序排列的，并根据相同间隔确定相应的值。例如，列 C1 包含下面的值，其数据分布区间并不是均匀的。

```
  0.0
  5.1
  6.3
  7.1
  8.2
  8.4
  8.5
  9.1
 93.6
100.0
```

分位数统计信息如下，数据按从小到大排序后，处于第 1 个位置的值为 0.0，第 4 个位置的值为 7.1 等。

```
K    K-quantile
--   ---------
1       0.0
4       7.1
7       8.5
10      100.0
```

用基本统计信息和分位数统计信息分别计算下面两个谓词的基数。

（1）C1≤8.5：表上共有 7 条记录满足这个谓词。

使用基本统计信息，基数估计为(KEY2 – KEY1) / (HIGH2KEY – LOW2KEY)×Card =(8.5−0.0) / (93.6−5.1)×10 = 0.96，存在很大的偏差。而使用分位数统计信息，由于第 7 个位置的值为 8.5，直接得到基数为 7，与实际情况完全一致。

（2）C1≤10：表上共有 8 条记录满足这个谓词。

使用基本统计信息估计的基数为(10−0.0) / (93.6−5.1)×10 =1.13。而使用分位数统计信息，需要将这个谓词作为两部分来进行估算：C1≤8.5 的基数为 7，而 C1 > 8.5 AND C1≤10 的基数估计为(10 − 8.5) /(93.6 − 9.1)×(10 – 7) =0.05。因此，谓词 C1≤10 估计为 7.05，比使用基本统计信息要精确得多。

再用统计分布信息来分析这个查询的基数估计：

```
    SELECT count(*) FROM TPCDS.STORE_SALES WHERE SS_EXT_SALES_PRICE > 50.00 and
SS_EXT_SALES_PRICE <=150.00
```

对表 TPCDS.STORE_SALES 收集分布统计信息后，使用 EXPLAIN PLAN WIHT SNAPSHOT 选项打印出其访问计划。

如下所示，在访问计划用到的对象信息中，可以找到列 SS_EXT_SALES_PRICE 的分布统计信息，Db2 收集了 10 个频度统计信息和 20 个分位数统计信息。在实际过程中，优化器将同时使用频度统计信息和分位数统计信息进行基数估计。这里为简化问题，在估计这个区间谓词的过滤因子时忽略掉频度统计信息的影响，仅考虑用分位数统计信息进行估计。从分位统计信息中可以看到，第 1620000 个位置的值为 48.00，而第 5305001 个位置的值为 148.00，因此粗略估计，大于 50.00 而小于等于 150 的行数约为 5305001−1620000=3685001，而如前面所述，该查询的实际结果为 3618913，非常接近。

```
  Column Information:
  --------------------
        Number:                                     16
        Name:                                       SS_EXT_SALES_PRICE
        Statistics Available:                          Yes

        Column Statistics:
        ------------------
              Schema name of the column type:              SYSIBM
              Name of column type:                         DECIMAL
              Maximum column length:                       4
              Scale for decimal or timestamp column:       2
              Number of distinct column values:            292
              Average column length:                       5
              Number of most frequent values:              10
              Number of quantiles:                         20
              Second highest data value:                   +00990.00
              Second lowest data value:                    +00004.00
              Column sequence in partition key:            0
              Average number of sub-elements:              -1
              Average length of delimiters:                -1

        Column Distribution Statistics:
        -------------------------------
              Frequency Statistics:
              Valcount       Value
              --------------------------------
              140000         +00192.00
              115000         +00076.00
```

```
115000          +00040.00
110000          +00024.00
110000          +00100.00
105000          +00156.00
105000          +00064.00
105000          +00090.00
100000          +00102.00
100000          +00016.00

Quantile Statistics:
Valcount         Value          Distcount
----------------------------------------------
40000           +00002.00           0
565000          +00018.00           0
1085000         +00034.00           0
1620000         +00048.00           0
2105000         +00062.00           0
2675000         +00076.00           0
3225000         +00090.00           0
3750000         +00104.00           0
4255001         +00118.00           0
4770001         +00134.00           0
5305001         +00148.00           0
5855001         +00162.00           0
6330001         +00176.00           0
6940001         +00192.00           0
7375001         +00224.00           0
7895001         +00300.00           0
8420001         +00384.00           0
8960001         +00504.00           0
9475001         +00670.00           0
10000000        +00990.00           0
```

因此，如果一个数据库包含很多重复的值，或者数据分布不均匀，那么可以收集分布统计信息，这样 Db2 优化器就能更精确地进行基数估计，从而为 SQL 语句生成更好的访问计划。

注意：含参数和主变量的谓词

如果 SQL 语句中的谓词使用的是参数或者主变量，如 C1 = ?，则优化器用不上分布统计信息，只能使用基本统计信息来估计基数。

4. 列组统计信息

如果 SQL 语句中有两个或者多个谓词，优化器在估计基数时假定这两个谓词是独立的。但是在某些情况下，这两个谓词或者多个谓词并不独立，也就是说，这些列上的数据具有相关性，这时，优化器估计的基数就会存在偏差。

例如，EMPLOYEE 表上共有 42 条记录，满足谓词 JOB= 'ANALYST' 的数据行数为 3，而满足 WOKRDEPT= 'C01' 的行数为 4。在收集了分布统计信息后，优化器能精确地估计这两个谓词的过滤因子，分别为 3/42= 0.0714286 和 4/42= 0.0952381。

对于查询 select * from employee where job = 'ANALYST' and workdept = 'C01'，优化器会假定这两个谓词是独立的，于是估计基数为 Card×(3/42)×(4/42) = 0.285 71。其访问计划如下。

```
      0.28571
      TBSCAN
      (   2)
      7.65299
         1
         |
        42
 TABLE: DB2INST1
    EMPLOYEE
       Q1
```

但是，这个查询实际返回行数为 3。这里的基数估计偏差正是由于 workdept 和 job 的数据具有相关性导致的。这时可以在 workdept 和 job 上收集列组统计信息，修正优化器的基数估计。

收集列组基本统计信息的 RUNSTATS 命令如下。

```
RUNSTATS ON TABLE DB2INST1.EMPLOYEE ON ALL COLUMNS AND COLUMNS((workdept, job));
```

这样，在查看 SQL 语句的访问计划，如下所示，估计的基数为 2.8，与实际行数非常接近。

```
        2.8
      TBSCAN
      (   2)
      7.65153
         1
         |
        42
 TABLE: DB2INST1
    EMPLOYEE
```

当多个列的数据具有相关性时，列组统计信息不仅能优化上述局部谓词的基数估计，也能对多个列连接谓词的基数进行更精确的估计。

10.3 性能问题诊断过程

性能问题诊断过程，通常是在第一时间收集系统和数据库快照数据，以快照数据为支撑才能探求问题根本原因。

就 SQL 语句优化来说，首先在事发时段捕获有效的 SQL 语句快照数据，随后利用工具分析低效 SQL 语句，最后制订优化方案进行优化实施。从规避风险的角度考虑，建议在测试环境对优化方案验证，经验证后再在生产环境正式实施。

10.3.1 分析思路

当生产问题发生时，充分利用部署的监控工具进行现场信息收集，这些监控工具包括交易监控工具、性能监控工具和预置的自定义脚本，这样在后续的分析过程中，可以用多个视角来综合分析问题，从而得出更为准确的结论。

通常商业银行部署的交易监控工具可以保留事发时段交易响应时间、交易量、交易成功率等信息；性能监控工具可以提供事发时段数据库维度更深度性能数据；自定义脚本可以针对一些复杂场景进行针对性数据捕获。

基于事发时段的快照数据，同时结合以往案例、应急手册和知识库进行诊断分析。值得强调的是，对于具有代表性的问题，必须形成知识库，并由知识管理员及相关技术人员审核通过后进行留档，从而为问题分析进行提速。

10.3.2 捕获低效 SQL 语句

发现低效 SQL 语句，贯穿软件开发的全生命周期，包括开发、测试和运维三个阶段，三个阶段相辅相成，缺一不可。

在开发阶段，应用开发人员要对应用中的低效 SQL 语句进行审核。随着软件研发走向敏捷化方向，应用开发人员重点放在了满足业务需求的应用逻辑开发上，在项目中也会引入各种框架来封装 SQL 逻辑，这些都会埋下性能隐患。根本解决此类问题，比较理想的是需要在开发设计阶段就要考虑 SQL 设计，建议可以引入 SQL 审核工具，及时发现低效的 SQL 语句。

在测试阶段，测试人员要对低效 SQL 语句进行排查。例如，通过相关性能测试工具，结合数据库监控工具，在压力测试阶段就主动及时发现低效 SQL 语句。尽量在测试阶段解决问题，避免由于 SQL 性能问题在运维环节出现生产事件，做到防患于未然。

在运维阶段，DBA 要把对低效 SQL 语句的发现纳入日常工作中。主要举措包括：部署监控工具自动化发现低效 SQL，例如，设定 SQL 语句响应时间阈值，凡是超过阈值的及时通过监控上报；部署巡检工具进行例行巡检，例如，每日巡检数据库前 10 大运行时间长的 SQL 语句，并生成巡检报告进行评估分析。

10.3.3 分析低效 SQL 语句

无论是多复杂的 SQL，分析方法都是围绕访问计划进行的，采用的具体工具为 db2expln 或者 db2exfmt，具体使用方法见 10.2 节。

根据商业银行的最佳实践，通常 SQL 类性能问题原因通常有以下几种。

（1）设计开发阶段没有按照规范编写 SQL 语句，导致部分 SQL 存在性能隐患。

（2）表或者索引的统计信息不准确。

（3）没有良好的索引、索引冗余度高。

（4）表逻辑设计存在问题，单表数据量大、存在低效的多表关联等。

（5）表或索引数据密度低，碎片化严重。

10.3.4 优化低效 SQL 语句

在分析完低效 SQL 语句后，接下来就是优化方案制订环节了，针对不同的问题原因制订不同的优化方案，如表 10-3 所示。

表 10-3 常见低效 SQL 语句的优化方法

SQL 问题原因	捕获方法	建议优化手段
设计开发阶段没有按照规范编写 SQL 语句，存在低效 SQL 语句	通过 SQL 语句审核工具进行确定	按照设计开发规范进行整改
统计信息不准确	通过查询系统编目表，确认统计信息收集时间确定	对表或索引进行统计信息收集
没有良好的索引、索引冗余度高	通过执行计划确认是否存在开销较大的全表扫描操作符	对索引进行治理：包括创建相关索引、调整索引键顺序、删除冗余索引等方法
表逻辑设计存在问题，单表数据量大、存在低效的多表关联等	通过执行计划确认是否存在大表的 FETCH 操作，以及多张大表关联的操作	对表的逻辑设计进行治理：包括将单张大表拆分为当前表和历史表、将多张要关联的表合并成一张宽表等方法
表或索引数据密度低，碎片化严重	通过执行计划中各节点 I/O 成本的评估可以识别是否存在数据碎片化的问题	针对表或索引做 REORG，随后再次进行统计信息收集

10.4 实战案例集锦

为了进一步帮助读者掌握 SQL 语句优化技巧并应用到实战中，本节将与读者分享我们在实际调优过程中分析问题和解决问题的过程和心得体会。每一个实战案例都是由问题描述、诊断分析、解决方案共 3 部分内容组成，建议读者阅读完问题描述和诊断分析后，先自己思考一下解决方案，随后再和书中提供的解决方案进行对比，这样学习起来印象更深刻，效果也更好一些。

10.4.1 案例 1：理财平台系统案例——高消耗应用态 CPU 问题

1. 问题描述

某商业银行理财平台数据库（数据库名字为 lcptdb）运行在 IBM 小型机上，操作系统为 AIX。周日凌晨进行了新应用版本上线，在周一白天运行正常，但是周一晚上批处理执行期间出现了严重的性能问题。从相关交易监控工具来看，出现大量的交易超时现象。同时，使用 AIX 下 TOPAS 命令查看系统资源利用情况，发现用户态 CPU 达到了 95.5%，具体情况如图 10-8 所示。

高耗用户态 CPU 问题，通常是由于 SQL 语句或者存储过程在运行过程中由于大量的表扫描或者排序导致，下面将讲述整个诊断和优化步骤。

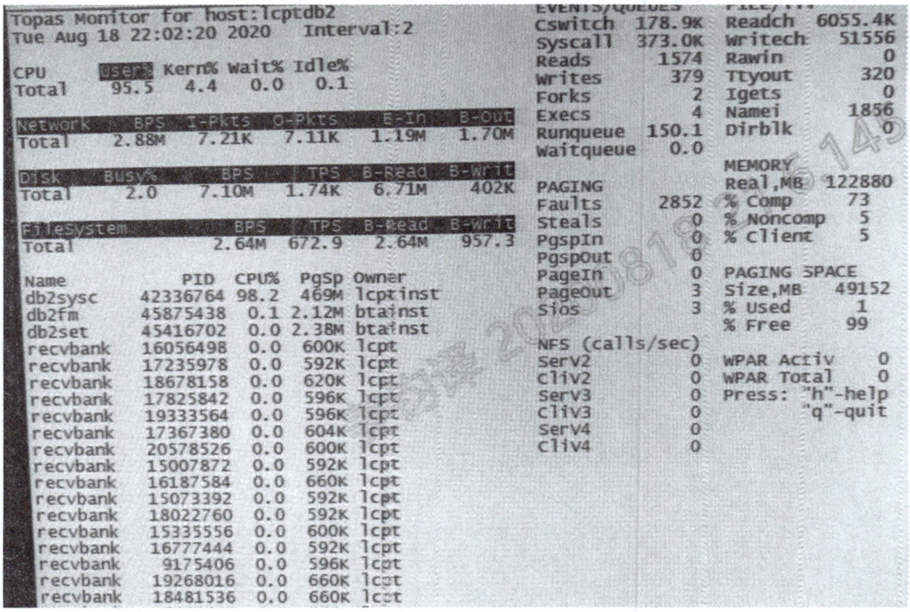

图 10-8　数据库设计的一系列阶段

2. 诊断分析

下面是具体的诊断分析步骤。

（1）首先，使用 db2pd -db lcptdb -activestatements 命令查看数据库正在执行的活跃语句，总计有 85 个，见下面的输出。

```
    Active Statement List:
    Address            AppHandl [nod-index] UOW-ID     StmtID     AnchID StmtUID
EffISO         EffLockTOut  EffDegree      EntryTime                   StartTime
LastRefTime
    0x0A00030EA761CCE0 1092     [000-01092] 31        112        424    355       2
20        0         Tue Aug 18 21:40:31 Tue Aug 18 21:40:31 Tue Aug 18 21:40:31
    0x0A00030DF38C2480 1138     [000-01138] 5         473        852    394       2
20        0         Tue Aug 18 21:40:31 Tue Aug 18 21:40:31 Tue Aug 18 21:40:31
    0x0A00030E6B68A7C0 1118     [000-01118] 13        149        146    412       2
20        0         Tue Aug 18 21:40:31 Tue Aug 18 21:40:31 Tue Aug 18 21:40:31
    0x0A00030EB2D59C00 1085     [000-01085] 15        147        956    440       2
20        0         Tue Aug 18 21:40:31 Tue Aug 18 21:40:31 Tue Aug 18 21:40:31
    0x0A00030E6B6C2600 1144     [000-01144] 5         26         1009   402       2
20        0         Tue Aug 18 21:40:31 Tue Aug 18 21:40:31 Tue Aug 18 21:40:31
    0x0A00030DF38F5AC0 1111     [000-01111] 11        227        761    376       2
20        0         Tue Aug 18 21:40:31 Tue Aug 18 21:40:31 Tue Aug 18 21:40:31
    0x0A00030EA7612CC0  1091      [000-01091]  15        355        1016    430
2        20        0          Tue Aug 18 21:40:31 Tue Aug 18 21:40:31 Tue Aug 18
21:40:31
    0x0A00030DF38EA1E0 1137     [000-01137] 5         623        968    407       2
20        0         Tue Aug 18 21:40:31 Tue Aug 18 21:40:31 Tue Aug 18 21:40:31
    0x0A00030E6B6807A0 1117     [000-01117] 9         187        175    326       2
```

```
20        0          Tue Aug 18 21:40:31 Tue Aug 18 21:40:31 Tue Aug 18 21:40:31
    … 总计 85 个
```

（2）查看活跃语句具体内容。

经过确认，上面 85 个语句都是同样的内容，因此可以通过其中任意一个应用快照进行查看。下面的输出是根据 AppHandle 为 1118 的应用快照取得正在执行的动态 SQL 语句输出（Dynamic SQL statement text），这个语句看起来比较复杂，实际上是通过 UNION ALL 连接起来的两条查询语句。

```
    Application handle                         = 1118
    Application status                         = UOW Executing
    Status change time                         = 08/18/2020 21:40:02.464354
    Application code page                      = 1386
    Application country/region code            = 86
    DUOW correlation token                     = 26.5.9.133.38344.200818133953
    Application name                           = fssoltp
    Application ID                             = 26.5.9.133.38344.200818133953
    Sequence number                            = 00003
      …
    Statement type                             = Dynamic SQL Statement
    Statement                                  = Fetch
    Section number                             = 2
    Application creator                        = LCPT
    Package name                               = LINUXDAT
    Consistency Token                          =
    Package Version ID                         =
    Cursor name                                = CUR_QRYSQL
    Statement member number                    = 0
    Statement start timestamp                  = 08/18/2020 21:40:02.464358
    Statement stop timestamp                   =
    Elapsed time of last completed stmt(sec.ms) = 0.000022
    Total Statement user CPU time              = 0.205207
    Total Statement system CPU time            = 0.002893
    SQL compiler cost estimate in timerons     = 56114
    SQL compiler cardinality estimate          = 1
    Degree of parallelism requested            = 1
    Number of agents working on statement      = 1
    Number of subagents created for statement = 1
    Statement sorts                            = 0
    Total sort time                            = 0
    Sort overflows                             = 0
    Rows read                                  = 106577
    Rows written                               = 0
    Internal rows deleted                      = 0
    Internal rows updated                      = 0
    Internal rows inserted                     = 0
    Rows fetched                               = 0
    Buffer pool data logical reads             = 16764
```

```
    Buffer pool data physical reads              = 0
    Buffer pool temporary data logical reads     = 0
    Buffer pool temporary data physical reads    = 0
    Buffer pool index logical reads              = 6335
    Buffer pool index physical reads             = 0
    Buffer pool temporary index logical reads    = 0
    Buffer pool temporary index physical reads   = 0
    Buffer pool xda logical reads                = 0
    Buffer pool xda physical reads               = 0
    Buffer pool temporary xda logical reads      = 0
    Buffer pool temporary xda physical reads     = 0
    Blocking cursor                              = YES
    Dynamic SQL statement text:
    select serial_no,busin_code,trans_date,square_date,prd_code,sum(amt), curr_
type from tbsquare where square_date >= 20200818  and client_no = '001203364982'
and (busin_code in ('124','142','150','151') or (busin_code in ('120','130' ,'122')
and liqu_dir = '0' and deal_status <> 'E'))  and prd_code in (select prd_code from
tbproduct where prd_type = '1' and substr(control_flag,100,1) not in ('1','2'))
and trans_code !='100265' and (substr(reserve5,1,1) != '1' or (substr(reserve5,1,1)
= '1' and busin_code != '124')) group by serial_no,busin_code, trans_date, square_
date,prd_code,curr_type
    union all
    select serial_no,busin_code,trans_date,square_date,prd_code,sum(amt), curr_
type from his_tbsquare where square_date >= 20200818 and deal_status ='P'  and
client_no = '001203364982        '  and (busin_code in ('124','142','150','151')
or (busin_code in ('120','130','122') and liqu_dir = '0' and deal_status <> 'E'))
and  prd_code  in  (select  prd_code  from  tbproduct  where  prd_type  =  '1'  and
substr(control_flag,100,1)  not  in  ('1','2'))  and  trans_code  !='100265'  and
(substr(reserve5,1,1) != '1' or (substr(reserve5,1,1) = '1' and busin_code != '124'))
group by serial_no,busin_code,trans_date,square_date,prd_code,curr_type  with ur
```

（3）查看被捕获的 SQL 语句执行计划。

将上述动态 SQL 语句保存到 lcpt.sql 文件中，随后通过下面的命令查看被捕获的活跃语句执行计划，所使用的命令如下。

```
db2expln -d lcptdb  -stmtfile lcpt.sql -g -o lcpt.output.1
```

上述命令执行完毕后，执行计划将被保存在 lcpt.output.1 文件中，从下面可以看出总的执行成本达到了 55843.5，这意味着该条语句的执行成本非常高昂，其中大部分成本花费在了对表 his_tbsquare 的 FETCH 操作上，该操作成本达到了 55795.7。

```
                         Rows
                       Operator
                         (ID)
                         Cost
                      0.0379261
                        RETURN
                        ( 1)
                       55843.5
```

```
                                                        |
                                                     0.0379261
                                                       UNION
                                                       ( 2)
                                                      55843.5
                                           /---------/     \----------\
                                 0.00171999                                   0.0362061
                                   GRPBY                                        GRPBY
                                    ( 3)                                        (15)
                                  55804.4                                      39.1405
                                     |                                            |
                                 0.00171999                                    0.0362061
                                   NLJOIN                                        NLJOIN
                                    ( 4)                                         (16)
                                  55804.4                                       39.1405
                                   /    \------\                                /     \------\
                        0.0126985            *                    0.267306              *
                        TBSCAN           /--/ \                    TBSCAN           /--/ \
                         ( 5)    0.150498    22193           (17)    0.150498   22193
                        55795.7   IXSCAN    Table:       30.4269    IXSCAN   Table:
                           |       (14)     LCPT             |        (22)     LCPT
                     0.0126985  15.1358  TBPRODUCT    0.267306   15.1358  TBPRODUCT
                          SORT         |                    SORT             |
                          ( 6)     22193                    (18)          22193
                         55795.7   Index:                 30.4266        Index:
                           |      LCPT                       |           LCPT
                    0.0126985  IDX201090715580000     0.267306  IDX201090715580000
                          FETCH                              FETCH
                          (--)                               (19)
                         55795.7                            30.426
                       /        \                          /       \
                  52083.2  1.26122e+07               1.32263   155593
                  RIDSCN   Table:                    IXSCAN      Table:
                   ( 8)    LCPT                      (20)        LCPT
                  40224.3  HIS_TBSQUARE              22.7058     TBSQUARE
                    |                                   |
                  52083.2                             117538
                   SORT                              Index:
                   ( 9)                              LCPT
                  40224.3                            IDX_TBSQUARE1
                    |
                  52083.2
                   IXAND
                   (10)
                  40195.4
                /-/       \
         656866         1.00003e+06
         IXSCAN           IXSCAN
```

```
      (11)            (12)
     15589.2        24534.1
        |              |
       60              6
   Index:          Index:
   LCPT            LCPT
   IDX_HSQUARE_QS  IDX_HISSQUARE_6_QS
```

（4）分析被捕获的 SQL 语句。

考虑到主要成本花费在对表 his_tbsquare 的 FETCH 操作上，再对照捕获的 SQL 语句，下面重点分析 UNION ALL 的后半句，即对表 his_tbsquare 进行查询的 SQL 语句查询条件上，从下面可以看出，在 SQUARE_DATE、DEAL_STATUS、CLIENT_NO、BUSIN_CODE、LIQU_DIR 和 PRD_CODE 总计 6 个字段上按照查询条件进行过滤。

```
   select serial_no,busin_code,trans_date,square_date,prd_code,sum(amt),curr_
type from his_tbsquare where square_date >= 20200818 and deal_status ='P' and
client_no = '001203364982        ' and (busin_code in ('124','142','150','151')
or (busin_code in ('120','130','122') and liqu_dir = '0' and deal_status <> 'E'))
and prd_code in (select prd_code from tbproduct where prd_type = '1' and
substr(control_flag,100,1) not in ('1','2')) and trans_code !='100265' and
(substr(reserve5,1,1) != '1' or (substr(reserve5,1,1) = '1' and busin_code != '124'))
group by serial_no,busin_code,trans_date,square_date,prd_code,curr_type with ur
```

从系统编目表 syscat.tabls 中查看下这 6 个字段的基数，具体可以通过下面的命令实现，它们的基数大小排序如下：CLIENT_NO、PRD_CODE、SQUARE_DATE、BUSIN_CODE、DEAL_STATUS 和 LIQU_DIR，基数越大说明过滤效果就越好。字段 CLIENT_NO 的基数为 1167309，字段 PRD_CODE 的基数为 2296，为这两个字段创建索引将极大提升该 SQL 语句的查询效率；SQUARE_DATE、BUSIN_CODE、DEAL_STATUS 和 LIQU_DIR 这四个字段基数很小，因此为它们创建索引无助于查询效率提升。

```
   db2 "Select tabname,colname,colcard from syscat.columns where tabname=
'HIS_TBSQUARE' and colname in ('SQUARE_DATE','DEAL_STATUS','CLIENT_NO', 'BUSIN_
CODE','LIQU_DIR','PRD_CODE')"

   TABNAME          COLNAME                 COLCARD
   -------------- -------------------- -------------

   HIS_TBSQUARE     SQUARE_DATE                  60
   HIS_TBSQUARE     DEAL_STATUS                   6
   HIS_TBSQUARE     CLIENT_NO               1167309
   HIS_TBSQUARE     BUSIN_CODE                   11
   HIS_TBSQUARE     LIQU_DIR                      3
   HIS_TBSQUARE     PRD_CODE                   2296
```

（5）分析现有索引。

接下来查看表 his_tbsquare 上的现有索引情况，如下所示，在 SQUARE_DATE、DEAL_STATUS 和 LIQU_DIR 这 3 个字段上分别创建有低效索引 IDX_HSQUARE_QS、IDX_HISSQUARE_6_QS 和 IDX_HISSQUARE_4_QS，但在 CLIENT_NO 或 PRD_CODE 这两个字

段上缺乏索引，特别是 CLIENT_NO 字段。

```
db2 describe indexes for table lcpt.HIS_TBSQUARE  show detail
Index  Index                Column
schema name                 names
------ --------------------
------------------------------------------------------------------------------------------------------------------------------------------------------------------------------------------------------------------------------------------------------------------------------------------------------------------------------------------------------------------------------------------------------------------------------------------------------------------------------------------------------------------------------------------------------------------------------------------------------------
LCPT   IDX2_HISQUARE_QS     +SQUARE_NO+SEQ_NO
LCPT   IDX3_HISQUARE_QS     +CLEAR_DATE
LCPT   IDX_HISSQUARE_3_QS   +TA_CODE+PRD_CODE
LCPT   IDX_HISSQUARE_4_QS   +LIQU_DIR
LCPT   IDX_HISSQUARE_5_QS   +SERIAL_NO
LCPT   IDX_HISSQUARE_6_QS   +DEAL_STATUS
LCPT   IDX_HISSQUARE_7_QS   -EXPORT_DATE
LCPT   IDX_HISSQUARE_8_QS   -TRANS_DATE
LCPT   IDX_HSQUARE_QS       +SQUARE_DATE
```

最终通过这个方法找到了问题的根本原因：该 SQL 语句之所以具有高昂执行成本，是由于在 CLIENT_NO 或 PRD_CODE 字段上缺乏合适的索引导致的。

本案例执行过程中，恰好在晚上执行批处理期间，该语句会被高并发执行引起大量的表扫描发生，这就使得用户态 CPU 被满负荷占用从而出现大量交易超时。

3. **解决方案**

解决方案很容易，考虑到字段 CLIENT_NO 比 PRD_CODE 字段的基数更高，因此在 CLIENT_NO 这个具有最高基数的字段上创建索引将能最大程度提升性能。创建索引的具体命令如下。

```
CREATE INDEX "LCPT    "."IDX_HISSQUARE_9_QS " ON "LCPT    "." HIS_TBSQUARE"
            ("CLIENT_NO" ASC)
            ALLOW REVERSE SCANS;
```

创建完索引后，再使用 RUNSTATS 命令更新 HIS_TBSQUARE 表以及其上索引的统计信息，这样新建索引 IDX_HISSQUARE_9_QS 就能生效了。

心得分享：

建议创建 IDX_HISSQUARE_9_QS 索引以及 runstats 操作这些优化方案，首先在测试环境验证，随后再安排时间窗口在生产环境实施，以最大程度降低风险。

再次通过下面的命令，查看被捕获的活跃语句执行计划，结果将被存放到文件 lcpt.output.2 中。

```
db2expln -d lcptdb  -stmtfile lcpt.sql -g -o lcpt.output.2
```

打开 lcpt.output.2 文件查看，发现成本已经从原来的 55843.5 大幅下降到了 96.2679，同时通过监控观察理财平台交易情况，发现交易超时现象已全部消失。CPU 利用率也下降到了 20%以下，从而彻底解决了性能问题。

```
                                       Rows
                                      Operator
                                        (ID)
                                        Cost

                                      0.236425
                                       RETURN
                                        ( 1)
                                      96.2679
                                         |
                                      0.236425
                                       UNION
                                        ( 2)
                                      96.2677
                       /----------------/   \-----------------\
                0.0206523                                0.215773
                 GRPBY                                    GRPBY
                  ( 3)                                     (13)
                 52.287                                  43.9804
                   |                                         |
                0.0206523                                0.215773
                 TBSCAN                                  NLJOIN
                  ( 4)                                     (14)
                 52.2869                                  43.9803
                   |                                    /-/  \-----\
                0.0206523                             0.36161      *
                  SORT                               TBSCAN     /--/ \
                 ( 5)                          (15)  0.663002    22193
                52.2865                     31.3855  IXSCAN    Table:
                   |                          |       (20)      LCPT
               0.0206523                  0.36161  15.1404  TBPRODUCT
                 NLJOIN                     SORT         |
                  ( 6)                      (16)      22193
                 52.2857                   31.3851    Index:
              /--/     \----------\         |         LCPT
     0.0346107                     *            0.36161  IDX201009071558000C
      FETCH                     /--/ \                    FETCH
       (--)               0.663002    22193                (17)
      39.6909               IXSCAN    Table:             31.3843
     /       \               (12)     LCPT              /      \
6.30374  1.26125e+07  15.1404   TBPRODUCT   1.54325   316458
RIDSCN   Table:           |                 IXSCAN   Table:
 ( 8)   LCPT           22193                 (18)    LCPT
22.7091  HIS_TBSQUARE  Index:               22.7068  TBSQUARE
```

```
     |                          LCPT                           |
   6.30374                    IDX201090715580000                 204960
    SORT                                                     Index:
    ( 9)                                                     LCPT
   22.7088                                                    IDX_TBSQUARE1
     |
   6.30374
   IXSCAN
    (10)
   22.7079
     |
 2.00058e+06
Index:
LCPT
IDX_HISSQUARE_9_QS
```

心得分享：

通过在 CLIENT_NO 这个字段创建高效索引进行优化后，将 SQUARE_DATE、DEAL_STATUS 和 LIQU_DIR 这 3 个字段上的低效索引 IDX_HSQUARE_QS、IDX_HISSQUARE_6_QS 和 IDX_HISSQUARE_4_QS 进行了删除处理，从而真正完成了索引治理工作。

10.4.2 案例 2：电子渠道系统案例——SQL 语句运行时间超长问题

1. 问题描述

某商业银行电子渠道数据库在一条 SQL 语句中用到了两个表的连接操作，其中，表 PS_PYMNT_VCHR_XREF 是大表，记录数为 6400000 行，另一个表 PS_PYCYCL_01_TMP6 是小表，记录数为 13678 行。如果对大表启用压缩，这条语句执行起来需要 30min，如果解除压缩，则该查询仅需 0.8s。

查询语句如下。

```
SELECT …
FROM
 pqys.PS_PYMNT_VCHR_XREF A , pqys.PS_PYCYCL_01_TMP6 B
WHERE
    B.PAY_CYCLE = 'COMORA'
AND B.PAY_CYCLE_SEQ_NUM = 169
AND B.SOURCE_TXN = 'VCHR'
AND B.PYMNT_SELCT_STATUS NOT IN ('D','V')
AND A.BUSINESS_UNIT = B.BUSINESS_UNIT
AND A.VOUCHER_ID = B.PAY_DOC_ID
AND A.PYMNT_CNT = B.PAY_DOC_SEQ with CS;
```

使用 db2batch 测试这条查询在大表压缩和不压缩两种情况下的性能，代码如下。

```
对大表压缩：
* 5 row(s) fetched, 0 row(s) output.
```

```
* Prepare Time is:        0.023439 seconds
* Execute Time is:     1938.740754 seconds
* Fetch Time is:          0.000034 seconds
* Elapsed Time is:     1938.764237 seconds (complete)

对大表不压缩：
* 5 row(s) fetched, 0 row(s) output.

* Prepare Time is:        0.025302 seconds
* Execute Time is:        0.081455 seconds
* Fetch Time is:          0.000083 seconds
* Elapsed Time is:        0.106840 seconds (complete)
```

2. 诊断分析

下面是具体的诊断分析步骤。

1）对比访问计划

对大表不压缩的访问计划如下，使用 NLJOIN 做连接操作。

```
Access Plan:
-----------
 Total Cost:   225837
 Query Degree:  1

                          Rows
                         RETURN
                          (   1)
                          Cost
                           I/O
                            |
                          13677
                         ^NLJOIN
                          (   2)
                          225837
                          139668
          /-----------------+-----------------\
      13677                                      1
      IXSCAN                                   FETCH
      (   3)                                   (   4)
      146.934                                  22.7307
        83                                        3
        |                                    /----+----\
      13678                                 1          6.42044e+06
   INDEX: PQYS                           IXSCAN        TABLE: PQYS
  PSCPYCYCL_01_TMP6                      (   5)       PS_PYMNT_VCHR_XREF
       Q1                                15.163            Q2
                                           2
                                           |
                                       6.42044e+06
```

```
                    INDEX: PQYS
                 PS_PYMNT_VCHR_XREF
                         Q2
```

对大表压缩的访问计划如下，使用 HSJOIN 做连接操作。

```
Access Plan:
-----------
 Total Cost:   84942.9
 Query Degree:  1

                              Rows
                             RETURN
                             (   1)
                              Cost
                               I/O
                               |
                              13677
                             HSJOIN
                             (   2)
                             84942.9
                              55354
              /--------------------+-----------------\
      6.42044e+06                                    13677
        TBSCAN                                       IXSCAN
        (   3)                                       (   4)
        70278.6                                      146.934
         55271                                         83
           |                                           |
      6.42044e+06                                    13678
    TABLE: PQYS                                  INDEX: PQYS
  PS_PYMNT_VCHR_XREF                          PSCPYCYCL_01_TMP6
          Q2                                          Q1
```

2）对比语句快照

在大表不压缩的情况下，执行这条查询（NLJOIN）的语句快照如下。

```
Statement start timestamp                   = 10/04/2012 16:23:23.387481
Statement stop timestamp                    = 10/04/2012 16:23:23.704668
…
Total Statement user CPU time               = 0.042662
Total Statement system CPU time             = 0.000433
SQL compiler cost estimate in timerons      = 312278
SQL compiler cardinality estimate           = 13677
…
Rows read                                   = 13684
…
Rows fetched                                = 5
Buffer pool data logical reads              = 1883
```

```
Buffer pool data physical reads              = 1
Buffer pool temporary data logical reads     = 0
Buffer pool temporary data physical reads    = 0
Buffer pool index logical reads              = 41034
Buffer pool index physical reads             = 11
Buffer pool temporary index physical reads   = 0
```

在大表压缩的情况下，执行这条查询（HSJOIN）的语句快照如下。

```
Statement start timestamp                    = 09/12/2012 13:43:39.839352
Statement stop timestamp                     = 09/12/2012 14:15:58.587003
...
Total Statement user CPU time                = 1231.349916
Total Statement system CPU time              = 0.007016
SQL compiler cost estimate in timerons       = 84943
SQL compiler cardinality estimate            = 13677
...
Rows read                                    = 6420441
...
Rows fetched                                 = 5
Buffer pool data logical reads               = 183439
Buffer pool data physical reads              = 0
Buffer pool temporary data logical reads = 0
Buffer pool temporary data physical reads = 0
Buffer pool index logical reads              = 85
Buffer pool index physical reads             = 0
Buffer pool temporary index physical reads = 0
```

使用 HSJOIN 的访问计划用到的 CPU 时间为 1231s，超过 20min。

3）原来是 HSJOIN 连接字段类型不一致导致的

于是进一步分析 HSJOIN 操作符的谓词，发现谓词 Q2.VOUCHER_ID = Q1.PAY_DOC_ID 竟然是 residual 谓词。residual 谓词的处理性能是最差的，在使用 HSJOIN 连接后才需要计算这个谓词。

```
                2) Predicate used in Join
                    Comparison Operator:          Equal (=)
                    Subquery Input Required:       No
                    Filter Factor:                0.0078125

                    Predicate Text:
                    --------------
                    (Q2.PYMNT_CNT = Q1.PAY_DOC_SEQ)

                3) Residual Predicate
                    Comparison Operator:          Equal (=)
                    Subquery Input Required:       No
                    Filter Factor:                2.15222e-07

                    Predicate Text:
```

```
                        --------------
                        (Q2.VOUCHER_ID = Q1.PAY_DOC_ID)

        4) Predicate used in Join
                Comparison Operator:            Equal (=)
                Subquery Input Required:        No
                Filter Factor:                  0.0769231

                Predicate Text:
                --------------
                (Q2.BUSINESS_UNIT = Q1.BUSINESS_UNIT)
```

最终从表的定义中发现，字段 VOUCHER_ID 的类型为 CHAR(8)，而字段 PAY_DOC_ID 的类型为 CHAR(20)，尽管类型一致，但是长度不同。在 HSJOIN 中，要求连接谓词的两个字段类型（包括长度）完全一致，这便是问题的根源。

3. 解决方案

将字段 VOUCHER_ID 的类型定义从 CHAR(8)调整为 CHAR(20)，即和 PAY_DOC_ID 的类型以及长度完全一致，这样优化器就可以在访问计划中选择 HSJOIN 了。调整后，这个查询只需要 0.6s 就能出结果，比 NLJOIN 的 0.8s 还要好！

心得分享：

连接谓词的类型匹配对 HSJOIN 非常重要。在一次国内 ERP 系统的 SQL 调优中，发现一个 VARCHAR(20)列与 CHAR(20)列做连接导致了严重的性能问题。将类型改成一致后，访问计划由 NLJOIN 改为 HSJOIN，执行时间从 30min 以上减少到了 3min 以内。

10.4.3 案例 3：自动调度平台系统案例——存储过程运行时间超长问题

1. 问题描述

某商业银行自动化调度平台数据库（数据库名 schedb，版本为 Db2 10.1.4.5）上线初期运行平稳，批处理脚本可以在时间窗口允许的 30min 内完成，但是 3 个月后开始执行缓慢，需要 2h 才能全部执行完毕。在批处理执行期间，Db2 死锁消息被不时报出。

2. 诊断分析

下面是具体的诊断分析步骤。

（1）首先对操作系统进行监控，获取性能数据。发现在执行批处理期间，CPU、I/O 等使用率比平时要高，但没有触发系统资源瓶颈。

（2）分析批处理脚本。

批处理脚本使用 Shell 开发，主要是调用存储过程和数据库交互。经分析发现，在 PROC_SCRIPTS_VALIDATION 这个存储过程执行上面竟然花费了 1.5h。

该存储过程主要逻辑如下，首先向临时表 TEMP_IEAI_PERMIT_VALIDATE 中插入数据，随后使用临时表中数据进行业务逻辑处理，随后清理临时表中大部分数据，最后使用临时表中剩余的数据再次进行业务逻辑处理。

经过和开发人员探讨，上线初期向临时表 TEMP_IEAI_PERMIT_VALIDATE 插入或者清理的数据量较小，记录数为 100～300 万；但是，3 个月后，数据量开始突增，记录数达到了

5000 万以上。

```
    CREATE  OR  REPLACE  PROCEDURE  PROC_USER_PERMIT_VALIDATION  (IN  AN_USERID
NUMERIC(19,0), IN AV_PRJNAME VARCHAR(255), IN AV_PERMITNAME VARCHAR(255), OUT
AI_RESULT INTEGER)
       AUTONOMOUS
       LANGUAGE SQL
    BEGIN
       DECLARE    LN_OPT_ID    NUMERIC(19,0);
       DECLARE    LV_PRJNAME    VARCHAR(255);
       …
    --向临时表 TEMP_IEAI_PERMIT_VALIDATE 中插入数据
       INSERT    INTO    TEMP_IEAI_PERMIT_VALIDATE
           (
              OPT_ID,
              PERMIT_NAME,
              OBJECT_NAME
           )
       SELECT    LN_OPT_ID,
           PERMIT_NAME,
           PROJECT_NAME
       FROM    (
              SELECT    B1.IPERMNAME AS PERMIT_NAME,
                  B2.INAME AS PROJECT_NAME
              FROM    IEAI_USERPERM B1,
                  IEAI_PROJECT B2
              WHERE    B1.IUSERID = AN_USERID
              AND    B1.ITYPE = 1
              AND    B1.IENABLED = 1
              AND    B2.IUPLOADTIME = (SELECT MAX(B21.IUPLOADTIME) FROM
IEAI_PROJECT B21 WHERE B21.INAME = B2.INAME)
           ) TBL_A;
    --使用临时表 TEMP_IEAI_PERMIT_VALIDATE 中的数据进行业务逻辑处理
       SELECT    SIGN(COUNT(*))
       INTO    AI_RESULT
       FROM    TEMP_IEAI_PERMIT_VALIDATE A
       WHERE    A.OPT_ID = LN_OPT_ID
       AND    A.PERMIT_NAME = AV_PERMITNAME
       AND    A.OBJECT_NAME = LV_PRJNAME;
    --清理临时表 TEMP_IEAI_PERMIT_VALIDATE 中大部分数据
       DELETE    FROM    TEMP_IEAI_PERMIT_VALIDATE
           WHERE    EXISTS    (
                  SELECT    1
                  FROM    TEMP_IEAI_PERMIT_INVALIDATE B1
                  WHERE    B1.OPT_ID = LN_OPT_ID
                  AND    B1.PERMIT_NAME = TEMP_IEAI_PERMIT_VALIDATE.PERMIT_NAME
                  AND    B1.OBJECT_NAME = TEMP_IEAI_PERMIT_VALIDATE.OBJECT_NAME
              );
    --使用临时表 TEMP_IEAI_PERMIT_VALIDATE 中的数据进行业务逻辑处理
```

```
    SELECT   SIGN(COUNT(*))
    INTO     final_RESULT
    FROM     TEMP_IEAI_PERMIT_VALIDATE A
    WHERE    A.OPT_ID = LN_OPT_ID
    AND    A.PERMIT_NAME = AV_PERMITNAME
    AND    A.OBJECT_NAME = LV_PRJNAME;

    COMMIT WORK;
END
```

（3）格式化输出死锁监视器收集的信息。

自动化调度平台数据库已提前创建死锁检测器 deadlockmon，所以只要使用下面的命令，将死锁监视器 deadlockmon 中的内容格式化输出到文件 **deadlock.txt** 中就能进行后续分析。

```
--将 deadlockmon 收集的信息写回磁盘
flush event monitor deadlockmon

--关闭 deadlockmon
set event monitor deadlockmon state 0

--输出并格式化监控信息到文件 mydldata.txt 中（在/home/user/event 下执行）
db2evmon -db schedb -evm deadlockmon >deadlock.txt
```

（4）分析死锁信息。可以从死锁监视器收集的信息看出，批处理脚本在执行到 call PROC_USER_PERMIT_VALIDATION(?,?,?,?)这个命令时触发了死锁，再次确认问题出在这个存储过程执行上。

```
Deadlocked Connection …
  Deadlock ID:   3
  Participant no.: 2
  Participant no. holding the lock: 1
  …
  Schema of lock waited on     : SYSTEM
  Data partition id for table  : 0
  Tablespace of lock waited on : SYSCATSPACE
  Type of lock: Row
  Mode of lock: NS   - Share (CS/RS)
  Mode application requested on lock: X   - Exclusive
  Node lock occured on: 0
  Lock object name: 2162702
  Application Handle: 35473
  Deadlocked Statement:
    Type     : Dynamic
    Operation: Prepare
    Section  : 6
    Creator  : NULLID
    Package  : SYSSH200
    Cursor   :SQL_CURSH200C6
    Cursor was blocking: FALSE
```

```
   Text     : call PROC_USER_PERMIT_VALIDATION(?,?,?,?)
  List of Locks:
     Lock Name                  : 0x000056000502000C0A8C99BC3
     Lock Attributes            : 0x00000000
     Release Flags              : 0x80000000
     Lock Count                 : 1
     Hold Count                 : 1
     Lock Object Name           : 0
     Object Type                : Internal - Catalog Cache
     Data partition id          : -1
     Mode                       : S   - Share
  List of Locks:
     Lock Name                  : 0x130600000100000000500A116D6
     Lock Attributes            : 0x00000000
     Release Flags              : 0x40000000
     Lock Count                 : 1
     Hold Count                 : 0
     Lock Object Name           : 0
     Object Type                : Internal - Variation
     Data partition id          : -1
     Mode                       : X   - Exclusive
 …
```

3. 解决方案

经过上面的分析，该问题的根本原因在于对临时表 TEMP_IEAI_PERMIT_VALIDATE 操作的数据量突增，但是优化器无法及时获取临时表的统计信息，导致在使用临时表进行业务逻辑处理时触发死锁，从而使得处理时间从 30min 增加到 2 h。

明确了原因，具体的优化方案就顺理成章了，首先在存储过程中加入收集统计信息的命令，随后需要对存储过程的包进行再次绑定才能生效。下面是具体的步骤。

（1）及时收集临时表 TEMP_IEAI_PERMIT_VALIDATE 的统计信息。向临时表 TEMP_IEAI_PERMIT_VALIDATE 插入大量数据后进行第 1 次收集，清理临时表 TEMP_IEAI_PERMIT_VALIDATE 大部分数据后进行第 2 次收集，这样使用临时表进行业务逻辑处理时优化器都能获得最新的统计信息。收集统计信息的命令为 call sysproc.admin_cmd('runstats on table TEMP_IEAI_PERMIT_VALIDATE WITH DISTRIBUTION and detailed indexes all')。

```
   CREATE OR REPLACE PROCEDURE PROC_USER_PERMIT_VALIDATION (IN AN_USERID
NUMERIC(19,0), IN AV_PRJNAME VARCHAR(255), IN AV_PERMITNAME VARCHAR(255), OUT
AI_RESULT INTEGER)
      AUTONOMOUS
      LANGUAGE SQL
   BEGIN
      DECLARE    LN_OPT_ID    NUMERIC(19,0);
      DECLARE    LV_PRJNAME    VARCHAR(255);
      …
   --向临时表 TEMP_IEAI_PERMIT_VALIDATE 中插入数据
      INSERT    INTO     TEMP_IEAI_PERMIT_VALIDATE
         (
```

```
            OPT_ID,
            PERMIT_NAME,
            OBJECT_NAME
        )
    SELECT    LN_OPT_ID,
        PERMIT_NAME,
        PROJECT_NAME
    FROM    (
            SELECT    B1.IPERMNAME AS PERMIT_NAME,
                B2.INAME AS PROJECT_NAME
            FROM    IEAI_USERPERM B1,
                IEAI_PROJECT B2
            WHERE    B1.IUSERID = AN_USERID
            AND    B1.ITYPE = 1
            AND    B1.IENABLED = 1
            AND    B2.IUPLOADTIME = (SELECT MAX(B21.IUPLOADTIME) FROM
IEAI_PROJECT B21 WHERE B21.INAME = B2.INAME)
        ) TBL_A;
    --插入大量数据后第 1 次收集
    call sysproc.admin_cmd('runstats on table TEMP_IEAI_PERMIT_VALIDATE WITH
DISTRIBUTION and detailed indexes all');
    --使用临时表 TEMP_IEAI_PERMIT_VALIDATE 中的数据进行业务逻辑处理
      SELECT    SIGN(COUNT(*))
      INTO     AI_RESULT
      FROM     TEMP_IEAI_PERMIT_VALIDATE A
      WHERE    A.OPT_ID = LN_OPT_ID
      AND    A.PERMIT_NAME = AV_PERMITNAME
      AND    A.OBJECT_NAME = LV_PRJNAME;
    --清理临时表 TEMP_IEAI_PERMIT_VALIDATE 中大部分数据
      DELETE    FROM    TEMP_IEAI_PERMIT_VALIDATE
        WHERE    EXISTS    (
                SELECT    1
                FROM    TEMP_IEAI_PERMIT_INVALIDATE B1
                WHERE    B1.OPT_ID = LN_OPT_ID
                AND    B1.PERMIT_NAME = TEMP_IEAI_PERMIT_VALIDATE.PERMIT_NAME
                AND    B1.OBJECT_NAME = TEMP_IEAI_PERMIT_VALIDATE.OBJECT_NAME
            );
    --删除大量数据后第 2 次收集
    call sysproc.admin_cmd('runstats on table TEMP_IEAI_PERMIT_VALIDATE WITH
DISTRIBUTION and detailed indexes all');
    --使用临时表 TEMP_IEAI_PERMIT_VALIDATE 中的数据进行业务逻辑处理
      SELECT    SIGN(COUNT(*))
      INTO     final_RESULT
      FROM     TEMP_IEAI_PERMIT_VALIDATE A
      WHERE    A.OPT_ID = LN_OPT_ID
      AND    A.PERMIT_NAME = AV_PERMITNAME
      AND    A.OBJECT_NAME = LV_PRJNAME;
      COMMIT WORK;
    END
```

（2）使用下面命令找到 PROC_SCRIPTS_VALIDATION 所在包名。其中，syscat.procedures 和 syscat.routinedep 都是系统编目视图，btype='K'表示要取出存储过程编译后的包名，PROC_SCRIPTS_VALIDATION 的包对应的模式名和包名分别存放在 schema 和 bname 字段中。

```
db2 "select b.schema, b.bname from syscat.procedures a ,syscat.routinedep b where a.specificname= b. specificname and a.procname='PROC_SCRIPTS_VALIDATION' and b.btype='K'"

SCHEMA              BNAME
-----------      -------
DB2INST1         P1047178439
```

（3）使用 REBIND 命令进行再次绑定。

```
=>  db2 rebind package DB2INST1.P1047178439
DB20000I  The REBIND PACKAGE command completed successfully.
```

10.5　编写高效 SQL 语句

SQL 非常灵活，可以使用多种写法实现同一功能，但是这么多写法里面哪一种才是最高效的？或者换句话说，如何编写高效的 SQL 语句，从而充分利用 Db2 优化器的能力？本节将重点解答这个问题。

10.5.1　尽量避免排序

在 SQL 中常有排序的需求，如 order by 关键字。对于查询优化，推荐将 order by 中的列作为索引的一部分，用于避免排序。当然前提是数据量较大，以至于在执行计划中发现 SORT 操作符占用了大比重的 I/O 开销。

（1）涉及排序的字段应尽量满足索引最左原则，例如，对索引（a,b,c），“order by a,b,c”或“a”或“a,b”或“a desc,b desc,c desc”相同顺序等，都能有效避免排序。

（2）谓词条件为常量时可以避免排序。例如，对索引（a,b,c），“where a=常量 order by b,c”或“where a=常量 and b=常量 order by c”时，都能有效地避免排序。

10.5.2　OR/IN 或 OR/UNION ALL 等价转换

OR 操作与 IN 和 UNION 的等价转换不是一定起到优化作用，这需要在改写 SQL 后再次执行计划收集，判断新改写语句是否效率更高。

在有索引的情况下，对于同一谓词条件进行 OR 操作，可以尝试转换为 IN 操作。如果是不同的谓词均有索引，则无须转换为 IN，优化器可以利用 ON 进行操作。

```
--优化前：
SELECT * FROM EMPLOYEE
WHERE DEPTNO = 'D11' OR DEPTNO = 'D21' OR DEPTNO = 'E21'
```

```
--优化后:
SELECT * FROM EMPLOYEE WHERE DEPTNO IN ('D11', 'D21', 'E21')
```

对于 OR 操作，也可以通过 UNION ALL 来进行等价转换，这样往往可以充分利用索引。

```
--优化前:
SELECT * FROM EMPLOYEE
WHERE DEPTNO = 'D11' OR VARNO = '45' OR DANO = 'E21'
--优化后:
SELECT * FROM EMPLOYEE WHERE DEPTNO = 'D11'
Union all
SELECT * FROM EMPLOYEE WHERE VARNO = '45'
Union all
SELECT * FROM EMPLOYEE WHERE DANO = 'E21'
```

10.5.3 不要检索多余的数据

在每条 SQL 语句的 SELECT 列表中只检索应用需要的列，把不必要的列放在 SELECT 列表中将会消耗额外的内存和 CPU 资源。例如，很多开发人员喜欢使用“SELECT *”语句，它将检索所有列，并非好的 SQL 编程习惯。

对于数据行也是一样，应该尽量使用 WHERE 条件让 Db2 去过滤数据，而不是取出所有数据让应用程序来处理。同等情况下，从 Db2 传递到应用程序的数据行越少，SQL 效率就越高。开发人员容易犯的错误是：在应用程序中处理一些本来可以让 Db2 来过滤的数据。

10.5.4 模糊查询优化

编写模糊匹配条件时，用前定向方式，因为“like '%xxxx'”无法使用索引。请尽量减少前模糊匹配查询。

```
--优化前:
SELECT * FROM A WHERE A.NAME like '%xxx%'
--优化后:
SELECT * FROM A WHERE A.NAME like 'w%xxx%'
```

10.5.5 避免在连接谓词中使用复杂表达式

连接谓词应该尽量简单，避免在连接谓词中使用表达式，最好是“字段名=字段名”，如“T1.C1=T2.C2”，而且最好在设计数据模型时保持这两个字段的类型（包括类型长度或精度）完全一致，这样的连接谓词在执行时效率最高。

下面用两个例子来说明。

1. 连接谓词使用表达式

例如，对于以下 SQL 语句，可以在 SALES 表上加上冗余字段 FINAL_PRICE，并作为生成列由 PRICE *DISCOUNT 计算得到。

```
WHERE SALES.PRICE * SALES.DISCOUNT = ORDERS.FINAL_PRICE
```

2. 连接谓词使用函数

例如，对于以下 SQL 语句，应该避免列 CUST.LASTNAME 和列 ORDERS.NAME 二的数据有大小写差别，这样就没有必要使用 UPPER 函数了。

```
WHERE UPPER(CUST.LASTNAME) = ORDERS.NAME
```

注意：在 SQL 语句中使用复杂表达式

在 SQL 语句中使用含有复杂表达式的谓词有如下缺点。

- 影响优化器在生成访问计划时对索引和连接方法的选择。
- 影响优化器利用统计信息估计的精确度。
- 带有复杂表达式的谓词一般只能作为效率低下的 residual 谓词。

一般地，对这样的 SQL 应该做适当的改写。

10.5.6 将复杂表达式放在常量上

保持局部谓词足够简洁，这是一个重要原则。

如果确实需要使用函数或者表达式做转换，应该放在常量上，例如“字段名=常数表达式”，这样便于匹配字段上的索引，也有利于优化器更准确地估算基数。

考虑下面的谓词，表达式作用在表的字段上。

```
EXPRESSION(Col) = 'constant'
INTEGER(TRANS_DATE)/100 = 200802
WHERE (CUST_ID * 100) + INT(CUST_CODE) = 123456
```

应该改写为如下形式，这样如果字段 Col、TRANS_DATE 或者 CUST_ID 上有索引，优化器就能选择索引扫描。

```
Col = INVERS_EXPRESSION ('constant')
TRANS_DATE BETWEEN 20080201 AND 20080229
WHERE CUST_ID = 1234 AND CUST_CODE = '56'
```

10.5.7 使用 Db2 提供的日期类型

在数据库设计中，很多设计人员喜欢使用 INTEGER 或者 CHAR/VARCHAR 存储日期数据，这不是好的设计。实际上，直接使用 Db2 的日期类型是更好的选择。这样一方面可以利用 Db2 提供的大量日期函数，另一方面 Db2 优化器也可以将这些日期函数自动转换成简单谓词。

例如，在表 tpcds.date_dim 的 d_date 字段（类型为 DATE）上建立了索引，这样，对 WHERE 条件中使用日期函数 YEAR 和 MONTH 的查询，Db2 优化器能将这两个日期函数转换成简单谓词，而不是效率低下的 residual 谓词，从而提高查询性能，代码如下。

```
Original Statement:
-------------------
select d_date_sk
```

```
from tpcds.date_dim
where year(d_date)= 2012 and month(d_date) =10

Optimized Statement:
-------------------
SELECT Q1.D_DATE_SK AS "D_DATE_SK"
FROM TPCDS.DATE_DIM AS Q1
WHERE ('2012-10-01' <= Q1.D_DATE) AND (Q1.D_DATE < '2012-11-01')

Access Plan:
-----------
   Total Cost:         15.1672
   Query Degree:        1

             Rows
            RETURN
            (   1)
             Cost
              I/O
              |
            29.9908
            FETCH
            (   2)
            15.1672
               2
         /----+-----\
    29.9908        73049
    IXSCAN   DP-TABLE: TPCDS
    (   3)        DATE_DIM
    7.57442          Q1
       1
       |
     73049
 DP-INDEX: TPCDS
    D_DATE
      Q1
```

10.5.8 谨慎对待隐式类型转换

Db2 V9.7 之前，Db2 一直遵循 SQL 标准的数据类型系统，遵守强类型运算规则，错误的数据类型运算将导致编译错误，如字符串和数字不能比较，除非经过显式的类型转换。

Db2 V9.7 开始支持隐式数据类型转换（或叫自动类型转换）。如下所示，Db2 将字符类型自动转换成数值类型，也可以将数值类型转换成字符类型，还可以完成 DATE 类型与字符类型的相互转换。

```
-- C1 为数值类型，Db2 自动将'12'这个字符类型转换成数值类型，然后进行比较
SELECT sum(qty) FROM sales WHERE c1 >= '12';
```

隐式类型转换给开发人员一些便利，让他们不需要花费精力去关注这些细枝末节，而由 Db2 完成数据类型自动转换。

隐式数据类型转换虽然很方便，却有诸多缺点。

（1）对于错误的隐式类型转换，在编译时不会发现问题，而是到了运行时才报错，这会给查找和解决问题带来很大的困难。

（2）从性能方面考虑，隐式数据类型转换虽然方便，但也是要消耗时间的，如果在循环中频繁地进行这种隐式类型转换，会消耗一定的 CPU 资源。

（3）在查询中使用隐式类型转换可能导致索引抑制，从而带来性能上的损害。在 9.3.5 节的案例中，含有隐式转换的连接谓词 Q2.VOUCHER_ID = Q1.PAY_DOC_ID，即将 CHAR(8)的字段与 CHAR(20)的进行比较，导致了性能问题。

因此，开发人员在使用隐式类型转换时应保持谨慎态度，只有真正理解其对 SQL 语句的性能影响后，才可以考虑使用。

10.5.9 外连接的顺序

对于内连接（INNER JOIN）而言，Db2 能自动选择和调整表与表连接的顺序，但是外连接会限制连接的顺序，从而导致一些好的访问计划无法生成。这里讲到的外连接包括 3 种：左外连接（LEFT OUTER JOIN）、右外连接（RIGHT OUTER JOIN）和全连接（FULL OUTER JOIN）。

下面来看某商业银行的一个实际案例，如下所示，4 个表之间的连接操作，T1 和 T2 先做 LEFT JOIN，再和 T3 做内连接，最后和 T4 做内连接。根据实际情况，T1 和 T3 之间的内连接谓词具有最好的过滤因子，但是由于 LEFT JOIN 存在，T1 不能与 T3 先做连接，而是必须先与 T2 做连接，才能与 T3 做内连接，由于 T1 是几亿行的大表，这样连接的效率非常低。

```
SELECT  …
FROM ECRM.PARS_REC_APPLY_INFO T1
       LEFT JOIN ECRM.PARS_REC_APPROVE T2
           ON T1.NUM = T2.NUM
       INNER JOIN ECRM.ECR_CUST_MANAGER T3
            ON T1.PAYER_CUST_MANAGER_ID = T3.CUST_MANAGER_ID
       INNER JOIN AP_USER T4
           ON T1.ELEC_MAIL = T4.LOGIN_NAME||'@bank.com'
WHERE T4.USER_CODE = '9666196'
```

这时必须手工调整表连接的顺序，让 T1 先和 T3 做内连接，再和 T4 做内连接，最后再与 T2 做左外连接，修改后的语句如下，根据测试结果，其性能提升了 2000 倍左右。

```
SELECT  …
FROM ECRM.PARS_REC_APPLY_INFO T1
      INNER JOIN ECRM.ECR_CUST_MANAGER T3
           ON T1.PAYER_CUST_MANAGER_ID = T3.CUST_MANAGER_ID
       INNER JOIN AP_USER T4
           ON T1.ELEC_MAIL = T4.LOGIN_NAME||'@bank.com'
      LEFT JOIN ECRM.PARS_REC_APPROVE T2
```

```
            ON T1.NUM = T2.NUM
  WHERE T4.USER_CODE = '9666196'
```

注意：外连接中表顺序

关于多表之间内连接的顺序，优化器会合理选择和调整内连接的顺序以获得最好性能。

但是，外连接是特殊的，它限制了连接的顺序，在编写多表连接的SQL语句时，应特别注意外连接时表的顺序。

10.5.10 IN 和 EXISTS 子查询

在SQL中，当一个查询语句嵌套在另一个查询中时，称为子查询。Db2中的子查询有多种形式，这里主要讨论以下几种。

（1）IN和EXISTS。

（2）NOT IN和NOT EXISTS。

（3）使用反连接（ANTI-JOIN）优化子查询。

1. IN 和 EXISTS

Db2优化器在处理IN和EXISTS子查询时，会将其转换为连接，从而生成更优的访问计划。例如，下面的IN和EXISTS子查询是等价的。

```
select t1.c1, t1.c2, t1.c3
from T1
where exists(select 1 from T2 where T1.c1 = T2.c1)
或者
select t1.c1, t1.c2, t1.c3
from T1
where c1 in (select t2.c1 from T2)
```

Db2优化器会将上面两条SQL语句转换为如下的连接方式，这样优化器在生成访问计划时就可以为下面的连接考虑多种连接方法，特别在这两个表还与其他表做连接时，这种转换将显得更有效。

```
select distinct t2.c1, t1.c1, t1.c2, t1.c3
from T1, T2
where T1.c1 = T2.c1
```

注意其中的distinct关键字，这是保持语义等价所必需的。显式的DISTINCT需要排序来实现，是一种成本较高的操作。只有当T2.C1字段具有唯一性（例如是主键或者字段上创建有唯一索引）时，优化器才不会在转换后的SQL语句中加DISTINCT。因此，出于性能方面的考虑，应避免使用子查询，特别是嵌套层次较多的子查询。

注意：子查询（IN 和 EXISTS）与连接

在编写SQL语句，应尽量使用连接，其次才考虑子查询。

2. NOT IN 和 NOT EXISTS

一般情况下，NOT EXISTS比NOT IN的性能要好，但是这并不绝对。

来看一个例子，下面的 SQL 语句使用 NOT IN 子查询列出所有还没有下过订单的客户。从访问计划图中可以看出，NOT IN 的访问计划执行顺序为：先扫描内表 STORE_SALES，然后再扫描外表 CUSTOMER，总成本为 7.42152e+06。

```
select * from tpcds.customer
where C_CUSTOMER_SK NOT IN
   (select SS_CUSTOMER_SK from tpcds.store_sales)

Access Plan:
-----------
        Total Cost:             7.42152e+06
        Query Degree:           1

                      Rows
                     RETURN
                     (   1)
                      Cost
                       I/O
                       |
                     250000
                     FETCH
                     (   2)
                   7.42152e+06
                     8338.35
         +------------++------------+
       500000         413696      500000
       IXSCAN         TBSCAN    TABLE: TPCDS
       (   3)         (   4)      CUSTOMER
       1087.56        37920.1       Q3
       533.125        4929.22
         |              |
       500000         413696
   INDEX: SYSIBM       SORT
 SQL120728090612660   (   5)
         Q3           37861.1
                      4929.22
                        |
                       1e+07
                      IXSCAN
                      (   6)
                      25462.9
                      4929.22
                        |
                       1e+07
                 DP-INDEX: TPCDS
                      SS_CUST
                        Q1
```

用 NOT EXISTS 改写上面的查询，相应的 SQL 语句和访问计划如下。访问计划的总成本为 37094.4，比 NOT IN 访问计划的成本要小得多。从访问计划图中可以看出，NOT EXISTS 的访问计划执行顺序为：先扫描外表 CUSTOMER，对于外表的每一行，再扫描内表 STORE_SALES，看是否满足 NOT EXISTS 谓词。

```
select * from tpcds.customer
where NOT EXISTS
   (select 1 from tpcds.store_sales C_CUSTOMER_SK=SS_CUSTOMER_SK);
Access Plan:
-----------
        Total Cost:             37094.4
        Query Degree:           1

              Rows
             RETURN
             (   1)
              Cost
               I/O
               |
              86304
            x^NLJOIN
            (   2)
             37094.4
              6344
        /------+-------\
    500000              20
    TBSCAN            IXSCAN
    (   3)            (   4)
    3690.2            60.9982
     2880               8
      |                 |
    500000            1e+07
TABLE: TPCDS     DP-INDEX: TPCDS
   CUSTOMER          SS_CUST
      Q2               Q1
```

从上面的访问计划中，可以发现 Db2 处理这两种子查询机制上的差别。

（1）NOT IN 是自内向外的操作，即先得到子查询的结果，再执行外层的查询。

（2）NOT EXISTS 恰好相反，是自外向内的操作，先扫描外表，根据外表的每一行去扫描子查询中的内表。

在这个例子中，子查询的内表 STORE_SALES 是 1 千万行的大表，得到的 NOT IN 列表比较大，为 413696 个值（去重以后），在这种情况下，NOT IN 的性能要比 NOT EXISTS 的性能差很多。

一般地，如果子查询的结果集比较小，例如，内表上有过滤因子很小的局部谓词时，可以选择使用 NOT IN 子查询，代码如下。

```
SELECT T1.* FROM T1 WHERE T1.C1 NOT IN
```

```
                (SELECT 1 FROM T2 WHERE T2.C2 = 5);
```

相反地，如果外层查询的结果集比较小，例如，外表上有过滤因子很小的局部谓词时，可以选择使用 NOT EXISTS 子查询，代码如下。

```
SELECT T1.* FROM T1 WHERE T1.C2 = 6 WHERE NOT EXISTS
                (SELECT 1 FROM T2 WHERE T2.C1=T1.C1);
```

注意：NOT IN 和 NOT EXISTS 并不完全等价

NOT IN 和 NOT EXISTS 的语义并不完全等价，当外表的连接列可以为空值时，其查询结果可能不同，如下例所示。

```
with t1(c1,c2) as (values (1,1),(null,1)),
     t2(c1,c2) as (values (2,1))
select * from t1 where c1 not in (select c1 from t2)

C1          C2
----------- -----------
          1           1

  1 record(s) selected.

with t1(c1,c2) as (values (1,1),(null,1)),
     t2(c1,c2) as (values (2,1))
select * from t1 where not exists (select 1 from t2 where t1.c1= t2.c1)

C1          C2
----------- -----------
          1           1
          -           1

  2 record(s) selected.
```

3. 反连接

细心的读者在阅读上面 NOT EXISTS 子查询的访问计划时，会发现这个连接操作 x^NLJOIN 与普通 NLJOIN 操作符不一样，有一个特殊的前缀。进一步查看这个操作符的详细信息，会发现 OUTERJN 这个参数被设置为 LEFT (ANTI)。

```
        2) NLJOIN: (Nested Loop Join)
                Cumulative Total Cost:          37094.4
                Cumulative CPU Cost:            1.41028e+10
                Cumulative I/O Cost:            6344
                Cumulative Re-Total Cost:        7716.39
                Cumulative Re-CPU Cost:          1.35198e-10
                Cumulative Re-I/O Cost:          0
                Cumulative First Row Cost:       15.2109
                Estimated Bufferpool Buffers:    6344

                Arguments:
```

```
---------
EARLYOUT: (Early Out flag)
      LEFT
FETCHMAX: (Override for FETCH MAXPAGES)
      IGNORE
ISCANMAX: (Override for ISCAN MAXPAGES)
      IGNORE
OUTERJN : (Outer Join type)
      LEFT (ANTI)

Predicates:
----------
2) Predicate used in Join,
      Comparison Operator:          Equal (=)
      Subquery Input Required:       No
      Filter Factor:               2e-06

      Predicate Text:
      --------------
      (Q2.C_CUSTOMER_SK = Q1.SS_CUSTOMER_SK)
```

那么，什么是反连接？顾名思义，反连接是连接的反向操作，它的结果集是左外连接的结果集减去内连接的结果集。

```
T1 ANTIJOIN T2  = (T1 LEFT OUTER JOIN T2)- (T1 INNER JOIN T2)
```

在访问计划中，反连接是普通连接操作的特殊形式（有一个“x^”前缀），其实际操作符可以为 NLJOIN、MSJOIN 或 HSJOIN，只是将 OUTERJN 这个参数设置为（ANTI）表示该连接为反连接。

反连接是 Db2 优化 NOT EXISTS 和 NOT IN 子查询的一种比较高效的方法，Db2 优化器会尝试将 NOT EXISTS 和 NOT IN 转换成反连接。

如果要对某个查询启用反连接，可以使用如下的优化概要来指导优化器做这种转换。

```
--将 NOT IN 转换成反连接的优化概要
<OPTGUIDELINES><NOTIN2AJ OPTION='ENABLE'/></OPTGUIDELINES>

--将 NOT EXISTS 转换成反连接的优化概要
<OPTGUIDELINES><NOTEX2AJ OPTION='ENABLE'/></OPTGUIDELINES>
```

如果要在整个实例范围内设置反连接，可以使用注册变量 DB2_ANTIJOIN，它的值可以为 YES、EXTEND 或 NO。

（1）当 DB2_ANTIJOIN=YES：Db2 优化器将尝试将 NOT EXISTS 子查询转换为高效的反连接，单分区数据库上默认为 YES。

（2）当 DB2_ANTIJOIN=EXTEND：Db2 优化器将尝试将 NOT EXISTS 和 NOT IN 子查询都转换为反连接。

（3）当 DB2_ANTIJOIN=NO：Db2 优化器将限制某些将 NOT EXISTS 子查询转换为反连接的机会。

然而，将 NOT EXISTS 和 NOT IN 转换成反连接并不能 100%保证提高性能（尽管大多数情况能提高性能），因此应该做好全面的性能测试和验证。

10.5.11 OFNR 和 FFNR 子句

OFNR（Optimize For N Rows）子句告诉优化器：返回整个结果集，但希望以最快的速度返回前 N 行。这时，Db2 会选择返回前 N 行结果最快的访问计划，但并不一定是获取整个结果集最佳的访问计划。

FFNR（Fetch First N Rows Only）子句告诉优化器：不用返回整个结果集，只返回前 N 行就可以了，这时 Db2 会选择获得整个结果集最佳的访问计划，但只返回前 N 行给应用。

SQL 开发人员应根据需要灵活选择 OFNR 或者 FFNR。

10.5.12 动态 SQL VS. 静态 SQL

在 Db2 中，存在两种类型的 SQL 语句：动态 SQL 和静态 SQL。动态 SQL 的执行计划需要每次执行时编译；静态 SQL 语句的访问计划在绑定（BIND）时就已经确定，执行时只需要把访问计划调出来直接执行即可。

Db2 有一个动态语句高速缓存，它将最近执行的动态 SQL 语句和相应的访问计划缓存起来，如果下次遇到到同样的 SQL，直接从缓存中读取相应的访问计划，从而避免重复编译。

（1）对 OLTP 应用，尽可能减少编译时间。

在 OLTP 应用中，一条 SQL 的执行时间一般很短，利用动态语句高速缓存节省的编译时间和 CPU 开销相对来说是可观的，能带来性能的显著提升。

Db2 采用哈希算法判断一个动态 SQL 语句的执行计划是否在包缓存中。该算法根据 SQL 语句的文本计算哈希值，即使两个语句只有一个字母大小写的不同，也会造成哈希值不同，从而认为是两个不同的 SQL 语句。

例如，下面这两个语句会被看作不同的动态 SQL。

```
SELECT EMP_ID, EMP_NAME, AGE FROM MANAGER_INFO WHERE EMP_ID = 918233
SELECT EMP_ID, EMP_NAME, AGE FROM MANAGER_INFO WHERE EMP_ID = 920122
```

可以考虑在应用程序程序中改写上述语句，将常量改写成参数标记，并在执行时将参数绑定为实际的值。这样，Db2 接收到的 SQL 语句是一样的，能够命中动态语句高速缓存，从而减少编译开销。

```
SELECT EMP_ID, EMP_NAME, AGE FROM MANAGER_INFO WHERE EMP_ID = ?
```

Db2 V9.7 推出了语句集中器功能，能自动分析动态 SQL 语句，对于只是常量不同的动态 SQL 语句，能让它们自动地共享含有参数标记的 SQL 语句，从而避免修改应用程序。于是这些相似的 SQL 语句都能命中高速缓存，共享访问计划，节省了编译时间和 CPU 开销。

默认情况下，语句集中器处于禁用状态。如果希望对所有动态语句启用语句集中器，只需将 STMT_CONC 这个数据库配置参数设置为 LITERALS，代码如下。

```
update db cfg using STMT_CONC LITERALS
```

（2）对于 OLAP 应用，尽可能追求最佳的访问计划。

在 OLAP 应用中，一条复杂查询语句总的执行时间往往较长，编译时间几乎可以忽略不计，所以对这类应用来说，根本目标是获得最好的访问计划。这个时候，对复杂查询使用类似上面的参数标记，得到的访问计划可能不是最优的，这是因为优化器对谓词中参数和常量的基数估计方法是不一样。下面用例子来说明。

① where sales.nation = ?：不论实际执行这个 SQL 语句时传入的参数是什么，优化器将按照下面的公式来计算这个谓词的过滤因子，这可能产生不精确的估计。

```
Filter Factor = 1/ card(nation)
```

② where sales.nation = 'CHINA'：优化器在计算这个谓词的过滤因子时，能充分利用这个字段上的统计信息，从而进行更精确的估计，产生更好的访问计划。

总之，在 OLAP 应用中，例如报表或者分析应用，在 SQL 语句中应尽量直接使用常量而不是参数标记，这样才会产生更好的访问计划，查询性能才会高。

（3）对于存储过程和嵌入式 SQL 应用，灵活运用 REORT 功能。

对于存储过程和嵌入式 SQL 应用而言，大量的 SQL 语句都是使用参数或者宿主变量，而这些 SQL 的访问计划在绑定时就生成了。如何让这些 SQL 使用最新的统计信息？如何根据参数的实际值生成最优的访问计划？

这可以通过 REOPT 提供的功能来实现，具体来说，REOPT 有以下两种工作模式。

① REOPT ALWAYS：对于 SQL 语句的每次执行，都使用变量的实际输入值重新编译。例如，对于 DB2INST1.MYPROC 存储过程，可以使用下面的语句重新绑定程序包，并启用 REOPT ALWAYS 工作模式，如下。

```
CALL SYSPROC.REBIND_ROUTINE_PACKAGE('P', 'DB2INST1.MYPROC', 'REOPT ALWAYS')
```

② REOPT ONCE：与 REOPT ALWAYS 会造成过多的语句编译开销不同，REOPT ONCE 仅在第一次执行时，使用变量的实际输入值进行编译和优化，后续的执行会重用执行计划，不再重新编译。当然，第一次执行时输入的值应具有代表性，REOPT ONCE 才能达到优化目的。例如，对于 DB2INST1.MYPROC 存储过程，可以使用下面的语句重新绑定程序包，并启用 REOPT ONCE 工作模式，代码如下。

```
CALL SYSPROC.REBIND_ROUTINE_PACKAGE('P', 'DB2INST1.MYPROC', 'REOPT ONCE')
```

注意：不同的场景采用不同的技术

参数标记、常量、语句集中器和 REOPT，它们的应用场景不同，在实际应用中，应根据场景合理运用专项技术。

10.5.13 事务结束后及时 COMMIT

在数据库事务编程中，COMMIT 语句用于提交事务，及时执行 COMMIT 会带来以下 3 点好处。

（1）COMMIT 后，对数据库所做的更改才会真正落实到数据库，从而避免系统故障导致的数据丢失。

（2）COMMIT 后，Db2 会释放当前事务在修改的数据（包括 INSERT、UPDATE 和 DELETE）上持有的锁，这些锁可能阻塞了其他应用程序，所以及时 COMMIT 能提高数据库的并发性能。另外，锁也是公共资源，及时 COMMIT 释放的锁资源能供其他事务使用。

（3）COMMIT 后，当前事务（特别是长事务）占用的日志资源将被释放，可以供其他事务使用。

小　　结

Db2 数据库优化涉及很多方面，最重要的是理解优化器原理，并学会分析 SQL 语句的访问计划。本章首先介绍了优化器的基本原理，深入讲解了访问计划各方面的内容。然后提供了性能问题诊断过程，分享了 SQL 调优的实战案例集，这些实际案例融合了优化器、数据库配置、访问计划等各种知识。最后，讲解了编写高效 SQL 语句的最佳实践。

第 11 章

MySQL 数据库性能优化

醉里挑灯看剑，梦回吹角连营。八百里分麾下炙，五十弦翻塞外声，沙场秋点兵。

辛弃疾的这首《破阵子·为陈同甫赋壮词以寄》，是其寄给好友陈亮状词，描绘壮盛军容豪迈意气，道出英雄一片驰骋战场之凌云壮志。

有时候 MySQL 性能优化如同战场一样形势紧迫，尤其是生产 MySQL 线上性能优化。作为 DBA 不但要有信心，而且还有斧载助我们一臂之力！

特别是应用系统上线后，随着数据量增长，数据库有时会出现性能问题，例如，表现为 CPU 负载高、系统响应变慢等，这时就需要对数据库进行性能优化。

本章将和读者深入分享 MySQL 数据库性能优化基础知识、优化方法和实战案例。

近几年，随着金融行业应用快速发展，数据库逐渐由 Db2、Oracle 等商业数据库转向 MySQL 数据库，甚至在核心系统上也开始使用 MySQL 数据库。

在系统上线后，随着数据量不断增长，部分 SQL 语句开始逐渐显示出性能问题，处理相同查询比上线初期用时长很多，对生产影响愈发严重，此时 SQL 语句就成为整个系统的性能瓶颈，因此必须对引起性能问题的 SQL 语句进行优化。

但是，当生产数据库遇到 SQL 语句性能问题时，从哪里开始分析，如何定位问题 SQL 语句并尽快地完成优化呢？

本章将介绍 MySQL 相关优化方法学和相关知识，只要彻底掌握了优化方法学、索引原理、分析执行计划和 SQL 语句改写策略等才能完成数据库优化，并且需要多加实践才能让 MySQL 数据库高效运行。

11.1 MySQL 性能优化方法论

在 MySQL 性能优化体系中，对于用户来说有多个优化途径，可以选择硬件资源扩容、系统配置调整、数据库表结构优化和 SQL 语句优化，来达到性能优化目标。但这几个方面中，只有对 SQL 语句进行优化，性价比才是最高的，优化效果也是最好的。因为其他几个途径成本相对较高，方案落地也需要时间。因此，本章将聚焦在 SQL 调优方面。

11.1.1 MySQL 逻辑架构基础知识

有经验的汽车维修师傅，对汽车的整个构造都十分了解。他们往往通过汽车发动机启动时的声音就能判断出发动机的故障点，随后动手开始维修时基本八九不离十，即可准确定位问题并解决故障。

由此可见，理解事务的逻辑架构和基础知识对每一门技术学科来说都十分重要，在数据库性能优化方法中也是如此。了解 MySQL 的逻辑架构，犹如在我们脑海中形成一张各组件协同工作的实用架构图，有助于分析定位问题，同时也有助于我们深入理解 MySQL 服务。

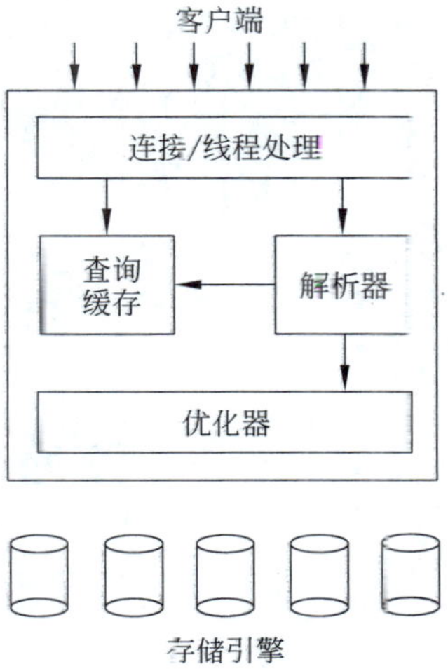

图 11-1 MySQL 逻辑架构图

如图 11-1 所示，MySQL 逻辑架构整体分为三层：客户端层、服务器层和存储引擎层。

最上层为客户端层，主要负责：应用连接处理、用户鉴权和安全管理等，这些主要功能均在这一层处理。

中间的服务器层主要包括：查询 SQL 解析、分析、优化、缓存和内置函数（例如：时间、数学、加密函数）。所有的跨存储引擎的功能也在这一层实现：存储过程、触发器、视图等。服务器层通过 API 与存储引擎通信，这些 API 屏蔽了不同存储引擎间的差异。

最下层为存储引擎，这也是 MySQL 的独到之处，该层主要负责数据存储和提取，和 Linux 下的文件系统类似，每种存储引擎都有其优势和劣势。

11.1.2 MySQL 优化方法简介

在正式开始动手优化 SQL 语句之前，先来介绍下 MySQL 的 SQL 优化的相关基础知识。要想做好 MySQL 的 SQL 语句调优工作，首当其冲的就是做好索引优化工作，这往往在 SQL 调优工作中是立竿见影的最常见方法。

相关 MySQL 索引优化的基础知识主要包括：聚集索引、二级索引、多列索引和前缀索引，以及 InnoDB 索引使用策略。

其次，对于 MySQL 优化特性中索引条件下推（Index Condition Pushdown）、多范围读（Multi-Range Read）等优化特性也要有进一步的了解。

最后，对常用特定场景 limit 分页优化、order by、group by 优化和临时表的优化进行了总结。

以上提及的 SQL 相关基础知识，将在 11.2 节详细讲解。

11.1.3 MySQL 优化最佳实践

在系统上线后，采用自下而上的方法学进行优化，该方法学是从收集操作系统性能数据开始，接着是收集数据库性能数据这样的顺序去诊断问题。根本目标是找到性能瓶颈，并进行优化。

根据 MySQL 数据库 SQL 性能优化最佳实践，利用该方法解决性能问题时，优化步骤可分为以下五步，如图 11-2 所示。

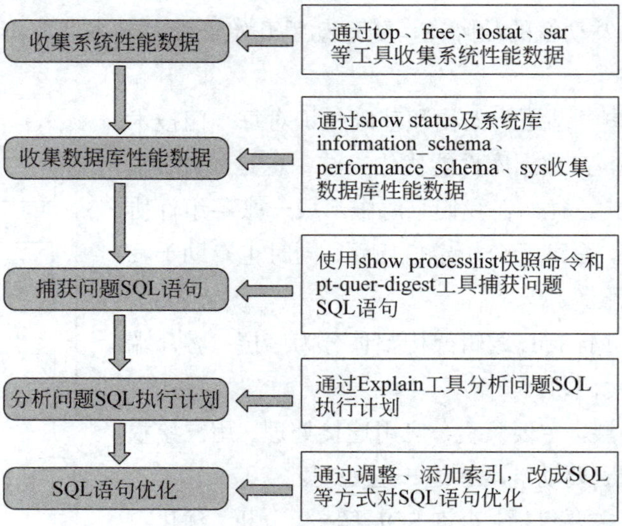

图 11-2　MySQL SQL 性能优化步骤

1. 收集系统性能数据

通过原生的操作系统工具集，如 top、free、iostat、sar 收集性能问题事发时段的 CPU、内存、I/O 和网络等系统性能数据。这些性能数据将为后续分析提供有力的证据。

2. 收集数据库性能数据

在 MySQL 数据库层面，通过“show status”命令和 MySQL 性能系统库 information_schema、performance_schema、sys 来收集数据库基础性能数据。

以上两个性能数据收集的环节，读者可以进一步参考 11.3 节。

3. 捕获问题 SQL 语句

使用“show processlist”快照命令获取当前正在运行的应用执行情况。随后，还可利用 pt-query-digest 工具捕获并分析慢 SQL 问题。

4. 分析问题 SQL 语句执行计划

明确性能缓慢的 SQL 语句后，可以通过 MySQL 原生 Explain 工具打印问题 SQL 语句的执行计划，并进行深入分析。

5. 优化实施

结合对问题 SQL 语句执行计划的分析，继续进行 SQL 语句优化，例如，添加索引或改写 SQL 语句等。

以上利用多种实用工具进行信息采集、处理、分析的过程，就是对 MySQL 的 SQL 语句调优总结归纳的五步方法论。可以利用这种方法进行 SQL 语句调优工作，即可达到事半功倍的效果。

11.2 MySQL 优化基础知识

MySQL 优化的基础知识包含许多内容，本节将聚焦在索引的基础知识介绍和相关优化建议。因为索引优化在 SQL 调优过程中起到非常重要的作用，往往优秀的索引创建和特定场景的优化策略可以迅速达到 SQL 优化目标。

无论是开发人员还是 DBA，都应该深入了解索引原理。开发人员可以利用索引知识在系统上线前设计出优秀的索引，有效地提高系统查询性能；对于 DBA 来说，必须了解索引相关知识，可以准确地利用索引来解决 SQL 性能问题，同时也是做好索引优化工作的基础。

本节将基于 MySQL InnoDB 引擎，介绍 MySQL 索引基础知识和相关特定场景的优化策略。

11.2.1 聚集索引和二级索引

MySQL 数据库中的 B+树索引可以分为聚集索引和二级索引（非聚集索引）。

1. 聚集索引

InnoDB 表是索引组织表（Index Organized Table，IOT），每个 InnoDB 表都有一个特殊索引称为聚集索引（Clustered Indexes），InnoDB 表存储是基于主键（Primary Key）值来组织排列的，通常，聚集索引与主键同义。

聚集索引并不是一种单独的索引类型，而是一种存储方式。与其他关系数据库不同，在 InnoDB 中聚集索引的叶子索引页中不是存放着指向数据行的地址或指针，而是直接保存了数据行。

聚集索引选择有以下三种情况。

（1）在表上定义主键时，InnoDB 将其用作聚集索引。

（2）如果表没有定义主键，表中存在唯一非空索引（Unique and not Null Index），则将第一个唯一非空索引代替主键作为聚集索引。

（3）如果表中没有定义主键和唯一非空索引，则在 InnoDB 内部生成一个名称为 GEN_CLUST_INDEX 隐藏主键作为聚集索引，隐藏聚集索引是 6 字节的 RowID 列，该列随着新数据插入自增。

2. 二级索引

二级索引（Secondary Indexes）是除聚集索引之外的索引类型，包括唯一索引（不允许有重复值）、普通索引（允许有重复值）、多列索引（包含覆盖索引）、前缀索引等。

二级索引中的每个记录都包含该行主键值以及为二级索引指定的列值，一个表里最多只有一个主键，但是可以有多个二级索引。InnoDB 主键和二级索引示意如图 11-3 所示。

3. InnoDB 索引扩展特性

根据上面二级索引介绍，二级索引包含主键值，这就有了 InnoDB 索引扩展特性。MySQL 官方文档关于索引扩展的描述：“InnoDB automatically extends each secondary index by appending the primary key columns to it”，即二级索引创建时自动将主键值添加到主键索引中，这就是 InnoDB 索引（Index Extensions）扩展特性。

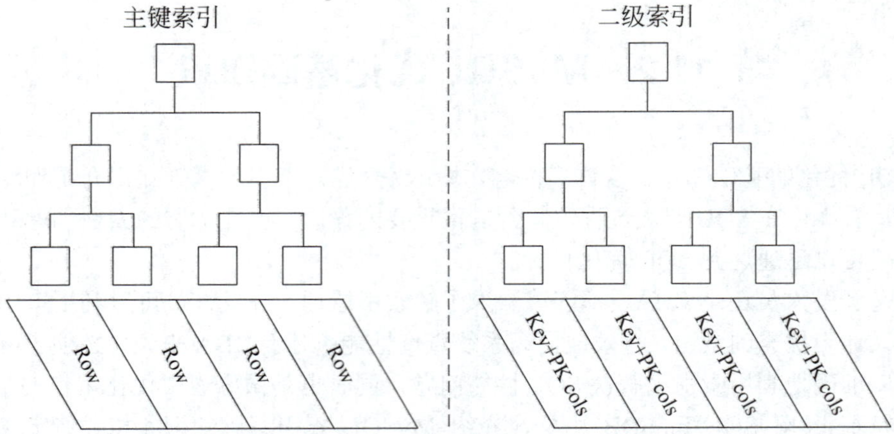

图 11-3 InnoDB 主键索引和二级索引示意图

优化器可以将扩展的二级索引用于 ref、range 和 index_merge 索引访问、松散索引扫描（Loose Index Scan）访问，连接和排序优化。当执行查询语句 where 条件中同时包含二级索引字段和主键索引字段时，索引的扩展特性可以发挥作用，不用进行回表查询。

注意：什么是“回表查询”？

一般在使用二级索引查询数据时，索引不包括全部字段，查询是先通过二级索引定位到主键值，再通过主键值在聚集索引定位到具体的行记录。需要遍历两次索引（先二级索引，再聚集索引），相较遍历一次聚集索引效率较低。

举例：表 student（id <pk>，name <index>，sex，age，student_no），其中，id 是主键，name 字段是二级索引，以下查询场景就需要回表查询。

```
select * from student where name = 'zhanghai';
```

以下查询场景不需要回表查询。

```
select id from student where name = 'zhanghai';
```

下面举例说明索引扩展特性，定义表 t1 如下。

```
CREATE TABLE t1 (
  i1 INT NOT NULL DEFAULT 0,
  i2 INT NOT NULL DEFAULT 0,
  d DATE DEFAULT NULL,
  PRIMARY KEY (i1, i2),
  INDEX k_d (d)
) ENGINE = InnoDB;
```

插入数据：

```
INSERT INTO t1 VALUES
(1, 1, '1998-01-01'), (1, 2, '1999-01-01'),
(1, 3, '2000-01-01'), (1, 4, '2001-01-01'),
(1, 5, '2002-01-01'), (2, 1, '1998-01-01'),
```

```
(2, 2, '1999-01-01'), (2, 3, '2000-01-01'),
(2, 4, '2001-01-01'), (2, 5, '2002-01-01'),
(3, 1, '1998-01-01'), (3, 2, '1999-01-01'),
(3, 3, '2000-01-01'), (3, 4, '2001-01-01'),
(3, 5, '2002-01-01'), (4, 1, '1998-01-01'),
(4, 2, '1999-01-01'), (4, 3, '2000-01-01'),
(4, 4, '2001-01-01'), (4, 5, '2002-01-01');
```

通过 explain 查看以下查询执行计划。

```
explain SELECT COUNT(*) FROM t1 WHERE i1 =3 and d = '1998-01-01';
+----+-------------+-------+------------+------+---------------+------+
| id | select_type | table | partitions | type | possible_keys | key  |
+----+-------------+-------+------------+------+---------------+------+
|  1 | SIMPLE      | t1    | NULL       | ref  | PRIMARY,k_d   | k_d  |
+----+-------------+-------+------------+------+---------------+-------
+---------+-------------+------+----------+-------------+
| key_len | ref         | rows | filtered | Extra       |
+---------+-------------+------+----------+-------------+
| 8       | const,const |    1 |   100.00 | Using index |
+---------+-------------+------+----------+-------------+
```

根据上面的执行计划输出，“key”字段使用了 k_d (d)索引，并不是主键 PRIMARY KEY (i1,i2)，Extra 显示“Using index”，这代表通过索引覆盖就已完成数据查询，而不需要读取任何的数据行。

以上这种有效提高索引访问效率的功能，就是 InnoDB 索引(Index Extensions)扩展特性。它可以通过参数“use_index_extensions”控制，默认情况下是打开的。

11.2.2　主键索引和唯一索引

前面分别介绍了聚集索引和二级索引，接下来介绍主键索引和唯一索引。

1. 主键索引

主键索引是特殊的唯一索引，列值必须是非空（Not Null），一张表只能创建一个主键索引。基于主键索引进行数据存取，是最高效的方式，建议每张表显式创建主键。

主键索引的使用建议如下。

（1）每张表都要选择一个非频繁更新的列作为主键索引。

（2）最好选择自增列作为主键索引，例如 INT/BIGINT，主键长度越短越好。

（3）作为主键索引的列中数据不要离散随机。

注意：主键索引是聚集索引吗？

对于 InnoDB 存储引擎而言，在表中定义的主键索引就是聚集索引。但 MyIsam 存储引擎中主键索引和聚集索引就不同了。其实，它们的定义并不一样。

聚集索引决定了数据库的物理存储结构，而主键只是确定表逻辑组织的一种方式。这两者不可混淆。

---

2. 唯一索引

承接上文，我们可以创建主键索引来保证数据的唯一性。但是一张表只能创建一个主键索引，所以也可以通过创建唯一索引来防止一个表中的一列或者多列产生重复值。MySQL 将 NULL 值视为不同的值，所以，可以在唯一索引中包含很多的空值。这是创建唯一索引的第一个用途。

另外，除了利用唯一索引来保证数据的唯一性以外，在许多场合，创建唯一索引还可以提高查询效率，尤其是在可重复读（Repeatable Read）隔离级别下，可以有效减少加锁范围。这是唯一索引的第二个用途。

基于以上唯一索引的两个用途，在实际应用中，尽量对唯一的数据列创建适合的唯一索引。

11.2.3 多列索引

MySQL 可以创建多列索引，一个多列索引最多可以包含 16 列，多列索引在某些查询可有效地避免回表查询。因此，建议将查询条件经常出现的，且选择性大的列放在索引的最左边。

```
select col1,col2 from tab where col1=xxx and col2=xxx;
```

如果为如上 SQL 创建两个单列索引（idx1：col1 和 idx2：col2），MySQL 只能选择一个区分度较高的列所在的索引进行扫描，随后再进行回表查询，而另一个索引就用不上了。这种单列索引就不如创建多列索引。

如果对上例创建一个三列索引如（col1,col2,col3），则满足查询条件中所需数据，无须回表查询，减少了索引扫描 I/O。另外，对上例打印执行计划后，会发现在 Explain 查询计划里 Extra 列显示“Using index”也表示是覆盖索引，避免了回表扫描。

知识点：什么是区分度？

列区分度=（列中不同值的数量 / 列的总行数）。在创建索引时，可以通过计算列的区分度来判断是否应该创建相关索引。一般对于列区分度较低的字段不宜创建索引，例如，性别字段；对于区分度较高的列，可以将其放到多列索引左端，能够提升 B+树索引定位效率，例如，主键的区分度就是“1”。

11.2.4 前缀索引

当索引中列的字符较长时，索引会慢慢随着数据增长而变得臃肿，这将会影响索引的扫描效率。为了能够节省索引空间，并有效提高索引查询效率。对于 blob、text 或长 varchar 类型的字段创建前缀索引，可以达到在索引目的的前提下，有效地节省空间。

以下是创建前缀索引的示例。

```
alter table tabname add index (列名(10));
```

索引创建尽量选择“高区分度”的列作为索引键。这些所谓“高区分度”的列，代表该列的“基数”值较高，而“基数”又指单列中不同值的个数。

前缀索引仅使用列的一部分字符值，应该确保所选长度能够保证大部分值是唯一的。随后，通过如下 SQL 计算不同前缀索引唯一值比例。读者可以参考占比情况来选择前缀索引的字符串前缀长度。

```
select count(distinct 列名)/count(*) as a,
conut(distinct left(列名,10))/ccunt(*) as b,
conut(distinct left(列名,20))/ccunt(*) as c
from tabname;
```

创建前缀索引的注意事项：

前缀索引列无法进行 order by、group by 和覆盖扫描。

11.2.5 索引使用策略

前面简要介绍了 MySQL 的常见索引，读者对索引有了初步认识。但是，这并不代表在系统上线前或 SQL 优化过程中创建这些索引就能万事大吉了。那么，如何有效地创建合适的索引，是需要灵活掌握的，这样才能发挥索引的最大优势，从而避免创建无效或低效的冗余索引。

关于如何正确使用 InnoDB 索引策略，请参考下述索引使用注意事项和建议。

1. 索引使用注意事项

以下查询场景将无法使用索引。

（1）在关联查询中，关联字段类型、长度或者字符集不一致，导致无法使用关联字段的索引。

（2）使用 like 关键字进行模糊查询时，查询值的最左端使用通配符%时。

（3）多列索引查询条件不包含索引第一个列，即不满足最左原则时。

（4）通过索引扫描记录超过表总行数的 30%时。

（5）查询条件在索引列上使用函数，或者对索引列进行数学运算时。其中运算主要包括+，-，*，/，！等。

（6）Varchar 类型单列索引 b，查询条件是“where b not in（…）”，无论括号内有多少值，都无法使用索引 b。

（7）查询条件使用不等于操作符!= 或者<>时。

（8）对于多列索引，查询条件中使用了 or 关键字时。

以上是最常见的无法使用 MySQL InnoDB 索引的场景，建议读者通过具体实践案例来进一步加深印象。在练习创建高效索引之前，应先了解失效索引，这对后续索引的优化将有很大帮助。

2. 索引的使用建议

（1）频繁更新的字段不要创建索引。因为更新频繁的字段将造成索引页面频繁分裂或聚合，从而影响索引扫描 I/O 性能。

（2）在关联查询时，应保证被关联的字段创建合适的索引。

（3）创建多列索引注意最左原则。举例来说，如果有一个三列的索引（col1,col2,col3），查询条件是（col1）、（col1,col2）以及（col1,col2,col3）可以使用该索引。

（4）索引并不是万能的，不是越多越好，要合理把握“宁缺毋滥”的原则。对于写入逻辑过多的表对象，不宜创建过多的索引。对于 OLTP 类型交易，尽量不超过 5 个，OLAP 类型交易，尽量不超过 10 个。

（5）通过对（order by）或分组（group by）涉及的列创建合适的索引，即可通过索引避免额外排序操作。

（6）针对 update 和 delete 语句，尽量使用主键或唯一索引所对应的列作为 SQL 的过滤条件，这样既可有效减少锁资源消耗，又可以提高执行效率。

11.2.6 索引条件下推

MySQL 5.6 之前，没有索引条件下推特性（Index Condition Pushdown，ICP）时，在存储引擎层通过索引扫描所有数据行后，将其统一抛给服务层进行过滤（where 条件的过滤条件在服务器层进行），最后，服务器层将满足条件的结果集返回给客户端层。

从 MySQL 5.6 开始支持 ICP，这是 MySQL 使用索引从表中检索数据行的一种优化方式，如果 where 条件可使用索引，MySQL 会把这部分过滤操作放到存储引擎层，存储引擎通过索引过滤，把满足条件的记录从表中读出，ICP 能减少引擎层访问表次数和 MySQL 服务层访问存储引擎层的次数。ICP 就是尽量利用二级索引筛除不符合 where 条件的记录，如此一来，可以在存储引擎层提前过滤数据行，减少不必要的 I/O，因此它是一种查询优化特性。

以下罗列了 ICP 适用场景。

（1）ICP 适用于 range、ref、eq_ref 和 ref_or_null 访问方式。

（2）ICP 适用于 InnoDB 和 MyISAM 表，包括 InnoDB 和 MyISAM 分区表。

（3）对于 InnoDB 存储引擎的表对象，ICP 仅用于二级索引，ICP 的目标是减少全行读取次数，从而减少 I/O 操作次数。

以下罗列了 ICP 不适用的场景。

（1）在虚拟生成列上创建的二级索引不支持 ICP。

（2）引用子查询条件不支持 ICP。

（3）涉及存储过程条件不支持 ICP。

（4）触发器条件不支持 ICP。

ICP 适用前提是二级索引必须是多列索引，且在使用索引进行扫描时只能采用最左前缀匹配原则。

例如，在表 jszcz 中定义多列索引 idx_abc(a,b,c)，并插入如下数据。

```
mysql>  create table jszcz
    -> (
    ->    id int(10) not null auto_increment,
    ->    a varchar(20) not null,
    ->    b varchar(20) not null,
    ->    c varchar(20) not null,
    ->    id_no varchar(20) not null,
    ->    primary key (id),
    ->    index idx_abc (a,b,c),
    ->    unique index unx_id_no (id_no(20))
    -> )engine=innodb comment'';
Query OK, 0 rows affected (0.02 sec)
```

```
mysql>insert into jszcz(id,a,b.c,id_no) values
    -> (1,'liyu','renlu','zhanghe','0001'),
    -> (2,'shenxiaobo','miaoyong','liuzian','0002'),
    -> (3,'zenfan','zhaoping','fengming','0003'),
    -> (4,'zhouchuan','jinhai','yuezidong','0004'),
    -> (5,'xiehua','yezhenguo','liangcheng','0005');
Query OK, 5 rows affected (0.03 sec)
Records: 5  Duplicates: 0  Warnings: 0
```

查看以下执行计划，当使用“索引条件下推”时，Explain 执行计划 Extra 列中将显示 Using index condition。

```
mysql> explain select * from jszcz where a='zenfan' and c='fengming';
+----+-------------+-------+------------+------+---------------+---------+
| id | select_type | table | partitions | type | possible_keys | key     |
+----+-------------+-------+------------+------+---------------+---------+
|  1 | SIMPLE      | jszcz | NULL       | ref  | idx_abc       | idx_abc |
+----+-------------+-------+------------+------+---------------+---------+
+---------+-------+------+----------+-----------------------+
| key_len | ref   | rows | filtered | Extra                 |
+---------+-------+------+----------+-----------------------+
| 82      | const |    1 |    20.00 | Using index condition |
+---------+-------+------+----------+-----------------------+
```

使用下面的命令关闭 ICP。

```
mysql> set optimizer_switch='index_condition_pushdown=off';
```

再查看执行计划。

```
mysql> explain select * from jszcz where a='wanghong' and c='liyu';
+----+-------------+-------+------------+------+---------------+---------+
| id | select_type | table | partitions | type | possible_keys | key     |
+----+-------------+-------+------------+------+---------------+---------+
|  1 | SIMPLE      | jszcz | NULL       | ref  | idx_abc       | idx_abc |
+----+-------------+-------+------------+------+---------------+---------+
+---------+-------+------+----------+-------------+
| key_len | ref   | rows | filtered | Extra       |
+---------+-------+------+----------+-------------+
| 82      | const |    1 |    20.00 | Using where |
+---------+-------+------+----------+-------------+
```

ICP 开启时，Explain 执行计划 Extra 显示 Using index condition，表示优化器使用了 ICP 对数据访问进行优化。ICP 关闭时，执行计划输出 Extra 显示 Using where。

11.2.7 多范围读

MRR（Multi-Range Read，多范围读）目的是减少磁盘随机访问，将随机访问转换为较为顺序的访问，适用于 range/ref/eq_ref 类型的查询。

对没有数据缓存的大表二级索引进行范围查询时，会产生大量的随机 I/O。主要原因是先根据 where 条件中二级索引获取主键的集合，再通过主键获取对应行值，当主键顺序与二级索引页顺序不一致时，导致大量随机 I/O 产生，从而影响机械磁盘读写效率。

针对 InnoDB 存储引擎，启用 MRR 特性后，则会按照聚集索引键值排好序，再按顺序读取聚集索引。这种索引扫描方式将随机 I/O 转换为顺序 I/O，较大提升索引查询性能。

开启 MRR 后的索引扫描过程如下。

（1）将查找到的二级索引键值放在一个缓存中。

（2）将缓存中的键值按照主键顺序进行排序。

（3）根据排序后的主键值，按顺序 I/O 访问实际的数据行。

使用 MRR 时，Explain 输出中 Extra 列显示 Using MRR，下面进行举例说明。

查看 MRR 设置，默认如下。

```
mysql> show global variables like '%optimizer_switch%'\G;
*************************** 1. row ***************************
Variable_name: optimizer_switch
        Value:
index_merge=on,index_merge_union=on,index_merge_sort_union=on,index_merge_inte
rsection=on, engine_condition_pushdown=on, index_condition_pushdown=on, mrr=on,
mrr_cost_based=on,block_nested_loop=on,batched_key_access=off,materialization=
on, semijoin=on, loosescan=on, firstmatch=on, duplicateweedout=on, subquery_
materialization_cost_based=on,use_index_extensions=on,condition_fanout_filter=
on,derived_merge=on
1 row in set (0.00 sec)
```

用 optimizer_switch 的标记来控制是否使用 MRR，设置 mrr=on 时，表示启用 MRR 优化。

接下来，查看执行计划。

```
mysql> explian  select * from  jszcz where id_no>'0003';
+----+-------------+-------+------------+-------+---------------+-----------+
| id | select_type | table | partitions | type  | possible_keys  | key       |
+----+-------------+-------+------------+-------+---------------+-----------+
|  1 | SIMPLE      | jszcz | NULL       | range | unx_id_no     | unx_id_no |
+----+-------------+-------+------------+-------+---------------+-----------+
+---------+------+------+----------+----------------------------------+
| key_len | ref  | rows | filtered | Extra                            |
+---------+------+------+----------+----------------------------------+
| 82      | NULL |    2 |   100.00  | Using index condition; Using MRR |
+---------+------+------+----------+----------------------------------+
```

执行计划 Extra 列输出显示 Using MRR，说明使用了 MRR 查询优化。

另外，目前许多商业银行利用固态磁盘（SSD）作为数据库的存储盘，这是由于 SSD 对随机 I/O 的优化提升，即使在不开启 MRR 特性的情况下，MySQL 索引扫描也不会受到随机 I/O 的影响。

11.2.8 特定场景优化策略

在 MySQL 日常优化中，还会遇到很多常见特定类型场景，本节将依次介绍 limit 分页优化、order by/group by 优化和临时表优化等。

1. limit 分页优化

在对数据库返回的结果集需要分页时，通常使用 limit 加偏移量实现，同时加上 order by 子句，如果有对应的索引，通常效率不错。但是如果偏移量变得很大，查询效率可能就会变差。

例如以下分页查询：

```
select * from A order by id limit 10000,5;
```

当偏移量（10 000）很大时，查询效率变差，可以考虑下面两种优化。

（1）查询通过定位 id > 10000 避免设置 offset 值。

```
select * from A t where id > 10000 order by id limit 5;
```

（2）使用 inner join，先在索引列上完成分页操作，再回表获取所需要的列。

```
select * from A t1 inner join (select t2.id from A t2 order by t2.id limit 10000,5)
t3 on t1.id=t3.id;
```

2. order by 和 group by 优化

当 order by 和 group by 查询没有使用索引时，查看执行计划 order by 需要"Using filesort"，group by 需要"Using temporary；Using filesort"。这时，可以利用索引来避免排序，从而提升执行效率。

针对 order by 和 group by 有如下优化建议。

（1）order by 及 group by 时尽量避免使用 select *，仅查需要的字段并尽量对少的行进行排序及分组。

（2）order by 及 group by 字段创建索引，并将 select 的相关显示字段加入索引才能够避免排序。

（3）如果 order by 及 group by 字段涉及多列索引，请遵循索引最左原则。

假设有表 t(a,b,c,d)定义多列索引 key idx_abc(a,b,c)，以下 order by 查询可以使用索引。

```
order by  a;
order by  a,b;
order by  a,b,c;
order by  a desc,b desc,c desc;
```

where 最左前缀定义为常量，order by 能使用索引。

```
where a = const order by  b,c;
where a = const and b = const order by  c;
where a = const and b > const order by  b,c;
```

以下查询无法使用索引进行排序。

```
order by a asc,b desc, c desc;
where d = const order by  b,c;
where a = const order by  c;
where a = const order by  a,d;
where a in (…) order by  b,c;
```

group by 是先排序后进行分组，同样遵循索引最左原则，可以命中该索引。

```
select a, b from t group by a, b;
select a, b from t where a < const group by a, b;
select b from t where a < const group by a, b;
select a, b from t where c = const group by a, b;
```

3. 临时表优化

在查询计划执行中，MySQL 查询语句如果用到了内部临时表(Internal Temporary Table)，在 Explain 工具中输出 Extra 列会显示“Using temporary”；或者通过“show procsslist”命令中 State 列显示“Creating tmp table”“Copying to tmp table on disk”状态，也表明该会话正在使用临时表。

以下场景会使用到内部临时表。

（1）group by 字段没有创建合适的索引时。

（2）当带 distinct 关键字和 order by 关键字联合出现时。

（3）表中带有 blob 或者 text 字段时。

（4）使用 union 或者 union all 时，select 子句中包含大于 512B 的列。

针对临时表的优化方法如下。

（1）在 order by 或者 group by 列上创建合适的索引，从而避免排序，就不会产生内部临时表。

（2）语句中尽量避免使用 distinct。

（3）尽量不要使用 union，而是使用 union all。

11.3 收集性能数据

衡量性能的关键指标主要有以下三个：响应时间、资源使用率和 TPS/QPS。

（1）响应时间：应用向数据库发起请求，数据库完成处理并返回结果给应用，中间消耗的时间反映数据库的处理速度。

（2）资源使用率：反映数据库在运行中，系统 CPU、内存、I/O、网络及系统空间使用情况。

（3）TPS/QPS：反映每秒钟处理事务量（TPS）和每秒处理查询量（QPS）。

在进行 MySQL 优化前，离不开性能数据收集，通过性能数据判断性能瓶颈所在，再进一步分析引起该瓶颈的原因，性能数据收集分为系统性能数据收集和数据库性能数据收集，接下来依次介绍。

11.3.1 收集操作系统性能数据

数据库在处理事务或者查询过程中，系统资源使用包括 CPU、内存、I/O、网络资源，这些资源指标反映系统资源是否有效利用，因此操作系统性能数据需要收集上述几项指标。

通过 top、free、iostat、sar 等工具收集 CPU、内存、I/O、网络等性能数据，通过收集到的性能数据收集进一步判断性能瓶颈所在，并分析是否需要优化。

（1）建议如果 CPU 负载达 80%则关注并优化。

（2）建议如果内存使用率达 90%，且同时出现大量的换入换出操作时，则关注并建议优化。

（3）建议磁盘 I/O 使用率达 80%则关注并优化。

（4）网络负载建议持续监控，如果同一时间段有明显流量突增，则关注并优化。

关于 top、free、iostat、sar 工具介绍请参考 8.2.1 节。

注意：

一般性能问题在 CPU、内存、I/O 等指标会有明显的瓶颈表现。但还存在另外一种情况，即系统懒惰（Lazy System），这种系统并没有明显的 CPU、内存、I/O 或网络瓶颈表现，但依然会造成业务处理缓慢，例如，数据库产生大面积锁等待类问题。

11.3.2 收集数据库性能数据

数据库性能监控数据收集主要通过“show status”命令来收集基础性能指标数据，通过 information_schema、performance_schema、sys 系统库收集 MySQL 特定性能数据。

一般情况下，可以利用“show status”命令对数据库进行基础性能监控，数据库一般性能监控主要通过“show status”命令的状态值进行监控。当遇到更深入的性能问题时，需要进一步获取更多数据库特定性能数据时，可以使用 information_schema、performance_schema、sys 系统库收集这些信息。下面开始分别介绍这两类数据收集方法和使用建议。

1. 收集常见数据库性能状态

（1）当前已打开的连接数和最大连接数。

```
mysql> show global status like '%Threads_connected%';
+-------------------+-------+
| Variable_name     | Value |
+-------------------+-------+
| Threads_connected | 400   |
+-------------------+-------+
mysql> show variables  like 'max_connections';
+-----------------+-------+
| Variable_name   | Value |
+-----------------+--------+
| max_connections | 500   |
+-----------------+--------+
```

可以看到，当前打开的连接数（Threads_connected）与最大连接数（max_connections）

的比值达到 80%（400/500），就需要根据实际情况对最大连接数（max_connections）进行按需扩容。

可以对该比值进行实时监控，如果在固定时段内出现连接数突增，就需要结合应用程序数据库连接池来进行综合分析，判断是否有因前端发生连接风暴从而导致问题发生的可能性；还是由于正常业务量增加而带来的突增，从而对相关参数进行针对性的扩容调整。

（2）活跃线程（Threads_running）。

```
mysql> show global status like '%Threads_running%';
+-----------------+-------+
| Variable_name   | Value |
+-----------------+-------+
| Threads_running | 20    |
+-----------------+-------+
```

表示同时运行的活跃线程数目，该值一般不应大于 CPU 逻辑核数，例如，该值平常在 20 左右，如果突增至 80 左右，往往伴随性能问题。

（3）创建内存临时表数量及文件（Created_tmp%）。

```
mysql> show global status like '%tmp%';
+-------------------------+-------+
| Variable_name           | Value |
+-------------------------+-------+
| Created_tmp_disk_tables | 0     |
| Created_tmp_files       | 6     |
| Created_tmp_tables      | 1     |
+-------------------------+-------+
```

每次创建临时表时，性能指标“Created_tmp_tables”都会增加。如果是在磁盘上创建临时表，那么“Created_tmp_disk_tables”就会增加。“Created_tmp_files”表示 MySQL 创建的临时文件数。

针对小数据量的排序操作，MySQL 会利用内存进行排序，而对于较大排序量的临时数据，需要溢出到磁盘临时表中进行。因此，我们希望排序动作尽量在内存中完成，来提高排序性能。可以通过“Created_tmp_disk_tables / Created_tmp_tables * 100%”来计算在磁盘上创建临时表的比例，这个性能指标的最佳实践参考值应小于等于 25%，如果大于这个值，证明该数据库的多数 SQL 都是通过磁盘进行排序的。

随后，可以通过如上介绍的优化手段，来优化相关 SQL 语句，避免不必要的排序，从而减少临时表的使用。

（4）统计慢 SQL 数量（Slow_queries）。

当 MySQL 开启慢查询日志后，如果 SQL 的执行时间超过“long_query_time”参数（该值单位可设定为微秒）设定后，该 SQL 将会被记录到慢日志中，同时 Slow_queries 也会同时计数。

```
mysql> show global status like '%Slow_queries%';
+---------------+-------+
| Variable_name | Value |
```

```
+---------------+-------+
| Slow_queries  | 0     |
+---------------+-------+
```

如果“Slow_queries”出现突增，则可能存在性能问题，需要对记录在慢日志中的 SQL 进行进一步分析优化。

（5）计算表扫描率。

表扫描率 = Handler_read_rnd_next / Com_select

如果表扫描率超过 4000，说明进行了太多表扫描，很有可能没有创建合适的索引，建议捕获相关 SQL 进行优化。

（6）缓冲池等待（Innodb_buffer_pool_wait_free）。

```
mysql> show global status like '%Innodb_buffer_pool_wait_free%';
+------------------------------+-------+
| Variable_name                | Value |
+------------------------------+-------+
| Innodb_buffer_pool_wait_free | 0     |
+------------------------------+-------+
```

通常，数据的查询和写入都要通过 InnoDB 的缓冲池。当 InnoDB 需要读取或创建一个页面而没有可用的干净页面时，InnoDB 会首先刷新一些脏页面并等待该操作完成。此计数器（Innodb_buffer_pool_wait_free）统计这些等待的次数。

如果缓冲池的大小设置合理（建议设置数据库服务器物理内存的 60%），该值应该会很小。否则请分析是否有大量低效查询“污染”了缓冲池，从而造成经常出现等待刷新脏页的情况出现。

2. 收集特定数据库性能数据

在 8.1.1 节中曾介绍过 MySQL 数据库体系结构，在本节不再赘述，而是将重点放到与 SQL 语句优化相关的内容上来。

通过系统库 information_schema、performance_schema、sys 收集特定性能数据，例如，查询表和索引元数据信息、字段信息、Top SQL 语句和 SQL 执行进度等。

（1）收集表元数据信息。

可以访问 MySQL information_schema 系统库中 innodb_sys_table 系统表来收集 InnoDB 表的元数据信息，这张表属于 Memory 引擎的临时表。

```
mysql>select    table_id,name,n_cols,space,file_format,space_type    from
information_schema.INNODB_SYS_TABLES where NAME like 'testdb%';
+----------+-------------------+--------+-------+-------------+------------
| TABLE_ID | NAME              | N_COLS | SPACE | FILE_FORMAT | SPACE_TYPE |
+----------+-------------------+--------+-------+-------------+------------
|     320  | testdb/table1     |      7 |  151  | Barracuda   | Single     |
|     319  | testdb/table2     |      7 |  146  | Barracuda   | Single     |
|     334  | testdb/table3     |      7 |  148  | Barracuda   | Single     |
+----------+-------------------+--------+-------+-------------+-----------+
```

指定如下常用显示列。

TABLE_ID：InnoDB 表的唯一 ID 值。

NAME：数据库名/表名。

N_COLS：表中列的数量（包含 InnoDB 的三个隐藏列）。

SPACE：表所在表空间的 ID 值。0 代表系统表空间；非 0 代表其他独立表空间。

FILE_FORMAT：表空间文件的存储格式（有效值为 Antelope、Barracuda）。

SPACE_TYPE：表所在表空间类型，分为 System（系统表空间）、General（普通表空间）和 Single（独立表空间）。

以上查询语句多用于特定表的基础信息收集，可以与表空间关联起来查看。

（2）收集索引元数据信息。

可以访问 MySQL information_schema 系统库中 innodb_sys_indexes 系统表来查看特定表对象的索引元数据信息，这张表与上面介绍的表对象的元数据字典表相同，也属于 Memory 引擎的临时表。

```
mysql> SELECT * FROM INFORMATION_SCHEMA.INNODB_SYS_INDEXES WHERE TABLE_ID =
320 \G
*************************** 1. row ***************************
       INDEX_ID: 111
           NAME: IDX_TABLE1_INDEX
       TABLE_ID: 320
           TYPE: 2
       N_FIELDS: 1
        PAGE_NO: 3
          SPACE: 151
MERGE_THRESHOLD: 50
```

可以通过指定 TABLE_ID 字段（来源于 innodb_sys_table 字典表）来查询特定表对象的索引信息。其字段含义如下。

INDEX_ID：InnoDB 索引的唯一 ID。

NAME：索引名称。

TABLE_ID：表的唯一 ID。可以与 innodb_sys_table 表关联取值。

TYPE：索引类型。0 为二级索引；1 为聚集索引；2 为唯一索引；3 为主键索引；32 为全文索引等。

N_FILEDS：索引键（索引中字段）的数量。

SPACE：索引所在表空间 ID。

MERGE_THRESHOLD：索引页的合并阈值。如果表经过大量的删除和更新后，索引页中会出现很多空洞，当实际数据长度与页大小的比例下降到这个阈值以下时，InnoDB 会尝试合并索引页与相邻索引页。默认阈值是 50%。

（3）收集最近的 Top SQL。

使用 performance_schema 系统库中的 event_statements_history 表，可以查询数据库近一段时间执行过的一些 SQL 语句和它的基本性能数据。利用这个表可以统计该数据库一段时间内的 Top SQL。

```
mysql>   select   THREAD_ID,EVENT_NAME,SOURCE,sys.format_time(TIMER_WAIT),
sys.format_time(LOCK_TIME),SQL_TEXT,CURRENT_SCHEMA,MESSAGE_TEXT,ROWS_AFFECTED,
```

```
ROWS_SENT,ROWS_EXAMINED from events_statements_history where CURRENT_SCHEMA!=
'performance_schema' order by TIMER_WAIT desc limit 10\G;
    *************************** 1.row ***************************
          THREAD_ID: 110
           EVENT_NAME: statement/sql/update
           SOURCE: socket_connection.cc:101
          sys.format_time(TIMER_WAIT): 14.23 m
          sys.format_time(LOCK_TIME): 14.23 m
           SQL_TEXT: update table1 set name='xxx' where id=1
           CURRENT_SCHEMA: testdb
           MESSAGE_TEXT: Rows matched: 0 Changed: 0 Warnings: 0
           ROWS_AFFECTED: 0
           ROWS_SENT: 0
           ROWS_EXAMINED: 0
```

以上通过对 TIMER_WAIT 倒序排列记录，可以发现因等待事件耗时最多的 SQL 语句。

根据通常优化 SQL 语句的原则，推荐优化执行次数最多且耗时偏长的 SQL，以上的查询并不能满足需求。可以再通过 events_statements_summary_by_digest 表来统计 Top 10 SQL。

```
    Mysql>select SCHEMA_NAME,DIGEST_TEXT,COUNT_STAR,sys.format_time(SUM_TIMER
_WAIT) as sum_time,sys.format_time(MIN_TIMER_WAIT) as min_time,sys.format_time
(AVG_TIMER_WAIT)  as  avg_time,sys.format_time(MAX_TIMER_WAIT)  as  max_time,
sys.format_time(SUM_LOCK_TIME) as sum_lock_time,SUM_ROWS_AFFECTED,SUM_ROWS_SENT,
SUM_ROWS_EXAMINED from events_statements_summary_by_digest where SCHEMA_NAME is
not null order by COUNT_STAR desc,avg_time desc limit 10\G
    *************************** 1.row ***************************
      SCHEMA_NAME: testdb
      DIGEST_TEXT: UPDATE `table1` SET `name` = ? WHERE `id` = ?
       COUNT_STAR: 10
         sum_time: 2.09 h
         min_time: 213.30 us
         avg_time: 10.15 m
         max_time: 1.30 h
    sum_lock_time: 2.04 h
    SUM_ROWS_AFFECTED: 3
    SUM_ROWS_SENT: 0
    SUM_ROWS_EXAMINED: 4
    *************************** 2.row ***************************
      SCHEMA_NAME: testdb
      DIGEST_TEXT: SELECT * FROM `table1` LIMIT ?
       COUNT_STAR: 5
         sum_time: 138.93 ms
         min_time: 145.77 us
         avg_time: 27.79 ms
         max_time: 112.29 ms
    sum_lock_time: 95.53 ms
    SUM_ROWS_AFFECTED: 0
    SUM_ROWS_SENT: 104
    SUM_ROWS_EXAMINED: 104
```

```
...
10 rows in set (0.00 sec)
```

以上两条 SQL 的输出字段顾名思义，因篇幅原因就不一一解释了。这些定制化的 SQL 性能数据捕获在实际工作中非常有用。

（4）收集正在运行 SQL 的执行进度。

通过查询 sys 系统库中 session 表，可以获取当前运行 SQL 语句的执行进度，这是一个非常实用的功能。通过获取进度，可以预估判断 SQL 语句的完成时间。

```
select * from sys.session where conn_id!=connection_id() and trx_state=
'ACTIVE'\G;
*************************** 1.row ***************************
    thd_id: 47
    conn_id: 2
    user: root@localhost
    db: testdb
    command: Query
    state: alter table (merge sort)
    time: 29
current_statement: alter table table1 add index idx_c1 (name)
statement_latency: 20.34 s
    progress: 43.10
    lock_latency: 4.34 ms
    rows_examined: 0
    rows_sent: 0
    rows_affected: 0
    tmp_tables: 0
tmp_disk_tables: 0
    full_scan: NO
    last_statement: NULL
last_statement_latency: NULL
    current_memory: 4.52 KiB
    last_wait: wait/io/file/innodb/innodb_temp_file
last_wait_latency: 369.52 us
    source: os0file.ic:470
    trx_latency: 29.45 s
    trx_state: ACTIVE
    trx_autocommit: YES
    pid: 4667
    program_name: mysql
```

如上 SQL 查询语句中 trx_state 筛选状态为 ACTIVE 的任务，意指正在活动的会话。如果将 trx_state 改为筛选 COMMITED 状态，则代表已经结束的任务。

结合以上输出分析，其中，progress 代表进度。可以看到，为 testdb.table1 表创建索引时主要耗时最长的是排序动作。

11.3.3 性能数据收集建议

为了能够更准确地定位数据库性能问题，需要收集更详细的性能数据来作支撑。只有收集全方位的 MySQL 性能数据，才能深入挖掘性能问题根因，有助于根治问题。另外，有了更详细的数据支撑，也便于快速解决相关 SQL 的性能问题。

收集 MySQL 相关 SQL 的性能数据应该包含三部分：基础性能数据、趋势变化性能数据和瞬时性能快照。结合上文对性能数据收集的介绍，明确了应该收集哪些性能数据，接下来分别来介绍这三部分性能数据的收集建议。

（1）基础性能数据可以利用商业银行的集中监控平台对如上介绍的系统级性能数据进行定时采样。这些采样数据可以保留在商业银行的集中监控平台备查。

（2）针对因数据量增长或因数据分布发生变化从而导致 SQL 变慢的问题，可以针对单个 SQL 逻辑设置性能基线，并进行每日同时段采样，发现其数据量与平均响应时间的变化关系，从而可以协助 DBA 定位问题，并做出进一步优化动作。

（3）对于当前正在发生的性能问题，可以通过瞬时性能快照（例如，当前正在运行的 SQL、锁资源申请、排序、全表扫描等）来捕获性能问题事发时段的性能数据，第一时间保留现场数据。

11.4 捕获问题 SQL 语句

通过上面性能数据收集初步判断性能瓶颈后，需要进一步捕获问题 SQL 语句，下面介绍常见的两种捕获方法。

11.4.1 使用快照命令捕获问题 SQL 语句

关于“show processlist”命令使用和输出字段说明在第 8.2.2 节已经介绍，本节介绍该命令在 MySQL 优化中如何使用，通过“show processlist”快照命令查看数据库当前执行 SQL 语句状态，特别是长时间运行的 SQL。例如，某条 SQL 语句正常执行时间为几十毫秒，但当前该 SQL 已执行 50s 还未结束，那么该 SQL 语句就是要捕获的目标。

```
mysql> show  processlist;
+----+------+-----+------+---------+------+------------+---------------+
| Id | User | Host| db   | Command | Time | State      | Info          |
+----+------+-----+------+---------+------+------------+---------------+
| 14 |appusr| ip  | NULL | Query   |   50| Sending data | select id,name…|
+----+------+-----+------+---------+------+------------+---------------+
```

除了观察这些会话的运行耗时外，还要重点关注“show processlist”命令输出 State 列处于以下状态的 SQL 语句。

1. Creating tmp table

如果输出 State 字段为该值，表示创建基于内存或磁盘临时表，当从内存转成磁盘临时表时，状态将变成“Copying to tmp table on disk”。

2. Coping to tmp table

如果输出 State 字段为该值，表示正在执行复制到内存临时表中。

3. Coping to tmp table on disk

如果输出 State 字段为该值，表示 MySQL 服务层正在把临时表复制到磁盘中，因临时结果集太大，因此将临时表从内存格式转换为磁盘格式。

当有多条 SQL 语句同时出现“Copying to tmp table”时，会给数据库服务器 I/O 带来较大压力。

4. Sending data

如果输出 State 字段为该值，表示数据库服务器发送数据到客户端，也有可能是接收存储引擎层返回的数据，再发送给客户端，如果结果集很大时将显示此状态。

5. Preparing

如果输出 State 字段为该值，表示正处于查询优化过程。

通过查询 information_schema.processlist 捕获当前执行的高频语句。例如，使用以下命令捕获查询超过 10s 的高频语句。

```
    select Info,count(*) from information_schema.processlist where time>10 and
info is not null group by info order by count(*) desc limit 10;
```

11.4.2 通过 pt-query-digest 定位问题 SQL 语句

11.4.1 节介绍了通过快照命令捕获问题 SQL 语句，这种情况适用于实时捕获问题 SQL 语句。如果是在性能问题发生事后来定位问题，那么如何来定位问题 SQL 语句呢？

这就要先从 MySQL 慢查询日志开始，随后再介绍使用 pt-query-digest 工具定位问题 SQL 语句。

1. MySQL 慢查询日志

慢查询日志由两个参数设置：slow_query_log 和 long_query_time。例如，下面的设置命令，slow_query_log 参数为 ON 表示打开慢查询日志；long_query_time 参数为 2 表示记录查询时长超 2s 的 SQL 语句。

```
mysql> set global slow_query_log=on;
mysql> set global long_query_time=2;
```

慢查询日志文件名通过查看参数 slow_query_log_file 获取，代码如下，默认名称为 host_name-slow.log，其中，host_name 为数据库服务器主机名，下面的例子是 edmsdb1。

```
mysql> show global variables like 'slow_query_log_file';
+---------------------+---------------------------------------------------+
| Variable_name       | Value                                             |
+---------------------+---------------------------------------------------+
| slow_query_log_file | /mysql/data/edmsdb1-slow.log                      |
+---------------------+---------------------------------------------------+
```

以下是 MySQL 慢日志的真实输出样例，为了方便读者理解其中各字段的具体含义，将结合表 11-1 进行说明。

```
# Time 2018-10-04T18:00:11.450469Z
# User@Host:root@[root]@ localhost[] id:45893
# Schema:imysqlwp Last_errno:1681 killed:0
# Query_time 4.904401 Lock_time: 0.00100 Rows_sent: 684043 Rows_examined:
684043 Rows_affected: 0
# Bytes_sent: 60554121 Tmp_tables:0 Tmp_disk_tables:0 Tmp_tables_sizes:0
# InnoDB_trx_id: 1C58085
# QC_HIT: No Full_scan: Yes Full_join: No Tmp_tables:No Tmp_table_on_disk:No
# Filessort:No Filesort_on_disk:No Merge_passes:0
# InnoDB_IO_r_ops: 433 InmoDB_IO_r_bytes: 70828032 InmoDB_IO_wait: 0.336508
# InnoDB_rec_Iock_wait: 0.00000 InnoDB_quenue_wait: 0.00000
use myDB;
SELECT
    t.product,
    t.dealer,
    COUNT(DISTINCT t.id) AS cid
FROM
    temp t
WHERE
    1 = 1
GROUP BY
    t.dealer,
    t.product
ORDER BY
    cid DESC;
```

表 11-1 慢日志字段说明

字　段	说　明
Time	记录 SQL 语句执行开始时间
User@Host	客户端信息，两个用户名（第一个是授权账户，第二个为登录账户），客户端 IP 地址，还有 mysqld 的线程 id，注意是 MySQL 内部 id 不是操作系统 id
Query_time	语句执行时间（单位是 s）
id	语句对应 MySQL 线程 id
Rows_sent	查询返回的行数
Rows_examined	查询扫描的行数
QC_HIT	本次查询命中缓存，如果显示是 0 表示并没真正执行
FULL_scan	结果为 YES 表示查询使用全表扫描
FULL_join	表示查询时是否使用全连接查询
Tmp_tables	如果查询有创建临时表，结果为 YES
Tmp_table_on_disk	如果有创建基于磁盘临时而不是基于内存临时表，则结果显示为 YES
Filesort	如果使用 filesort 算法则值为 YES
Filesort_on_disk	如果基于磁盘临时表文件进行排序
Merge_passes	是否使用归并排序
InnoDB_IO_r_ops	统计计划要读取的页数，异步完成，实际数量可能不一致（单位是 B）
InnoDB_IO_r_wait	InnoDB 从引擎中读取数据锁等待时间（单位是 s）

续表

字　段	说　明
InnoDB_rec_lock_wait	表示等待行锁所需时间（单位是 s）
InnoDB_queue_wait	表示等待进入 InnoDB 队列或者在队列中等待执行所消耗的时间（单位是 s）

注意：需要特别关注 Query_time、Rows_examined 和 Rows_sent

Query_time 表示查询时间，Rows_examined 表示查询扫描的行数，Rows_sent 表示查询返回的行数。如果 Rows_examined 和 Rows_sent 两者差别很大，说明没有适合的索引支撑，需进一步关注对应的 SQL 语句，看是否缺乏合适的索引。

上面对慢日志字段进行了重点介绍，但是慢日志记录很多，如何才能更好地分析呢？MySQL 自带命令 mysqldumpslow 可以分析慢日志，但是分析结果可读性较差，建议采用第三方分析工具 pt-query-digest 进行慢日志分析。

2. pt-query-digest 工具

pt-query-digest 是用于分析 MySQL 慢查询的实用工具，可以分析 binlog、general log、慢日志，也可通过 show processlist 或者通过 tcpdump 抓取的 MySQL 协议数据来进行分析，并可将分析结果输出到文件中。这里介绍如何使用该工具对慢日志进行分析，分析结果统计出各查询的执行时间、次数、占比等，借助分析结果定位问题 SQL 语句并进行优化。常用方法如下。

```
    pt-query-digest  /mysql/data/edmsdb1-slow.log   >/tmp/ptlog/pt.edmsdb1-
slow.log
```

（1）总体统计结果输出如下。

```
    # 5.6s user time, 50ms system time, 22.34M rss, 78.89M vsz
    # Current date: Tue Mar 23 13:05:53 2021
    # Hostname: edmsdb1
    # Files: /mysql/data/edmsdb1-slow.log
    # Overall: 9.27k total, 17 unique, 3.07 QPS, 20.24x concurrency ___________
    # Time range: 2018-10-23T07:59:21 to 2018-10-23T08:49:36
    # Attribute          total     min     max     avg     95%  stddev  median
    # ============     ======= ======= ======= ======= ======= ======= =======
    # Exec time         61023s   501ms   5925s      7s   740ms    157s   640ms
    # Lock time            10s       0    87ms     1ms     2ms     1ms   925us
    # Rows sent         51.75k       0  26.83k    5.72    5.75  276.42    1.96
    # Rows examine       8.01G       0 988.30M 906.30k  76.03k  22.46M  76.03k
    # Query size        12.88M      18   1.45k   1.42k   1.39k   42.76   1.39k
```

通过表 11-2 逐个解释该工具输出字段的含义。

表 11-2　pt-query-digest 工具输出字段含义

字　段	说　明
Current date	执行 pt-query-digest 工具时间
Hostname	执行分析工具主机名
Files	待分析的慢日志名称

续表

字　段	说　明
Overall	慢查询总数
unique	唯一查询数量，即对查询条件进行参数化以后 总共有多少个不同的查询
Time range	慢日志记录时间范围
Exec time	语句执行时间
Lock time	锁占用时间
Rows sent	发送到客户端的行数
Rows examine	实际扫描数
Query size	查询的字符数

（2）第二部分查询分组统计结果输出如下。

```
# Profile
# Rank Query ID        Response time    Calls R/Call    V/M      ITEM
# ==== ============== ================ ===== ========= =====
#    1 0x3168B16D2... 54453.3658 89.2%    13 4188.7204 24... SELECT KHDX_HY...
#    2 0x5B6E74AA7...  6093.6532 10.0% 9228    0.6603  1.02  SELECT YJGX_ZH...
```

关于工具的分组统计信息字段解释详见表 11-3。

表 11-3　pt-query-digest 工具查询分组统计结果输出

字　段	说　明
Rank	所有语句排名，默认按查询时间降序排列
Query ID	SQL 语句 ID
Response	总的响应时间
time	该查询在本次分析中总的时间占比，一般关注大于 5%以上的查询
calls	执行次数。即本次分析总共有多少条这种类型的查询语句
R/Call	平均每次执行的响应时间
V/M	响应时间方差均值比（Variance-to-mean），这个值越大越需要优化
Item	查询简单显示，包括查询类型和涉及的表

以下是按照响应时间排序，列出的 Top N 查询语句，并且输出了解释语句，以便进一步分析问题 SQL 语句执行计划。

```
# Query 1: 0 QPS, 0x concurrency, ID 0x3168B16D269B14F620FD4C80511AC619 at byte
13447241
# This item is included in the report because it matches --limit.
# Scores: V/M = 241.77
# Time range: all events occurred at 2018-10-23T08:38:53
# Attribute    pct   total     min     max     avg     95%  stddev  median
# ============ === ======= ======= ======= ======= ======= ======= =======
# Count          0      13
# Exec time     89  54453s   2598s   5925s   4189s   5365s   1006s   3970s
# Lock time      0    14ms   716us     2ms     1ms     1ms   219us     1ms
# Rows sent      0       0       0       0       0       0       0       0
```

```
# Rows examine  91   7.32G 314.94M 988.30M 576.56M 958.13M 208.54M 508.12M
# Query size     0  12.91k    1017     1017    1017     1017       0    1017
# String:
# Hosts         **.*.**.***
# Users         edms
# Query_time distribution
#   1us
#  10us
# 100us
#   1ms
#  10ms
# 100ms
#    1s
#  10s+ ################################################################
# Tables
...
# EXPLAIN /*!50100 PARTITIONS*/
SELECT PZ.ZBBM,
        ...
        FROM KHDX_HY HY
        INNER JOIN KHDX_JGCY CY ON CY.HYDH=HY.HYDH AND 20180630 BETWEEN CY.QSRQ
AND CY.JSRQ
        ...
            inner join KHDX_JGCY b on b.jgh=a.jgh and b.jsrq=29991231
            where a.sjjgh='701100' and b.hydh='*******'
            )
        GROUP BY PZ.ZBBM
        ORDER BY PZ.zbpx\G
```

解释完 pt-query-digest 输出内容，下面再列出 pt-query-digest 工具常用示例。

分析最近 3h 内慢查询。

```
pt-query-digest --since=3h /mysql/data/edmsdb1-slow.log > /tmp/ptlog/
slow.log
```

分析指定时间范围内慢查询。

```
pt-query-digest /mysql/data/edmsdb1-slow.log --since '2018-10-24 09:30:00'
--until '2018-10-24 11:30:00'> /tmp/ptlog/slow.log
```

分析只含有 select 语句慢查询。

```
pt-query-digest  --filter '$event->{fingerprint} =~ m/^select/i' /mysql
/data/edmsdb1-slow.log  >/tmp/ptlog/slow.log
```

11.5 分析问题 SQL 语句执行计划

数据库的执行计划与两军对阵时制订战前作战计划同等重要。当两军对垒时，在真正打响第一枪之前，都需要收集大量的敌方情报，以此来明确真正的作战计划，一旦作战计划发生偏差，极有可能导致全军覆没。数据库在执行 SQL 语句前，也是如此，收集统计信息如同敌方情报，而依据敌方情报制订合理的作战计划，就如同数据库查询优化器产生 SQL 执行计划。因此，SQL 执行计划的分析是 MySQL 性能优化中非常重要的知识点。

11.4 节介绍了如何捕获定位问题 SQL 语句，本节接着介绍通过 Explain 工具查看问题 SQL 语句执行计划，对 Explain 输出字段含义进行说明，并通过具体示例来进行解读，以加深读者对 Explain 工具的认识。

在介绍如何查看 MySQL 语句执行计划之前，先了解一下 SQL 语句在 MySQL 数据库中是如何执行的。

如图 11-4 所示，MySQL 处理查询的主要步骤如下。

（1）客户端发送查询给 MySQL 服务层。

（2）MySQL 服务层先检查查询缓存，如果命中缓存，则返回存储在缓存的结果，否则进入下一阶段。

（3）MySQL 服务层进行 SQL 解析，预处理后再由查询优化器生成执行计划。

（4）MySQL 根据优化器生成的执行计划，调用存储引擎的 API 来执行查询。

（5）最后将结果集返回客户端。

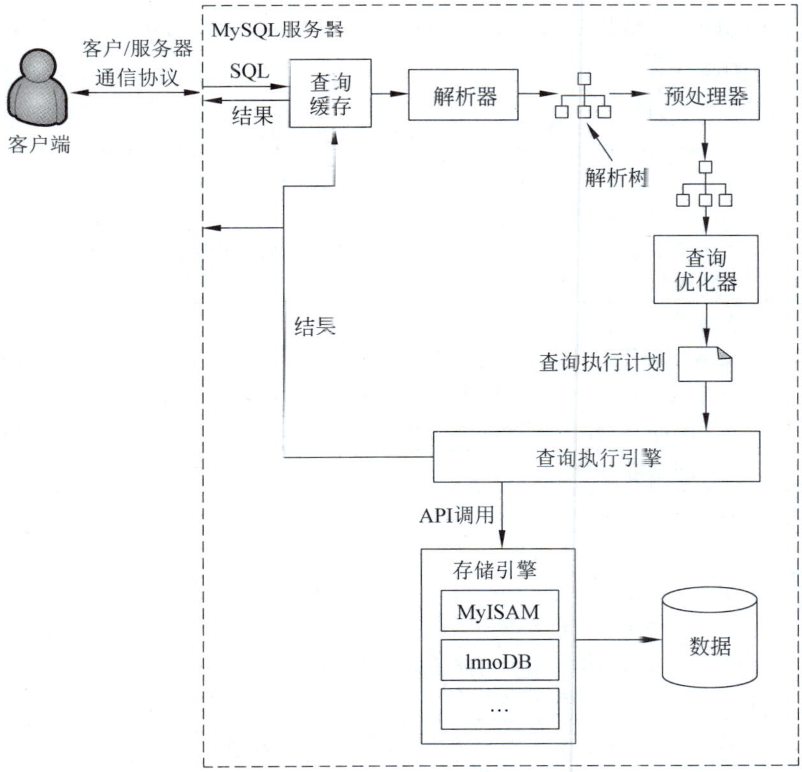

图 11-4　MySQL 查询执行路径

查询优化器（Query Optimizer）介绍：

MySQL 使用基于成本的查询优化器，查询优化器的任务是通过计算分析收集的各种统计信息，找到执行 SQL 查询的最佳执行计划，也是执行成本最小的执行计划。

11.5.1 Explain 输出字段说明

本节将先列出 Explain 工具的使用示例，然后就 Explain 输出字段分别进行介绍，以使读者对该工具输出字段有整体的认识，然后再依次就重点输出字段进行详细介绍。

Explain 工具简单，使用示例如下。

```
mysql> explain select user,host from mysql.user ;
+----+-------------+-------+------------+-------+---------------+
| id | select_type | table | partitions | type  | possible_keys |
+----+-------------+-------+------------+-------+---------------+
|  1 | SIMPLE      | user  | NULL       | index | NULL          |
+----+-------------+-------+------------+-------+---------------+
+---------+---------+------+------+----------+-------------+
| key     | key_len | ref  | rows | filtered | Extra       |
+---------+---------+------+------+----------+-------------+
| PRIMARY | 276     | NULL |    9 |   100.00 | Using index |
+---------+---------+------+------+----------+-------------+
```

表 11-4 为 Explain 的输出字段，需重点关注 id 字段、type 字段、key 字段、key_len 字段、rows 字段、Extra 字段。

表 11-4　Explain 输出字段说明

字　段	说　明
id	查询语句标识符
select_type	显示查询类型，如果查询有复杂的子查询，则最外层标记为 PRIMARY、DERIVED、UNION、UNION RESULT
table	显示查询表名。 如查询表使用别名，则显示表别名。 显示<derived N>表示是个临时表，N 是执行计划 id，来自这个 id 查询结果集。 显示<union M，N>表示是个临时表，表示来自 union 查询 id 为 M、N 结果集
partitions	显示匹配哪些分区
type	数据访问/读取操作类型（ALL、index、range、ref、eq_ref、const/system、NULL）
possible_keys	显示 MySQL 可能选择的索引
key	显示 MySQL 查询实际使用到的索引，如果为 NULL，则没有使用索引，查询中若使用了覆盖索引（查询的列刚好是索引），则该索引仅出现在 key 列表
key_len	表示值为索引字段最大可能长度，并非实际使用长度，即 key_len 是根据定义计算而得，不是通过表内检索出的
ref	之前的表在 key 列记录的索引中查询值所用的列或常量
rows	为了找到所需的行而需要读取的行数，可粗略估算整个查询会访问的行数
filtered	按表条件过滤的行百分比，指返回结果的行数占需要查询的行（列的值）百分比
Extra	额外信息，如 using index、filesort 等，包含不适合在其他列中显示但十分重要的信息

11.5.2 语句标识

语句标识（id）是 select 查询的序号，MySQL 将 select 查询分为简单查询和复杂查询。复杂查询分为三类：简单子查询、派生表（from 语句中的子查询）、联合查询（union）。以下三个示例分别包含简单查询、子查询和联合查询场景，具体介绍如下。

1. 当 id 相同时

SQL 执行顺序由上至下，依次查询表 dept、manager、kpi。示例如下。

```
explain select kpi.* from dept,kpi,manager where dept.id = emp_id and
dept.manager_id = manager.id;
+----+-------------+---------+------------+--------+----------------------+
| id | select_type | table   | partitions | type   | possible_keys        |
+----+-------------+---------+------------+--------+----------------------+
|  1 | SIMPLE      | dept    | NULL       | index  |PRIMARY,idx_manager_id|
|  1 | SIMPLE      | manager | NULL       | eq_ref |PRIMARY               |
|  1 | SIMPLE      | kpi     | NULL       | ref    |idx_emp_id            |
+----+-------------+---------+------------+--------+----------------------+
+----------------+---------+-----------------------+
| key            | key_len | ref                   |
+----------------+---------+-----------------------+
| idx_manager_id | 4       | NULL                  |
| PRIMARY        | 4       | ebank.dept.manager_id |
| idx_emp_id     | 4       | ebank.dept.id         |
+----------------+---------+-----------------------+
+------+----------+-------------+
| rows | filtered | Extra       |
+------+----------+-------------+
|    4 |   100.00 | Using index |
|    1 |   100.00 | Using index |
|    3 |   100.00 | NULL        |
+------+----------+-------------+
```

2. 当 id 不同时

id 值越大优先级越高，越先被执行。依次查看表 manager、dept、kpi。示例如下。

```
explain select kpi.* from kpi where dept_id = (select id from dept where
manager_id = (select id from manager where id = 4));
+----+-------------+---------+------------+-------+----------------+
| id | select_type | table   | partitions | type  | possible_keys  |
+----+-------------+---------+------------+-------+----------------+
|  1 | PRIMARY     | kpi     | NULL       | ref   | idx_dept_id    |
|  2 | SUBQUERY    | dept    | NULL       | ref   | idx_manager_id |
|  3 | SUBQUERY    | manager | NULL       | const | PRIMARY        |
+----+-------------+---------+------------+-------+----------------+
+----------------+---------+-------+------+----------+
| key            | key_len | ref   | rows | filtered |
+----------------+---------+-------+------+----------+
```

```
| idx_dept_id      | 4       | const |    3 |   100.00  |
| idx_manager_id | 4       | const |    1 |   100.00  |
| PRIMARY          | 4       | const |    1 |   100.00  |
+----------------+---------+-------+------+----------+
+--------------------------+
| Extra                    |
+--------------------------+
| Using where              |
| Using where; Using index |
| Using index              |
+--------------------------+
```

3. 当 id 既相同又不同时（两种情况同时存在）

id 值越大越先被执行，id 值相同的按从上到下的顺序执行，id 为 NULL 表示是查询结果集。示例如下。

```
 explain select dept.* from dept left join manager on dept.manager_id =
manager.id
        union
  select dept.* from dept left join manager on dept.manager_id = manager.id;
+----+--------------+------------+------------+--------+----------------+
| id | select_type  | table      | partitions | type   | possible_keys  |
+----+--------------+------------+------------+--------+----------------+
|  1 | PRIMARY      | manager    | NULL       | index  | NULL           |
|  1 | PRIMARY      | dept       | NULL       | ALL    | idx_manager_id |
|  2 | UNION        | dept       | NULL       | ALL    | NULL           |
|  2 | UNION        | manager    | NULL       | eq_ref | PRIMARY        |
|NULL|UNION RESULT  | <union1,2> | NULL       | ALL    | NULL           |
+----+--------------+------------+------------+--------+----------------+
+----------------+---------+----------------------+------+----------+
| key            | key_len | ref                  | rows | filtered |
+----------------+---------+----------------------+------+----------+
| unx_manager_no | 82      | NULL                 |    4 |   100.00 |
| NULL           | NULL    | NULL                 |    4 |   100.00 |
| NULL           | NULL    | NULL                 |    4 |   100.00 |
| PRIMARY        | 4       | ebank.dept.manager_id |    1 |   100.00 |
| NULL           | NULL    | NULL                 | NULL |     NULL |
+----------------+---------+----------------------+------+----------+
+----------------------------------------------------+
| Extra                                              |
+----------------------------------------------------+
| Using index                                        |
| Using where; Using join buffer (Block Nested Loop) |
| NULL                                               |
| Using index                                        |
| Using temporary                                    |
+----------------------------------------------------+
```

11.5.3 查询类型（select_type）

select_type 表示对应行是简单查询还是复杂查询，本节就 select_type 查询类型输出字段进行说明。

通过表 11-5 可以看出 select_type 输出字段对应的查询类型，主要有简单查询（simple）、子查询（primary、subquery、derived）、联合查询（union、union all）三种查询类型。

表 11-5 select_type 输出字段说明

类　型	说　明
simple	简单查询，不包含子查询和 union 查询
primary	包含 union 或者子查询，最外层的部分标记为 primary
subquery	一般子查询中的子查询被标记为 subquery，是位于 select 列表中的查询
dependent subquery	子查询中的第一个 select，取决于外面的查询。即子查询依赖于外层查询的结果
derived	派生表，位于 from 中的子查询
union	位于union中第二个及其以后的子查询被标记为union，第一个就被标记为primary，如果 union 位于 from 子句中则标记为 derived
union result	用来从匿名临时表里检索结果的 select 被标记为 union result
dependent union	顾名思义，首先需要满足 union 的条件，以及 union 中第二个及后面的 select 语句，同时该语句依赖外部查询

1. simple 类型查询

简单查询，不包含子查询或 union 查询。示例如下。

```
explain select kpi.id from kpi  where id =1 ;
+----+-------------+-------+------------+-------+---------------+
| id | select_type | table | partitions | type  | possible_keys |
+----+-------------+-------+------------+-------+---------------+
|  1 | SIMPLE      | kpi   | NULL       | const | PRIMARY       |
+----+-------------+-------+------------+-------+---------------+
+---------+---------+-------+------+----------+-------+
| key     | key_len | ref   | rows | filtered | Extra |
+---------+---------+-------+------+----------+-------+
| PRIMARY | 4       | const |    1 |   100.00 | NULL  |
+---------+---------+-------+------+----------+-------+
```

2. primary 类型查询和 subquery 类型查询

primary 类型代表最外层的查询；subquery 代表子查询中第一个查询。示例如下。

```
explain select kpi.* from kpi  where dept_id = (select id from dept where
manager_id = (select id from manager where id = 4));
+----+-------------+---------------------+------------+-------+---------------+
| id | select_type | table               | partitions | type  | possible_keys |
+----+-------------+---------+-----------+------------+-------+---------------+
|  1 | PRIMARY     | kpi     | NULL       | ref   | idx_dept_id    |
|  2 | SUBQUERY    | dept    | NULL       | ref   | idx_manager_id |
|  3 | SUBQUERY    | manager | NULL       | const | PRIMARY        |
```

```
+----+-------------+---------+-----------+-------+----------------+
+----------------+---------+-------+------+----------+
| key            | key_len | ref   | rows | filtered |
+----------------+---------+-------+------+----------+
| idx_dept_id    | 4       | const |    3 |  100.00  |
| idx_manager_id | 4       | const |    1 |  100.00  |
| PRIMARY        | 4       | const |    1 |  100.00  |
+----------------+---------+-------+------+----------+
+-------------------------+
| Extra                   |
+-------------------------+
| Using where             |
| Using where; Using index |
| Using index             |
+-------------------------+
```

3. derived 类型查询

在 from 列表中包含的子查询被标记为 derived（衍生），MySQL 会递归执行这些子查询，把结果放在临时表中。

MySQL 5.7 进行了优化，增加了 derived_merge（派生合并），默认开启，可加快查询效率。

4. union 类型查询和 union result 类型查询

具体示例如下，其中，“UNION Result”代表从上面的 id 操作符为 1 和 2 的查询 union 后的临时表中继续扫描数据。

```
  explain select dept.* from dept left join manager on dept.manager_id =
manager.id
         union
  select dept.* from dept left join manager on dept.manager_id = manager.id;
+----+--------------+------------+------------+--------+----------------+
| id | select_type  | table      | partitions | type   | possible_keys  |
+----+--------------+------------+------------+--------+----------------+
|  1 | PRIMARY      | manager    | NULL       | index  | NULL           |
|  1 | PRIMARY      | dept       | NULL       | ALL    | idx_manager_id |
|  2 | UNION        | dept       | NULL       | ALL    | NULL           |
|  2 | UNION        | manager    | NULL       | eq_ref | PRIMARY        |
|NULL|UNION RESULT  | <union1,2> | NULL       | ALL    | NULL           |
+----+--------------+------------+------------+--------+----------------+
+----------------+---------+-----------------------+------+----------+
| key            | key_len | ref                   | rows | filtered |
+----------------+---------+-----------------------+------+----------+
| unx_manager_no | 82      | NULL                  |    4 |  100.00  |
| NULL           | NULL    | NULL                  |    4 |  100.00  |
| NULL           | NULL    | NULL                  |    4 |  100.00  |
| PRIMARY        | 4       | ebank.dept.manager_id |    1 |  100.00  |
| NULL           | NULL    | NULL                  | NULL |    NULL  |
+----------------+---------+-----------------------+------+----------+
```

```
+-----------------------------------------------------+
| Extra
+-----------------------------------------------------+
| Using index                                         |
| Using where; Using join buffer (Block Nested Loop)  |
| NULL
| Using index                                         |
| Using temporary
+-----------------------------------------------------+
```

11.5.4 访问类型（type）

该列代表“访问类型”，决定 MySQL 如何查询表中的数据，本节就访问类型进行介绍并列出相关示例。

访问类型是 SQL 查询优化中的一个重要指标，该列的显示值从好到坏依次是：

system > const > eq_ref > ref > fulltext > ref_or_null > index_merge > unique_subquery > index_subquery > range > index > ALL

一般来说，好的 SQL 查询应该达到 range 级别或者达到 ref 级别，特别需要关注 ALL 全表扫描。

1. system

表只有一行记录时，或访问系统表。

2. const

表示通过索引一次就找到，const 用于比较主键或唯一索引，因为只匹配一行数据，所以很快。例如，主键置于 where 列表中，MySQL 就能将该查询转换为一个常量。

3. eq_ref、ref 和 ALL

eq_ref 表示唯一索引扫描，对于每个索引键，表中只有一条记录与之匹配，常见于主键或唯一索引扫描。

ref 表示非唯一性索引扫描，返回匹配某个单独值的所有行，本质上也是一种索引访问，返回所有匹配某个单独值的行，然而可能会找到多个符合条件的行，应该属于查询和扫描的混合体。

ALL 表示 Full Table Scan，将遍历全表以找到匹配行。示例如下。

```
explain select dept.* from dept,kpi,manager where dept.id = emp_id and dept.manager_id = manager.id;
+----+-------------+---------+-----------+--------+----------------------+
| id | select_type | table   | partitions| type   | possible_keys        |
+----+-------------+---------+-----------+--------+----------------------+
|  1 | SIMPLE      | dept    | NULL      | ALL    | PRIMARY,idx_manager_id|
|  1 | SIMPLE      | manager | NULL      | eq_ref | PRIMARY              |
|  1 | SIMPLE      | kpi     | NULL      | ref    | idx_emp_id           |
+----+-------------+---------+-----------+--------+----------------------+
+------------+---------+----------------------+
| key        | key_len | ref                  |
+------------+---------+----------------------+
```

```
| NULL          | NULL      | NULL                   |
| PRIMARY      | 4         | ebank.dept.manager_id |
| idx_emp_id | 4         | ebank.dept.id          |
+------------+---------+----------------------+
+------+----------+-------------+
| rows | filtered | Extra       |
+------+----------+-------------+
|    4 |   100.00 | NULL        |
|    1 |   100.00 | Using index |
|    3 |   100.00 | Using index |
+------+----------+-------------+
```

4. fulltext

当多表连接时，使用了全文索引。

5. ref_or_null

类似 ref，但是可以搜索值为 NULL 的行。

6. index_merge

表示使用了索引合并的优化方法。

7. range

只检索给定范围的行，使用一个索引来选择行，key 列表示查询使用哪个索引。一般是 where 语句中出现 between、<>、in 等的查询。示例如下。

```
explain select * from dept where id between 1 and 5;
+----+-------------+-------+------------+-------+---------------+
| id | select_type | table | partitions | type  | possible_keys |
+----+-------------+-------+------------+-------+---------------+
|  1 | SIMPLE      | dept  | NULL       | range | PRIMARY       |
+----+-------------+-------+------------+-------+---------------+
+---------+---------+------+------+----------+-------------+
| key     | key_len | ref  | rows | filtered | Extra       |
+---------+---------+------+------+----------+-------------+
| PRIMARY | 4       | NULL |    4 |   100.00 | Using where |
+---------+---------+------+------+----------+-------------+
```

8. index

Full index Scan，index 与 ALL 的区别：index 只遍历索引树，通常比 ALL 快。示例如下。

```
explain select id from emp;
+----+-------------+-------+------------+-------+---------------+
| id | select_type | table | partitions | type  | possible_keys |
+----+-------------+-------+------------+-------+---------------+
|  1 | SIMPLE      | emp   | NULL       | index | NULL          |
+----+-------------+-------+------------+-------+---------------+
+------------+---------+------+------+----------+-------------+
| key        | key_len | ref  | rows | filtered | Extra       |
+------------+---------+------+------+----------+-------------+
| unx_emp_no | 82      | NULL |    9 |   100.00 | Using index |
+------------+---------+------+------+----------+-------------+
```

11.5.5 索引长度（key_len）

key_len 决定了索引项在存储空间占用的大小，该值越小意味着一个磁盘扇区能够放置的索引项越多，从而可以降低 B+树的高度，高度低就意味着查找时所搜索的路径越少。例如，一个三层 B+树，从根到叶节点只需两次 I/O，而搜索的路径少就意味着磁盘 I/O 读取次数少，自然就提高了查询的效率。

下面可以通过实际查询案例对比不同索引长度评估值。先定义如下表 deptment，其中，id 为 int 非空字段，id 字段为主键，a、b、c 三个字段创建索引 idx_abc(a,b,c)。

```
create table deptment
(
   id int(10) not null auto_increment,
   num int(10),
   a varchar(20),
   b varchar(20),
   c varchar(20),
   d varchar(20)not null,
   f varchar(20),
   primary key(id),
   index idx_abc(a,b,c)
)engine=innodb comment'';
```

接下来分别执行以下查询。

当 where 过滤条件为 id 时，查看 key 字段是 PRIMARY，key_len 长度为 4。

```
explain select id from deptment where id=6;
+----+-------------+------------+-------+---------------+----------
| id | select_type | table      | type  | possible_keys | key      |
+----+-------------+------------+-------+---------------+----------
|  1 | SIMPLE      | deptment   | const | PRIMARY       | PRIMARY |
+----+-------------+------------+-------+---------------+---------+
+---------+-------+------+----------+-------------+
| key_len | ref   | rows | filtered | Extra       |
+---------+-------+------+----------+-------------+
| 4       | const |    1 |   100.00 | Using index |
+---------+-------+------+----------+-------------+
```

当 where 过滤条件为 a、b、c 时，查看 key 是 idx_abc，key_len 长度是 249。

```
mysql> desc select a,b,c from deptment where a='xiaoyu' and b='liyu' and c='';
+----+-------------+------------+------+---------------+---------+---------+
| id | select_type | table      | type | possible_keys | key     | key_len |
+----+-------------+------------+------+---------------+---------+---------+
|  1 | SIMPLE      | deptment   | ref  | idx_abc       | idx_abc | 249     |
+----+-------------+------------+------+---------------+---------+---------+
```

这说明通过主键索引定位查询速度更快，因为主键索引长度更低，同时也代表索引扫描更高效。

11.5.6 额外信息（Extra）

该列包含相关 SQL 语句的其他额外信息，本节介绍该列常见重要信息值。

1. Using filesort

表示 MySQL 会对数据使用一个外部的排序，而不是按照表内的索引顺序进行读取，MySQL 中无法利用索引完成的排序操作称为“文件排序”。

当表 dept 中 name 字段上没有索引执行下面的查询，执行计划示例如下。

```
explain select * from dept order by name;
+----+-------------+-------+------------+------+---------------+
| id | select_type | table | partitions | type | possible_keys |
+----+-------------+-------+------------+------+---------------+
|  1 | SIMPLE      | dept  | NULL       | ALL  | NULL          |
+----+-------------+-------+------------+------+---------------+
+------+---------+------+------+----------+----------------+
| key  | key_len | ref  | rows | filtered | Extra          |
+------+---------+------+------+----------+----------------+
| NULL | NULL    | NULL |    4 |   100.00 | Using filesort |
+------+---------+------+------+----------+----------------+
```

2. Using temporary

表示 MySQL 使用了临时表保存中间结果，在对结果排序时使用临时表，常见于 group by 分组查询。

当表 dept 的 name 字段不是索引字段时，执行计划示例如下。

```
explain select name from dept group by name;
+----+-------------+-------+------------+------+-----------------+------+
| id | select_type | table | partitions | type | possible_keys   | key  |
+----+-------------+-------+------------+------+-----------------+------+
|  1 | SIMPLE      | dept  | NULL       | ALL  | NULL            | NULL |
+----+-------------+-------+------------+------+-----------------+------+
+---------+------+------+----------+---------------------------------+
| key_len | ref  | rows | filtered | Extra                           |
+---------+------+------+----------+---------------------------------+
| NULL    | NULL |    4 |   100.00 | Using temporary; Using filesort |
+---------+------+------+----------+---------------------------------+
```

3. Using index

表示相应的 select 操作中使用了覆盖索引（Covering Index），避免访问表的数据行，如果同时出现“using where”，表明索引被用来执行索引键值的查询。

```
explain select kpi.id from kpi  where id =1 ;
+----+-------------+-------+------------+-------+---------------+
| id | select_type | table | partitions | type  | possible_keys |
+----+-------------+-------+------------+-------+---------------+
```

```
| 1 | SIMPLE      | kpi   | NULL       | const | PRIMARY       |
+----+-------------+-------+------------+-------+---------------+
+---------+---------+-------+------+----------+-------------+
| key     | key_len | ref   | rows | filtered | Extra       |
+---------+---------+-------+------+----------+-------------+
| PRIMARY | 4       | const |    1 |   100.00 | Using index |
+---------+---------+-------+------+----------+-------------+
```

4. Using where

如果不是读取表的所有数据，或者不是仅通过索引就可以获取所有需要的数据，则会在 Extra 列出现“using where”关键字。

即使该列使用了索引进行扫描，也并不代表不需要优化，往往需要配合 Explain 结果中的 type（访问类型）来综合判断。如果 type 字段属性是 ALL 或 index 时，则表示仍需要进行 SQL 优化。

5. Using join buffer

Extra 为“Using join buffer”代表使用连接缓存，需要进行嵌套循环连接。

以下示例中“Using join buffer”表示在 manager 表的连接字段上没有合适的索引，因此需要创建索引来进行优化。

```
explain select manager.* from manager join dept on manager.id =
dept.manager_id ;
+----+-------------+---------+------------+-------+----------------+
| id | select_type | table   | partitions | type  | possible_keys  |
+----+-------------+---------+------------+-------+----------------+
|  1 | SIMPLE      | dept    | NULL       | index | idx_manager_id |
|  1 | SIMPLE      | manager | NULL       | ALL   | PRIMARY        |
+----+-------------+---------+------------+-------+----------------+
+----------------+---------+------+------+----------
| key            | key_len | ref  | rows | filtered |
+----------------+---------+------+------+----------+
| idx_manager_id | 4       | NULL |    4 |   100.00
| NULL           | NULL    | NULL |    4 |    25.00 |
+----------------+---------+------+------+----------+
+----------------------------------------------------+
| Extra                                              |
+----------------------------------------------------+
| Using index                                        |
| Using where; Using join buffer (Block Nested Loop) |
+----------------------------------------------------+
```

11.5.7　Explain 重点关注项

经过前面对 Explain 输出字段的介绍，读者对分析执行计划输出有了系统性认识。但由于参考字段过多，在实际 SQL 优化工作中，可以着重关注以下内容。

1. ALL 全表扫描

应重点关注访问类型为 ALL 属性的执行步骤，如果表数据量较大，需要分析是否有合适的过滤条件，这些过滤条件字段是否需要创建索引，还是由于其他原因导致无法使用索引。

2. Using filesort

当 Extra 信息中有 Using filesort 时，表示 MySQL 需额外排序，不能通过索引顺序达到排序效果，可选择合适的索引消除排序。

3. Using temporary

查询使用临时表，一般出现于排序、分组和多表关联场景，查询效率不高，可选择合适的索引消除分组排序。

4. Using join buffer

在获取连接条件时没使用索引，需要连接缓冲区来存储中间结果，建议再关联字段添加索引以提升性能。

读者在执行计划中看到这些重点关注项，应对其进一步分析，随后顺藤摸瓜找到其主要症结后再给出优化方案，这样才能真正做到“对症下药”。

11.5.8 不同版本下 Explain 的注意事项

生产环境可能维护不同版本的 MySQL 数据库，不同的 MySQL 版本 Explain 会稍有所不同，本节就 Explain 不同版本注意事项进行总结，具体如下。

（1）MySQL 5.0 开始支持 Explain，该版本只能打印 select 查询的执行计划，其他非查询 SQL 需要重写成一个等价的查询逻辑再来执行 Explain。

（2）MySQL 5.6 以及以上版本支持用于 select、delete、insert、replace 和 update 语句。

（3）MySQL 5.7 以及以上版本可使用“Explain for connection_id”命令。这个功能专门为正在执行的 SQL 打印执行计划。其中，connection_id 是从 information_schema.processlist 系统表或“show processlist”命令中获得的。

（4）MySQL 5.7 以及以上版本默认会有 partitions 和 filtered 两列，打印分区表信息和返回行占比。5.7 之前版本并没有这些字段，需要单独使用“Explain partitions select …”来打印带有 partitions 列的执行计划，使用“Explain extended select …”来显示带有 filtered 列的执行计划。

（5）Explain extended 扩展能够在原来 Explain 基础上，额外提供一些查询优化信息，这些信息可以通过 MySQL 的 show warnings 命令获取。MySQL 5.6 需要显式指定 Explain extended。MySQL 5.7 默认可以显示 warnings，不用显式执行 Explain extended，后续新版本将删除此命令。

11.6 MySQL 性能优化实战集锦

通过前面章节讲解，相信读者对 MySQL 数据库性能优化方法和工具已经有所了解，也对 MySQL 索引和执行计划查看有了整体认识。本节将与读者分享在 MySQL 数据库优化中是如何分析和解决问题的。其中的每一个实战案例都是由问题描述、诊断分析过程和解决方案三部分组成。

11.6.1 案例 1：一次客服语音系统数据库服务器 CPU 负载高的优化案例

在众多数据库性能问题中，针对 CPU 负载高的问题出现率最高。本节通过一个数据库服务器 CPU 资源使用率偏高的例子，介绍了 MySQL 数据库针对高 CPU 使用率问题的分析思路和解决办法。

1. 问题描述

某商业银行客服语音平台系统使用 MySQL 5.7.22 版本数据库。事件发生时，监控显示数据库服务器的用户 CPU 使用率已超过 90%。交易平均响应时间在不断攀升，交易成功率开始呈下降趋势，此时需迅速启动应急处置流程。

2. 诊断分析过程

登录数据库服务器后，应根据监控提供的信息，迅速找到分析问题的入手点，并从收集系统信息开始逐步深入分析问题。具体诊断分析过程如下。

（1）首先，通过 top 查询系统负载。

```
top - 20:12:21 up 194 days, 21:46,  4 users,  load average: 45.58, 49.50, 52.08
Tasks: 311 total,   1 running, 309 sleeping,   1 stopped,   0 zombie
%Cpu0  : 95.7 us,  2.6 sy,  0.0 ni,  1.7 id,  0.0 wa,  0.0 hi,  0.0 si,  0.0 st
%Cpu1  : 95.7 us,  1.7 sy,  0.0 ni,  2.3 id,  0.0 wa,  0.0 hi,  0.3 si,  0.0 st
%Cpu2  : 97.0 us,  1.0 sy,  0.0 ni,  2.0 id,  0.0 wa,  0.0 hi,  0.0 si,  0.0 st
%Cpu3  : 96.7 us,  1.3 sy,  0.0 ni,  2.0 id,  0.0 wa,  0.0 hi,  0.0 si,  0.0 st
%Cpu4  : 97.4 us,  1.3 sy,  0.0 ni,  1.3 id,  0.0 wa,  0.0 hi,  0.0 si,  0.0 st
%Cpu5  : 97.0 us,  1.3 sy,  0.0 ni,  1.7 id,  0.0 wa,  0.0 hi,  0.0 si,  0.0 st
%Cpu6  : 98.0 us,  1.0 sy,  0.0 ni,  1.0 id,  0.0 wa,  0.0 hi,  0.0 si,  0.0 st
%Cpu7  : 97.0 us,  1.3 sy,  0.0 ni,  1.3 id,  0.0 wa,  0.0 hi,  0.3 si,  0.0 st
KiB Mem : 16427160 total,   175228 free, 12292372 used,  3959560 buff/cache
KiB Swap:  4194300 total,  4194300 free,        0 used.  2948288 avail Mem
  PID USER      PR  NI    VIRT    RES    SHR S  %CPU %MEM     TIME+ COMMAND
27254 citicsql  20   0   12.8g  11.0g   7392 S 750.0 70.2 108220:09 mysqld
 8863 appmon    20   0  162180   2404   1544 R   5.6  0.0   0:00.01 top
    1 root      20   0  191296   3636   1968 S   0.0  0.0 138:11.80 systemd
```

通过系统 top 命令查看，发现用户 CPU 负载很高，8 核用户 CPU 使用率接近 100%。随后，执行下面的命令，发现该数据库积累了大量活动会话。

```
mysql> show global status like '%Thread%';
+-------------------------------------------+--------+
| Variable_name                             | Value  |
+-------------------------------------------+--------+
| Threadpool_active_threads                 | 72     |
| Threads_connected                         | 225    |
| Threads_running                           | 72     |
+-------------------------------------------+--------+
```

通过“show global status”命令查看同时有 72 个活跃线程（Threads_running）正在执行，此时系统负载较高。需要进一步了解这些应用正在做哪些事情。

（2）捕获问题 SQL 语句。

经管理员反馈该现象已持续了几分钟，随后通过慢日志定位慢 SQL。

```
pt-query-digest --since=600s /mysql/data/xxx-slow.log > /tmp/slow.log
```

列出执行时间占比最高语句。

```
update fiwot_21671005.f_session
        SET session_id = '1589895118-463910',
        is_redirect = 1,
        update_time = '2020-05-19 21:33:22'
       where session_id = '15898**667-46116';
```

通过“show processlist”命令查看当前正在执行的 SQL 语句，经过分类汇总，发现基本都同属于一个业务逻辑，该 SQL 逻辑和 pt-query-digest 工具捕获 SQL 语句是一致的。随后，选取下面几个会话 ID，并对 SQL 语句进行展示。

```
mysql> select ID,USER,HOST,DB,COMMAND,TIME,INFO from  information_schema.
processlist where COMMAND<>'Sleep' order by time \G ;
*************************** 1.row ***************************
     ID: 765874
   USER: fcsdusr
   HOST: ff.106.ww.**:39654
     DB: NULL
COMMAND: Query
   TIME: 46
   INFO: update fiwot_21671005.f_session
        SET session_id = '1589894781-524340',
              is_redirect = 1,
              update_time = '2020-05-19 21:28:34'
       where session_id = '15898**781-524340'
*************************** 2.row ***************************
     ID: 766072
   USER: fcsdusr
   HOST: ff.106.ww.**:18634
     DB: NULL
COMMAND: Query
   TIME: 46
   INFO: update fiwot_21671005.f_session
        SET session_id = '1589895146-983775',
              is_redirect = 1,
              update_time = '2020-05-19 21:33:23'
       where session_id = '15898**146-983775'
*************************** 3.row ***************************
     ID: 765848
   USER: fcsdusr
   HOST: ff.106.ww.**:38862
     DB: NULL
COMMAND: Query
```

```
    TIME: 46
    INFO: update fiwot_21671005.f_session
          SET session_id = '1589895118-463910',
          is_redirect = 1,
          update_time = '2020-05-19 21:33:22'
         where session_id = '15898**118-463910'
*************************** 6. row ***************************
```

通过上面展示分析，发现 SQL 语句都是对 fiwot_21671005.f_session 表进行更新，其 where 条件中的谓词条件是 session_id，该 SQL 运行时间高达 46s。

随后，与开发人员沟通，发现可疑情况，在正常情况下，该 SQL 更新一条数据应不会超过 1s。初步推断和该表的数据量或者是否存在合适的索引有关，带着问题继续分析。

（3）查看表结构信息。

```
mysql> show create table  fiwot_21671005.f_session\G;
*************************** 1.row ***************************
      Table: f_session
Create Table: CREATE TABLE `f_session` (
  `id` int(11) NOT NULL AUTO_INCREMENT,
  `appid` int(11) NOT NULL,
  `session_id` varchar(255) CHARACTER SET utf8mb4 NOT NULL COMMENT '会话 ID',
  `user_id` varchar(255) CHARACTER SET utf8mb4 DEFAULT NULL COMMENT '用户 ID',
  `question` varchar(4096) CHARACTER SET utf8mb4 DEFAULT NULL COMMENT '用户问句',
…
  `channel` varchar(255) CHARACTER SET utf8mb4 DEFAULT NULL COMMENT '渠道',
  `business` varchar(255) CHARACTER SET utf8mb4 DEFAULT NULL COMMENT '业务入口',
  `label` varchar(255) CHARACTER SET utf8mb4 DEFAULT NULL COMMENT '用户标签',
  `tenant` varchar(50) COLLATE utf8mb4_unicode_ci DEFAULT NULL,
  `is_private` tinyint(4) unsigned DEFAULT NULL COMMENT '知识库标识: 0-未知 1-
公共库 2-私有库',
  `role` varchar(255) CHARACTER SET utf8mb4 DEFAULT NULL COMMENT '角色',
  `create_time` datetime NOT NULL,
  `update_time` datetime NOT NULL,
  PRIMARY KEY (`id`) USING BTREE
 ) ENGINE=InnoDB AUTO_INCREMENT=4442393 DEFAULT CHARSET=utf8mb4 COLLATE=
utf8mb4_unicode_ci ROW_FORMAT=COMPACT
 1 row in set (0.00 sec)
```

根据上面表定义，不难发现 where 条件中的谓词条件 session_id 字段缺乏索引。所以每次更新都需要全表扫描，由于该表记录达 515129 行，从而导致数据库 CPU 资源使用率偏高。而在该业务功能刚上线时，表数据量并不大，因此在当时并未暴露出这个问题。

3．解决方案

根据上面分析结论，需要在 session_id 字段添加索引：

```
 ALTER TABLE fiwot_21671005.f_session ADD INDEX idx_session_id (session_id);
 ERROR 1709 (HY000):Index column size too large. The maximum cloumn size is 767
bytes.
```

在创建索引时，遇到了“ERROR 1709”错误，这主要是由于超出索引限制最大的字节数导致的。经过与开发人员沟通，调整为创建前缀索引，执行如下命令。

```
alter table fiwot_21671005.f_session ADD INDEX idx_session_id(session_id
(191));
```

添加前缀索引后，再查看会话线程状态。活跃线程数（Threads_running）由 72 降至 3，线程积压现象消失，SQL 执行时间在 1s 内。

```
mysql> show global status like '%Thread%';
+-------------------------------------------+--------+
| Variable_name                             | Value  |
+-------------------------------------------+--------+
| Threadpool_active_threads                 | 3      |
| Threads_connected                         |  155   |
| Threads_running                           | 3      |
+-------------------------------------------+--------+
```

再通过 top 命令查看 CPU 使用率也恢复到 10%以内，从而成功解决该系统数据库 CPU 负载高问题。

心得分享：

从解决问题的角度来看，需要借助有效的监控信息和性能数据收集来协助应急人员迅速定位问题。对于该案例而言，一般用户 CPU 资源使用率高，较大概率是执行成本高的 SQL 语句引起的。需要结合业务，创建合适的索引即可顺利解决问题。

另外，从开发角度来看，该案例暴露了一个严重的问题。那就是开发人员在实现业务功能的同时，不能忽视数据库性能。应在上线前提前评估表的数据增长量，从而提前增加相关字段的索引，即可规避该问题的发生。

11.6.2 案例 2：一次业务档案系统数据库缓慢批处理优化案例

对于商业银行的部分交易系统，存在批处理业务，往往这类业务由于涉及的数据表体量大，时常会出现批处理缓慢的问题，那么如何进一步确认批处理缓慢的原因呢？本节将介绍针对批处理缓慢场景的问题分析思路和解决方法。

1. 问题描述

某商业银行业务档案系统使用 MySQL 5.7.22 版本数据库。该系统在非在线业务时段出现批处理任务缓慢的问题，该批处理的延迟可能会影响下游系统工作，因此需要针对批处理任务进行性能分析，并制订行之有效的优化方案。

2. 诊断分析过程

对于此类性能问题，已有两个已知条件：第一个条件已明确档案系统的具体批处理任务；第二个条件是通过监控告警，发现数据库服务器的用户 CPU 资源使用率一直居高不下。随后，根据这两个条件，开始入手解决批处理性能问题，具体诊断分析过程如下。

（1）捕获系统级和数据库级性能数据。

通过监控已经定位了档案系统的批处理性能瓶颈在数据库服务器。因此，收集系统相关性能数据，发现系统负载非常高，用户 CPU 使用率已达到 100%，并未有下降趋势。

```
top - 09:48:13 up 426 days, 12:14,  4 users,  load average: 12.59, 8.70, 8.49
Tasks: 324 total,   1 running, 322 sleeping,   1 stopped,   0 zombie
Cpu(s): 99.1%us,  0.9%sy,  0.0%ni,  0.0%id,  0.0%wa,  0.0%hi,  0.0%si,  0.0%st
Mem:  66109500k total, 65046196k used,  1063304k free,   374100k buffers
Swap:  8388604k total,   975228k used,  7413376k free, 32400436k cached

  PID USER      PR  NI  VIRT  RES  SHR S %CPU %MEM    TIME+  COMMAND
19199 mysql     20   0 49.9g  26g  13m S 795.2 41.5 866:19.83 mysqld
12004 root       9 -11 88988 1548 1208 S  3.6  0.0  11592:09 titan_monitor
```

再通过 show processlist 查看数据库会话状态，如下。

```
+-------+-------+----------------+-------+--------+------+--------------+
| Id    | User  | Host               db     | Command | Time  | State       |
+-------+-------+----------------+-------+--------+------+--------------+
| 20418 | xxusr | localhost:22908 | xxxsdb| Query  | 30468 | Sending data|
| 36505 | xxusr | xx.ip:51608     | xxxsdb| Sleep  |   32  |             |
| 36506 | xxusr | xx.ip:51609     | xxxsdb| Sleep  |   40  |             |
| 36511 | xxusr | xx.ip:51620       xxxsdb| Sleep  |   50  |             |
| 36512 | xxusr | xx.ip:51622       xxxsdb| Sleep  |   57  |             |
| 36513 | xxusr | xx.ip:42741       xxxsdb| Query  |   49  | Sending data|
| 36514 | xxusr | xx.ip:42740       xxxsdb| Query  |   46  | Sending data|
| 36519 | xxusr | xx.ip:51633     | xxxsdb| Sleep  |   36  |             |
| 36521 | xxusr | xx.ip:51636     | xxxsdb| Sleep  |   44  |             |
| 36522 | xxusr | xx.ip:51638     | xxxsdb| Sleep  |   53  |             |
| 36523 | xxusr | xx.ip:51640     | xxxsdb| Sleep  |   42  |             |
| 36524 | xxusr | xx.ip:51642     | xxxsdb| Sleep  |   54  |             |
| 36526 | xxusr | xx.ip:51654     | xxxsdb| Sleep  |   32  |             |
| 36529 | xxusr | xx.ip:51662     | xxxsdb| Sleep  |   32  |             |
| 36561 | xxusr | xx.ip:42856     | xxxsdb| Query  |   50  | Sending data|
| 36562 | xxusr | xx.ip:42857     | xxxsdb| Query  |   53  | Sending data|
| 36568 | xxusr | xx.ip:42872     | xxxsdb| Query  |   41  | Sending data|
…
+-----------------------------------------------------------------------+
| Info                                                                  |
+-----------------------------------------------------------------------+
| INSERT INTO T_HFC_INFO SELECT * FROM TMP_T_HFC_INFO A where NOT EXISTS |
(SELECT 1                                                               |
| NULL                                                                  |
| NULL                                                                  |
| NULL                                                                  |
| NULL                                                                  |
| select * from T_HFC_INFO where BATCH_ID = '187E786ADB42D4546C57B4F1404253E|
| select * from T_HFC_INFO where BATCH_ID = '187E786ADB42D4546C57B4F1404253E|
| NULL                                                                  |
```

```
| NULL                                                                  |
| NULL                                                                  |
| NULL                                                                  |
| NULL                                                                  |
| NULL                                                                  |
| NULL                                                                  |
| select * from T_HFC_INFO where BATCH_ID = '187E786ADB42D4546C57B4F1404253E|
| select * from T_HFC_INFO where BATCH_ID = '187E786ADB42D4546C57B4F1404253E|
| select * from T_HFC_INFO where BATCH_ID = '187E786ADB42D4546C57B4F1404253E|
...                                                                     |
+-----------------------------------------------------------------------
```

发现 id 为 20418 的会话中，SQL 语句已经执行了 30 468s，该语句是数据批量插入逻辑，主要涉及目标表 T_HFC_INFO。通过“show full processlist”命令查看完整 SQL 语句，输出如下。

```
*************************** 1.row ***************************
     Id: 20418
   User: xxxsinst
   Host: localhost:22908
     db: xxxsdb
Command: Query
   Time: 30506
  State: Sending data
   Info: INSERT INTO T_HFC_INFO SELECT * FROM TMP_T_HFC_INFO A where NOT EXISTS
(SELECT 1 FROM T_HFC_INFO B where A.APLY_ID = B.APLY_ID) AND A.BIZ_TP_ID != '34'
```

随后，发现 id 为 36513、36514 等会话中涉及的 SQL 语句同属于一类，执行时间也偏长。这个 SQL 语句需要查询批处理相关的表（T_HFC_INFO），经确认为该批处理同组逻辑。

以其中部分会话为例，通过“show full processlist”命令查看完整 SQL 语句。

```
*************************** 2.row ***************************
     Id: 36513
   User: xxusr
   Host: xx.ip:42741
     db: xxxsdb
Command: Query
   Time: 49
  State: Sending data
   Info: select * from T_HFC_INFO where BATCH_ID =
'187E786ADB42D4546C57B4F1404253E120200812151323APRV-737200' limit 0,1
*************************** 3.row ***************************
     Id: 36514
   User: xxusr
   Host: xx.ip:42740
     db: xxxsdb
Command: Query
   Time: 46
  State: Sending data
```

```
    Info: select * from T_HFC_INFO where BATCH_ID =
'187E786ADB42D4546C57B4F1404253E120200812151323APRV-737200' limit 0,1
   *************************** 4.row ***************************
```

结合系统级和数据库级收集的相关性能数据来看，系统资源消耗大，批处理缓慢的原因很可能与这两条低效 SQL 语句有关系，随后需要进一步分析 SQL 语句性能。

（2）分析语句执行计划。

解决 SQL 语句的性能问题，离不开分析执行计划。通过 Explain 命令打印相关 SQL 执行计划如下，查看 type 列就立刻发现了问题。执行计划输出的 type 列为“ALL”，代表全表扫描，说明表 T_HFC_INFO 在列 BATCH_ID 可能没有创建索引，从而造成优化器选择了全表扫描。随后查看 rows 列，表扫描行数高达 445 万行，这对于 MySQL 来说会带来不小的 I/O 开销。

```
    mysql>  explain  select  *  from  T_HFC_INFO  where  BATCH_ID  =
'187E786ADB42D4546C57B4F1404253E120200812151323APRV-737200' limit 0,1;

   +----+-------------+------------+------------+------+--------------------+
   | id | select_type | table      | partitions| type | possible_keys | key  |
   +----+-------------+------------+------------+------+--------------------+
   |  1 | SIMPLE      | T_HFC_INFO | NULL       | ALL  | NULL          | NULL |
   +----+-------------+------------+------------+------+---------------+-----+

   +---------+------+---------+----------+-------------+
   | key_len | ref  | rows    | filtered | Extra       |
   +---------+------+---------+----------+-------------+
   | NULL    | NULL | 4458199 |    10.00 | Using where |
   +---------+------+---------+----------+-------------+
```

再来分析批处理装载数据（insert）的 SQL 逻辑，针对“insert⋯select”逻辑，往往先处理查询部分，再进行数据插入（可以利用脏读查看数据增长量，从而确认其插入速率），初步怀疑这个反连接（not exists）与外表关联后，执行效率低下，直接打印查询逻辑的执行计划就能看出端倪。

查看批处理逻辑 SQL 语句的执行计划，又发现了全表扫描，这说明在关联字段上没有创建合适的索引“A.APLY_ID = B.APLY_ID”，这直接导致批处理的执行效率下降。

批处理 SQL 执行计划如下。

```
    mysql> explain SELECT * FROM TMP_T_HFC_INFO A where NOT EXISTS (SELECT 1 FROM
T_HFC_INFO B where A.APLY_ID = B.APLY_ID) AND A.BIZ_TP_ID != '34';

   +----+--------------------+-------+------------+------+
   | id | select_type        | table | partitions | type |
   +----+--------------------+-------+------------+------+
   |  1 | PRIMARY            | A     | NULL       | ALL  |
   |  2 | DEPENDENT SUBQUERY | B     | NULL       | ALL  |
   +----+--------------------+-------+------------+------+

   +--------------------+------+---------+------+
   | possible_keys      | key  | key_len | ref  |
   +--------------------+------+---------+------+
```

```
| IDX_T_ARC_BIZ_TP_ID | NULL | NULL    | NULL |
| NULL                | NULL | NULL    | NULL |
+---------------------+------+---------+------+
+---------+----------+-------------+
| rows    | filtered | Extra       |
+---------+----------+-------------+
| 277308  |   50.01  | Using where |
| 4458199 |   10.00  | Using where |
+---------+----------+-------------+
```

分析后发现，关键在于 T_HFC_INFO 表，如果创建了适合以上两条 SQL 语句的索引后，预计可以提升批处理执行速度。随后，开始分析 T_HFC_INFO 表结构，代码如下。

```
*************************** 1.row ***************************
       Table: T_HFC_INFO
Create Table: CREATE TABLE `T_HFC_INFO` (
  `ARC_ID` char(100) COLLATE utf8_bin NOT NULL COMMENT '????',
  `CUST_NM` varchar(120) COLLATE utf8_bin DEFAULT NULL COMMENT '????',
  `CUST_ID` varchar(40) COLLATE utf8_bin DEFAULT NULL COMMENT '????',
  `MAN_ORG_NO` varchar(32) COLLATE utf8_bin DEFAULT NULL COMMENT '????',
  `CTR_ID` varchar(40) COLLATE utf8_bin DEFAULT NULL COMMENT '?????',
  `CTR_NO` varchar(50) COLLATE utf8_bin DEFAULT NULL COMMENT '????',
  `FILE2` varchar(255) COLLATE utf8_bin DEFAULT NULL COMMENT '????',
  `FILE1` varchar(255) COLLATE utf8_bin DEFAULT NULL COMMENT '????',
  `BATCH_ID` varchar(100) COLLATE utf8_bin DEFAULT NULL COMMENT '?????',
  `CHK_TIME` datetime DEFAULT NULL COMMENT '????',
  `CHK_USER_NAM` varchar(255) COLLATE utf8_bin DEFAULT NULL,
   …
  `ARC_TYPE` char(6) COLLATE utf8_bin DEFAULT NULL COMMENT '????',
  `APRV_ID` varchar(32) COLLATE utf8_bin DEFAULT NULL COMMENT '?????',
  `REMARK` varchar(200) COLLATE utf8_bin DEFAULT NULL,
  `ELC_CTRID` varchar(20) COLLATE utf8_bin DEFAULT NULL COMMENT '????????',
  `APLY_ID` varchar(40) COLLATE utf8_bin DEFAULT NULL COMMENT '???',
  `CUST_TP` varchar(4) COLLATE utf8_bin DEFAULT NULL COMMENT '????',
  `CRM_CUST_CL` char(8) COLLATE utf8_bin DEFAULT NULL COMMENT 'CRM????',
   …
  PRIMARY KEY (`ARC_ID`),
  KEY `IDX_T_ARC_APRV_ID` (`APRV_ID`),
  KEY `IDX_T_ARC_CTR_ID` (`CTR_ID`),
  KEY `IDX_T_ARC_CUST_ID` (`CUST_ID`),
  …
) ENGINE=InnoDB DEFAULT CHARSET=utf8 COLLATE=utf8_bin
1 row in set (0.00 sec)
```

查看 T_HFC_INFO 表中，BATCH_ID 字段和 APLY_ID 字段的区分度并不低，并且根据如上输出，发现这两列上并没有匹配的索引，这就直接说明了 SQL 语句执行缓慢的原因，只要在这两列增加索引，即可解决性能问题。

3. 解决方案

为避免相关表出现全表扫描，提高查询效率，解决批处理缓慢问题，在 BATCH_ID 字段和 APLY_ID 字段创建索引。

为了保证索引创建成功，需要先 kill 掉之前的批处理会话，确保在创建索引时不会出现元数据锁等待，不会导致索引创建失败的问题。会话结束并回滚事务后，再创建索引。

```
kill 20418;
alter table `T_HFC_INFO` add index IDX_T_BATCH_ID(`BATCH_ID`);
alter table `T_HFC_INFO` add index IDX_T_APLY_ID(`APLY_ID`);
```

索引创建后，档案系统的批处理任务执行速度恢复正常。

心得分享：

在优化 SQL 语句时，尽量花费最小的代价来解决问题。无须对每一张表的每一个相关谓词条件都创建索引，因为索引并不是越多越好。可以仔细分析缓慢 SQL 的主体逻辑，当发现公共表时，并且通过执行计划确认了该表扫描开销占比较大时，即可“集中火力”重点关注大数据量表，从而带来可观的收益。

11.6.3 案例 3：一次员工渠道系统用户登录缓慢优化案例

“山重水复疑无路，柳暗花明又一村”是宋代诗人陆游的作品《游山西村》中的一句诗，寓意不论前路多么难行，只要坚定信念，人生就能“绝处逢生”。笔者在分析这个问题时就深有感触，当解决问题遇到困难时，可能会突然出现转机，抓住机会即可迎刃而解。

1. 问题描述

某商业银行员工渠道系统的数据存储在 MySQL 5.7.22 版本的数据库中。事发时段，该系统出现大量用户登录缓慢的问题。数据库服务器 CPU 资源使用率偏高，与之前的案例现象大体雷同。我们深谙其中的奥妙，该系统可能正在执行性能低下的 SQL 语句，亟需马上分析和解决。

2. 诊断分析过程

既然应用出现登录缓慢的现象，极有可能这些连接请求被堆积到前端（如 Web 层）或网络层。

（1）收集相关性能数据。

可以通过查看应用到数据库服务器的连接数来进一步确认。通过“netstat”命令查看数据库监听端口 3306，发现已有将近四千个连接会话，说明数据库正在处理着大量的连接请求，应用连接池很容易被堆满。

```
[appmon@xxxxdb1:/home/appmon]>netstat  -an |grep 3306 |wc  -l
4823
```

另外，通过 top 命令查看数据库服务器负载，CPU 使用率已达到 91%，这证明数据库服务器已不堪重负，需要分析这些应用正在执行什么事务。

```
top - 09:56:52 up 1375 days, 9:06,13 users, load average:80.37,72.06,63.59
Tasks:599 total, 1 running,597 sleeping,  1 stopped,   0 zombie
```

```
Cpu(s):91.48%us, 7.1%sy, 0.0%ni, 1.2%id, 0.0%wa, 0.0%hi, 0.3%si, 0.0%st
Mem: 32823752k total,19813956k used,13009796k free, 628348k buffers
Swap:16777208k total, 3393208k used,13384000k free,12286584k cached

  PID  USER   PR  NI VIRT  RES  SHR  S  %CPU   %MEM  TIME+      COMMAND
970030 cusr 20   0 34.1g 3.9g 9452 S  2400.3 12.6  835:29.62 mysqld
200694 root    9 -11 88992 1544 1192 R   5.2   0.0   8318:24   titan_monitor
```

（2）捕获问题 SQL 语句。

登录数据库服务器，执行如下命令，获取正在运行且单次执行时间均已超过 10s 的前 10 大 SQL 语句，具体命令如下。

```
    select Info,count(*) from information_schema.processlist where time>10 and
info is not null group by info order by count(*) desc limit 10;
```

梳理如上命令的输出后，捕获到了以下缓慢 SQL 语句。

```
    select DISTINCT o.org_id,o.org_no,o.name,o.fullname,o.bank_no,u.user_id,
u.login_no,u.sso_login_no,u.oa_login_no,u.ad_login_no,u.iam_login_no,u.iam_emp
_login_no,u.mobile_no,u.work_email,u.name
    user_name,u.guid,u.lnduid
    from
    org o,
        org_tree ot,
       user_info up,
       user u
    where
        u.mobile_No = '196xxxx7683'
        and (u.status = 0 or u.status = 3)
        and up.user_id = u.user_id
        and up.tree_type = 1
        and up.status in (0,1)
        and ot.org_id = up.org_id
        and ot.tree_type = 1
        and ot.status = 0
        and o.org_id = ot.org_id
        and o.status = 0
        order by up.status;
```

（3）打印执行计划，初步分析 SQL。

通过 Explain 命令打印以上 SQL 语句的执行计划，输出如下。

```
+------+-------------+-------+--------+
| id   | select_type | table | type   |
+------+-------------+-------+--------+
|    1 | SIMPLE      | up    | ref    |
|    1 | SIMPLE      | ot    | ref    |
|    1 | SIMPLE      | u     | eq_ref |
|    1 | SIMPLE      | o     | eq_ref |
```

```
+------+-------------+-------+--------+
+-----------------------------------------------------+
| possible_keys                                       |
+-----------------------------------------------------+
| tree_type,idx_user_info_user_id,idx_user_info_org_id |
| idx_org_tree_org_id                                 |
| PRIMARY                                             |
| PRIMARY                                             |
+-----------------------------------------------------+
+---------------------+---------+----------------------+--------+
| key                 | key_len | ref                  | rows   |
+---------------------+---------+----------------------+--------+
| tree_type           | 2       | const                | 133354 |
| idx_org_tree_org_id | 5       | cbsp_org.up.org_id   |      1 |
| PRIMARY             | 4       | cbsp_org.up.user_id  |      1 |
| PRIMARY             | 4       | cbsp_org.up.org_id   |      1 |
+---------------------+---------+----------------------+--------+
+----------------------------------------------+
| Extra                                        |
+----------------------------------------------+
| Using where; Using temporary; Using filesort |
| Using where                                  |
| Using where                                  |
| Using where                                  |
+----------------------------------------------+
```

为方便分析 SQL 执行计划，将主要信息格式化如表 11-6 所示。

表 11-6　问题优化前 SQL 执行计划

id	table	type	key	rows	Extra
1	<user_info> up	ref	tree_type	133354	Using where; Using temporary; Using filesort
1	<org_tree>　ot	ref	idx_org_tree_org_id	1	Using where
1	<user>　u	eq_ref	PRIMARY	1	Using where
1	<org>　o	eq_ref	PRIMARY	1	Using where

结合表 11-6，分析发现这 4 张表均采用索引扫描，主要开销可能来自 user_info 这张表。因为执行计划中唯独 user_info 表需要扫描 13 万行记录，并且需要创建临时表来容纳待排序记录条目，这样性能往往较差。

此时，笔者首先想到对 user_info 表进行优化，如果该表利用了合适的索引，那执行效率一定不会太差。

但 user_info 表本身已经有了索引（tree_type），是不是该索引的区分度不高？优化器通过索引扫描了很长一段空间再回表查询，因此还需要扫描更多的记录？带着问题，接下来先查看表 user_info 的定义，确认 tree_type 索引相关字段，便于分析该索引是否是最优索引。

表 user_info 定义：

```
show create table user_info\G;
*************************** 1.row ***************************
       Table: user_info
Create Table: CREATE TABLE `user_info` (
  `user_id` int(11) NOT NULL,
  `org_id` int(11) NOT NULL,
  `post_id` int(11) DEFAULT NULL,
  `tree_type` tinyint(4) DEFAULT NULL COMMENT '0:?? 1:HR 2:??',
  `org_post_id` int(11) DEFAULT NULL,
  `start_date` date DEFAULT NULL,
  `end_date` date DEFAULT NULL,
  `status` tinyint(4) DEFAULT NULL COMMENT '0 ??? 1 ???  2 ????',
  `id` int(10) unsigned NOT NULL AUTO_INCREMENT,
…
  PRIMARY KEY (`id`),
  UNIQUE KEY `tree_type` (`tree_type`,`user_id`,`org_id`,`post_id`),
  KEY `idx_user_info_user_id` (`user_id`),
  KEY `idx_user_info_org_id` (`org_id`)
) ENGINE=InnoDB AUTO_INCREMENT=917446 DEFAULT CHARSET=utf8 COLLATE=utf8_bin
1 row in set (0.00 sec)
```

查看 user_info 表的定义，发现 tree_type 是多列索引，包含 4 个字段。排在最左端的是 tree_type 字段，该字段的基数为 2，证明区分度很低，作为索引最左列会导致索引太厚（需要大量的索引扫描才能定位叶子页）。

通常情况下，建议将区分度较高的列放到索引的最左端，从而满足索引的最左原则。再来结合 SQL 语句的谓词逻辑仔细分析，发现 user_info 表的连接谓词 user_id 字段的区分度高，其余都是状态字段（status 和 tree_type）区分度都很低。

如果将连接谓词作为索引的最左列，优化器可能大概率不会使用该索引。因为创建索引时，应考虑将等值的谓词条件涉及的字段放到连接谓词前，便于 B+树的索引定位扫描，如果等值谓词的区分度太低，可能会扫描大量的索引页。

另外，不能盲目增加索引。因为根据如上对连接数的分析，上千个连接都在执行同一类 SQL。在这种情形下，增加索引必会形成元数据锁，必须等待在途会话结束才能完成或将其直接终止。

（4）柳暗花明又一村。

此时笔者心里有些焦虑，无法增加索引又无法调整索引键顺序，感觉解决问题的思路又变得模糊起来，只能再继续分析。

再重新观察这个 SQL 语句和打印出的执行计划，发现其余 3 张表只扫描了 1 行记录，这说明部分表是通过主键定位的，比较高效。MySQL 优化器将 user_info 表作为驱动表（多表关联时，在执行计划第一行出现的表是驱动表）进行多表嵌套连接的，该表评估扫描 13 万行记录，那么被驱动表就要被扫描 13 万次。如此一来，org_tree 是被驱动表，一个用户（user_info 是用户信息表）不一定属于一个组织（org_tree 是组织架构表），通过“idx_org_tree_org_id”可能也会找到多条记录。因此，在驱动表记录数大于被驱动表时，多表嵌套循环连接并不高效。

知识点：什么是驱动表和被驱动表

在 MySQL 数据库中，针对多表关联场景，经常会使用循环嵌套连接算法。对于内连接（inner join），MySQL 会选择小表作为驱动表，来驱动大表进行连接操作，往往这样连接效率较高。具体算法的伪代码如下。

```
for （100 条）{              #驱动表
   for （200 万条）{…}       #被驱动表
}
```

利用小表作为驱动表，如果在大表上再有合适的索引，则嵌套循环连接算法最高效。

如果可以调整表的连接顺序，将 user_info 表作为被驱动表，没准可以解决问题。

那么新问题来了，如何改变多表的连接顺序呢？一般有两个办法：一是直接加 Hint 来提示优化器；二是为其他表增加适合的索引，从而影响优化器选择不同的多表连接顺序。

针对 Hint 可以提示优化器对 SQL 的执行路径，由于篇幅原因，感兴趣的读者可以自行学习；对于第二个方法，可以尝试下，那么就需要认真分析下其他表是否有优化的余地。

表 user 定义如下。

```
Create Table: CREATE TABLE `user` (
  `user_id` int(11) NOT NULL AUTO_INCREMENT,
…
  `mobile_no` varchar(30) COLLATE utf8_bin DEFAULT NULL COMMENT '???',
  `work_tel` varchar(50) COLLATE utf8_bin DEFAULT NULL COMMENT '????',
  `work_email` varchar(100) COLLATE utf8_bin DEFAULT NULL,
  `status` tinyint(4) DEFAULT NULL COMMENT '0 ?? 1 ?? 2 ?? 3 ?? 4 ??? 5 ?????',
…
  `user_line_code` varchar(100) COLLATE utf8_bin DEFAULT NULL COMMENT '??????',
  `user_line_name` varchar(100) COLLATE utf8_bin DEFAULT NULL COMMENT '??????',
  PRIMARY KEY (`user_id`),
  UNIQUE KEY `sso_login_no` (`sso_login_no`),
  KEY `idx_user_emp_no` (`emp_no`),
  KEY `index_guid` (`guid`) USING BTREE,
) ENGINE=InnoDB AUTO_INCREMENT=201609 DEFAULT CHARSET=utf8 COLLATE=utf8_bin
```

表 org_tree 定义如下。

```
Create Table: CREATE TABLE `org_tree` (
  `org_id` int(11) DEFAULT NULL,
  `parent_id` int(11) DEFAULT NULL,
  `old_parent_id` int(11) DEFAULT NULL,
  `tree_type` tinyint(4) DEFAULT NULL COMMENT '0:?? 1:HR 2:??',
  `org_level` smallint(6) DEFAULT NULL,
  `path` varchar(200) COLLATE utf8_bin DEFAULT NULL,
  `status` tinyint(4) DEFAULT NULL,
  `created_time` datetime DEFAULT CURRENT_TIMESTAMP,
  `created_by` int(11) DEFAULT NULL,
  `last_modified_time` datetime DEFAULT CURRENT_TIMESTAMP,
  `last_modified_by` int(11) DEFAULT NULL,
```

```
    `hr_last_modified_time` datetime DEFAULT CURRENT_TIMESTAMP COMMENT 'hr??????',
    `ncbs_last_modified_time` datetime DEFAULT CURRENT_TIMESTAMP COMMENT '????????',
    `reject_reason` varchar(200) COLLATE utf8_bin DEFAULT NULL COMMENT '????',
    `disable_reason` varchar(200) COLLATE utf8_bin DEFAULT NULL COMMENT '????',
    `org_order_no` varchar(256) COLLATE utf8_bin DEFAULT NULL,
    `parent_financial_licence_no` varchar(200) COLLATE utf8_bin DEFAULT NULL
COMMENT '????????????',
    KEY `idx_org_tree_org_id` (`org_id`)
  ) ENGINE=InnoDB DEFAULT CHARSET=utf8 COLLATE=utf8_bin
  1 row in set (0.00 sec)
```

继续打印 user 和 org_tree 的表结构，笔者用粗体标注了表中的字段涉及 SQL 中的谓词条件。user 表的数据量仅次于 user_info 表，其中，mobile_no 字段代表电话。不用分析，大家都清楚用户电话的区分度是比较高的。想到这，不如在 user 表上增加电话号码字段（mobile_no）的索引，看看优化器是否能改变表的连接顺序。

3. 解决方案

在 user 表上创建索引，命令如下。

```
alter table user  add index idx_mobile_no(mobile_No);
```

以下是调整索引后，再次打印该 SQL 语句的执行计划。

```
+------+-------------+-------+--------+
| id   | select_type | table | type   |
+------+-------------+-------+--------+
|    1 | SIMPLE      | u     | ref    |
|    1 | SIMPLE      | up    | ref    |
|    1 | SIMPLE      | ot    | ref    |
|    1 | SIMPLE      | o     | eq_ref |
+------+-------------+-------+--------+
+----------------------------------------------+-------------------+
| possible_keys                                | key               |
+----------------------------------------------+-------------------+
| PRIMARY,idx_mobile_no                        | idx_mobile_no     |
| tree_type,idx_user_info_user_id,idx_user_info_org_id | tree_type |
| idx_org_tree_org_id                          | idx_org_tree_org_id |
| PRIMARY                                      | PRIMARY           |
+----------------------------------------------+-------------------+
+---------+-------------------------+------+
| key_len | ref                     | rows |
+---------+ ------------------------+------+
| 93      | const                   |    1 |
| 6       | const,cbsp_org.u.user_id |   1 |
| 5       | cbsp_org.up.org_id      |    1 |
| 4       | cbsp_org.up.org_id      |    1 |
+---------+-------------------------+------+
+------------------------------------------------------------+
| Extra                                                      |
```

```
+-----------------------------------------------------------------------+
| Using index condition; Using where; Using temporary; Using filesort |
| Using where                                                           |
| Using where                                                           |
| Using where                                                           |
+-----------------------------------------------------------------------+
```

从执行计划看，“奇迹”终于出现了，表的连接顺序被改变了。对 user 表增加索引后，驱动表改为 user 表，而原来的 user_info 表变为被驱动表。并且取出 user_id 关联字段，再通过 tree_type 索引进行扫描，这时也被 MySQL 优化成常量（const）。

优化后的执行计划，如表 11-7 所示。

表 11-7 优化后的 SQL 执行计划

id	table	type	key	rows	Extra
1	<user> u	ref	idx_mobile_no	1	Using index condition; Using where; Using temporary; Using filesort
1	<user_info> up	ref	tree_type	1	Using where
1	<org_tree> ot	ref	idx_org_tree_org_id	1	Using where
1	<org> o	eq_ref	PRIMARY	1	Using where

通过再次对 SQL 语句的计算测量，执行时间由优化前的 30s 降至 30ms，数据库连接数积压现象也消失了，服务器 CPU 资源使用率降到 20%以下。

经过上述优化，最终用户登录缓慢问题得到解决。

心得分享：

针对这个案例，可以通过改变 MySQL 对多表关联的连接次序，从而影响查询优化器的执行结果。

在处理问题时，常规手段很可能不能直接解决问题。要尽量利用现有信息来进一步挖掘新的线索，不能将思路局限在某一个思路分支中，否则可能会离真相渐行渐远。

11.7 MySQL 性能优化最佳实践——配置参数优化

以笔者多年的数据库引擎开发经验和商业银行数据库运维经验来讲，数据库性能出现瓶颈绝大部分归结到 SQL 语句的编写不规范、执行计划不合理（如没有合适的索引）、应用设计阶段没有合理的架构和设计（如分区）等相关因素。所以上述提到的案例都是围绕 SQL 语句的优化展开的。

除了 SQL 语句优化外，本节将阐述硬件、操作系统和数据库参数层面的关注点，并结合过往的实践经验给出硬件、操作系统和数据库层面的经典配置建议。

11.7.1 硬件配置优化建议

最近 5 年来，运行 MySQL 数据库的 x86 服务器性能获得了极大提升，对此有以下建议供读者参考。

（1）推荐 SSD 固态硬盘存储作为 MySQL 数据库的存储介质。固态硬盘由于全部采用 Flash 存储介质，内部没有机械结构，因此没有数据寻道时间和延迟时间，因此比传统硬盘获得数百倍的 I/O 性能提升。

（2）BIOS 层面设置 CPU 为最大性能模式。针对数据库服务器，在其 BIOS 设置中选择 Performance Per Watt Optimized（DAPC）模式，发挥 CPU 最大性能。除了这个选择，CPU 还有其他模式选择，例如，根据系统负载智能调控 CPU 主频等节能模式。节能模式对于跑 MySQL 的机器来说不建议开启。曾经有一台 MySQL 数据库服务器，业务人员反馈网络延迟会时不时飙升，同时 CPU 负载比较大，我们在测试环境模拟出现了同样的现象，最后抓取多个层面的日志数据，排查了各种指标，都无法发现问题。最后，笔者将数据库服务器从节能模式调整为最大性能模式，问题迎刃而解。

11.7.2 操作系统配置优化建议

通常 x86 服务器运行的都是 Linux 操作系统，下面主要介绍如下关键点供读者参考。

（1）关于 I/O 调度模式，Linux 默认算法为 CFQ（Completely Fair Queuing，绝对公平算法），简单来说就是保证服务器上每个进程的 I/O 资源占用是公平的，但是对服务器上只有一个主要进程的（例如 mysqld 主进程）应用来说，这种场景下主要满足这一个进程的 I/O 响应速度，而不是让服务器上所有的进程公平地使用 I/O 资源。因此建议选择更适合的 deadline 算法或者 noop 算法。具体建议如下：对传统硬盘，调度算法建议选择 deadline 算法；对于固态硬盘，建议选择 noop 算法。这些调度算法不再赘述，有兴趣的读者可以自学。

（2）文件系统建议选择 xfs，不要使用 ext3 或 ext4。在早期的 Linux 文件系统中，提供了 ext3 或 ext4 文件系统，在 Red Hat Linux 7 上进行 POC 测试显示：同样硬件环境、同样并发的测试场景下，相比 ext3 或 ext4 文件系统，MySQL 在 xfs 文件系统上有更好的性能、更高的吞吐量。

（3）Linux 内核参数 vm.swappiness，建议将其设置为 10。此参数表示 Linux 使用交换分区的意向。该参数在 0～100 范围内取值，在默认情况下 vm.swappiness 的值为 60。如果取值较小，意味着当内存快用尽时，倾向于不使用交换空间，而是释放内存中缓存的数据，以利于后续新数据在内存中读写。不建议设为最小值 0，这种行为可能导致系统内存溢出（Out of Memory），从而使 MySQL 主进程被操作系统 kill 掉，通常建议设置为 10。

（4）Linux 内核参数 vm.randomize_va_space 设置，建议设置为 0。Linux 默认开启了内存地址随机化参数 vm.randomize_va_space=1，这使得内存地址随机分配，这意味着同一应用多次执行所使用内存空间完全不同。开启此参数之后，在某些情况下，会影响 MySQL 数据库主进程向操作系统的内存申请与使用。建议关闭内存地址随机分配，可以使用这样的命令来关闭：sysctl -w kernel.randomize_va_space=0。

11.7.3 数据库配置优化建议

接下来重点介绍 MySQL 数据库优化相关的关键配置参数，这些对读者日常的优化工作来说非常重要。

（1）innodb_buffer_pool_size 参数用于缓存索引和内存的数据大小，此参数对数据库的性能优化非常关键，如果是单实例 MySQL innodb 数据库，此参数设置为物理内存的 60%以上；如果是多实例，则所有数据库的 innodb_buffer_pool_size 之和占物理内存的 60%以上。

（2）innodb_max_dirty_pages_pct 参数表示脏页占 innodb_buffer_pool_size 的比例，推荐大小为 20%～50%，假如此值调整为 50，表示当脏页占 innodb 缓冲池大小的 50%时，会触发数据库的检查点事件，写数据到磁盘。

（3）innodb_flush_method 参数决定数据和日志刷新到磁盘的方式，默认是 fdatasync 模式，推荐设置为 O_DIRECT。O_DIRECT 相比 fdatasync，其优点是写数据到磁盘时，避免了双缓存，数据经数据库缓冲池直接到磁盘，并不用再通过操作系统的缓存。在大量随机写的数据库环境中，O_DIRECT 比 fdatasync 效率更高。

（4）innodb_io_capacity 和 innodb_io_capacity_max 参数配置建议：innodb_io_capacity 表示从缓冲区刷新脏页时，一次刷新脏页的数量，该参数的大小取决于磁盘的 IOPS，默认是 200，在高转速磁盘下，可以适当提高该参数的值。innodb_io_capacity 推荐配置如下：SAS 硬盘 200，普通 SSD 硬盘 3000，PCI-E SSD 硬盘 10 000。innodb_io_capacity_max 推荐设置为 innodb_io_capacity 的两倍：SAS 硬盘 400，普通 SSD 硬盘 6000，PCI-E SSD 硬盘 20 000。在实践中，通过运行 load runner 或者 sysbench 等基准工具来对磁盘吞吐量进行测试是一个好方法。

（5）innodb_log_file_size 参数表示 redo log 的日志大小，如果此值太小会造成日志的频繁切换；如果值太大，当数据库恢复时，会使用更多的时间。实践中将其设置为 256MB～1GB 是笔者的推荐配置。

（6）max_connections 参数表示数据库最大连接数，如果经常遇到“Too many connections”的错误，有可能是此参数的默认值太小了，推荐配置为 500～1000；也有可能是应用程序没有正确关闭数据库连接，需要优化代码，让程序正确快速地释放掉数据库连接。

（7）interactive_timeout、wait_timeout 的参数配置建议：这两个参数分别代表交互式等待时间和非交互式等待时间，两个参数的设置要一致，默认值是 8h，建议同时修改为较小的值 300～600s。

（8）binlog_format 参数设置 binlog 的记录模式，建议在主从复制环境设置为 row 模式，这种日志记录模式会记录哪条数据被修改了，修改前是什么值，修改成什么值了。这种日志记录方式任何情况下都可以被复制，所以对主从复制来说是最安全可靠的。

（9）innodb_flush_log_at_trx_commit 和 sync_binlog 这两个参数分别是 redo log 刷新和 bin log 刷新的参数。在 MySQL 主从复制中，如果要求主从复制数据不丢失，建议将这两个参数都设置为 1，但在保证主从数据一致性的同时也会造成一定的性能损耗，需要读者注意。

小　结

本章首先简单介绍 SQL 优化需要的相关基础知识，再介绍优化方法及步骤。详细介绍 MySQL 索引优化基础知识，其中主要包含主键索引和唯一索引、多列索引及前缀索引，并简单总结了 InnoDB 索引使用策略。

接着介绍了如何收集性能数据，性能数据收集包括系统性能数据收集和数据库性能数据收集。最后介绍了相关性能数据收集的建议。

捕获定位问题 SQL 后，介绍了通过 Explain 工具查看 SQL 语句执行计划，对 Explain 输出字段含义进行说明，并通过具体示例来进行解读，以加深读者对 Explain 工具的认识。

最后与读者分享 MySQL 数据库优化实战案例和配置参数优化最佳实践，希望能启发广大读者。

掌握 SQL 优化技能，不可能一蹴而就，要先理解基本概念和原理，再通过不断实践，最后才能融会贯通。

第 12 章

商业银行数据库管理思考

半亩方塘一鉴开，天光云影共徘徊；

问渠哪得清如许，为有源头活水来！

南宋诗人朱熹一千年前的诗句，历经岁月更迭，时光荏苒，今天读来，依然使人心情澄净，心胸开阔。诗人笔下那半亩方塘的水为什么会这样清澈呢？是因为有永不枯竭的源头为它源源不断地输送活水。

无论从事什么职业，保持生机与活力是最重要的。学习、实践、思考总结，然后创新与探索，这是一个完整的保持生机活力和事业进步的过程。

特别是 IT 技术日新月异的发展，商业银行数据库管理随着大环境和趋势的变化也在不断的演进中。思考这些融入了酸甜苦辣的日子，是非常必要的。这个过程中有玉露精华，同时也有差强人意的糟粕，我们思考的目的是为了掇菁撷华，规划未来。

本书的最后一章，让我们敞开心扉谈谈商业银行数据库管理这门艺术。艺术的造诣，需要不断地练习、临摹和创新，才能展示艺术的本质美，商业银行数据库管理亦是如此。我们选择踏上时代的浪潮前进，乘风破浪完成一个个阶段性的目标，来不断提升我们的“艺术造诣”。笔者在展现这件艺术品的同时，但愿读者能从中同声响应。

抚今追昔，数据库运维管理从手工运维阶段逐渐迈进了智能化运维阶段。从新系统上线到基于 ITIL 的规范化运维体系，牵涉到日常运维事件、问题、变更、应急和安全等诸多方面，这些工作的演变都值得我们思考和总结。

另外，随着商业银行全方位数字化转型的进程不断推进，一切皆以数据为核心，人工智能为手段，云化服务为形式，利用逐渐完善与优化的制度、流程，必将使运维管理逐渐迈入运营管理时代。那么随之而来的开发运维一体化（DevOps）和智能化运维（AIOps）的大门已顺势开启。在这种趋势下，传统的数据库运维模式难以为继，商业银行将如何应对数字化转型带来的浪潮？还有在数字化转型浪潮的冲刷下，DBA 职业规划又将何去何从？本章将为各位读者一一揭晓答案。

12.1 商业银行数据库管理演化阶段

纵观历史，人类社会的发展经历了五大阶段，原始社会—奴隶社会—封建社会—资本主义社会—共产主义社会，本节将借助人类社会发展阶段来让读者更轻松理解数据库运维的演化过程，并加深印象。

20 世纪 80 年代之前，在银行的柜台前，永远看到的是摞得高高的账本，银行工作人员基本用的是算盘和钢笔，通过摞得高高的账本来管理银行业务数据，这就是数据库运维所处的“原始社会”最大的特征。

经历了原始社会后，从 20 世纪 80 年代开始，中国的银行业开始了电子化，作为银行管理业务数据的宝藏——数据库正式登上舞台，它的管理也走上了蓬勃发展之路。

时光荏苒，1980—2021 年，激荡的四十多年过去了，当商业银行的用户享受着移动金融服务、实时到账、便捷支付服务的时候，不妨回顾一下数据库助力商业银行 IT 基础设施变革这四十多年以来翻天覆地的变化。

12.1.1 奴隶社会——手工运维阶段

伴随着商业银行电子化变革的潮流，数据库运维水平终于从原始社会跨入了奴隶社会，尽管 DBA 每天辛苦劳累，但还是烽烟四起，每天游刃于各个数据库之间。

这个阶段，数据库相关运维工作并没有章法而言，前方迷雾缭绕，如履薄冰。笔者自信只要锻炼好自身的本领，想必遇到何等难事，即可迎刃而解，白天充满激情处理各种数据库故障，晚上秉烛夜读，编写各种问题分析报告和应急手册。

回想起来，最大的感触就是当时尽管也开始了文档建设，编撰了各种数据库相关的技术规范和部分技术手册，但从内心来说，对这些文档缺乏足够的敬畏之心，对这些规范如何在运维工作中如何落地也缺乏应有的重视。

再说变更，对 DBA 来说再熟悉不过了。数据库的变更，堪称风险大，可喻为“在针尖上舞蹈”，一点也不为过。因为在当时统一为集中式数据库的架构下，往往一个不谨慎的参数调整或上线调整，可能带来一场灾难。另外，堡垒机应用正处于研发引进阶段，并没有行之有效的权限管控手段，变更步骤还靠纸质化打印随后请变更经理签字后执行，这同样在安全性角度存在隐患。在这种环境下，大家提到变更都“谈虎色变”，需要花费大量的测试时间不断试错，凭借运气以及大胆无畏的精神通宵上线。

数据库类事件和问题处理水平也比较初级。事件和问题相比起来，时效性要求较强，运维工作中较为流行的话就是“处置高效”，讲得就是事件应急处置时，应将快速恢复业务为主要目标。所以应急事件发生时，很多情况下没来得及收集任何有效数据，就将应用或数据库重启了，一些问题现象确实就消失了，但有时运气不好就又会重复出现。不夸张地说，当时我们已将“数据库应急重启”作为行之有效的“第一板斧”处置动作。

起初接触运维，不了解事件和问题的区别。问题对比事件的时效性并不强，但问题要求一定要“准确”。这里的准确指的是“对每个生产问题要准确地找出根本原因”。在当时的手工运维水平下，由于没有及时保留相关线索，解决问题就变得非常困难。做到“预防为主”就更有难度了，因为找不到问题的根本原因，就无从谈起如何避免它们的发生。

在这个手工运维阶段，所有数据库运维工作都是靠手工来完成的。每天 DBA 日常运维工作应接不暇，重复性的手工操作占比较高，这种现状一直困扰着我们，工作现状急需改善。

12.1.2 封建社会——工具化阶段

在手工运维阶段，系统管理员和DBA每日疲于奔命地处理着手头的日常工作，痛定思痛，有时候需要“踩踩刹车”停下脚步，静下来仔细思考下，当前数据库运维的痛点，如何改善现状，这样才能有所提升。

在工具化阶段真正到来之前，经过痛点分析，开始针对一些重复性的工作制订优化方案，主要是编写一些常规脚本代替繁杂的重复性劳动。这种指导思想就是将已固化的流程标准化、规范化，随后开始将其脚本化。

表 12-1 罗列了商业银行运维 DBA 的基本工作项，最左列是工作项的类别，右面罗列大部分工作内容。根据痛点分析，首先最容易脚本化的工作就是系统部署部分。尤其是其中的环境搭建、部署监控等工作。

表 12-1 传统 DBA 的基本工作项

系统部署	环境搭建	资源分配	资源回收	部署监控	架构调整
方案评审	上线评审	架构评审	变更评审	改造评审	……
巡检工作	日常巡检	健康检查	深度巡检	……	……
性能分析	语句审核	SQL 调优	数据库调优	安全审核	……
变更工作	数据迁移	数据库升级	备份恢复	参数调整	……
规范管理	部署规范	运维规范	技术手册	应急手册	……

其次就是巡检工作，日常巡检、健康检查等都可以通过脚本化代替重复性劳动。

最后是变更工作，采用小步快跑迭代开发脚本的方式，先完成了数据库参数调整、数据迁移、备份与恢复等常见变更的脚本化，随后再逐步实现所有数据库变更的脚本化目标。

在开发这些脚本前，先进行工作流程的标准化和规范化设计。将以上提及的常规性工作细化并完成标准化设计，随后根据相关运维规范将其规范化，最后才进入脚本开发阶段，边开发边测试，最终将脚本上线。

脚本的开发过程中，发现有些功能是可以复用的，并且可以做成工具来提供更多服务，例如，数据库自动化巡检、快速检查工具（Fast Check）和风险排查工具（Risk Check）等。这些工具都是将大批脚本封装成工具，这样 DBA 的运维工具箱就逐渐丰富起来。在事件应急场景中，再也不会有多名应急人员同时出现在终端前的“盛况”了。

脚本封装成工具后，还有一个很大的好处，就是可以逐步完善配置管理数据库（Configuration Management Database，CMDB）和监控系统。一些基础运维信息都可以通过这些工具辅助定期更新 CMDB，使其内容更准确，一些数据库的专业化性能数据也能补充到现有监控平台中。

在这个阶段的运维工作中，DBA 可以从中尝到甜头，将脚本工具化是一箭双雕的事，既可以提高工作效率，全面提升自动化率，又可以逐渐完善运维支撑类系统，为走向平台化打下良好基础。因此，必须要持续下去。

所以，在工具化阶段，开发工具可以代替 DBA 做一些常规性的工作，只有这样 DBA 才能“腾出手”来做更高级的事情。

12.1.3 资本主义社会——云化管理阶段

在工具化阶段，针对部分数据库常规工作，只是一个个单独的工具。对于一些复杂的操作，例如系统升级类的变更时，就显得很单薄。需要将这些定制化极强的复杂场景所用到的工具组装起来，再经过一系列的流程审批，按照指定的流程编排好，形成套餐化的设计。

另外，随着每年商业银行业务的增长，数据中心基础设施及运维的系统逐年增加。这给数据库运维又带来新的压力，照这种速度发展下去，仅靠几个 DBA 显然是不行的，那么除了继续增加 DBA 人员投入，还有别的方法吗？

答案是肯定的。到了云化管理阶段，真真切切需要一个私有云平台，然后为运维人员和开发人员提供自服务的方式实现真正的高效运维，DBA 将利用云平台开展本职工作，正所谓“好钢用在刀刃上”。

据 Gartner 公司预计，到 2022 年，全球 75%的数据库将被部署或迁移到云平台，只有 5%的数据库被考虑遣返到内部部署，这个数字信号预示了云数据库的发展方向。

于是，我们开始着手调研商业银行云数据库（DataBase as a Service，DBaaS）的应用，发现可以提升如下能力。

（1）一键式部署：将之前开发的自动化部署工具和脚本编排起来，可以轻松应对数据库类的部署及配置工作，最终实现一键式部署各类数据库主备、主从、集群等架构，保证交付质量的前提下，提升资源交付效率。

（2）实现敏捷开发：利用开发平台与私有云对接的方式，实现 aPaaS（application Platform as a Service）。aPaaS 主要从应用和数据层入手，趋向于 PaaS（Platform as a Service）和 SaaS（Software as a Service）之间的服务平台。

（3）自助式管理与部署：自助式管理是数据库云化管理的最大优势。用户通过云平台实现自服务的过程。例如，在定义自助部署流程后，管理、监控、设置数据库策略等工作，都可以由用户自己完成。

（4）强扩展性和灵活性：一种在给定数据库上扩展和收缩其容量的能力，可以根据不断变化的业务需求对节点进行增加和缩减。

随后，我们调研了很多云产品供应商，发现在欧美的云数据库占据了领先地位，而从国内来看，基本处于发展中阶段。国内的主要供应商有阿里云、腾讯云、华为云，这些供应商都富有中国特色的独具创新。

阿里云中比较火爆的 PolarDB 分布式数据库，采用存算分离的部署架构，共享分布式存储。它有三个独立引擎，分别 100%兼容 MySQL、100%兼容 PostgreSQL、高度兼容 Oracle 语法。在存算分离架构支撑下，配合容器虚拟化技术和共享存储，支持分钟级弹性伸缩，是一款实现了金融级强一致性、全局二级索引、混合负载（HTAP）等特性的公有云数据库。

知识点：什么是存算分离？

“存算分离”是存储和计算分离的简称，是当前比较流行的云部署架构。对于计算层，主要关注 CPU 和内存性能，它是无状态的，计算资源易于迁移和失败转移；对于存储层，主要关注低成本的分布式存储实现。存储可以方便地池化，以块为单位进行管理，不会再有碎片化问题。

“存算分离”的优势主要在于：

- 完全解耦计算和存储负载，系统的负载均衡更加灵活。
- 更强的故障转移能力，提高系统健壮性。
- 更强的资源水平扩展能力，易于实现系统的弹性伸缩。

腾讯云将原有的 TDSQL、TBase、CynosDB 三大产品线统一升级为“腾讯云企业级分布式数据库 TDSQL”。TDSQL 是部署在公有云上支持自动水平扩展的分布式数据库，采用了分库分表加中间件的传统分布式数据库架构。基于强同步提高主从复制效率，兼容 MySQL 协议，并支持多表 Join、小表广播、金融级分布式事务，实现四种隔离级别等特性。

另外，TDSQL 比较有特色的是“赤兔”和“扁鹊”系统，这两个系统可以给 DBA 减负。“赤兔”是运维管理平台，DBA 可以直接操作这个 Web 管理界面来管理后台数据库；而“扁鹊”是智能 DBA 平台，可以自动在线探知 TDSQL 的健康状态。

华为云相比其他云产品供应商，起步比较晚，但发展相对也比较迅速。在高斯数据库（GaussDB）方面，华为内部将高斯 100、300 进行了融合，据悉华为会持续不断地在数据库云服务模式上发力。GaussDB 也是属于存算分离架构的分布式数据库，支持关系型和非关系型两类数据库服务；同样支持分钟级扩容、事务及主从复制一致性；支持关系型兼容 PostgreSQL、MySQL 等。

以上国内云供应商提出的云解决方案都各有千秋，令人眼花缭乱。在当前商业银行的场景下也具有较大优势，但同样存在一些弊端，主要表现在以下两点。

（1）这些云厂商提供的 DBaaS 公有云解决方案，基本都不会提供开放的 API，各种厂商自行其是。

（2）厂商对原生开源关系数据库如 MySQL、PostgreSQL，多少都有一些组件级甚至产品级的侵入性研发，一旦选择云产品，则商业银行在数据库的自主掌控能力的发挥就受到了限制。

综上，自主研发云平台，并朝向云数据库前进，一定是未来金融级数据库的发展方向。

首先，构建 IaaS（Infrastructure as a Service）云平台，开始采购大量 x86 服务器，大规模使用虚拟化技术，这个 IaaS 云平台为生产、开发及测试多个环境提供基础设施服务。

只解决基础设施服务是远远不够的，结合工具化阶段的有效产出，将这些工具或软件集成到现有的 IaaS 云平台中，使其变成可以支持开发运维一体化（DevOps）的 PaaS（Platform as a Service）云平台。随后，结合着有效的管控流程和敏捷开发，这时 DBA 主要的工作就是利用 Python、Go 和 Shell 等时髦的语言，在平台内开发自己的应用，然后应用于不同的数据库运维工作场景中。

例如，在变更管理中，DBA 可以根据需求，自助启动一个数据库自维护类变更，DBA 再也不用考虑变更前的一些准备工作，这些任务都已编排到 PaaS 平台中。根据规则和触发条件，自动进行变更，并反馈结果。

所以，在云化管理阶段，面对着逐年业务发展增长，运维工作指数级上升，充分利用拥有商业银行血统的私有云，形成一整套自服务解决方案。

但是，云化管理阶段与终极的智能化云数据库还有段距离，需要不断探索和成长。

12.1.4 共产主义社会——智能化阶段

2021 年是“十四五”规划的开局之年，我们感受到更多的是在科技创新和自主可控主旋律下，国家大力推动数字化转型的强劲势头。

在“十四五”规划中，科技创新已经是国家现代化建设发展的核心战略支撑，国家对科技创新的重点推进方向包括人工智能、量子信息、集成电路、生命健康等。在这种鼓励科技创新的大环境下，金融科技从业者不能墨守成规，不变则意味着被历史吞没。这就势必需要更进一步推进商业银行数字化转型发展进度，走向智能化的数据中心。

在智能化阶段，数据库运维管理总体方向与目标是：让数据库实现自愈、自驱的智能化管理。例如，Oracle 自治数据库基于 Oracle 云基础设施运行，能够为现代企业的事务处理和数据仓储需求提供负载优化的云服务。凭借多模型融合数据库和基于机器学习的全生命周期自动化管理特性，它最高能降低运营成本 90%，在智能化 Oracle 云中，可以帮助用户达到自动供应、调优、扩容、安全自治和自愈等。IBM Db2 在 V11.5 版本也引入了机器学习，致力于打造一款自驱型云数据库。

在实现数据库智能化管理之前，在云化管理阶段内提及的云数据库必须先行落地。我们可以充分利用现阶段的 PaaS 企业云平台，开发并升级更适合商业银行本身的数据库高可用、性能、监控、问题诊断、性能分析及巡检等模块。

出路就是构建适合商业银行行业化的 DBaaS，从云计算定义上来看，更贴近于 aPaaS。通过流程工具定义自服务策略，借助仪表盘将其展现出来，达到敏捷开发、自动化测试与快速上线。首先要支持金融级事务一致性、100%的 SQL 支持、容器化部署、弹性扩缩容、多租户、安全加固和 HTAP 等，这样的云数据库对现有业务增长才有一个最基本支撑。

随后，在 DBaaS 的基础上，可以考虑加入如性能基线、异常检查、关联分析和趋势预测等功能，来自动或辅助大家做技术决策。传统的监控、报警、分析、执行的方式难以为继，必须加大运维信息的采集，对采集的这些海量数据进行数据分析、数据建模、智能识别警告信息和提供精准方案帮助决策执行。以上就是融入了智能化基因后的 DBaaS 平台所呈现的最大不同之处。

结合当下智能化运维（Artificial Intelligence for IT Operations，AIOps）的大行其道，最终走向智能化的数据库云平台，应该是高度自治的云数据库。

经过对商业银行数据库运维演化过程的分析，智能化阶段应是我们能遇见的数据库技术发展路线，在大力响应国家号召的背景下，更应该“敏捷”“自驱”地朝着这个方向努力。

12.2 新系统上线方面的思考

瑞士手表的工艺十分精细，表匠大师将一百多个零件通过组装、调整、校验和测试才能完工。整个过程十分复杂，需要表匠有高超的技艺和耐性。商业银行新系统上线工作也是如此，一套系统从设计到上线要经过许多工序。还要考虑上线前的非功能性需求、软硬件资源采购、系统架构、机房、网络、服务器和各类基础软硬件安装及配置等，属于十分繁杂的工作。

12.1 节中探讨了商业银行数据库管理演化过程，本节将从流程、安装自动化和高效服务化部署三个方面简述新系统上线工作在商业银行中的管理和优化思路。

12.2.1 流程的优化

新系统上线在运维工作中的重要性就不多费笔墨了，接下来，首先介绍下未经优化前的流程，随后再来介绍优化其中的哪些环节，以提升交付能力。

图 12-1 为某商业银行新系统上线的简要流程图。每一套系统的上线都要经过这四大阶段，每个阶段的具体工作项都比较繁多。可以看到，这些工作项的每个阶段花费的时间都很长。每套新系统，从上线申请被受理到真正对外提供服务，至少需要 3 个月。这种速度谈何“敏捷”？

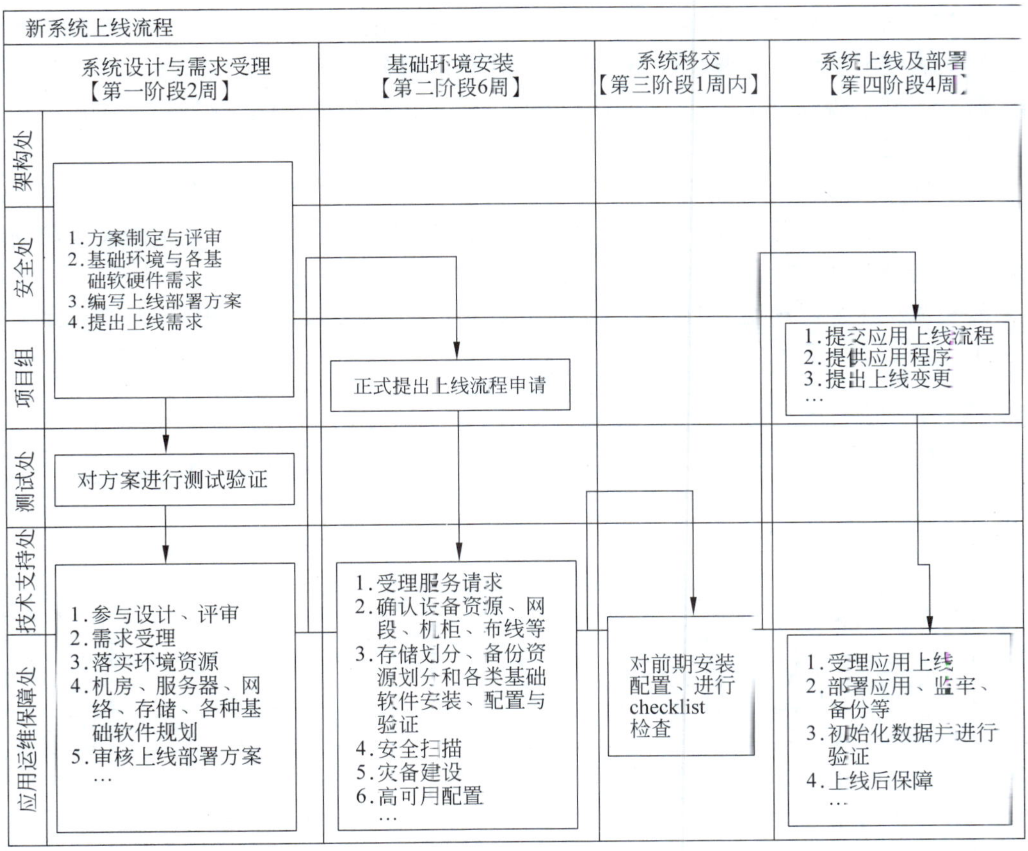

图 12-1 商业银行新系统上线简要流程

再看资源投入，这套流程需要该商业银行开发中心和数据中心相关处室深度参与并配合完成。开发中心有架构处、安全处、项目组、测试处等；数据中心有技术支持处、应用运维保障处室等。总计共涉及六个处室，十余个职能组共同协调才能将系统顺利上线。

必须先从流程上做出改变和优化，否则这项常规工作将耗费大量的资源和时间。而简单地砍掉某个阶段又无法保证质量，建议具体流程优化如下。

（1）加强双中心流程优化，跨中心流程的每一个重要环节采用即时通信提醒，流程上起到督办作用。

（2）第一个阶段开始前，在系统设计阶段增加非功能需求的设计。增加这个环节，主要目的是为了避免上线后许多非功能性需求设计不合理而造成的性能容量问题。

（3）第一阶段，开发中心项目组在填写上线部署方案时，经常需要和数据中心有关部门反复确认细节，沟通成本较高。为了提升效率，对新系统上线部署方案进行改版优化，精简并参数化各项内容，将大部分需文字说明的需求，精简为选择项。这将大大降低沟通成本。

（4）第二阶段是重头戏，整个过程至少需要一个半月。经分析，大部分时间花在基础软硬件资源的上架、安装和配置上。对于硬件资源确认及部署优化，将根据每年的性能容量增长趋势，来提前制订下一年的各类资源采购计划，形成资源池管理。另外，软件层面的优化，主要实现软件安装、配置、备份恢复和升级等功能，全流程自动化，完成多套定制化部署脚本工具集的研发。这将在 12.2.2 节中重点介绍。

（5）第三阶段，完成系统环境搭建后，将移交至应用运维保障处进行系统验收。验收过程中，原来需要手工根据检查项（CheckList）进行依次确认。优化后，将 CheckList 检查前移至第二阶段，并实现安装配置后的自动化检查，最终形成检查报表。这样第三阶段只剩下流程上的报表结果确认即可。

（6）第四个阶段中，同样改变了应用上线策略，将应用先通过自动化预部署工具在准生产环境进行验证和初始化，随后再到生产环境中上线。准生产预部署可以提前发现问题，因此这种策略通过自动化提高效率的同时，又提升了应用上线的成功率。

最终将流程压缩，理论上的新系统上线由 3.5 个月缩短到 2 周，但仍旧没能满足目标，详见图 12-2。

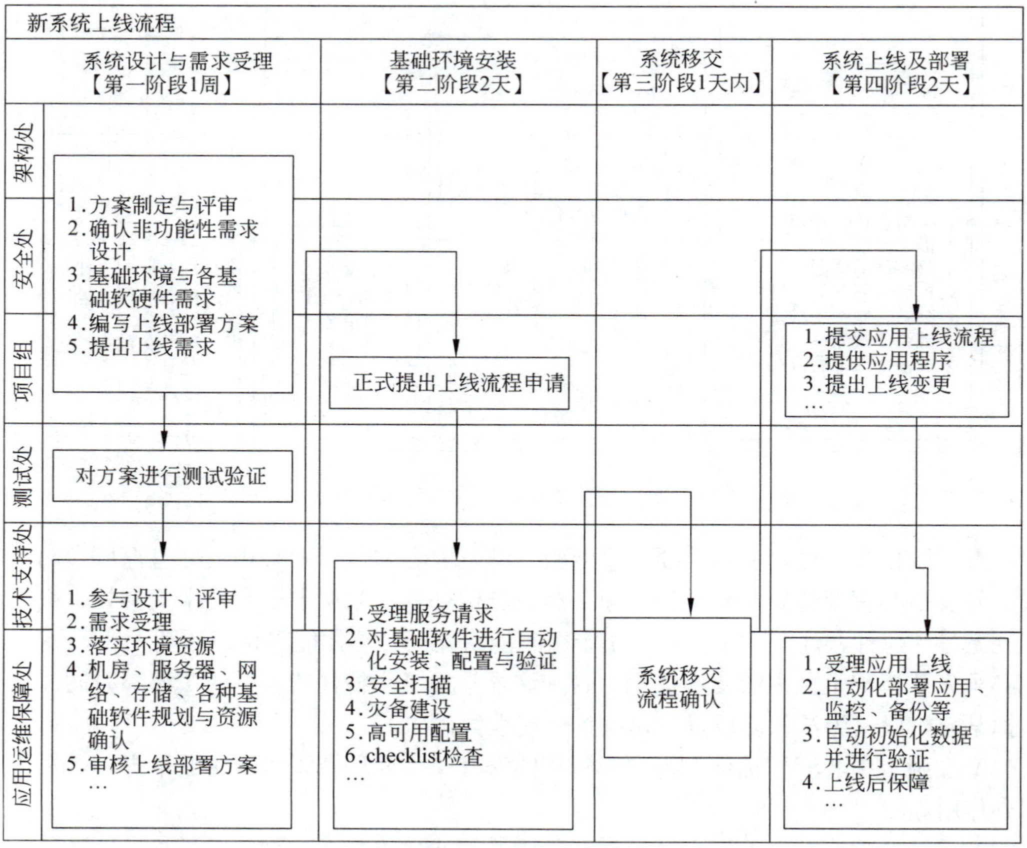

图 12-2　商业银行新系统上线简要流程（优化后）

12.2.2 安装自动化

记得前不久，笔者看过一段短视频，主要介绍德国一家猪肉加工厂，从活生生的生猪到产出精美包装好的成品猪肉产品，全流程采用机械自动化完成，期间不会有任何人工操作。据车间的负责人介绍，人工成本不变的情况下，一天的生猪加工产量翻了好几倍。这就是自动化的力量。

商业银行在各个领域也非常重视自动化，在运维工作中更是如此。提升运维整体自动化率，并不是成立一个脚本开发团队后直接进入开发阶段就水到渠成了。走向自动化之前，需要将复杂的事情简单化，简单的工作标准化和流程化。

1. 标准规范化

运维标准规范化是非常大的话题，这里只重点探讨新系统上线中软硬件标准化的内容。

在硬件标准规范化方面，主要对服务器所在机房、机柜、设备安装、综合布线、电源、ODF 标签等方面的设备安装规范，达到整齐划一便于管理的目的。

软件标准规范化方面，主要对系统、中间件、监控、数据库、备份和配套工具等软件的用户设计、权限设计、配置信息、部署架构、高可用设计等方面进行标准化。例如，数据库方向可以细化到初始化用户命名规范、预设权限、安全配置、数据库类型规范、数据库物理设计、备份等方面。

上述标准规范化的目的很简单，后续所有基础软硬件的安装与配置，必须遵循商业银行制定的统一规范落实，避免出现因标准不一，从而造成无法统一管理的问题。当这些基础软硬件按照规范要求统一化和通用化后，将为后续的自动化提供有利的助攻。

2. 自动化

遵循商业银行软硬件运维及部署规范，将涉及软硬件安装、部署的部分抽离出来，形成一套高度浓缩的参数化配置列表。随后，依据参数化配置列表进行新系统上线的自动化脚本开发。

表 12-2 简单列举了为新系统上线环节开发的自动化脚本，这些脚本并不是简单地完成安装就结束了。下面以数据库为例，说明如下。

表 12-2 软件自动化脚本研发列表

系 统	中间件	监控软件	数据库
自动化安装脚本 系统核心参数配置脚本 双机软件配置脚本 系统与存储配置脚本	自动化安装脚本（单机、集群） 中间件个性化参数配置脚本 中间件管理配置脚本 中间件升级脚本	监控安装脚本 监控配置文件部署脚本 监控服务器策略调整脚本 监控探针升级脚本	数据库安装脚本 数据库参数配置脚本 数据库部署脚本 数据库升级脚本
自动化配置检查（Self-Checking）脚本			

（1）安装脚本需要支持不同的安装需求。例如，选择 MySQL MGR，随后会将安装配置 MGR 的脚本添加到自动化调度工具中。如果遇到一个数据仓库类系统，根据前期上线评审结果，会将 Db2（Database Partition Feature，DPF）安装脚本添加到自动化调度工具中，实现自动化任务的编排和调度。

（2）数据库部署脚本主要负责数据库内部对象自动化创建。根据《××系统上线部署方案》中对数据库、表空间、表对象、其他数据库常见对象的具体要求，来修订配置文件，实现自动化数据库初始化和自动配置。

（3）数据库参数配置脚本是根据数据库相关部署规范中对系统参数、数据库参数、环境变量等参数规范要求来进行设定的。当相关规范修订后，通过 IT 服务管理平台（IT Service Management，ITSM）流程约束，同时修订调整相关脚本。

（4）数据库升级脚本主要负责数据库安装后的补丁或版本升级。但它并不会考虑更多相关数据库升级前的准备工作，只能作为数据库安装部署自动化辅助脚本。

注意：什么是《XX 系统上线部署方案》

该文档是对商业银行某新系统的上线部署设计方案的基本描述，用于规范和指导数据中心相关技术部门安装部署该新系统的服务器，同时为该系统的运维保障人员提供一定的帮助。

该文档主要包括：服务器规划、网络规划、应用规划、数据库规划、存储规划、监控规划、备份规划和非功能性需求等。

在使用这些脚本安装部署前，需要根据《××系统上线部署方案》中的细化需求来实现，但要进行自动化安装部署还差最后一步，那就是对这些脚本的流程化编排。

商业银行通常采用自动化调度平台来实现复杂任务的编排和调度。需要将新系统上线的需求形成套餐化，再根据不同的套餐编排这些脚本。例如，搭建 OLTP 类的数据库，会调用专门为这类应用设计的个性化数据库初始参数。这些参数往往在规范中定义了范围值，当需求明确后，就会根据套餐中要实现的目标来配置一个具体的值。

待上线系统的所有软硬件就绪后，进入系统移交阶段前，由系统验收人员运行自动化配置检查（Self-Checking）脚本，用于验证自动化配置是否就绪，各项参数值是否按照规范来设定。

12.2.3 高效服务化部署

经过大量的脚本自动化优化后，离目标越来越近了。但仍有一定差距，例如，对重要且紧急的系统，要实现从 *T* 日提出需求，在 T+1 日完成部署。这是一个更高的目标，需要在流程优化、自动化的基础上再次缩短其时间。

可以将新系统上线的四个阶段流程完全纳入 PaaS 平台中，使其整个流程云化。如图 12-3 所示，最下面是 IaaS 层，利用 Docker 等先进的云技术构建起基础设施平台，负责服务器、存储、网络、虚拟化等基础能力交付；另外，结合流程上的优化，提前对基础设施资源进行计划性采购，加入到 IaaS 资源池中管理；最后向 PaaS 平台持续交付。

在 PaaS 平台中，增加对系统及基础软件的基础服务，如代码库和制品库、中间件、数据库、操作系统等，这些信息都与 CMDB 同步，实现统一配置管理。随后，将项目管理、自动化测试平台、调度平台和用户管理等功能融入其中。将自动化安装中提及的脚本，通过原子化方式集成进来，以便提供更灵活的服务能力，也可以形成套餐化。

为了增加 PaaS 平台的持续集成能力（Continuous Integration，CI），通过开发框架，运维或开发人员可以编写个性化的应用，合并到主线服务平台中。

当待上线系统通过相关新系统评审后，可以通过线上流程，填写线上版《××系统上线部署方案》后，经过审批即可实施自服务。PaaS 云根据提出的相关需求，在资源池中自动为

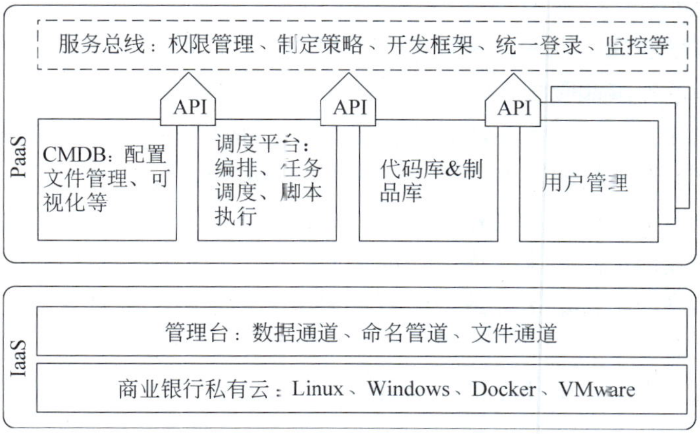

图 12-3 PaaS 平台体系架构

待上线系统进行配置。随后，流程到应用运维相关处室进行交付验收。最后，再通过开发中心提前发布在制品库的应用版本进行自动化上线部署。

这样，整个流程优化为 T+1 交付。

12.3 数据库事件管理思考

2001 年 9 月 11 日，发生了震惊全世界的恐怖袭击事件。两架被恐怖分子劫持的民航客机分别撞向美国纽约世界贸易中心一号楼和二号楼，两座建筑在遭到攻击后相继倒塌损毁。这一事件并没有任何先兆，全世界人民都在关注着事件发生后，美国政府是如何快速启动营救预案和善后措施解决事件的。

IT 信息系统也是如此，系统在运行过程中，可能由于某种异常会导致生产业务中断，我们必须要快速反应并做出行之有效的动作才能有效解决事件。事件管理是信息技术基础架构库（Information Technology Infrastructure Library，ITIL）中经典内容之一，本节主要分享下运维事件管理方面的思考。

12.3.1 事件管理优化

在 ITIL 管理中，事件管理与问题管理经常被刚做运维的新人所混淆。首先来区分下事件和问题的区别。

（1）ITIL 中的事件，被定义为 IT 服务质量降低或 IT 服务非计划中断。事件主要关注的是“快”，想尽一切办法要迅速处理事件，快速恢复业务并对外提供服务。

（2）ITIL 中的问题，被定义为引发一个或多个故障的未知原因。问题主要关注的是“准”，为了防止系统故障的再次发生，必须找到问题的根本原因和解决方案，并将其根治。

因此，事件和问题的概念不一样。其次，它们之间的关系也并非是“升级”的关系。问题和事件的关系可以一对一，也可以一对多（一个问题有可能引发许多事件）。

一般地，传统运维事件管理中更关注事件的时效性，监控平台能否在第一时间报警，保证“不错发”“不漏发”，最后进入事件处理流程。

但在传统的运维事件管理中，我们发现有以下两个问题需要持续改善。

（1）随着业务量的逐年剧增，各种渠道上报的事件量也开始慢慢上升。基础设施、基础软件、应用程序等各种事件应接不暇，给事件处理时效性带来更大的挑战。

（2）事件处理能力不足。许多事件还是靠一线运维人员的经验支撑，缺乏事件处理经验的有效积累。导致事件一线解决率下降，许多事件形成问题升级到开发中心。

事件的处理能力薄弱的问题，根本原因是事件或问题处理后，专业技术条线事件处理的专家经验并没有有效地沉淀下来。更多借助老带新的口口相传经验判断方式解决事件。当生产事件爆增时，最终的结果就是导致一线事件解决率的下降。同时开发人员相对问题处理的需求就逐渐增加起来。

另外，在传统运维中，事件上报一般通过 ITSM 流程平台的事件处理模块进行上报。由管理手段管控事件回复的时效性，这种传统方式很难全方位立体化的反馈事件信息，并跟踪后续的问题。

这里提供以下几方面的优化建议。

第一，为了解决时效性问题，首先将事件报警进行收敛，避免重复性告警的前提下，加强事件自愈能力。例如，在分布式数据库环境内，某一个分片压力骤增触发系统阈值告警。该分片内所承载的业务必然受到影响，出现大量慢 SQL 语句，从而影响整个分布式事务的执行效率。随后，将由 ITSM 平台关联自动化调度平台，触发事件自愈分析，选择自愈场景：如果慢 SQL 语句属于同类业务，则触发交易抑制能力，封锁相关交易；如果非同类交易，且系统性能达到切换阈值时，首选分片组内主从切换。

第二，梳理并增加监控覆盖面。可使监控深度感知，迅速触发告警，尽量减少由电话或客户渠道上报的事件比率。然后，在触发事件告警的同时，自动判断其场景化，随后使用自动调度平台触发相关捕获脚本，保留技术专业化更强的现场信息。

第三，在事件上报渠道优化中，增加移动端上报方式，在企业微信中及时提示事件的状态和问题的跟踪状态，并能够按照商业银行对事件管理要求进行定期提醒。

第四，借助大数据和机器学习的技术，将日常产生的运维数据汇总至大数据平台。随后通过机器学习跟随各专业技术条线的专家经验，经过训练形成认知模型，应用到事件处理环节。当出现类似事件时，就会自动搜索大数据平台的专家知识库，将事件与专家经验关联起来。

12.3.2 事件自动化统计与分析

随着商业银行系统业务多元化发展，业务量逐年增加，给数据中心运维带来更多的挑战。针对事件频出、事件解决率下降等问题，归根结底是没有行之有效的手段做到预防为主。

日常运维过程中，商业银行对每日产生的事件进行综合分析，目的是在分析结果中不断提升事件管理能力，发现自身的薄弱环节，再有针对性地提出解决方案。

实现事件的自动化统计与分析，可以将 ITSM 与大数据平台对接，每日定时汇集数据后加以统计分析。随后，在每日生产例会中向数据中心内部公布事件处理情况，以及重点事件改进措施。从事件管理角度明确关键指标，如表 12-3 所示。

表 12-3 事件管理关键指标项

运维事件管理关键指标项	
总事件告警量	原始的总事件告警数量
主要事件量	按照收敛规则，自动压缩后的事件数量
事件收敛比例	（1−主要事件量/总事件告警量）×100%
事件受理平均响应时长（MTTA）	可按组织架构维度统计的事件受理平均响应时长
事件平均处理时长（MTTR）	可按组织架构维度统计的事件平均处理时长
事件告警分类占比	主要分类有：网络状态、Web 应用、应用程序、操作系统、数据库、存储、磁盘、CPU、内存等
事件转问题比例	事件没有在知识库命中，需转问题继续跟踪的比例。
知识库命中率	事件告警在知识库中命中的比例
首次事件占比	相较前一天或前一周新发生的事件占比
事件隐患分析	针对有可能将要发生的事件进行分析评估

以上是一些事件管理的常规指标，一方面用于统计后的结果展示，另一方面就是利用这些专业化技术指标，借助机器学习技术分析发生事件的嫌疑点。

事件隐患分析这个领域，将是现阶段运维事件管理要达到的最高目标，即可真正实现预防为主。

例如，随着业务系统数据量日益增多，对相关业务表大量的增、删、改可能会造成数据页空洞过多，影响 SQL 语句的执行成本，这将直接影响 SQL 语句的执行效率，从而影响相关业务。如图 12-4 所示，通过数据库性能监控平台可以探测每日同类 SQL 语句的平均执行时间变化，随后将这些数据汇总到大数据平台，通过对比每日变化即可发现性能变化趋势。一旦经过连续两日的性能基线标记，将会自动通过机器学习训练后的模型，对其执行计划进行深入分析，并提出专业化的优化建议。这样系统管理员将采取数据库优化措施。

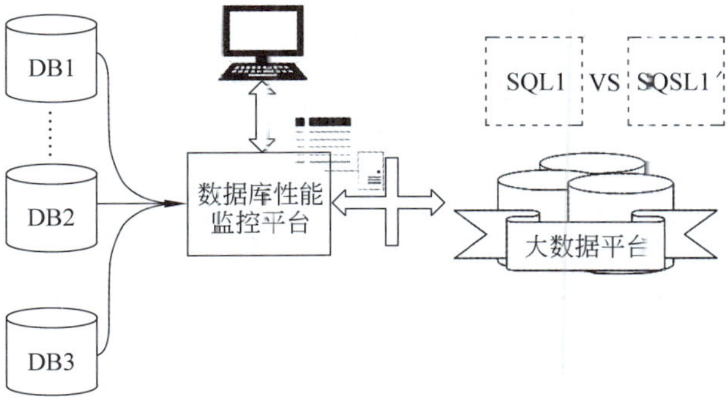

图 12-4 数据库事件隐患分析

12.4 问题处理方面的思考

相比技术，商业银行更关注内部管理条例和相关流程，注重各种管理办法贯彻与落实，有些重管理而轻技术的倾向。随着金融科技的蓬勃发展，商业银行的经营环境发生了巨大变化。商业银行间竞争日趋激烈，对商业银行转型发展提出了新的挑战。如何在众多竞争者中脱颖而出，唯有更加重视技术发展才能获得卓越成就，而获得成就的前提是必须尊重每一个技术细节。这就要求对每一个问题都要溯本求源。

在 12.3.1 节中，笔者已经介绍了关于问题管理的定义和与事件管理的区别。在传统运维工作中，问题的时效性没有事件要求的高，但问题一定要求深挖根本原因，否则很难“斩草除根”。特别是每日的事件量非常大，而转入问题流程的事件又特别多时，对于数据中心的一线、二线问题处理人员来说就构成了更大的挑战。

12.4.1 深挖问题根本原因

一般商业银行针对问题管理的要求是，不放过任何一个问题，每个问题都要找出故障的根本原因，随后制定解决方案，并防止类似问题的再次发生。

那么对问题的分析和解决，根本在于要找出其根本原因（Root Cause）。即使我们利用非常强大的自动化运维平台，但读者可能会发现有很多问题很难通过常规手段解决。

首先，是故障的定位。故障定位的前提是要有相关故障点的数据支撑。例如，数据库突然宕机，而我们并没有保留任何相关系统和数据库层的信息，这时会发现根本束手无策。

分析问题最重要的是能够在第一时间保留最准确的数据。以精准数据为支撑才能探求问题的根本原因。因此如何在问题发生时保留有效的数据，如何借助数据进行问题分析就变得尤为重要！

图 12-5 是问题根源分析的逻辑图。在数据收集阶段，触发事件告警后，自动化调度平台将触发事件响应动作，根据场景执行快速检查工具（Fast Check），从服务器角度保留第一手的信息，并连带应用相关日志信息，一同推送到智能日志分析平台。随后，收集监控平台在事发时段的相关数据，包括基础监控、交易监控和专项监控（如数据库性能监控）等。

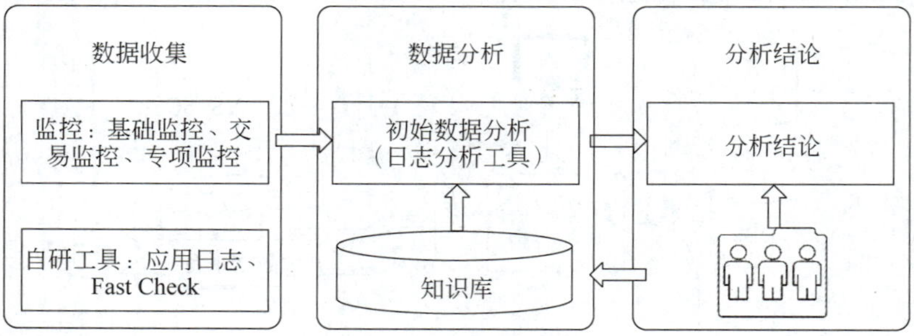

图 12-5 问题根源分析逻辑图

在数据分析阶段，利用智能日志分析平台中收集事发时间段的监控信息，再结合知识库的相关信息，进行初始分析与问题定位。如果是简单的故障，收集的数据中带有一定特征，这些特征组合起来，再快速匹配知识库即可迅速定位问题。

注意：什么是智能日志分析平台

IT 技术的发展使快速检索日志、帮助业务范围精细划分、深层挖掘用户需求成为可能。为了进一步完善商业银行 IT 信息管理体系，需要构建一套统一的日志信息采集、分析、检索、展现的平台，帮助运维人员从全局视角对系统进行故障诊断、容量预估、性能瓶颈定位等。主要功能如下。

- 集中高效日志管理：对系统各类软件日志数据集中高效地存储，聚合查询，可视化展示。
- 智能化处理：通过机器学习关联相关日志信息，精准定位故障，加速故障解决。
- 智能化排障：通过预置的问题分析及解决模板，能提供故障根源定位辅助建议。

如果是比较复杂的问题，那就需要专业的技术知识，再去仔细分析定位到底是什么原因导致了故障。当数据分析阶段无果，此时就需要专业化条线的人员介入，继续进行分析。例如，当一套系统的数据库发生性能下降的事件时，通过数据分析阶段并未定位问题。则 DBA 开始结合之前收集的数据和数据分析阶段的预判结果，再进行深入分析。

一般来说，无论是哪一类系统故障，都是链式化表现，即满足“多米诺骨牌效应”，都需要抽丝剥茧，利用各种线索顺藤摸瓜找到根本原因后，提供针对性的解决方案，如果存在共性特征，则补充完善到知识库中。

12.4.2 问题总结与沉淀

正如 12.4.1 节介绍的内容，问题根源分析，要保证收集信息的全面性，也要尽量保证数据分析的准确性。一方面可以通过机器学习等技术模型识别问题场景，并做出下一步动作（自愈或是构建新的问题场景）；另一方面必须加强知识库的有效性和准确性。强大的知识库能提供更多更全面的专家建议，为定位问题根源发挥重要作用。

每当找到问题的根本原因后，针对每一问题的负责人应当组织问题的复盘。未经过复盘的问题，是无法准确且完整地录入到知识库中的。问题复盘后，进行后期的知识总结。传统知识的发布流程为：知识项录入、知识的审核、知识的更新、知识的回顾与废止。下面来思考下如何更好地改进知识库管理，用于更好地支撑问题处理。

（1）**知识项录入：**经过复盘总结后的问题，至少要包括概述、发生时间、级别、分类、来源、主题、问题描述、原因描述、解决方案、后续建议等输入项。每个输入项有严格的输入要求。例如，问题的主题必须携带问题报错码，这样便于后期在知识库中检索匹配关键字。

（2）**知识的审核：**这个阶段非常重要，在知识库管理中，这个阶段最重要。需要针对该流程设立知识经理角色，主要负责知识录入的质量。把控输入知识的合理性、完整性和有效性。这些知识经理往往由各技术条线的专家兼职，定期对其进行审核。再设立知识体验员角色，主要负责知识项体验。这个角色的人员往往是非技术专业条线人员，加设这个角色的目的是为了使知识项更普及易懂。

（3）**知识的更新：**对知识项的更新。更新时要满足知识项录入的准入条件，通过审核后方可生效。

（4）**知识的回顾和废止：**通过事件的自动化统计与分析，可以计算出每条知识条目的有效性，并定期产生知识有效性报表，对于低于设定阈值的知识项设置为停用。

从知识库管理的流程角度来看，应该加大规范化知识项录入，同时加大知识的审核力度。只有这样才能构建一个实用且能真正协助我们解决问题的知识管理体系。

从知识库的知识开发角度来看，要加强知识的挖掘和分析，在茫茫知识海洋中汲取新的价值。因为，知识库不单是信息收集工具，同时还是一种数据分析、统计工具，便于 DBA 能及时发现潜在的问题，并进行趋势性分析。

12.5 数据库变更方面的思考

商业银行非常注重变更管理，这关系到业务系统的安全生产运行水平。例如，我们经常在变更步骤或变更脚本中不断强调对于高危命令（rm、chown 等）的控制，如稍有疏漏，将带来不可挽回的生产事件，而且影响极大。这就需要我们直面挑战，找到解决思路。

另外，商业银行数据库变更管理方面在安全生产的前提下，要追求自动化率，但并不是为了自动化而自动化。我们需要达到真正有效的“解放”运维管理员和 DBA 的双手，放心地将变更交给系统去做。但要想达到这个目标，还需要许多工作要做。

12.5.1 数据库变更的标准化

实现变更自动化之前，需要先实现变更的标准化，这一点与之前介绍的新系统上线环节中的自动化实现如出一辙。因此，标准化的意义就不再赘述了，下面以点带面，介绍下数据库相关变更的标准化过程。

数据库变更标准化要经过三大过程，分别是制定数据库规范、整理标准变更步骤，最后形成标准变更模板。

在手工运维阶段就介绍了传统运维中文档的重要性，为了使数据库变更走向自动化，我们将常见变更进行了分类。例如，数据库升级类、数据库扩缩容类、数据迁移类、数据库维护类、数据库参数变更类等。随后参照商业银行数据库运维规范，对这些分类进行规范化，其过程主要是将一些配置标准和具体参数固化或者根据策略写入标准变更步骤中。

随后，为了达到变更的标准化，将变更步骤完全地模板化。模板化达到的效果就是一个没有经验的 DBA，即可通过模板定制此类数据库变更，达到变更目的。最后，DBA 将填写好的数据库变更步骤提交至 ITSM 流程平台，接受专业技术变更评审后即可准备上线。

经过梳理后的常用数据库标准变更详见表 12-4。

表 12-4 数据库标准变更模板列表

数据库变更分类	标准变更模板
数据库升级类	Db2/MySQL/Oracle 数据库补丁升级模板 Db2/MySQL/Oracle 数据库版本升级模板
数据库扩缩容类	Db2/MySQL/Oracle 数据库表空间扩容模板 Db2/MySQL/Oracle 数据库表空间缩容模板 Db2/MySQL/Oracle 数据库节点扩缩容模板
数据迁移类	Db2/MySQL/Oracle 数据库表迁移模板 Db2/MySQL/Oracle 数据库跨平台迁移模板 Db2/MySQL/Oracle 数据库同平台迁移模板
数据库维护类	Db2/MySQL/Oracle 数据库数据重分布模板 Db2/MySQL/Oracle 数据库数据重组模板 Db2/Oracle 数据库统计信息收集模板

续表

数据库变更分类	标准变更模板
数据库参数变更类	Db2/MySQL/Oracle 数据库参数调整模板 Db2/MySQL/Oracle 数据库环境变量调整模板

注：Db2 数据库参数变更模板片段：

```
db2 connect to <dbname>        #请将<dbname>替换为数据库名
db2 "update db cfg for <dbname> using logsecond <number> immediate"
```

12.5.2 数据库变更的自动化

实现数据库变更标准化，只是通向自动化变更的第一个里程碑。如果根据这些标准化步骤定制开发成一个个脚本，是不是就达到了变更自动化的目标？很显然答案是否定的。

直接将这些标准步骤形成脚本后，会发现并不能游刃有余地应对所有的数据库变更场景。例如，针对数据库版本升级的变更，其实变更并不只针对数据库。这类变更可能需要系统层、应用层、存储层和数据库层多方配合才能实现。那么将这些技术层需要考虑的内容和变更步骤定制成一个大脚本，也能达到变更目标，但这只限于个性化变更目标。对于换了部署架构的数据库升级变更来说，还需要重新再定制脚本。这将如何应对？

所以，需要构建原子化脚本，实现原子化变更。变更原子化就是将标准变更步骤拆分成一些常用指令集合，将其封装成不可拆分的原子脚本模块。当需要定制复杂的变更时，可以将这些原子化模块像搭建乐高积木一样，拼成成品后再执行。

如图 12-6 所示，以数据库版本升级场景为例，在定制自动化变更前，需要组装一套原子化组合模板。这种组合模板是由元模板组合而成的。元模板就是图中每个立方体，本身具有原子性，不可分割。当需要定制传统单节点数据库版本升级变更时，可以在原子化变更平台中拖选这些元模板，再排好执行顺序即可。

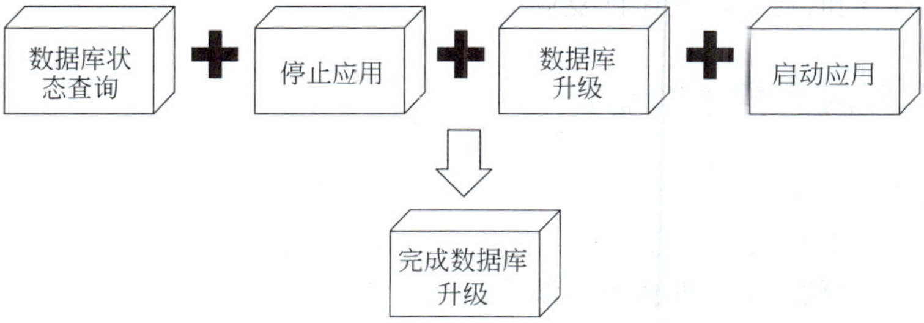

图 12-6　数据库原子化变更组合模板示意图

如果需要升级一套 Db2 HADR 多节点的数据库，那么无须再进行元模板组件的开发，只需要在原子化变更平台中进行组装即可。

如图 12-7 所示，当变更申请人在 ITSM 中申请自动化变更时，平台中会罗列出已在原子化变更平台中定义好的组合模板（即变更场景）。如果组合模板符合变更场景，就可以直接通过流程审批进入待实施阶段。在变更实施阶段，自动化调度平台从 CMDB 中获取待变更系统的相关配置信息。随后将组合模板涉及的脚本下推到各个服务器本地，通过总调度程序自动化执行，并反馈执行结果。

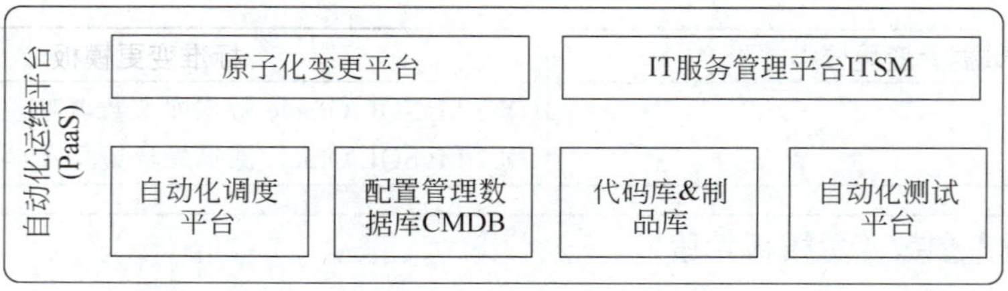

图 12-7 自动化运维平台

如果 ITSM 中没有提供相关组合模板，就直接进入模板定制流程。由相关角色通过单点登录直接进入原子化变更平台，依据变更申请人提出的需求定制新的组合模板。组合模板由元模板构成，如果元模板满足变更需求，则即可完成组装。如果不满足，则必须进入元模板开发环节，由相应的脚本开发人员实现元模板功能，并上传至代码库。随后，通过自动化测试平台，完成相关功能测试和破坏性测试后，即可将元模板功能注入制品库。最后，发布到生产环境中，完成组合模板的定制。

日常变更工作中，DBA 的重心就是不断补充完善数据库变更元模板，完善变更场景，并进行持续集成和持续部署，从而达到变更管理自动化的目标。

12.6 数据库应急方面的思考

前面在 12.3 节中举了关于美国 9·11 恐怖袭击的例子，并提到了全世界人民都在关注这个重大事件的应急处置过程。是什么能使美国政府有条不紊地迅速开展营救工作呢？其中必然大有文章。

商业银行在对待突发应急事件时也是如此，必须建立明确的应急管理体系。笔者认为商业银行应急管理要想做到有章可循和处置高效，首先必须制订合理的应急预案。其次，在应急预案的指导下，同时还要以快速恢复业务为第一目标，考虑如何提升应急处置效率。

12.6.1 数据库应急预案的制订

“兵者，国之大事也。死生之地，存亡之道，不可不察也”，中国人十分讲究“谋定而后动，知止而有得”。事实上，这句话不止用于兵法中，在运维工作中也是一样。

应急预案中的“预”字，即预习、演练之意。它要求 DBA 必须提前熟练掌握应急流程，做好演练，目标是要做到对突发事件能够稳妥地处理。

在传统的运维应急管理工作中，要不断总结各技术专业的应急预案，并要注意以下几个方面。

1. 科学性

应急工作是个专业性非常强的工作，处置过程讲究“稳”“准”“狠”。直接参与应急处置的人员要临危不乱、准确定位和“药到病除”，做到这三点并不容易。在全面调查验证的基础上，各技术专业专家相结合的方式，开展科学的分析和论证，最终才能制定出准确科学的处置预案。因此，科学性对于应急预案的制订来讲非常重要。

2. 可执行性

应急预案要具备实用性和可执行性。当商业银行系统运行期间发生重大应急事件时，相关应急部门会根据应急预案的处置流程及规定迅速、有序、有效地开展相关应急处置工作。参与应急的人员要按照各技术条线的应急手册进行准确的操作。这就要求制订的应急预案具备非常强的可执行性。

3. 完整性

应急预案的完整性包括两个方面：应急过程完整性和适用范围完整性。

数据中心运维应急预案应包括应急管理工作中的预防、准备、响应、恢复四个阶段，这才符合应急过程的完整性。

应急预案要保证适用范围的完整性。考虑到不同的事件性质可能会扩展其使用范围，所以每个应急预案都要明确其使用范围，并且定义其准入和准出条件。

4. 规范性

应急预案要确保其规范性。应有明确的文档版本管理机制，保证文档手册的结构规范、参数化规范、命名规范和操作规范等。

5. 实用性

应急管理流程要简单实用，切忌过度复杂的流程带来应急预案的实用性和易用性下降。要保证操作易于查询，语言描述逻辑清晰，命令操作准确高效。

以上是商业银行数据中心制订应急预案时，需要考虑的关键性因素。制订并不断完善应急预案是商业银行应急管理走向自动化、智能化的必经之路。

12.6.2 一键式数据库应急处置平台

12.6.1 节分析了应急预案制订在整个应急管理中的重要性。另外，在传统的应急管理中，专业技术人员（如 DBA）起到了非常重要的作用。有经验的 DBA 会将数据库的应急预案熟记于心，在事件应急的过程中可以灵活运用各种应急场景处置方法，综合分析问题，达到快速应急处置的目的。如何做到专业技术应急处置动作的及时性和普适性是下一阶段应该思考的问题。

商业银行对应用系统的稳定性要求极高，关键交易系统的可用性指标要达到 4 个 9 甚至更高的水平。那么如何及时地识别紧急事件并进行有效的下一步动作就显得尤为重要。

知识点：商业银行应急事件分级

根据 2008 年，银监会和证监会联合印发的《银行、证券跨行业信息系统突发事件应急处置工作指引》，文中第 2 章明确指出，银证系统突发事件依照影响业务类别及持续时间等因素，分为三级：1 级（特别重大事件）、2 级（重大事件）、3 级（一般事件）。

- 1 级事件：指影响银证系统日间业务时间超过 2h（含）的突发事件。
- 2 级事件：指影响银证系统日间业务时间超过 30min（含）、不足 2h 的突发事件；或影响银证系统日终业务，且在指定日间业务开始时对客户划转资金或其他业务有影响的突发事件。
- 3 级事件：指影响银证系统日间业务时间超过 5min（含），不足 30min 的突发事件，或影响银证系统日终业务，且在指定日间业务开始时对客户划转资金或其他业务有影响的突发事件。

当系统应急触发后，读者可能第一时间想到的就是快速定位问题并开展应急处置。但开始动作前，要获取足够的信息才能进一步判断。这时就要借助商业银行的监控平台获取第一手信息，虽然监控平台的覆盖面很广，但极易产生许多误报或漏报等问题，这给及时定位问题并通知责任方带来新的挑战。

经过不断的分析和优化，可以借助机器学习技术，利用算法加专家经验的方式来控制监控误报和漏报的平衡，并总结出一套事件自动化分析定位的最佳实践流程。

图 12-8 是事件应急走向自动化的处理思路。当监控指标异常时，监控平台会第一时间通知相关应急处置人员，同时通过算法可以识别出异常指标所属的应急场景分类。例如，应用出现部分交易耗时超限的问题，数据库服务器计算资源并未达到报警阈值，但数据库存在大量活跃事务，事务处理能力不足。根据算法计算，分析可能触发了锁并发类问题。

图 12-8　事件应急自动化处理流程

随后，锁并发场景触发数据库锁信息收集任务调度收集相关数据，并进入初步分析定位。再通过算法判断相关数据库锁信息及快照的结果并未满足锁问题（死锁 / 锁等待）场景，将再次触发循环信息收集。经再次分析，发现数据库存在大量的内部锁资源争抢（Latch Conflict）。

如此往复，进行数据收集和判断，一旦经过算法逻辑判断，找到了根本原因，将自动更新事件分析结论。最后将结论推送至相关应急处置人员，辅助应急参与人员做出决策和进一步判断。那么，采用这个自动化应急辅助思路将大幅度提升应急处置的及时性。

在传统的应急管理中，对 DBA 的依赖性偏强。我们希望在自动化应急方面，降低应急处置对 DBA 专业人员的依赖性。因此，基于我们要解决专业技术应急处置动作的及时性和普适性等问题，可以将自动化应急处置纳入自动化运维平台中，并且该模块还可以与事件、问题、应急等流程结合起来。

12.6.3　数据库自愈方面的思考

我们能否让系统代替 DBA 进行有效的技术决策？着眼当前的商业银行运维发展方向，系统自愈是智能化运维（AIOps）的重点发展方向。

当今，无论是商业数据库还是开源数据库，在问题处理方面都朝着数据库自愈技术发展。一些应急处置简单的场景数据库可以变得越来越智能，从而代替 DBA 来做出技术性决策。

例如，IBM Db2 工作负载管理（WLM）中，可以控制部分工作线程占用系统资源的比例，当超出阈值时，将会触发下一步预设动作。例如，部分 SQL 超过 80%的 CPU 资源占用时，WLM 将根据简单逻辑自动终止这些线程，避免造成数据库整体性能下降。这种数据库自检并配合处置动作的管理思路可以称作简单的数据库自愈。

实际上，数据库自愈的工作流程可以分为：数据收集、根本原因定位、应急处置动作和事后复盘分析四部分，下面分别阐述。

1. 数据收集

数据收集过程与图 12-5 的数据收集阶段所做工作完全一致。主要由监控平台触发告警后，自动化调度平台触发快速检查工具（Fast Check）开始收集相关数据。随后将相关应急事件的信息汇总至日志分析平台。

具体信息如下。

（1）相关日志信息：应急事件触发时，会将该时段内的应用、中间件、数据库的日志信息推送到日志分析平台。便于后续按规则分析每一笔交易所经过的服务器及其调用情况。

（2）监控告警信息：监控信息分为两部分，一部分是按照时序采集的系统、应用、数据库、中间件的各项指标类信息；另一部分是交易指标计算信息，如交易量、交易成功率、交易平均响应时间、系统各类交易码占比情况和交易多维分析结果等。

（3）快速检查工具（Fast Check）：主要负责技术专业性较强的信息收集，如数据库的事发阶段快照、诊断工具信息、数据库相关对象等信息。

（4）变更信息：有许多事件的发生与之前的变更有直接关系。因此，在数据收集阶段，会将事件发生前一段时间的变更信息从 ITSM 中推送至智能日志分析平台中。

2. 根本原因定位

随后，对智能日志分析平台汇集的数据进行分析，目的是为了准确地定位问题原因。这个根本原因的分析过程和图 12-8 事件应急自动化处理流程一致。

在数据库自愈过程中，根本原因定位是难点。

知识库具备较强的解释性，因为在每次事件后，DBA 和各技术条线的专家会组织问题复盘演练，其中总结了许多专家建议和以往事件处理过程。可以利用知识库提供初始数据分析结论。而知识库来源于专家建议和场景化的推理结论。因此，这种思路下的数据库自愈能力，可以由知识库结合 CMDB，通过场景区分及推理算法来构建简单应急场景自愈功能。

CMDB 中包含商业银行中所有系统的配置项全生命周期信息，主要包括这些配置项的逻辑关系、物理关系和依赖关系，可以从中获取到关联配置数据进行相关性分析。

利用以上思路进行问题根本原因定位时，会带来新的挑战。因为这些信息的碎片化比较严重，通过普通算法很难找到其隐藏信息节点的相关性，也就无法快速定位根本原因。

针对如上提出的挑战，我们可以充分借助图数据库强大的挖掘信息关联关系能力，构建异常数据的知识图谱，这样既方便快速查询定位，又方便对整个问题定位逻辑的展示。对于多个规则建立问题推理模型过于复杂的问题，还可以在图数据库基础上，按照不同问题类型编写推理模型，并应用于问题的根本原因定位上。

3. 应急处置动作

问题的根本原因定位后，会关联触发应急处置动作，针对应急处置动作大体有以下两类。

（1）“三板斧”式应急处置动作：“三板斧”主要包括数据库的重启、系统切换和交易屏蔽。结合根本原因定位时得出的信息推理结论，并将其主要因素反复和知识库中的历史信息做匹配，当满足多条因素时，系统将自动进行“三板斧”式应急处置动作。

（2）复杂应急场景的应急处置动作：对于根本原因无法匹配知识库历史案例的，系统将无法直接做出应急处置动作。例如，应急处置平台已定位数据库存在部分 SQL 执行效率低下的问题，由于 SQL 涉及的交易码为主流交易，不能采用临时交易屏蔽的方式解决。这时，应急处置平台会根据专家建议推理出几种应急处置方案，例如，索引创建建议、统计信息收集建议、SQL 静态分析建议等，随后由专业 DBA 再进一步决策。

4. 事后复盘分析

通过应急处置平台代替传统以人为主的应急处置过程，最重要的是做到系统定位的准确性和及时性。所以在每次系统事件结束后，都要对事件本身进行复盘，用以不断完善知识库和推理规则，这样才能够确保问题定位的准确性。

最后，经过对一段时间实际案例的分析判断，从数据收集到周期性问题原因定位，应保证在 5min 内完成推理计算，甚至可以利用算法加推理规则相结合的方式，不断优化问题根本原因定位。

12.7 数据库安全方面的思考

2020 年注定是不平凡的一年！除了新冠肆虐人间，我们时常还会看到某上市公司运维人员表演“删库跑路”绝技，这种“感人事迹”可谓是屡见不鲜。由此可见，数据库安全管理不容小觑。

商业银行将数据库视为最核心的数据对象，所以不断利用数据库安全技术和安全管控流程，防止数据库系统及其中数据遭到泄漏、篡改或被破坏。本节将从数据库安全角度，与各位读者探讨数据库安全方面的话题。

12.7.1 安全的流程化管控

商业银行数据库及数据的安全运维管控的基础，离不开相关数据安全流程的制定和管控，下面以商业银行安全管控数据库为目标，剖析安全流程的建设为我们带来的价值。

如图 12-9 所示，一般商业银行对于数据库安全方面有四个流程，分别是数据存取管控流程、数据脱敏流程、数据库漏洞扫描流程和数据库安全加固流程。

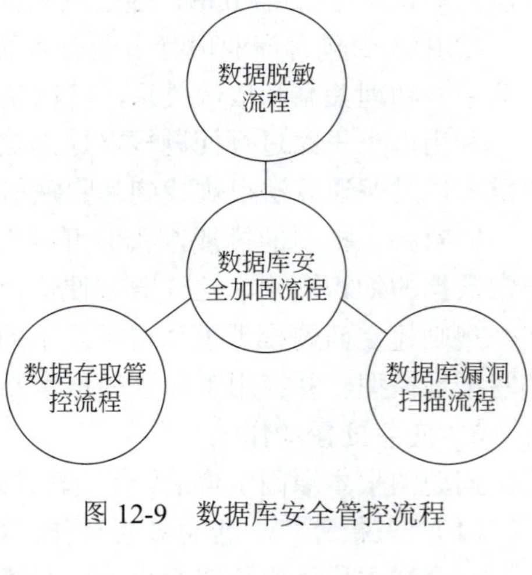

图 12-9 数据库安全管控流程

1. 数据存取管控流程

商业银行数据库数据存取必须满足相关安全管控流程。首先，数据库应建立合理的数据访问用户，给相关用户配置合理的访问特权。其次，为这些用户设定权限管控流程，主要包括用户权限的申请和回收，数据调整和取数审批流程。

数据存取管控流程如下。

（1）提出数据库数据访存申请。主要来源于需求方的数据访存需求，数据中心内部需求需要写明访存的具体内容和所用用户角色。对于数据中心外部需求，需要先经过数据申请流程审批后，才能进入数据中心数据访存流程。

（2）对数据访存需求及数据访问范围进行审批。主要对所使用的数据库用户和数据访存范围进行安全性评估，判断需求申请方是否具备访存相关数据的权限。

（3）通过相关审批环节后，即可进入数据访存的自动化变更流程。对数据访存相关脚本继续进行安全审核，通过审核后，即可获取相关已授权用户，对数据库内的相关数据进行访存。

（4）数据传输环节。如涉及涉敏数据传输，必须通过脱敏流程，对涉敏数据按规则脱敏处理；如涉及非涉敏数据传输，即可将数据传输至需求方。

这个数据存取管控流程主要从系统变更角度，控制访存数据库的相关用户和数据访问范围，避免非授权用户访存的同时，又防止了敏感数据外泄。这样才能做好规范化、安全化的数据访存管理。

2. 数据脱敏流程

从数据安全管理的角度看，一切涉敏信息的数据流动都要经过数据脱敏流程。

关于敏感电子数据的定义，如果数据属于涉及商业银行内核心竞争力的数据资料，或者泄漏后对客户利益造成损害，或者对商业银行造成经济损失、法律纠纷、声誉影响或股价波动，那么这类数据即可认定为敏感信息。

具体脱敏流程如下。

（1）提出脱敏需求：需求人要明确数据申请的用途和数据脱敏范围。

（2）数据脱敏环节：选择脱敏策略及相关脱敏规则（数据覆盖、按规则字符替换、多列复合脱敏等），对数据进行脱敏。

（3）数据打包：对脱敏后的数据进行打包与加密处理。

（4）数据传输：相关数据脱敏完成后，通过数据传输流程将脱敏后的数据传输至需求人。

让数据安全地流动起来是商业银行数据脱敏的最大价值，经过安全脱敏的数据可以应用到测试环境或其他开发环境中，利用这些数据可以创造更大的价值。

3. 数据库漏洞扫描流程

商业银行应该有计划地对现有所辖系统进行漏洞扫描工作。计划主要包括扫描批次、扫描时间、扫描范围和扫描策略等。漏洞扫描应该按照一定频次（主要按季度或月度）进行。

具体流程如下。

（1）确定漏洞扫描范围：如采用网段覆盖扫描，可以按网段进行范围规划。如采用挑选设备方式扫描，可以从系统类型或系统管理上的属组来划分扫描范围。

（2）进行漏洞扫描：对圈定好范围的系统，通过漏洞扫描工具对被扫描系统实施扫描。

（3）梳理扫描结果：对不同漏洞扫描范围的系统扫描结果进行整理，并确定相关漏洞扫描跟踪列表，便于后续整改跟踪。

（4）制订整改方案：漏洞扫描后，根据扫描结果进行专业性的漏洞确认工作，随后针对不同类型的漏洞出具专业性的修复方案。

（5）组织漏洞扫描结果评审：对明确整改修复方案的漏洞进行汇总，并协调相关安全专家团队人员组织评审。

（6）制订整改计划：待漏洞扫描结果评审后，针对待整改的系统编排整改计划，并提交相关变更流程，进行漏洞整改变更。

（7）漏洞整改结果跟踪：定期根据漏洞整改计划，对整改系统进行跟踪检查，并及时对待整改系统进行整改督办。

（8）漏洞修复结果总结：对整改后的系统出现的问题、实施过程、漏洞详情等做好记录，并进行有效的总结。

漏洞扫描工作，主要是根据商业银行的安全漏洞管理细则及相关要求，定期实施的系统层和软件层的漏洞扫描。它是一种主动的提升安全防御措施，是行之有效的安全加固措施，漏洞扫描流程有效地保证了这项工作的顺利执行。

4. 数据库安全加固流程

数据库安全加固是个系统性的工程，不仅要有流程化的管控措施，还要将商业银行数据安全模型升级到系统级的安全体系。这个体系主要包括：用户的鉴权、数据库本身的安全防护、操作系统级安全保护和数据密码存储保护等。

（1）用户的鉴权：系统根据用户标识鉴定用户身份，合法用户才准许进入计算机系统。

（2）数据库本身的安全防护：数据库管理系统还要进行存取控制，只允许用户执行合法操作。

（3）操作系统级安全保护：利用有效的操作系统安全技术，辅助实现数据安全加固。

（4）数据密码存储保护：数据以密文形式存储到数据库中或密钥服务器中，提供安全有效的密码校验技术。

12.7.2 打造坚不可摧的数据库安全体系

商业银行数据库安全体系的建设，不能光靠现有的流程管控，亟待建设商业银行系统安全防御体系。在建立这种安全体系前，安全规范的建立势在必行。

制定数据库的安全规范是信息系统安全体系的一部分，将作为商业银行数据库系统安全策略制定的参考依据。商业银行数据库安全规范应该包括数据库安全配置规范、数据库的访问规范、数据共享规范和数据库的系统安全规范等方面。

（1）数据库安全配置规范应该对数据库的访问方式、认证方式、访问端口、被搜索功能和公共用户访问特权等方面进行规范，主要从部署架构层进行有效的数据库层安全加固。

（2）数据库的访问规范应该包括对数据库对象授权规则进行规范，并对敏感数据访问规范，最后对生产数据的访问进行规范。

（3）数据共享规范中要明确数据库数据访问原则，即：数据共享原则、最少数据项原则和敏感数据加密原则。

（4）数据库的系统安全规范要明确数据库备份策略、备份规划、数据库高可用设计、自定义函数和存储过程的安全设计等。

对于商业银行来说，将以上提及的数据库安全规范作为指引，有助于商业银行数据库安全体系建设的统一。规范是统一数据库安全方向的基本因素之一，有了规范的建立，下一步依照现有规范和 12.7.1 节介绍的安全相关流程，可以构建出适合商业银行的数据库安全体系。

1. 数据库基础安全加固建设

依照数据库安全规范，商业银行应该对数据库内敏感数据的访问制定明确安全加固策略。

将数据安全加固策略纳入新系统上线环节中，也就是在系统非功能需求中明确各类用户对数据库对象的访问权限。

随后，根据非功能性需求，对数据库内对象进行细粒度授权。对于敏感数据采用视图封装的方式进行安全加固，再单独将查询视图权限授予必要的查询用户角色，达到细粒度的权限管控要求。

另外，可以结合堡垒机软件或设备对数据库的密码明文登录方式、高危命令访问和个性化风险命令进行封禁控制，达到主动预防高危命令的作用。例如，MySQL 客户端连接服务器时需要输入明文密码，为了确保用户密码安全性，可以设置 MySQL 数据库的用户免密登录。但这种方式又很难满足用户密码管理策略，即周期性更新密码。对于这个问题，可以采用堡垒机结合 PGP 安全加密的方式，由堡垒机接管用户密码，定期进行修改，并级联变更 PGP 加密的管理方式，从而实现周期性修改相关用户密码。

最后，主动回收数据库内部所有公共特权，避免对具有连接数据库权限的用户配置默认的隐含权限，应满足用户及数据库对象的“最小化”授权原则。

2. 数据库审计系统建设

建设数据库审计系统，可以实时记录数据库活动，对数据库操作进行细粒度审计的合规性管理，对数据库遭受到的风险行为进行告警，例如，SQL 注入攻击、高风险操作和数据库漏洞攻击探测等。

通过对用户访问数据库行为的记录、分析和汇报，帮助用户事后生成合规报告、事故追根溯源，同时加强内外部数据库网络行为记录，提高数据资产安全，具体来说，可以消除“内忧外患”。

（1）利用数据库审计系统解除“内忧”。“内忧”是指利用商业银行内部数据库管理漏洞，属于来自内部的数据库安全威胁。

对于这种行为，可以在堡垒机和数据库系统之间架设审计安全设备。对发向数据库服务器的每一项命令进行网络流量截获，当根据安全规则发现高危命令时，将直接阻止相关命令在数据库服务器上执行。同时将相关用户、执行命令、执行时间等字段加入告警输出和审计日志中，以便后续进行追溯。

另外，如果高危命令在数据库服务器本地执行，就无法通过网络流量截获的方式控制高危命令了。可以通过数据库审计的相关软件产品，在数据库客户端程序到数据库管理器之间配置代理程序，在交互的过程中通过代理程序进行高危命令拦截，起到同样的安全加固作用。

（2）利用数据库审计系统解除“外患”。“外患”相对“内患”而言属于来自外部的攻击，这些攻击可能是友善或恶意的，但无论如何都应该进行主动防御。外部攻击主要的手段有 SQL 注入攻击和数据库漏洞探测工具等，利用数据库安全工具可以实时保护数据库的安全运行。

以上罗列的数据库安全加固措施，以安全规范作为引航灯塔，再加上安全流程中介绍的安全漏洞扫描、数据脱敏、数据存储管控等具体措施，将成为构建数据库安全体系的重要组成部分。

12.8 开发运维一体化（DevOps）的思考

开发运维一体化（后称 DevOps）的管理理念是从“奴隶社会”运维形态步步为营一路走来，原始运维模式就像大厦的地基，有了地基进而想继续提升效率、减少出错、优化流程，就发展到上层建筑如 DevOps 和 AIOps。这是商业银行 IT 信息技术发展的大势所趋。

本节从 DevOps 开始谈起，与读者一起探讨部落式团队建设，接着向智能化运维（AIOps）进发，探讨如何实现数据库领域的自治和自愈能力。最后介绍广大 DBA 在这种趋势背景下，如何能做到从容转身。

12.8.1 什么是开发运维一体化

很多读者认为，开发运维一体化是有效利用一些产品或平台，帮助用户实现敏捷开发和自动化运维的一种新方法。

大家对 DevOps 有多种理解，互联网上也有各种各样的说法，从起源上说，DevOps 一词来源于互联网巨头。随着互联网业务多元化发展，业务部门提出量如江海的业务需求，这些互联网巨头为了更好地利用科技支撑业务的快速发展，总结出一种研发和运维管理理念，实现研发快速迭代，运维高效稳健。

某种概念的诞生，一定是为了解决现有的问题。开发和运维之间总是有一道“无形的墙”。这个本质是开发和运维的诉求不同所致。对开发团队来说，希望能实现敏捷开发，从而能开发更多的功能来支撑源源不断的业务需求。但是，运维团队希望系统能够稳定下来，稳定性压倒一切！这种隐含的矛盾下将给两个部门带来一堵无形的墙，从而双方团队总是互不理解。

DevOps 管理理念的出现就是为了打破这堵无形的墙，使开发和运维一体化，朝向同一个目标努力。

DevOps 不是开发一套研发平台和自动化运维平台，而是需要我们不断地学习，不断地提升能力的一种管理方法论。商业银行将利用敏捷加自驱的形式，运用新的工具，优化现有组织架构和流程，不断进行科技创新。

1. 持续集成

持续集成（Continuous Integration，CI）是指开发人员可以向研发项目代码主干上不断地提交代码，当代码变更后，将经过自动规范检查、编译、构建、单元测试和回归测试的过程。程序员将把精力主要用于业务需求的实现和代码的开发。省去了代码检查、环境调整和测试等环节，提高开发效率。

2. 持续交付

持续交付（Continuous Delivery，CD）将经过测试的代码追加到存储库中，力争达到随时将代码推送到生产环境的目标，从而形成代码向生产发布的自动化。

持续交付并不代表将开发部门所研发的所有代码都部署到生产环境中，它主要指所有代码的修改都可以随时实施部署，而选择推送到存储库的代码，必须是按照业务需求，并经过测试的代码。

3. 持续部署

完成持续集成和持续交付后，将进入持续部署（Continuous Deployment，CD）阶段。持续部署将已经通过测试，且已经追加到代码存储库中的代码自动发布到生产环境中，实现持续的自动化部署方式。这意味着运维团队将利用自动化变更来完成应用版本上线。

4. 敏捷开发

敏捷开发（Agile Development，AD）是一种开发思路，可以使团队具备拥抱变化和快速迭代的能力。

敏捷开发要改变传统的基于“瀑布模型”的开发模式，提倡一种“小步快跑”的方式来实现整个产品功能，并不是按照传统方法按部就班地研发。这种敏捷开发的概念下，主要注重文档精简化、沟通充分化，加强团队合作，在敏捷教练的组织、督促、协调下，使研发项目根据一个个小计划、小目标，通过反复迭代，最终实现项目总体目标。

以上介绍的是 DevOps 管理方法论中的四种必备能力，我们需要再充分利用工具，结合流程、规范、管理办法等实现 DevOps 的落地。

DevOps 管理理念的建设主要包括两个部分，即平台化建设和文化建设。

随着自动化、智能化的成熟和稳定，商业银行科技大步迈进的姿态，理论上理想的终极形态是“运营平台+业务运维”模式。也就是将日常运维标准化、规范化，建立适合的工作制度后，形成运维平台化的过程。

文化建设与企业文化息息相关，企业文化就是一群人的做事风格，而 DevOps 就是提供一种有效的选择和指导思想，所以 DevOps 又是一种文化。企业文化的建设也离不开两方面：人和流程。流程方面，商业银行需要从管理层自顶向下推进各种规范和流程的贯彻落实。而对于人在其中发挥的重要作用，要从构建部落式的团队谈起。

12.8.2 构建部落式团队

12.8.1 节讨论了 DevOps 的定义，并解释其应该解决的问题。商业银行运用 DevOps 思维的初衷是为了改善客户体验及提升业务交付价值，而不是单纯为了自动化和节约成本。

接下来探讨基于目前在商业银行开发和运维的组织架构下，如何提升团队以适应 DevOps 管理理念。

什么是部落式团队？在百度百科上解释为“部落一般指原始社会民众，由若干血缘相近的宗族、氏族结合而成的集体。”

如果结合企业的科技研发及运营团队来说，部落式的团队是自然形成的，当我们每天面对着相同的工作环境，大家沟通时产生了某些共同的话题或者做事风格，那么部落式团队就应运而生了。

《人类简史》中介绍，在人类认知革命后，人类维持有效的最大“自然”团体的人数约为 150 人。这句话直到今日依然适用，在 150 人以下的团队，几乎不需要过多的纪律和法规就可以靠人际关系而正常运作了；如果突破 150 人，就大不一样了。

在传统模式下，商业银行的开发和运维部门是由多个部落组成的部落群，开发和运维部落群存在沟通不足和流程复杂带来了工作效率低下等问题。这些团队之间相互独立，各谋其政，缺乏一种长效机制和流程保证软件或架构的发布和变更。

构建基于 DevOps 的部落式团队，并不是由开发团队取代运维团队，也不会弱化运维工作，主要目标是为了满足软件交付和部署过程中的沟通与协作的效率，旨在更快、更可靠地发布和运维更高质量的产品。

针对部落式团队，有以下建设思路。

（1）开发和运维部门中每个部落团队的人员应控制在 20～150 人，并且将开发和运维相关人员安置到同一个办公地点，加强沟通协作。

（2）以点带面逐步构建部落式团队。抽取开发中心和数据中心相关部门人员，构建一支小的部落式团队，承接一些新的研发类项目，等待这支部落式团队适应了 DevOps 的管理理念后，将向其他部落式团队进行推广。

（3）创建部落团队间的平滑协作模型，开发人员和运维人员必须有一个明确有效的共同目标。运维人员要掌握基本功能代码，同时贡献相关运维研发工具代码；开发人员也应熟练运用相关运维平台和工具。

12.8.3 智能化运维（AIOps）的思考

智能化运维（后称 AIOps）是 Gartner 提出的概念，意指充分结合大数据和机器学习能力，不断提取分析 IT 运营产生的数据，进而为 IT 运维管理提供支撑。

AIOps 可以应用的场景有：故障分析、趋势预测、故障自愈、容量规划等方面。

AIOps 在数据库方向的发展，将驱动数据库进入自治时代。从运维角度看，自治的数据库不是一个单纯的数据库软件，而是一个拥有多种数据库无人驾驶能力的综合性云数据库平台。

可以利用大数据和机器学习等技术，突出数据库的自治驱动能力和自愈能力。

1. 自治驱动能力

我们可以在云数据库平台中加入数据库自治驱动能力。主要包括数据库监控项的探测和查漏补缺；分析商业银行集中备份中数据库备份集的有效性；性能调优方面，要根据对数据库性能容量管理维度提供的容量趋势变化数据，经过机器学习的训练形成容量管理模型，从而达到容量预测阈值时提前通知用户及时进行扩容的目的；还有自治数据库升级，可以根据商业银行软件版本升级策略，通过升级规则定期触发数据库版本升级；最后，还可以通过机器学习根据 DBA 专家经验形成自建索引模型，为上线后的低效 SQL 语句，自动添加合适的索引。

2. 自愈能力

数据库的自愈能力，可以基于 12.6.3 节中介绍的问题根本原因定位的基础上，对复杂应急场景做进一步的补充。可以借助机器学习和数据科学等方面的知识，实践多场景综合问题决策模型，通过技术决策判断来选择最优的数据库自愈逻辑，实现无 DBA 参与数据库应急的目标。

12.8.4 数据库管理员（DBA）的转型

时过境迁，传统的数据库运维模式亟待改变，作为 DBA 必须在这个浪潮中不断提升自身能力，才能更好地适应这个时代。

1. DBA 职能现状和挑战

传统商业银行 DBA 主要有三种职能，拥有这些职能的 DBA 按照固定的工作界面进行工作。

（1）运维 DBA：这个职能主要对应运维，负责基础架构的建设和高可用设计等。

（2）应用开发 DBA：主要针对数据库内部对象设计、SQL 语句优化调整、新功能预研等。

（3）数据架构师：主要针对数据治理、数据管理等。

随着新技术的发展和新概念的不断衍生，以上三种传统 DBA 职能很难满足现有开发和运维的工作，主要有以下三方面挑战。

（1）目前，商业银行在有序地推进信创类工作，这种大趋势下将要逐步替换商业数据库。那么原有的数据库开发及运维模式都要发生变化，进而需要提出一种新的解决思路。

（2）数据库基础运维工作，经历了手工、脚本、工具、平台的发展阶段。最终表现形式为平台化、智能化、可视化，在这种发展趋势下，对 DBA 是个很大考验。

（3）数据库云化是一种发展趋势。云环境下的数据库研发和运维都与往常有很大区别，需要 DBA 不断适应环境。

知识点：什么是信创类工作？

“信创”二字来源于“信息技术应用创新工作委员会”。2016 年 3 月 4 日工委会成立，是由 24 家从事软硬件关键技术研究、应用和服务的单位发起建立的非营利性社会组织。信创类工作主要涉及 IT 基础设施、基础软件、应用软件和信息安全四个部分。

国产化的未来就是以上这些关键领域的全面安全可控，实现软硬件的全部国产化替换工作。

---

2. DBA 向 SRE 工程师转型

网站可靠性工程师（Site Reliability Engineering，SRE）最早是由 Google 提出的，Google 将其定义为“SRE 是致力于打造高可用性、高扩展的系统，并将其贯彻为原则的软件工程师”。根据 Google 的说法，SRE 实践了 DevOps 管理理念。

从以上的定义来看，SRE 是个有严格任职要求的职位。

SRE 的主要工作任务就是定义一些关键性指标（如服务质量协议 SLA、服务质量指标 SLI、服务质量目标 SLO）来保证系统的可用性。在《Google 运维解密》中，将 SRE 的工作主要分为容量规划与实施、新系统部署、冗余与容错、负载均衡、监控、值班、救火等。从这些实际工作来看，基本上每个 DBA 的日常工作都会有所涉猎。

在 DevOps 管理理念的支撑下，传统 DBA 必须做出改变，在日常工作中，应在研发技能上多做积累，从而适应未来数据库云化、平台化、智能化的发展方向。

小　　结

本章从数据库运维四大演进阶段开始，介绍了从手工运维发展到智能化运维的过程，从而明确了商业银行数据库运维管理发展路线。

再从 ITIL 视角出发，内观数据库运维管理中的上线部署、事件管理、问题处理、变更管理、应急管理和安全加固等方面现状，对运维现状进行分析并提出优化提升思路。

随后，在商业银行提倡 DevOps 管理理念，与读者一起畅想探讨如何构建专业部落式团队，并充分发挥团队能量来达成 DevOps，用以更好地支撑业务的快速发展。

再谈到在运维自动化、智能化、自治化的发展路线中，DBA 如何才能适者生存。

最后，从 DevOps 到 AIOps，细数数据库技术配合 AIOps 的实现思路，最终达成数据库自动驾驶的最高目标。

参 考 文 献

[1] 牛新庄. 商业银行分布式架构实践[M]. 北京：清华大学出版社，2019.

[2] Baron S, Peter Z,Vadim T. 高性能 MySQL[M]. 3 版. 宁海元，周振兴，彭立勋等，译. 北京：电子工业出版社，2013.

[3] Abraham S, Henry F K, Sudarshan S. 数据库系统概念[M]. 杨冬青，李红燕，唐世渭，译. 北京：机械工业出版社，2012.

[4] 姜承尧. MySQL 技术内幕[M]. 北京：机械工业出版社，2010.

[5] Stephane F, Peter R. SQL 语言艺术[M]. 温昱，靳向阳，译. 北京：电子工业出版社，2008.

[6] 中国人民银行. 分布式数据库技术金融应用规范——技术架构：JR/T 0203—2020.

[7] 中国人民银行. 分布式数据库技术金融应用规范——灾难恢复要求：JR/T 0205—2020.

缩 略 语

Archive Log（归档日志）

数据库日志系统的一种工作模式。当最后一个日志文件写满时，会创建一个新的日志文件，这样将来的事务就不会覆盖现有的日志文件。

Backup（备份）

数据库备份就是将数据库中所有数据存储为一个数据副本，供数据库出现问题时恢复使用。

Bind（绑定）

Db2 为应用程序的一个或多个 SQL 生成查询访问计划，同时将其和应用程序关联起来的过程。

Bufferpool（缓冲池）

缓冲池是内存中的一块存储区域，用于临时读入和更改数据库页（包含表行或索引项）。缓冲池的用途是为了提高数据库系统的性能。

Circular Log（循环日志）

循环日志是 Db2 默认的日志工作模式。在循环日志中，一旦日志目录中最后一个主日志文件被写满了，就会循环写入，将新的事务写到第一个日志文件中，从而覆盖现有的日志数据。

Cursor（游标）

本质上，游标是一种能从包括多条数据记录的结果集中每次提取一条记录的机制。游标总是与一条 SQL 查询语句相关联，并指向返回的结果集。通过游标，可以从这个结果集中每次提取一条记录。

Data Warehouse（数据仓库）

数据仓库就是面向主题的、集成的、稳定的（不可更新）、随时间变化（不同时间）的数据集合，它可用以支持经营管理中的决策制定过程。

Dead Lock（死锁）

两个或更多事务对锁的循环争用，称为死锁。

DMS（Database Managed Space）

数据库管理表空间，由 Db2 直接管理表空间的使用，其包含的表空间容器可以是文件系统或者裸设备。

DPF（Database Partitioning Feature）

数据库分区功能，一种 Db2 的分区模式。这种分区模式采用 Share-Nothing 非共享体系结构。数据库在一个非共享的环境中被分解为独立的分区，每个分区都具有自己的资源。

dbtool 工具

GoldenDB 分布式数据库统一运维管理工具。

代理节点（DBProxy）

GoldenDB 分布式数据库计算节点，负责 SQL 语句解析、将 SQL 语句路由到数据节点、汇总数据节点返回结果等功能。

数据节点（DB）

GoldenDB 分布式数据库存储节点，通常基于 MySQL 数据库实现。

EDU（Engine Dispatchable Units）

Db2 中执行特定任务的线程，分为实例级、应用级和数据库级 EDU。

ETL（Extract-Transform-Load）

来源复杂的操作型数据进入数据仓库之前，进行的抽取、转换和加载过程。ETL 的基本流程是，通过消除来自不同数据源数据的不一致之处，以保证数据仓库内的信息一致性。

Event Monitor（事件监视器）

事件监视器收集特定事件发生时的监控数据，例如，当一个连接到数据库的应用程序断开时、事务提交时、SQL 语句执行完成时或者死锁发生时等。事件监视器必须由用户创建，而且可以手动打开和关闭。一旦打开后，事件监视器会不断捕获相关事件的信息。

Explain Tool（解释工具）

查看访问计划和相关信息的数据库工具，可用于收集、输出和显示访问计划以及生成访问计划时所依据的各种信息。

全局事务管理节点（GTM）

GoldenDB 分布式数据库中负责跨库事务的节点。

HADR（High Availability Disaster Recovery）

Db2 高可用性灾难恢复（HADR）提供了一种高可用和灾难恢复解决方案。

Index（索引）

索引是为了快速查找数据而设计的特殊数据结构。索引的优势主要表现在：首先，为表中被请求的数据行提供直接指针；其次，避免了排序操作；最后，避免了对数据表的访问。但索引并不是越多越好，因为在插入、更新和删除时需要额外索引维护开销。

Isolation Level（隔离级别）

在多用户并发环境下，多个事务常常同时执行，但是每个事务都有可能与其他正在运行的事务发生冲突。数据库的隔离级别，是为了保证同时运行的事务具有一致的运行结果。

Instance（实例）

实例是数据库架构中最上层的对象，对于一个数据库安装，可以创建多个实例。实例并不直接和数据打交道，它为数据库正常运转提供了各种必要的基础设施，在创建数据库之前，需要先创建实例。

Lock Escalation（锁升级）

在锁资源耗尽后，Db2 会试图把几个行级别的锁合并为一个表级别的锁，从而释放锁空间，这种现象称为锁升级。

Lock Wait（锁等待）

当一个事务在特定数据（如表或行）上持有锁时，其他事务对该资源的访问都会被拒绝。

如果没有某种锁超时检测机制，则事务可能无限期地等待锁的释放，这种情况就叫锁等待。

Lock Timeout（锁超时）

发生锁等待时，为了防止请求锁的应用程序无限期等待，通常数据库会提供锁超时参数。这样，当锁等待的时间超过这个参数的设定值，就会触发锁超时事件，并回滚事务。

MPP（Massive Parallel Processing）

多机并行处理，狭义上是 DPF 模式的别称。

OLAP（On-Line Analysis Processing）

联机在线分析处理，数据库负载类型之一，以并发事务较少、查询语句非常复杂、数据更新较少、数据量庞大为特征。

OLTP（On-Line Transaction Processing）

联机在线事务处理，数据库负载类型之一，以大量事务并发进行、查询语句简单、数据更新操作频繁为特征。

HTAP（Hybrid Transactional/Analytical Processing）

混合事务和分析处理，数据库负载类型之一，以打破 OLTP 和 OLAP 之间的隔阂，既可以应用于分析型数据库场景，又可以实现实时在线事务处理。

Optimizer（优化器）

优化器是用来产生访问计划的组件，一个 SQL 要以最优性能运行，有赖于优化器产生最优的访问计划。

管理节点（OMM）

GoldenDB 分布式数据库集群管理节点，负责分布式集群管理。

Package（程序包）

程序包是一个存储过程、静态 SQL 语句或者 UDF 编译后生成的可执行二进制代码。当一个存储过程被编译时，每一条 SQL 编译成一个可执行的节（section），这些节加上其他的一些必要信息组织成一个 Db2 程序包，并存储在 Db2 编目表中。当存储过程被调用时，Db2 从编目表中读取对应的 Db2 程序包直接执行。

Parameter Marker（参数标记）

动态 SQL 语句的一种占位符，作为查询的输入参数。当编译 SQL 语句时可以不指定这些参数的值，而只在执行时临时绑定。使用参数标记避免了对相似 SQL 语句的重复编译。

Performance_schema 库

该库用于存储监控 MySQL 数据库性能相关数据信息

数据页部分写（Partial Page Write）

由于写 I/O 异常，造成数据写入数据库页面时只写入部分数据，造成在下一次校验页面一致性时出现数据页部分写异常。

Query Access Plan

查询访问计划，是 Db2/MySQL 优化器为 SQL 语句生成的访问数据库数据的方法。

RAID（Redundant Array of Independent Disk）

独立冗余磁盘阵列，一种磁盘组织形式，将多台硬盘组合成单台大容量的硬盘使用。其最大优点是能提高存储系统的传输速率并提供容错功能。

Restore（恢复）

数据库恢复是数据库备份的逆过程，即使用备份介质中的内容覆盖已有数据库。

RTO（Recovery Time Object）

指在故障或灾难发生之后，系统停止工作的最高可承受时间。该参数定义了最大可容忍时限，必须在此时限内恢复数据。

RPO（Recovery Point Object）

当灾难或紧急事件发生时，数据可以恢复到的时间点，是业务系统所能容忍的数据丢失量。

SMP（Symmetric Multi-Processor）

单机多处理器并行，允许多个 Db2 代理程序并行执行单个查询，从而将复杂 SQL 请求的执行分发到各个处理器的并行方式。

SMS（System Managed Space）

Db2 系统管理表空间，依赖于底层操作系统来管理空间分配和使用。

System Catalog（系统编目）

Db2 系统编目由很多表和视图组成，这些表和视图由数据库管理器来维护。在创建一个数据库时，也会创建一组编目表和视图。这些编目描述了数据库对象，例如表、列和索引，并包含关于用户访问这些对象的权限信息。

分片字段（Sharding Key）

建表时由 DISTRIBUTED BY HASH 关键字指定分片字段，DBProxy 根据分片字段的值进行数据路由。

Table Partitioning（表分区）

表中一个或多个字段作为表分区键列，Db2 根据这些键列的值将表数据分布到多个存储对象（称为数据分区或范围）中。

Table Space（表空间）

表空间是用户定义的存放数据库索引、表数据、临时数据的逻辑空间。一个对象可以存放在多个表空间中，一个表空间含有一个或多个容器。

Transaction（事务）

由一个或多个 SQL 语句组成的工作单元。这些工作单元被视为一个整体，如果都执行成功，执行的结果就在数据库中生效，如果任何一个 SQL 执行失败，则整个工作单元被回滚。

WAL（Write-Ahead Logging）

预写式日志机制，它要求在数据库中更新、插入或删除的数据被写入到磁盘之前，那些记录这些变化的日志必须写入到磁盘。

后　记

——捕“鱼”

本书属于银行技术人员自己的数据库管理专著终于大功告成了，当笔者提笔写出后记的第一个字时，思绪万千。

我脑海中搜索着答案，如果觉得有些事值得去做，那一定不能只停留在“想”上！

“临渊羡鱼，不如退而结网。”古人早已告诫我们，如果我们的目的是打鱼，只想办法不做出下一步行动是不可能达成目标的。只有“退”而织网，才有可能得到鱼。

其实，对于我们技术人员来说，技术成长道路也是如此。要么只想着实现某个技术细节，而不去做实践；要么只想着绕路解决问题而不求甚解。这都将与“鱼”失之交臂。

从学好数据库知识的角度看，有六字分享：思考、勤奋和兴趣。

先说思考。在数据库技术领域中，我们遇到的每个知识点，都是为解决这样或那样的问题而诞生的。我们的思考点就是要从这里启航，需扪心自问这些知识点的存在是为了解决什么样的问题。接着问自己，如果这个功能或问题需要自己来实现或解决的话，又应有哪些方案。深入思考过程，重点不是对自己提问，只是通过这种提问的形式，使自己对技术细节加深理解。当你真的进入深度思考时，才能具备研究问题、挖掘其本质的基础，从一个点深入到细节。

再说勤奋。我的同事中就有非常典型的例子，作为商业银行数据中心的一名 DBA，每天要看许多有关数据库的专业技术文档，每遇到一个问题，不放过所有技术细节，并搭建测试环境加以验证。还坚持每天用一篇技术文档的方式记录解决的具体问题，并提出自己的看法，十年如一日，实属不易。

深入思考和勤奋必须依靠一种无形的精神驱动力所支撑，我想这应该是兴趣。

爱因斯坦曾说过：“兴趣是最好的老师”。在技术领域，兴趣又是学好一门技术的最强催化剂！这种催化剂会将人们的求知欲无限放大，那么接下来勤奋就有了燃料，深入思考就有了动力。一切就变得顺理成章，而我们捕获“鱼”的目标就唾手可得了。

思考、勤奋和兴趣是完美的铁三角关系。深入思考固然重要，但只单纯停留在想这个层面，只能是纸上谈兵无法得到真知。另外，它们还蕴藏着潜在的关系。首先是兴趣助燃，才会有深入思考碰撞出的火花，最后通过勤奋不断坚持实践和总结才能使获得的知识更牢固。

作为技术人员的目标就在前方不远处，只要我们善于思考，勤奋钻研，并以兴趣加持，那么就没有织不好的“网”，就没有捕不到的“鱼”。